해심밀경소 제2 승의제상품
解深密經疏 勝義諦相品第二

▌ **동국대학교 불교기록문화유산아카이브사업단(ABC)**
▌ 본서는 문화체육관광부 지원으로 동국대학교 불교학술원에서 간행하였습니다.

한글본 한국불교전서 신라 5
해심밀경소 제2 승의제상품

2013년 6월 25일 초판 1쇄 발행
2019년 3월 20일 초판 2쇄 발행

지은이 원측
옮긴이 백진순
펴낸이 윤성이
펴낸곳 동국대학교출판부

주소 04620 서울시 중구 필동로 1길 30
전화 02-2260-3483~4
팩스 02-2268-7851
Homepage http://dgpress.dongguk.edu
E-mail book@dongguk.edu
출판등록 제2-163(1973. 6. 28)
편집디자인 동국대학교출판부
인쇄처 네오프린텍(주)

ⓒ 2013, 동국대학교(불교학술원)

ISBN 978-89-7801-381-9 93220

값 26,000원

이 책의 무단 전재나 복제 행위는 저작권법 제98조에 따라 처벌받게 됩니다.

한글본 한국불교전서 신라 5

해심밀경소 제2 승의제상품
解深密經疏 勝義諦相品第二

원측圓測
백진순 옮김

동국대학교출판부

해심밀경소解深密經疏 해제

백 진 순
동국대학교 불교학술원 조교수

1. 원측의 생애와 저서

1) 생애

　원측圓測(613~696) 스님은 7세기 동아시아에서 활동했던 신라 출신의 위대한 유식학자 중 한 사람이다. 어린 나이에 입당入唐해서 일생을 중국에서 보냈는데, 그가 활동했던 시대는 중국과 신라의 정치적 격변기에 해당하고, 또 현장玄奘(600~664)이 가져온 많은 유식학 경론들이 새로 번역됨으로써 법상종法相宗이 형성되었던 중국 유식학의 전성기였다. 그는 규기窺基(632~682)와 더불어 법상종 양대 학파의 시조가 되었는데, 그를 따르던 도증道證・승장勝莊・자선慈善 등 신라 출신의 학자들을 그가 주로 주석하던 서명사西明寺의 이름을 따서 '서명파'라고 부른다.
　원측의 행적을 알 수 있는 자료로는, 최치원崔致遠(857~?)이 찬한 「고번경증의대덕원측화상휘일문故翻經證義大德圓測和尙諱日文」(李能和의 『朝鮮佛敎

通史』에 수록, 이하 「휘일문」이라 약칭), 찬녕贊寧(919~1001)의 『송고승전宋高僧傳』 에 실린 「당경사서명사원측법사전唐京師西明寺圓測法師傳」(T50, 727b4), 송복 宋復(?~1115?)의 「대주서명사고대덕원측법사불사리탑명병서大周西明寺故大 德圓測法師佛舍利塔銘幷序」(『玄奘三藏師資傳叢書』권2(X88, 384b9)에 수록, 이하 「탑명 병서」라 약칭), 담악曇噩(1285~1373)의 「신수과분육학승전新脩科分六學僧傳」권 23(X77, 274a21) 등이 있다. 이 중에서 찬녕과 담악의 자료에는 '원측이 현 장의 강의를 훔쳐 들었다'는 설 외에는 구체적 정보가 없고, 많은 학자들 이 여러 이유를 들어 도청설을 비판해 왔으므로 여기서는 더 이상 언급하 지 않겠다.[1] 근래에는 주로 송복의 「탑명병서」와 최치원의 「휘일문」에 의 거해서 원측의 생애 및 저술·역경 활동 등을 연구하는 추세다.

먼저 비교적 객관적이고 상세한 정보를 담고 있는 송복의 「탑명병서」에 의거해서 원측의 생애를 재구성해 보면 다음과 같다.

스님의 휘諱는 문아文雅, 자字는 원측圓測이며, 신라 왕손이다. 그는 3세 에 출가해서 15세(627)에 중국 유학길에 올랐다. 처음에는 경사京師의 법 상法常(567~645)과 승변僧辯(568~642) 두 법사에게 강론을 들으며 구舊유 식의 주요 경론을 배웠다.[2] 정관 연간正觀年間(627~649)에 대종문황제大宗 文皇帝가 도첩을 내려 승려로 삼았다. 원측은 장안의 원법사元法寺에 머물 며 『비담론毗曇論』·『성실론成實論』·『구사론俱舍論』·『대비바사론大毘婆沙論』 및 고금의 장소章疏를 열람하였는데, 모르는 게 없어 명성이 자자했다고 한다. 이후 현장이 인도에서 귀환해 그에게 『유가사지론瑜伽師地論』·『성유 식론成唯識論』 등의 논과 이미 번역되었던 대소승의 경론을 주자 이에 대

---

[1] 조명기趙明基, 『신라불교의 이념과 역사』(서울: 경서원, 1982), p.159; 박종홍朴鍾鴻, 『한국사상사─불교사상편』(서울: 서문당, 1974), p.63 참조.
[2] 두 법사 중에서 법상은 섭론종攝論宗과 지론종地論宗을 두루 섭렵한 사람으로서, 왕후 의 조칙을 받아 공관사空觀寺의 상좌上座가 되어 『華嚴經』·『成實論』·『毗曇論』·『攝大乘 論』·『十地經論』등을 강의하였다. 승변은 『攝大乘論』을 널리 퍼뜨린 사람으로서, 또한 조칙을 받아 홍복사弘福寺에 머물면서 『攝大乘論』·『俱舍論』 등의 주석서를 저술하였다.

해서도 금방 통달하였다. 이처럼 원측은 법상·승변 등에게서 구舊유식을 두루 배웠을 뿐만 아니라 현장의 도움으로 신역 경론에도 통달하였기 때문에 신·구 유식학 경론에 대한 포괄적 지식을 갖게 되었다.

그 뒤에 원측은 왕의 칙명을 받고 서명사의 대덕이 되었다. 이때부터 본격적 저술 활동에 들어가서,『성유식론소成唯識論疏』10권,『해심밀경소解深密經疏』10권,『인왕경소仁王經疏』3권,『금강반야金剛般若』·『관소연론觀所緣論』·『반야심경般若心經』·『무량의경無量義經』등의 소疏를 찬술하였다. 이뿐만 아니라『대인명론기大因明論記』(『因明正理門論』의 주석서)와 같은 논리학(因明) 주석서도 찬술하였다. 원측은 성품이 산수山水를 좋아해서 종남산終南山 운제사雲際寺에 가서 의지하였고, 또 그 절에서 30여 리 떨어진 한적한 곳에서 8년간 은둔하기도 하였다. 이 시기는 나당羅唐 전쟁이 일어났던 시기(671~676)와 거의 일치한다. 전쟁이 끝난 후에 원측은 서명사 승도들의 요청으로 다시 돌아와『성유식론』등을 강의하였다. 당唐 고종高宗 말기(측천무후 초기) 중천축中天竺 출신의 일조 삼장日照三藏[S] Divākara : 613~687)이 장안에 와서 칙명을 받들어 대덕 다섯 사람을 뽑아 함께『밀엄경密嚴經』등을 번역할 때는 법사가 그 수장이 되었다. 또 무후가 실차난타實叉難陀[S] Śikṣānanda : 652~710) 삼장을 모셔다 동도東都인 낙양洛陽에서 신역『화엄경』80권을 번역하게 했을 때 증의證義를 맡았는데, 미처 마치지 못한 채 낙양洛陽의 불수기사佛授記寺에서 생을 마감하였다. 이때가 만세통천萬歲通天 원년(696) 7월 22일이었고, 춘추春秋 84세였다.[3]

그런데 이러한 원측의 생애와 학문 활동에 대해 한번 생각해 볼 점이 있다. 원측은 신라 출신 승려이지만 평생을 중국에서 활동하였고, 게다가 중국 불교적 색채가 그다지 강하지 않은 '법상유식法相唯識'이라는 교학을 연구한 사람이다. 우리는 그가 신라 출신의 유식학자라는 이유만으로 그

---

3 송복宋復의「大周西明寺故大德圓測法師佛舍利塔銘(并序)」(X88, 384b12) 참조.

를 '신라 유식학'의 대변자처럼 간주하지만, 이와는 조금 다른 시각을 최치원의 「휘일문」에서 발견할 수 있다. 이 글은 문학적 미사여구가 많고 또 사료로서의 가치에 대해 논란이 있기는 해도 여기에는 원측을 좀 더 넓은 시야에서 바라볼 수 있게 해 주는 중요한 평가가 나온다.

우선 「휘일문」에서 눈에 띄는 대목은 원측의 선조에 대해 "풍향의 사족(馮鄕土族)이고 연국의 왕손(燕國王孫)"이라고 한 것이다. 여기서 말한 '풍향'에 대해 북연北燕의 집권 세력이었던 풍씨馮氏 일가가 모여 살던 지역을 가리킨다고 하는데, 말하자면 원측의 선조는 '연'에서 한반도로 망명해 온 지배층이었다는 것이다.[4] 원측은 마치 원류를 찾아가듯 어린 나이에 당唐으로 유학길에 올랐다. 그는 특히 6개 국어를 통달할 정도로 어학에 소질이 있어 마침내 천축어로 말을 하면 되풀이해서 중국어로 말할 수 있을 정도였다. 그는 측천무후 시대에 왕성하게 활동하면서 무후의 극진한 대접과 존경을 받았다. 측천무후의 수공垂拱 연간(685~688)에 신라 신문왕神文王이 법사를 사모하여 여러 번 표문表文을 올려 환국을 요청하였으나 무후가 정중하게 거절하였으므로 끝내 돌아오지 못하였다.[5] 「휘일문」에서는 이러한 원측의 일생에 대해 평하기를, "그 온 것은 진을 피해 나온 현명한 후손이고(避秦之賢胤) 그 간 것은 한을 돕는 자비로운 영혼(輔漢之慈靈)"이라고 하였다. 말하자면 불법을 선양하면서 평생 이역 땅에서 보낸 원측의 생애에 대해 '중국에서 망명해 왔던 어진 후예가 다시 중국을 돕는 자비로운 영혼이 되어 돌아간 것'이라 평한 것이다. 이러한 평가는 얼핏 사대주의적 발상의 일면으로 여겨질 수도 있지만, 법상학자 원측이 특정 지역

4　남무희,『신라 원측의 유식사상 연구』(서울: 민족사, 2009), pp.42~50 참조.
5　원측의 귀국 여부와 관련해서, 이능화는『三國遺事』의 "효소왕대孝昭王代(692~702)에 원측 법사는 해동의 고덕이었는데 모량리牟梁里 사람이었기 때문에 승직을 제수하지 않았다."는 문구에 의거해서 원측이 잠시 귀국했었지만 대우를 받지 못하자 다시 당에 돌아가서 임종했다고 추측하기도 하였다. 이능화李能和,『朝鮮佛敎通史』下編(서울: 寶蓮閣, 1972), p.166 참조.

에 한정되지 않고 동아시아라는 넓은 지평에서 활동했던 위대한 사상가였음을 새삼스럽게 일깨워 준다.[6]

2) 저서

원측은 규기와 더불어 법상종의 두 학파를 만들어 낸 장본인인 만큼 그가 찬술한 주석서들도 많다. 영초永超의 『동역전등목록東域傳燈目錄』(1094)과 의천義天(1055~1101)의 『신편제종교장총록新編諸宗敎藏總錄』 등에 의거해서 원측이 찬술한 문헌들의 목록을 정리해 보면 다음과 같다.

- 『인왕경소仁王經疏』 3권
- 『반야바라밀다심경찬般若波羅蜜多心經贊』 1권
- 『해심밀경소解深密經疏』 10권
- 『무량의경소無量義經疏』 3권
- 『백법론소百法論疏』 1권
- 『이십유식론소二十唯識論疏』 2권
- 『성유식론소成唯識論疏』 10권과 『별장別章』 3권
- 『육십이견장六十二見章』 1권
- 『아미타경소阿彌陀經疏』 1권
- 『관소연연론소觀所緣緣論疏』 2권
- 『광백론소廣百論疏』 10권
- 『대인명론기大因明論記』 2권(『理門論疏』라고도 함.)

---

[6] 이상의 설명은 최치원의 「휘일문」을 참고한 것이다. 이 「휘일문」은 이능화李能和의 『朝鮮佛敎通史』 下篇(서울: 寶蓮閣, 1972), pp.167~168에 실려 있다.

이 외에도 송복의 「탑명병서」에는 '금강반야金剛般若에 대한 소疏'도 언급되었는데, 현존하는 목록들에는 나오지 않는다.[7] 위 목록에 열거된 문헌 중에 현재 전해지는 것은 『인왕경소』와 『반야심경찬』과 『해심밀경소』이고 모두 『한국불교전서韓國佛敎全書』 제1책에 실려 있다. 그런데 산실된 것으로 알려진 『무량의경소』와 관련해서, 『천태종전서天台宗全書』 제19권에 수록되어 있는 연소憐昭 기記 『무량의경소』 3권이 원측의 저술이라는 주장이 일본 학자들에 의해 제기되었다.[8] 또 『성유식론측소成唯識論測疏』라는 표제가 붙은 집일본이 국내에 유통되고 있는데, 이 집일본은 혜소惠沼의 『성유식론요의등成唯識論了義燈』 등에 인용된 원측의 『성유식론소』 문장들을 뽑아서 엮은 것이다.

2. 『해심밀경解深密經』의 이역본과 주석서들

1) 네 종류 이역본

『해심밀경解深密經(Ⓢ Saṃdhinirmocana-sūtra)』은 유가행파瑜伽行派의 소의

---

[7] 원측이 『金剛般若疏』를 찬술했다면, 그것은 아마도 『金剛般若經』이나 무착無著의 『金剛般若論』이나 천친天親(세친)의 『金剛般若波羅蜜經論』에 대한 주석서였을 것이다.

[8] 이 주장을 맨 처음 제기한 것은 다이라 료쇼(平了照)의 「四祖門下憐昭 記 「無量義經疏」에 대해서」(福井康順 編, 『慈覺大師研究』, 天台學會 發行, 1964年 4月, pp.423~438)이고, 다시 그 논지를 더욱 상세하게 보완해서 기츠카와 도모아키(橘川智昭)가 근래에 「圓測新資料·完本 『無量義經疏』とその思想」(『불교학리뷰』 4, 금강대학교 불교문화연구소, 2008, pp.66~108)이라는 논문을 발표하였다. 필자가 판단하기에도 현담의 내용과 경문 해석의 문체 그리고 인용된 문헌의 종류 등이 『解深密經疏』와 거의 일치하는 점으로 보아 원측의 저술이 분명한 듯한데, 이에 대해 차후에 더 많은 연구가 필요하다.

경전所依經典으로서 유식唯識 사상의 근간을 이루는 기본 교설들이 설해져 있다. 원측 소에 따르면, 『해심밀경』에는 광본廣本과 약본略本 두 종류가 있었다고 한다. 전자는 십만 송으로 되어 있고, 후자는 천오백 송으로 되어 있다. 이『해심밀경』은 약본이고, 약본의 범본梵本은 한 종류인데, 중국에서 다른 역자들에 의해 네 차례 번역되었고 그에 따라 경문의 차이가 생겼다.

첫째, 남조南朝 송宋대 원가元嘉 연간(424~453)에 중인도 승려 구나발타라求那跋陀羅(ⓢ Guṇabhadra : 394~468)가 윤주潤州 강녕현江寧縣 동안사東安寺에서 번역한 『상속해탈경相續解脫經』 1권이다. 이 한 권에는 두 개의 제목이 있는데, 앞부분은 『상속해탈지바라밀요의경相續解脫地波羅蜜了義經』이라 하고, 뒷부분은 『상속해탈여래소작수순처요의경相續解脫如來所作隨順處了義經』이라 하며, 차례대로 현장 역 『해심밀경』의 일곱 번째 「지바라밀다품」과 여덟 번째 「여래성소작사품」에 해당한다.

둘째, 후위後魏 연창延昌 2년(513)에 북인도 승려 보리유지菩提留支(ⓢ Bodhiruci)가 낙양의 숭산嵩山 소림사少林寺에서 번역한 『심밀해탈경深密解脫經』 5권이다. 이 경에는 11품이 있는데, 여기서는 제4품(현장 역『해심밀경』의「승의제상품」)을 네 개의 품으로 나누었다.

셋째, 진조陳朝의 보정保定 연간(561~565)에 서인도 우선니국優禪尼國 삼장 법사인 구라나타拘羅那陀(ⓢ Kulanātha, 진제眞諦 : 499~569)가 서경의 사천왕사四天王寺에서 번역한『해절경解節經』 1권이다. 이 경에는 4품이 있는데, 현장 역 『해심밀경』의 「서품」과 「승의제상품」에 해당한다.

넷째, 대당大唐 정관貞觀 21년(647) 삼장 법사 현장玄奘이 서경의 홍복사弘福寺에서 번역한『해심밀경』 5권이다. 이 경은 8품으로 되어 있는데,「서품」·「승의제상품」·「심의식상품」·「일체법상품」·「무자성상품」·「분별유가품」·「지바라밀다품」·「여래성소작사품」이다.

이상의 네 본 중에서, 현장 역『해심밀경』은「서품」을 제외하고 나머지

7품이 『유가사지론瑜伽師地論』(T30) 제75권~제78권에 수록되어 있다. 또 다른 세 개의 본을 현장 역 『해심밀경』과 비교했을 때, 『해절경』에는 단지 맨 앞의 2품만 있고 뒤의 6품은 빠져 있고,[9] 『상속해탈경』은 맨 뒤의 2품에 해당하고 앞의 6품이 빠져 있으며, 『심밀해탈경』에 나온 11품 중에서 4품은 현장 역 「승의제상품」을 네 개로 세분한 것이다.[10] 다른 이역본에 비해 현장 역 『해심밀경』이 비교적 문의文義가 잘 갖추어져 있기 때문에 중국 법상학자들은 대개 이에 의거해서 주석하였다.

2) 원측의 『해심밀경소』

『해심밀경』의 주석서는 중국에서 여러 스님들에 의해 저술되었다. 앞서 언급되었듯, 진제眞諦(구라나타)는 『해절경』 1권을 번역하고 직접 『의소義疏』 4권을 지었는데,[11] 이것은 오래전에 산실되었으며 단지 원측의 인용을 통해 일부의 내용만 간접적으로 확인해 볼 수 있다. 또 현장 역 『해심밀경』에 대한 주석서로는 원측의 『해심밀경소』 10권이 있고, 이외에도 영인令因의 소疏 11권, 현범玄範의 소 10권, 원효元曉의 소 3권, 그리고 경흥憬興의 소도 있었다고 하는데,[12] 현재는 원측의 소만 전해진다.

---

9 『解節經』의 내용은 현장 역 『解深密經』의 「序品」과 「勝義諦相品」에 해당하는데, '서품'의 명칭을 빼고 그 내용을 '승의제상품' 서두에 배치시킨 다음 다시 「勝義諦相品」을 네 개로 세분한 것이다.
10 『深密解脫經』의 제2 「聖者善問菩薩問品」, 제3 「聖者曇無竭菩薩問品」, 제4 「聖者善淸淨慧菩薩問品」, 제5 「慧命須菩提問品」은 모두 현장 역 「勝義諦相品」을 네 개로 구분한 것이다. 이 품에서는 승의제의 오상五相을 논하는데, 처음의 두 가지 상(離言·無二의 상)과 나머지 세 가지 상을 설할 때마다 각기 다른 보살들이 등장하여 세존 등에게 청문請聞하기 때문에 별도의 네 품으로 나눈 것이다.
11 앞서 언급되었듯 이 『解節經』은 현장 역 『解深密經』의 네 번째 「勝義諦相品」만 추려서 번역하여 증의證義를 본 다음 직접 소를 지은 것이다.
12 『法相宗章疏』 권1(T55, 1138b8); 『東域傳燈目錄』 권1(T55, 1153a22) 참조.

원측의 『해심밀경소』는 『한국불교전서』 제1책에 실려 있는데, 이는 『만속장경卍續藏經』 제34책~제35책을 저본으로 하여 편찬된 것이다. 이 책은 총 10권이고 본래 한문으로 찬술된 것인데, 그 중에 제8권의 서두 일부와 제10권 전부가 산실되었다. 이 산실된 부분을 법성法成(T Chos grub : 775~849)의 티베트 역(『影印北京版西藏大藏經』 제106책에 수록)에 의거해서 일본 학자 이나바 쇼쥬(稻葉正就)가 다시 한문으로 복원하였고,[13] 이 복원문은 『한국불교전서』 제1책에 함께 수록되어 있다. 또 1980년대 관공觀空이 다시 서장西藏의 『단주장丹珠藏(T Bstan-ḥgyur)』에 실린 법성 역 『해심밀경소』에 의거해서 산실되었던 제10권(金陵刻經處刻本에서는 제35권~제40권에 해당)을 환역還譯하였고,[14] 이 환역본은 『한국불교전서』 제11책에 수록되어 있다.

원측의 『해심밀경소』의 찬술 연대에 대해 측천무후가 주周를 건국한 690년 이전이라는 데는 이견이 없는 듯하다. 그 이유는 『해심밀경소』에서는 '대당 삼장大唐三藏'이라는 칭호를 여전히 쓰고 있는 데 반해 측천무후 시대에는 현장을 대당 삼장이라 하지 않고 '자은 삼장慈恩三藏'이라고 칭하기 때문이다. 따라서 원측의 소는 늦어도 689년까지는 찬술되었어야 한다. 그런데 그 상한선에 대해서는, 원측의 소에서 "지파가라(日照三藏)가 신도新都에서 번역할 때……"라는 문구 등을 근거로 해서 지파가라가 장안에 온 681년 이후라고 보는 학자도 있고,[15] 원측의 소에서 동도東都인 낙양을 신도新都라고 칭하고 있음을 근거로 해서 당唐 고종이 죽은 이듬해인 684년 이후라고 보는 학자도 있다.[16] 요컨대 빠르면 681년이나 684

---

13 이나바 쇼쥬(稻葉正就), 「圓測·解深密經疏散逸部分の研究」, 『大谷大學研究年報』 第二十四集, 昭和 47.
14 관공觀空 역, 『解深密經疏』, 中國佛敎協會.
15 남무희, 앞의 책, p.120 참조.
16 조경철, 「『해심밀경소』 승의제상품의 사상사적 연구」, 이종철 외, 『원측의 『해심밀경소』의 승의제상품 연구』(한국학중앙연구원출판부, 2013), pp.167~168 참조.

년에서 늦게는 689년까지 찬술되었을 것으로 추정된다.

3. 『해심밀경소解深密經疏』의 특징과 내용

1) 원측 소의 주석학적 특징

원측은 경전의 문구를 철저하게 교상教相 혹은 법상法相에 의거해서 해석하는 전형적 주석가다. 그는 '삼승의 학설이 모두 궁극의 해탈에 이르는 하나의 유가도瑜伽道를 이룬다'는 관점에서 각 학파들의 다양한 교설들에 의거해서 경문을 해석한다.[17] 그의 사상을 흔히 '일승적' 혹은 '융화적'이라고 간주하는 일차적 이유를 여기서 찾을 수 있다. 이러한 원측의 태도는 『해심밀경소』에 가장 두드러지게 나타나는데, 그 특징을 몇 가지로 정리하면 다음과 같다.

먼저 원측의 해석에서 가장 두드러진 특징은 정교하고 세분화된 과목표에 의거해서 경문을 해석한다는 것이다. 경전 해석에서는 과목의 세부적 설계 자체가 그 주석가의 원전에 대한 독창적 해석이라 볼 수 있다. 왜냐하면 어떤 주석가가 경전의 문구를 어떤 단위로 분절하는가에 따라 그 경문의 해석이 달라지기 때문이다. 원측의 과목 설계는 삼분과경三分科經의 학설에 따라 경문 전체를 크게 세 부분으로 나누는 데서 시작된다.[18]

---

17 원측의 경전 주석학에서 나타나는 종합의 원리는 유가행파의 '유가瑜伽의 이념'에 이미 내재되어 있다. 이에 대해서는 졸고 「원측의 『인왕경소』에 나타난 경전 해석의 원리와 방법」, 『불교학보』 제56호(동국대학교 불교문화연구원, 2010), pp.151~153 참조.
18 삼분과경三分科經에 대해서는 뒤의 '2) 경문 해석의 구조 및 주요 내용'(p.17)에서 다시

맨 먼저 삼분의 큰 틀 안에서 다시 계속해서 그 하위의 세부 과목들로 나누어 가면 하나의 세밀하게 짜여진 과목 표가 만들어진다. 원측이 설계한 『해심밀경소』의 과목 표만 따로 재구성해 보면 다른 주석서의 그것과 비교할 때 타의 추종을 불허할 정도로 정교하게 세분화되어 있고, 또한 그 과목들 간의 관계가 매우 정합적이고 체계적이다. 이 과목 표에 의거해서 경문들을 읽어 가면, 마치 하나의 경전이 본래부터 그러한 정교한 체계와 구도에 따라 설해진 것처럼 보인다.

원측 소의 또 다른 특징은 그의 주석서가 방대한 백과사전적 형태를 띤다는 점이다. 그는 정교한 과목 설계에 맞춰서 모든 경문을 세분하고 그 각 문구에 대한 축자적 해석을 시도한다. 이러한 해석 방식을 거치면 하나의 주석서는 다양한 불교 개념들의 변천사를 일목요연하게 보여주는 불교 교리서로 재탄생한다. 이 과정에서 문답의 형식으로 얼핏 상충되는 것처럼 보이는 문구와 주장들의 조화를 모색하는데, 간혹 특정한 설을 지지하거나 비판하기도 하지만 대개는 삼승의 모든 학설들이 각기 일리가 있으므로 상위되는 것이 아니라고 결론짓는다. 그는 언제나 다양한 학파의 해석이 근거하고 있는 나름의 논리를 이해하려고 하였다. 이런 학문적 태도를 갖고, 한편으로 하나의 경문에 대한 대소승의 다양한 해석들 간의 갈등·긴장 관계를 보여주고, 다른 한편으로 적절한 원리와 방법을 동원해서 그것들을 체계적 구조 안에 정리하고 종합해 놓는다.

또 마지막으로 언급될 중요한 특징의 하나는 그 주석서의 정교함과 방대함이 수많은 경론의 인용문들에 의해 이루어졌다는 점이다. 원측 소에서 문헌적 전거가 없이 자의적으로 해석하는 경우는 거의 없다고 해도 과언이 아니다. 우선 눈에 띄는 것은 『해심밀경』의 경문을 그 경의 이역본인 『심밀해탈경深密解脫經』·『상속해탈경相續解脫經』·『해절경解節經』의 문구와

후술된다.

일일이 대조해서 그 차이를 밝힌 점이다. 또 그는 유식학자이기는 하지만 '유식唯識'의 교의에 국한하지 않고 대소승의 여러 학파나 경론들의 학설과 정의正義에 의거해서 그 경문의 의미를 총체적으로 보여주고자 한다. 그는 여러 해석들을 종파별로 혹은 경론별로 나열하기도 하고, 때로는 서방 논사와 중국 논사의 해석을 대비시키기도 하고, 때로는 진제 삼장眞諦三藏의 해석을 길게 인용한 뒤 '지금의 해석(今解)'이나 '대당 삼장' 또는 '호법종護法宗' 등의 해석을 진술함으로써 구舊유식과 신新유식을 대비시키기도 한다.

원측 소에서 인용되는 문헌들의 범위와 수는 매우 광범위하고 방대해서 그 모든 인용 문헌의 명칭을 일일이 열거할 수 없을 정도다. 그러나 원측은 주로 종파별로 해석을 나열하되 그 종을 대표하는 논에서 주요 문장을 발췌하는데, 특히 소승의 살바다종薩婆多宗(설일체유부), 경부經部(경량부), 대승의 용맹종龍猛宗(중관학파), 미륵종彌勒宗(유식학파) 등 네 종파를 중심으로 기술하였다. 원측 소의 인용문을 살펴보면, 거의 대부분 직접 인용의 형태를 띠지만 때로는 원문을 요약·정리해서 인용하기도 하는데, 후자의 경우 간혹 문장을 구분하는 글자나 묻고 답하는 자를 명시하는 문구를 보완하기도 한다.

원측 소에서 각 종파의 견해를 대변하는 논서로 빈번하게 인용된 것은 다음과 같다. 먼저 살바다종의 학설은 『대비바사론大毘婆沙論』·『잡아비담심론雜阿毘曇心論』·『구사론俱舍論』·『순정리론順正理論』 등에서, 경부종의 학설은 『성실론成實論』에서, 용맹종의 학설은 『대지도론大智度論』에서 주로 인용된다. 이에 비해 미륵종의 견해는 상대적으로 광범위한데, 대표적인 것은 『유가사지론瑜伽師地論』·『현양성교론顯揚聖教論』·『집론集論』·『잡집론雜集論』·『변중변론辨中邊論』·『대승장엄경론大乘莊嚴經論』, 그리고 다섯 종류 『섭론攝論』(무착의 『섭대승론』과 그 밖의 세친·무성의 『섭대승석』 이역본들)·『유식이십론唯識二十論』·『성유식론成唯識論』·『대승광백론석론大乘廣百論釋論』·

『불지경론佛地經論』 등이다. 이 외에도 자주 인용되는 경은 『묘법연화경妙法蓮華經』・『대반열반경大般涅槃經』・『대반야바라밀다경大般若波羅蜜多經』(『대반야경大般若經』)・『십지경十地經』 등이다.

2) 경문 해석의 구조 및 주요 내용

원측의 경문 해석은 법상학자들이 일반적으로 수용하는 삼분과경三分科經에서 시작된다. 삼분과경이란 하나의 경전을 서분序分・정종분正宗分・유통분流通分 등으로 나누는 것을 말하는데, 이는 동진東晉의 도안道安 이후로 경전 해석의 기본 원칙이 되었다. 중국 법상종 학자들은 이 삼분을 특히 『불지경론佛地經論』에 의거해서 교기인연분教起因緣分・성교정설분聖教正說分・의교봉행분依教奉行分이라고 칭한다. '교기인연분'은 가르침을 설하게 된 계기와 이유 등을 밝힌 곳으로서 경전 맨 앞의 「서품」에 해당하고, '의교봉행분'은 그 당시 대중들이 부처님의 설법을 듣고 나서 수지하고 봉행했음을 설한 곳으로서 대개 경의 끝부분에 붙은 짧은 문장에 해당하며, 그 밖의 대부분의 경문은 모두 설하고자 했던 교법을 본격적으로 진술한 '성교정설분'에 해당한다.

그런데 이 삼분과경의 관점에서 볼 때, 이 경의 구조에 대해 이견들이 있다. 그것은 이 경의 각 품 말미에 따로따로 봉행분들이 달려 있고 이 한 부部 전체에 해당하는 봉행분은 없기 때문이다.[19] 이런 이유로 '이 경에는 교기인연분과 성교정설분만 있고 마지막 의교봉행분은 없다'는 해석이

---

19 이 『解深密經』은 특이하게 「無自性相品」, 「分別瑜伽品」, 「地波羅蜜多品」, 「如來成所作事品」 등의 끝부분에 각각의 봉행분奉行分이 있고, 이에는 "이 승의요의의 가르침(此勝義了義之教)을 너희들은 받들어 지녀야 한다."라거나 또는 "이 유가요의의 가르침(此瑜伽了義之教)을 너희들은 받들어 지녀야 한다."는 등의 문구가 진술된다.

있고, 마지막의 봉행분을 한 부 전체의 봉행분으로 간주하면 '삼분을 모두 갖춘다'는 해석도 가능하다. 원측은 우선 '두 개의 분만 있다'는 전자의 해석을 더 타당한 설로 받아들였다.

교기인연분은 다시 증신서證信序(통서通序)와 발기서發起序(별서別序)로 구분된다. 증신서에서는 경전의 신빙성을 증명하기 위해 몇 가지 사항을 밝히는데, 이를 흔히 육성취六成就라고 한다. 원측은 『불지경론』에 의거해서 '총현이문總顯已聞·시時·주主·처處·중衆' 등 5사五事로 나누어 해석하였다.[20] 발기서란 정설을 일으키기 전에 '여래께서 빛을 놓거나 땅을 진동시키는' 등의 상서를 나타냈음을 기록한 것이다. 『해심밀경』에서 교기인연분은 「서품」에 해당하는데, 이 품에는 증신서만 있고 발기서는 없다.

성교정설분은 「서품」을 제외한 나머지 일곱 개의 품에 해당한다. 원측에 따르면, 이 성교정설분은 경境·행行·과果라는 삼무등三無等을 설하기 때문에 일곱 개의 품도 크게 세 부분으로 나뉜다.[21] 「승의제상품勝義諦相品」·「심의식상품心意識相品」·「일체법상품一切法相品」·「무자성상품無自性相品」 등 네 개의 품은 관해지는 경계(所觀境), 즉 무등의 경계(無等境)를 밝힌 것이다. 다음에 「분별유가품分別瑜伽品」·「지바라밀다품地波羅蜜多品」 등 두 개의 품은 관하는 행(能觀行), 즉 무등의 행(無等行)을 밝힌 것이다. 마지막의 「여래성소작사품如來成所作事品」은 앞의 경·행에 의해 획득되는 과(所得果), 즉 무등의 과(無等果)를 밝힌 것이다.

---

20 『佛地經論』 권1(T26, 291c3) 참조. 중국 법상종에서는 흔히 이 논에 의거해 통서通序를 다섯으로 나누어서, ① 총현이문總顯已聞, ② 설교시說教時, ③ 설교주說教主, ④ 소화처所化處, ⑤ 소피기所被機라고 하는 경우가 있다. 이 중에서 '총현이문'은 육성취 중에서 '여시如是'와 '아문我聞'을 합한 것이다.

21 『解深密經』의 내용을 유식의 경境·행行·과果의 구조로 나누는 것은 유식학파의 전형적인 사고방식이다. 여기서 '경境(⑤ viṣaya)'은 보살들이 배우고 알아야 할 대상·이치 등을 가리키고, '행行(⑤ pratipatti)'은 그 경에 수순해서 실천하고 익히는 것을 말하며, '과果(⑤ phala)'는 앞의 두 가지로 인해 획득되는 결과로서 해탈과 보리를 가리킨다. 이 세 가지는 다른 것과 비교될 수 없을 만큼 수승한 것이므로 삼무등이라 한다.

이상의 세 가지 경·행·과 중에서, 먼저 관찰되는 경계를 설한 네 개의 품은 다시 크게 두 종류로 나뉜다. 앞의 두 품은 진眞·속俗의 경계를 밝힌 것이다. 그 중에 「승의제상품」은 진제를 밝힌 것이고, 「심의식상품」은 속제를 밝힌 것이다. 또 뒤의 두 품은 유성有性·무성無性의 경계를 밝힌 것이다. 그 중에 「일체법상품」은 삼성三性의 경계를 밝힌 것이고, 「무자성상품」은 삼무성三無性의 경계를 밝힌 것이다.
　다음에 관찰하는 행을 설한 두 개의 품도 차별이 있다. 앞의 「분별유가품」은 지止·관觀의 행문行門을 설명한 것이고, 다음의 「지바라밀다품」은 십지十地와 십도十度(십바라밀)를 설명한 것이다. 지·관의 행문은 총괄적이고 간략하기 때문에 먼저 설하고, 십지에서 행하는 십바라밀은 개별적이고 자세하기 때문에 나중에 설하였다.
　마지막으로 획득되는 과를 설한 「여래성소작사품」에서는 여래가 짓는 사업에 대해 설명한다. 이치(경境)에 의거해서 행을 일으키고 행으로 인해 과를 획득하기 때문에 이 품이 맨 마지막에 놓였는데, 여기서는 불과佛果를 획득한 여래께서 화신化身의 사업 등을 완전하게 성취시키는 것에 대해 설한 것이다.
　이상의 해석을 도표로 나타내면 다음과 같다.

三分科經	三無等	품 명	내 용	
教起因緣分		「序品」		
聖教正說分	無等境 (所觀境)	「勝義諦相品」	眞諦	眞·俗의 경계
		「心意識相品」	俗諦	
		「一切法相品」	三性	有性·無性의 경계
		「無自性相品」	三無性	
	無等行 (能觀行)	「分別瑜伽品」	止觀의 行門	總相門
		「地波羅蜜多品」	十地의 十度	別相門
	無等果 (所得果)	「如來成所作事品」	境·行에 의해 획득되는 果	
依教奉行分		없음		

『해심밀경소』 품별 해제

승의제상품勝義諦相品 해제[1]

1. 원측圓測의 『해심밀경소』에 나타난 진리관

1) 승의제의 오상五相의 철학적 의의

　『해심밀경』「승의제상품」에서는 '승의제'라는 단일 주제에 대해 이례적으로 길고도 논증적인 설법이 이어진다. 승의제란 진리(諦, ⓢ satya)의 한 형식으로서 가장 수승한 진리를 가리킨다. 이 승의제를 사유한다는 것은 곧 궁극적 진리에 대해 사색하는 것을 말한다. 그런데 '진리'의 문제를 다루는 데 있어 불교도들이 공통적으로 인정하는 한 가지 자명한 사실이 있다. 그것은 바로 궁극적 진리의 세계는 부처님의 마음에 직접 알려지고 간직된 세계라는 것이다. 불교도들에게 여전히 '존재'라는 말이 어떤 의문

---

[1] 이하의 글은 졸고 「중국 유식학에서의 진리와 언어의 관계에 대한 고찰―圓測의 『解深密經疏』를 중심으로」(『불교학연구』 제28호, 불교학연구회, 2011)를 수정·보완해서 작성한 것이다.

을 일으킬 수 있다 해도, 승의제에 대한 논의는 '궁극적 진리는 참으로 존재하는 것이고 그것은 성자의 마음에 알려진 것'이라는 전제를 받아들이는 데서 시작된다.

그런데 궁극적 진리가 참으로 존재하고 가지적可知的이라 해도 과연 언어와 사유를 통해 표현되고 이해될 수 있는가 하는 문제에서는 상반된 견해들이 있을 수 있다. 인도 철학의 전통에서 정통 바라문 철학자들(일명 성상주론聲常住論이라 칭함)이 부단히 변화하는 세계에서 절대 변하지 않는 것, 즉 궁극적 진리의 표현을 '언어(聲, Ⓢ Śabda)'의 형식에서 발견했다면,[2] 이와는 반대로 불교도들은 '궁극적 진리는 언어와 사유의 영역을 넘어서 있다'는 사상을 일관되게 고수하였다. 이 「승의제상품」에서 설해진 '승의제의 오상五相'도 궁극적 진리는 '언설로 표현될 수 없다(不可言說)'는 것을 다섯 가지로 달리 표현한 것에 다름 아니다.

여기서 먼저 한 가지 의문이 생길 수 있다. 궁극적 진리가 언설될 수 없는 것이라면, 승의제의 다섯 가지 상을 설한다는 것은 대체 무슨 의미가 있을까? 그 단서는 「승의제상품」 내에서 찾을 수 있다. 이 품에서는 후반부의 세 가지 상을 설하는 곳마다 서두에 이례적으로 보살들의 목격담과 고백이 길게 진술된다. 그에 따르면, 고금을 막론하고 진리를 추구하는 자들은 십중팔구 상호 간의 비방과 격렬한 투쟁, 상이하거나 모순된 진술들로 인한 의심과 회의, 자기의 앎에 대한 근거 없는 자만심 등으로 인해 길을 잃은 채 자칫 진리를 부정하게 될 수도 있다. 우리의 사유로는 그 세계를 가늠할 수 없기 때문에 성자가 거기로 향하는 길을 보여준 것이고,

---

[2] 이들 말하는 언어는 일상어가 아니라 『베다』의 '영원한 언어'를 말하며, 그 자체가 말이기도 하고 '의미'이기도 하며 '진리의 척도'이기도 한 어떤 것이다. 여기서는 궁극적 진리라는 것도 그 언어와 불변적 관계로 결합되어 있는 '음성적 특징을 지닌 언어적 실체' 혹은 '신비한 관념적 실체' 등으로 다양하게 이해된다. 이에 관해서는 『解深密經疏』의 「서품」 해제 중 '1.-1) 교체론의 철학적 의의' 참조.

그 길 중의 하나가 바로 '승의제의 다섯 가지 상'을 관하는 것이다. 그리고 이후의 해석에서 드러나듯, 승의제의 오상을 관하는 요가행자의 길은 진리를 추구하는 자들이 상호 간의 반목과 끝없는 회의 그리고 정신적 자만으로부터 자기 자신을 점차로 해방시켜 가는 과정이기도 하다.

이 「승의제상품」에 대한 원측의 해석을 보면, 유식학자들이 언어와 사유의 한계를 철두철미하게 인식하면서도 진리에 접근하기 위해 다양한 개념적 도구들을 최대한 활용한다는 것을 알 수 있다. 그런데 궁극적 진리는 언어와 사유에 의해 직접적으로 파악되거나 그대로 진술될 수 없기 때문에 그에 관한 한 될수록 많은 외적인 해석과 간접적 진술들을 택해야 한다. 원측은 불가언설의 승의제에 대해 무언無言이야말로 최대의 웅변이요, 불설不說이야말로 진정한 불설佛說이라고 말하는 대신에, 오히려 그것을 알려질 수 있는 실재라고 철저하게 이해함으로써 단지 언어와 사유의 근본적 결핍을 거듭해서 강조하는 것 이상으로 '참으로 있는 그대로의 세계'에 극진하게 다가갈 수 있었다. 우리는 원측의 해석을 통해 철학적 지성에 의해 엄밀하게 정의된 용어들을 가지고 불가언설의 궁극적 진리, 즉 '승의제'의 가장 깊은 뜻에 어느 정도 다가갈 수 있는지 가늠해 볼 수 있을 것이다.

2) 진리(諦)의 의미

불교 내에서 진리에 대한 논의는 기본적으로 이제설二諦說을 바탕으로 전개된다. 이제二諦란 세속제世俗諦와 승의제勝義諦를 말하며, 속제俗諦와 진제眞諦라고도 한다. 우선 이러한 이제의 구분이 실제로 어떤 것의 구분인지 알 필요가 있는데, 이는 학파마다 조금 다르다. 다소 거칠게 말하면 이것은 진리 자체의 형식을 구분한 것이거나 또는 진리를 설하는 교설의 형식을 구분한 것이다.³ 특히 후자는 『반야경』 계통에 나타나는데, 이 경우 세속제란 '세속적 진리를 설한 교설'을, 승의제란 '승의勝義의 진리를 설한 교설'을 뜻한다. 이에 반해 중국 법상종에서 말하는 이제란 진리 자체의 두 가지 형식을 뜻한다.⁴

여기서 다시 '진리 자체의 두 가지 형식'이란 대체 무슨 의미인지 의문이 생길 수 있다. 그리고 이 물음은 원측의 진리관을 이해하는 데 관건이 된다. 언설될 수 있든 혹은 언설될 수 없든 간에 진리란 일반적으로 실재(有, Ⓢ sat)라고 여겨지는 것이다. 이는 '진리'를 나타내는 일반적 표현이 '제諦(Ⓢ satya)'라는 데서도 드러난다.⁵ 또 우리가 어떤 것이 '실재한다'고 말할 때는 동시에 '그것의 본성이 필연적이고 가지적임'을 말하는 것이다. 이러한 진리관은 원측의 다음과 같은 문장에 잘 나타난다. "'진리(諦)'에는 두 가지 의미가 있다. 첫째로 일체의 법들이 자성을 버리지 않는다는 의미가 진리의 의미고,……둘째로 청정한 지혜를 생기게 한다는 의미가 (진리의 의미다.)"⁶ 말하자면 실재하는 것으로서 그 본성이 필연적이고 또 지智에 알려질 수 있는 것이 바로 진리다. 그러므로 범부의 상식에 알려지든 성인의 지혜에 알려지든, 실재하는 것으로서 그 본성이 알려지고 있는 것들, 즉 감각적 사물이나 증득된 도리 등이 진리의 자리에 놓이는 것이다. 원측이 이제의 구분을 진리 자체의 두 가지 형식으로 이해했을 때, 진리란 정확히 그런 것을 뜻한다.

---

3 야스이 고사이(安井廣濟), 김성환金成煥 역, 『中觀思想研究』(서울: 홍법원, 1989), p.81 참조.
4 우이 하쿠주(宇井伯壽), 『佛敎汎論』(東京: 岩波書店), p.349 참조.
5 예를 들어 규기窺基는 '제諦'라는 말을 다음과 같이 해석한다. "'제'란 실재의 뜻이다. 있는 것은 여실하게 있고 없는 것은 여실하게 없는 것이니, 있음과 없음이 헛되지 않음을 일컬어 '제'라고 한다.(諦者實義. 有如實有, 無如實無. 有無不虛. 名之爲諦.)" 『大乘法苑義林章』 권2(T45, 287c20) 참조.
6 둔륜遁倫, 『瑜伽論記』 권15(T42, 647a12). "(測云) 又諦有二義. 一一切諸法. 不捨自性義. 是諦義. ……二能生淸淨智義."

그런데 세간의 사람들에게 알려지는 사물들과 성인의 지혜에 알려지는 도리는 그 실재의 의미가 매우 다르다. 이런 맥락에서 먼저 세속적 진리(世俗諦)와 승의의 진리(勝義諦)라는 두 가지 구분이 생겨난다. 따라서 원측은 「승의제상품」의 품명을 해석하면서 다음과 같이 말한다. "'세속世俗'이라 한 것에서, '세'는 '감추어 덮는다'는 뜻이고 '속'은 '거칠게 나타나 있다'는 뜻이다. 즉 병이나 옷 등은 세상에서 거칠게 나타나 있는 사물로서 이것이 승의를 감추어 덮기 때문에 세속이라 한다. '승의勝義'라고 한 것에서, '승'은 수승한 지혜를 말하고 '의'는 경계(境義)를 말한다. 즉 진여의 이치는 '수승한 지혜의 경계(勝智之境義)'이기 때문에 승의라고 한다."

만약 '승의제'가 수승한 지智에 알려질 수 있는 것이라면 그것은 어떤 방식으로 알려질 수 있는가? 그 대답은 원측이 인용한 『유가사지론瑜伽師地論』의 문장에서 찾을 수 있다. 그것은 바로 궁극적 진리를 깨달은 부처님께서 '설해 주신 그대로의 상'을 관하는 것이다. 예를 들면 소승의 행자라면 사성제四聖諦의 고제·집제·멸제·도제에 대해 각기 네 가지 행상을 관하고, 대승의 요가행자라면 '이언離言·무이無二' 등의 승의제의 다섯 가지 상을 관한다. 이와 같은 사제의 열여섯 가지 행상이나 승의제의 다섯 가지 상 등은 성스런 가르침(聖敎)에서 시설해 준 것으로서, 설한 그대로의 상을 잘 관찰함으로써 궁극의 과果에 이를 수 있기 때문에 '제諦(진리)'라고 이름한 것이다.

그런데 어떤 것이 실재하고 그것이 가지적이라고 할 때 매우 다양한 층위의 존재들이 이에 속할 수 있다. 원측의 해석에서는 불교적 관점에서 거의 허구(假)에 가까운 복합물인 병이나 옷 그리고 가장 높은 차원의 실재(實)인 '진여'를 세속제와 승의제의 예로 들었지만, 그 두 가지 존재의 중간 영역에는 다양한 층위의 존재들이 있을 수 있다. 이로 인해 다시 진리의 형식에서도 더 상세한 구분이 가능해지고, 법상종의 독특한 사중이제설四重二諦說이 생겨난 것이다.[7]

이에 따르면, ① 가장 낮은 단계에서는 그 실체가 있는지 없는지의 차이(有無體異)에 의거해서 첫 번째 이제를 건립하고,[8] 다시 ② 앞의 진제眞諦(실체 있는 것)에도 현상과 이치의 차이(事理義殊)에 의거해서 두 번째 이제를 건립하며,[9] 다시 ③ 앞의 진제(증득된 이치)에도 이치의 얕고 깊음의 차이(淺深不同)에 의거해서 세 번째 이제를 건립하고,[10] 마지막으로 ④ 심오한 이치(진여)에서도 그것을 가리키는 능전能詮의 언어('진여'라는 이름)와 그에 의해 언표되지만 그 자체는 언어를 넘어선 소전所詮의 실재(진여 그 자체)의 차이(詮旨各別)에 의거해서 네 번째 이제를 건립한다.[11]

이와 같이 다양한 존재의 층위에 의거해서 연쇄적으로 건립된 사중이제四重二諦를 따라가면, 우리는 '병'이나 '옷' 등처럼 가명에 불과한 허구적 복합물에서부터 최후에는 가명으로 지시되면서도 그 자체는 가명을 넘어선 하나의 진실한 '있는 그대로의 세계'에 이르게 된다. 이전의 원측의 인용문에서는 '병이나 옷'(사중이제에서는 최초의 속제인 가명무실제假名無實諦)만을 세속제의 예로 들었지만, 최후의 '불가언설의 진여'(사중이제에서는 최후의 진제인 폐전담지제廢詮談旨諦)와의 관계에서 조망해 보면 그 중간의 모든 속제

---

[7] 사중이제설은 법상학자인 규기窺基가 『瑜伽師地論』에 나온 네 종류 세속世俗과 『成唯識論』에 나온 네 종류 승의勝義를 통합한 것이다. 『大乘法苑義林章』 권2(T45, 287b26) 참조.
[8] 첫 번째는 '병이나 옷'처럼 가짜 이름만 있고 실체는 없는 것에 의거해 건립된 진리(假名無實諦)가 속제고, '온·처·계'처럼 실체가 있고 작용도 드러나 있는 것에 의거해 건립된 진리(體用顯現諦)가 승의제다.
[9] 두 번째는 이전의 진제, 즉 '온·처·계'와 같은 현상 세계의 차별에 따라 건립된 진리(隨事差別諦)가 속제고, 가령 '쌓임(集)으로 인해 고통(苦)이 있고 바른 도道를 닦음으로써 그것의 멸滅을 증득할 수 있다'는 사제四諦의 인과因果처럼 세간을 넘어서는 수승한 도리의 차별에 따라 건립된 진리(因果差別諦)는 승의제다.
[10] 세 번째는 이전의 진제, 즉 사제의 인과처럼 증득된 도리이지만 안립된 진리(證得安立諦)는 속제고, '진여'처럼 법공法空·아공我空의 도리에 의해 현현되는 진실(依門顯實諦)은 승의제다.
[11] 네 번째는 앞의 진제, 즉 이공에 의해 현현된 진여에 있어서, 가명으로서의 비안립제(假名非安立諦)는 속제고, 언어를 폐기한 진리 그 자체(廢詮談旨諦)는 승의제다.

와 진제들은 모두 속제로 간주될 수 있다. 그 이유는, 실체가 있든 없든 혹은 현상적인 사물이든 증득된 도리든 혹은 얕은 도리든 깊은 도리든 혹은 최후의 '진여'이든 간에, 그것들이 언어로 가립된 것인 한에서는 '참다운 실재'가 아니기 때문이다.

이런 맥락에서 볼 때, 법상종에서 말하는 진리의 두 가지 형식이란 결국에는 가짜(假)와 실재(實)의 구분, 구체적으로 말하면 궁극에는 가짜 이름으로 시설된 허구 그리고 가짜 이름을 넘어선 참다운 실재 간의 구분이라 할 수 있다. 따라서 원측의 『인왕경소仁王經疏』에서는 다음과 같이 말한다. "'진리(諦)에는 두 종류가 있다. 첫째는 세제世諦(속제)다. 유위법은 연으로 생긴 것이므로 가짜(假)이지 실재(實)가 아니다. 따라서 세제라고 한다. 둘째는 진제眞諦다. 실상진여實相眞如는 본성이 청정하여 실재이지 가짜가 아니다. 따라서 진제라고 한다."[12] 요컨대, 세속제와 승의제의 구분은 궁극적으로는 언어로 시설된 진리와 언어를 넘어선 진리 간의 구분이라 할 수 있고, 이 『해심밀경』「승의제상품」의 '승의제'는 앞의 사중이제에서 최후의 진제, 즉 불가언설의 진리에 해당한다.

2. 경문 해석의 구조 및 주요 내용

1) 「승의제상품」의 구조적 특징

원측의 과목 표에 따르면, 『해심밀경』「승의제상품」은 삼분과경三分科經

---

[12] 원측, 백진순 옮김, 『인왕경소』(서울: 동국대학교출판부, 2010), p.478 참조.

중에서는 성교정설분聖教正說分의 첫 번째 품이고, 무등無等의 경境·행行·과果 중에서는 무등의 경에 해당하며, 진眞·속俗의 경계 중에서는 진제(승의제)에 해당한다.[13] 이 품은 유가행자들이 관찰해야 할 경계 중에서 첫 번째로 승의제의 오상五相에 대해 자세히 설한 것이다. 그런데 이 품에서 다섯 가지 상이 모두 명시된 것은 아니고, 실제로는 무이의 상(無二相), 심사의 영역을 넘어선 상(過尋思所行相), 동일성·차이성을 넘어선 상(非一異相), 모든 것에 편재하는 일미상(遍一切一味相) 등 네 가지만 설해져 있다. 원측은 『유가사지론』 「섭결택분」 등에 의거해서 '이언의 상(離言相)'을 추가하여 다섯 가지 상으로 정리하였다. 그에 따르면, 네 가지 상에는 '이언'이 공통적으로 전제되어 있기 때문에 처음의 '무이'를 설한 곳에 합쳐서 설하였고 별도로 설하지 않았다. 말하자면 네 가지 상은 모두 '이언법성離言法性', 즉 진여를 근거로 해서, 그것이 이원적 대립을 떠나 있고 사유의 영역을 넘어섰으며 제법과의 동일성·차이성을 넘어섰고 모든 것에 편재하는 일미一味임을 나타낸 것이다.

그런데 이 「승의제상품」에는 다른 품과 비교했을 때 독특한 점이 있다. 다른 품에서는 보살이 청문請問하고 세존이 정설正說하는 방식으로 되어 있는 데 비해, 이 품에서는 이례적으로 네 번에 걸쳐 문답자가 바뀐다. 승의제의 오상 중에 '이언·무이의 상'을 설할 때는 여리청문보살如理請問菩薩과 해심심의밀의보살解甚深義密意菩薩이 세존 앞에서 각기 묻는 자와 답하는 자로 나선다. 또 심사尋思의 영역을 넘어선 상을 설할 때는 법용보살마하살法涌菩薩摩訶薩이 청문하고 세존이 답한다. 또 모든 법과의 동일성·차이성을 넘어선 상을 설할 때는 선청정혜보살善淸淨慧菩薩이 청문하고 세존이 답한다. 마지막으로 모든 것에 편재하는 일미의 상을 설할 때는 세존이 먼저 존자尊者 선현善現에게 질문하고 선현이 대답하며, 다시 세존이

---

13 이상은 '해심밀경소 해제'의 끝 부분에 나온 도표 참조.

정설한다. 또 각각의 문답이 끝나면 마지막에 그 경문의 의미를 다시 요약해서 설한 중송重頌이 따로따로 붙어 있다.

이러한 구조 때문에 이 품을 독립적인 네 개의 품으로 나누기도 한다. 예를 들어 이 경의 이역본인 보리유지菩提留支 역 『심밀해탈경深密解脫經』은 이 품을 「성자선문보살문품聖者善問菩薩問品」, 「성자담무갈보살문품聖者曇無竭菩薩問品」, 「성자선청정혜보살문품聖者善淸淨慧菩薩問品」, 「혜명수보리문품慧命須菩提問品」 등 네 개로 구분하였기 때문에 총 열한 개 품이 되었다. 또 진제眞諦 역 『해절경解節經』에는 「불가언무이품不可言無二品」, 「과각관경품過覺觀境品」, 「과일이품過一異品」, 「일미품一味品」 등 총 네 개의 품이 있는데, 이는 「승의제상품」을 네 개로 나눈 것이다. 이것을 도표로 나타내면 다음과 같다.

解深密經		深深解脫經	解節經
品名	五相		
「勝義諦相品第二」	離言無二相	「聖者善問菩薩問品第二」	「無二品第一」
	超過尋思所行相	「聖者曇無竭菩薩問品第三」	「過覺觀境品第二」
	超過諸法一異性相	「聖者善淸淨慧菩薩問品第四」	「過一異品第三」
	遍一切一味相	「慧命須菩提問品第五」	「一味品第四」

2) 경문의 주요 내용

(1) 이언무이의 상(離言無二相)

[이언법성離言法性에 내포된 종교적·철학적 의미] 이 「승의제상품」에서 설해진 첫 번째 상은 무이無二의 상이지만, 여기에서 '이언離言의 상'도 함께 설해진다. 이언의 상이란 이언법성離言法性, 즉 불가언설不可言說의 진여를 가리킨다. 이 이언의 상은 하나의 개별적 상으로 명시되지 않았지

만 진리에 관한 모든 교설들의 종교적·철학적 기초에 해당한다. 따라서 무이의 상을 설한 곳에서 이러한 숨겨진 기초를 반복해서 각인시키고 또 그에 근거해서 설해진 교설들의 의의와 한계를 분명히 하려 한다. 그것은 이 무이의 상을 설한 곳곳에서 다음과 같은 문장의 형태로 반복된다.

> 그러나 어떤 사事가 없는데도 설해진 것이 있을 수 없습니다. 사란 어떤 것입니까? 모든 성자는 성지聖智·성견聖見으로 언어를 떠났기 때문에 정등각을 이루셨고, 이와 같은 '이언법성離言法性'에 대해 다른 이들로 하여금 정등각을 이루도록 하기 위해 이름(名)과 상想을 가립하여 ……라고 한 것입니다.

이 문장에는 진리를 추구하는 자들이 명심해야 할 두 가지 사항이 나타나 있다. ① 하나는 진리에 관한 모든 교설들의 종교적 기초에 관한 것이다. 경문에서 '사事'라고 한 것은 '실사實事' 혹은 '체사體事'의 뜻이고, '이언법성' 즉 '진여'를 가리킨다.[14] 이언법성은 참다운 실재로서 성자의 무분별지에 직접 알려진 것이다. 이것이 전제되지 않으면 불교라는 것이 성립할 수 없기 때문에 모든 교설들의 종교적 기초가 되는 것이다. ② 다른 하나는 모든 교설들의 철학적 기초에 관한 것이다. 경문에서 '이름과 상을 가립했다'고 한 것을 말한다. 모든 이름(名)은 특정한 개념적 상기(想)를 불러일으킴으로써 어떤 이해를 생기게 할 수 있기 때문에 성자도 중생에게 불교적 진리를 전하기 위해 그런 것을 가립한 것이다. 그러므로 '일체법'이든 '진여'든 일차적으로는 세간의 관행에 맞춰 가립된 언어임을 잊어서는 안 된다. 만약 이상과 같은 종교적·철학적 기초를 망각한다면, 우리는 서로 모순되는 진술과 상호 간의 격렬한 비방 속에서 길을 잃은 채 결국

---

14 원측에 따르면, 이것은 진제眞諦 삼장의 해석이다.

진리 자체를 부정하게 될 수도 있다. 그러나 그것을 각인하고 있다면, 오상五相에 대한 명상은 궁극적 진리로 향하는 진정한 길이 될 수도 있다.

[**일체법무이**一切法無二**의 의미**] 모든 것을 있는 그대로 내포하면서도 뚜렷한 경계가 사라진 진여의 세계에 대해서는 '언어를 떠나 있다(離言)' 등과 같은 간접적 진술 외에는 그것을 직접적으로 표현할 수는 없다. 따라서 여전히 외적이기는 하지만, 유식학자들은 그 세계를 명료한 배열과 경계를 가진 언어적 세계와의 대비를 통해 간접적으로 드러내려 한다. 구체적으로 말하자면 궁극적 진리의 세계로부터 그것에 속할 수 없는 모든 것, 즉 언어적으로 시설된 세계를 분리시키는 것이다. 이 「승의제상품」에서 설한 '무이의 상'은 바로 그런 것에 해당한다.

무이의 상에 대한 본격적 설법은 부처님이 아니라 이례적으로 두 보살의 문답을 통해 진술된다. 먼저 여리청문보살如理請問菩薩이 여러 경에서 부처님이 설한 '일체법무이一切法無二'라는 교설의 의미를 물었고, 그에 대한 간략한 대답으로 해심심의밀의보살解甚深義密意菩薩이 다음과 같은 사색의 경계를 제시한다. 〈'일체법'이란 크게 유위有爲와 무위無爲로 구분된다. 여기에서 ① 유위는 유위도 아니고 무위도 아니며, ② 무위 또한 무위도 아니고 유위도 아니다.〉

이 문장은 유위·무위라는 두 범주에 의거해서 '둘이 없다(無二)'고 한 말의 의미를 간략히 설명한 것인데, 그 의미는 쉽게 이해되지 않는다. 그에 대한 유식학자들의 해석도 매우 다양한데, 대개 유식의 삼성설三性說에 의거해서 해석한다는 점에서 공통적이다. 여기서 원측은 진제 역 『해절경』의 경문과 그에 대한 진제의 해석을 자세히 인용하였는데, 이 경문과 관련해서 중국 유식학자들이 대개 진제의 해석을 수용한 듯하다. 또 현장 역 『해심밀경』의 경문에 대해서도 세 가지 해석을 소개하는데, 그중에서 원측이 우선 정의正義로 수용한 것은 다음과 같은 해석이다. 〈① '유위는 유위도 아니고 무위도 아니다'라고 할 때, 주어 자리에 놓인 '유위'는 의타기성依他起性의 모든 유위법을 가리키고, '유위도 아니고 무위도 아니다'라고 한 것은 곧 변계소집성遍計所執性의 유위·무위가 아니라는 말이다. 다시 말하면 '의타기성에서 변계소집성의 유위·무위를 버림으로써 현현하는 이언진여離言眞如가 승의제이다'라는 의미에서 유위는 유위도 무위도 아니라고 한 것이다. ② '무위 또한 무위도 아니고 유위도 아니다'라고 할 때, 주어 자리에 놓인 '무위'는 원성실성圓成實性인 이언진여에 해당하고, '또한 무위도 아니고 유위도 아니다'라고 한 것은 곧 변계소집성의 무위·유위가 아니라는 말이다. 다시 말하면 '원성실성에서 변계소집성의 무위·유위를 버림으로써 현현하는 진여가 바로 승의제이다'라는 의미에서 무위는 무위도 유위도 아니라고 한 것이다.〉

이러한 해석의 저변에는 궁극적 진리와 언어와의 관계가 전제되어 있다. 앞서 말했듯, 이언법성의 가장 가까운 곳에서 그것을 가늠해 보는 최선의 방법은 바로 이언의 세계로부터 그에 속할 수 없는 것들, 즉 언어를 분리시키는 것이다. 그것은 다음에 이어지는 경문에 더욱 명료하게 표현된다. 〈① '유위'란 ㉠ 본사本師(부처님)께서 가짜로 시설한 어구假施設句다. 가짜로 시설한 어구라면 변계소집의 언어로 설했음을 뜻한다. 변계소집의 언어로 설했다면, 결국 갖가지로 두루 헤아리는 언어로 설해진 것이지 진실한 것은 아니다. 그러므로 유위는 유위가 아니다. ㉡ 이전과 동일한 맥락에서 유위는 무위도 아니다. ㉢ 이전과 동일한 맥락에서 유위는 유위·무위를 떠난 그 밖의 것도 아니다.〉 또 이 경에서는 ② '무위'를 주어로 해서 동일한 진술(㉠, ㉡, ㉢)을 반복한다. 원측의 해석에 따르면, 이 경문들은 '유위(의타기)의 무이無二'와 '무위(원성실)의 무이'를 설명한 것이다. 그 '무이'의 뜻을 설명하기 위해 승의勝義의 의타·원성실의 세계로부터 변계소집의 언어로 설해진 유위·무위와 제3의 존재를 분리시킨 것이다. 여기서 '제3의 존재'란 유위라고도 무위라고도 할 수 없는 것, 즉 독자부犢子部의 불가설법장不可說法藏에 속하는 진아眞我를 가리킨다. 요컨대, '무이'란 이언의 세계가 언어로 시설된 그 어떤 것과도 일치하지 않음을 뜻하는 말이다.

이 품에서 '무이'에 대한 주요 설법은 앞서 말한 종교적·철학적 기초, 즉 '이언법성離言法性'을 다시 환기시키면서 완결된다. 말하자면 모든 성자들은 성지聖智·성견聖見으로 언어를 떠났기 때문에 이언법성을 증득하였고 이에 대해 다른 이들도 또한 정등각을 이루게 하기 위해 유위나 무위를 가설한 것이다. 그런데 유위든 무위든 '가짜로 시설된 말'인 한에서는 사물들의 명료한 경계와 배열을 상정하는 세간의 언어적 관행을 따라 시설된 것이다. 세간의 언어적 관행에 익숙해진 범부들은 대개 '유위'나 '무위'라는 말을 들으면 그 말의 대응물이 실재한다고 믿지만, 그것은 단지 그 말을 매개로 해서 두루 헤아림(遍計)으로써 집착된 것(所執), 즉 변계소집遍計所執일 뿐이다. 이 변계소집은 헤아리는 사람의 정情에서는 있지만 이치상으로 없는 것, 다시 말하면 이름만 있고 실체는 없는 것이다. 따라서 이언의 세계는 변계소집의 언어로 시설된 유위·무위가 아니라고 부정한 것이다.

(2) 심사의 영역을 넘어선 상(超過尋思所行相)

이전의 '이언무이의 상'이 진리에 대한 사색에서 명심해야 할 종교적·철학적 기초를 밝힌 것이라면, 이하의 세 가지 상들은 막다른 길에 도달한 구도자들에게 거기로부터 벗어나서 궁극적 진리에 이르는 길을 보여주기 위해 설해진 것이다. 따라서 먼저 보살의 고백담을 통해 궁극적 진리를 증득하는 데 있어 명백한 장애가 되는 어떤 상황들을 환기시키고, 이어서 세 가지 상에 대한 설법을 통해 그런 장애를 넘어선 세계가 승의제임을 보여준다.

[보살의 고백] 먼저 진리를 추구하는 자들에게 가장 큰 재앙은 불가언

설의 진리에 대해 인간의 사유가 유한하다는 사실을 망각하고 자신이 그 주제를 섭렵했다고 맹신하는 것이다. 이런 맹신이 일반화된 곳에서는 자기의 진술과 반대되는 주장들을 모두 오류로 단정하고 제거해 버리는 것만이 자기의 진술을 진리이게 만든다. 그 결과는 당연히 상호간의 격렬한 투쟁과 상처, 그리고 진리에 대한 열정의 소진이다. '심사의 영역을 넘어선 모습'에 대한 설법은 승의제에 대한 외도들 간의 논쟁에서 위와 같은 상황을 목격했던 법용보살法涌菩薩의 솔직한 고백에서 시작된다. 그에 따르면, 수많은 외도들이 모여 승의제에 대해 사색해 보았지만 결국 결론을 내지 못한 채 승의제가 '갖가지(種種)'라는 의견과 '별개의 다른 것(別異)'이라는 의견과 '변하여 달라지는 것(變異)'이라는 의견들이 서로 위배되었을 뿐, 결국에는 서로를 모욕하고 괴롭혀서 짓밟은 후 뿔뿔이 흩어져 버렸다.

[**심사尋思의 본성과 한계**] 이러한 법용보살의 고백에 이어서, 세존은 다섯 가지 이유를 들어 '궁극적 진리는 심사(사유의 다른 말)의 영역을 넘어서 있음'을 거듭해서 각인시킨다. ① 첫째 승의제는 바로 모든 성자들이 내면에서 스스로 직접 증득한 것(內自所證)이지만, 심사의 영역은 모든 범부들이 타인의 말을 서로 전해 듣고서 증득한 것(展轉所證)이다. ② 둘째 승의제는 무상의 영역(無相所行)이지만, 심사는 다만 유상의 경계(有相境界)에서 작동한다. 이 두 가지는 서로 연관된다. 이것을 유식학적으로 말하면, 성자는 무분별의 정체지正體智(근본지)로 영상影像의 상분相分을 변현해 내지 않고 진여(승의제)를 직접 내증하지만,[15] 범부들은 '진여'라는 이름(名)과 그와 결합되는 개념적 상기(想)를 통해서 이해한 것이다. 원측에 따르면, 특수한 경우를 제외하고는 대개 심尋·사伺와 같은 심소법들처럼 사유

---

15 원측 소에는 '자내소증內自所證'에 대한 세 가지 해석이 제시되는데, 원측은 그 중에서 위의 학설을 정의正義로 간주하였다.

의 범주에 속하는 갖가지 정신 작용들은 언어를 매개로 작동한다는 점에서 모두 심사尋思의 범주에 들어간다.

③ 셋째 승의제는 언설될 수 없지만(不可言說), 심사는 다만 언설의 경계를 인식한다. 여기서 원측은 '불가언설'의 의미가 얼마나 다양한 맥락에서 쓰이는지를 보이기 위해 소승·대승의 여러 학설을 상세히 검토하였다. 그에 따르면, 소승의 독자부犢子部에서 설한 '진아眞我'는 삼세三世의 유위법에 속한다고도 할 수 없고 무위법에 속한다고 할 수도 없기 때문에 '불가설'이라 한다. 혹은 살바다종에서는 손해와 이익을 떠나 있는 것을 '불가설'이라 하는데, 예를 들면 '불'이라 말할 때 혀가 태워지는 것도 아니고 '밥'이라 말할 때 굶주림이 없어지는 것도 아닌 경우를 일컫는 말이다. 대승에 의하면, '불가설'에 네 가지 의미가 있다. ㉠ 첫째는 살바다종의 설과 같다. ㉡ 제법의 자상自相은 본래 언어적 분별이 배제된 현량現量(직접 지각)으로만 파악되기 때문에 그 자상에 대해 '불가설'이라 한다. ㉢ 이름(名)과 대상(義) 간에 서로 필연적 결합 관계는 없고 단지 서로 객客의 관계에 있기 때문에 '불가설'이라 한다. 예를 들어『섭대승론』에서 세 가지 이유에서 이름과 대상 자체가 완전히 일치하지 않음을 논증하는데,[16] 이처럼 언어와 대상이 일치하지 않는다는 의미에서 '불가설'이라 한다. ㉣ 모든 법에 대해 '얻는 바가 없다(無所得)'는 의미에서 '불가설'이라 하는데, 이 용례는 주로『반야경』계통에서 발견된다.

④ 넷째 승의제는 모든 표시表示가 끊어진 것이지만, 심사는 다만 표시

---

[16] 세 가지 이유란 다음과 같다. ① 우리가 어떤 것의 이름을 알기 전에는 그에 대한 앎(覺)이 이루어지지 않는다. 가령 갓난아기나 짐승처럼 언어를 잘 모르는 부류들에게는 그런 지식이 생겨나지 않는다. 따라서 이 지식은 이름과 결부되어 생긴 앎이지 대상 자체에 대한 것은 아니다. 이름과 대상이 일치한다면, ② 여러 가지 이름으로 하나의 대상을 가리키는 경우에 각기 다른 이름에 해당하는 다른 대상들이 존재해야 한다는 모순이 생기고, ③ 이와는 반대로 하나의 이름이 여러 대상을 가리킬 수 있는 경우에 그 이름으로 지시될 수 있는 여러 대상들의 혼합체가 존재해야 한다는 모순이 생긴다.

되는 경계를 인식한다. 원측의 해석에 따르면 '표시'란 견見·문聞·각覺·지知에 의해 표시되는 경계를 말한다. 말하자면 언어와 사유는 견·문·각·지에 의해 표시되는 경계에서 작동하지만 승의제는 그러한 것들에 의해 표시되는 않는 영역이기 때문에 심사를 넘어선 것이다. 여기서 원측은 '견·문·각·지'를 둘러싼 소승·대승의 다양한 해석들을 총망라하여 검토하면서, 그러한 해석들의 특징과 차이를 정리하였다. 그에 따르면, 살바다종은 육근六根에 의거해서 견·문·각·지를 구분하는데, 안근을 견이라 하고 이근을 문이라 하며 비근·설근·신근 세 근을 각이라 하고 의근을 지라고 한다.[17] 경부종에는 몇 가지 해석이 있지만, 대표적인 것은 삼량三量에 의거해 구분하는 것이다. 즉 견은 현량現量에 해당하고, 문은 성언량聖言量에 해당하며, 지는 비량比量에 해당하고, '각'은 앞의 견·문·지 이후에 뒤따라 일어난 후속적 분별을 가리킨다. 대승의 논서에는 앞의 경우들이 혼재되어 있고, 또 각 논서마다 견·문·각·지에 대한 해석의 차이가 있다.

⑤ 다섯째 승의제는 모든 쟁론들이 끊어진 것이지만, 심사는 다만 쟁론의 경계에서 작용한다. 이 마지막 이유는 이 경문이 설해진 계기가 되었던 한 보살의 고백에 대한 최종적 대답이라고 할 수 있다. 말하자면 심사로 진리를 헤아릴 때는 아견我見 등으로 인해 필연적으로 격렬한 쟁론과 상호 비방을 일으키고 깊은 상처와 좌절을 남기지만, 궁극적 진리의 세계는 상호 간의 쟁론 등이 사라진 세계이기 때문에 심사의 영역을 넘어선 것이다.

---

[17] 여기서 말하는 '근根'이란 자신의 작용을 일으키는 근, 즉 동분의 근(同分根)을 가리킨다.

(3) 제법과의 동일성·차이성을 넘어선 상(超過諸法一異性相)

[보살의 고백] 승의제는 언어와 사유의 영역을 넘어선 것이라는 원론적 관점에 동의한다 해도, 진리를 추구하는 자들은 여전히 인간의 지성이 제법의 본성에 대한 수승한 이해(勝解)와 비례하여 더 높은 진리에로 나아간다고 생각할 수 있다. 이런 생각을 가진 구도자들에게 기다리는 또 다른 난관은 바로 제법의 본성과 승의제와의 관계다. 여기에서는 바로 그런 문제에 답할 수 없는 인간 지성의 명백한 한계를 선청정혜보살善淸淨慧菩薩의 고백을 통해 진술한다. 그에 따르면, 사람들은 기껏해야 제법의 상이 승의제의 상과 전혀 다르지 않다고 주장하거나, 혹은 다르다고 주장하거나, 혹은 결정하지 못한 채 두 주장 사이에서 주저하거나 부화뇌동할 뿐이다. 이런 곳에서는 어떤 결론도 나지 않고 다만 인간의 어리석고 아둔함에 대한 깊은 회의와 좌절만 팽배해질 것이다.

[반석反釋과 순석順釋에 의한 논증] 여기서는 보살의 고백에 나타난 인간 지성의 무능함에 대한 회의가 세존의 확신에 찬 논증적 설법에 의해 해소되는 것을 목격할 수 있다. 세존은 매우 상세한 논증을 통해, 승의제가 오히려 그러한 동일성·차이성을 넘어선 것이라고 결론 내린다. 이 논증의 초점은 제법의 상과 승의제의 상이 '오로지 다르지 않다'고만 관觀하거나 '오로지 다르다'고만 관한다면 승의제를 결코 통달通達할 수도 작증作證할 수도 없다는 것이다.

원측의 해석에 따르면, 세존의 설법은 반석反釋과 순석順釋의 과정을 차례로 거치면서 그러한 두 가지 그릇된 관행觀行이 논리적 측면에서 또 실천적 측면에서 어떤 중대한 과실을 범하는지 보여준 것이다. 이 중에 '반석'에서는 이치에 맞지 않는 경우를 예로 들어 그것이 필연적으로 어떤 불합리한 결론에 이른다는 것을 보여주고, '순석'에서는 실제의 상황에서는 그러한 불합리한 일들이 벌어지지 않음을 순리대로 진술한다. 이러한 반석과 순석을 거쳐 '오로지 다르지 않다'고 관하거나 '오로지 다르다'고 관하는 것은 논리적으로도 실천적으로도 그릇된 것임을 증명한다. 그 예를 들어 보면 다음과 같다.

먼저, 승의제가 제법의 상과 한결같이 다르지 않다고 관할 경우에는 연쇄적으로 세 가지 과실이 생겨난다. 〈① 단지 일상적 상식만 갖고 있는 모든 범부들과 이미 진리를 증득한 성자가 어떤 차별도 없게 되고, ② 그렇다면 범부들이 이미 위없는 방편과 안은한 열반을 획득했어야 하고, ③ 또한 이미 무상보리를 증득했어야 한다.〉

다음에 승의제가 제법의 상과 한결같이 다르다고만 관할 경우에는 연쇄적으로 다섯 가지 과실이 생겨난다. 〈① 이미 진리(승의제)를 통찰한 자도 제법의 상相을 떨쳐 버리지 못하게 되고, ② 그렇다면 그도 상박相縛에서 해탈하지 못하며, ③ 그로 인해 추중박麤重縛에서도 해탈할 수 없고, ④ 그 두 가지 속박에서 벗어나지 못하므로 위없는 방편과 안은한 열반을 획득하지 못하며, ⑤ 또한 무상보리를 증득할 수도 없게 된다.〉

이상의 반석을 보면, '오로지 다르지 않다'고만 관하는 경우 '범부'와 관련해서 사실과 부합하지 않는 세 가지 과실이 도출되고, '오로지 다르다'고만 관하는 경우는 '성자'와 관련해서 사실과 부합하지 않는 다섯 가지 과실이 도출된다. 그런데 순리대로 해석해 보자면, 현실에서는 범부에게 그런 세 종류 불합리한 일들이 일어나지 않고, 성자에게 뒤의 다섯 종류 불합리한 일들이 일어나지 않는다. 따라서 '오로지 다르다지 않다'고만 관하거나 '오로지 다르다'고만 관하는 것은 이치에 맞는 행도 아니고 바른 논리도 아니다. 그러므로 승의제는 제법과의 동일성·차이성을 넘어선 것임을 알 수 있다.

(4) 모든 것에 편재하는 일미상(遍一切一味相)

[**선현**善現**의 고백**] 서두에서 언급했듯 '궁극적 진리란 참으로 존재하는 것이고 그것은 선택된 누군가에게 알려질 수 있다'고 할 때,[18] 설사 궁극적 진리가 누군가에게 알려진다 해도 그 깨달음의 세계는 세상 사람들에 의해 공통적으로 경험되는 것도 아니고 말해질 수 있는 것도 아니다. 그러므로 그에게 알려진 것이 진정 승의제라는 증거는 오직 깨달은 자의 마음속에 직접 경험으로 간직되어 있을 뿐, 세간의 다른 것들 안에서는 찾을 수 없다. 그렇다면 도대체 얼마나 되는 사람들이 참으로 승의제를 깨닫고서 '깨달았다'고 말하는 것일까? 마지막 '일미상'을 설한 곳에서는 이례적으로 세존이 먼저 존자 선현善現(수보리)에게 이런 의문을 제기하고, 선현이 그에 대한 자신의 경험담을 진술한다. 그에 따르면, 대부분의 사람들은 승의제를 깨닫지 못했으면서도 깨달았다고 자만하는 '증상만增上慢'을 갖고 자기가 안 것에 대해 말한다. 예를 들면 오온五蘊·십이처十二處·십팔계十八界·십이연기十二緣起·사식四食·사제四諦 혹은 사념주四念住·사정단四正斷·사신족四神足·오근五根·오력五力·칠각지七覺支·팔지성도八支聖道 등 서른일곱 가지 도품道品들 중 어떤 하나의 교법에 대해 통달하고 나서 자신이 무엇을 증득했다는 생각에 사로잡힌다. 대부분의 사람들은 이러한 유소득현관有所得現觀에 근거해서 승의제를 깨닫지 못했는데도 스스로 깨달았다고 자만한다.

[**일미**一味**의 의미**] 이 '증상만'은 진리를 구하는 자들을 끝까지 따라다니는 장애로서, 이로 인해 '모든 것에 편재하는 일미상'을 알지 못한다. 마지막으로 세존은 증상만에 가려서 보이지 않는 그 일미상이 무엇인지를 설한다. 원측의 해석에 따르면, 세존은 세 가지 차원에서 '승의제의 일미

---

18 해제 서두에 진술된 '1.-1) 승의제의 오상五相의 철학적 의의'(pp.20~21) 참조.

상'을 설하였다. ① 첫째는 청정한 소연(淸淨所緣)에 의거해서 '일미'를 설한 것이다. 오온·십이처·십팔계나 삼십칠도품 등에 내재해 있는 승의제를 일컬어 '청정한 소연'이라 하는데, 이 경계를 소연으로 삼아 마음의 청정함을 획득할 수 있기 때문이다. 이 청정한 소연은 진리 중의 진리로서 깨달음으로 인도하기 위해 설해진 모든 교법 안에서 알려질 수 있기 때문에 '일미'라고 한다. ② 둘째는 세 가지 편재(三遍)에 의거해서 '일미'를 설한 것이다. 청정한 소연을 가리키는 용어는 경론마다 매우 다양하고 많지만, 이 경에서는 특히 진여眞如·승의勝義·법무아성法無我性이라고 하였다. 이 세 가지 의미가 온蘊 등의 모든 법에 두루 편재한다는 데 의거해서 '일미'라고 한다. 따라서 만약 하나의 온蘊 중에서 이미 승의제를 통달했다면 이미 모든 법에 편재하는 승의제를 안 것과 같다. ③ 셋째는 세 가지 허물을 떠난다는 점에서 '일미'를 설한 것이다. 모든 유위법들은 전전이상展轉異相(전후로 혹은 상호 간에 대조해 볼 때 서로 다른 모습)을 갖지만, 일체법의 진여·승의·법무아성은 그런 상들이 없기 때문에 세 가지 허물을 떠난 것이라 볼 수 있다. 여기서 '세 가지 허물'이란 유위법의 세 가지 특징을 말한다. 첫째는 인因이 있는 것이고, 둘째는 생生·주住·이異·멸滅의 상相들에 의해 변천되는 것이며, 셋째는 궁극적인 것이 아니므로 그 밖에 다시 추구해야 할 대상이 있다는 것이다. 그러나 진여·승의·법무아성은, 인因이 없으므로 인에서 생긴 것도 아니고, 유위의 상이 없으므로 유위도 아니며, 궁극적인 것이므로 이것을 얻으면 그 밖의 것을 다시 구하지 않아도 된다. 그러므로 진여·승의·법무아성은 언제 어느 때나 변함이 없는 '일미'라고 할 수 있다.

차례

해심밀경소解深密經疏 해제 / 5
승의제상품勝義諦相品 해제 / 20
일러두기 / 51

제2편 승의제상품勝義諦相品

제1장 품명 해석 54

제2장 경문 해석 57
  1. 이언離言·무이無二의 상을 밝힘 61
    1) 장행으로 자세히 해석함 61
     (1) 보살의 청문 62
      ① 물음을 일으키는 서두 62
      ② 교설에 의거해서 물음 64
       가. 물으려는 교설을 거론함 65
       나. 교설에 의거해 물음 68
     (2) 간략한 대답 70
      ① 묻는 자와 답한 자를 나타냄 70
      ② 질문에 의거해 바로 대답함 70
       가. 질문한 자를 찬탄함 71
       나. 질문에 의거해 바로 대답함 72
        가) '일체'에 대한 대답 72
        나) '무이'에 대한 해석 76
     (3) 징문 89
      ① 묻고 답한 자를 표시함 89
      ② 앞의 말을 받아서 징문함 89
     (4) 자세한 해석 90
      ① 설법의 서두를 밝힘 90

② 물음에 의거해 바로 답함 90
　　가. 유위의 둘 없는 상을 해석함 91
　　　가) 세 가지 상을 부정함 91
　　　　(가) 유위의 상을 부정함 92
　　　　　㉮ 부처님이 유위를 가설했음을 밝힘 94
　　　　　㉯ 이생 등이 가짜를 실재로 집착함을 밝힘 95
　　　　　㉰ 실재가 아님을 거듭 밝히면서 유위가 아니라고 끝맺음 95
　　　　(나) 무위의 상을 부정함 96
　　　　(다) 유위도 아니고 무위도 아닌 상을 부정함 97
　　　나) 숨겨진 비난을 회통시키고 바른 도리를 제시함 99
　　　　(가) 주장을 표명하면서 총괄해서 답함 100
　　　　(나) 보살이 되받아 물음 101
　　　　(다) 보살이 바로 설명함 101
　　나. 무위의 둘 없는 상을 해석함 107
　　　가) 세 가지 상을 부정함 107
　　　　(가) 무위의 상을 부정함 107
　　　　　㉮ 무위도 가설임을 밝힘 108
　　　　　㉯ 부처님이 가설한 것을 실유라고 집착함 108
　　　　　㉰ 실유가 아님을 밝히면서 무위도 아니라고 결론지음 109
　　　　(나) 유위의 상을 부정함 109
　　　　(다) 무위도 아니고 유위도 아닌 상을 부정함 110
　　　나) 숨겨진 힐난을 회통시키면서 바른 도리를 보여줌 110
　　　　(가) 주장을 표명하며 총괄해서 답함 111
　　　　(나) 되받아 물음 111
　　　　(다) 바로 설명함 111
(5) 거듭 징문함 112
　① 징문의 서두 113
　② 바로 징문함 113
(6) 비유로 설명함 114
　① 설명의 서두를 밝힘 114
　② 질문에 의거해 자세히 설명함 114

가. 비유를 들어 거듭 설명함 ········ 115
　　　가) 환술사와 환 같은 사물의 비유 ········ 116
　　　　(가) 환 같은 사물을 총괄해서 밝힘 ········ 116
　　　　(나) 환 같은 사물을 따로따로 밝힘 ········ 120
　　　나) 어리석은 자가 실재라고 집착하는 것에 대한 비유 ········ 122
　　　　(가) 집착하는 사람을 밝힘 ········ 123
　　　　(나) 집착되는 경계를 나타냄 ········ 124
　　　　(다) 집착을 일으킴을 바로 밝힘 ········ 124
　　　　(라) 집착에 의해 언설을 일으킴을 밝힘 ········ 125
　　　　(마) 그에게 거듭 관찰할 것을 권함 ········ 126
　　　다) 깨달은 자가 허망한 줄 아는 것에 대한 비유 ········ 126
　　　　(가) 깨달은 사람을 밝힘 ········ 127
　　　　(나) 깨달은 경계를 밝힘 ········ 128
　　　　(다) 깨달은 내용을 바로 밝힘 ········ 129
　　　　　㉮ 실재의 경계는 유가 아님을 밝힘 ········ 129
　　　　　㉯ 가립된 경계는 무가 아님을 밝힘 ········ 129
　　　　　　a. 사경似境은 무가 아님을 바로 밝힘 ········ 130
　　　　　　b. 미혹하는 모습을 보여줌 ········ 133
　　　　(라) 깨달음으로 인해 언설을 일으킴 ········ 133
　　　　(마) 거듭 관찰하지 않아도 된다고 권함 ········ 134
　　나. 법동유를 듦 ········ 134
　　　가) 미혹한 자는 실재라고 집착함을 밝힘 ········ 135
　　　　(가) 집착하는 사람을 밝힘 ········ 135
　　　　(나) 경계가 환인 줄 알지 못함을 밝힘 ········ 139
　　　　(다) 집착을 일으킴을 바로 밝힘 ········ 139
　　　　(라) 집착에 의해 언설을 일으킴을 밝힘 ········ 140
　　　　(마) 그에게 거듭 관찰할 것을 권함 ········ 140
　　　나) 깨달은 자는 경계가 허망한 줄 안다는 것에 대한 비유 ········ 141
　　　　(가) 깨달은 사람을 밝힘 ········ 141
　　　　(나) 깨달은 경계를 밝힘 ········ 143
　　　　(다) 깨달은 내용을 바로 밝힘 ········ 143

㉮ 실재의 경계는 유가 아님을 밝힘 144
           ㉯ 가립된 경계는 무가 아님을 밝힘 144
         (라) 언설을 일으킴을 밝힘 146
         (마) 거듭 관찰할 필요가 없다고 권함 147
       다. 결론지으며 외인의 힐난을 회통시킴 147
   2) 게송으로 간략히 설함 148
     (1) 게송을 설한 뜻을 총괄해서 표시함 149
     (2) 게송으로 바로 설함 154
       ① 처음의 반 송 : 이치의 심오함을 찬탄함 155
       ② 나중의 한 송 반 : 집착의 과실을 나타냄 155
         가. 3구와 4구 : 희론을 발생시키는 과실 155
         나. 5구와 6구 : 생사에서 유전하는 과실 158
         다. 마지막 두 구 : 악취에 태어나는 과실 171
 2. 심사尋思의 영역을 넘어선 상을 해석함 172
  1) 장행으로 자세히 해석함 173
   (1) 보살의 청문 174
     ① 청문할 것이 있음을 표시함 174
     ② 청문할 사건을 진술함 175
       가. 왕래한 곳을 진술함 177
       나. 그들의 모임을 봄 189
       다. 논쟁했지만 해결하지 못함 190
       라. 해결하지 못하는 모습을 나타냄 192
     ③ 자기가 생각했던 것을 바로 진술함 195
   (2) 세존의 간략한 대답 196
   (3) 보살의 징문 198
   (4) 여래의 자세한 해설 198
     ① 내자소증內自所證 199
       가. 해석 199
       나. 결론 207
     ② 무상소행無相所行 207
       가. 해석 208

나. 결론 212
　　③ 불가언설不可言說 213
　　　가. 해석 213
　　　나. 결론 226
　　④ 절제표시絶諸表示 226
　　　가. 해석 227
　　　나. 결론 249
　　⑤ 절제쟁론絶諸諍論 249
　　　가. 해석 249
　　　나. 결론 254
　(5) 비유로 설함 255
　　① 오종락五種樂의 뜻을 설명함 257
　　② 경문을 해석함 258
　　　가. 출가에서 맛보는 뛰어난 즐거움의 비유 258
　　　나. 오욕을 멀리 떠난 오묘한 즐거움의 비유 261
　　　다. 현성들의 말없이 고요한 즐거움의 비유 266
　　　라. 모든 표시가 사라진 고요한 즐거움의 비유 268
　　　마. 모든 쟁론을 떠난 깨달음의 즐거움의 비유 273
　(6) 법동유를 듦 275
　2) 게송으로 간략히 설함 276
　(1) 게송을 설한 뜻을 간략히 표시함 276
　(2) 게송으로 바로 해석함 277
3. 모든 법과의 동일성·차이성을 넘어선 상 278
　1) 장행으로 자세히 해설함 279
　(1) 보살의 질문 280
　　① 모두 선설임을 찬탄함 280
　　　가. 부처님의 선설을 찬탄함 280
　　　나. 선설을 간략히 진술함 283
　　② 많은 쟁론들을 나타냄 284
　　　가. 함께 모여 쟁론했음을 총괄해서 밝힘 285
　　　나. 세 종류 계탁을 따로따로 서술함 289

　　　　　가) 첫 번째 계탁 ········ 289
　　　　　나) 두 번째 계탁 ········ 290
　　　　　다) 세 번째 계탁 ········ 290
　　　③ 자기의 의심을 진술함 ········ 295
　(2) 여래의 대답 ········ 297
　　　① 여래의 인가 ········ 297
　　　② 보살의 징힐 ········ 298
　　　③ 여래의 간략한 대답 ········ 298
　　　④ 보살의 거듭된 징힐 ········ 302
　　　⑤ 여래의 자세한 해석 ········ 303
　　　　가. 첫 번째 부차적 설명 ········ 304
　　　　　가) 반석反釋으로 집착을 깨뜨림 ········ 304
　　　　　　(가) 세 종류 과실에 의거해서 '같다'는 집착을 깨뜨림 ········ 305
　　　　　　　㉮ 표제 ········ 305
　　　　　　　㉯ 논파 ········ 305
　　　　　　　　a. 이생이 이미 진리를 통찰했어야 한다는 과실 ········ 306
　　　　　　　　b. 이생이 이미 열반을 증득했어야 한다는 과실 ········ 306
　　　　　　　　c. 이생이 이미 보리를 증득했어야 한다는 과실 ········ 307
　　　　　　(나) 다섯 종류 과실에 의거해서 '다르다'는 집착을 깨뜨림 ········ 309
　　　　　　　㉮ 표제 ········ 310
　　　　　　　㉯ 논파 ········ 310
　　　　　　　　a. 성자가 행상을 떨쳐 버리지 못하게 되는 과실 ········ 311
　　　　　　　　b. 성자가 상박에서 벗어나지 못하게 되는 과실 ········ 313
　　　　　　　　c. 성자가 추중박을 벗어나지 못하게 되는 과실 ········ 314
　　　　　　　　d. 성자가 열반을 증득하지 못하게 되는 과실 ········ 319
　　　　　　　　e. 성자가 보리를 증득하지 못하게 되는 과실 ········ 320
　　　　　나) 순석順釋으로 집착을 깨뜨림 ········ 320
　　　　　　(가) 세 종류 과실이 없음을 들어 '같다'는 집착을 논파함 ········ 321
　　　　　　　㉮ 해석 ········ 321
　　　　　　　　a. 이생들이 이미 진리를 통찰한 것은 아님 ········ 321
　　　　　　　　b. 이생들이 열반을 증득한 것도 아님 ········ 321

                c. 이생들이 보리를 증득한 것도 아님 ········ 322
            ㉯ 결론 ········ 322
                a. 도리로써 총괄해서 결론지음 ········ 323
                b. 계탁을 표제로 내걸고 거듭 결론지음 ········ 323
        (나) 5종 과실이 없음에 의거해 '다르다'는 집착을 논파함 ········ 324
            ㉮ 해석 ········ 324
                a. 성자는 상을 떨쳐 버림 ········ 324
                b. 성자는 상박을 제거할 수 있음 ········ 325
                c. 성자는 추중박을 제거할 수 있음 ········ 325
                d. 성자는 열반을 증득할 수 있음 ········ 326
                e. 성자는 보리를 증득할 수 있음 ········ 326
            ㉯ 결론 ········ 327
                a. 도리로써 총괄해서 결론지음 ········ 327
                b. 계탁을 표제로 내걸고 거듭 결론지음 ········ 327
  나. 두 번째 부차적 설명 ········ 328
    가) 해석 ········ 328
      (가) 반해反解 ········ 329
        ㉮ 잡염상에 떨어진다는 점에 의거해 '같다'는 집착을 논파함 ········ 329
        ㉯ 공상에 의거해 '다르다'는 집착을 논파함 ········ 329
      (나) 순석順釋 ········ 331
    나) 결론 ········ 331
      (가) 도리로써 짝지어 결론지음 ········ 332
      (나) 계탁을 표제로 내걸고 거듭 결론지음 ········ 332
  다. 세 번째 부차적 설명 ········ 332
    가) 논파 ········ 333
      (가) 반해反解로 과실을 나타냄 ········ 333
        ㉮ 두 가지 상에 의거해 '다름이 없다'고 하는 과실을 논파함 ········ 333
            a. 제행이 차별된다는 점에 의거해 '다름이 없다'고 하는~ ········ 334
            b. 다시 승의제를 구한다는 점에 의거해 '다름이 없다'는~ ········ 334
        ㉯ 두 가지 상에 의거해 '한결같이 다르다'는 집착을 논파함 ········ 335
            a. '오직 무아'라는 등에 의거해 '한결같이 다르다'는~ ········ 336

             b. '별상이 성립하지 않는다'는 점에 의거해 '한결같이~' ……… 336
         (나) 순석의 도리로 '같다'거나 '다르다'는 집착을 논파함 ……… 338
             ㉮ 두 가지 상에 의거해 '다르지 않다'는 집착을 논파함 ……… 338
                 a. '차별된 체'라는 점에 의거해 '다르지 않다'는 집착을 논파함 ……… 339
                 b. '승의제를 다시 구한다'는 점에서 '다르지 않다'는~ ……… 339
             ㉯ 두 가지 상에 의거해 '한결같이 다르다'는 집착을 논파함 ……… 339
                 a. '오직 무아성에 의해 현현되는 의미'라는 점에 의거해~ ……… 340
                 b. '별상이 성립하지 않는다'는 점에 의거해 논파함 ……… 340
       나) 결론 ……… 341
         (가) 도리로써 총괄해서 결론지음 ……… 341
         (나) 계탁을 표제로 내걸고 거듭 결론지음 ……… 341
   (3) 비유(喩) ……… 342
     ① 소라와 흰색의 같음·다름으로 비유함 ……… 343
     ② 금과 노란색의 같음·다름으로 비유함 ……… 345
     ③ 공후 소리와 선율의 같음·다름으로 비유함 ……… 346
     ④ 침향과 묘한 향기의 같음·다름으로 비유함 ……… 347
     ⑤ 후추와 매운맛의 같음·다름으로 비유함 ……… 348
     ⑥ 하리와 떫은맛의 같음·다름으로 비유함 ……… 349
     ⑦ 솜과 부드러움의 같음·다름으로 비유함 ……… 350
     ⑧ 숙소와 제호의 같음·다름의 비유 ……… 350
     ⑨ 이理와 사事의 같음·다름의 비유 ……… 351
     ⑩ 번뇌의 성性과 상相의 같음·다름으로 비유함 ……… 355
   (4) 결합 ……… 359
   (5) 결론 ……… 360
 2) 게송으로 간략히 설함 ……… 362
   (1) 송문을 발기함 ……… 362
   (2) 게송으로 간략히 설함 ……… 362
4. 모든 것에 편재하는 일미의 상을 해석함 ……… 366
 1) 장행으로 자세히 해석함 ……… 367
   (1) 여래의 질문 ……… 367
     ① 시時에 의거해 질문 받은 자를 표시함 ……… 368

② 질문하신 것을 바로 밝힘 ……… 373
(2) 선현의 대답 ……… 377
　① 뒤의 질문에 대해 해석함 ……… 378
　② 앞의 질문에 대해 답함 ……… 379
　　가. 간략한 대답 ……… 380
　　나. 자기가 보았던 것을 진술함 ……… 395
　　　가) 자기와 다른 이들이 머물렀던 곳을 밝힘 ……… 396
　　　　(가) 자기가 머물렀던 곳을 밝힘 ……… 396
　　　　(나) 다른 중들이 머물렀던 곳을 밝힘 ……… 400
　　　나) 다른 이들이 기별하는 모습을 서술함 ……… 403
　　　　(가) 계탁들을 총괄해서 서술함 ……… 403
　　　　(나) 계탁들을 따로따로 서술함 ……… 405
　　　　　㉮ 여섯 가지 선교로 관찰된 경계에 의거해 기별함 ……… 406
　　　　　　a. 오온의 여섯 구를 해석함 ……… 407
　　　　　　　a) 구의 개수를 밝힘 ……… 408
　　　　　　　b) 차별상을 설명함 ……… 410
　　　　　　b. 처와 연생을 유추해서 밝힘 ……… 416
　　　　　　c. 사식의 문에 의거해 밝힘 ……… 416
　　　　　　d. 사제의 문에 의거해 밝힘 ……… 417
　　　　　　e. 십팔계에 의거해 밝힘 ……… 421
　　　　　㉯ 삼십칠도품의 일곱 가지 관문에 의거해 기별함 ……… 424
　　　　　　a. 사념주에 의거해 기별함 ……… 425
　　　　　　b. 사정단·사신족·오근·오력·칠각지를 유추하여 해석함 ……… 437
　　　　　　c. 팔성도에 의거해 기별함 ……… 447
　　다. 자기가 생각한 바를 진술함 ……… 453
　　　가) 자기의 생각을 간략히 진술함 ……… 454
　　　나) 자기의 생각을 거듭 진술함 ……… 454
　　　다) 세존의 공덕을 찬탄함 ……… 455
　　　　(가) 선설을 간략히 찬탄함 ……… 455
　　　　(나) 찬탄하려는 교설을 듦 ……… 455
　　　　(다) 그 밖의 사람의 경계가 아님을 나타냄 ……… 456

(3) 세존의 정설 ········ 457
　① 찬탄받은 공덕을 나타냄 ········ 458
　② 징문에 의거해 자세히 해석함 ········ 458
　　가. 징문 ········ 459
　　나. 해석 ········ 459
　　　가) 법法 ········ 459
　　　　(가) 청정한 소연에 의거해 일미상을 나타냄 ········ 460
　　　　　㉮ 해석 ········ 460
　　　　　　a. 청정한 소연에 의거해 승의제를 나타냄 ········ 460
　　　　　　　a) 온의 청정한 소연에 의거해 승의제를 나타냄 ········ 461
　　　　　　　b) 처 등의 청정한 소연이 승의제임을 유추함 ········ 462
　　　　　　b. 청정한 소연에 의거해 일미상을 나타냄 ········ 462
　　　　　　　a) 모든 온에 의거해 일미상을 해석함 ········ 463
　　　　　　　b) 처 등에 대해 유추해서 일미상임을 해석함 ········ 463
　　　　　㉯ 결론 ········ 464
　　　　(나) 세 종류 편재의 뜻에 의거해 일미를 밝힘 ········ 464
　　　　　㉮ 해석 ········ 465
　　　　　　a. 반해反解 ········ 465
　　　　　　b. 순석順釋 ········ 471
　　　　　㉯ 결론 ········ 474
　　　　(다) 세 가지 과실을 떠난다는 점에서 일미상을 해석함 ········ 475
　　　　　㉮ 해석 ········ 476
　　　　　　a. 온 등의 전전이상을 밝힘 ········ 476
　　　　　　b. 진여에 별개의 이상이 없음을 나타냄 ········ 477
　　　　　　　a) 승의제에 세 가지 과실이 있음을 반현返顯함 ········ 478
　　　　　　　b) 승의제는 세 가지 과실을 떠남을 순석順釋함 ········ 479
　　　　　　　　(a) 바로 해석함 ········ 479
　　　　　　　　(b) 도리로 거듭 성립시킴 ········ 480
　　　　　㉯ 결론 ········ 483
　　　나) 비유 ········ 483
　　　다) 결합 ········ 485

    2) 게송으로 간략히 설함 **487**
     (1) 송문을 발기함 **487**
     (2) 게송으로 간략히 설함 **487**

찾아보기 / **491**

일러두기

1 '한글본 한국불교전서'는 문화체육관광부의 지원을 받아 동국대학교 불교학술원에서 수행하고 있는 '불교기록문화유산아카이브사업(ABC)'의 결과물을 출간한 것이다.
2 이 책의 번역은 『한국불교전서』(동국대학교출판부 간행) 제1책의 『해심밀경소解深密經疏』를 저본으로 하였다.
3 본 역서의 차례는 저자 원측圓測의 과목 분류에 의거해서 역자가 임의로 넣은 것이다.
4 본 역서에서는 시각적 효과를 고려하여 『해심밀경』 본문과 원측의 해석을 경과 석으로 구분하였다. 다시 원측의 해석에 나온 '問曰'은 문으로, '答曰'은 답으로, '解云과 又解云'은 해로, '論曰'은 논으로, '頌曰'은 송 등으로 처리하였다.
5 원문의 협주夾註는 【 】로 표시하였다.
6 『해심밀경』의 경문을 가리키거나 혹은 다른 경론의 문장을 그대로 직접 인용한 경우는 " "로 처리하였고, 그 밖에 출전의 문장을 요약·정리해서 인용하거나 출처가 확인되지 않는 학설을 진술한 경우는 ' '나 〈 〉로 묶어 주었다.
7 인용문에 나오는 '乃至廣說'이나 '乃至'가 문장의 생략을 뜻하는 경우, 인용문의 중간에 있으면 '······중간 생략······'으로, 문장의 끝에 있으면 '······이하 생략······'으로 처리하였다.
8 음역어는 현재의 한문 발음대로 표기하였다.
9 번역문에 이어 원문을 병기하였다. 원문은 『한국불교전서』를 저본으로 했으며, 띄어쓰기를 표시하기 위해 온점(.)을 사용하였다.
10 본 역서에서는 『해심밀경소』의 모든 인용문들에 대해 출전을 찾아서 확인·대조해서 원문 아래 별도의 교감주를 달았다. 한은 『한국불교전서』에 이미 교감된 내용이고, 역은 역주자가 새로 교감한 것이다.
   1) 원문을 그대로 직접 인용하였고 그 출전이 현존하는 경우, 원전과 대조해서 글자의 출입이 있거나 오탈자와 잉자剩字로 확인되면 원문 교감주에 표시하였다.
   2) 요약·정리된 인용문들이나 저자의 해석문 중에 전후 문맥상 오탈자나 잉자라고 여겨지면 교감주에 표시하였다.
   3) 『한국불교전서』의 교감주에서 발견되는 오류도 역자 교감주에 따라 표시하였다.
11 역주에서 소개한 출전은 약호로 표기하였다. T는 『대정신수대장경大正新脩大藏經』, X는 『신찬대일본속장경新纂大日本續藏經』, A는 『금장金藏』의 약자이다.

제2편
승의제상품
勝義諦相品

해심밀경소 권2
서명사 사문 원측 찬술하다
승의제상품 제2

解深密經疏卷第二
西明寺沙門 圓測撰
勝義諦相品第二

이 품의 경문을 해석하면 대략 두 가지 내용이 있다. 첫째는 품명을 해석하는 것이고, 둘째는 경문을 바로 해석하는 것이다.

釋此品文。略有二義。一釋品名。二正釋文。

제1장 품명 해석

'승의제상품'이라 했는데, (승의제란) 진리(諦) 중에서도 수승한 것의 호칭이다. '진리'에는 두 종류가 있으니, 첫째는 세속제世俗諦이고, 둘째는 승의제勝義諦이다.[1]

'세속世俗'이란 말에서, '세'는 '감추어 덮는다'는 뜻이고 '속'은 '거칠게 드러난다'는 뜻이다. 말하자면 병이나 옷 등은 세상에서 거칠게 나타나 있는 사물로서 이것이 승의를 감추어 덮기 때문에 세속이라 한다.[2]

'승의勝義'라는 말에서, '승'은 수승한 지혜를 말하고 '의'는 경계(境義)를 말한다. 말하자면 진여의 이치는 '수승한 지혜의 경계(勝智之境義)'이기 때문에 승의라고 한다.[3] 이는 육합석 중에서 의주석에 해당한다.[4] 혹은 '의'

---

[1] 이제二諦의 의미에 대해서는 학파마다 해석이 다르지만, 중국 법상종에서는 이제란 '진리 자체의 두 가지 형식'을 뜻한다. 원측에 따르면, 진리(諦)란 일반적으로 실재(有, [S] sat)라고 여겨지는 것이고, 동시에 '그것의 본성이 필연적이고 가지적인 것'을 말한다. 이러한 원측의 견해는 둔륜遁倫의 『瑜伽論記』 권15(T42, 647a12)에서는 다음과 같이 진술된다. "원측은 다음과 같이 말한다. 또 '제'에는 두 가지 의미가 있다. 첫째, 모든 법들이 자성을 버리지 않는다는 뜻이 바로 '진리'의 뜻이다.……둘째는 청정한 지혜를 생기게 할 수 있다는 뜻이다.(測云. 又諦有二義. 一一切諸法不捨自性義是諦義……二能生淸淨智義.)" 따라서 범부의 상식에 알려지든 성인의 지혜에 알려지든, 실재하는 것으로서 그 본성이 알려지고 있는 것들, 즉 감각적 사물이나 사제四諦의 도리나 궁극적 진여 등과 같은 다양한 층위의 실재들이 진리의 자리에 놓인다.
[2] 원측은 '세속'의 범어 saṃvṛti의 다양한 의미들 중에서 특히 '은복隱覆'과 '추현麤顯'의 뜻으로 해석하였다. 이에 따르면 병·옷과 같은 사물들은 거칠게 현현해 있기 때문에 세속적 상식의 차원에서 경험되지만 그로 인해 궁극적 차원의 실재를 은폐시키는 기능을 한다.
[3] 이 '수승한 지혜의 경계'란 일반인의 상식에 파악되는 경계가 아니라 성자의 지혜에 알려지는 경계, 구체적으로는 '진여의 이치'와 같은 것을 말한다.
[4] 원측 소에서 두 단어 이상의 복합어가 'A之B'로 해석되면 모두 의주석依主釋([S] Tat-

라는 것은 바로 의리義利(이익)⁵이니, 즉 열반의 과果는 '수승한 의리(勝義利)'이기 때문에 승의라고 한다. 이는 육합석 중에서 지업석에 해당한다.⁶ 혹은 다시 성도는 '뛰어난 것을 대상으로 삼기(用勝爲義)' 때문에 승의라고 한다. 이는 유재석에 해당한다.⁷ 지금 여기서는 우선 처음의 의미(의주석)에 따른다.

'진리(諦)'에는 두 가지 뜻이 있다. 예를 들면 『유가사지론』 제55권에서 말하길, "첫째는 설해진 그대로의 상相을 버리거나 여의지 않는다는 뜻에서, 둘째는 이 상을 관함으로 인해 궁극의 과에 이르기 때문에, 진리라고 한다."⁸고 하였다. (『유가사지론』에서 말한) '상相'이란 체상體相 혹은 상상相狀을 말한다. '언어를 떠난 상' 등의 다섯 가지 상은 모두 진여의 자체상自體相이기 때문이고, 혹은 하나의 진여에 '언어를 떠난 상' 등의 다섯 가지 형상이 있기 때문이다.⁹

---

puruṣa)에 해당한다. 의주석에 대해서는 '서품의 제1장-2. 경의 제목'에서 이미 자세하게 논한 바 있다.
5 친광의 『佛地經論』 권1(T26, 295a19)에는 '의리義利'에 대해 다음과 같은 설명이 나온다. "현재의 이익을 義라고 하고 미래의 이익을 利라고 한다. 세간을 義라고 하고 출세간을 利라고 한다. 악을 떠남을 義라고 하고 선을 거둠을 利라고 한다. 복덕을 義라고 하고 지혜를 利라고 한다.(現益名義. 當益名利. 世間名義. 出世名利. 離惡名義. 攝善名利. 福德名義. 智慧名利.)"
6 원측 소에서 두 단어 이상의 복합어가 'A卽B'인 관계로 해석되면 모두 지업석持業釋(Ⓢ Karma-dhāraya)으로 간주된다. 또 위 본문의 '수승한 의리(勝義利)'처럼 두 단어가 수식 관계에 있을 때도 지업석으로 간주된다. 참고로 지업석이란 가령 '악인惡人'을 '악한 사람'으로 번역하거나 또는 '장식藏識'을 '저장하는 식'으로 번역하는 경우처럼, 앞말이 뒷말의 형용사나 부사 역할을 하거나 또는 동등한 종류임을 나타내는 것을 말한다.
7 유재석有財釋(Ⓢ Bahu-vrīhi) : 복합어의 해석 방법 중의 하나로서, 두 단어 이상의 복합어가 가리키는 대상이 그 복합어의 바깥에 있는 경우이다. 가령 '황의黃衣'라는 단어를 유재석으로 해석할 경우, 이는 '황의를 입은 사람(黃衣之人)'을 가리킨다. 이 유재석에 의거해서 '승의勝義'를 해석하면, '승의의 X' 또는 '승의를 가진 X'를 뜻하는데 구체적으로는 '수승한 것을 대상으로 하는 성도聖道'를 나타내는 말이다.
8 『瑜伽師地論』 권55 「攝決擇分」(T30, 605b19).
9 이 『瑜伽師地論』의 인용문에서 말한 '설해진 그대로의 상'이란 예를 들어 사성제四聖諦의 고제苦諦에 대해 고苦·공空·비아非我·무상無常의 네 가지 행상을 설하고 그 밖에

이 품에서는 승의제의 다섯 가지 상의 의미를 밝히기 때문에 '승의제상품제이勝義諦相品第二'라고 하였다.

言勝義諦相品者。諦中之勝號。諦有二種。一者世俗。二者勝義。言世俗者。世是隱覆義。俗是䪭顯義。謂甁衣等世䪭顯物。隱覆勝義。故名世俗。言勝義者。勝謂勝智。義卽境義。謂眞如理。是勝智之境。故名勝義。卽六釋中依主釋也。或復義者。卽是義利。謂涅槃果。卽勝義利。名爲勝義。卽六釋中持業釋也。或復聖道。用勝爲義。故名勝義。是有財釋。今於此中。且依初義。諦有二義。如瑜伽論五十五說。一如所說相不捨離義。二由觀此故到究竟。故名爲諦。相謂體相。或是相狀。離言等五。皆是眞如自體相故。或一眞如。有離言等五相狀故。於此品內。明勝義諦五相之義。故言勝義諦相品第二。

집제·멸제·도제에 대해 각기 네 가지 행상을 설하거나, 혹은 승의제勝義諦에 대해 '이 언무이離言無二' 등의 오상五相을 설한 것을 말한다. 이와 같이 설해진 상들을 성스런 가르침에서 시설해 준 것으로서 그 상들을 잘 관찰하고 사유함으로써 궁극의 과果에 도달할 수 있기 때문에, 그것들에 '제' 즉 '진리'라고 이름했다는 것이다. 그런데 이 인용문은 범부의 상식에 알려지는 사물이 아니라 성자의 수승한 지혜에 알려지는 경계에 초점을 맞춰 '진리'라고 명명한 이유를 설명한 것이다.

제2장 경문 해석

경 이때 여리청문보살마하살이 부처님 앞으로 나아가 해심심의밀의보살마하살에게 물었다.

爾時。如理請問菩薩摩訶薩。卽於佛前。問解甚深義密意菩薩摩訶薩[1)]言。

1) ㈜ 『解深密經』 권1(T16, 688c20)에는 '摩訶薩'이 없고, 교감주에서 세 글자가 있는 판본도 있다고 하였다.

석 두 번째는 경문을 바로 해석한 것이다. 이상으로 이미 교기인연분敎起因緣分을 해석하여 마쳤고, 이하는 두 번째인 성교정설분聖敎正說分이다.

이 성교정설분에는 일곱 개의 품이 있는데, 정리하면 세 부분이 된다.[1] 처음에는 네 개의 품이 있으니, 관해지는 경계(所觀境)를 밝힌 것이다.【승의제상품」,「심의식상품」,「일체법상품」,「무자성상품」】 다음에는 두 개의 품이 있으니, 관하는 행(能觀行)을 나타낸 것이다.【분별유가품」,「지바라밀다품」】 마지막에 한 개의 품이 있으니, (관에 의해) 얻게 될 과(所得果)를 나타낸 것이다.【「여래성소작사품」】

이와 같이 세 부분을 설한 까닭은 (무엇인가?) 저 관행觀行하는 자는

---

1 이 글에서는 『解深密經』의 내용을 유식의 경境·행行·과果의 구조로 나누었다. 이처럼 경·행·과의 세 부분으로 나누는 것은 유식학파의 전형적인 사고방식이다. 여기서 '경境(Ⓢ viṣaya)'은 보살들이 배우고 알아야 할 대상을, '행行(Ⓢ pratipatti)'은 그 경에 따라 실천하고 익히는 것을, '과果(Ⓢ phala)'는 그 수행의 결과로서 주어지는 해탈과 보리를 가리킨다.

반드시 뛰어난 경계(境)에 의지하고, 그 경계에 의지해 행行을 일으키며, 행으로 말미암아 과果를 얻게 된다. 그러므로 세존께서는 『아비달마대승경』에서 열 가지 수승어를 말씀하셨다.[2] 처음의 두 개는 경계에 대한 것이다.【알아야 할 소의(所知依), 알아야 할 상(所知相).】다음의 여섯 개는 수행에 대한 것이다.【알아야 할 것에 대한 증입(入所知), 그 증입의 인과(入因果), 계학戒學, 정학定學, 수행의 차별(修差別), 혜학慧學.】마지막 두 개는 결과에 대한 것이다.【그 결과로서의 (번뇌의) 끊어짐(彼果斷), 그 결과로서의 지혜(彼果智).】

이로 인해 무착의 『섭대승론』도 세 가지 무등(三無等)[3]에 의거해 열 가지 수승어를 설하였다.

> 釋曰。第二正釋經文。上來已釋敎起因緣分訖。自下第二聖敎正說分。於此分中。有其七品。攝爲三段。初有四品。明所觀境。【勝義諦相品。心意識相品。一切法相品。無自性相品。】次有二品。辨能觀行。【分別瑜伽品。地波羅蜜多品。】後有一品。顯所得果。【如來成所住[1)]事品。】所以如是說三分者。夫觀行者。要藉勝境。依境起行。由行得果。是故世尊。阿毗達磨大乘經中。說十種勝。初二是境。【所知依。所知相。】次六是行。【入所知。入因果。戒學。定學。修差別。慧學。】後二是果。【彼果斷。彼果智。】由是無著攝大乘論。約三無等。說十殊勝。

1) ㉯ '住'는 '作'의 오기다.

---

2 『阿毗達磨大乘經』에 대한 해석이 바로 『攝大乘論』이라고 알려져 있지만, 그 경이 어떤 경인지는 수수께끼에 싸여 있다. 『攝大乘論』에 의하면, 이 경에서는 다음과 같은 열 가지 상의 수승수승어(十相殊勝殊勝語)를 설한다. ① 소지의所知依 수승수승어, ② 소지상所知相 수승수승어, ③ 입소지入所知 수승수승어, ④ 피입인과彼入因果 수승수승어, ⑤ 피인과수차별彼因果修差別 수승수승어, ⑥ 증상계增上戒 수승수승어, ⑦ 증상심增上心 수승수승어, ⑧ 증상혜增上慧 수승수승어, ⑨ 피과단彼果斷 수승수승어, ⑩ 피과지彼果智 수승수승어. 『攝大乘論本』 권1(T31, 132c23) 참조.
3 세 가지 무등(三無等) : 유식학 경론에서 설해지는 유식의 경境·행行·과果는 그 어느 것에 비할 바가 없을 정도로 뛰어나다는 의미에서 '삼무등三無等'이라 한다.

자씨보살(彌勒)은 십칠지十七地를 설하면서 또한 경境·행行·과果의 세 종류로 나누었다.[4] 처음의 아홉 개는 '경'에 해당한다.【오식신상응지, 의지, 유심유사지, 무심유사지, 무심무사지, 삼마희다지, 비삼마희다지, 유심지, 무심지.】다음의 여섯 개는 '행'에 해당한다.【문소성지, 사소성지, 수소성지, 성문지, 독각지, 보살지.】마지막의 두 개는 '과'이다.【유여의지, 무여의지.】

이『해심밀경』은 (경·행·과라는) 세 가지 무등을 설하기 때문에 세 부분이 된다. 관찰되는 경계를 설한 곳에서 다시 둘로 나누었다. 처음 두 품은 진眞과 속俗의 경계를 밝힌 것이고,【승의제상품은 진제를 밝힌 것이고, 심의식상품은 세속제를 밝힌 것이다.】뒤의 두 품은 삼성三性이 있는 경계와 삼성이 없는 경계를 밝힌 것이다.【앞의 품은 삼성의 경계를 밝힌 것이고, 뒤의 품은 삼무성三無性의 경계를 밝힌 것이다.】

慈氏菩薩。說十七地。亦辨三種。初九是境。【五識[1]相應地。意地。有尋有伺地。無伺地。[2] 無尋唯伺地。無尋無伺地。三摩呬多地。非三摩呬多地。有心地。無心地。】次六是行。【聞所成地。思所成地。修所成地。聲聞地。獨覺地。菩薩地。】後二是果。【有餘依地。無餘依地。】此經說三無等。以爲三分。就所觀境。復分爲二。初有二品。明眞俗境。【勝義諦相品。明其眞諦。心意識相品。明世俗諦。】後二品。明有無性境。【謂初品明三性境。後品明三無性境。】

---
1) ㉠ '識' 다음에 '身'이 누락되었다. 2) ㉠『瑜伽師地論』권1(T30, 279a14)에 따르면, '無伺地'라는 세 글자는 잉자이다. 또 이것을 빼야만 앞에서 "아홉 개는 경계에 해당한다."라는 문구와 일치한다.

---
4 미륵彌勒보살이 설하고 무착無著이 기술한 것으로 알려진『瑜伽師地論』은 유가행자들이 학습하는 열일곱 가지 지地를 설명한 것이기 때문에『十七地論』이라고도 한다. 십칠지十七地와 경·행·과의 관계에 대한 자세한 설명은『瑜伽論記』권1(T42, 315b9) 참조.

이제 二諦를 설한 곳에서는, 본·말의 차례대로 진제를 속제보다 우선시했기 때문에 지금 여기에서 (먼저) 승의제를 설한 것이다.

『유가사지론』에 의하면, 이 품을 판석하는 가운데 다섯 종류 상(五相)을 설명한 것이다. 따라서 제75권에서는 "다시 승의제에는 다섯 가지 상이 있으니, 첫째는 명언을 떠난 상이고, 둘째는 둘 없는 상이며, 셋째는 심사尋思의 영역을 넘어선 상이고, 넷째는 제법과의 동일성·차이성을 넘어선 상이며, 다섯째는 모든 것에 편재하는 일미상一味相이다."[5]라고 하였다.

지금 이 『해심밀경』에 의하면 (「승의제상품」은) 네 단락으로 정리된다. 첫 번째는 명언을 떠난 상과 둘 없는 상을 밝힌 것이다. 두 번째 "이때 법용" 이하는 심사의 영역을 넘어선 상을 밝힌 것이다. 세 번째 "이때 선청정혜" 이하는 (제법과의) 동일하지도 다르지도 않은 상을 밝힌 것이다. 네 번째 "이때 세존" 이하는 모든 것에 편재하는 일미상을 해석한 것이다.

다섯 가지 상 중에 '명언을 떠난 상'은 당연히 네 단락에 통하니, 네 가지 상에는 모두 '명언을 떠난 상'이 있기 때문이다. 그런데 (처음 단락에서는 '명언을 떠난 상'을) '둘 없는 상'과 한곳에 합해서 설했고, 준해서 알 수 있기 때문에 나머지 세 단락에서는 생략하고 설하지 않았다.

就二諦中。本末次第。先眞俗故。今此中說勝義諦。依瑜伽論。判此品中。辨五種相。故七十五云。復次勝義諦有五相。一離名言相。二無二相。三超過尋思所行相。四超過諸法一異性相。五遍一切一味相。今依此經。攝爲四段。一明離言及無二相。二爾時法涌下。明超過尋思所行相。三爾時善淸淨慧下。辨非一異相。四爾時世尊下。釋遍一切一味相。五中離言。應通四段。四相皆有離言相故。而與無二。一處合說。准可知故。餘三段中。略而不說。

---

[5] 『瑜伽師地論』 권75 「攝決擇分」(T30, 713c25). 『解深密經』은 「序品」을 제외하고 그 나머지 일곱 개의 품이 『瑜伽師地論』 권75~78(T30)에 실려 있다.

1. 이언離言·무이無二의 상을 밝힘[6]

앞의 두 가지 상을 밝힌 곳에서 문장을 두 가지로 구별하였다. 처음은 장행으로 자세히 해석한 것이고, 나중은 게송으로 간략히 설한 것이다.

就前二相。文別有二。初長行廣釋。後以頌略說。

1) 장행으로 자세히 해석함

전자에 여섯 가지가 있다. 첫째는 청문한 것이고, 둘째는 간략히 답한 것이며, 셋째는 징문한 것이고, 넷째는 자세히 해석한 것이며, 다섯째는 거듭 징문한 것이고, 여섯째는 비유로 설명한 것이다.【진제 삼장에 의하면 네 단락으로 나누는 것은 이전과 동일하다. 그런데 처음 (장행으로 설한 곳에) 가면 다섯 가지가 된다. 첫째는 '불가언·무이'를 간략히 설한 것이고, 둘째는 자세히 설한 것이며, 셋째는 비유로 나타낸 것이고, 넷째는 총결 지은 것이며, 다섯째는 게송으로 설한 것이다.】

前中有六。一請問。二略答。三徵問。四廣釋。五重徵。六喩說。【依眞諦判四

---

[6] 이하는 승의제의 오상五相 중에서 '이언離言·무이無二'라는 두 가지 상을 설명한 것이다. 이 『解深密經』에는 실제로 오상 중에 네 가지 상만 명시되어 있지만, 원측에 따르면 '이언상離言相'은 그 밖의 네 가지 상에 공통적으로 전제되기 때문에 '무이상無二相'을 밝히는 곳에서 함께 다룬 것이다. 그런데 뒤의 세 가지 상은 보살이 청문하고 세존이 대답하는 방식으로 설해졌다면, 그와는 달리 '이언·무이'의 상은 부처님 앞에서 두 보살이 서로 청문하고 대답하는 방식으로 되어 있다. 이 두 보살의 문답을 통해 진리를 추구하는 요가행자들이 명심해야 할 종교적·철학적 기초, 즉 '부처님이 내증한 궁극적 진리(勝義諦)는 언어를 떠나 있는 것이고, 따라서 유위·무위 등으로 규정되지 않는다'는 것을 분명히 하였다.

段同前。就初爲五。一略說不可言無二。二廣說。三喩顯。四總結。五偈頌。】

(1) 보살의 청문

이것은 첫 번째로 보살의 청문에 해당한다. 이 중에 두 가지가 있다. 처음은 물음을 일으키는 서두(由序)이고, 나중은 교에 의거해 물음을 일으킨 것이다.

此卽第一菩薩請問。於中有二。初發問由序。後依敎發問。

① 물음을 일으키는 서두

이것은 처음에 해당한다. 문장은 네 개의 구절로 되어 있다.

첫째, "이때(爾時)"란 물음을 일으킨 때이다.【『심밀해탈경』에서는 '바가바께서 대중들에게 둘러싸여 심오한 법을 설하실 때'라고 했는데, 이는 번역가의 오류다.[7]】

둘째, "여리청문보살如理請問菩薩"이란 묻는 자를 나타낸 것이다. 이치에 맞게 질문을 일으키므로 '여리청문보살'이라 하였다.【『해절경』에서는 '여리정문如理正聞'이라 하였고,[8] 『심밀해탈경』에서는 '선문보살善問菩薩'이라 하였다.[9]】

셋째, "부처님 앞으로 나아가"라고 한 것은 물음을 일으킨 장소를 나타낸 것이다. 예를 들어 세친의 『섭대승론석』에서는 선입보살善入菩薩이 "'박

---

7 『解深密經』「勝義諦相品」에서는 두 보살이 박가범 앞에 나아가서 서로 묻고 답하는데, 여리청문보살이 물음을 일으킨 시점을 밝히면서 서두에서 단지 "이때 여리청문보살마하살이……"라고만 하였다. 그런데 『深密解脫經』에서는 보살이 질문을 일으킨 시점에 대해 "한때 박가범이 백천만 아승기의 대중들에게 전후로 둘러싸여 보살들을 위해 심오한 법을 설하고 계셨을 때……"라고 한 것은 번역가의 오류라는 것이다.
8 『解節經』 권1(T16, 711c16) 참조.
9 『深密解脫經』 권1(T16, 666a2) 참조.

가범 앞에 나갔다'고 말한 것은 공경의 대상이 있으므로 다른 말을 하지 않음을 나타낸 것이다."[10]라고 하였다. 또 무성無性은 "('그 박가범 앞에서' 라고 한 것은) 부처님이 인정했으므로 널리 유통시킬 수 있고 몸소 세존과 대면하였으니 다른 말을 하지 않음을 나타냈기 때문이다."[11]라고 하였다.

넷째, "해심심의밀의보살마하살에게 물었다."고 한 것은 질문받은 사람을 표시한 것이다. 지금 이 보살은 사변四辨[12]으로써 심오한 이치(義理)의 밀의密意를 해석할 수 있기 때문에 그런 이름을 세웠으니, 이는 『유가사지론』 제47권에서 설명한 것과 같다.[13]

『해절경』에서는 '능해심심의절보살能解甚深義節菩薩'이라 하였고, 진제 스님은 다음과 같이 해석하였다. 〈해解는 해석解釋을 뜻하고, 절節은 굳게 맺힌 것(堅結)을 뜻하니, 심오하고 굳게 맺힌 의미의 마디를 풀어내기 때문에 '능해심심의절보살'이라 이름한 것이다. 또한 '보관정寶冠頂'이라고도 한다. 보관정이란 본래 부처님 이름이니, 지금 이 보살이 저 부처님의 제자이므로 스승을 따라서 명호를 붙인 것이다.〉 자세한 설명은 그 (진제의 해석과) 같다.【『심밀해탈경』에서는 '심밀해탈보살深密解脫菩薩'이라 하였다.[14]】

此卽初也。文有四節。一爾時者。發問時也。【深密經云。佛[1)]婆伽婆大衆圍遶說深法時者, 譯家謬也。】二如理請問菩薩者。辨能問者。順理發問。故名如理請問菩薩。【解節經云。如理正問。[2)] 深密經云善問菩薩】三卽於佛前

---

10 세친의 『攝大乘論釋』 권1(T31, 322b9).
11 무성의 『攝大乘論釋』 권1(T31, 380b26).
12 사변四辨 : 사무애변四無礙辯·사무애지四無礙智·사무애해四無礙解라고 한다. 첫 번째 법무애法無礙는 온갖 교법에 통달한 것이고, 두 번째 의무애義無礙는 그 교법의 의미를 잘 아는 것이며, 세 번째 사무애辭無礙는 여러 종류 언어를 잘 알아들어 모두 통달하는 것이고, 네 번째 요설무애樂說無礙는 사람들의 근기에 따라 듣기 좋아하는 것을 자유자재로 말하는 것이다.
13 『瑜伽師地論』 권47(T30, 549c4) 참조.
14 『深密解脫經』 권1(T16, 666a5) 참조.

者。發問處也。此如世親攝大乘云。善入菩薩薄伽梵前者。顯有所敬及[3)]無異言。又無性云。顯佛開許堪廣流通。親對世尊無異言故。四問解甚深義密意菩薩言者。標所問人也。今此菩薩。能以四辨。解釋甚深義理密意。故立其名。此如瑜伽三[4)]十七說。解節經云。能解甚深義節菩薩。眞諦釋云。解卽解釋。節是堅結義。解釋甚深堅結義節。是故名爲解釋[5)]甚深義節菩薩。亦名寶冠頂。寶冠頂本是佛名。今此菩薩彼佛弟子。從師立號。廣說如彼。

【深密經云。深密解脫菩薩。】

---

1) ㉘『深密解脫經』권1(T16, 665c29)에는 '佛'이 없다. 2) ㉘『解節經』권1(T16, 711c16)에 따르면, '問'은 '聞'의 오기다. 3) ㉘『攝大乘論釋』권1(T31, 322b9)에 따르면 '及'은 '故'의 오기다. 4) ㉘ '三'은 '四'의 오기인 듯하다. '解釋甚深義理密意'에 대한 설명은 『瑜伽師地論』제47권에 나온다. 5) ㉘ 여기에는 '能解甚深義節'이라는 명칭이 나와야 하므로 '解釋'을 '能解'로 수정하였다.

② 교설에 의거해서 물음

경 "최승자여, '일체법은 둘이 없다'고 말합니다. '일체법은 둘이 없다'고 한 것에서, 무엇이 일체법이고 어째서 '둘이 없다'고 합니까?"

最勝子。言一切法無二。一切法無二者。何等一切法。云何爲無二。

석 이것은 두 번째로 교설에 의거해 물음을 일으킨 것이다.

경문에는 두 개의 구절이 있다. 처음에 "최승자여, '일체법은 둘이 없다'고 말합니다."라고 한 것은 묻고자 하는 교설을 거론한 것이다. 나중의 "'일체법은 둘이 없다'고 한 것에서……"라는 것은 교에 의거해 물음을 일으킨 것이다.

釋曰。此卽第二依教發問。文有兩節。初最勝子言一切法無二者。擧所問敎。後一切法無二等者。依敎發問。

가. 물으려는 교설을 거론함

그런데 '최승자'나 '심밀해절'은 모두 불자佛子이다.

진제의 『기記』에서는 다음과 같이 말한다. 〈불자에는 다섯 가지 의미가 있다. 첫째는 종자種子라는 뜻이니, 말하자면 대승을 믿고 좋아하는 것이 능히 부처의 종자를 획득하는 것이다. 둘째는 어머니(母)라는 뜻이니, 말하자면 반야바라밀다는 불법佛法을 생기게 할 수 있기 때문에 어머니라고 한다. 셋째는 태반(胎處)이라는 뜻이니, 보살의 선정은 머무는 곳(住處)이기 때문에 태반이라 한다. 넷째는 유모乳母라는 뜻이니, 말하자면 보살을 양육해서 성도를 이루게 하기 때문에 자비慈悲를 유모라고 설한 것이다. 다섯째는 '아버지를 닮았다(似父)'는 뜻이니, 말하자면 초지初地에서부터 불지佛地에 이르게 되면 전의轉依[15]하여 부처와 닮게 되기 때문에 '아버지와 닮았다'고 한 것이다. (이와 같은 다섯 의미에서) 곧 해절보살解節菩薩을 불자라고 호칭한 것이다.〉 자세한 설명은 이전과 같다.

『십주론』에서는 '보살은 부처님의 진실한 아들이기 때문에 보살을 불자라고 이름한다'고 하였다.[16]

然最勝子深密解節。皆佛子。眞諦記云。佛子有五義。一種子義。謂信樂大乘能爲得佛種子。二母義。謂般若度能生佛法。故名爲母。三胎處義。菩薩禪定是住處。故名胎處。四乳母義。謂能長養菩薩令得成道。故說慈悲爲乳

---

15 전의轉依 : 전轉은 '전환해서 버리고(轉捨) 전환해서 얻는다(轉得)'는 뜻이고, 의依는 제8아뢰야식을 뜻한다. 즉 요가 수행을 통해 제8아뢰야식의 번뇌장煩惱障을 전사해 버리고 열반을 전득하는 것, 소지장所知障을 전사해 버리고 그 안에 있는 무루의 진지眞智를 전득하는 것을 전의라고 한다.
16 『十住毘婆沙論』 권1(T26, 23a6) 참조.

母。五似父義。謂從初地乃至佛地。轉依似佛。故言似父。即呼解節菩薩爲佛子也。廣說如前。十住論云。菩薩是佛眞實之子。是故菩薩名爲佛子。

이제 당본唐本에 의하면 '최승자最勝子'라고 이름하는데, 이에 대해 두 가지 설이 있다.

한편에서는 다음과 같이 말한다. 〈'최승'은 보살의 이름이니, 삼승의 아들 중에서 가장 뛰어나기 때문에 (최승이라 하였고,) 부처의 종자를 이을 수 있기 때문에 '자'라고 한 것이다. 이는 지업석持業釋에 해당한다.[17]〉

한편에서는 다음과 같이 말한다. 〈'최승'은 세존의 호칭이다. 따라서 무성의 『섭대승론석』에서 '최승'이라 한 것은 또 부처님이 이승보다 뛰어남을 나타내려 했기 때문이라고 하였다.[18] 또 『유가사지론』에서는 부처님이 바로 '최승'이니, "모든 외도와 번뇌마煩惱魔 등을 이길 수 있기 때문이다."[19]라고 하였고, "집안(家)·족성族姓 등이 뭇사람들보다 빼어나기 때문이다."[20]라고 하였다. 이 해석에 의하면, '최승지자最勝之子'를 최승자라고 한 것이다.[21] 따라서 『현양성교론』에서는 보살을 또한 '최승지자最勝之子'라고도 이름한다.[22] 그러므로 그 밖의 곳에서 '불자'라고 이름한 것이다.〉

今依唐本。名最勝子。自有二說。一云。最勝是菩薩名。三乘子中最殊勝故。能紹佛種。名之爲子。是持業釋。一云。最勝是世尊號。故無性論云。最勝

---

17 '최승자'를 지업석으로 해석할 경우 '최승이 곧 아들(最勝卽子)'이라는 동격 관계에 있으므로 '가장 수승한 아들'이라 번역될 수 있다.
18 무성의 『攝大乘論釋』 권9(T31, 442c10) 참조.
19 『瑜伽師地論』 권82(T30, 756a18).
20 『瑜伽師地論』 권82(T30, 756a12).
21 이 해석은 의주석依主釋에 해당한다. 이 경우 '최승자'라는 복합어는 '최승의 아들(最勝之子)'이라는 의미인데, 여기서 '최승'은 부처님을 가리키고, '최승의 아들'이란 '부처님의 아들' 즉 불자佛子를 말한다.
22 『顯揚聖教論』 권8(T31, 521a21) 참조.

者。又顯佛勝二乘故。又瑜伽云。佛是最勝。於諸外道煩惱等魔。能得勝故。
宗[1])族姓等。暎衆人故。若依此釋。最勝之子。名最勝子。故顯揚云。菩薩亦
名最勝之子。是故餘處。名爲佛子。

1) 㸃 『瑜伽師地論』 권82(T30, 756a12)에 따르면, '宗'은 '家'의 오기다.

(첫 문장에 나온) "말합니다(言)"[23]란 언어적 가르침(言敎)이니, '일체법은 둘이 없다'는 말씀을 가리킨다. 이에 또한 두 가지 해석이 있다. 한편에서는 보살의 언어적 가르침이라 한다. 한편에서는 부처님의 말씀이라 하니, 예를 들면 『백법론』[24]에서는 "예를 들어 세존께서 '일체법은 무아다'라고 말씀하셨는데"[25]라고 하였고, 또 (이 『해심밀경』의) 다음의 게송에서 "부처님이 설하신 이언離言과 무이無二의 뜻은"[26]이라고 하였다.

(첫 문장에 나온) "일체법은 둘이 없다."는 것은 경의 두 가지 표장標章을 든 것이니, 첫째는 '일체법'이고, 둘째는 '둘 없음'이다.

言謂言敎。卽一切法無二言也。此亦兩釋。一云菩薩言敎。一云佛言。如百
法論。如世尊言一切法無我。又下頌云。佛說離言無二義。一切法無二者。
擧經兩章。一一切法。二者無二。

---

23 여기서 '言'이라는 글자는 "일체법에는 둘이 없다고 말합니다.(言一切法無二)"라는 여리청문보살의 질문에서 맨 처음 나온 '言' 자를 가리킨다.
24 『백법론百法論』: 세친이 짓고 현장이 번역한 『大乘百法明門論』(T31)을 가리킨다. 이것은 『瑜伽師地論』 「本事分」 중에서 백법百法의 명수名數만을 간략하게 기록한 책이다.
25 『百法論』 권1(T31, 855b15)에 "如世尊言。一切法無我。何等一切法。云何爲無我。"라는 질문이 나오는데, 여기서 알 수 있듯 '일체법무아'라는 교법은 '세존'의 말씀으로 명시되어 있다는 것이다.
26 이 문구는 여리청문보살과 해심심의밀의보살 간의 문답이 끝나고 게송으로 약설하는 곳에 나온다. '제2장-1.-2) 게송으로 간략히 설함'(p.154) 참조.

나. 교설에 의거해 물음

"'일체법은 둘이 없다'는 것에서 무엇이 일체법이고 어째서 둘이 없다고 합니까."라고 한 것은 두 번째로 교설에 의거해 질문을 일으킨 것이다. 경문에는 두 개의 구절이 있다. 처음 구절은 장차 질문을 일으키려고 두 개의 표장을 짝지어 표제로 내건 것이다.[27] 뒤의 구절은 표장에 의거해 따로따로 징문한 것이니, 곧 두 개의 물음이 된다. 첫째는 '무엇이 일체법인가'라고 물은 것이고, 둘째는 '어째서 둘이 없는가'라고 물은 것이다.

『유가사지론석』에 의하면, 일반적으로 논할 때 질문을 일으키는 이유에 다섯 가지가 있다. "첫째는 이해하지 못했기 때문에 묻는 것이다.[28] 둘째는 의혹하기 때문에 묻는 것이다.[29] 셋째는 (모든 중생에게) 이익과 안락을 주기 위해 묻는 것이다.[30] 넷째는 시험해 보려고 묻는 것이다.[31] 다섯째는 가벼이 놀려 먹으려고 묻는 것이다.[32]"[33]

지금 이 보살은 세 번째 물음에 의거했으니, 모든 중생에게 이익을 주려 하기 때문이다. 혹은 세 가지에 통한다고 볼 수 있으니, 또한 이해하지 못했다거나 의혹한다는 의미도 있기 때문이다. 뒤의 두 가지에는 의거하

---

27 두 개의 표장標章이란 논의의 주제가 되고 있는 '일체법一切法'과 '무이無二'를 말한다.
28 첫 번째 '불해문不解問'이란 자기가 일체의 사事와 이理에 대해 명확하게 이해하지 못했기 때문에 남에게 묻는 것을 말한다. 『百法明門論纂』 권1(X48, 314c10) 참조.
29 두 번째 '의혹문疑惑問'은 '우치문愚癡問'이라고도 하니, 우둔하고 어리석어서 이사理事에 어둡고 미혹하여 그것을 구분하지 못하므로 다른 사람에게 묻는 것이다. 『百法明門論纂』 권1(X48, 314c12) 참조.
30 세 번째 '이락유정문利樂有情問'은 보살은 일체의 무아無我를 알지만 중생은 알지 못하므로 그들에게 이익과 안락을 주려고 일부러 부처님께 물어서 그들로 하여금 범부에서 성인으로 거듭나게 하려고 묻는 것이다. 『百法明門論纂』 권1(X48, 314c8) 참조.
31 네 번째 '시험문試驗問'이란 자기는 이미 알고 있으면서 타인이 아는지 모르는지 시험해 보려고 묻는 것이다. 『百法明門論纂』 권1(X48, 314c12) 참조.
32 다섯 번째 '경촉문輕觸問'이란 아만我慢에 가득 찬 사람이 장난삼아 남을 놀려 먹으려고 묻는 것을 말한다. 『百法明門論纂』 권1(X48, 314c13) 참조.
33 『瑜伽師地論釋』 권1(T30, 885b2).

지 않으니, 위없는 법왕(無上法王)을 경솔하게 대하거나 또는 시험해 본다는 것은 불가하기 때문이다.

【『해절경』에서는 "일체법은 둘이 없습니다. 일체법이 둘이 없다는 이 말은 무슨 뜻입니까."[34]라고 하였다. 진제의 『기』에서는 다음과 같이 말한다. 〈경전을 인용하여 질문하면서 '일체법은 둘이 없다'고 거듭해서 말한 것은 다섯 가지 뜻이 있기 때문이다. 첫째, (이 문구는) 경의 곳곳에서 설해지기 때문이다. 둘째, 유위와 무위는 둘이 아니기 때문이다. 셋째, 안의 육근六根과 밖의 육진六塵은 둘이 아니기 때문이다. 넷째, 범부와 성인은 둘이 아니기 때문이다. 다섯째, 인·과가 둘이 아니기 때문이다. 지금 여기서 설해진 문장의 의미는 무엇인가라고 한 것에 대해, 이 보살은 소작所作과 비소작非所作을 가지고 대답한 것이다.[35]〉】

一切法無二者何等一切法云何爲無二者。此卽第二依敎發問。文有兩節。初將欲發問。雙牒兩章。後依章別徵。卽成二問。一問何等一切法。二問云何爲無二。依瑜伽釋。汎論發問。有其五種。一不解故問。二疑惑故問。三爲欲利益安樂故問。四誠[1])驗故問。五輕觸故問。今此菩薩。依第三問。爲欲利益諸衆生故。或可通三。亦有不解疑惑義故。不依後二。無上法王。不可輕觸及誠[2])驗故。【解節經云。一切法無二。一切法無二。此義[3])云何。眞諦記云。引經爲問。重言一切法無二。爲五義故。一處處經說故。二有爲無爲無二故。三內六根外六塵無二故。四凡聖無二故。五因果無二故。今此所說文義云何。是菩薩以所作非所作答也。】

----

1) ㉯ '誠'은 '試'인 듯하다. ㉠ 원주의 '誠'은 '誠'의 오기다. 『瑜伽師地論釋』 권1(T30, 885b3)에 따르면 '誠'는 '試'의 오기다. 2) ㉯ 위와 동일하다. ㉠ '誠'는 '試'의 오기다.

----

34 『解節經』 권1(T16, 711c17).
35 진제의 『기』에서 말한 '소작所作·비소작非所作'은 신역新譯에서는 유위有爲·무위無爲라고 번역한다. 경론 곳곳에 나오는 '일체법에 둘이 없다(無二)'는 말의 의미를 설명하기 위해, '일체법'을 크게 유위법·무위법으로 이분해서 왜 '그 둘이 없다'고 하는지를 해석해 주었다는 것이다.

3) ㉣ 『解節經』 권1(T16, 711c17)에는 '義'가 '言'으로 되어 있다.

(2) 간략한 대답

경 해심심의밀의보살이 여리청문보살에게 말하였다.

解甚深義密意菩薩。謂如理請問菩薩曰。

석 이하는 두 번째로 질문에 의거해 간략하게 대답한 것이다. 이 중에 두 가지가 있다. 처음은 묻는 자와 답한 자를 표시한 것이고, 나중은 질문에 의거해 바로 대답한 것이다.

釋曰。自下第二依問略答。於中有二。初示問答者。後依問正答。

① 묻는 자와 답한 자를 나타냄

이것은 처음에 해당한다.

此卽初也。

② 질문에 의거해 바로 대답함

경 "선남자여, 일체법에는 대략 두 종류가 있으니, 이른바 유위와 무위입니다.

善男子。一切法者。略有二種。所謂有爲無爲。

석 이것은 두 번째로 질문에 의거해 바로 대답한 것이다. 이 중에 두 가지가 있다. 처음의 "선남자여"는 질문한 자를 찬탄한 것이고, 나중의 "일체법에는" 이하는 물음에 의거해 바로 대답한 것이다.

釋曰。第二依問正答。於中有二。初善男子者。讚能問者。後一切法下。依問正答。

가. 질문한 자를 찬탄함

이것은 처음에 해당한다.

『대지도론』 제35권에 의하면 다음과 같다. 〈'남자男子'란 말은 남자 아닌 자들로서 가르침(敎授)을 감당할 수 없는 자들을 배제시킨 것이다. '선善'이란 선한 모습이다. 말하자면 자비를 갖추고 삼업에 허물이 없으며, 선인을 좋아하고 자기 공덕은 드러내지 않으며, 뭇사람들을 따르고 남의 잘못을 말하지 않으며, 세간의 명예 등과 즐거움을 구하지 않고 다만 도의 덕을 즐기며, 자기 업이 청정하고 마음으로 진실한 법을 귀하게 여기며 세속적 일을 천시하는 것이다. 이와 같은 한량없는 선법이 있는데, 이 모습이 대개 남자의 몸에 있기 때문에 '선남자'라고 찬탄한 것이다.〉[36]

문 어째서 다만 유위와 무위라는 두 종류 법만 설하는가?

답 예를 들면 『대비바사론』에서 두 가지 뜻이 있다고 설하니, 그 논에서는 다음과 같이 말한다. 〈보특가라를 배제하기 위해서, 또 지혜가 수승함을 나타내기 위해서, 이 유위법과 무위법 두 가지를 설한 것이다. '보특가라를 배제하기 위해서'라는 것은 오직 유위법과 무위법이 있을 뿐 끝내 실재하는 보특가라는 없음을 나타내려 했기 때문이다. '또 지혜가 수승함

---

[36] 이상은 『大智度論』 권35(T25, 316a8) 이하의 내용을 요약한 것이다. 이 논에서는 본래 '선남자, 선여인'에 대해 총괄해서 설명하였지만, 원측이 이것을 '남자'에 국한시켜 다시 정리한 것이다.

을 나타내기 위해서'라는 것은, 총명한 지혜의 수승함을 갖고 있는 자는 이 두 가지 법으로 일체법에 통달할 수 있으니, 이 두 가지가 일체법을 두루 포괄하기 때문이다.〉[37]

此即初也。依智度論三十五云。男子言簡非男子等不堪教授。善謂善相。謂具慈悲。三業無失。樂於善人。不顯己[1]德。隨順衆人。不說他過。不求世間名譽等樂。但樂道德。自業淸淨。心貴實相。[2] 輕賤世事。有如是等無量善法。此相多在男子身中。是故讚言善男子也。問。如何但說有爲無爲二種法耶。答。如大婆沙。說有二意。彼云。爲欲遮遣補特伽羅故。及爲顯示智殊勝故。說此有爲無爲二種法也。爲欲遮遣補特伽羅者。謂顯唯有有爲無爲法。畢竟無實補特伽羅故。及爲顯示智殊勝者。謂有聰慧智殊勝者。由此二法。通達一切法。此二遍攝一切法故。

1) ㉠『大智度論』권35(T25, 316a16)에 따르면, '已'는 '己'의 오기다. 2) ㉠『大智度論』권35(T25, 316a19)에는 '相'이 '法'으로 되어 있다.

나. 질문에 의거해 바로 대답함

"일체법에는……"이란 물음에 의거해 바로 대답한 것이다.

이 중에 두 가지가 있다. 처음은 '일체一切'에 대해 답한 것이고, 나중은 '무이無二'에 대해 해석한 것이다.

一切法等者。依問正答。於中有二。初答一切。後釋無二。

가) '일체'에 대한 대답[38]

37『大毘婆沙論』(T27, 392c7) 참조.
38 이하의 내용은 여리청문보살이 던진 두 개의 질문 중에서 '무엇이 일체법입니까'라는 질문에 대답한 것이다.

이것은 '일체一切'에 대해 답한 것이다. 이 경문에 두 절이 있다. 처음에 "일체법에는 대략 두 종류가 있으니"라고 한 것은 표장標章으로서 (모든 법의 종류) 수數를 든 것이다. 나중에 "유위와 무위입니다."라고 한 것은 수에 의거해 이름을 나열한 것이다.

'일체법'에 대한 일반적 논의에는 세 종류가 있다. 첫째, 간략하게 설하면 오직 두 종류만 있으니, 이른바 유위와 무위다. 둘째, 자세하지도 않고 간략하지도 않게 설하면 다섯 종류가 있으니, 첫째는 심법이고 둘째는 심소유법이며 셋째는 색법이고 넷째는 심불상응행법이며 다섯째는 무위법이다.『대지도론』과『밀엄경』에서는 다만 다섯 종류를 나열할 뿐 따로 해석하지는 않았다. 셋째, 자세하게 설하면 백법을 갖추어 설명한다.

지금은 (두 번째) 중간적 설과 (세 번째) 자세한 설을 배제시켰으므로 '대략 설한다'고 한 것이다.[39]

此答一切。文有兩節。初一切法略有二種者。標章擧數。後有爲無爲者。依數列名。汎論一切。有其三種。一者略說。唯有二種。所謂有爲無爲。二者非廣非略。有其五種。一者心法。二者心所有法。三者色法。四者心不相應行法。五者無爲法。大智度論。及密嚴經。但列五種。而不別釋。三者廣說。具明百法。今簡中廣。故言略說。

'유위有爲와 무위無爲'라고 한 것에 대해 여러 교설들이 서로 다르다.

---

39 승의제의 오상 중에서 무이상無二相의 의미를 밝히기 위해, 여리청문보살은 경전들의 곳곳에서 나오는 '일체법무이一切法無二' 혹은 '일체법무아一切法無我' 등의 교법을 거론하여 '일체법'과 '무이'의 구체적 의미를 물었다. 여기서 '일체법'이란 자세하게는 오위백법五位百法 등으로 구분되기도 하지만, 간단하게는 유위법과 무위법 두 가지 범주로 구분되기도 한다. 따라서 해심심의밀의보살은 간략하게 유위·무위라는 두 범주만 가지고 '일체법무이'에 대해 대답하였다는 것이다.

『순정리론』에서는 '뭇 연이 모여서 함께 발생시킨 것이므로 유위라고 한다'고 하였으니,[40] 이와 상반되는 것을 무위라고 함을 그에 준해서 알 수 있다.[41] 『대비바사론』에서는 어떤 법이 '인연화합의 작용에 의해 제약된 것이면 유위라고 이름하고, 어떤 법이 인연화합의 작용에 의해 제약되지 않는다면 무위라고 이름한다'고 하였다.[42] 『장진론』에서는 "뭇 연이 합하여 이루어져서 조작된 바(所造作)가 있기 때문에 유위라고 한다."[43]고 하였다. 유위가 아니기 때문에 무위라고 설한다. 유위를 반대로 뒤집은 것이 무위의 뜻이다.

무착 보살은 『반야론』에서 '무위란 무분별無分別을 뜻한다'고 하였으니,[44] 이에 준하면 유위는 '유분별有分別'임을 알 수 있다.[45] 또 『집론』에서는 '생하고 머물며 달라지고 멸함이 있는 것을 유위라고 하고, 생하고 머물며 달라지고 멸함이 없는 것을 무위라고 한다'고 하였다.[46] 『유가사지론』 제100권에서는 "유위란 생멸이 있고 인연에 얽매여 있는 것이니, 이와 상반되는 것을 무위라고 함을 알아야 한다."[47]고 하였다. 『대지도론』에

---

40 『順正理論』 권1(T29, 332c9) 참조.
41 이하 『順正理論』을 비롯하여 『大毘婆沙論』과 『掌珍論』 등에서 진술된 정의는 '유위·무위'에 대한 가장 기본적인 정의에 해당한다. 즉 인연에 의해 만들어진 것이므로 그 인연에 의해 제약되는 법들을 유위라고 하고, 이와는 상반되는 것을 무위라고 한다는 것이다.
42 『大毘婆沙論』 권76(T27, 392c21) 참조.
43 『掌珍論』 권1(T30, 268c13).
44 『金剛般若論』 권1(T25, 761a27) 참조.
45 이하 무착의 『般若論』을 비롯하여 『瑜伽師地論』과 『大智度論』과 『功德施論』 등에서 진술된 유위·무위의 정의는 인식론적 의미가 가미된 것이다. 앞의 『順正理論』 등에서는 '인연소생因緣所生인가, 아닌가'를 기준으로 유위·무위를 구분하였다면, 이 논들에서는 '분별되는 상相이 있는가, 없는가'를 기준으로 둘을 구분한다. 말하자면 분별에 의해 상이 획득된 것은 모두 유위이고, 그와 상반되는 것은 모두 무위다.
46 생생·주住·이異·멸滅이라는 네 가지 상(四相)의 유무에 따라 유위·무위를 구분한 것이다. 『阿毘達磨集論』 권2(T31, 668a29) 참조.
47 『瑜伽師地論』 권100(T30, 880a11).

서는 유소득有所得은 유위라고 하고 무소득無所得은 무위라고 하는데, 『공덕시론』도 이 설과 동일하다. 또 『대지도론』 제93권에서는 '상을 취하면 유위고 상을 취하지 않으면 무위다'라고 하였다.[48]

자세하게 분별하면, 구체적인 것은 『별장』과 같다.

> 言有爲無爲者。諸敎不同。順正理云。衆緣聚集共所生故名有爲。與此相違。准知無爲。婆沙論云。若法依屬因緣和合作用。是名有爲。若法不依屬因緣和合作用。是名無爲。掌珍論云。衆緣合成。有所造作。故名有爲。非有爲故。說名無爲。翻對有爲。是無爲義。無著菩薩波若論云。無爲者。是無分別義。准知有爲是有分別。又集論云。有生住異滅。是名有爲。無生住異滅。是名無爲。瑜伽第一百云。言[1]爲者。謂有生滅。繫屬因緣。與此相違。應知無爲。智度論云。有所得者。名有爲。無所得者。是名無爲。功德施論。亦同此說。又智度論九十三云。取相是有爲。不取相是無爲。若廣分別。具如別章。

1) ㉠ 『瑜伽師地論』 권100(T30, 880a11)에 따르면, '言' 다음에 '有'가 누락되었다.

그런데 지금 설한 유위와 무위에 대해 세 가지 해석이 같지 않다.

한편에서는, 여기서 설한 것은 변계소집의 유위와 무위라고 한다. 따라서 다음의 『해심밀경』에서는 "결정코 유위와 무위가 실유한다고 굳게 집착하면서 그에 따라 언설을 일으킨다."[49]고 하였다. 한편에서는 오직 의타기의 상분相分에 의거해 유위와 무위를 (설했다고 한다.) 따라서 다음의

---

48 『大智度論』 권93(T25, 710b9) 참조.
49 『解深密經』 권1(T16, 689b17). 이것은 어리석은 범부에 대한 진술이다. 즉 범부들은 유위법과 무위법이라는 말을 들으면, 그 말에 해당하는 어떤 실체가 있다고 생각하면서 그에 따라 여러 가지 언설을 일으킨다. 이처럼 범부의 마음속에 실재한다고 집착된 유위와 무위는 '변계소집遍計所執'에 해당한다.

『해심밀경』에서 "결정코 실재하는 유위와 무위는 없다. 그런데 분별로 일으킨 행상이 있어서"[50]라고 한 것이다.[51] 한편에서는 유위는 의타기이고 무위는 원성실성이라 한다.

비록 세 가지 설이 있지만 마지막 설이 바르다. 그 이유는 무엇인가? 이 경문의 뜻을 말하자면, 의타기의 유위와 원성실성의 무위라는 두 가지 법에는 변계소집성의 유위·무위가 없기 때문에 '둘이 아니다'라고 한 것이다. 이에 대해 나중에 분별하겠다.

然今所說有爲無爲。三釋不同。一云。此中所說。遍計所執有爲無爲。故下經云。決定實有有爲無爲。堅固執著。隨起言說。一云。唯約依他所[1]起相分。有爲無爲。故下經云。決定無實有爲無爲。然有分別所起行。[2] 一云。有爲卽依他起。無爲卽圓成實性。雖有三說。後說爲正。所以者何。此中意說。依他有爲。圓成無爲。二法之上。無所執性有爲無爲。故言無二也。後當分別。

1) ㉠ '所'는 잉자다. 2) ㉠ 『解深密經』 권1(T16, 689b24)에 따르면, '行' 다음에 '相'이 누락되었다.

나) '무이'에 대한 해석[52]

경 이 중에서 유위는 유위도 아니고 무위도 아니며, 무위는 또한 무위도

---

50 『解深密經』 권1(T16, 689b23).
51 이것은 깨달은 성자에 대한 진술이다. 즉 성자들은 경계가 환幻과 같다는 것, 유위와 무위도 마찬가지로 임시로 시설된 언어일 뿐 그에 해당하는 실체는 없다는 점을 잘 알고 있다. 그러나 그들에게도 의타기依他起의 식識이 있고 그 식의 분별에 의해 일어난 행상行相들이 따라다니므로, 그에 의거해서 유위나 무위에 대해 말하거나 생각한다는 것이다.
52 이하의 내용은 여리청문보살이 던진 두 개의 질문 중에서 "어째서 둘이 아니라고 합니까."라는 질문에 대한 대답이다.

아니고 유위도 아닙니다."

是中有爲。非有爲非無爲。無爲。亦非無[1]爲非無[2]爲。

1) ㉘ '無'는 '有'인 듯하다. ㉠『解深密經』권1(T16, 688c25)에 따르면, '無'가 바르다. 2) ㉠『解深密經』권1(T16, 688c25)에 따르면, '無'는 '有'의 오기다.

석 이것은 두 번째로 '둘 없는 상(無二相)'을 해석한 것이다.

이것은 승의제의 다섯 가지 상 가운데 '말해질 수 없는 상(不可言相)'과 '둘 없는 상'에 해당한다.[53] 그 이유는 무엇인가? 승의제는 유위나 무위라고 말할 수 없기 때문이고, 또한 승의제에는 유위·무위라는 두 가지 상이 있지 않기 때문이다.

그런데 이 경문의 해석에서 여러 설이 다르다.

釋曰。第二釋無二相。此卽五中不可言相及無二相。所以者何。不可說言有爲無爲故。亦非有爲無爲二種相故。然釋此文。諸說不同。

● 『해절경』의 경문과 진제眞諦의 해석

『해절경』에서는 "소작所作은 소작이 아니고 비소작非所作도 아닙니다. 비소작은 비소작이 아니고 소작도 아닙니다."[54],[55]라고 하였다.

---

53 이전의 원측의 해석에 따르면, 이 『解深密經』의 경문에는 승의제의 오상 중에서 네 가지만 설하였지만 실제로는 다섯 가지를 설한 것이다. 이언離言, 즉 불가언不可言의 상은 무이無二의 상을 설하는 곳에 합해서 설했다고 간주했기 때문이다. 위의 경문에서 나타나듯, '유위나 무위라고 말할 수 없다'는 것은 '유위·무위 두 가지 상이 없다'는 것과 같은 맥락이다.

54 진제 역 『解節經』에 나온 소작所作과 비소작非所作은 각기 유위와 무위의 구역에 해당한다.

55 『解節經』(T16, 711c19).

解節經云。所作者。非所作非非所作。非所作者。非非所作亦非所作。

이에 대해 진제 스님은 다음과 같이 해석하였다.

眞諦釋云。

이하에서 두 구는 유위법을 버린 것이고 두 구는 무위법을 버린 것이다. '소작'이란 곧 유위법이니, 유위법은 인연이 모여서 만들어진 것이기 때문에 '소작'이라고 이름하였다. '비소작'이란 곧 무위법이니, 무위법은 본래 있고 상주하는 것이지 인연이 모여서 만들어진 것은 아니기 때문에 '비소작'이라고 이름하였다.

自下兩句。遣有爲法。兩句。遣無爲法也。所作者。即有爲法。有爲法爲因緣聚集所作。故名所作。非所作者。即無爲法。無爲法本有是常。不爲因緣聚集所作。名非所作。

먼저 세 가지 의미에서 유위법을 버리는 것이다.[56]
첫째, 난식亂識(분별하는 식)의 분별로 인해 '소작所作(유위)'이 있게 되지만, 소작은 실제로 없으며 단지 분별만 있을 뿐이다. 또한 소취所取(파악되는 대상)가 있음으로 인해 능취能取(파악하는 주체)가 있게 되지만, 소취가 이미 없으므로 능취도 또한 없는 것이다. 그러므로 '소작이 아니다'라고 하였다.
둘째, 근본根本이 바로 무無라는 데 따른 것이다. 유위의 제법은 근본

---

[56] 이하는 "유위는 유위가 아니고 무위도 아니다."라고 한 것에서, '유위가 아니다'라고 부정한 이유를 설명한 것이다.

적으로 바르지 못한 사유에서 비롯되는데, 바르지 못한 사유가 미혹들을 낳고, 미혹들이 업들을 낳으며, 업이 과보를 낳는다. 바르지 못한 사유는 집착으로부터 (생기니,) 경계가 실제로 없는데도 있다고 잘못 집착하는 것이다. 경계는 없는 것이므로 바르지 못한 사유도 또한 없고, 바르지 못한 사유가 이미 없는 것이므로 모든 미혹도 또한 없으며, 모든 미혹이 없으므로 모든 업도 또한 없고, 모든 업이 이미 없으므로 과보도 또한 없다. 그 근본이 실재하지 않기 때문에 모든 유위법은 다 실재가 아니다.

셋째, '생이 없다(無生)'는 데 따른 것이다. 이 소작법은 분별성分別性(변계소집성)과 의타성依他性이라는 두 가지 자성과 분리되지 않는다. 이 두 가지 자성은 이미 본래 상이 없고(無相) 생도 없는데(無生),[57] 어떻게 '만들어진다(作)'는 뜻이 있겠는가? 그러므로 '소작이 아니다'라고 한 것이다.

先約三義。故遣有爲。一由亂識分別。故有所作。所作實無。但有分別。亦由有所取。故有能取。所取旣無故。能取亦無。故非所作。二由根本是無。有爲諸法根本。由不正思惟。不正思惟生諸惑。諸惑生諸業。業生果報。不正思惟從執。境界實無。謬執爲有。由境無故。不正思惟亦無。不正思惟旣無。諸惑亦無。諸惑[1)]故。諸業亦無。諸業無故。果報亦無。由其根本不實故。一切有爲皆非實也。三由無生。此所作法。不離分別依他二性。此二性旣本無相無生。有何作義。是故非所作也。

---

1) ㉾ '惑' 다음에 '無'가 탈락된 듯하다.

---

[57] '상이 없다(無相)'는 것은 '상相'을 본질로 하는 분별성分別性(변계소집성)의 존재가 자성 없음을 말하며, 이것을 '상무자성相無自性'이라고 한다. '생함이 없다(無生)'는 것은 '인연생因緣生'을 본질로 하는 의타성의 존재가 자성 없음을 말하며, 이것을 '생무자성生無自性'이라고 한다.

'비소작도 아니다'라는 것은 두 번째 구인데, 이는 '비소작(무위)'을 버린 것이다.[58] 소작을 이미 유위라고 했으므로 비소작은 무위에 해당하는데, 결국 세 가지 의미에서 이 무위를 버리는 것이다.

(첫째,) 무위도 (유위와 마찬가지로,) 또한 난식亂識의 분별로 인해 비소작이 있지만,[59] 난식이 이미 없으니 비소작도 있지 않다. 또한 난식의 분별로 인해 '소작'이라는 이름이 있지만 그 체는 실유가 아니므로 (소작법은) 성립될 수 없고, 이미 소작의 법이 없으므로 비소작도 곧 있을 수 없다. 본래 유는 무에 상대되는데, 이미 그 유가 없으므로 이치상 저절로 무도 없어진다.

둘째, 근본이 바로 무無라는 데 따른 것이다. 즉 소작이 근본이 되는데, 만약 소작이 실재한다면 '비소작'이라는 이름을 말할 수도 있을 것이다. 이는 마치 먼저 병이 있어야만 다시 병이 나았다고 말하는 것과 같다. 그런데 병이 본래 없다면 어찌 낫게 되는 일이 있겠는가?

셋째, 법에는 본래 상도 없고(無相) 생도 없으며(無生) 유를 떠나고 무를 떠나 있으니, 본래 소작도 아니고 또한 비소작도 아닌 것이다.

非非所作者。此第二句。遣非所作。所作旣是有爲。非所作卽是無爲。遂以三義。遣此無爲。無爲亦由亂識分別故有此[1)]所作。而亂識旣無。非所作亦不有。亦由亂識分別故有所作名。體非是實有。故不得成。旣無所作之法。非所作卽不得有。本以有對無。旣其無有。理自無無。二由根本是無。卽以

---

58 이하의 내용은 "유위는 유위가 아니고 무위도 아니다."라고 한 것에서, '무위가 아니다'라고 한 이유를 설명한 것이다.

59 앞에서 '유위有爲', 즉 '소작所作'이라고 할 수 없는 이유를 설명하면서 "(유위는) 난식의 분별로 인해 소작이 있지만(由亂識分別故有所作)"이라고 하였다. 여기서는 그와 대응해서 무위無爲, 즉 비소작非所作도 또한 그러하다는 것을 설하는 대목이므로, "난식의 분별로 인해 비소작이 있지만"이라고 해야 하는데, 원문은 "由亂識分別故有此所作"으로 되어 있다. 전후 문맥상 뒤의 '此所作'을 '非所作'의 오기로 간주하였다.

所作爲根本。若實有所作。可說非所作名。如先有病。復稱病差。病本是無。
何差之有。三由法本無相無生。離有離無。本非所作。亦非非所作也。

---

1) ㉘ '此'는 전후 문맥상 '非'의 오기인 듯하다. 자세한 것은 해당 번역문 주석 참조.

'비소작' 이하의 두 구는 무위법을 버린 것이다.[60]

처음의 한 구는 (앞에서 말한) 세 가지 의미에서 무위법을 버리기 때문에 '비소작도 아니다'라고 한다. 다음 한 구는 세 가지 의미에서 유위법을 버리기 때문에 '소작도 아니다'라고 한다. 세 가지 의미는 모두 이전과 다르지 않다. (일체법이란 더) 확장하든 축소하든 결국 유위와 무위를 떠나지 않으니, 따라서 이전의 설명과 차이가 없다.

이상은 곧 '말해질 수 없는 모습'과 '둘 아닌 모습'의 뜻을 나타낸 것이다. 간략하게 이렇게만 대답한 이유는 (무엇인가?) 첫째는 예리한 근기의 사람을 위해서이니, 조금만 듣고도 깨치는 자에게는 수고롭게 자세히 설하지 않는다. 둘째, 거만한 마음의 사람을 굴복시키기 위해서이니, (그가) 한번 듣고 못 깨치면 다시 청문해서 비로소 이해하게 한다.

非所作者下次兩句。遣無爲法。初一句。約三義顯[1)]無爲。故云非非所作。
次一句。約三義遣有爲。故云亦非所作。三義並不異前。進退終不離有爲無
爲。故無異前辨也。此卽是顯不可言及無二義。所以略作此答者。一爲利根
人。薄聞使悟者。不勞廣說。二爲破高心人。令一聞未悟。再請方解。

---

1) ㉘ '顯'은 '遣'으로 수정해야 한다. '顯無爲'는 다음의 '~遣有爲'와 대구를 이루는데, 전후 문맥상 '버린다'는 의미의 글자가 나와야 하므로 '遣無爲'로 간주하였다.

이상으로 이미 진제 스님의 종지를 서술함으로써 경문의 뜻을 진술하

---

60 이하의 내용은 "비소작은 비소작이 아니고 소작도 아니다."라고 한 이유를 총괄해서 설명한 것이다.

였다. 이 지역의 스님들은 대개 진제와 동일하게 말한다.

> 上來已述眞諦師宗。以申經意。此地諸師。大同眞諦。

● 『해심밀경』의 경문과 그에 대한 여러 해석들

지금 당본唐本 『해심밀경』에서는 "이 중에서 유위는 유위도 아니고 무위도 아니며, 무위는 또한 무위도 아니고 유위도 아닙니다."라고 하였다. 이 경문을 해석하면 여러 설이 다르다.

> 今唐本經云。是中有爲。非有爲非無爲。無爲。亦非無爲非有爲。釋此經文。諸說不同。

한편에서는 다음과 같이 말한다. 〈이 중에서 유위법은 곧 변계소집이니, 그 집착된 대상은 실체가 없는 법이기 때문이다. 따라서 (유위법은 유위나 무위라고) 말할 수 없고 또 둘 없는 상이다. 유위법이 이미 유위도 무위도 아니므로, 무위법도 또한 이러하다. (그 무위법도) 변계소집성遍計所執性이기 때문에 유위라거나 무위라고 말할 수 없다.[61] 따라서 뒤의 『해심밀경』 경문에서는 "굳게 집착하면서……결정코 유위와 무위는 실유한다고 하니"[62]라고 하였다. 따라서 (이와 같이 집착된) 유위와 무위는 모두

---

[61] 여기서 '무위도 변계소집성이다'라고 한 것은, 예를 들면 깨닫지 못한 범부들이 '무위'라는 단어에 대응하는 실재가 있다고 믿는 경우를 말한다. 그런데 이것은 결국 그가 '무위'라는 단어를 통해 머릿속에 뭔가를 떠올리고 그것이 있다고 생각하는 것에 불과하다. 그런 범부의 마음속에 있는 '무위'는 그 참된 실재가 없는 것이고, 다만 '무위'라는 언설에 집착하는 허망한 마음만 있을 뿐이다. 이것을 '정유리무情有理無'라고 한다.

[62] 일체법을 '유위와 무위'로 나누어 언어적으로 시설했을 때, 일체법의 '이언법성離言法性'에 대해서 아직 출세간의 지혜를 얻지 못한 어리석은 중생은 그것이 우선 언어로 시설된 말임을 알지 못하고 말 그대로 모두 실재한다고 집착한다. 이처럼 범부들이 집착하는 '무위'는 변계소집일 뿐이다. 첫 번째 해석에 따를 때, 지금 해석의 대상이 되는 경

변계소집임을 알 수 있다.〉

한편에서는 다음과 같이 말한다. 〈여기서의 유위·무위는 모두 의타기依他起의 유위·무위를 말한다. 따라서 뒤의 『해심밀경』 경문에서는 "오직 분별로 일으킨 행상만 있을 뿐이니"⁶³라고 하였다. 변계소집의 유위·무위를 버리기 위해 이와 같이 "이 중에서 유위는 유위도 아니고 무위도 아니며 무위는 또한 무위도 아니고 유위도 아닙니다."라고 설한 것이다.〉

한편에서는 다음과 같이 말한다. 〈"이 중에서 유위는"이라 한 것은 의타기성의 모든 유위법을 말하고, "유위도 아니고 무위도 아닙니다."라고 한 것은 곧 변계소집의 유위·무위가 아니라는 것이다. 이 말의 뜻을 설하자면, 의타기에서 변계소집성의 유위·무위를 버림으로써 현현되는 진여가 승의제라는 것이다. 예를 들면 '의타기에 변계소집성이 없는 것이 원성실성圓成實性이다'라고 설하는 것과 같으니, 의타기성을 바로 원성실성으로 취한 것은 아니다. "무위는"이라 한 것은 곧 원성실성인 이언진여離言眞如에 해당하고, "또한 무위도 아니고 유위도 아닙니다."라고 한 것은 (그 이언진여는) 변계소집의 무위·유위가 아니라는 것이다. 이 말의 뜻을 설하자면, 원성실상上에서의 '변계소집성의 무위·유위를 버림으로써 현현되는 진여'가 승의제라는 것이다.〉⁶⁴

문의 주어 자리에 놓인 '유위와 무위'는 범부들의 변계소집의 언어상으로만 존재하는 '유위와 무위'를 말한다. 『解深密經』 권1 「勝義諦相品」(T16, 689b17) 참조.

63 일체법을 '유위와 무위'로 나누어 언어적으로 시설했을 때, 일체법의 '말을 떠난 법성(離言法性)'에 대해 모든 출세간의 지혜를 얻은 성자들은 이미 여실하게 잘 알기 때문에 범부들처럼 실재론적 집착을 하지는 않지만, 분별에 의해 일으켜진 행상行相, 즉 의타기의 상이 있어서 이에 의거해 유위와 무위에 대한 상념(想)이나 차별적 관념을 일으킨다고 한다. 두 번째 해석에 따를 때, 지금 해석의 대상이 되는 경문의 주어 자리에 놓인 '유위와 무위'는 바로 의타기의 행상으로 간주된 '유위와 무위'를 말한다. 『解深密經』 권1 「勝義諦相品」(T16, 689b23) 참조.

64 이상으로 당본唐本 『解深密經』에서 설해진 '무이상無二相'에 대한 세 종류 해석이 진술되었는데, 원측은 그중에 이 세 번째를 정석으로 간주했다. 이에 따르면, ① "유위는 유위도 아니고 무위도 아니다."라고 할 때, 주어 자리에 놓인 '유위'는 의타기성依他起性

비록 세 가지 설이 있지만 우선 세 번째 설에 의거하겠다.

一云。是中有爲。卽是遍計所執。由彼所執無實法故。故不可說。及無二相。有爲旣非有爲無爲。無爲亦爾。以所執故。不可說爲有爲無爲也。故下經云。堅固執著。決定實有有爲無爲。故知有爲無爲皆所執也。一云。此處有爲無爲。皆是依他有爲無爲。故下經云。唯有分別所起行相。爲遣所執有爲無爲。故作此說。是中有爲。非有爲非無爲。無爲。亦非無爲非有爲也。一云。是中有爲者。依他起性諸有爲法。言非有爲非無爲者。卽非遍計所執有爲無爲。此中意說。依他起上遣所執性有爲無爲所顯眞如。爲勝義諦。如說。依他起上無所執性。爲圓成實。不取依他以爲圓成。言無爲者。卽是圓成實性離言眞如。言亦非無爲非有爲者。卽非遍計所執無爲有爲。此中意說。圓成實上遣所執性無爲有爲所顯眞如。爲勝義諦。雖有三說。且依第三。

● 유위·무위의 무이無二

그런데 '무이상無二相'이라는 것에도 여러 종류가 있어서 자세하게 다 말할 수는 없다. 우선 유위·무위의 무이상을 논하는 가운데 여러 설들이 다르다.

『집론』에서는 무취온無取蘊[65]에 의거해서 '둘 없음'에 대해 설명한다. 〈(무

의 모든 유위법(諸有爲法)에 해당하고, '유위도 아니고 무위도 아니다'라는 술부는 곧 변계소집성遍計所執性의 유위·무위가 아니라는 말이다. ② "무위 또한 유위도 아니고 무위도 아니다."라고 할 때, 주어 자리에 놓인 '무위'는 원성실성圓成實性인 이언진여離言眞如에 해당하고, '또한 무위도 아니고 유위도 아니다'라는 술부는 곧 변계소집성의 무위·유위가 아니라는 것이다. 이 경문의 뜻은, 의타기성의 유위법이나 원성실성의 무위법상上에서 '유위법·무위법이라는 언어'로 두루 헤아리고 집착된 것(遍計所執)을 여읠 때에 진정한 '승의제'가 알려질 수 있다는 것이다.

65 무취온無取蘊 : 무취오온無取五蘊을 말한다. 『集論』 권1(T31, 663a23)에 따르면, 모든 온蘊들에 있는 탐욕을 '취取'라고 하니, 즉 미래와 현재의 온들을 이끌어 내어 버리지 않기 때문에 미래를 희구하고 현재에 염착하는 탐욕을 일컬어 '취'라고 한다. '무취온'이란 이러한 탐욕이 사라진 온을 말한다.

취온은) 업·번뇌로 생겨난 것이 아니기 때문에 유위라고 말할 수 없고, 욕구하는 대로 현전하기도 하고 현전하지 않기도 하기 때문에 무위라고 말할 수도 없다.〉[66]

『섭대승론』에 의하면, 법신의 다섯 가지 상相【첫째는 전의轉依한 상이고, 둘째는 선법에 의해 성취된(白法所成) 상이며, 셋째는 둘 없는(無二) 상이고, 넷째는 상주常住하는 상이며, 다섯째는 불가사의不可思議한 상이다.】에서 세 번째인 '둘 없는 상'에 해당한다. 그 논에서는 (세 번째 상에) 세 가지 의미가 있다고 한다. 첫째는 유有·무無의 둘 없음이고, 둘째는 유위有爲·무위無爲의 둘 없음이며, 셋째는 동일성(一性)·차이성(異性)의 둘 없음이다. 그런데 '유위·무위의 둘 없음이 (법신의) 상이다'라고 한 것은 (법신은) 업·번뇌로 인해 만들어진 것이 아니기 때문이고, 자재하게 유위의 상을 시현하기 때문이다.[67]

지금 여기서 말하려는 것은, 변계소집으로서의 생멸 등이 있는 유위법도 아니고 변계소집으로서의 생멸 등이 없는 무위법도 아니기 때문에 '유위도 아니고 무위도 아니다'라고 하였다는 것이다.

(그렇다면) 곧 이 이언離言·무이無二의 체성體性은 바로 진여다. 그러므로 『무상의경』에서는 여래계如來界의 다섯 종류 공덕을 설하였으니, 첫째는 말해질 수 없는 상(不可說相)이고, 둘째는 둘 없는 상(無二相)이며, 셋째는 각관[68]을 넘어선 상(過覺觀相)이고, 넷째는 같음·다름을 넘어선 상(過一異相)이며, 다섯째는 모든 곳의 일미상(一切處一味相) 등이다.[69] 나아가 그 경에서는 다음과 같이 말한다. "모든 법장法藏은 변함이 없기 때문에 '여여如

---

66 무착의 『集論』 권2(T31, 668b6) 참조.
67 이상은 『攝大乘論本』 권3(T31, 149b11) 참조.
68 각관覺觀 : 심사尋伺의 구역이다. 심은 대상을 거칠게 분별하는 정신 작용이고, 사는 대상을 미세하게 분별하는 정신 작용이다. 원측에 따르면, 이 두 가지 심소법心所法은 본질적으로 사유(思) 작용에 해당하므로 이 둘을 한꺼번에 가리켜서 '심사尋思'라고 한다.
69 『無上依經』 권1(T16, 470a3).

如'라고 이름하고, 전도가 없기 때문에 '실제實際'라고 이름하며, 모든 상을 벗어나 있기 때문에 '적멸寂滅'이라 이름하고, 성인의 행처는 무분별지의 경계이기 때문에 '제일의第一義'라고 이름한다. 아난아, 이 여래계는 있는 것도 아니고 없는 것도 아니며 오염된 것도 아니고 청정한 것도 아니며, 자성청정한 것이다."[70] 이 『해심밀경』의 다음 (게송에서는) "부처님이 설하신 이언·무이의 뜻은 심오하여 어리석은 범부의 영역이 아니라네."[71]라고 하였다. 따라서 이언진여를 체로 삼는다는 것을 알 수 있다.

然無二相。有其多種。不可具說。且論有爲無爲無二相中。諸說不同。若集論。約無取蘊。以說無二。非業煩惱所生故。不可言有爲。隨欲現前不現前故。不可言無爲。依攝大乘。法身五相中。【一轉依爲相。二自[1])法所成爲相。三無二爲相。四常住爲相。五不可思議爲相】第三無二。論有三義。一有無無二。二有爲無爲無二。三一性異性無二。謂有爲無爲無二爲相者。由業煩惱非所爲故。自在示現有爲相故。今此所說。非遍計所執生滅等有爲。非遍計所執無生滅等無爲。故言非有爲非無爲也。卽此離言無二體性。卽是眞如。是故無上依經。說如來界五種功德。一不可說相。二無二相。三過覺觀相。四過一異相。五一切處一味相。乃至彼云。一切法藏無變異故。名爲如如。無顚倒故。名爲實際。過一切相故。名爲寂滅。聖人行處無分別[2])之境界故。名第一義。阿難。是如來界。非有非無。不染不淨。自性淸淨。此經下云。佛說離言無二義。甚深非愚之所行。故知離言眞如爲體。

1) ㉯『攝大乘論本』권3(T31, 149b4)에 따르면, '自'는 '白'의 오기다. 2) ㉯『無上依經』권1(T16, 470c1)에 따르면, '別' 다음에 '智'가 누락되었다.

문 그렇다면, 『대품경』에서 설한 것과 어떻게 회통시켜 해석하겠는가?

---
70 『無上依經』권1(T16, 470b28).
71 『解深密經』권1(T16, 689c5).

그 『대품경』 제22권에서는 다음과 같이 말한다. 〈수보리가 부처님께 여쭈었다. '어떤 것들이 유법有法이고 어떤 것들이 무법無法입니까?'[72] 부처님께서 말씀하셨다. '둘(二)은 유법이고 둘 아닌 것(不二)이 무법이다.〉[73] 『대지도론』 제95권에서는 다음과 같이 말한다. "둘인 법(二法)을 일컬어 '각각의 별상各各別相'이라 하고, 둘 아닌 법을 일컬어 '하나의 공상(一空相)'이라 한다. 이 하나의 공상으로 각각의 별이상別異相들을 무너뜨린다."[74] 또 『대품경』 제26권에서는 제법의 평등을 이른바 무상無相이라고 하니,[75] (그 경에서 다음과 같이 말한다.) "수보리가 부처님께 말하였다. '이 법의 평등이란 유위법입니까, 무위법입니까?' 부처님이 말씀하셨다. '유위법도 아니고 무위법도 아니다. 그 이유는 무엇인가? 유위법을 떠나면 무위법도 얻을 수 없고, 무위법을 떠나면 유위법도 얻을 수 없다. 수보리여, 이것이 유위성이고 무위성이다. 두 가지 법은 합하지도 않고 떨어지지도 않으며【조사해 보라.】색깔도 없고 형태도 없으며 (질애도 없으니,) 일상一相이자 이른바 무상無相이다. 부처님은 (두 가지 법을) 세속제로 설한 것이지 제일의제로 설한 것은 아니다."[76] 구체적으로 설하면 그 경과 같다.

해 이 승의제는 진여를 체로 삼는다. '무'라고 한 것은 변계소집을 버리기 위해서 '무'라고 한 것이지 실제로는 '무'가 아니다. 따라서 다음의 경문에서는, 모든 법이 다 자성 없다는 것은 통틀어 삼성에 의거하여 밀의密意로 '없다'고 한 것이지 실제로 전혀 없는 것은 아니라고 하였다.

---

[72] 『大品經』에서 말한 '유법有法·무법無法'은 유위법·무위법의 구분과 유사하다.
[73] 구마라집 역 『摩訶般若波羅蜜經』 권22(T8, 383b19) 참조.
[74] 구마라집 역 『大智度論』 권95(T25, 727a25).
[75] 원측 소에는 이하의 인용문의 출처를 "『大品經』 제39권(大品經三十九)"이라고 하였는데, 이 인용문은 구마라집 역 『摩訶般若波羅蜜經』(『大品經』) 제26권의 문장과 일치한다. 따라서 '제39권'을 '제26권'으로 수정하였다. 원측은 이하의 협주에서 '조사해 보라(勘)'고 하였는데, 아마도 그 권수와 문구를 정확히 확인하지 못했기 때문인 듯하다.
[76] 『摩訶般若波羅蜜經』 권26(T8, 415b15).

이 일체법의 둘 없음을 관하는 문(一切法無二觀門)이 '유식성관唯識性觀'에 해당하니, 혹은 삼성에서는 원성실관圓成實觀이고, 삼무성에서는 승의제무자성관勝義諦無自性觀에 해당한다. 진제 스님은 말하길, 이는 분별무상관分別無相觀이거나 의타무성관依他無性觀에 해당한다고 하였다. 여기서는 당연히 불이법문不二法門으로서 팔불중도八不中道를 설해야 하니, 그 의미는 『별장』과 같다.

問。若爾。大品所說如何會釋。故三[1]十二云。須菩提白佛言。何等是有法。何等是無法。佛言。二是有法。不二是無法。大智度論九十五云。二法名各各別相。不二法[2]名一空相。以是一空相。破各各[3]異相。又大品經三十九[4]云。諸法平等。所謂無相。須菩提白佛言。是法[5]平等。爲是有爲[6]是[7]無爲法。佛言。非有爲法。非無爲法。何以故。離有爲法。無爲法不可得。離無爲法。有爲法不可得。須菩提。是有爲性無爲性。是二法不合不散。【勘】無色無形[8]一相所謂無相。佛以世諦故說。非以第一義故[9]。具說如彼。解云。此勝義諦。用如爲體。而言無者。以遣所執故說無言。據實非無。故下經云。一切諸法皆無自性者。通據三性。密意說無。非實全無。此一切法無二觀門。卽是唯識性觀。或三中圓成實觀。三無性中勝義無自性觀。眞諦師云。卽是分別無相觀。或依他無性觀。此中應說不二法門八不中道。義如別章。

1) ㉥ '三'은 '二'의 오기인 듯하다. 위의 경문은 제32권이 아니라 제22권에 나온다. 2) ㉥『大智度論』권5(T25, 727a25)에는 '法'이 없으나, 의미상 차이는 없다. 3) ㉥『大智度論』권5(T25, 727a26)에는 '各' 다음에 '別'이 있다. 4) ㉥ '三十九'는 '二十六'의 오기인 듯하다. 자세한 것은 해당 번역문의 역주 참조. 5) ㉥『摩訶般若波羅蜜經』권26(T8, 415b16)에는 '法'이 없으나, 의미상 차이는 없다. 6) ㉥『摩訶般若波羅蜜經』권26(T8, 415b16)에는 '爲' 다음에 '法'이 있다. 7) ㉥『摩訶般若波羅蜜經』권26(T8, 415b16)에는 '是' 앞에 '爲'가 있다. 8) ㉥『摩訶般若波羅蜜經』권26(T8, 415b20)에는 '形' 다음에 '無對'가 있다. 9) ㉥『摩訶般若波羅蜜經』권26(T8, 415b21)에는 '故'가 없다.

(3) 징문

경 여리청문보살이 다시 해심심의밀의보살에게 물었다.

如理請問菩薩。復問解甚深義密意菩薩言。

석 세 번째는 보살의 징문이다. 이 중에 두 가지가 있다. 처음은 묻고 답하는 자를 표시한 것이고, 나중은 앞의 말을 받아서 징문한 것이다.

釋曰。第三菩薩徵問。於中有二。初標問答者。後乘前徵問。

① 묻고 답한 자를 표시함

이것은 처음에 해당한다.

此即初也。

② 앞의 말을 받아서 징문함

경 "최승자여, 어째서 유위는 유위도 아니고 무위도 아니며, 무위는 또한 무위도 아니고 유위도 아닙니까?"

最勝子。如何有爲。非有爲非無爲。無爲。亦非無爲非有爲。

석 두 번째는 앞의 말을 받아서 징문한 것이다. 앞의 문장에서 이미 유위와 무위라는 것은 어떤 의미인지를 (설명하였기) 때문에, 다시 '유위는 유위도 아니고 무위도 아니며 무위도 또한 무위도 아니고 유위도 아니다'라고 말한 것에 어떤 의미가 있는가라고 한 것이다.

釋曰。第二乘前徵問。前文旣言有爲無爲依何義故。而復說言有爲非有爲非無爲無爲亦非無爲非有爲。此有何義。

(4) 자세한 해석

경 해심심의밀의보살이 여리청문보살에게 말하였다.

解甚深義密意菩薩。謂如理請問菩薩曰。

석 이하는 네 번째로 자세히 해석한 것이다. 이 중에 두 가지가 있다. 처음은 설법의 서두(由序)를 밝힌 것이고, 나중은 물음에 의거해 바로 답한 것이다.

釋曰。自下第四廣釋。於中有二。初明說之由序。後依問正答。

① 설법의 서두를 밝힘

이 경문은 처음에 해당한다.

此卽初也。

② 물음에 의거해 바로 답함

경 "선남자여, 유위란 본사께서 가짜로 시설하신 어구입니다.

善男子。言有爲者。乃是本師假施設句。

석 이하는 두 번째로 물음에 의거해 바로 답한 것이다.
이 중에 두 가지가 있다. 처음은 유위의 둘 없는 상을 해석한 것이다. 나중의 "선남자여, 무위란 또한 본사께서" 이하는 무위의 둘 없는 상을 해석한 것이다.

釋曰。自下第二依問正答。於中有二。初釋有爲無二相。後善男子言無爲者亦是本師下。釋無爲無二相。

가. 유위의 둘 없는 상을 해석함

전자 중에 두 가지가 있다. 처음은 세 가지 상을 부정한 것이다.[77] 나중의 "그러나 어떤 사事도 없는데" 이하는 외인의 숨겨진 비난을 해석하여 바른 도리를 보여준 것이다.

前中有二。初遮三相。後然非無事下。釋外伏難。示正道理。

가) 세 가지 상을 부정함

세 가지 상을 부정하는 가운데 문장을 셋으로 구별하였다. 처음은 유위

---

[77] 이하는 보살이 "어째서 유위는 유위도 아니고 무위도 아니며"라는 징문徵問에 대해 다시 자세히 해석한(廣釋) 것이다. 경문에 따르자면, 유위라는 것은 '① 유위도 아니고 ② 무위도 아니다'라고 부정했기 때문에 이하에서는 그 두 가지 상을 부정한 것이다. 그런데 여기서 '세 가지 상을 부정하였다'고 한 것은, 이후의 경문에서 유위는 ① 유위도 아니고 ② 무위도 아니며, 마지막으로 ③ 그 둘과 다른 그 밖의 어떤 것, 즉 '유위와 무위에 속하지 않는 어떤 것도 아니다'라고 하였기 때문이다.

의 상을 부정한 것이다. 다음의 "선남자여" 이하는 무위의 상을 부정한 것이다. 마지막의 "설령······을 떠나서" 이하는 유위도 아니고 무위도 아닌 상을 부정한 것이다.

> 遮三相中。文別有三。初遮有爲。次善男子下。遮無爲。後設離下。遮非有爲非無爲相。

(가) 유위의 상을 부정함
이것은 첫 번째인 유위의 상을 부정한(遮) 것이다.[78]

그런데 이 경문의 해석에서는 서방 논사들의 세 가지 설이 서로 다르다. 한편에서는 다음과 같이 말한다. 〈이 경문은 오직 외도에 한해서 '본사'라고 한 것이니, 말하자면 겁초일 때 외도 본사가 가명假名으로 유위의 제법을 안립한 것이다. 만약 이것이 외도가 가명으로 안립한 것이라면 이는 변계소집遍計所集의 언어로 설해진 것이고, 변계소집의 언어로 설해진 것이라면 이는 결국 변계소집遍計所執으로서 실유가 아니기 때문에, '유위도 아니다'라고 하였다. (처음에 언급한 변계소집에서의) '소집所集'은 바로 소집所執의 다른 이름이다. 따라서 『광백론』 제10권에서는 다음과 같이 말한다. "『반야경』에서 부처님께서 스스로 분명하게 유有·무無의 뜻을 판단하셨다. 두루 헤아림(遍計)에 의해 집착되고(所執) 쌓이고(所集) 늘어나고(所增) 취해진 바(所取)의 항상 되고 변함없는 법, 이와 같은 모든 것을 모두 '무'라고 이름하고, 인연으로 생긴 것은 모두 '유'라고 설한다."[79]〉[80]

---

[78] "어째서 유위는 유위도 아니고 무위도 아니며"라는 징문에 대해, 이하는 그중에 유위에 대해 '유위가 아니다'라고 한 이유를 해석한 것이다.
[79] 『大乘廣百論釋論』 권10(T30, 248a7).
[80] 이 해석의 요지는 다음과 같다. 유위와 무위란 본래 외도의 본사本師가 가명假名으로 시설한 것이다. 단지 가명만 있고 실체는 없는 것을 '변계소집'이라 이름하고, 바로 유위는 그 변계소집의 언어에 불과한 것이므로 '유위도 아니다'라고 했다는 것이다.

한편에서는 다음과 같이 말한다. 〈이 경문은 모두 부처님의 설이다. 말하자면 모든 법은 명언을 떠나 있지만 본사이신 부처님께서 대자비의 힘으로 유위를 가설하셨다. 이는 여래의 후득지後得智 안에서 변계소집의 언어로 설하신 것이니, (그렇다면) 도리어 결국 변계소집의 후득지로 설한 것이기 때문에 실재의 유위가 아니다. 따라서 이처럼 "유위는 유위가 아니다."라는 말을 한 것이다.〉[81] 진제 삼장도 대개 이와 동일하게 해석한다.

한편에서는 다음과 같이 말한다. 〈이 문장에는 세 구절이 있다. 처음은 유위란 부처님이 가설하신 것임을 밝힌 것이다. 다음의 "만약 이것이 본사께서……"라고 한 것은 이생異生(범부) 등이 가짜를 실재로 집착함을 밝힌 것이다. 마지막의 "만약 이것이 변계소집의……"이라 한 것은 실재가 아님을 거듭 밝히면서 '유위가 아니다'라고 결론지은 것이다.〉

此卽第一遮有爲相。然釋此文。西方諸師。三說不同。一云。此文唯依外道。名爲本師。謂劫初時。外道本師。假名安立有爲諸法。若是外道假名安立。卽是遍計所集言辭所說。若是遍計所集言辭所說。卽是究竟遍計所執。非實有故。非是有爲。所集卽是所執異名。故廣百卷[1)]第十卷云。般若經中。佛自分明判有無義。遍計所執所集所增所取。常恒無變易法。如是一切。皆名爲無。因緣所生。皆說爲有。一云。此文皆是佛說。謂一切法。皆離名言。而佛本師大慈悲力。假說有爲。此卽如來後得智中。遍計所集言辭所說。還是究竟遍計後得智所說故。非實有爲。故作此言有爲非有爲也。眞諦三藏。大同此釋。一云。此文有其三節。初明有爲是佛假說。次若是本師等者。辨

---

[81] 이 해석은 '본사本師'가 부처님을 가리킨다는 점 이외에는 앞의 해석과 유사하다. 부처님께서 중생 교화를 위해 대자비의 마음으로 후득지後得智의 차원에서 언설을 일으켜 유위·무위 등을 시설하셨지만, 이러한 언어적 시설이라는 것도 언어적으로 구분되지 않는 세계에다 각각의 이름을 부여하는 것이므로 도리어 변계소집의 언어에 해당한다. '유위'라는 말도 결국에는 변계소집의 언어다. 따라서 '유위도 아니다'라고 했다는 것이다.

異生等執假爲實。後若是遍計等者。重辨非實。結非有爲。

1) ㉘ '卷'은 '論'인 듯하다.

비록 세 가지 학설이 있으나 세 번째가 뛰어나다. 즉 여래를 가리켜 '본사'라고 부른 것이다. 따라서 『심밀해탈경』에서는 "유위법이란 오직 여래께서 명자名字로 설법하신 것"[82]이라 하였고, 『해절경』에서는 '이는 본사의 정교正教의 언설'이라 하였으며,[83] 『대법론』에서는 "박가범께서는 모든 법에 대략 두 가지가 있다고 설하셨으니 이른바 유위와 무위다."[84]라고 하였다. 따라서 '본사'란 여래임을 알 수 있다.

雖有三說。第三爲勝。卽說如來號爲本師。故深密云。言有爲[1])者。唯是如來名字說法。解節經云。此是本師正教言說。又對法云。薄伽梵說。一切諸法。略有二種。所謂有爲無爲。故知本師是如來也。

1) ㉑ 『深密解脫經』 권1(T16, 666a11)에는 '爲' 다음에 '法'이 있다.

㉮ 부처님이 유위를 가설했음을 밝힘

(이것은 처음에 해당한다.[85])

이치상 실제로 이름에 해당하는 실법實法이 있는 것은 아니지만, 다만 마치 환 따위처럼 있지 않은데도 마치 있는 것처럼 나타나는 것이다. 이로 인해 본사께서 명언을 떠난 것에 대해 유위라고 가설하신 것이다.

---

82 『深密解脫經』 권1(T16, 666a11) 참조.
83 『解節經』 권1(T16, 711c23)에서는 "대사의 정교의 언어(大師正教言句)"라고 하였다.
84 『雜集論』 권3(T31, 707b7).
85 이하에서는 바로 앞에서 언급된 서방 논사의 세 가지 해석 중에서 세 번째 학설에 의거해서, '(가) 유위의 상을 부정함(遮有爲)'에 해당하는 경문을 다시 세 구절로 나누어 해석하고 있다. 이것은 그중의 첫 번째로서 '유위'란 부처님이 가설하신 것임을 밝힌 것이다.

理實無有當名實法。但如幻等。非有似有。是故本師。於離名言。假說有爲也。

㉃ 이생 등이 가짜를 실재로 집착함을 밝힘

경 만약 이것이 본사께서 가짜로 시설하신 어구라면, 곧 변계소집의 언어로 말씀하신 것입니다.

若是本師假施設句。卽是遍計所集言辭所說。

석 이것은 두 번째로 '가짜를 실재로 집착함'을 밝힌 것이다. 만약 이것이 여래께서 가짜로 시설하신 어구라면, 곧 모든 유정들의 변계소집의 언어로 설하신 것이고, 이름에 의해 집착되는 대상을 찾아보면 그것은 실재하지 않기 때문에 유위가 아니라는 것이다.

釋曰。此卽第二執假爲實。若是如來假施設句。卽諸有情遍計所集言辭所說。尋名所執。卽非實故。非是有爲。

㉄ 실재가 아님을 거듭 밝히면서 유위가 아니라고 끝맺음

경 만약 이것이 변계소집의 언어로 설해진 것이라면, 결국 갖가지 변계(소집)의 언어로 설해진 것은 진실되지 않기 때문에 유위가 아닙니다.

若是遍計所集言辭所說。卽是究竟種種遍計言辭所說。不成實故。非是有爲。

석 세 번째는 실유가 아님을 (거듭) 밝히면서 유위가 아니라고 끝맺은 것이다. 이것은 갖가지로 두루 헤아리면서 실유라고 집착하는 유정들의

마음의 언어로 설해진 것은 진실되지 않기 때문에 유위가 아님을 나타낸 것이다.

(이상은) 세 가지 중에 첫 번째로 '유위'라는 설을 부정한 것이다.

釋曰。第三辨非實有。結非有爲。此顯有情種種遍計執實有心言辭所說。不成實故。非是有爲。三中第一遮有爲說。

(나) 무위의 상을 부정함

경 선남자여, 무위라는 것도 또한 언어에 제약된 것입니다.

善男子。言無爲者。亦墮言辭。

석 두 번째는 무위법을 부정한 것이다.[86] 말하자면 무위법도 또한 본사께서 가설하신 언어에 제약되는 것이니, 나아가 (이것도 변계소집의 언어로 설해진 것이라면 결국은) 진실되지 않기 때문에 무위가 아니라는 것이다.

세 논사가 다르게 해석하는데, 앞에 준해서 알아야 한다.[87]

---

86 "어째서 유위는 유위도 아니고 무위도 아니며"라는 징문에 대해, 이하는 그중에 유위에 대해 '무위도 아니다'라고 한 이유를 해석한 것이다.
87 세 논사의 해석이란 앞의 '(가) 유위의 상을 부정함'(p.92) 이하에 소개된 서방 논사들의 세 가지 설을 말한다. 첫 번째와 두 번째 해석은 '유위법·무위법'을 시설한 주체를 외도의 본사本師로 보는가 혹은 내도의 본사(부처님)라고 보는가에서 결정적으로 차이가 나고, 그 밖의 해석은 거의 동일하다. 말하자면 '유위'이든 '무위'이든 변계소집의 언어로 설해진 것이라면 실유가 아니기 때문에 '유위가 아니다' 혹은 '무위도 아니다'라고 했다는 것이다. 원측은 세 번째 논사가 경문을 세 구절로 구분하여 해석한 것이 더 우수한 설이라 하였다. 그에 따르면, 유위·무위란 부처님께서 가설假說하신 것이고, 그것들이 가설된 것이라면 변계소집의 언어로 설해진 것이며, 범부 등은 그 가설된 대상

釋曰。第二遮無爲法。謂無爲法。亦墮本師假說言辭。乃至不成實故。非是無爲也。三師別釋。准上應知。

(다) 유위도 아니고 무위도 아닌 상을 부정함

경 설령 유위와 무위를 떠나서 조금이라도 설해진 것이 있다면, 그 모습도 또한 이러합니다.

設離有爲無爲。少有所說。其相亦爾。

석 세 번째는 유위도 아니고 무위도 아닌 상을 부정한 것이다.[88]
이는 독자부犢子部의 주장을 부정한 것이다. 그들은 다섯 가지 법장法藏의 뜻을 안립하는데, 이른바 삼세·무위·불가설의 법장이다.[89] 그들에 의

이 실재라고 집착하지만 그렇지 않기 때문에 '유위도 아니고 무위도 아니다'라고 말했다는 것이다. 이하에서는 마지막 해석에 의거해서 '유위가 아니다'라고 하거나 '무위도 아니다'라고 한 이유를 설명하였다.

[88] 이전의 두 절節의 경문에서는 유위에 대해 '유위도 아니고 무위도 아니다'라고 한 이유를 자세히 해석함으로써 '유위의 둘 없는 상(無二相)'을 밝힌 것이다. 그런데 유위에 대해 유위라고도 무위라고도 할 수 없다면 다시 '유위나 무위가 아닌 그 밖의 어떤 것'이라고 주장할 수도 있으므로, 경문에서는 세 번째로 다시 그런 것마저 부정하였다. 원측이 해석하듯, 이것은 특히 소승의 독자부犢子部에서 말하는 불가설법장不可說法藏의 '아我'를 부정한 것이다. 독자犢子 아라한은 부처님 당시에 외도外道였다가 부처님께 귀의하여 출가하였고 나중에 독자부의 개조가 되었다. 그는 외도로 있을 때에는 실아實我가 있다고 계탁하였는데, 불교도가 된 후에도 '아'의 존재를 주장하였기 때문에 불교도들의 집중적 비판의 대상이 되었다. 원측도 이 경문은 특히 그 독자부의 '아'를 비판한 것이라고 해석하였다.

[89] 소승의 독자부犢子部에서는 독특하게 오법장五法藏을 건립하여, 일체의 존재를 다섯 종류로 구분하였다. 오법장이란 과거장過去藏과 현재장現在藏과 미래장未來藏과 무위장無爲藏과 불가설장不可說藏이다. 앞의 세 종류 장은 유위법들에 속하며, 삼세장三世藏이라 총칭한다. 무위장이란 무위법들을 말한다. 불가설장이란 유위도 아니고 무위도 아닌 것들로서, 대표적인 것은 독자부에서 건립한 '온과 일치하지도 않고 분리되지도

해 안립된 '아'는 유위의 삼세에 속한다거나 무위의 비세非世[90]에 속한다고 말할 수 없으므로 '유위도 아니고 무위도 아닌 것'이라 이름하는데, 이와 같은 것을 일컬어 "조금이라도 설해진 것이 있다면"이라고 하였다.

이제 그들의 계탁을 논파하기 때문에 설사 유위와 무위를 떠나서 설해진 바의 '상주하는 참된 아'라는 것이 조금이라도 있다면 그 모습도 또한 이러하여 (결국 가짜로 시설된) 이름에 제약된 것이므로 또한 실유가 아니라고 하였다. 혹은 이 경문은 저들이 연속해서 계탁하길 '반드시 집착이 있는 것은 아니다'라고 하는 경우를 부정한 것이라 볼 수도 있다.[91]

또 『대지도론』 제2권에서는 "일체법에는 대략 세 종류가 있으니, 첫째는 유위법이고, 둘째는 무위법이며, 셋째는 불가설법이다."[92]라고 하였다.

釋曰。第三遮非有爲非無爲相。此遮犢子部計。彼立五法藏義。所謂三世無爲。及不可說法藏。彼所立我。不可說爲有爲三世及無爲非世。故名非有爲非無爲。非有爲。[1]如是名爲少有所說。今破彼計。故言設離有爲無爲。少

않는 아(非卽非離蘊之我)'와 같은 것을 말한다.
90 무위의 비세(無爲非世) : 무위법은 과거·현재·미래의 삼세에 영향을 받지 않는 것이므로 '비세'라고 하였다.
91 독자부에 따르면, 보특가라補特伽羅[S] pudgala)가 존재하며 그 자체는 온蘊과 동일한 것도 아니고 다른 것도 아니다. 이 보특가라는 삭취數取趣라고 번역하며 '아我'의 다른 이름이다. 그러나 독자부도 불제자인 이상 '아'를 주장하더라도 실체적 아에 집착하는 것이 아니다. 독자부에 따르면, '아'는 단멸하는 것도 아니고 상주하는 것도 아니며, 유위라고도 말할 수 없고 무위라고도 말할 수 없으며, 이것 또한 가립된 언설로 시설된 것이다. 독자부가 이처럼 불가설의 법장도 단지 명언名言만 있는 것이라고 보면서, 반드시 실아에 집착하는 것은 아니라고 하는 것을 논파한 것으로 볼 수도 있다는 말이다. 독자부에서 설한 불가설의 '아'에 대해서는 『瑜伽論記』 권20(T42, 771c4), 『俱舍論記』 권29(T41, 439b11) 참조.
92 『大智度論』 권2(T25, 74c6).

有所說常住眞我。其相亦爾。墮名字故。亦非實有。或可此文。遮彼轉計未
必有執。又智度論第二卷云。一切諸法。略有三種。一者有爲法。二者無爲
法。三者不可說法。

1) ㉾ '非有爲'는 잉자인 듯하다.

나) 숨겨진 비난을 회통시키고 바른 도리를 제시함

경 그러나 어떤 사事도 없는데 설해진 바가 있는 것은 아닙니다."

然非無事而有所說。

석 이하는 두 번째로 숨겨진 비난을 해석하여 회통시키고 나서 바른
도리를 제시한 것이다.

말하자면 외도들은 의심하며 다음과 같이 힐난한다. 〈만약 유위법이
곧 유위도 아니고 무위도 아니라면, 여래께서 유위라거나 무위라고 말씀
하신 것은 (그 말의 근거가 되는) 사事가 있을 수 없을 것이다.〉[93] '사'란
체사體事이다.[94] 『해절경』에서는 "대사의 설교는 의미(義)[95] 없는 것이 아니겠는가?"[96]라고

---

93 지금까지 승의제의 차원에서 모든 법 그 자체는 유위라고도 무위라고도 할 수 없는 '불
가설不可說'이며, 그 두 가지 상이 없다고 했다. 그런데 외도의 실재론자들은 어떤 말
에는 반드시 그에 대응하는 대상이 있다고 믿는다. 따라서 다음과 같이 반문할 수 있
다. 부처님이 시설하신 여러 가지 언어들은 결국 아무런 사실적 근거(事)도 없는 데서
시설된 것인가? 그렇다면 그 말이 가리키는 대상(義)이 없으므로 그 말은 아무런 의미
도 지닐 수 없는 것이 아닌가?
94 여기서 '사事', 즉 체사體事라고 한 것은 단지 가립된 허구가 아닌 어떤 말을 시설하는
근거가 되는 '실체'를 가리킨다. 이 경에서는 특히 세존의 깨달음 속에서 체험된 진여
를 가리키는 말이다. 다른 한편, 이 '사'는 후대 인명논리에서는 현량現量으로 직접 인
식되는 사물의 특수상(自相)을 뜻하고, 유식의 용어로는 의타기의 식識 자체를 가리킨
다. 식의 분별 작용과 더불어 찰나마다 끊임없이 인연에 따라 생기했다 사라지는 그것
은 '식과 분리되지 않는다'는 의미에서 본질적으로 '식'이라고 정의된다. 이러한 의타기

하였다. 『심밀해탈경』에서는 "(언설될 수 없어도) 공하지 않은 것(不空)을 '사'라고 한다."[97]고 하였다.】

이 대답 중에 세 가지가 있다. 처음은 주장(宗)을 표명하면서 총괄해서 답한 것이다. 다음은 보살이 되받아 물은 것이다. 마지막은 보살이 바로 설명한 것이다.

釋曰。自下第二釋通伏難。示正道理。謂外疑難。若有爲法。即非有爲及無爲者。如來說言有爲無爲。應無有事。事者體事。【解節經云。大師說教。可無義不。深密經云。不空說事。】於中有三。初標宗總答。次菩薩反結。[1] 後菩薩正說。

1) ㉠ '結'은 '詰'의 오기다.

(가) 주장을 표명하면서 총괄해서 답함

이것은 첫 번째인 총괄적 대답을 표시한 것이다. 말하자면 부처님께서 설하신 유위법이나 무위법이란 비록 (그 말에 대응하는) 진실한 유위의 법은 없다 해도, 어떤 '사事'도 없는데 설해진 바가 있는 것은 아니라는 것이다.

此即第一標宗總答。謂佛所說有爲無爲者。雖無眞實有爲之法。然非無事

의 '사'는 유식학 내에서는 변계소집의 언어가 시설되는 근거(所依)라는 철학적 의미를 갖는다.
95 의미(義) : 『解節經』에서는 '사事'를 '의義'로 번역하였다. 표현은 달라도, 이 두 단어는 모두 어떤 말이 시설된 근거에 해당하며, 의미론적으로는 그 말에 의해 궁극적으로 지시되는 의미(대상) 혹은 이치를 뜻한다. 만약 유위나 무위라는 단어가 어떤 사실에 의거해서 설정된 것이 아니라면, 그 말에 의해 지시되는 대상이 없고, 결국 그 말씀들은 아무런 의미도 갖지 않는 말이 된다는 것이 질문의 요지다.
96 『解節經』 권1(T16, 711c29).
97 『深密解脫經』 권1(T16, 666a17).

而有所說。

(나) 보살이 되받아 물음

경 "'사事'란 어떤 것입니까?"

何等爲事。

석 두 번째는 보살이 되받아 물은 것이다.

釋曰。第二菩薩反結。[1]

―――――――――
1) ㉠ '結'은 '詰'의 오기다.

(다) 보살이 바로 설명함

경 "말하자면 모든 성자들은 성지聖智・성견聖見으로 언어를 떠났기 때문에 정등각을 이루셨으니, 곧 이와 같은 '이언법성'에 대해 다른 이들로 하여금 등각을 이루도록 하려고 명名・상想을 가립하여 그것을 유위라고 말한 것입니다.

謂諸聖者。以聖智聖見。離名言故。現正等覺。卽於如是離言法性。爲欲令他現等覺故。假立名想。謂之有爲。

석 세 번째는 보살이 '어떤 사도 없는데 설해진 바가 있는 것은 아니다'라는 것에 대해 바로 설명한 것이다.
이른바 '성聖'에 대해, 『구사론』에서 "'성'이란 이미 무루의 성도聖道가 생겨나서 모든 악법을 멀리 떠났기 때문에 '성'이라고 한다."⁹⁸고 하였다. 『순정리론』에서는 '성'이란 계박을 떠났거나 온갖 악을 멀리 떠났거나 선한 곳으로 나아가기 때문에 '성'이라 한다고 하였다.⁹⁹ 『성실론』에서는 "열반에 이를 수 있기 때문에 '성'이라 한다."¹⁰⁰고 하였다. 『유가사지론』에서는 선하고 무루이기 때문에 '성'이라 한다고 하였다.¹⁰¹

'지智'와 '견見'이라 했는데, '지'는 결단決斷의 뜻이고 '견'은 추구推求의 뜻이다. 말하자면 무루의 성스런 지혜로 결단하고 추구하기 때문에 '성스런 지혜와 견해'라고 한 것이다.

釋曰。第三菩薩正說。非無有事而有所說。所言聖者。俱舍論云。聖謂已¹⁾有無漏聖道。²⁾ 遠諸惡法。故名爲聖。正理論云。聖謂離縛。或遠衆惡。或善所趣。故名爲聖。成實論云。能其³⁾泥洹。故名爲勝。⁴⁾ 瑜伽論云。是善是無漏。故名爲聖。言智見者。智是決斷義。見是推求義。謂無漏聖慧。決斷推求。故名聖慧見也。

1) ㉠『俱舍論』 권10(T29, 56c14)에 따르면, '己'는 '已'의 오기다. 2) ㉠『俱舍論』 권10(T29, 56c14)에는 '聖道'가 '道生'으로 되어 있다. 3) ㉠『成實論』 권12(T32, 337c29)에 따르면, '其'는 '至'의 오기다. 4) ㉠『成實論』 권12(T32, 337c29)에 따르면, '勝'은 '聖'의 오기다.

지와 견 두 가지를 합해 설한 의도에 대해, 예를 들어 『대지도론』 제26권에서는 다음과 같이 말한다. 〈문 해탈지견은 '지知'라고만 해도 되는데 어째서 다시 '견'을 말하는가? 답 지와 견을 합해서 설하면 사실이 더 확실해지니, 비유하면 두 개의 끈을 합해 하나로 만들면 단단해지는 것과

---

98 『俱舍論』 권10(T29, 56c14).
99 『順正理論』 권30(T29, 514c10) 참조.
100 『成實論』 권12(T32, 337c29).
101 『瑜伽師地論』 권12(T30, 339c29) 참조.

같다.〉¹⁰² 자세히 설하면 그 논과 같다.

세친『반야론』의 뜻에 따르면, 현량現量의 성지聖智를 지견知見이라 한다. 오직 '지知'라고만 하면 비량比量의 지로 아는 것이고, 오직 '견見'이라고만 하면 육안肉眼 등으로 보는 것이다. '지'라고만 하면 눈의 봄이 배제되고 '견'이라고만 하면 비량의 앎이 배제되므로 지와 견을 합해서 설하였다.¹⁰³ 지금 (이 경문에서) 지智·견見이라 말한 뜻도 세친과 동일하다.

문 이『해심밀경』에서는 지견智見이라 하였고 저『반야론』에서는 지견知見이라 하였는데, 어떻게 '지知'가 '지智'임을 증명할 수 있는가?

해 오분법신五分法身¹⁰⁴의 이름은 신역과 구역이 동일하지 않으니,『대지도론』과『대품경』등에서는 해탈지견解脫知見이라 하였고,『현양성교론』등에서는 해탈지견解脫智見이라 하였으며, 또『해절경』에서는 성지성견聖知聖見이라 하였고, 이『해심밀경』에서는 성지성견聖智聖見이라 하였다.¹⁰⁵ 따라서 지견智見이 곧 지견知見임을 알 수 있다.

智見二種合說意者。如智度論二十六云。問曰。解脫智¹⁾見。但言知卽得。²⁾ 何以復言見。答曰。智見合說。事得牢固。譬如二繩。合爲一繩。³⁾ 則得堅牢。⁴⁾ 廣說如彼。若依世親波若論意。現量聖智。名爲知見。若唯說知。謂以比智知。若但言見。謂是肉眼等見。知簡眼見。見簡比知。故知見合說也。今說智見。意同世親。問。此云智見。彼說知見。如何以知證智。解云。五分法身

---

102 『大智度論』 권26(T25, 250c24) 참조.
103 『金剛般若波羅蜜經論』 권1(T25, 784a3) 참조.
104 오분법신五分法身 : 대소승의 무학위無學位의 성자의 몸에 구비된 다섯 종류의 공덕을 가리킨다. 즉 계신戒身과 정신定身과 혜신慧身과 해탈신解脫身과 해탈지견신解脫知見身을 말한다.
105 이러한 원측의 해설에 따르면, 경문에서 나온 "성지聖知·성견聖見"이란 오분법신 중의 하나인 '해탈지견'을 가리키는 말이다.

名字。新舊不同。依智度論大品經等。名解脫知見。依顯揚等。名解脫智見。又解節經。名聖知聖見。今此經云。聖智聖見。故知智見卽知見也。

1) ㉠ '智'는 다른 곳에는 '知'로 되어 있다. ㉡ 『大智度論』에 따르면 '知'가 바르다.
2) ㉡ 『大智度論』 권26(T25, 250c24)에는 '卽得'이라는 두 글자가 없으나, 넣어도 무방하다. 3) ㉡ '繩'은 『大智度論』에는 없는 글자이나, 넣어도 무방하다. 4) ㉡ '堅牢'는 『大智度論』 권26(T25, 250c26)에는 '牢固'로 되어 있는데, 의미상 차이는 없다.

● 경문에 대한 여러 해석들

그런데 이제 "어떤 사도 없는데 설해진 바가 있는 것은 아닙니다."라고 한 것을 해석하자면, 여러 설들이 서로 다르다.

한편으로 진제의 『기記』에서는 다음과 같이 말한다.

(문) 만약 전혀 실유가 아니라고 한다면 대사께서 설하신 것은 다 의미(義)가 없다는 말인가?[106]

답 말해질 수 없는 체(不可言體)는 실재하는 것이므로, 이 말해질 수 없는 체가 진실한 의미(眞實義)에 해당한다. 다만 네 가지 뜻이 있기 때문에 '말해질 수 없다'고 한다. 첫째, 진관眞觀[107]에 들어 있을 때는 무분별지로 진리를 염念하는데, 이때는 분별이 없기 때문에 말해질 수 없다고 한다. 둘째, 진관에서 나왔을 때는 마음에 비록 언설이 있어도 참된 경계에 머무는 것은 아니기 때문에 말해질 수 없다고 한다. 셋째, 언설이 결정코 인人·법法과 능취能取·소취所取와 유위有爲·무위無爲를 떠나지 않는 것이라면, 진리는 이런 것을 벗어나 있기 때문에 말해질 수 없

---

106 『解節經』에서 쓰인 '의義'라는 단어는 『解深密經』에서 언급된 '사事'와 같은 뜻으로 쓰인 것이다. 이것은 모두 어떤 말의 근거가 되는 사실 또는 사물을 가리키는데, 또한 그것이 그 말이 의미하는 대상이기도 하다. 따라서 '세존이 말씀하신 것은 아무 의미(義, 事)도 없다는 말인가'라고 물은 것이다.
107 진관眞觀: 진제의 이치를 관하여 견사혹見思惑을 끊는 공관空觀을 말한다.

다고 한다. 넷째, 진리는 다만 증량證量[108]·지량至量[109] 두 가지의 경계이지 비량比量[110]·신량信量[111] 두 가지의 경계는 아니기 때문에 말해질 수 없다고 한다. 이 경문의 뜻을 설하면 다음과 같다. 〈실사實事가 없는 것은 아니다. 실사란 이언법성의 진여에 해당하니, 이것을 실사로 삼은 것이다. 자타自他의 무분별지로 진여의 경계를 깨닫게 하려 했기 때문에 유위를 가설함으로써 실사를 나타낸 것이다.〉

한편에서는 다음과 같이 말한다. 〈외도들은 '유위도 무위도 아니라면 곧 어떤 사事도 없는데 어떻게 유위라거나 무위라고 설할 수 있는가'라고 의심한다. 또 다시 '모든 법은 다 언어를 떠나 있는데 어째서 (언어를) 가립하여 설할 필요가 있겠는가'라고 의심한다. 따라서 이와 같이 "그러나 어떤 사도 없는데 설해진 바가 있는 것은 아닙니다."라고 회통시켰다. 언어를 떠난 연생법, (바로) 이것에 의지해서 스스로 깨달았기 때문에 어떤 사도 없는 것은 아니고, (이 연생법을) 다른 이가 깨닫게 하기 위해서는 (언어를) 가설할 필요가 있는 것이다.〉

한편에서는 다음과 같이 말한다. 〈외도들은 '이미 유위도 무위도 없다

---

[108] 증량證量 : 현량現量이라고도 한다. 언어를 매개로 하지 않고 감관으로 직접 지각하거나 선정 속에서 직관하는 것을 말한다.
[109] 지량至量 : 지교량至教量의 줄임말로 성교량聖教量·성언량聖言量·정교량正教量이라고도 한다. 성인의 가르침을 믿고 그것의 존재를 아는 것을 말한다.
[110] 비량比量 : 이미 알려진 사실에 의거해서 아직 알려지지 않은 사실을 추리해서 아는 것을 말한다. 유식학자들의 학설에 따르면, 언어를 매개로 해서 아는 것도 본질적으로는 모두 비량에 속한다.
[111] 신량信量 : 일반적으로 유식학에서는 현량·비량·성언량의 삼량을 말하는데, '신량'과 관련해서 법장의『華嚴經探玄記』권18(T35, 456a2)에는 다음과 같은 문장이 나온다. "연법사 등에 의하면 네 종류 양으로 구분된다. 첫째는 명(·구·문)을 알아듣는 것은 교량教量이고, 교에 의거해 심구하는 것은 신량信量이며, 그것의 근거(因)가 바른지를 보는 것은 비량比量이며, 그것이 설해지는 것을 듣는 것은 현량現量이다. 이 네 가지는 각기 문聞·사思·수修·증證에 해당한다.(依衍法師等。分爲四量。一初聞名等是教量。二依教尋求是信量。三見彼依正是比量。四聞彼所說爲現量。此四即是聞思修證也。)"

면 곧 어떤 법도 없는 것인데 무슨 이익 되는 일(利事)[112]이 있다고 유위법을 설하는가'라고 의심한다. 따라서 이와 같이 "어떤 (이익 되는) 일도 없는 것은 아니다."라고 답한 것이다. (그 이익 되는) '일'은 대략 세 가지다. 첫째는 스스로 깨치는 일이고, 둘째는 남을 깨우쳐 주는 일이며, 셋째는 남이 알도록 하기 위해 언설을 일으키는 일이다.〉

하나하나의 '사'마다 모두 여러 의미가 있어서 자세하게 다 말할 수는 없다.

然今釋此非無有事而有所說。諸說不同。一眞諦記云。若說並非實有。大師所說。皆無義耶。答。由不可言體實有。不可言體。即眞實義也。但有四義。故不可言。一在眞觀。無分別智。能念眞理。爾時。無有分別。故不可言。二出眞觀。心雖有言說。不在眞境。故不可言。三若言說決定不離人法及能取所取有爲無爲。眞理過此。故不可言。四者眞理。但是證至二量境界。非是比信二量境界。故不可言。此意說云。非無實事。實事即是離言法性眞如。以爲實事。爲欲自他無分別智。覺眞如境。是故假說有爲。以顯實事也。一云。外疑。非有爲無爲。便無有事。如何說言有爲無爲。又復疑云。一切諸法。皆離名言。何須假說。故作此通。然非無事而有所說。離言緣生法。依此自覺。故非無事。爲令他覺。故須假說。一云。外疑。旣無有爲無爲。便無有法。有何利事而說有爲。故作此答。非無有事。事略有三。一自覺事。二覺他事。三者爲令他覺。起言說事。一一事中。皆有多義。不可具說。

---

112 이익 되는 일(利事) : 이 해석에서 '사事'라는 단어는 이전의 해석에서처럼 '언어의 근거인 법체'라는 철학적 의미에서 사용된 것이 아니고, 일상적으로 '이것은 유익한 일이다'라고 말할 때의 '일'을 뜻한다. 따라서 다음의 대답도 그와 같은 세 가지 유익한 일을 서술한 것이다.

나. 무위의 둘 없는 상을 해석함

경 선남자여, 무위란 또한 본사께서 가짜로 시설하신 어구입니다.

善男子。言無爲者。亦是本師假施設句。

석 이하는 두 번째로 무위의 둘 없는 상을 해석한 것이다. 이 중에 두 가지가 있다. 처음은 세 가지 상을 부정한 것이고, 나중의 "그러나 어떤 사도 없는데" 이하는 숨겨진 비난을 해석하면서 바른 도리를 보여준 것이다.

釋曰。自下第二釋無爲無二相。於中有二。初歷¹⁾三相。後然非無事下。釋伏難。示正道理。

1) ㉠ '歷'은 '遮'의 오기인 듯하다. 이하에서는 '세 가지 상'을 부정하는 내용이 진술되므로 '歷三相'을 '遮三相'으로 간주하였다.

가) 세 가지 상을 부정함

전자에 세 가지가 있다. 처음은 무위의 상을 부정한 것이고, 다음의 "선남자여" 이하는 유위의 상을 부정한 것이며, 마지막의 "설사……을 떠나서" 이하는 무위도 아니고 유위도 아닌 상을 해석한 것이다.

前中有三。初遮無爲相。次善男子下。遮有爲相。後設離下。釋非無爲非有爲相。

(가) 무위의 상을 부정함

이것은 첫 번째로 무위의 상을 부정한 것이다.¹¹³ 이에 세 가지가 있다.

처음은 무위도 가설임을 밝힌다. 다음은 부처님이 가설한 것을 가지고 (중생들이) 실유라고 집착함을 밝힌 것이다. 마지막은 (그런 집착의 대상은) 실유가 아님을 밝히면서 '무위도 아니다'라고 결론지은 것이다.

> 此即第一遮無爲相。於中有三。初明無爲是假說。次依佛假說執爲實有。後辨非實結非無爲。

㉮ 무위도 가설임을 밝힘

이것은 처음에 해당한다. 이에 두 가지 해석이 있으니, 앞에 준해서 알아야 한다.[114]

> 此即初也。於中有二釋。准上應知。

㉯ 부처님이 가설한 것을 실유라고 집착함

경 만약 이것이 본사께서 가짜로 시설하신 어구라면, 이는 변계소집의 언어로 설하신 것이고,

---

113 여기서부터는 "어째서……무위는 또한 무위도 아니고 유위도 아닙니까?"라는 질문에 대해 다시 세 가지로 대답한 것이다. 이것은 그중에서 무위에 대해 '무위가 아니다'라고 한 이유를 해석한 것이다.

114 이전에 "말하자면 모든 성자들은 성지·성견으로……"라는 경문을 해석하면서 진제의 『記』에 뒤이어 두 차례 진술된 견해(一云)를 가리킨다. 이 두 해석에 따르면, 이 『解深密經』 경문은 '유위도 무위도 아니라면 곧 어떤 사도 없는데 어떻게 유위라거나 무위라고 설할 수 있는가'라고 의심하는 외도들에게 대답한 것이다. 이에 대해 한편에서는 언어를 떠난 연생법에 의거해서 유위와 무위를 가설하였기 때문에 어떤 사도 없는 것은 아니고, 이 연생법을 다른 이도 깨치게 하기 위해 그 둘을 가설했다고 한다. 또 다른 한편에서는 스스로 깨치는 일, 남을 깨우쳐 주는 일, 남이 알도록 하기 위해 언설을 일으키는 일 등 세 가지 이익 되는 일(利事)이 있기 때문에 유위와 무위를 가설했다고 한다.

若是本師假施設句。卽是遍計所集言辭所說。

석 이것은 두 번째로 부처님이 가설한 것을 가지고 (중생들이) 실유라고 집착함을 밝힌 것이다.

釋曰。此卽第二依佛假說。執爲實有。

㉓ 실유가 아님을 밝히면서 무위도 아니라고 결론지음

경 변계소집의 언어로 설해진 것이라면, 결국 갖가지 변계(소집)의 언어로 설해진 것이고, 진실되지 않기 때문에 무위도 아닙니다.

若是遍計所集言辭所說。卽是究竟種種遍計言辭所說。不成實故。非是無爲。

석 세 번째는 실유가 아님을 밝히면서 '무위도 아니다'라고 결론지은 것이다.

釋曰。第三辨非實有。結非無爲。

(나) 유위의 상을 부정함

경 선남자여, 유위라는 것도 또한 언어에 제약된 것입니다.

善男子。言有爲者。亦墮言辭。

석 두 번째는 유위의 상을 부정한 것이다.[115] 앞에 준해서 알아야 한다.

釋曰。第二遮有爲相。准上應知。

(다) 무위도 아니고 유위도 아닌 상을 부정함

경 설사 무위와 유위를 떠나서 조금이라도 설해진 것이 있다면, 그 상도 또한 이러합니다.

設離無爲有爲。少有所說。其相亦爾。

석 세 번째는 무위도 유위도 아닌 상을 부정한 것이다.[116]

釋曰。第三遮非無爲有爲相。

나) 숨겨진 힐난을 회통시키면서 바른 도리를 보여줌

경 그러나 어떤 사事도 없는데 설해진 바가 있는 것은 아닙니다."

然非無事而有所說。

---

[115] 여기에서 '유위의 상을 부정했다'는 것은, 경문에서 무위에 대해 '유위가 아니다'라고 진술한 것을 말한다. '유위'가 아니라고 부정하는 이유를 말하면, 이전에 유위에 대해 '유위가 아니다'라고 부정했던 이유와 마찬가지다.

[116] 여기에서 '무위도 유위도 아닌 상을 부정했다'는 것은, 무위에 대해 '무위도 유위도 아닌 그 밖의 어떤 것'이라고 주장하는 경우를 부정했다는 것이다. 이전에 해석했듯, 이것은 독자부犢子部의 불가설법장不可說法藏에 속하는 '아我'를 부정한 것이다.

석 두 번째는 숨겨진 힐난을 회통시키면서 바른 도리를 보여준 것이다. 이 중에 세 가지가 있다. 처음은 주장을 표명하면서 총괄해서 답한 것이고, 다음은 되받아 물은 것이며, 마지막은 바로 설명한 것이다.

釋曰。第二釋通伏難示正道理。於中有三。初標宗總答。次反詰。後正說。

(가) 주장을 표명하며 총괄해서 답함
이것은 처음에 해당한다.

此卽初也。

(나) 되받아 물음

경 "사란 어떤 것입니까?"

何等爲事。

석 이것은 두 번째로 되받아 물은 것이다.

釋曰。第二反詰

(다) 바로 설명함

경 "말하자면 모든 성자들은 성지聖智·성견聖見으로 언어를 떠났기 때문에 정등각을 이루셨으니, 곧 이와 같은 이언법성에 대해 다른 이들로 하여금 정등각을 이루게 하기 위해 명名·상想을 가립하여 그것을 '무위'라고 한 것입니다."

謂諸聖者。以聖智聖見。離名言故。現正等覺。卽於如是離言法性。爲欲令他現等覺故。假立名想。謂之無爲。

석 이것은 세 번째로 보살이 바로 해석한 것이다. 경문에는 두 절이 있다. 처음은 성자들이 명언을 떠났기 때문에 정등각을 이루었음을 밝힌 것이다. 나중의 "곧 이와 같이" 이하는 남들로 하여금 깨닫게 하기 위해 이름(名)과 개념(想)을 가립했음을 밝힌 것이다. 구체적으로 분별하자면, 이전에 준해서 알면 된다.

釋曰。此卽第三菩[1]正釋。文有兩節。初明諸聖離名言故取[2]正等覺。後卽於下。爲令他[3]故假立名想。若具分別。准上可知。

1) ㉠ '菩' 다음에 '薩'이 누락되었다. 2) ㉠ '取'는 '現'의 오기인 듯하다. 이것은 '現正等覺'이라는 경문을 언급한 것인데, '取'라는 글자는 '正等覺'이라는 단어와 문맥상 상응하지 않기 때문이다. 3) ㉠ '他' 다음에 '覺'이 누락된 듯하다.

(5) 거듭 징문함

경 이때 여리청문보살마하살이 다시 해심심의밀의보살마하살에게 물었다.

爾時。如理請問菩薩摩訶薩。復問解甚深義密意菩薩摩訶薩言。

석 이하는 다섯 번째로 (언어를) 가설한 (이유를) 거듭 징문한 것이다. 이 중에 두 가지가 있다. 처음은 징문의 서두이고, 나중은 바로 징문한 것이다.

釋曰。自下第五重徵假說。於中有二。初徵問由序。後正[1])徵問。

1) ㉑ 다음에 나오는 문구와 대조해 볼 때, '正' 다음에 '設'이 누락된 듯하다.

① 징문의 서두

이것은 첫 번째로 묻는 자와 답하는 자를 밝힘으로써 서두를 삼은 것이다.

此卽第一辨問答者。以爲由序。

② 바로 징문함

경 "최승자여, 저 모든 성자들이 성지·성견으로 언어를 떠났기 때문에 정등각을 이루셨으니, 곧 이와 같은 '이언법성'에 대해 다른 이로 하여금 등각을 이루게 하기 위해 명名·상想을 가립하여 어떤 것은 유위라고 하고 어떤 것은 무위라고 했다고 하셨는데, 이러한 일은 어떠한 것입니까?"

最勝子。如何此事。彼諸聖者。以聖智聖見。離名言故。現正等覺。卽於如是離言法性。爲欲令他現等覺故。假立名想。或謂有爲。或謂無爲。

석 이것은 두 번째로 바로 징문한 것이다. 이미 자세히 설했는데도 아직 알지 못하겠으니, 그것은 어떤 것에 비유될 수 있을까? 『해절경』의 경문에는 이 징문이 빠져 있는데, 번역가의 잘못이거나 혹은 (역자의) 뜻이 생략하는 데 있기 때문일 수도 있다.

釋曰。此卽第二正設徵問。雖己[1)]廣說。而未能了。其喩何等。解節經文。脫此徵問。譯家謬也。或可意存略故。

1) ㉠ '己'는 '已'의 오기다.

(6) 비유로 설명함

경 해심심의밀의보살이 여리청문보살에게 말하였다.

解甚深義密意菩薩。謂如理請問菩薩曰。

석 이하는 여섯 번째로 비유를 들어 거듭 설명한 것이다. 이 중에 두 가지가 있다. 처음은 설명의 서두를 밝힌 것이고, 나중은 징문에 의거해 자세히 설명한 것이다.

釋曰。自下第六擧喩重說。於中有二。初明說之由序。後依徵廣說。

① 설명의 서두를 밝힘

이것은 처음에 해당한다.

此卽初也。

② 질문에 의거해 자세히 설명함

경 선남자여, 예를 들어 능숙한 환술사나 그 제자가 사거리에 있으면서 풀·잎·나무·기와·조약돌 등을 모아 놓고 갖가지 환화幻化의 사업들을 실

제로 지어 내니,

善男子。如善幻師。或彼弟子。住四衢道。積集草葉¹⁾瓦礫等。現作種種幻化事業。

1) ㉠ '葉' 다음에 '木'이 누락된 듯하다. 이하의 원측의 경문 해석에는 '草葉木瓦礫'이라 되어 있다. 또 이 다섯 자는 『解深密經』 권1(T16, 689a24)에는 '瓦礫草葉木'이라 되어 있는데, 교감주에는 '草葉木瓦礫'으로 된 곳도 있다고 하였다.

석 이하는 두 번째로 징문에 의거해 자세히 설명한 것이다. 이 중에 세 가지가 있다. 처음은 (환사幻事의) 비유를 들어 거듭 설명한 것이다. 다음의 "이와 같이 어떤" 이하는 법동유法同喩[117]를 든 것이다. 마지막의 "이와 같이 선남자여" 이하는 외인의 힐난에 대해 결론지으며 회통시킨 것이다.

釋曰。自下第二依徵廣說。於中有三。初擧喩重說。次如是若有下。擧法同喩。後如是善男子下。結通外難。

가. 비유를 들어 거듭 설명함

전자 중에 세 가지가 있다. 처음은 환술사(幻師)와 환 같은 사물(幻事)의 비유다. 다음의 "중생들 중에" 이하는 어리석은 자가 (환사를) 실재라고 집착하는 것을 비유한 것이다. 마지막의 "어떤 중생이" 이하는 깨달은 자는 (환사가) 허망한 줄 안다는 것을 비유한 것이다.

前中有三。初幻師幻事喩。次若諸衆生下。愚者執實喩。後若有衆生下。悟

---

117 법동유法同喩 : 원측의 소疏에서는 '합습'이라고도 한다. 이것은 본래 인명因明의 작법作法에서 사용하던 용어로서, 원측의 주석서에서는 어떤 유사한 실례(喩)들을 들고 나서 그것을 본래 말하고자 했던 교법과 결합시키는 대목을 가리킨다.

者覺妄喩。

가) 환술사와 환 같은 사물의 비유

이것은 첫 번째인 환술사와 환 같은 사물(幻事)의 비유다.

이 중에 두 가지가 있다. 처음은 환 같은 사물을 총괄해서 밝힌 것이고, 나중의 "이른바" 이하는 환 같은 사물을 따로따로 밝힌 것이다.

> 此卽第一幻師幻事喩也。於中有二。初總明幻事。後所謂下。別明幻事。

(가) 환 같은 사물을 총괄해서 밝힘

전자 중에 네 가지가 있다. 첫째는 환술사를 밝힌 것이고, 둘째는 환을 (짓는) 장소를 밝힌 것이며, 셋째는 환의 의지처를 밝힌 것이고, 넷째는 환 같은 사물을 총괄해서 밝힌 것이다.

그런데 이 비유의 문장은 그 의취를 알기 어렵다. 따라서 이제 먼저 진제 스님의 설명을 서술하고, 나중에 여러 교설에 의거해서 이 경문을 해석하겠다.

> 前中有四。一明幻師。二顯幻處。三辨幻所依。四總明幻事。然此喩文意趣難了。故今先述眞諦師說。後依諸敎。釋此經文。

진제의 『기기』(『해절경기』)에서는 다음과 같이 말한다. 〈비유의 뜻을 설명하겠다. 이것은 중생들이 허망하게 전도되어 갖가지로 분별함으로 인해 오랫동안 생사의 세계에서 모든 고통스런 과보를 받으면서도 환의 근본 및 '불가언·무이의 진여(不可言無二眞如)'를 알지 못하여 실유한다고 집착하지만, 성인들은 이것이 진실이 아님을 명료하게 안다는 것을 비유한 것이다. 범부들은 환의 근본을 알지 못하니, 무지無知만 있고 아직 성스런 지혜를 얻지 못했기 때문이다. 성인들은 환의 근본 및 '무이·불가언의 체'를 잘 알고 있으니, 무지를 끊고 성스런 도를 얻었기 때문이다. '환술사'란 총명한 범부를 비유하니, 즉 외도이다. '환술사의 제자'란 어리석은 범부를 비유하니, 즉 일천제이다. 또 환술사는 번뇌를 비유하고 그 제자는 업을 비유하니, 미혹이 업을 일으키기 때문이다. 또 환술사는 인因을 비유하고 제자는 과果를 비유한다. "사거리에서"라고 한 것은 삼계와 무루계의 네 가지 생사를 비유한 것이고, 혹은 근根·진塵·아我·식識[118]의 네 가지 경계를 비유한 것이다.〉

진제의 『금광명기金光明記』에 의하면 다음과 같다. 〈환술사란 즉 아뢰야식이니, 무시이래로 능히 허망한 (분별을) 일으키는 것이다. 환술사의 제자란 일곱 가지 식을 비유한 것이다. 미세한 망법妄法은 아뢰야식이 만들어 낸 것이고, (미세한 것과 거친 것의) 중간 것은 아타나식이 만들어 낸 것이며, 거친 것은 육식이 만들어 낸 것이다. 또 견혹見惑은 환술사이고 애혹愛惑은 제자이다. 또는 심心번뇌가 환술사이고 피혹皮惑과 육혹肉惑은 제자이다.[119] '사거리'란 사방四謗[120]의 논리를 비유한 것이다.〉

---

118 근根·진塵·아我·식識 : 이 용어는 『中邊分別論』의 제3송에 나오는데, 이 논에서는 다음과 같이 말한다. 아직 공성空性을 깨닫지 못한 중생의 경우, 아뢰야식이 변현해 낸 아와 법 또는 능취能取와 소취所取의 관계가 근·진·아·식의 네 가지로 현현한다. '근'이란 자신과 타인의 신체를 이루는 다섯 가지 감각기관(五根)이다. '진'은 색色·성聲·향香·미味·촉觸·법法과 같은 여섯 가지 인식 대상(六境)을 나타낸다. '아'란 아견 등을 동반하는 '의意(S manas)'라는 식, 혹은 이것을 육근 중의 하나로 간주할 때는 여섯 번째 의근意根을 뜻한다. '식'이란 안식·이식·비식·설식·신식·의식 등의 육식을 말한다. 아뢰야식이 현현할 때, 소취의 경계로서는 육경·오근으로 나타나고 능취의 식으로서는 의근·육식으로 나타난다. 『中邊分別論』 권1(T31, 451b7) 참조.
119 진제는 환술사란 심번뇌를 비유하고 그의 제자란 피번뇌·육번뇌를 비유한다고 했는데, 이처럼 일체의 번뇌를 심心·피皮·육肉의 세 가지로 구분한 것에 대해 진제 역 세친의 『攝大乘論釋』 권4(T31, 180b4)에서 다음과 같이 설명한다. "이 명언名言으로써 내법內法을 분별하여 증익시키거나 손감시키면서 바른 이치를 무너뜨리고 그릇된 이치를 정립하는 것을 육肉번뇌라고 하고, 이 명언으로써 외진外塵을 분별하면서 탐욕貪欲과 진에瞋恚 등을 일으키는 것을 피皮번뇌라고 하며, 이 명언으로 일체

眞諦記云。說喩意者。此譬衆生由妄顚倒。種種分別。久在生死。受諸苦報。
不知幻本及不可言無二眞如。執爲實有。聖人明了識此非眞。凡夫不幻[1]幻
本。由有無知。未得聖慧故。聖人了知幻本及無二不可言體。由斷無知。得
聖道故。幻師譬聰明凡夫。卽是外道。幻弟子譬愚癡凡夫。卽是闡提。又幻
師喩煩惱。弟子喩業。由惑起業故。又幻師譬因。弟子譬果。於四衢道者。
譬三界及無漏界四種生死。或譬根塵我識四種境界。若依眞諦金光明記。
幻師。卽是阿賴耶識。無始己[2]來。能造虛妄。幻弟子者。喩七識也。微細妄
法。賴耶所造。中卽陀那。麤者。六識所造。又見惑爲師。愛惑爲弟子。又心
煩惱爲師。皮肉惑弟子。四衢道者。喩四謗之理。

1) ㉑ '幻'은 '知'인 듯하다. 2) ㉑ '己'는 '已'의 오기다.

이제 여러 교설에 의거해 이 경문을 해석하겠다.

"환술사(幻師)"라고 한 것에 대해 네 가지 해석이 있다. 첫째, 『십주비바
사론』에 의하면 '업'이 환술사이다. 둘째, 『유가사지론』 제60권에 의하면
혹·업이 환술사이다. 셋째, 양梁『섭대승론석』과 당唐『섭대승론석』 및『대
품경』에 의하면 보살이 환술사이다. 넷째, 『유가사지론』 제84권에 의하면
여덟 가지 식識이 환술사이다.

"사거리(四衢道)"라고 한 것에 대해 세 가지 해석이 있다. 첫째, 『증일아
함경』 및『잡아함경』 제15권에서는 사제四諦를 사거리라고 설한다. 둘째,
『잡아함경』 제20권 등에서는 사념처를 사거리라고 설한다. 셋째, 『유가사

의 세간·출세간의 법을 분별하면서 이전의 두 종류 분별을 떠나는 것을 심심번뇌라
고 한다."

120 사방四謗 : 진여의 이치를 알지 못하고 다음과 같이 잘못된 주장을 펼치는 것을 말한
다. ① 증익방增益謗은 진여가 결정코 실유한다고 말하는 것이고, ② 손감방損減謗이
란 진여가 결정코 없다고 말하는 것이며, ③ 상위방相違謗이란 진여는 있기도 하고
없기도 하다고 하면서 두 가지 극단의 주장에 집착하는 것이고, ④ 희론방戲論謗이란
진여는 있는 것도 아니고 없는 것도 아니라고 주장하는 것이다.

지론』제84권에서는 사식주四識住[121]가 사거리라고 하였다.

"풀·잎·나무·기와·조약돌 등을 모아 놓고"라고 한 것은 환의 의지처를 밝힌 것이다. 말하자면 모든 종자가 본식 가운데 적집되어 있음을 비유한 것이고, 혹은 세 가지 훈습[122]이 아뢰야식 안에 있음을 비유한 것일 수도 있다. '풀과 잎'은 가늘고 부드러우니 선의 종자를 비유하고, '나무와 돌' 등은 거칠고 단단하니 모든 악의 종자를 비유한 것이다.

"갖가지 환 같은 사업들을 실제로 지어 내니"라고 한 것은 환 같은 사물(幻事)을 총괄해서 밝힌 것이다. 풀과 잎 등으로 인해 모든 환 같은 사물들이 일어나는 것처럼, 선악의 종자로 인해 모든 과를 낳는 것이다.

今依諸教。釋此經者。所言幻師。有其四釋。一十住婆沙。以業爲師。二瑜伽六十。惑業爲師。三梁攝大乘。唐攝大乘。及大品經。菩薩爲師。四瑜伽

---

[121] 사식주四識住 : 사식처四識處라고도 한다. 이는 식識이 머무는 네 가지 곳, 즉 색色·수受·상想·행行을 말한다. 즉 '식'은 색·수·상·행 등의 네 가지 온(四蘊)을 인식 대상으로 삼아 그에 의지해서 머물기 때문에, 이 네 가지를 '식이 머무는 곳(識住)'이라 한다. 따로 구별해서 칭하면, 색식주·수식주·상식주·행식주라고 한다. 오온五蘊 중에서 다섯 번째 식온이 앞의 색·수·상·행이라는 네 가지 온에 의지해서 그것을 대상으로 애착하고 점점 즐기고 탐내므로, 우선 색·수·상·행의 네 가지 온을 그것의 주처住處로 삼는 것이다.

[122] 세 가지 훈습 : 아뢰야식에 잠재해 있는 명언습기名言習氣·아집습기我執習氣·유지습기有支習氣를 가리킨다. 이것은 생사 세계에서 윤회하는 동력을 가리킨다. ① 명언습기는 표의명언表義名言과 현경명언顯境名言으로 나뉜다. '표의'는 이름(名)을 매개로 사유하는 제6식第六識의 활동에 의해 이루어진 습기를 가리키고, '현경'이란 이름을 매개로 하지 않는 모든 7식의 견분見分의 심·심소법들의 작용에 의해 이루어진 습기를 말한다. ② 아집습기는 구생俱生아집과 분별分別아집으로 나뉜다. 구생아집은 각기 개별적 신체를 지닌 존재들의 내적 원인에 의해 자연스럽게 생겨난 선천적 아집이고, 이와는 달리 분별아집은 자기가 태어난 당대 사회의 문화적 환경이나 종교 등과 같은 외적인 여건들 때문에 후천적으로 습득된 것이다. ③ 유지습기는 업종자業種子라고도 하는데, 선악의 행위(업)에 의해 만들어진 종자를 말한다. 이것이 미래의 이숙의 과보가 오취五趣 중에서 선한 존재(天·人)로 되는가 아니면 악한 존재(축생·지옥·아귀)로 나타나는가를 결정짓는다. 『成唯識論』 권8(T31, 43b3), 『成唯識論述記』 권8(T43, 516c10) 참조.

八十四。八識爲師。言四衢道者。有其三釋。一增一阿含。及雜阿含十五卷
云。四諦爲四衢。二雜阿含第二十等。說四念處。爲四衢道。三瑜伽八十四。
以四識住。爲四衢道也。言積集草葉木瓦礫等者。辨幻所依。謂喩諸種子積
集在本識中也。或可三種薰習在賴耶中。草葉細軟。譬於善種。木石等麤
强。喩諸惡種也。言現作種種幻化事業者。總明幻事。由草葉等。諸幻事起。
由善惡種。生諸果也。

(나) 환 같은 사물을 따로따로 밝힘

경 이른바 코끼리 떼·수레 떼·말 떼·보병들[123]과 마니·진주·유리·나패·벽옥·산호와 같은 갖가지 재물과 곡식과 그 창고 등입니다.

所謂象身車身。馬身步身。末尼眞珠。瑠璃螺貝。壁玉珊瑚。種種財穀庫藏
等身。

석 두 번째는 환 같은 사물(幻事)을 따로따로 밝힌 것이다. 앞에서 "갖가지 환화 같은 사업들을 실제로 지어 내니"라고 총괄해서 표시하였고 따로 해석하지 않았기 때문에 이제 따로 해석한 것이다.

진제 스님은 다음과 같이 해석한다. 〈(코끼리·수레·말·보병과 같은) 네 가지 병력(四兵)은 인연을 비유하고 진주 등은 결과를 비유하니, 네 가지 병력으로 인해 진주 등을 이루어 낼 수 있기 때문이다. 혹은 네 가지 병력은 유정의 부류를 비유하고 마니 등은 유정 아닌 부류들을 비유한다고 할 수도 있다. 그 뜻을 총괄적으로 해석하면 다음과 같다. 아뢰야식은

---

[123] 이하에 진술된 진제의 해석에 따르면, 여기에 나열된 '코끼리 떼(象身)·수레 떼(車身)·말 떼(馬身)·보병들(步身)' 등 네 무리는 모두 네 종류 병력(四兵)에 해당하니, 즉 코끼리병이나 전차병이나 기마병이나 보병 등을 말한다.

환술사이고 일곱 가지 식들은 제자이며, (이 여덟 가지 식이 '색·수·상·행'이라는) 사식주四識住에 머물면서 갖가지의 명언종자名言種子 등을 적집하여 삼계와 오취와 사생과 유정·비유정 등의 갖가지 과들을 내는데, 지전地前의 미혹한 자들은 진실한 유위·무위의 갖가지 제법이 있다고 집착하지만 지상地上의 깨달은 자들은 마치 환과 같이 실재하는 제법은 없음을 깨달아 안다는 것이다.〉

釋曰。第二別明幻事。謂上總標現作種種幻化事業。而不別釋。故今別釋。眞諦釋云。四兵譬因緣。珠等喻果。由四兵故。能爲珠等。或可四兵。喩有情類。末尼等者。喩非情類。總釋意云。賴耶幻師。七識弟子。住四識住。積集種種名言等種。而生三界五趣四生情非情等種種諸果。地前迷者。執有眞實有爲無爲種種諸法。地上悟者。覺知如幻無實諸法。

그런데 여러 교설에서는 업이 환술사이고 사성제 등이 사거리라고 설한다.

환술사에 대해 일반적으로 논하면 세 종류가 있다. 첫째는 환을 만들어 내기 때문에 환술사라고 하니, 혹·업 등에 해당한다. 둘째는 마치 환과 같기 때문에 환술사라고 하니, 보살에 해당한다. 셋째는 환을 만들어 내는 주인이기 때문에 환술사라고 하니, 여덟 가지 식에 해당한다. 지금은 세 번째 해석에 의거한다. 혹은 또한 혹·업을 (환술사로 보는 해석을) 취해도 되고, 혹은 통틀어 세 종류 해석을 설해도 의미상으로 또한 과실이 없다.

그 '사거리'에도 또한 세 가지 뜻이 있다. 첫째는 미혹을 없애는 네 가지 도道를 말하니, 사제에 해당한다. 둘째는 초학들이 관하는 도를 말하니, 사념처에 해당한다. 셋째는 환의 주인이 머무는 도를 말하니, 사식주에 해당한다. 지금은 세 번째 해석에 의거한다. 혹은 (세 가지 뜻을) 모두 취해도 의미상으로 또한 과실이 없다.

而諸敎中。說業爲幻師。四聖諦等爲四衢者。凡論幻師。有其三種。一能造幻故。名爲幻師。卽惑業等。二者如幻故。名爲幻師。卽是菩薩。三造幻主故。名爲幻師。卽八識也。今依第三。或可亦取惑業。或可通說三種。義亦無失也。其四衢道。亦有三義。一除惑四道。卽是四諦。二初學所觀道。卽四念處。三幻主所住道。卽四識住。今依第三。或可通取。義亦無失。

나) 어리석은 자가 실재라고 집착하는 것에 대한 비유

경 중생들 중에 '우치하고 우둔한 악혜의 부류'[124]는 밝게 아는 것이 없으니,

若諸衆生。愚癡頑鈍惡慧種類。無所知曉。[1]

1) ㉠『解深密經』권1(T16, 689a27)에는 '知曉'가 '曉知'로 되어 있고, 교감주에 후자로 된 곳도 있다고 하였다.

석 이하는 두 번째로 어리석은 자가 실재라고 집착함을 비유한 것이다. 이 중에 다섯 가지가 있다. 첫째는 집착하는 사람을 밝힌 것이고, 둘째는 집착되는 경계를 나타낸 것이며, 셋째는 집착을 일으킴을 바로 밝힌

---

124 우치하고 우둔한 악혜의 부류 : 원문은 '愚癡頑鈍惡慧種類'이다. 이하 진제의 해석에 따르면, 이 문구는 '우치하고 우둔한 자와 악혜의 부류들'로 번역될 수도 있는데, '우치하고 우둔한 자(愚癡頑鈍)'란 영아범부嬰兒凡夫, 즉 일천제를 말하고, '악혜의 부류(惡慧種類)'란 총명범부聰明凡夫, 즉 사견을 가진 외도를 가리킨다. 이와는 달리 신역『解深密經』의 해석자들은 '우치愚癡'는 무명의 체이고 '우둔함(頑鈍)'은 그것의 작용이며 '악혜惡慧'란 우치가 근본이 되어 생겨난 집착에 해당한다고 한다. 후자의 해석에 의거해서 "우치하고 우둔한 악혜의 부류들"이라고 번역하였다.

것이고, 넷째는 집착에 의지해 언설을 일으킨다는 것이며, 다섯째는 그들에게 거듭 관찰할 것을 권한 것이다.

釋曰。自下第三¹⁾愚者執實喩。於中有五。一明能執人。二顯所執境。三正辨起執。四依執起說。五勸彼重觀。

1) ㉐ '三'은 '二'의 오자다.

(가) 집착하는 사람을 밝힘

이것은 첫 번째로 집착하는 사람을 밝힌 것이니, 모든 어리석은 범부의 오온에서 가립된 자를 말한다.[125]

진제의 『기』에서는 다음과 같이 말한다. 〈'우치한 범부'란 애기 같은 범부이니, 일천제에 해당한다. '악혜의 부류들'이란 총명한 범부이니, 외도들로서 견見을 일으키는 자에 해당한다.〉

지금의 해석은 다음과 같다. 〈"우치"란 무명의 체를 나타낸 것이고 "우둔"이란 우치의 작용을 나타낸 것이니, 이것이 집착을 일으키는 근본이다. "악혜"란 집착의 체성體性을 나타낸 것이니, 모든 견見에 해당한다.[126] "밝게 아는 것이 없으니"라는 것은 악혜의 작용에 해당한다. 이 경문은 우치로 인해 유위·무위가 실유한다고 집착함을 밝힌 것이다.〉

此卽第一明能執人。謂諸愚夫五蘊假者。眞諦記云。愚癡凡夫者。嬰兒凡夫。卽是闡提。惡慧種類者。聰明凡夫。卽是外道能起見者。今解。愚癡者。

---

[125] '중생'이나 '사람(人)'과 같은 용어들은 '오온으로 이루어진 몸'이 생멸하면서 일정 기간 동안 상속하는 데 의거해서 가립된 것이다. 따라서 여기서 말한 '집착하는 사람(能執人)'이라는 것도 '범부의 오온상에서 가립된 자'라고 한 것이다.
[126] 근본번뇌 가운데 있는 다섯 가지 나쁜 견해(惡見), 즉 살가야견薩迦耶見, 변집견邊執見, 사견邪見, 견취견取見, 계금취견戒禁取見을 통칭해서 '악혜'라고 했다는 것이다.

出無明體。頑鈍者。顯痴用也。此卽起執本也。惡慧。出執體性。卽是諸見。
無所知曉者。惡慧用也。此明由痴執爲實有有爲無爲也。

(나) 집착되는 경계를 나타냄

경 풀·잎·나무·기와·조약돌 등에 (나타난) 환화 같은 사물들을

於草葉木瓦礫等上諸幻化事。

석 두 번째는 집착되는 경계를 나타낸 것이다. "풀·잎" 등은 선업·악업을 비유한 것이고, "환화의 사물들"이란 업에 의해 초감되었거나 혹은 식에 의해 전변된 갖가지 사물들을 비유한 것이다.

釋曰。第二辨所執境。謂草葉等。喩善惡業。諸幻化事。喩業所感。或識所
變種種諸事。

(다) 집착을 일으킴을 바로 밝힘

경 보거나 듣고 나서 이와 같이 생각할 것입니다. '이 보여진 것들은 실재하는 코끼리 떼이고, 실재하는 말 떼·수레 떼·보병들이며, (실재하는) 마니·진주·유리·나패·벽옥·산호와 같은 갖가지 재물과 곡식과 그 창고들이다.'

見巳[1]聞巳。*作如是念。此所見者。實有象身。實有馬身車身步身。末尼眞
珠瑠璃螺貝璧玉珊瑚。種種財穀庫藏[2]身。

---

1) ㉡ '已'는 '己'의 오기다. 이하도 동일하다. 2) ㉠ '藏' 다음에 경문에는 '等'이 있다.

석 세 번째는 집착을 일으킴을 바로 밝힌 것이다. 말하자면 무명으로 인해 분별견分別見[127]을 일으켜서 코끼리 등이 실재한다고 집착하는 것이다.

진제의 『기』에서는 다음과 같이 말한다. 〈'보았다(見已)'는 것은 자기가 보는 것을 말한다. 이는 환술사에 해당하니, 총명한 범부를 비유한 것이다. '들었다(聞已)'는 것은 남에게 들은 것을 말한다. 이는 제자에 해당하니, 어리석은 범부를 비유한 것이다.〉

釋曰。第三正明起執。謂由無明起分別見。執實有象等。眞諦記云。見已[1]者。謂自見。卽是幻師。喩聰明凡夫。聞已。* 謂從他聞。卽是弟子。喩愚痴凡夫。

---
1) ㉭ '己'는 '已'의 오기다. 이하도 동일하다.

(라) 집착에 의해 언설을 일으킴을 밝힘

경 그가 본 대로 들은 대로 굳게 집착하여, 이에 따라 언설을 일으켜서 '오직 이것만 진실하고, 그 밖의 것은 모두 어리석고 거짓되다'고 합니다.

如其所見。如其所聞。堅固執著。隨起言說。唯此諦實。餘皆愚妄。

석 네 번째는 집착으로 인해 언설을 일으킨다는 것이다. 말하자면 (어리석은 범부는 보거나 들은 것이) 환영인 줄 알지 못하기 때문에 실재한다고 집착하면서 다른 사람들이 '이는 실재가 아니다'라고 하면 다 어리석

---
127 분별견分別見 : 견혹見惑 중에서 분별기分別起의 견見을 가리킨다. '분별기'란 가령 그릇된 스승(邪師)의 그릇된 가르침(邪敎) 등과 같이 현재의 후천적 외부 조건들(現在外緣)로 인해 일어난 것을 가리킨다. 이와 상대되는 것이 구생기俱生起로서 생득적으로 획득되는 번뇌를 가리킨다.

은 사람들이고 또 거짓말이라고 여긴다.

釋曰。第四因執起說。謂不知幻故。執爲實有。餘人云不是實者。皆是愚人。及以妄語。

(마) 그에게 거듭 관찰할 것을 권함

경 그는 나중에 반드시 다시 관찰해야 할 것입니다.

彼於後時。應更觀察。

석 다섯 번째는 그에게 다시 관찰하라고 권한 것이다. 그는 우둔하기 때문에 이것이 환영인 줄 알지 못하고 실재한다고 집착하는데, 나중에 환이 사라지고 나면 다시 자세히 관찰해야 실재가 아님을 알게 된다.

釋曰。第五勸彼更觀。由彼頑鈍。不知是幻。執爲實有。於後幻滅。更審觀察。乃知非實。

다) 깨달은 자가 허망한 줄 아는 것에 대한 비유

경 어떤 중생이 우치하지도 않고 우둔하지도 않은 선혜의 부류라면, 밝게 아는 것이 있어서,

若有衆生。非愚非鈍。善慧種類。有所知曉。[1]

---

1) ㉠『解深密經』권1(T16, 689b5)에는 '知曉'가 '曉知'로 되어 있다.

석 이하는 세 번째로 깨달은 자는 허망한 줄 아는 것을 비유한 것이다. 그에 다섯 단락이 있으니, 이전과 상반된다는 것을 알아야 한다. 첫째는 깨달은 사람을 밝힌 것이고, 둘째는 깨달은 경계를 밝힌 것이며, 셋째는 깨달은 내용을 바로 밝힌 것이고, 넷째는 깨달음으로 인해 언설을 일으킨 다는 것이며, 다섯째는 '거듭 관찰하지 않아도 된다'고 권한 것이다.

釋曰。自下第三悟者覺妄喩。有其五段。翻上應知。一能悟人。二所悟境。三正明覺悟。四因悟起說。五勸不重觀。

(가) 깨달은 사람을 밝힘

이것은 첫째로 '깨달은 사람'을 밝힌 것이다. 경문에는 세 개의 절이 있다. 첫째, "어떤 중생이"라는 것은 깨달은 사람을 밝힌 것이다. 지전地前보살을 말하거나 혹은 지상地上보살의 오온상에서 가립된 자라고 볼 수도 있다.[128] 둘째, "우치하지도 않고 우둔하지도 않은"이라 한 것은 깨달음을 일으키게 된 가까운 연이니, 무치선근無痴善根[129]을 말한다. 셋째, "선혜의 부류는 밝게 아는 것이 있어서"라고 한 것은 깨달음의 체를 바로 밝힌 것

---

[128] '중생'이나 '사람(人)'과 같은 용어들은 '오온으로 이루어진 몸'이 생멸하면서 일정 기간 상속하는 데 의거해서 가립된 것이다. 따라서 이전의 '집착하는 사람(能執人)'이 범부의 오온상에서 가립된 자인 것과 마찬가지로, 여기서 말한 '깨달은 사람(能悟人)'이라는 것도 지전地前보살이나 지상地上보살의 오온상에서 가립된 자라고 하였다.

[129] 무치선근無癡善根 : 이 무치와 무탐無貪·무진無瞋을 합해서 삼선근三善根이라 하는데, 그것들은 모든 선한 마음의 근본이 되기 때문에 '선근'이라 한다. '무치'란 어리석음(癡)과 상반되는 말이다. 그렇기 때문에 대승에는 이 무치심소와 다음에 언급되는 혜慧심소가 동일한지 아닌지에 대해 논란이 있다. 예를 들어 『成唯識論』에는 무치심소와 혜심소의 법체가 동일하다는 설, 그와는 반대로 두 심소는 별도의 법체를 갖는다는 설이 소개되어 있다. 후자에 따르면, 탐·진·치는 육식六識과 상응하는 것으로서 정번뇌正煩惱에 속하고 악을 일으키는 작용이 두드러지기 때문에 이것들을 대치시키는 특별한 심소법의 작용이 있어야 한다. 그것이 바로 무치 등의 심소이다. 『成唯識論』 권6(T31, 30a9)의 '무치'에 대한 설명 참조.

이니, 혜慧를 자성으로 삼는다. 이는 지전의 가행위加行位[130]에서 능취·소취의 공성空性을 부분적으로 증득한 것을 비유하였거나, 혹은 지상보살이 승의무이勝義無二의 도리를 잘 아는 것을 '밝게 안다(知曉)'고 한 것일 수도 있다.

> 此卽第一明能悟人。文有三節。一若有衆生者。辨能悟人。謂地前菩薩。或可地上菩薩五蘊假者。二非愚非鈍者。起悟近緣。謂無痴善根。三善慧種類有所知曉者。正明悟體。以慧爲性。此喩地前加行位中分證能取所取空性。或可地上了知勝義無二之理。名知曉也。

(나) 깨달은 경계를 밝힘

경 풀·잎·나무·기와·조약돌 등에서 (보이는) 환화 같은 사물들을

於草葉木瓦礫[1]等上諸幻化事。

---
1) ㉭ 『解深密經』 권1(T16, 689b5)에는 '草葉木瓦礫'이 '瓦礫草葉木'으로 되어 있다.

석 이것은 두 번째로 '깨달은 경계'를 밝힌 것이다. 경문 그대로 알 수 있을 것이다.

---
[130] 가행위加行位 : 유식종에서 말하는 수행의 오위五位 중의 하나다. 이는 대승의 순결택분順決擇分을 수습하는 단계로서, 구체적으로는 아직 견도見道(十地의 初地)에 들기 이전에 난법煖法·정법頂法·인법忍法·세제일법世第一法 등 네 가지를 닦는 것을 말한다. 이 네 가지는 진실한 결택분決擇分에 수순해서 나아가는 것이고, 견도(초지)에 가깝기 때문에, 순결택분이라 한다. 『成唯識論』 권9(T31, 48b12), 같은 책 권9(T31, 49a26) 참조.

釋曰。第二明所悟境。如文可知。

(다) 깨달은 내용을 바로 밝힘

경 보거나 듣고 나서 이와 같이 생각할 것입니다. '이 보여진 것들은 실재하지 않는 코끼리 떼이고, 실재하지 않는 말 떼·수레 떼·보병들·마니·진주·유리·나패·벽옥·산호와 같은 갖가지 재물과 곡식과 그 창고들이다'라고.

見己[1]聞己.* 作如是念。此所見者。無實象身。無實馬身車身步身末尼眞珠瑠璃螺貝璧玉珊瑚種種財穀庫藏等身。

1) ㉠ '己'는 '已'의 오기다. 이하도 동일하다.

석 세 번째는 '깨달은 내용'을 바로 밝힌 것이다. 이 중에 두 가지가 있다. 처음은 실재의 경계는 있지 않음을 밝힌 것이다. 나중의 "그러나(然有)" 이하는 가립된 경계는 없지 않음을 밝힌 것이다.

釋曰。第三正明覺悟。於中有二。初明實境非有。後然有下。明假境非無。

㉮ 실재의 경계는 유가 아님을 밝힘

이것은 첫 번째로 실재의 경계가 유有가 아님을 밝힌 것이다. 경문 그대로 알 수 있을 것이다.

此卽第一實境非有。如文可知。

㉯ 가립된 경계는 무가 아님을 밝힘

경 그러나 환상幻狀처럼 눈을 미혹시키는 사事가 있으니, 이에 대해 커다란 코끼리 떼에 대한 생각(想)이나 혹은 커다란 코끼리 떼의 (종류의) 차별에 대한 생각을 일으키고, 나아가서는 갖가지 재물과 곡식과 그 창고 등에 대한 생각 혹은 그 종류의 차별에 대한 생각을 일으킵니다.

> 然有幻狀迷惑眼事。於中發起大象身想。或大象身差別之想。乃至發起種種財穀庫藏等想。或彼種類差別之想。

석 두 번째는 가립된 경계는 무無가 아님을 밝힌 것이다. 경문에 두 개의 절이 있다. 처음의 "그러나 환상처럼 눈을 미혹시키는 사事가 있으니"라고 한 것은 사경似境은 무無가 아님을 바로 밝힌 것이다.[131] 나중의 "여기에서" 이하는 미혹하는 모습을 보여준 것이다.

> 釋曰。第二明假境非無。文有二節。初言然有幻狀迷惑眼事者。正明似境非無。後於中下。示迷惑之相。

a. 사경似境은 무가 아님을 바로 밝힘
이것은 처음에 해당한다.
그런데 이 '환상幻狀'에 대해 여러 종파에서 다르게 말한다.
살바다종의 『순정리론』에서는 (이 환상은) 마치 변화색變化色[132]처럼 선

---

131 식識에 나타나는 갖가지 영상들을 사경似境이라고 한다. 이러한 영상들은 실재하는 경계라기보다는 단지 '마치 경계인 것처럼 나타난 것', 다시 말하면 '경계와 유사하게 나타난 것'일 뿐이므로 '사경'이라고 하였다. 이처럼 식에 경계처럼 나타나는 영상들은 의타기의 유有로서 가령 변계소집의 존재와 같은 무無는 아니기 때문에 '가립된 경계는 없지 않다'고 한 것이다.
132 변화색變化色 : 화색化色이라고도 하며, 불보살이 방편으로 중생을 교화하기 위해 신통력으로 갖가지 형체를 변화시켜 낸 것을 말한다.

정의 힘에서 비롯된 것이기 때문에 비록 화색化色(변화색)이기는 해도 이는 실색實色이고 안식의 경계이니, 이와 같이 환술의 힘으로 인해 환과 유사한 상들이 일어나서 안식을 발생시킨다고 한다.[133] 그 종파에서는 본래 일체의 마음들은 다 '유의 경계(有境)'를 반연한다고 설한다.

경부종에 의하면, 환 같은 코끼리·말 등은 모두 실체가 없고, 환을 반연하는 마음은 '무의 경계(無境)'를 반연하여 생기한 것이다. 따라서 그 종에서는 '무를 반연하는 경우 또한 마음을 발생시킨다'고 함을 알 수 있다.[134]

지금 대승에 의하면 본래 두 가지 설이 있다. 첫째, 용맹종에 의하면 그 뜻은 경부와 동일하다. 무를 반연하는 경우도 또한 마음을 발생시킨다고 하기 때문이다. (그런데) 『대지도론』에서는 '오식은 모두 속이는 것일 수 없다'고 하였으니, 따라서 그 종에서는 안식 등의 오식은 오직 실재의 경계를 반연하고 제6의식은 무를 반연하는 경우도 있다고 인정했음을 알 수 있다.[135] 둘째, 미륵종에 의하면 '실재하는 코끼리(實象)' 등은 없지만 '코끼리와 유사한 것(似象)'은 있으니, 상분相分이 현전하면 이 영상影像(상분)의 색을 소연의 경계로 삼는다고 한다.[136]

---

133 이 논에 따르면, 마치 신통을 가진 자가 선정의 힘으로 화작해 낸 색(변화색)과 마찬가지로 환술사가 환술幻術로 지어 낸 '환상幻相'도 눈으로 보는 경계가 된다. 그런데 식식은 비실재(非有)를 대상으로 삼아 생기할 수는 없기 때문에 '환상'도 안식眼識의 대상이 되는 한에서는 실색實色이라는 것이다. 『順正理論』 권50(T29, 623b29) 참조.
134 경부종에 따르면 '환상을 본다'는 것은 실체가 없는 것, 즉 '무無'를 대상으로 삼을 수 있음을 뜻한다. 따라서 마음은 무를 대상으로 해서 생기할 수도 있다고 한다.
135 대승의 용맹종에서는 마음은 '무無'를 대상으로 삼아서 생기한다는 것을 인정한다. 그런데 그들은 오식五識에 의해 파악되는 것은 허구가 아니라고 하기 때문에 '무를 대상으로 삼는 마음'은 오직 제6의식에 국한된다는 것이다.
136 유식학에서는 대상을 인식할 때 언제나 식이 전변해 낸 대상의 영상을 인식한다고 한다. 그런데 이 영상 그 자체는 '실재가 아닌데 마치 실재처럼 나타난 것(非有似有)'이다. 가령 식에 나타난 코끼리의 영상은 다만 '마치 코끼리와 유사한 것'이지 그 영상에 대응하는 것이 외계에 실재하는 것은 아니다. 이와 같이 '마치 경계처럼 나타난 것'을 사경似境이라고 한다. 유식설에 따르면, 이 사경은 오랜 언어적 분별로 인해 훈습된

또 이 '환상幻像'의 비유에는 본래 두 가지 의미가 있다. 첫째, 『대반야경』 등에 의하면 환 등의 열 가지 비유[137]로 '공空'의 뜻을 비유한 것이다. 둘째, 『아비달마경』과 『섭대승론』에 의하면 여덟 가지 비유[138]로 의타기는 '실유와 유사하지만 실유가 아님(似有非實)'을 나타낸 것이다. 이 경도 이와 마찬가지로 '유사(似)'라는 의미로써 의타기를 비유한 것이다.

此卽初也。然此幻狀。諸宗不同。薩婆多宗順正理云。如變化色。由定力故。雖是化色。而是實色。是眼識境。如是由幻術力。似幻相起。能發眼識。彼宗自說一切諸心皆緣有境。依經部宗。幻象馬等。皆無有體。緣幻之心。緣無境起。故知彼宗緣無亦生心也。今依大乘。自有兩說。一依龍猛宗。意同經部。緣無亦得生心故。智度論云。五識皆不可詺。故知彼宗。眼等五識唯緣實境。第六意識容許緣無。依[1]彌勒宗。無實象等。而有似象。相分現前。用此影像色。爲所緣境。又此幻象[2]喻。自有二義。一依大般若等。幻等十喩。喩於空義。二依阿毗達磨經及攝大乘。八喩顯依他似有非實。此經亦爾。用似義喩依他起。

1) ㉠ '依' 앞에 '二'가 누락된 듯하다. 2) ㉠ '象'은 '像'인 듯하다.

명언종자를 직접적 원인으로 하여 발생한 것이다.
137 열 가지 비유(十喩) : 대승에서 열 가지 사례로 일체가 공한 이치를 비유한 것을 말한다. 열 가지란 ① 환의 비유(幻喩), ② 아지랑이의 비유(焰喩), ③ 물 속의 달의 비유(水中月喩), ④ 허공의 비유(虛空喩), ⑤ 메아리의 비유(響喩), ⑥ 건달바 성의 비유(犍闥婆城喩), ⑦ 꿈의 비유(夢喩), ⑧ 그림자의 비유(影喩), ⑨ 거울 속 영상의 비유(鏡中像喩), ⑩ 변화로 지어낸 일들의 비유(化喩) 등을 말한다.
138 여덟 가지 비유 : 이것을 의타팔유依他八喩라고 한다. 유식종에서는 여러 인연이 화합하여 이루어진 것은 가유假有이고 실체가 없음을 나타내기 위해 여덟 가지 비유를 드는데, ① 환사유幻事喩, ② 양염유陽焰喩, ③ 몽경유夢境喩, ④ 경상유鏡像喩, ⑤ 광영유光影喩, ⑥ 곡향유谷響喩, ⑦ 수월유水月喩, ⑧ 변화유變化喩이다.

b. 미혹하는 모습을 보여줌

"여기에서 커다란 코끼리 떼에 대한 생각 등을 일으키고"라고 한 것은 미혹하는 모습을 보여준 것이다. 이 중에 두 가지가 있다.

처음에 나온 "커다란 코끼리 떼에 대한 생각"이란 코끼리의 자성自性에 미혹한 것이다. 코끼리의 체를 총괄해서 말하면 자상自相이라 하고, 이 중에서 '크다, 작다'거나 '파랗다, 희다'는 등을 차별상差別相이라 한다. 그러므로 미혹한 자는 (자상과 차별상에 대한) 두 종류 생각을 일으킨다는 것이다.

"나아가서……"라고 한 것은 말(馬) 등의 총總(자상)·별別(차별상)에 대한 두 가지 생각에 대해서도 (이전과) 유사하게 해석한 것이다. 앞에 준해서 알아야 한다.

> 言於中發起大象身想等者。示迷惑相。於中有二。初大象身想者。迷象自性。總辨象體。名爲自相。於中大小。或青白等。名差別相。是故迷者。起二種想。言乃至等者。類釋馬等總別二想。准上應知。

(라) 깨달음으로 인해 언설을 일으킴

경 (그는) 본 대로 들은 대로 굳게 집착하고 (그 집착에) 수순해서 언설을 일으켜 '오직 이것만이 진실하고 그 밖의 것은 어리석고 거짓되다'고 하지 않습니다. (오히려 경계가 실재하지 않는다는) 이와 같은 의미를 안다는 것을 표현하기 위해 또한 여기에서 (그 앎에) 수순해서 언설을 일으키는 것입니다.

> 不如所見。不如所聞。堅固執著。隨起言說。唯此諦實。餘皆愚妄。爲欲表知如是義故。亦於此中。隨起言說。

🅢 네 번째는 깨달음으로 인해 언설을 일으키는 것이다. 이에 두 가지 내용이 있다. 첫째, (깨달은 자는) 지혜의 힘으로 경계가 실재가 아님을 깨달아서 그것이 실재한다고 말하지 않는다는 것이다. 둘째, "(이와 같은 의미를 안다는 것을 표현하기) 위해" 이하는 지혜의 힘으로 인해 '경계는 가짜임'을 깨달아 그에 수순해서 언설을 일으킨다는 것이다.

釋曰。第四因悟起說。有其二義。一由智力悟境非實。不起實言。二爲欲下。由智力故。悟境是假。隨起言說。

(마) 거듭 관찰하지 않아도 된다고 권함

🅚 그는 나중에 다시 관찰할 필요가 없습니다.

彼於後時。不須觀察。

🅢 다섯 번째는 거듭 관찰할 필요가 없다고 권한 것이다. 말하자면 지혜의 힘으로 여실하게 알기 때문이다.

釋曰。第五勸不[1])觀。謂由智力。如實知故。

1) ㉠ '不' 다음에 '重'이 누락된 듯하다.

나. 법동유를 듦

🅚 이와 같이 어떤 중생이 우부의 부류이고 이생의 부류이며 아직 모든 성인의 출세간의 지혜를 얻지 못한 자라면,

如是若有衆生。是凡¹⁾夫類。是異生類。未得諸聖出世間慧。

1) ㉠『解深密經』권1(T16, 689b14)에는 '凡'이 '愚'로 되어 있다. 원측의 경문 해석을 보면, 그의 판본에도 '愚'로 되어 있었던 듯하다.

석 이하는 두 번째로 법동유를 든 것이다. 이 중에 두 가지가 있다. 처음은 미혹한 자들이 실재라고 집착함을 밝힌 것이고, 나중의 "어떤(若有)" 이하는 깨달은 자는 허망한 줄 안다는 것을 나타낸 것이다.

釋曰。自下第二擧法同喩。於中有二。初明迷者執實。後若有下。辨悟者覺妄。

가) 미혹한 자는 실재라고 집착함을 밝힘

전자에 다섯 가지가 있다. 첫째는 집착하는 사람을 밝힌 것이다. 둘째는 경계가 (환인 줄) 알지 못함을 밝힌 것이다. 셋째는 집착을 일으킴을 바로 밝힌 것이다. 넷째는 집착으로 인해 언설을 일으킨다는 것이다. 다섯째는 그에게 거듭 관찰해야 한다고 권한 것이다.

前中有五。一明能執人。二明於境不了。三正明起執。四因執起說。五勸彼重觀。

(가) 집착하는 사람을 밝힘

이것은 첫 번째로 집착하는 사람을 밝힌 것이다.
"이와 같이"라고 했는데, (이후의) 법을 든 것이 (이전의) 비유와 같기 때문에 '이와 같이'라고 하였다.[139] 이 집착하는 사람에게 세 가지 이름이

---

139 원측 소에서 법동유法同喩란 앞에서 유사한 실례를 들고 나서 이것을 본래 설하려 했

있다. 첫째는 중생衆生이라 하고, 둘째는 우부愚夫라고 하며, 셋째는 이생異生이라 한다.

"중생"이란 대략 두 가지 뜻이 있다. 첫째, 많은(衆多) 법들이 생겨나기(生) 때문에 중생이라 한다. 따라서 『대지도론』 제30권에서는 중생이란 오중五衆(오온) · 십이입十二入(십이처) · 십팔계十八界 · 육종六種[140] · 십이연十二緣 등 많은 법들에서 생하기 때문에[141] '중생'이라 이름한다고 하였다.[142] 『대승동성경』과 『증계경』과 양梁 『섭대승론석』 제14권의 대의도 또한 동일하다. 둘째, 여러 생을 받기 때문에 중생이라 한다. 따라서 『반야등론』에서는 '유정은 자주 생을 받기 때문에 중생이라 한다'고 하였다.[143] 또 진제의

던 법法과 결합시키는 것을 말한다. 다음에 진술되는 법문의 내용이 앞의 실례와 같음을 나타내기 위해 "이와 같이"라는 표현을 썼다는 것이다.

140 육종六種: 원측의 소疏에는 '육계六界'라고 되어 있고, 『大智度論』의 본문에는 '육종'이라 되어 있는데 그 정확한 뜻은 알 수 없다. 그런데 다음 문장에서 "『大乘同性經』과 『證契經』과 양梁『攝大乘論釋』 제14권의 대의도 또한 동일하다."고 하였으므로 그 경론에 의거해서 추측해 보면, '육종'이란 '지地 · 수水 · 화火 · 풍風의 사대四大와 공空 · 식識' 등의 여섯 종류 계(六界)를 가리키는 듯하다. 예를 들어 『大乘同性經』 권1(T16, 642b1)에서는 "많은 연이 화합하였으므로 중생이라 하니, 이른바 지 · 수 · 화 · 풍 · 공 · 식과 명 · 색과 육입의 인연으로 생하는 것이다.(衆緣和合. 名曰衆生. 所謂地水火風空識名色六入因緣生。)"라고 하였고, 『證契大乘經』 권1(T16, 655a2)에도 유사한 문구가 나온다.

141 원측 소에서 "……많은 법들이 생기기 때문에 중생이라 이름한다.(……衆多法生故名衆生。)"고 한 것은 『大智度論』 권30(T25, 279c6)에는 "오중 · 십팔계 · 십이입 · 육종 · 십이인연 등의 많은 법들에서 가짜로 중생이라 이름한다.(於五衆十八界十二入六種十二因緣等衆多法中假名衆生。)"고 되어 있는데, 원문의 '中假'라는 두 글자를 원측은 '生故'로 바꾸었다. 원측은 '중생衆生'이라는 말에서 '生'이라는 글자가 붙은 이유를 설명하기 위해 이 문장을 인용하였기 때문에 그 취지에 맞춰 '生故'를 그대로 번역하였다.

142 색수상행식과 같은 오온 등의 여러(衆多) 법들이 생겨난다(生)는 의미에서 '중생衆生'이라는 말을 가립하고, 그 오온 등이 차별적으로 일정 기간 상속하는 데 의거해서 '이것은 천天이다', '이것은 인人이다', '이것은 소다', '이것은 말이다'라고 가명假名을 부여했다는 것이다.

143 원측의 소에는 종종 '세친의 『般若燈論』'이라는 문구가 나오는데, 세친의 저작에서는 이와 같은 문구를 찾을 수 없다. 다만 청변의 『般若燈論釋』 권10(T30, 102c11)에는 "何故名衆生。謂有情者。數數生故。"라는 문장이 나온다.

『반야소波若疏』에서는 다음과 같이 말한다. 〈전생과 후생으로 (이어지며) 생이 끊어지지 않기 때문에 중생이라 한다. (문) 그렇다면 또한 전후로 (계속해서) 멸한다는 뜻도 있으므로 '중멸衆滅'이라고 해야 할 것이다. (답) 동일한 사례가 아니다. 생겨서 중생이 되는 것이지 멸해서 되는 것은 아니기 때문이다.〉 자세히 설하자면 그 소와 같다.

此卽第一合¹⁾能執人。言如是者。擧法如喩。故言如是。此能執人。有其三名。一名衆生。二名愚夫。三名異生。言衆生者。略有二義。一者衆多法生。故名衆生。故智度論第三十云。言衆生者。於五衆十二入十八界六界²⁾十二緣等衆多法生。³⁾故⁴⁾名衆生。大乘同性經。證契經梁攝論第十四。大意亦同。二者受多生故。名曰衆生。故般若灯論云。謂有情者。數數受生。故名衆生。又眞諦波若疏云。以前生後生。生不絶故名衆生。若爾。亦有前後滅義。應名衆滅。答非一例。生成衆生。滅非成故。廣說如彼。

1) ㉠ '合'은 '明'의 오기인 듯하다. 2) ㉠ 『大智度論』 권30(T25, 279c7)에는 '界'가 '種'으로 되어 있다. 3) ㉠ 『大智度論』 권30(T25, 279c7)에는 '生'이 '中'으로 되어 있다. 자세한 것은 번역문 역주 참조. 4) ㉠ 『大智度論』 권30(T25, 279c7)에는 '故'가 '假'로 되어 있다. 자세한 것은 번역문 역주 참조.

"우부愚夫"라는 것에서, '우'는 어리석음(愚痴)이고 '부'는 사람(土夫)이다. 어리석음이 있는 사람(有愚之夫)이기 때문에 우부라고 한다. 『광백론석론』에 의하면, 어리석은 범부가 곧 이생異生이다. 따라서 그 논에서는 "모든 이생을 어리석은 범부라고 이름한다."[144]고 하였고, 또 제1권에서는 "갖고 있는 소견마다 다 진실함이 없고 지혜가 해맑지 못하기 때문에 우부라고 한다."[145]고 하였다.

---

144 『廣百論釋論』 권6(T30, 218c22).
145 『廣百論釋論』 권1(T30, 188b18).

"이생異生"이란 『대비바사론』 제45권에 의하면 다음과 같다. "문 무엇을 이생異生이라 하는가? 답 모든 성자들을 다 동생同生이라 하는데, 이것은 그와 다르므로 이생이라 한다.⋯⋯문 그렇다면 성자들도 이생과 다르므로 이생이라 해야 할 것이다. 답 모든 성자들은 똑같이(同) 진리를 깨달아 똑같이 보고 똑같이 바라기 때문에 동생이라 하지만, 이생은 그렇지 아니하여 (성자들이) 싫어하고 천히 여길 만하기 때문에 이생이라는 이름을 세운 것이니, 그 힐난은 맞지 않다.⋯⋯대덕大德[146]은 '정법과 비나야에서 달라져서 생을 받기 때문에 이생이라 한다'고 설한다."[147] 자세히 설하면 그 논과 같다.

이 경문의 뜻을 설하자면, 모든 이생의 부류는 아직 삼승의 무루의 성도를 얻지 못했거나 혹은 아직 초지 이상의 모든 성도를 얻지 못했기 때문에 실유에 대한 집착을 일으킨다는 것이다.

言愚夫者。愚謂愚癡。夫謂士夫。有愚之夫。故名愚夫。若依廣百論。愚夫卽是異生。故彼論云。諸異生者。說名愚夫。又第一云。隨所有[1]見。皆無諦實。智不淸白。故名愚夫。言異生者。依大婆沙四十五云。問。何名異生。[2] 答。一切聖者。皆名同生。此異於彼。故名異生。問。若爾。聖者異異生故。應名異生。答。一切聖者。同會眞理。同見同欲。故名同生。異生不爾。可厭賤故。立異生名。不應爲難。大德說曰。異於正法及毗奈耶。而受生故。名爲異生。廣說如彼。此意說云。諸異生類。未得三乘無漏聖道。或可未得初地已上諸聖道故。起實有執。

1) 옌『廣百論釋論』 권1(T30, 188b18)에는 '所有'가 '有所'로 되어 있다. 2) 옌 『大

---

146 대덕大德: 비바사 4대 논사 중에 법구法救(ⓈDharmatrāta)를 가리킨다. 그의 덕德을 공경해서 대개 그 이름을 쓰지 않고 '대덕'이라고만 칭한다. 『俱舍論記』 권2(T41, 52b24).
147 『大毘婆沙論』 권45(T27, 232a27).

毘婆沙論』권45(T27, 232a28)에는 '生' 다음에 '地'가 있다.

(나) 경계가 환인 줄 알지 못함을 밝힘

경 일체법의 이언법성에 대해 알 수가 없습니다.

於一切法離言法性。不能了知。

석 두 번째는 경계가 (환영인 줄) 알지 못함을 밝힌 것이다.
"일체법의 이언법성"이라 한 것은, 곧 모든 유위법·무위법의 자상이 명언을 떠나 있기 때문에 ('이언'이라 했고,) 혹은 유위·무위의 둘 없는 진여를 '이언'이라 했다고 볼 수도 있다. (어리석은 범부는) 이 법성에 대해 잘 알지 못한다.

釋曰。第二於境不了。言於一切法離言法性者。卽是一切有爲無爲諸法自相離名言故。或可有爲無爲無二眞如。名爲離言。於此法性。不能了知。

(다) 집착을 일으킴을 바로 밝힘

경 그는 모든 유위와 무위에 대해 보거나 듣고 나서 이와 같이 생각할 것입니다. '이처럼 획득된 것은 결정코 실재하는 유위·무위다.'

彼於一切有爲無爲。見已聞已。作如是念。此所得者。決定實有有爲無爲。

석 세 번째는 집착을 일으킴을 바로 밝힌 것이다. 말하자면 모든 우부들은 법성의 이치를 알지 못하기 때문에 유위 등을 실재라고 집착하는데,

마치 코끼리 등을 (실재라고) 집착하는 것과 같다.

釋曰。第三正明起執。謂諸愚夫。以不了知法性理故。於有爲等。執爲實有。如執象等。

(라) 집착에 의해 언설을 일으킴을 밝힘

경 그가 본 대로 그가 들은 대로 굳게 집착하고 그에 따라서 언설을 일으켜 '오직 이것만이 진실하고 그 밖의 것은 모두 어리석고 거짓되다'고 합니다.

如其所見。如其所聞。堅固執著。隨起言說。唯此諦實。餘皆痴妄。

석 네 번째는 집착을 따라 언설을 일으키는 것이다. 앞에 준해서 알아야 한다.

釋曰。第四隨執起說。准上應知。

(마) 그에게 거듭 관찰할 것을 권함

경 그는 나중에 반드시 다시 관찰해야 합니다.

彼於後時。應更觀察。

석 다섯 번째는 그에게 거듭 관찰하라고 권한 것이다. 그는 아직 실재가 아니라는 의미를 깨닫지 못했기 때문이다.

釋曰。第五勸彼重觀。以未能覺非實義故。

나) 깨달은 자는 경계가 허망한 줄 안다는 것에 대한 비유

경 어떤 중생이 우부가 아닌 부류이고, 이미 성스런 진리를 보았으며, 이미 모든 성인의 출세간의 지혜를 얻었다면,

若有衆生。非愚夫類。已見聖諦。已得諸聖出世間慧。

석 이하는 두 번째로 그 깨달은 자는 경계가 실재가 아님을 깨달았음을 밝힌 것이다. 이 중에 다섯 가지가 있다. 첫째는 깨달은 사람을 밝힌 것이다. 둘째는 경계가 (실재가 아님을) 깨달았음을 밝힌 것이다. 셋째는 깨닫는 모습을 밝힌 것이다. 넷째는 언설을 일으킴을 밝힌 것이다. 다섯째는 거듭 관찰하지 않아도 된다고 권한 것이다.

釋曰。自下第二辨其悟者覺境非實。於中有五。一明悟人。二明覺境。三明覺相。四明起說。五勸不重觀。

(가) 깨달은 사람을 밝힘
이것은 첫 번째로 깨달은 사람을 밝힌 것이다.
"어떤 중생이 우부가 아닌 부류로서"라고 한 것은 지전地前의 우부인 이생을 배제시킨 것이다.
"이미 성스런 진리를 보았으며 이미 모든 성인의 출세간의 지혜를 얻었다면"이라 한 것은 깨달음의 체를 바로 나타낸 것이다. 이미 승의勝義의 진여라는 성스런 진리(聖諦)를 통찰하였거나, 혹은 이미 사제四諦의 진여를 통찰한 것이라고 볼 수도 있다. '이미 모든 성인의 출세간의 지혜를 얻

었다'는 것은 곧 정체지正體智[148]와 후득지後得智[149]라는 무루의 성스런 지혜를 얻은 것이다. 『성유식론』에서는 두 번의 부차적 설명(復次)으로 출세간지出世間智를 해석하면서 '오직 정체지이다'라고 하였다.[150] 처음에는 하나의 의미에 의거해서, 나중에는 두 가지 의미에 의거해서 밝힌다.[151] 따라서 제9권에서는 다음과 같이 말한다. "세간적인 것을 끊기 때문에 출세간이라 한다. 이취수면二取隨眠[152]이 세간의 근본이니, 오직 이 (지智만이) 그것을 끊을 수 있기 때문에 유독 '벗어난다(出)'는 이름을 얻는다. 혹은 '출세'라는 이름은 두 가지 의미에서 안립되었으니, 말하자면 (지의) 체가 무루이고 또 진여를 증득했다는 것이다. 이 지는 이 두 가지 의미를 갖추었기 때문에 유독 출세간이라 하지만, 나머지 지는 그렇지 않다. 이는 십지十地 중의 무분별지에 해당한다."[153]

此卽第一明能悟人。言若有衆生非愚夫類者。簡異地前愚夫異生。已見聖

---

148 정체지正體智 : 근본지根本智·무분별지無分別智라고도 하며 법공·아공에 의해 현현된 진여의 이치를 직접 증득하고 혹장을 끊어 버린 지혜로서 무차별無差別의 세계를 비추는 지이다.

149 후득지後得智 : 후득차별지後得差別智라고 하며 근본지(정체지) 이후에 획득된 지혜로서, 유위有爲의 사경事境상에서의 차별差別을 비추는 지이다.

150 『成唯識論』 제9권에서는 보살이 견도(십지 중의 초지)를 일으키고 나서 수습위修習位에서 다시 출세간의 무분별지無分別智를 자주 수습한다고 하였는데, 이 무분별지가 정체지에 해당한다.

151 이하 『成唯識論』 인용문에서는 첫째로 '세간을 끊는다(斷世間)'는 의미, 즉 '능취·소취를 떠난다'는 하나의 의미에 의거해서 '출세간'을 해석하였고, 둘째로 '지의 체가 무루이고 또 진여를 증득한 지이다'라는 두 가지 의미에 의거해서 '출세간'을 해석하였다.

152 이취수면二取隨眠 : 이취습기二取習氣라고도 한다. '이취二取(⑤ grāhadvaya)'는 능취能取와 소취所取를 가리키며, 모든 현상적 존재들을 포괄하는 두 개의 상대적 범주이다. 이 이취는 여러 측면에서 가설해 볼 수 있는데, 『成唯識論』에 의하면 상분과 견분, 명과 색, 심과 심소, 본과 말 등과 같은 이원적 분별로 인해 이취습기가 형성되어 아뢰야식의 공능으로 잠재되어 있다가 이것이 원인이 되어 다시 이취를 발생시킨다. 『成唯識論』 권8(T31, 43a10) 참조.

153 『成唯識論』 권9(T31, 50c25).

諦已得諸聖出世間慧者。正出覺體。已見勝義眞如聖諦。或可已見四諦眞如。已得諸聖出世間慧者。卽是正體後得無漏聖智。依成唯識二復次。釋出世間智。唯是正體。初約一義。後明二義。故第九云。斷世間故名出世間。二取隨眠。是世間本。唯[1)]能斷。獨得出名。或出世間。[2)] 依二義立。謂體無漏及證眞如。此智具斯二種義故。獨名出世間。[3)] 餘智不然。卽十地中無分別智。

---

1) ㉠『成唯識論』권9(T31, 50c26)에 따르면, '唯' 다음에 '此'가 누락되었다. 2) ㉠『成唯識論』권9(T31, 50c26)에는 '間'이 '名'으로 되어 있다. 3) ㉠『成唯識論』권9(T31, 50c28)에는 '間'이 없는데, 넣어도 의미상 차이는 없다.

(나) 깨달은 경계를 밝힘

경 일체법의 '이언법성'에 대해 여실하게 알 것입니다.

於一切法離言法性。如實了知。

석 두 번째는 여실하게 경계에 대해 깨달은 것이다. (그는) 이미 출세간의 무루지를 얻었기 때문이다.

釋曰。第二如實覺境。已得出世無漏智故。

(다) 깨달은 내용을 바로 밝힘

경 그는 모든 유위·무위에 대해 보거나 듣고 나서 이와 같이 생각할 것입니다. '이처럼 획득된 것은 결정코 실재하지 않는 유위·무위다.'

彼於一切有爲無爲。見已聞已。作如是念。此所得者。決定無實有爲無爲。

석 세 번째는 깨달은 내용을 바로 밝힌 것이다. 이 중에 두 가지가 있다. 처음은 실재의 경계란 있지 않음을 깨달은 것이고, 나중의 "그러나(然有)" 이하는 가립된 경계란 없지 않음을 깨달은 것이다.

釋曰。第三正明覺悟。於中有二。初覺實境非有。後然有下。悟假境非無。

㉮ 실재의 경계는 유가 아님을 밝힘
이것은 처음에 해당한다.
진제 스님에 의하면, 앞에서 설한 것과 같은 세 가지 의미가 있기 때문에 모든 유위법과 무위법은 모두 실유가 아니다.[154] 대당 삼장에 의하면, 이것이 변계소집성이라는 점에 의거해서 실재가 아님을 나타낸 것이다.[155]

此卽初也。若依眞諦師。如前所說三種義故。一切有爲及無爲法。皆非實有。若依大唐三藏。約此執性。以顯非實。

㉯ 가립된 경계는 무가 아님을 밝힘

경 그러나 분별에 의해 일으켜진 행상行相[156]이 있으니, 마치 환 같은 사

---

154 "이 중에서 유위는 유위도 아니고 무위도 아니며, 무위는 또한 무위도 아니고 유위도 아닙니다."라는 경문 해석에서 진제의 『解節經記』가 길게 인용되었는데, 여기서 각기 세 가지 의미에서 '유위도 아니다'라고 한 뜻과 '무위도 아니다'라고 한 뜻을 해석하였다. 자세한 설명은 이전의 '(2)-②-나.-나) 무이無二에 대한 해석'(pp.78~81) 참조.
155 대당 삼장의 해석에 따르면, '유위'나 '무위'라는 것도 일차적으로는 가명假名으로 안립된 것, 즉 변계소집성이기 때문에 그것이 실유가 아님을 안다는 것이다.
156 행상行相 : 이에 대해서는 여러 해석이 있는데, 대략 두 가지 의미로 쓰인다. 첫째 능연能緣의 마음상에 나타난 소연의 경계, 즉 상분相分을 뜻하거나, 둘째 심식의 인식 작용, 즉 견분을 뜻한다. 이 경문에서는 전자의 의미로 쓰였다. 원측의 해석에 따르

물이 각혜覺慧를 미혹시키듯, 이 (행상들) 가운데서 유위·무위에 대한 상想이 나 혹은 유위·무위의 차별에 대한 상을 일으킵니다.

> 然有分別所起行相。猶如幻事迷惑覺慧。於中發起爲無爲想。或爲無爲差別之想。

석 두 번째는 가립된 경계는 없지 않음을 밝힌 것이다. 경문에 두 개의 절이 있다. 처음은 가립된 경계는 없지 않음을 밝힌 것이고, 나중의 "이 (행상들) 가운데서" 이하는 그 가립된 경계의 자성自性과 차별差別에 대해 밝힌 것이다.

'행상'이라 한 것에서, '행'이란 견분, 즉 능연能緣의 행해行解를 말하고, '상'이란 상분, 즉 유위와 무위를 말한다. 이것은 의타기의 상분에 속하는 유위·무위는 가유假有로서 무無는 아니니 마치 환사幻事와 같다는 것을 밝힌 것이다.

"이 (행상들) 가운데서……일으킵니다."라는 것은 그 가립된 경계의 자성상·차별상 두 가지 상을 밝힌 것이다.[157] "유위·무위에 대한 상"이란 (유위·무위의) 자성상自性想을 나타낸 것이니, 자성(자상)을 소연으로

면, '행'은 견분으로서 대상을 아는 작용(行解)이고 '상'은 상분으로서 유위법과 무위법의 상을 가리킨다. 이와는 달리 가령 안식眼識이나 이식耳識 등은 색깔(色)이나 소리(聲) 등과 같은 각각의 경계에서 유행遊行하면서 그와 대응되는 경계의 형상(相狀)에서 작동하기(行) 때문에 안식 등의 아는 작용(行解) 자체를 행상이라 하기도 한다.

157 여기서 말한 자성상自性相과 차별상差別相의 구분은 자상自相과 차별差別의 구분과 같다. 마치 미혹하는 자가 코끼리 등의 자상과 차별에 대한 생각을 일으키듯, 성자들도 의타기의 행상行相에 의거해서 유위·무위의 자상과 차별에 대한 생각을 일으킨다. 이전의 원측의 해석에 따르면, 코끼리 등의 체를 총괄해서 '자상'이라 이름하고, 그것들 안에서 '크다, 작다'거나 '파랗다, 희다' 등의 차이를 '차별'이라 한다. 유위·무위의 자상과 차별도 그에 준하니, 유위·무위의 체를 총괄해서 '자상'이라 하고, 유위법 안에서 '색법·심법' 등의 차이 혹은 무위법 안에서 '허공·택멸擇滅·비택멸非擇滅' 등의 차이를 일컬어 '차별'이라 한다.

삼아 (일으킨 상이기) 때문이다. "혹은 유위·무위의 차별에 대한 상"이란 (유위·무위의) 차별상差別想을 밝힌 것이니, 차별을 소연으로 삼아 (일으킨 상이기) 때문이다.

釋曰。第二明假境非無。文有兩節。初明假境非無。後於中下。明其假境自性差別。言行相者。行謂見分。能緣行解。相卽相分。有爲無爲。此明依他相分所攝有爲無爲。假有非無。猶如幻事。後於中發起等者。明其假境自性差別二種相也。言爲無爲想者。出自性想。緣自性故。或謂¹⁾爲無爲差別之想者。辨差別想。緣差別故。

---
1) ㉭ '謂'는 잉자다.

(라) 언설을 일으킴을 밝힘

경 (그는) 본 대로 또는 들은 대로 굳게 집착하여 이에 따라 언설을 일으켜 '오직 이것만이 진실하고 그 밖의 것은 모두 어리석고 거짓되다'고 말하는 것이 아니라, (오히려) 이와 같은 의미를 안다는 것을 표현하기 위해 또한 이 가운데서 언설을 일으킨 것입니다.[158]

不如所見。不如所聞。堅固執著隨起言說。唯此諦實。餘皆癡妄。爲欲表知如是義故。亦於此中隨起言說。

석 네 번째는 (가립된) 경계에 의거해 언설을 일으키는 것이니, 앞에 준해서 알아야 한다.

---
158 깨달은 자는 오히려 실재의 경계가 실유하지 않는다는 의미를 드러내기 위해 가립된 경계에서 언설을 일으킨다는 것이다.

釋曰。第四依境起說。准上應知。

(마) 거듭 관찰할 필요가 없다고 권함

경 그는 나중에 관찰할 필요가 없습니다.

彼於後時。不須觀察。

석 다섯 번째는 거듭 관찰할 필요가 없다고 권한 것이다. 그는 이미 (경계가 환 같음을) 잘 알기 때문이다.

釋曰。第五勸不重觀。己[1]了知故。

---
1) ㉠ '己'는 '已'의 오기다.

다. 결론지으며 외인의 힐난을 회통시킴

경 이와 같이 선남자여, 저 성자들은 이러한 사事에 대해 성지·성견으로 언어를 떠났기 때문에 정등각을 이루었으니, 이와 같이 '이언법성'에 대해 다른 이로 하여금 등각을 이루게 하려고 명名·상想을 가립하여 유위라고 하고 무위라고 한 것입니다.

如是善男子。彼諸聖者。於此事中。以聖智聖見。離名言故。現正等[1]覺。卽於如是離言法性。爲欲令他現等覺故。假立名想。謂之有爲。謂之無爲。

---
1) ㉠『解深密經』권1(T16, 689c1)에는 '正等'이 '等正'으로 되어 있고, 교감주에 '正等'으로 된 곳도 있다고 하였다.

석 이것은 세 번째로 외인의 힐난에 대해 결론지으며 회통시킨 것이다. 힐난과 회통의 뜻은 이상의 해석을 살펴보면 알 수 있을 것이다.

釋曰。此即第三結通外難。難及通意。尋上可知。

2) 게송으로 간략히 설함

경 이때 해심심의밀의보살마하살이 이런 의미를 거듭 펼치고자 게송으로 말하였다.

爾時。解甚深義密意菩薩摩訶薩。[1] 欲重宣此義。而說頌曰。
1) ㉠『解深密經』권1(T16, 689c3)에는 '摩訶薩'이 없다.

석 (승의제의) 둘 없는 상을 밝힌 곳에서 경문을 구별하면 두 가지가 있다. 처음은 장행으로 자세히 해석한 것이고, 나중은 게송으로 간략히 설한 것이다. 자세한 해석은 이미 마쳤고, 이하는 두 번째로 게송으로 간략히 설한 것이다.
 이 중에 두 가지가 있다. 처음은 게송을 설한 뜻을 총괄해서 표시한 것이고, 나중은 게송으로 바로 설한 것이다.

釋曰。就無二相。文別有二。初長行廣釋。後以頌略說。廣釋已[1]訖。自下第二以頌略說。於中有二。初總標頌意。後以頌正說。
1) ㉠ '己'는 '已'의 오기다.

(1) 게송을 설한 뜻을 총괄해서 표시함

이것은 처음에 해당한다. 밀의보살은 둘 없음(無二)의 의미를 거듭 펼치기 위해 이 게송을 설한 것이다.

"거듭 펼치고자(重宣)"라고 한 것에 대해, 진제는 다음과 같이 해석한다. 〈그에 네 가지 경우(四句)가 있다. 첫째는 문구는 중복되지만 의미는 중복되지 않는 것이니, 예를 들면 '구瞿(⑤ go)'라는 이름이 아홉 가지 의미를 가리킨다고 말하는 경우다.[159] 둘째는 의미는 중복되지만 문구는 중복되지 않는 것이니, 예를 들면 제석천에 천 개의 이름들이 있다고 말하는 경우다.[160] 셋째는 문구와 의미가 둘 다 중복되지 않는 것이니, 예를 들면 인·천 등이라 말하는 경우다. 넷째는 문구와 의미가 둘 다 중복되는 것이니, 예를 들면 끝맺는 게송을 통해 이전의 의미를 거듭 읊는 경우다. 지금 (위의 경문에서는) 네 번째에 의거하므로 "거듭 펼치고자"라고 하였다. 옛사람들이 서로 전해 오는 바로는 단지 세 가지 경우(三句)만 설한다. 하열한 것은 생략하고 설하지 않으니, 여기서의 세 번째 한 구이다.〉

또 십이부경에 대해 해석해 보면 '송頌'에는 두 가지가 있다. 첫째는 응

---

[159] 이것은 하나의 말이 다양한 의미를 갖는 경우에 해당한다. 예를 들이 『俱舍論』 권 5(T29, 29b2)에서는 "방위와 짐승(소)과 땅과 빛과 말(言)과 금강과 눈과 하늘과 물, 이러한 아홉 가지 의미에 대해 지자智者는 '구瞿(⑤ go)'라는 음성(말)을 안립하였네." 라고 하였다. 이처럼 음운적으로 동일한 하나의 말소리가 아홉 가지 의미를 가질 수 있기 때문에 언어는 동일해도 문맥에 따라 의미는 다를 수 있다. 따라서 '문구는 중복되지만 의미는 중복되지 않는다'고 하였다.

[160] 이것은 하나의 실체에 여러 가지 이름이 부여된 경우에 해당한다. 예를 들어 제석천帝釋天(⑤ Śakra Devānāmindra)은 본래 힌두교의 신으로 옛날에는 '인다라因陀羅(⑤ Indra)'라고 했는데, 불교에 도입되어 제석천이라 한다. 불교 경론들에 실린 바에 따르면, 제석천은 본래 마가다국의 바라문이었는데, 보시 등의 복덕을 베푼 결과 마침내 도리천에 태어나서 삼십삼천三十三天의 천주天主가 되었다고 한다. 인다라·제석천·석제환인·천주 외에도 교시가憍尸迦(⑤ Kauśika)·바사바婆娑婆(⑤ Vāsava)·천안千眼 등의 다른 호칭이 있다.

송應頌이고 둘째는 풍송諷頌이다.161 따라서 『잡집론』 제11권에서는 다음과 같이 말한다. "응송이란 경전들 안에서 중간이나 뒤에서 송의 형식으로 거듭해서 읊은 것이다. 또 불요의경不了義經162은 마땅히(應) 다시 송頌으로 해석해야 하기 때문에 '응송'이라 이름한다.……풍송이란 모든 경에서 구句로 설한 것인데, 혹은 두 구, 세 구, 네 구, 다섯 구, 여섯 구로 설한다."163 지금은 (위의 경문에서는) 응송이라는 의미에서 "거듭 펼치고자"라고 말한 것이다.

此卽初也。密意菩薩爲欲重宣無二義故。說此頌也。言重宣者。眞諦釋云。有其四句。一文重義不重。如說瞿名目九義等。二義重文不重。如說帝釋有千名等。三文義俱不重。如說人天等。四文義俱重。如以結頌重頌前義。今依第四。故說重言。1) 舊人相傳。但說三句。略下不說。此第三一句。又釋十二部經。頌有二種。一者應頌。二者諷頌。故雜集論第十一云。應頌者。卽諸經中。或2)以頌重頌。又不了義經。應更頌釋。故名應頌。諷頌者。謂諸經中。以句宣說。或以二句。或三或四。或五或六。今依應頌。故說重言。

1) ㉠ '言'은 '宣'의 오기인 듯하다.　2) ㉠ 『雜集論』 권11(T31, 743c4)에 따르면, '或'

---

161 응송應頌(Ⓢ geya)과 풍송諷頌(Ⓢ gāthā)은 십이부경의 한 형식들이다. 응송이란 산문으로 설했던 경의 교법을 다시 게송으로 거듭 천명한 것을 말한다. 그래서 중송重頌이라고 한다. 풍송이란 부처님의 교설을 전부 게송으로만 적은 것이다. 응송이 장행(산문)의 의미를 거듭 진술한 것이라면, 풍송은 게송(운문)만으로 교법의 의미를 읊은 것이다. 그래서 고기孤起라고 한다.
162 불요의경不了義經 : 요의了義와 불요의不了義에 대해서는 다양한 해석이 있지만, 원측에 의하면 삼성三性・유가瑜伽 등의 이치를 분명하게 드러내서(顯了) 설했는가, 아니면 은밀하게 감춰 놓고(隱密) 설했는가에 따라서 요의와 불요의를 구분한 것이지, 이치의 깊고 얕음을 구분한 것은 아니다. 가령 『般若經』 등의 무상 법륜을 불요의라고 한 것은 제법의 공함에 대해 아직 분명하게 드러내지 않은 은밀상隱密相으로 설했기 때문이고, 반면에 『解深密經』 등을 요의라고 한 것은 '공'의 의미를 자세하고 분명하게 드러낸 현료상顯了相으로 설했기 때문이다. 원측의 『仁王經疏』 권1(T33, 360b28) 참조.
163 『雜集論』 권11(T31, 743c4) 참조.

다음에 '中或後'가 누락되었다.

이른바 '송頌'이란 『심밀해탈경』과 『해절경』에서 모두 '게偈'라고 하였다. 예로부터 여러 스님들은 본래 두 가지로 해석한다.

한편에서는 다음과 같이 말한다. 〈'게'란 범음으로 '가타伽陀'이니, 여기 말로 '중송'이라 한다. 그런데 번역자들이 간략히 하려 했기 때문에, 혹은 음이 와전되었기 때문에, 다만 '게'라고 한 것이다.〉

한편에서는 다음과 같이 말한다. 〈'게'란 한어이니, 갈竭('다함'을 뜻함)이나 진盡이다. 네 구로 송을 만들어 의미를 똑같이 다 포괄하기 때문에 '게'라고 한 것이다. 그렇지 않으면 범음이 바로 가타이니 곧 '가伽'라고 해야지 '게'라고 해서는 안 된다.〉

두 가지 해석이 있기는 해도 앞의 설이 바르다. 서방의 여러 나라들에서 어음語音이 같지 않으니, 중인도국에서는 '가타伽陀'라고 하고 다른 곳에서는 '가타伽他'라고 하며, 또한 우전국于闐國에서는 '게타偈他'라고 한다. 번역가들이 생략했기 때문에 다만 '게'라고 한 것이다.

所言頌者。深密解節。皆說偈言。舊來諸師。自有兩釋。一云。偈者。梵音伽陀。此云重頌。而翻譯者。爲存略故。或音訛故。但言偈也。一云。偈者。此卽漢語。竭也盡也。四句成頌。攝義同盡。故言偈也。不爾。梵音正是伽陀。卽應言伽。不應名偈。雖有兩釋。前說爲正。西方諸國。語音不同。中印度國。名爲伽陀。餘處名伽他。乃至于闐國。名爲偈他。譯家略故。但言偈也。

● 게송을 설한 뜻

그런데 게송을 설한 뜻에는, 진제 스님에 의하면, 대략 여섯 가지 뜻이 있다. 첫째는 (이전의 설을) 잊어버리기 때문에, 둘째는 늦게 와서 (듣지 못했기) 때문에, 셋째는 받아들이기 쉽고 지니기 쉽기 때문에, 넷째는 두 가지 지혜의 예리함과 둔함이 같지 않기 때문에, 다섯째는 중생의 의요가 똑같지 않기 때문에, 여섯째는 설하는 사람의 선교방편을 나타내기 때문이다.

然說偈意。依眞諦。略有六意。一爲忘失。二爲晚來。三爲易受易持。四爲二智利鈍不同。五爲衆生意樂不等。六顯能說之人善巧方便。

따라서 진제의『소』에서는 다음과 같이 말한다.

故眞諦疏云。

청중이 산란시키는 다른 인연으로 앞서 말한 의미를 잊어버리면 다시 알도록 하기 위해서 게송을 설한다. 또 늦게 와서 미처 듣지 못한 이를 위해서 듣게 하려고 게송을 설한다. 또 받아들이기 쉽고 지니기 쉽게 하려고 경과 게송을 설한다. 만약 게송만 설하고 경을 설하지 않으면 이치가 미세하여 받아들이기 어렵고, 만약 경만 설하고 게송을 설하지 않으면 의미가 산만해서 지니기가 어려우니, 받아들이기 쉽고 지니기 쉽게 하기 위해 경과 게송을 갖추어 설한다.

또 두 종류 지혜를 지닌 사람들에게 이익을 주기 위해 경과 게송을 갖추어 설한다. 첫째는 분별지를 가진 사람(分別智人)이다. 이 사람은 근기가 둔하여 만약 간략하게 설해 주고 자세하게 분별해 주지 않으면 의미를 알 수 없으니, 이 사람을 이롭게 하기 위해 자세하게 경을 설한 것이다. 둘째는 지혜가 열린 사람(開智人)이다. 그는 신근(神根)이 예리하기 때문에 의미의 상(義相)만 간략하게 설해도 스스로 분별하여 구족해서 이해할 수 있으니, 마치 사리불이 하나의 의미만 듣고서도 열 가지 방식으로 분별하는 것과 같다. 만약 그에게 자세히 설한다면 이 사람을 이롭게 하지 못할 것이다. 예리한 사람과 둔한 사람 두 종류를 위해 경과 게송을 갖추어 설한 것이다. 또 중생에는 두 종류가 있다. 첫째는 말하길 좋아하는 사람이니, 자비의 힘이 많기 때문이다. 둘째는 행하길 좋아하는 사람이니, 마음이 적정하기 때문이다. 이 두 사람을 이롭게 하기 위해 경과 게송을 설한 것이다.

또 설하는 사람이 최고의 선교방편을 베풀었음을 나타낸 것이니, 자세한 것은 간략히 할 수 있고 간략한 것은 자세히 할 수 있기 때문이다. 설해진 정법이 가장 적당함을 (나타낸 것이니,) 자세히 설하든 간략히 설하든 모두 이근과 둔근에게 서로 어긋나지 않기 때문이다. 그래서 경과 게송을 갖추어 설한 것이다.

爲有聽衆散亂異緣。忘失前義。欲令更得。故說偈頌。又爲晚來不及聞者。欲令得聞。故有偈頌。又爲易受易持故。說經及偈。若但說偈不說經者。則理細難受。若但說經不說偈者。則義散難持。爲易受易持故。具說經偈。又爲利益二種智人。具說經偈。一分別智人。此人根鈍。若爲略說。不廣分別。不能得義。爲利此人。故廣說經。二者開智人。神根利故。略說義相。自能分別。得具足解。如舍利弗。正聞一義。十重分別。若其廣說。不利此人。爲利鈍二人。具說經偈也。又衆生有二種。一者樂說。由慈悲力多故。二者樂行。由心寂靜故。爲利此兩人。故說經偈。又顯能說之人最爲善巧。廣而能略。略能廣故。所說正法最爲當忠。隨廣略說。皆能利鈍不相違故。具說經偈也。

『성실론』제2권에 의하면 게송을 설한 데는 여섯 가지 뜻이 있고,[164] 『십주비바사론』에 의하면 하나의 뜻이 있으니,[165] 번거로울까 봐 서술하지 않는다.

---

[164] 『成實論』권2(T32, 244c17) 문답 참조.
[165] 『十住毘婆沙論』권1(T26, 22b15) 참조.

依成實論第二卷中。說偈有六意。依十住婆沙有一意。恐繁不述。

(2) 게송으로 바로 설함

경 "부처님이 설하신 이언·무이의 의미는
심오하여 어리석은 범부의 영역(所行)이 아니네
어리석은 범부는 이에 대해 우치로 미혹되어
두 가지 소의에 집착하고 희론을 말하네
그들은 부정不定이거나 사정邪定이니[166]
아주 긴 생사의 고통에서 유전하리라
또 이와 같은 정지正智와 논論에 위배된다면
미래에 소나 양 따위 부류로 태어나리라"

佛說離言無二義　甚深非愚之所行
愚夫於此痴所惑　樂著二依言戲論
彼或不定或邪定　流轉極長生死苦
復違如是正智論　當生牛羊等類中

석 두 번째는 게송으로 간략히 설한 것이다. 그에 두 개의 송이 있으므로 두 가지로 구분하였다.

釋曰。第二以頌略說。有其二頌。分之爲二。

---

[166] 중생을 크게 세 부류로 나누었을 때, 모든 번뇌를 다 끊고 반드시 열반에 들어갈 수 있는 이를 '정정正定'이라 하고, 무간지옥에 떨어질 큰 죄를 지어 반드시 지옥에 떨어질 자를 '사정邪定'이라 하며, 그 나머지 사람들은 인연에 따라 깨칠 수도 있고 아닐 수도 있으므로 '부정不定'이라 한다.

① 처음의 반 송 : 이치의 심오함을 찬탄함

처음의 반 송(두 구)은 이치가 심오함을 찬탄한 것이다. 말하자면 부처님이 설하신 이언·무이의 두 종류 진여는 지극히 심오하기 때문에 어리석은 범부의 경계가 아니라는 것이다.

初有半頌。歎理甚深。謂佛所說離言無二兩種眞如。極甚深故。非愚境界。

② 나중의 한 송 반 : 집착의 과실을 나타냄

나중의 한 송 반(여섯 구)은 집착의 과실을 나타낸 것이다. 이에 세 가지가 있다. 처음의 두 구는 희론을 발생시키는 과실을 나타낸 것이다. 다음에 두 구가 있으니, 생사에 유전하는 과실을 나타낸 것이다. 마지막에 두 구가 있으니, 미래에 악취에 태어나는 과실을 나타낸 것이다.

後一頌半。顯執過失。於中有三。初有兩句。能生戲論失。次有兩句。流轉生死失。後有二句。當生惡趣失。

가. 3구와 4구 : 희론을 발생시키는 과실

"어리석은 범부는 이에 대해 우치로 미혹되어 두 가지 소의에 집착하고 희론을 말하네."라고 한 것은, 첫 번째 희론을 발생시키는 과실에 해당한다. '두 가지 소의'란 유위와 무위이니, 이것이 여덟 가지 희론의 의지처이기 때문이다. '희론'이란 여덟 종류 망상이다.

이 (두 구의) 뜻을 설하자면, 어리석은 범부는 이러한 무이·이언의 경계에서 우치로 미혹되었기 때문에 유위·무위라는 두 종류 법에서의 여덟 종류 희론을 즐기며 집착한다는 것이다.

여덟 가지 희론(八種戱論)이란 『유가사지론』 제36권에서 설한 것과 같으니, 그 논에서 다음과 같이 설한다. 〈또 모든 어리석은 범부들은 이와 같이 현현된 진여에 대해 잘 알지 못하기 때문에 이런 인연으로 여덟 가지 분별이 일어나니, (이것이) 능히 세 가지 사(三事)를 발생시키고 모든 유정세간과 기세간을 일으킨다.[167] 여덟 가지 분별이란 (어떤 것인가?) 첫째는 자성自性분별이다. 일체법에 대해 자성을 분별하는 것이니, 예를 들면 '색깔'이나 '소리' 등과 같다. 둘째는 차별差別분별이다. 말하자면 그것에 대해 '볼 수 있는 것(可見)'이라거나 '볼 수 없는 것(不可見)'이라는 등을 분별하는 것이다.[168] 셋째는 총상에 대한 집착(總執)이다. 말하자면 저 색깔이나 소리 등에서 유정과 아我와 집과 군대와 숲 등을 헤아리는 것이다.[169] 넷째는 '나(我)'에 대한 분별이고, 다섯째는 '나의 것(我所)'에 대한 분별이다. 말하자면 모든 유루의 유취有取[170]의 법에서 그것이 '나'라고 헤아리거나 혹은 '나의 것'이라고 헤아리는 것이다. 여섯째는 애愛분별이고, 일곱째는 비애非愛분별이며, 여덟째는 (애·비애) 둘과 상위되는 분별이다. 그 순서대로 정묘한 사事, 정묘하지 않은 사, 이 둘을 떠난 사에서 생겨난 분별이다.[171]〉[172]

---

167 이 문장에 대한 자세한 설명은 뒤의 삼장 해석(p.157) 참조.
168 '색色'이나 '성聲' 등의 자상自相을 분별하는 것을 자성自性분별이라 한다면, 그 색이나 성 등의 차별적 특징에 따라 다시 가견색可見色·불가견색不可見色 등으로 분별하는 것을 차별差別분별이라 하였다.
169 색·성 등을 수용하여 이루어진 가상假想의 복합물, 즉 유정有情·아我·집(舍)·군대(軍)·숲(林) 등에 대해 '단일체(一)'라고 헤아리는 것을 '총상에 대한 집착(總執)'이라 하였다.
170 『瑜伽論記』 권8(T42, 477c25)에서는 '유루의 유취'에 대해 다음과 같이 말한다. "'유루의 유취(有漏有取)'에 대해, 경공景公은 다음과 같이 말한다. 루漏는 번뇌이고, 취取는 오직 애愛일 뿐이다. 멸제와 도제를 제외하고 그 밖의 고제와 집제는 모두 '루'를 생할 수 있다. 또 연을 따라 생기는 것을 유루有漏라고 하는데, '취取'에서 생겨나고 또 '취'를 결생結生하기 때문에 유취有取라고 한다."
171 정묘하여 좋아할 만한 경계(淨妙可意事境)에서 발생한 분별을 애愛분별이라 하고, 정묘하지 않아 좋아할 만하지 않은 경계(不淨妙不可意事境)에서 생겨난 분별을 비애非

(이에 대해) 대당 삼장은 다음과 같이 말한다. 〈여덟 가지 분별〉은 모두 무부무기無覆無記의 이숙생異熟生의 혜慧[173]를 자성으로 삼는다. 혹은 심사尋伺[174]를 자성으로 한다고 할 수도 있다. '세 가지 사를 생기게 한다'는 것은 처음의 세 가지 분별이 희론의 소의사所依事·소연사所緣事로서의 육근·육경을 발생시키는 것을 말한다.[175] 다음의 두 가지 분별은 아견我見과 아만我慢을 발생시킨다.[176] 마지막 세 가지 분별은 차례대로 탐·진·치를 발생시킨다.[177] 이 중에서 소의사·소연사가 근거가 되어서 아견·아만

愛분별이라 하며, 이 둘을 떠난 사에서 생겨난 분별을 '둘과 상위되는 분별'이라 한다.
172 이상은 『瑜伽師地論』 권36(T30, 489c9) 이하의 내용을 요약한 것이다.
173 무부무기無覆無記의 이숙생異熟生의 혜慧 : 아뢰야식에 내재된 힘들 중에는 가령 사람·짐승 등과 같은 오취五趣의 존재를 결정하게 될 강력한 업(引業)의 종자들이 있고, 이 힘에 의해 총체적 과보(總果)로서 제8아뢰야식이 초감되고, 부차적으로 개별적 과보(別果)로서 여섯 가지 식들이 초감된다. 이 중에 아뢰야식은 강력한 업의 힘(異熟習氣)과 상응하면서 계속 상속하기 때문에 '이숙異熟'이라 하는 반면, 이전 생의 여러 단계에서 행해졌던 각종의 세부적 행위들(滿業)로 인해 초감되는 개별적 과보들은 이숙(제8식)의 총체적 과보가 발생함에 따라 함께 이끌려 나오기 때문에 '이숙생異熟生'이라 한다. 이러한 이숙과 이숙생은 선악업의 과보로서 주어진 것이지만 그 자체는 선도 불선도 아닌 무기無記에 속한다. 혜慧심소 또한 그러한 무기의 이숙생에 속하는데, 이는 성도聖道를 장애하지 않는 성질을 가졌으므로 무부무기無覆無記라고 하였다.
174 심사尋伺 : 심尋심소와 사伺심소를 말하니, 이는 '분별'에 속하는 정신 작용으로서 '심'은 대상을 거칠게 헤아리는 것이고, '사'는 미세하게 관찰하고 사유하는 것이다.
175 『瑜伽論記』 권9(T42, 511c12)에는 경景 스님이 전하는 삼장의 견해가 나온다. 이에 따르면, 앞의 세 종류 분별(자성·차별·총집)은 분별희론의 소의가 되고 소연이 되는 실체(分別戱論所依所緣事)를 만들어 낸다. 말하자면 '색' 등의 자성과 차별, 유정 등을 구분한다는 것은 일차적으로는 분별의 소의所依로서의 육근六根(자기 자신)과 분별의 소연所緣으로서의 육경六境(외부 기세간)을 분별하는 것이며, 이러한 분별로 인해 자신과 기세간의 종자를 훈습하게 된다.
176 다음에 두 종류 분별(아·아소)로 인해 견아만사見我慢事가 생겨나니, 즉 나와 나의 것에 대한 분별이 그 밖의 모든 견見과 만慢의 근본이 되는 살가야견薩迦耶見(有身見, Ⓢ satkāya-dṛṣṭi)을 발생시키고, 또 그 밖의 모든 만의 근본이 되는 아만我慢을 발생시키는 것을 말한다. 『瑜伽師地論』 권36(T30, 489c20) 참조.
177 마지막 세 가지 분별(애·비애·구상위)로 인해 탐진치사貪瞋癡事가 생겨나니, 즉 좋아할 만한 경계 등에 대한 분별이 탐욕과 진에와 우치 등을 능히 발생시키는 것을 말한다. 『瑜伽師地論』 권36(T30, 489c22) 참조.

이 생기고, 아견·아만이 근거가 되어서 탐·진·치가 생긴다는 것을 알아야 한다. 이로 인해 세 가지 사가 능히 유정세간과 기세간의 유전하는 품류의 법들을 현현시키는 것이다.〉【여기에서는 『현양성교론』과 『삼무성론』에서 뜻을 인용한 것이다.[178]】

言愚夫於此痴所惑樂著二依言戲論者。此即第一能生戲論失。二依即是有爲無爲。八種戲論所依處故。言戲論者。八種妄想。此中意說。愚夫於此無二離言境中。痴所惑故。樂著有爲無爲二種法上八種戲論。八種戲論。如瑜伽論三十六說。彼云。又諸愚夫。由於如是所顯眞如。不了知故。從是因緣。八分別轉。能生三事。能起一切有情世間及器世間。八分別者。一者自性。於一切法。分別自性。如色聲等。二者差別。謂即於彼分別可見不可見等。三者總執。謂即於彼色聲等上。計有情我舍軍林等。四我分別。五者我所分別。於諸有漏有取法上。即計爲我。或計我所。六愛分別。七者非愛。八俱相違。如其次第。於妙非妙及俱離事所生分別。大唐三藏云。八種分別。皆以無覆無記異熟生慧。爲其自性。或可尋伺以爲自性。生三事者。初三分別。能生戲論所依緣事六根六境。次二分別。能生我見及以我慢。後三分別。如次能生貪瞋痴。當知。此中所依緣事爲所依故。生我見慢。見慢爲依。生貪瞋痴。由此三事。能現有情及器世間流轉品法。【此中意引顯揚三無性論。】

나. 5구와 6구 : 생사에서 유전하는 과실

"그들은 부정이거나 사정이니 아주 긴 생사의 고통에서 유전하리라." 라고 했는데, 이 두 구는 생사에서 유전하는 과실을 나타낸 것이다. 말하자면 저 어리석은 범부는 우치의 힘 때문에 곧 세 종류 유정의 취聚(무리) 중에 혹은 부정취不定聚에서 혹은 사정취邪定聚에서 유전하면서 아주 오래

---

178 『顯揚聖敎論』 권16(T31, 558b14), 『三無性論』 권1(T31, 869b10) 참조.

도록 삼취三聚의 처소에서 분단생사分段生死[179]한다는 것이다.

그런데 이 '삼취'에 대해 설들이 서로 다르다.

> 言彼或不定或邪定流轉極長生死苦者。此二句。顯流轉生死失。謂彼愚夫。愚痴力故。便於三種有情聚中。或在不定聚。或在邪定聚。流轉極長。分段生死三聚之處。然此三聚。諸說不同。

● 삼취에 대한 소승의 견해

살바다종에는 본래 두 가지 학설이 있다.[180]

첫째로 『집이문족론』에 의하면 삼취의 중생이 있다. 첫째 사성정취邪性定聚는 오무간업五無間業[181]을 성취한 자이다. 둘째 정성정취正性定聚는 유학법과 무학법을 성취한 자이다. 셋째 부정취不定聚는 오직 그 밖의 다른 유루법과 무위법을 성취한 자이다. 이것을 '삼취의 자성'이라 한다. 삼계三界에서는, 사성정취는 한 계의 일부이니, 욕계를 말한다. 정성정취는 삼계의 일부이고, 부정취도 또한 그러하다. 오취五趣에서는, 사성정취는 한 취의 일부이니, 인人을 말한다. 정성정취는 두 취의 일부이니, 인·천을 말한다. 부정취는 세 취의 전부이니 지옥·방생·아귀를 말하고, 두 취의 일부이니 인·천을 말한다.[182]

---

179 분단생사分段生死 : 유루의 선악업이 인因이 되고 번뇌장이 연緣이 되어 삼계 내에서 거친 과보를 받는 것을 말한다. 그 과보로서 받는 몸은 수명의 장단이나 육체의 대소 등에 일정한 제한을 받기 때문에 '분단신分段身'이라 하고, 이런 몸을 받아 윤회하는 것을 분단생사라고 한다.
180 이하에 진술된 살바다종의 견해들은 모두 『大毘婆沙論』에서 재인용한 것이다.
181 오무간업五無間業 : 다섯 가지 무간지옥에 떨어지게 될 업, 즉 오역죄를 말한다. 소승의 오역죄는 아버지나 어머니를 살해하거나, 아라한을 살해하거나, 화합승을 파괴하거나, 부처님 몸에서 피가 나게 하는 일이다.
182 이상의 『集異門足論』의 학설은 『大毘婆沙論』 권186(T27, 930b20)에서 재인용된 것이다.

둘째로 『시설족론』에 의하면, 사성정취는 다섯 가지 무간업無間業을 말하니, 그것의 인因과 그것의 과果와 그것의 등류等流와 그것의 이숙異熟과 그 법을 성취한 보특가라를 가리킨다. 정성정취는 유학법과 무학법을 말하니, 그것의 인과 그것의 과와 그것의 등류와 그 법을 성취한 보특가라를 가리킨다. 부정취는 그 밖의 나머지 법을 말하니, 그것의 인과 그것의 과와 그것의 등류와 그것의 이숙과 그 법을 성취한 보특가라를 가리킨다. 이를 삼취의 자성이라 한다. '삼계'에서 (속하는 곳을 설하면) 이전과 같다. 오취에서는, 사성정취는 두 취의 일부이니, 지옥과 인을 말한다. 정성정취 또한 두 취의 일부이니, 인과 천을 말한다. 부정취는 두 취의 전부이니 방생과 아귀를 말하고, 세 취의 일부이니 지옥과 인과 천을 말한다.[183]

경부종에 의하면, 예를 들어 『대비바사론』 제186권에서 다음과 같이 말한다. "비유자譬喩者[184]들은 무간지옥에서부터 유정천有頂天[185]에 이르기까지 모두 삼취가 있다고 설한다. 그들은 반열반법般涅槃法[186]을 정성정취라고 하고 불반열반법不般涅槃法[187]을 사성정취라고 하며 (열반할지 아닐지가) 결정되지 않는 것을 부정취라고 한다."[188]

자세하게 분별하면 『대비바사론』 제186권 등에서 설한 것과 같다.

---

183 이상의 『施設足論』의 학설은 『大毘婆沙論』 권186(T27, 930c10)에서 재인용한 것이다.
184 비유자譬喩者(Ⓢ dṛṣṭāntika) : 비유사譬喩師라고도 한다. 『成唯識論述記』 권2(T43, 274a8)에 따르면, 이는 경량부의 본사本師인 구마라다鳩摩邏多(Ⓢ Kumāralāṭa)와 그 계승자들을 가리킨다. 경부의 개조인 구마라다가 『喩鬘論』을 지어 모든 기사奇事들을 집성하였기 때문에 비유사라고 부르는데, 경부는 여기서 설한 것을 종宗으로 삼았다고 한다.
185 유정천有頂天 : 비상비비상천非想非非想天의 다른 이름으로 무색계의 맨 꼭대기에 있는 천이다.
186 반열반법般涅槃法 : 언젠가 반열반할 수 있는 종성을 가진 자를 말한다.
187 불반열반법不般涅槃法 : 반열반할 수 있는 종성이 일시적으로 혹은 영원히 끊어진 자를 말한다.
188 『大毘婆沙論』 권186(T27, 930c6).

薩婆多宗。自有兩說。一依集異門論。有三聚衆生。一邪性定聚。謂成就五無間業。二正性定聚。謂成就學無學法。三不定聚。謂唯成就餘有漏法及無爲法。是名三聚之[1]性。界者。邪性定聚一界少分。謂欲界。正性定聚。三界少分。不定聚亦爾。趣者。邪性定聚。一趣少分。謂人。正性定聚。二趣少分。謂人天。不定聚。三趣全。謂地獄傍生餓鬼。二趣少分。謂人天。二依施設足論。邪性定聚。謂五無間業。若彼因。若彼果。彼等流。彼異熟。及成就彼法補特伽羅。正性定聚。謂學無學法。若彼因。彼果。彼等流。及成就彼[2]補特伽羅。不定聚。謂諸餘法。若彼因。彼果。彼等流。彼異熟。及成就彼[3]補特伽羅。是名三聚之[4]性。界者。如前。趣者。邪性定聚。二趣小分。謂地獄人。正性定聚。亦二趣少分。謂人天。不定聚。二趣全。謂傍生餓鬼。三趣少分。謂地獄人天。依經部宗。如婆沙論百八十六云。譬喩者說。無[5]間地獄。乃至有頂。皆有三聚。彼說般涅槃法。名正性定聚。不般涅槃法。名邪性定聚。不決定聚[6]者。名不定聚。若廣分別。如大婆沙百八十六等。

1) ㉠『大毘婆沙論』권186(T27, 930b23)에는 '之'가 '自'로 되어 있다.　2) ㉠『大毘婆沙論』권186(T27, 930c13)에 따르면, '彼' 다음에 '法'이 누락되었다.　3) ㉠『大毘婆沙論』권186(T27, 930c15)에 따르면, '彼' 다음에 '法'이 누락되었다.　4) ㉠『大毘婆沙論』권186(T27, 930c15)에는 '之'가 '自'로 되어 있다.　5) ㉠『大毘婆沙論』권186(T27, 930c6)에 따르면 '無' 앞에 '從'이 누락되었다.　6) ㉠『大毘婆沙論』권186(T27, 930c9)에는 '聚'가 없다. 이것은 '취가 결정되지 않았다'는 뜻이기보다는 '열반할 자인지 아닌지가 결정되지 않았다'는 뜻이므로 '聚'를 잉자로 보았다.

● 삼취에 대한 대승의 학설
지금 대승에 의하면, 대략 열 개의 문이 있다.

今依大乘。略有十門。

◉ 『십지경』에서 설한 다섯 가지 문의 삼취
우선 『십지경론』에 의거해서 『십지경』에서 말한 다섯 가지 문의 삼취에 대해 판석해 보겠다.

且依十地論。判十地經五門三聚。

경 보살은 중생의 삼취를 여실하게 안다. 첫째는 정정상正定相과 사정상邪定相과 이 둘을 떠난 부정상不定相이다. 둘째는 정견正見의 정정상과 사견邪見의 사정상과 이 둘을 떠난 부정상이다. 셋째는 오역五逆[189]의 사정상과 오근五根[190]의 정정상과 이 둘을 떠난 부정상이다. 넷째는 팔사八邪의 사정상, 정위定位의 정정상, 다시 짓지 않으므로 이 둘을 여의는 부정상이다. 다섯째는 시샘과 인색의 악행을 일으키지 않는 사정상, 위없는 성도를 수행하는 정정상, 이 둘을 떠난 부정상이다. (보살은 이것을) 다 여실하게 안다. 불자여, 보살이 이러한 지혜에 수순하는 것을 '보살의 선혜지에 안주한다'고 이름한다.[191]

經曰。是菩薩如實知衆生三聚。一[1)]正定相。邪定相。離此二不定相。二[2)]正見正定相。邪見邪定相。離此二不定相。三[3)]五逆邪定相。五根正定相。離此二不定相。四[4)]八邪邪定相。正位正定相。更不作故。離此二不定相。五[5)]妬悷惡行不轉邪定相。修行無上聖道正定相。離此二不定相。皆如實知。佛子。菩薩隨順如是智。名爲安住菩薩善慧地。

1) ㉠ 경문에는 '一'이 없다. 2) ㉠ 경문에는 '二'가 없다. 3) ㉠ 경문에는 '三'이 없다. 4) ㉠ 경문에는 '四'가 없다. 5) ㉠ 경문에는 '五'가 없다.

---

189 오역五逆 : 앞의 각주 181 참조.
190 오근五根 : 신신信·근근勤·염념念·정정定·혜혜慧라는 다섯 종류 심소는 번뇌를 조복시키고 성도聖道를 이끌어 내는 데 있어서 증상增上된 작용을 갖고 있기 때문에 이것들을 '오근'이라 한다.
191 『十地經論』권11(T26, 189a10).

『십지경론』 제11권에서는 다음과 같이 말한다.

十地論第十一云。

🅝 중생의 삼취행三聚行의 조림稠林[192]이 차별되므로 다섯 종류가 있다.

첫째는 유열반법有涅槃法과 무열반법無涅槃法,[193] 삼승에 한결같이 결정된 자의 차별이다. 예를 들어 경에서 "보살은 중생의 삼취, 즉 정정상과 사정상과 이 둘을 떠난 부정상에 대해 여실하게 안다."고 하였기 때문이다.

둘째는 선행·악행의 인因의 차별이다. 예를 들어 경에서 "정견의 정정상과 사견의 사정상과 이 둘을 떠난 부정상이다."라고 하였기 때문이다.

셋째는 악도·선도의 인의 차별이다. 예를 들어 경에서 "오역五逆의 사정상과 오근五根의 정정상과 이 둘을 떠난 부정상이다."라고 하였기 때문이다.

넷째는 외도·성문의 인의 차별이다. 예를 들어 경에서 "팔사의 사정상, 정위의 정정상, 그리고 다시 짓지 않으므로 이 둘을 여의는 부정상이다."라고 하였기 때문이다.

다섯째는 보살의 차별성을 나타내 보인 것이다. 예를 들어 경에서 "시샘과 인색의 악행을 일으키지 않는 사정상, 위없는 성도를 수행하는 정정상, 이 둘을 떠난 부정상이다. (보살들은 이것을) 모두 여실하게 안

---

192 조림稠林(ⓢ gahana) : 미謎라고도 한다. 빽빽하고 무성한 숲을 뜻하며, 불교에서 중생의 사견번뇌邪見煩惱가 서로 뒤얽혀서 무성해져 있는 것이 마치 울창한 숲과 같음을 비유한 것이다. 『十地經』 제7권에서는 다음과 같은 열 가지 조림의 이름이 나온다. ① 諸有情心, ② 煩惱, ③ 業, ④ 根, ⑤ 勝解, ⑥ 意樂, ⑦ 隨眠, ⑧ 受生, ⑨ 習氣相續, ⑩ 三聚安立.

193 유열반법有涅槃法과 무열반법無涅槃法 : 이전의 반열반법과 불반열반법에 대한 역주 (p.160) 참조.

다."고 하였기 때문이다. 교화될 수 있는 중생을 내버려두는 것을 '시샘(妬)'이라 하고, 남에게 재물을 보시하는 것을 즐거워하지 않는 것을 '인색(悋)'이라 하는데, 실수로 남의 고통을 생기게 하는 악행(시샘이나 인색)을 일으키지 않는다. 보살의 바라밀은 사정邪定보살과 서로 위배되니, 이를 법사방편성취法師方便成就·지성취智成就(·입행성취入行成就)라고 한다.¹⁹⁴

論曰。衆生三聚行稠林差別¹⁾五種。一有涅槃法。無涅槃法。三乘中一向定差別。如經。是菩薩如實知衆生三聚。正定相。邪定相。離此二不定相故。二善行惡行因差別。如經。正見正定相。邪見邪定相。離此二不定相故。三惡道善道因差別。如經。五逆邪定相。五根正定相。離此二不定相故。四外道聲聞因差別。如經。八邪邪定相。正位正定相。更不作故。離此二不定相故。五菩薩差別示現。如經。妬悋惡行不轉邪定相。修行無上聖道正定相。離此二不定相。皆是如實知故。捨可化衆生名妬。不喜²⁾他財名悋。通³⁾能生他苦行不轉。菩薩波羅蜜。相違邪定菩薩。是名法師方便成就智。⁴⁾

1) ㉭『十地經論』권11(T26, 189a18)에 따르면, '別' 다음에 '有'가 누락되었다. 2) ㉭『十地經論』권11(T26, 189a29)에 따르면, '喜' 다음에 '施'가 누락되었다. 3) ㉭『十地經論』권11(T26, 189a29)에 따르면, '通'은 '過'의 오기다. 4) ㉭『十地經論』권11(T26, 189b1)에서는 '是名法師方便成就。智成就。入行成就'라고 되어 있는데, '智'를 빼고 '是名法師方便成就'라고 쓰거나 또는 '智' 다음에 '成就入行成就'를 추가해야 한다.

⊙ 그 밖의 경론에서 설한 다섯 가지 문

다시 다섯 가지 문이 있다.

첫째는 업혹業惑과 취적趣寂의 문이다. 예를 들어『유가사지론』제100권에서 다음과 같이 말한다. "사성정법취란 무간업과 단선근斷善根¹⁹⁵을 말

---

194 『十地經論』 권11(T26, 189a18).

한다. 정성정법취란 유학·무학이 가진 모든 법을 말한다. 부정법취란 그 밖의 유학법도 아니고 무학법도 아닌 것을 말한다."¹⁹⁶ 『대지도론』 제45권의 뜻도 『유가사지론』과 같다.¹⁹⁷

> 復有五門。一業惑趣寂。如瑜伽論第一百云。邪性定法聚者。謂無間業及斷善根。正性定法聚者。謂學無學所有諸法。不定法聚者。餘¹⁾非學非無學法。智度論第四十五。意同瑜伽。
>
> 1) ㉠ 『瑜伽師地論』 권100(T30, 880b15)에 따르면, '餘' 앞에 '謂'가 누락되었다.

둘째는 전도顚倒의 단단·부단不斷의 문이다. 예를 들어 『대지도론』 제84권에서 다음과 같이 말한다. 〈전도를 깨뜨리고자 하여 세 가지가 있음을 분별하였다. 전도를 깨뜨릴 수 있는 자를 정정이라 하고, 결코 깨뜨릴 수 없는 자를 사정이라 하며, 인연이 있으면 깨뜨리고 인연이 없으면 깨뜨리지 못하는 자를 부정이라 한다.〉¹⁹⁸ 구체적으로 설하면 그 논과 같다.

> 二斷不斷倒門。如智度論八十四云。爲破顚倒。分別有三。能破顚倒。名爲正定。必不能破。名爲邪定。有緣能破。無緣不破。名爲不定。具說如彼。

---

195 단선근斷善根 : 선법善法을 발생시키는 인因이 되는 선근善根이 끊어진 것을 말한다. 특히 상품上品의 사견邪見을 일으켜서 인과因果의 도리를 부정함으로써 선근이 끊어진다고 한다.
196 『瑜伽師地論』 권100(T30, 880b13).
197 『大智度論』에서는 다양한 기준에 의거해 중생을 구분하지만, 예를 들어 그 논의 권45(T25, 383a28)에서 "중생은 세 종류로 구분된다. 첫째는 정정이니, 반드시 열반에 들 자이다. 둘째는 사정이니, 반드시 악도에 떨어질 자이다. 셋째는 부정이다.(衆生有三分。一者正定。必入涅槃。二者邪定。必入惡道。三者不定。)"라고 한 것은 앞의 『瑜伽師地論』에서 구분한 것과 같은 맥락이다.
198 이상은 『大智度論』 권84(T25, 647c27)의 내용을 요약한 것이다.

셋째, 감임堪任과 불감임不堪任[199]의 문이다. 예를 들어 『대보살장경』 제5권에서 다음과 같이 말한다. 〈정정이란 무엇인가? 말하자면 (내적인) 인력因力을 따르는 자로서, 전생의 방편으로 '지혜가 열린 이근(開智利根)'으로 태어났기 때문에 여래들께서 (그에게 법을) 설해 주시든 설해 주시지 않든 (해탈의 증득을) 감당할 법기法器이니, 법을 설해 주면 빠르게 해탈할 수 있다. 부정성이란 무엇인가? 외적인 연력緣力을 따르는 자로서, 여법하게 가르쳐 주고 (타일러 주면) 해탈할 수 있지만 여법한 가르침과 타이름을 받지 못하면 해탈할 수 없는 자이다. 이와 같은 이들이 이익(義利)을 얻게 하려고 모든 불세존들께서 세상에 나오신 것이다. 사정취란 무엇인가? 말하자면 유정의 성품이 번뇌로 가려져서 깨끗한 업을 닦지 않고, 식識의 성질은 박약하고 어리석음은 매우 두터워서 사견邪見의 그물에 안주하는 자로서 바른 법기가 아니다. 여래께서 설해 주시든 설해 주시지 않든 간에 끝내 해탈의 증득을 감당할 수 없는 자이다.〉[200] 구체적인 것은 그 경과 같다.

三堪不堪任門。如大菩薩藏經第五卷。云何正定。謂由因力。先世方便。開智利根之所生故。若諸如來爲說不說。堪任法器。若爲說法。速得解脫。云何不定性。由外緣力。如法教授。可得解脫。不得如法教授教誡。不得解脫。爲如是等得義利故。諸佛世尊。出興於世。云何邪定聚。謂有情性煩惱所弊。[1)] 不修淨業。識性薄弱。愚痴深厚。住邪見網。非正法器。若使如來爲說

---

199 감임堪任과 불감임不堪任 : 번뇌추중으로 인해 심신心身이 혼매해져서 성도를 감당해 내지 못하는 상태를 불감임 혹은 무감임無堪任이라 하고, 반면에 번뇌추중을 떠나서 심신이 유연해지고 편안해져서 해탈의 인因이 되는 상태를 감임이라 한다. 예를 들어 『成唯識論述記』권6(T43, 438a19)에서는 "혼침은 무감임성이고 경안輕安은 감임이다.(以惛沈是無堪任性。安是堪任。)"라고 하였다.
200 『大寶積經』권38(T11, 219c8) 참조. 여기서 말한 『大菩薩藏經』은 총 20권으로서, 당대의 보리유지菩提流志는 이 경을 『大寶積經』(T11)의 제35~54권에 편입시켜서 「菩薩藏會」라고 하였다.

不說。終不堪任證於解脫。其如彼經。

1) ㉠『大寶積經』권38(T11, 219c17)에 따르면, '弊'는 '蔽'의 오기다.

넷째, 유有와 무無 등에 대한 집착의 문이다. 예를 들어『무상의경』제1권에서는 다음과 같이 말한다.

四著有無等門。如無上依經。彼第一云。

세간에는 세 가지 품류의 중생이 있으니, 첫째는 유에 집착하는 자이고, 둘째는 무에 집착하는 자이며, 셋째는 유·무에 집착하지 않는 자이다.

유에 집착하는 자에 다시 두 종류가 있다. 첫째, 열반의 도를 등지고 열반의 성품이 없어서 열반을 구하지 않고 생사를 바라며 즐기는 자이다. 둘째, 아·법에 대해 갈망하는 마음을 내지는 않지만 대승을 비방하는 자이다.……중간 생략……

단멸의 무에 집착하는 자에도 또한 두 종류가 있다. 첫째는 수행의 방편이 없는 자이고, 둘째는 수행의 방편이 있는 자이다.

수행에 방편이 없는 자에도 다시 두 종류 사람이 있다. 첫째, 불법佛法 밖에 있는 아흔여섯 종류의 이학외도異學外道들이다. 둘째, 불법 안에서 신심을 내기는 하는데 아견에 굳게 집착하여 바른 도리를 좋아하지 않는 자이니, 나는 이런 사람은 저 외도와 똑같다고 말하겠다. 다시 증상만을 가진 사람이 있으니, 정법 중에서 공을 관하면서 유견有見·무견無見 두 가지 견을 내어 '이것이 참된 공이다'라고 하면서 단지 무상보리라는 일도一道의 청정한 해탈문으로 향하는 자이다. 여래는 (그를 위해) 분명하게 드러내어(顯了) 바른 설법을 열어 보이셨는데, 여기에서 공견空見을 낸다면 나는 그들을 치유할 수 없다고 말하겠다. 아난아, 만약 어떤 사람이 아견我見에 집착하는 것이 수미산처럼 크다 해도 나는 놀라거나 괴이하게 여기지 않고 또한 헐뜯지도 않겠지만, 증상만의 사람이 공견에 집착하는 것이 마치 한 가닥의 머리카락을 열여섯 조각으로 나눈 만큼 된다 해도 나는 허가하지 않을 것이다.

수행에 방편이 있는 자에도 또한 두 사람이 있다. 첫째는 성문승이고 둘째는 연각승이다.

유·무에 집착하지 않는 자는 최상의 이근利根으로서 대승을 수행하는 자이다. 이 사람은 일천제처럼 생사에 집착하지도 않고, 외도처럼 수행에 방편이 없는 것도 아니고, 이승처럼 수행에 방편이 있는 것도 아니다.[201]

世間中有三品衆生。一者著有。二者著無。三者不著有無。著有者。復有二種。一者。背涅槃道。無涅槃性。不求涅槃。願樂生死。二者。於[1]法中不生偈[2]仰。誹謗大乘。乃至廣說。著斷無者。亦有二種。一者行無方便。二者行有方便。行無方便。復有二人。一者。在佛法外。九十六種異學外道。二者。在佛法中。能生信心。堅著我見。不愛正理。我說此人同彼外道。復有增上慢人。在正法中觀空。生於有無二見。是眞空者。直向無上菩提一道正[3]解脫門。如來顯了開示正說。於中生空見。我說不可治。阿難。若有人執我[4]如須彌山大。我不驚怪。[5] 亦不毀呰。增上慢[6]執著空見。如一髮髮作十六分。我不許可。行有方便。亦有二人。一聲聞乘。二緣覺乘。不著有無者。最上利根。修行大乘。是人不著生死如闡提。不行無方便如外道。不行有方便如二乘。

1) ㉭『無上依經』 권1(T16, 471a25)에 따르면, '於' 다음에 '我'가 누락되었다. 2) ㉲ '偈'는 '渴'인 듯하다. ㉭『無上依經』에 따르면 '渴'이 바르다. 3) ㉭『無上依經』 권1(T16, 471b7)에 따르면, '正'은 '淨'의 오기다. 4) ㉭『無上依經』 권1(T16, 471b8)

201 이상은『無上依經』 권1(T16, 471a22) 참조.

에 따르면, '我' 다음에 '見'이 누락되었다.   5) ㉢ 『無上依經』에는 '怪'가 '怪'로 되어 있는데, 의미는 동일하다.   6) ㉢ 『無上依經』 권1(T16, 471b9)에 따르면, '慢' 다음에 '人'이 누락되었다.

구체적으로 설하면, 가령 부처님께서 아난에게 알려 주신 것과 같으니, "어떤 사람이 삼유三有(삼계)에 탐착하면서 대승을 비방한다면 일천제라고 하고 사정취에 떨어진 자이다. 어떤 사람이 무에 집착하면서 수행에 방편이 없다면 부정취에 떨어진 자이다.²⁰² 다시 무에 집착함은 있어도 수행에 방편이 있거나,²⁰³ 유·무에 집착하지 않고 평등한 도를 행한다면, 정정취라고 이름한다."²⁰⁴

具說如佛告阿難。若人貪著三有。誹謗大乘。名一闡提。墮邪定聚。若人著無。行無方便。墮不定聚。復有著無。行有方便。不著有無。行平等道。名正定聚。

다섯째, 치유의 가능과 불가능의 문이다. 예를 들면 『앙굴마라경』 제3권에서 다음과 같이 말한다.

五可不可治門。如央掘魔羅經第三卷。

이때 대목건련이 게송으로 물었다.

爾時。大目揵連。以偈問曰。

---

202 부정취란 앞의 『無上依經』에서 말했던 불교 내외의 외도外道 부류들에 해당한다.
203 정정취 중에서 '무에 집착함은 있지만 수행에 방편이 있는 자'란 성문聲聞과 연각緣覺에 해당한다.
204 『無上依經』 권1(T16, 471b20).

어째서 세간의 병을 분별해서
세 종류라고 말합니까?
〈어떤 경우 의사가 있으면 치유되고
어떤 경우 의사도 치유할 수 없으며
어떤 경우 병자는 있는데
의사를 만나도 치유되지 않으니
이런 이유로 모든 병자를
세 종류라고 분별한다〉

云何世間病　分別說三種
或有醫治差　或不能醫治
或復有病人　雖得醫不差
是故諸病人　分別有三種

이때 앙굴마라가 게송으로 답하였다.

爾時。央堀魔羅。以偈答曰。

이 이치는 그렇지 않아서
세 종류라고 말해서는 안 되니
치유될 수 있거나 치유될 수 없는 것
오직 둘일 뿐 셋은 있지 않네
셋이라는 분별을 일으키면
또한 이는 성문승이니
모든 성문승에 대해
부처님은 문예승蚊蚋乘이라 하신다네

그들은 지혜가 없기 때문에
세 종류가 있다고 분별하니
사정취란 저 일천제를 말하고
정정취란 여래와 보살과 이승이로다[205]

是義則不爾　不應說三種
可治不可治　唯二無有三
若作三分別　亦是聲聞乘
若諸聲聞乘　佛說蚊蜹[1)]乘
以彼無智故　分別有三種
所言邪定者　謂彼一闡提
正定謂如來　菩薩及二乘[2)]

1) ㉭『央掘魔羅經』권2(T2, 529c9)에 따르면, '蜹'은 '蚋'의 오기다.　2) ㉭ '菩薩及二乘'은 장행의 해석처럼 되어 있으나 경의 게송 문구다.

이 의미를 해석하는 데 차별이 있으니, 그 의미는 『별장』과 같다.

釋義差別。義如別章。

다. 마지막 두 구 : 악취에 태어나는 과실

"또 이와 같은 정지正智와 논論에 위배된다면 미래에 소나 양 따위 부류로 태어나리라."라고 했는데, 이 마지막에 있는 두 구는 미래에 악취에 태어나는 과실을 밝힌 것이다. 말하자면 저 어리석은 범부는 단지 무이無二의 참된 의미에 위배될 뿐만 아니라 다시 이와 같은 정지와 논에 위배된

---
205 『央掘魔羅經』 권2(T2, 529b29).

다. '정지'란 곧 무이를 증득한 지혜이고, '논'이란 언론言論을 말하니, 곧 무이를 설한 성교의 언론을 말한다. 이처럼 또다시 정지와 논 등에 위배됨으로 인해 미래에 소 등의 모든 악취에서 태어나는 것이다.

言復違如是正智論當生牛羊等類中者。此後有二句。明能[1]生惡趣失。謂彼愚夫。非但違於無二眞義。復違如是正智及論。正智卽是證無二智。論謂言論。卽說無二聖敎言論。由此復違正智論等。當生牛等諸惡趣中也。

1) ㉢ '能'은 '當'의 오기인 듯하다.

2. 심사尋思의 영역을 넘어선 상을 해석함[206]

경 이때 법용보살마하살이 부처님께 말하였다. "세존이시여,

爾時。法涌菩薩摩訶薩。[1] 白佛言。世尊。

206 이하에서는 승의제의 오상 중에 세 번째 상이 설해진다. 그런데 이전의 '이언·무이의 상(離言無二相)'이 두 보살 간의 문답을 통해 진술되었다면, 이하에 진술된 세 가지 상은 보살과 세존의 문답을 통해 진술된다. 여기서부터는 문답에 앞서 이례적으로 보살들의 목격담들이 길게 진술되는데, 이를 통해 고금을 막론하고 진리(諦)의 본질을 궁구하는 자들이 필연적으로 부딪히게 되는 몇 가지 난관들을 환기시키고 있다. 이러한 보살의 목격담과 고백은 승의제의 오상이 설해진 각각의 취지를 이해하는 데 중요하다. 그중에서 세 번째 '심사의 영역을 넘어선 상(超過尋思所行相)'에서는 먼저 법용 보살이 외도들의 진리에 대한 논쟁을 목격한 소감이 진술된다. 그에 따르면 진리를 추구하는 자들이 진리에 대해 심사尋思(사유)해 보았자 결국 아무 소득 없이 상이한 이해나 상호간의 격렬한 비방·투쟁으로 끝난다는 것이다. 따라서 세존은 다양한 논리와 비유를 동원하여 승의제란 '심사의 영역을 넘어서 있기' 때문에 그러한 모든 쟁론과 투쟁이 사라진 세계임을 보여준다.

1) ㉠『解深密經』권1(T16, 689c9)에는 '摩訶薩'이 없다.

석 이하는 두 번째로 '심사의 영역을 넘어선 상(超過尋思所行相)'을 해석한 것이다.

이 중에 두 가지가 있다. 처음은 장행으로 자세히 해석한 것이고, 나중은 게송으로 간략히 설한 것이다.

釋曰。自下第二釋超過尋思所行相。於中有二。初長行廣釋。後以頌略說。

1) 장행으로 자세히 해석함

장행에 가면 다시 여섯 가지로 나뉜다. 첫째는 보살의 청문請問이다. 둘째 "이때" 이하는 세존의 간략한 대답이다. 셋째 "그 이유는 무엇입니까?"는 보살의 징문徵問이다. 넷째 "나는 설하길" 이하는 여래의 자세한 설명이다. 다섯째 "법용이여, 마땅히 알라." 이하는 비유로 설한 것이다. 여섯째 "이와 같이 법용이여" 이하는 법동유法同喩[207]를 든 것이니, 혹은 결론적 대답이라 볼 수도 있다.【혹은 여섯 가지가 있다고 할 수 있다. 첫째는 물음이고, 둘째는 대답이며, 셋째는 징문이고, 넷째는 해석이며, 다섯째는 비유(喩)이고, 여섯째는 결합(合)[208]이다. 진제의 『기』에 의하면, 첫째는 보살의 물음이고, 둘째는 여래의 정설이며, 셋째는 비유로 설한 것이고, 넷째는 합결合結[209]이며, 다섯째는 게송이다.】

---

207 법동유法同喩 : 원측의 경문 해석에서는, 가령 뒤에 나오는 "이와 같이 법용이여, 모든 심사는 모든 심사의 영역을 넘어 있는 승의제의 상에 대해서는 심사할 수도 없고 추리할 수도 없으며 신해할 수도 없다."는 경문처럼, 앞의 '실례'에다 본래 주장하려 했던 교법을 결합시키는 대목을 법동유 혹은 합습이라고 한다.
208 결합(合) : 위의 주 '법동유' 참조.
209 합결合結 : 진제『記』의 '합결'은 원측 소의 '법동유法同喩' 혹은 '합습'과 동일하다. 위

就長行中。復分爲六。一菩薩問。二爾時下。世尊略答。三何以故者。菩薩徵問。四我說下。如來廣說。五法涌當知下喩說。六如是法涌下。擧法同喩。或可結答。【或可有六。一問。二答。三徵。四釋。五喩。六合。依眞諦記。一菩薩問。二如來正說。三譬說。四合結。五偈頌。】

(1) 보살의 청문

처음의 청문에 가서 문장을 구별하면 세 가지가 있다. 처음은 청문할 것이 있음을 표시한 것이고, 다음은 청문할 사건을 진술한 것이며, 마지막은 생각했던 바를 바로 진술한 것이다.

就初請中。文別有三。初標有所請。次陳所請事。後正陳所念。

① 청문할 것이 있음을 표시함

이것은 처음에 해당한다.
"이때"라는 것은 질문을 일으킨 시점이다.
"법용보살……"이라 한 것은 묻고 답한 자를 밝힌 것이다. 『해절경』과 『심밀해탈경』에서는 모두 담무갈曇無竭(Ⓢ Dharmodgata)이라 하였다. 『대지도론』에 의하면 '법성法盛'이라 이름하니, 따라서 제97권에서는 다음과 같이 말한다. 〈문 담무갈보살이라 한 이유는 무엇입니까? 답 울가타鬱伽陀(Ⓢ udgata)는 진나라 말로 '성盛'이고, 달마達磨(Ⓢ dharma)는 진나라 말로 '법法'이다. 말하자면 이 보살은 중향성衆香城에 있으면서 뜻한 대로 법을 설하여 중생들로 하여금 널리 선근을 심도록 하기 때문에 '법성'이라 이름

의 주 참조.

한 것이다.〉²¹⁰

진제 삼장의 『기』에서는 다음과 같이 말한다. 〈담무갈보살은 천축의 정확한 말로는 단란무갈다檀蘭無竭多라고 해야 하니, 여기 말로 '법상法上'이라 한다. 그런데 이 보살은 제8지에 머물면서 법신에(法身上) 의지해서 일어나므로 '법상'이라 이름한 것이다.〉 구체적으로 설하면 그 『기』와 같다.

한편에서는 다음과 같이 말한다. 〈'담曇⑤ dharma'은 범음이니 여기 말로 '법'이고, '무갈無竭'이란 한어에 해당한다. 인도어와 한어를 병기했기 때문에 '담무갈'이라 한 것이다. 대당 삼장은 '법용'이라 번역하였다. 보살의 법을 판별하자면 (아무리) 쓰더라도 고갈되지 않는 것이 마치 솟아나는 샘물과 같으니, 법과 비유를 짝지어 들어서 '법용'이라 한 것이다.〉

此即初也。言爾時者。發問時也。法涌菩薩等者。辨問答¹⁾也。解節深密。皆云曇無竭。依智度論。名爲法盛。故九十七云。問。曇無竭菩薩因緣云何。答。鬱伽陀。秦言盛。達磨。秦言法。謂此菩薩。在衆香城。隨意說法。令諸衆生。廣種善根。故名法盛。眞諦記云。曇無竭菩薩。若存天笠²⁾正語。應云檀蘭無竭多。此云法上。然此菩薩住居八地。依法身上起。故名法上。具說如彼。一云。曇者梵音。此云法也。言無竭者。此即漢語。胡漢並陳。故云曇無竭。大唐三藏。翻爲法涌。菩薩法辨。用而無竭。猶如涌泉。法喩雙擧。故名法涌。

1) ㉠ '答' 다음에 '者'가 누락된 듯하다. 2) ㉠ '笠'은 '竺'의 오기다.

② 청문할 사건을 진술함

경 여기에서 동방으로 72긍가殑伽²¹¹의 모래 수만큼의 세계를 지나면 구

---
210 『大智度論』 권97(T25, 736a9) 참조.

대명칭具大名稱**이라는 세계가 있는데, 이곳의 여래의 명호는 광대명칭**廣大名稱
입니다. 저는 지난날 그 불국토를 떠나서 이곳에 이르렀습니다.

從此東方。過七十二殑伽[1]沙等世界。有世界名具大名稱。是中如來號廣大
名稱。我於先日。從彼佛土發來至此。

1) ㊣『解深密經』 권1(T16, 689c10)에는 '伽' 다음에 '河'가 있고, 교감주에 없는 곳
도 있다고 하였다.

석 이하는 두 번째로 청문할 사건을 진술한 것이다. 이 경문의 뜻을
말하자면, 외도가 무리 지어 모여서 승의제에 대해 논의했지만 끝내 결론
을 내릴 수 없었으니, 따라서 승의제는 심사의 경계를 넘어선 것임을 알
수 있었다는 것이다.

이 중에 네 가지가 있다. 첫째는 (법용보살이) 왕래한 곳을 진술한
것이다. 둘째는 그 무리의 모임을 본 것이다. 셋째는 쟁론했지만 해결
하지 못한 것이다. 넷째는 해결하지 못한 채 (싸우는) 모습을 나타낸 것
이다.

釋曰。自下第二陳所請事。此意說言。外道聚集。論勝義諦。竟不能決。故
知勝義超尋思境。於中有四。一陳往來處。二見其聚集。三諍論不決。四顯
不決相。

---

211 긍가띄가(S Gaṅgā) : '긍가'는 긍하恒河·긍가하殑伽河·경가하競伽河·강가하强伽
河라고도 음역하며, 구역에서는 '항하恒河'라고 하였다. 이 긍가강은 염부주閻浮洲(S
Jambu-dvīpa)에 있는 네 줄기 큰 강 중 하나로서, 오늘날 인도의 갠지스강을 가리킨
다. 석가모니 부처님 일대一代의 행화行化가 대개 이 강 유역에서 이루어졌기 때문에
경에는 항상 이 강의 명칭이 나온다. 또한 무한한 수를 가리킬 때 '항하의 모래 수만
큼(恒河沙等)'이라는 표현을 쓴다.

가. 왕래한 곳을 진술함

이것은 첫 번째로 왕래한 곳을 진술한 것이다. 경문에 두 구절이 있다. 처음에 "여기에서(從此)……"라고 한 것은 그가 간 곳을 나타낸 것이고, 나중의 "저는(我於)……"이란 그가 온 곳을 밝힌 것이다. 이것은 법용이 이 세계에서 그런 이름을 가진 세계로 가서 중생의 교화를 도왔음을 밝힌 것이다.

此卽第一陳往來處。文有兩節。初言從此等者。顯其往處。後云我於等者。辨其來處。此明法涌。從此世界。往彼名稱世界。助化衆生。

● '여기에서(從此)'라고 한 뜻

문 "여기에서……떠나서 이곳에 이르렀습니다."라고 했는데, 어떤 처소를 '여기'라고 한 것인가?

답 세 가지 설이 있다.

한편에서는 다음과 같이 말한다. 〈"여기(此)"란 사가娑呵[212]세계이다. 따라서 『해절경』에서는 "이 사가세계로부터 동쪽으로 가장 멀리"[213]라고 하였다. 진제의 『기』에서는 다음과 같이 말한다. '사가세계'라고 한 것에서, 사가는 범왕의 이름이니 여기 말로 능인能忍이라 한다. 이 사람은 타인의 뛰어난 일을 보면 항상 따라서 기뻐하는 마음을 내고 질투를 일으키지 않으며 타인에게 뛰어난 공덕의 일이 있음을 능히 인정하기 때문에 '인忍'이라 한 것이니, 인욕과 연관해서 '인'이라 이름한 것은 아니다. 이 사가는 천계千界를 거느리니, 곧 천계의 주인이다. 주인을 따라 이름을 붙여 (그

---

[212] 사가娑呵[S] Saha) : 사바娑婆・사하沙訶 등으로 음역하기도 하고, 의역하면 인忍・감인堪忍・능인能忍・인토忍土라고 한다. 우리들이 거주하는 염부제閻浮提를 가리키며, 후세에 석가모니부처가 교화할 삼천대천세계를 가리키기도 한다.

[213] 『解節經』 권1(T16, 712b18).

가 다스리는 세계를) '사가'라고 호칭한 것이다.〉

한편에서는 다음과 같이 말한다. 〈"여기에서"라는 것은 '이 열여덟 가지 원만을 갖춘 정토에서'라는 말이다.[214] 그러므로 두 본의 경에 모두 '사가'라는 말이 없다.[215]〉

[문] 그렇다면, 정토에는 일월日月이 없는데 어째서 "저는 지난날(先日) 그곳을 떠나서"라고 말하겠는가?[216]

[해] 그 밖의 다른 세계의 일월에 의거해 말한 것이다.

한편에서는 다음과 같이 말한다. 〈예를 들어『불지경론』의 '여실한 의미(如實義)'에서는 '여기 주처에서'라고 할 때 본래 두 종류가 있으니, 첫째는 정토이고 둘째는 예토이다. 이런 의미에서 두 곳을 통틀어 설하여 '여기'라고 한 것이다.[217]〉

이와 같이 여러 판본에 차이가 있는 것은 번역자가 다르기 때문이다. 혹은 범본에 이런 차별이 있었다고 볼 수도 있다.

---

[214] 이 경전이 설해진 정토에는 아름다운 모양이나 색깔 등의 열여덟 가지 뛰어난 공덕이 갖추어져 있다. 이것을 일컬어 '열여덟 가지 원만'이라고 한다. 이에 대해서는「서품」의 해석에서 이미 자세히 논한 바 있다.

[215] 이 경의 세 가지 이역본들 중,『解節經』에서는 화신化身 여래가 예토穢土에서 설한다고 하였고,『深密解脫經』과『解深密經』에서는 수용신受用身이 정토淨土에서 설한다고 하였다. 따라서 뒤의 두 본 경에는 예토에 해당하는 '사가'라는 말이 나오지 않는다는 것이다.

[216]『深密解脫經』과『解深密經』에 의하면, 이 경은 정토의 설법이고, 정토란 선정의 힘으로 현현된 세계이므로 거기서는 일월日月에 의해 시간적 경과를 나타낼 수 없다. 그렇다면 어째서 정토세계에 있는 법용보살이 "지난날(先日)"이라는 표현을 쓰느냐고 물은 것이다.

[217] 이 논에서는 논제와 관련된 다양한 해석들을 '유의有義' 등으로 지칭하는 반면, 가장 진실에 맞는 의미를 진술할 때는 '여실의如實義'라고 한다. "이곳에서(從此)"라고 할 때의 '이곳'이라는 말은 이 경이 정토의 설법인가 혹은 예토의 설법인가와 밀접한 연관이 있다. 그 '여실의'에 따르면, 석가모니가 이 경을 설할 때 십지 이전의 대중들은 변화신이 이 예토에 계시면서 그들을 위해 설법하는 것을 보지만, 십지 이상의 대중들은 수용신이 부처님의 정토에 계시면서 그들을 위해 설법하는 것을 본다. 들은 것은 비록 같지만 본 것이 각기 다른 것이다.『佛地經論』권1(T26, 293a3) 참조.

問。從此乃至發來至此者。說何處所。名爲此邪。[1] 答。有三說。一云。此者娑訶世界。故解節云。從此娑訶[2]世界。向東最遠。眞諦記云。娑訶世界者。娑訶是梵王名。此云能忍。此人見他勝事。常生隨喜。不起嫉妬。能忍許他有勝德事。故名爲忍。非關忍辱說名忍也。由此娑訶領千世界。卽是千界主。從主立名。號曰娑訶也。一云。從此者。從此十八圓滿淨土也。是故二本經中。皆無娑訶之言也。問。若爾。淨土卽無日月。如何說言我從先日從彼處發。解云。約餘世界日月而說。一云。如佛地論。如實義者。從此住處。自有二種。一者淨土。二者穢土。由此義故。通說兩處。名爲此也。所以如是諸本異者。譯家別故。或可梵本有此差別。

1) ㉠ '邪'는 '耶'이다. 2) ㉠ 『解節經』 권1(T16, 712b18)에는 '呵'가 '訶'로 되어 있다.

● '긍가殑伽'의 뜻

'긍가殑伽(Ⓢ Gaṅgā)'란 구역에서는 항하恒河라고 했는데, 이것은 신神의 이름이다.[218] 【『서역전西域傳』[219]을 조사해 보라.】

󰡒문󰡓 어째서 모든 경전에서는 다만 항하만을 말하고 다른 강은 말하지 않는가?

󰡒답󰡓 예를 들면 『대지도론』 제7권에서 (문답으로) 설한 것과 같으니, 그

---

218 『飜譯名義集』 권3(T54, 1099c11)에는 "긍殑【거巨·승升의 (반음)】가伽'는 여기 말로 '천당래天堂來'라고 하니, 보기에 높은 곳에서 흘러내리기 때문이다. 또 하신河神의 이름을 강 이름으로 삼았다고 한다. 『西域記』에 따르면, 구역에서 항하恒河라고 하거나 또는 항사恒沙라고 한 것은 와전된 것이다."라고 하였다. 또 『俱舍論記』 권5(T41, 103a25)에는 '긍기라殑耆羅'라는 이름의 어원을 해석하면서 다음과 같은 설명이 나온다. "'긍기者(Ⓢ Gangā)'는 강의 신(河神)의 이름이다.······여성명사(女聲)의 호격은 '긍기'라고 하지만, 남성명사(男聲)의 호격은 긍가殑伽(Ⓢ Gaṅgā)라고 하니, 구역에서 '항하'라고 한 것은 와전된 것이다."

219 『서역전西域傳』: 현장의 '대당서역전大唐西域傳' 즉 현장의 『大唐西域記』를 가리키는 듯하다. 이 책 권1(T51, 869b12)에서는 "아나파답다지阿那婆答多池(Ⓢ Anavatapta, 아누달지)의 동쪽 면에 있는 은우銀牛의 입에서 긍殑【거巨·승勝의 반음】가伽 강이 흘러나온다.【구역에서 항하恒河 또는 항가恒伽라고 한 것은 와전된 것이다.】"고 하였다.

논에서 다음과 같이 말한다.

言殑伽者。舊云恒河也。此是神名。【勘西域傳。】問。如何諸經。但言恒河。不說餘河。答。如智度論第七卷說。彼云。

문 염부제에는 갖가지 큰 강들이 있고 또한 항하보다 큰 것도 있는데, 어째서 항상 '항하의 모래만큼(恒河沙等)'이라고 말하는가?

답 항하의 모래는 많지만 나머지 강은 그렇지 않다. 다시 또 이 항하는 부처님이 태어나신 곳이자 유행하시던 곳이니, 제자들이 눈으로 직접 보았기 때문에 비유로 삼은 것이다. 다시 또 염부제의 (북쪽) 설산에는 아누달지阿耨達池가 있고 네 줄기 큰 강이 흘러나오는데, (이 연못의) 동쪽 면의 코끼리 머리(象頭)에서 항하가 흘러나와 동해로 흘러들고, 남쪽 면의 소머리(牛頭)에서 신두강(辛頭河)[220]이 흘러나와 남해로 흘러들며, 서쪽 면의 말 머리(馬頭)에서 바차강(婆叉河)[221]이 흘러나와 서해로 흘러들고, 북쪽 면의 사자 머리(師子頭)에서 사타강(私陀河)[222]이 흘러나와 북해로 흘러든다.[223] 이 네 강 가운데 항하가 가장 크다. 사원四遠(사방의 먼 땅)의 모든 사람들의 경서에서는 다 항하를 복덕 있는 길한 강으로 여기니, 그 안에 들어가 씻는 자는 모든 죄와 때의 악을 다 없앨 수 있다고 한다. 사람들이 이 강을 공경하여 섬기고 모두 함께 알고 있기 때문

---

220 신두강(辛頭河, ⓢ Sindhu) : 신도하信度河·신두하新頭河 등으로도 음역하며, 오늘날 인더스강(Indus)을 가리킨다.
221 바차강(婆叉河, ⓢ Vakṣu) : 바수하婆輸河·화차하和叉河·박차하薄叉河 등으로도 음역하며, 옥수스강(Oxus : 현재의 Amu-Daria강의 옛 이름)에 해당한다.
222 사타강(私陀河, ⓢ Śītā) : 사다하徙多河·사타하斯陀河·실타하悉陀河 등으로 음역하며, 야크사르테스강(Jaxartes : 현재의 Sir-Daria강의 옛 이름)에 해당한다.
223 이상에 나온 '코끼리 머리(象頭)' 등의 짐승 명칭은 모두 사대하四大河가 흘러나오는 사방의 출구出口를 가리킨다.

에 항하사를 비유로 삼은 것이다. 다시 또 나머지 강의 이름은 자주 바뀌는데, 이 항하의 이름은 세세토록 바뀌지 않는다. 이런 이유로 항하사를 비유로 삼고 나머지 강은 취하지 않은 것이다.

問曰。閻浮提中種種大河。亦有過恒河者。何以常言恒河沙等。答曰。恒河沙多。餘河不爾。復次。是恒河是佛生處遊行處。弟子眼見。故以爲喩。復次。閻浮提雪山中。有阿耨達池。出四大河。東面象頭。出恒河入東海。南面牛頭。出辛頭河入南海。西面馬頭。出婆叉河入西海。北面師子頭。出私陀河入北海。是四河中。恒河最大。四遠諸人經書。皆以恒河爲福德吉河。若入中洗者。諸罪垢惡。皆悉除盡。以人敬事此河。皆共識知。故以恒河沙爲喩。復次。餘河名字喜轉。是恒河世世不轉。以是故。以恒河沙爲喩。不取餘河。

문 항하의 모래는 몇 개나 있는가?
답 어떤 계산으로도 알 수 없고, 오직 부처님과 법신보살만이 그 수를 알 수 있다. 부처님과 법신보살은 모든 염부제의 티끌들이 생하고 멸한 것이 어느 정도(多少)인지 다 세어서 알 수 있는데, 하물며 항하사의 모래는 어떻겠는가? (다음과 같은 일화가 있다.) 부처님께서 기원정사 밖 숲속에 있는 나무 아래 앉아 계시는데 한 바라문이 부처님 처소에 와서 부처님께 물었다. '이 숲에는 어느 정도의 나뭇잎이 있습니까?' 부처님이 즉시 '어느 정도의 수가 있다'고 대답하셨다. 바라문이 마음속으로 '누가 이것을 확증해서 알겠는가' 하는 의심이 들었다. 바라문은 가서 한 나무 가에 이르러 소량의 나뭇잎을 따 가지고 다시 돌아와 부처님께 물었다. '정확히 몇 개의 나뭇잎이 있습니까?' 부처님이 즉시 '어느 정도의 나뭇잎이다'라고 대답하셨다. 그가 땄던 그 개수대로 말씀하시자, 바라문이 알고 나서 마음으로 크게 공경하고 믿으면서 부처님께 출가를 청하였고, 나중에 아라한도阿羅漢道를 얻었다. 이런 이유로 부처님은 항하의 모래의 수를 아신다는 것을 알 수 있다.[224]

問曰。恒河中沙。爲有幾許。答曰。一切算數所不能知。唯有諸佛及法身菩薩。能知其數。佛及法身菩薩。一切閻浮提中微塵生滅多少。皆能數知。何況恒河沙。如佛在祇桓外林中樹下坐。有一婆羅門。來到佛所。問佛。此林有幾許葉。佛卽便答。有若干數。婆羅門心疑。誰證知者。婆羅門去。至一樹邊。取小樹葉。還來問佛。定有幾葉。佛卽答云。少若干葉。如其所取語之。婆羅門知已。心大敬信。求[1]出家。後得阿羅漢道。以是故知佛能知恒河沙數。

---

1) ㊁『大智度論』권7(T25, 114b10)에 의거해서 '求' 다음에 '佛'을 추가하였다.

또 『금강선론』에서는 다음과 같이 말한다.

又金剛仙論云。

항하사는 청량지淸涼池[225]에서 흘러나와 동해로 들어간다. 길이는 8만 4천 유순由旬[226]이고 너비는 사십 리인데, 혹은 너비가 십 리인 곳도 있

---

224 이상은 『大智度論』권7(T25, 114a10) 참조.
225 청량지淸涼池 : 아누달지阿耨達池(Ⓢ Anavatapta)의 의역으로, 앞의 인용문에 나온 항하·신두·바차·사타 등 4대 강의 발원지를 가리킨다.
226 유순由旬(Ⓢ yojana) : 유사나踰闍那·유선나踰繕那 등으로 음역하고, 합슴·응응·한량限量·일정一程·역역驛 등으로 의역하기도 하는데, 즉 인도에서 길이를 계산하는 데 쓰인 단위이다. 이것이 어느 정도 되는지에 대해서는 이설들이 많은데, 불교 경론에서는 대개 8구로사俱盧舍(Ⓢ krośa)를 1유순이라고 한다. 예를 들어 『俱舍論』권12(T29, 62b10)에서는 "1구로사는 마을에서 아련야阿練若(Ⓢ araṇya, 수행자들이 머무는 한적한 숲)까지 그 중간의 거리에 해당하고, 8구로사를 1유선나라고 설한다."고 하였다.

다. 모래 산(沙山) 가운데를 지나가기 때문에, 유사流沙의 색이 흰빛을 띠고 물도 역시 흰빛인데, 색깔 상태가 우유 같지만 강으로 흘러나오면 맑아진다. 이 강은 매우 깊어서 만약 코끼리 수레나 말 수레가 들어가면 다 빠져 버린다. 또 천축국(인도)의 사람들은 모두 이 강을 보았기 때문에 이것을 인용하여 비유로 삼은 것이다.[227]

恒河沙者。從淸涼池出。入於東海。長八萬四千由旬。廣四十里。或有廣十里處。以從沙山中過故。有流沙色白。水亦同白。色狀如乳。出河卽淸。此沙[1]極深。若象馬車乘入者皆沒。又天竺國。[2] 皆見此河。[3] 引此爲喩。

1) ㉑『金剛仙論』 권5(T25, 829c5)에 따르면, '沙'는 '河'의 오기다. 2) ㉑『金剛仙論』 권5(T25, 829c11)에 의거해서 '國' 다음에 '人'을 추가하였다. 3) ㉑『金剛仙論』 권5(T25, 829c11)에 의거해서 '河' 다음에 '故'를 추가하였다.

● 먼 곳에 빨리 이르는 이유
먼 세계에 이를 수 있는 이유에 대해 진제의 『기』에서 다음과 같이 말한다.[228]

所以能到遠世界者。眞諦記云。

신통神通에는 세 가지가 있다.
첫째는 거신擧身이다. 이는 새가 허공을 나는 것처럼 선정의 공능으로 인해 단신으로 (날아서) 멀리 이르는 것이다. 항상 신통을 굳게 지니고 있어야 하고 만약 잊어서 지니지 못하면 몸이 곧바로 떨어지게 되기

---

227 『金剛仙論』 권5(T25, 829c2).
228 앞의 경문에서 법용보살이 지극히 멀리 떨어진 '구대명칭具大名稱'이라는 불국토에서 이곳의 모임에 왔다고 했는데, 이하에서는 보살들이 지극히 먼 거리를 왕래할 수 있는 이유를 설명하기 위해 '신통神通'에 대해 논한다.

때문에 '거신'이라 하였다. 세 가지 신통 가운데 하품이다.

둘째는 여의신통如意神通이다. 이는 성자가 의욕한 대로 먼 곳을 전환시켜 가까워지게 하고 가까운 곳을 전환시켜 멀어지게 하는 것이다. 어떤 경우는 안(內)을, 어떤 경우는 밖(外)을 전환시킨다. 안을 전환한다는 것은 세계를 다가오게 하는 것이 아니라 다만 몸이 멀리 이르는 것이다. 밖을 전환한다는 것은 몸이 멀리 이르는 것이 아니라 다만 멀리 있는 세계를 다가오게 하여 그것을 가까운 데 있게 해서 발걸음을 옮기자마자 곧 도착하는 것이다. 이것은 (세 가지 신통 중에) 중품이다.

셋째는 심속질통心速疾通이다. 이 신통은 가장 뛰어나서 팔지 이상이라야만 얻을 수 있는 것이다. 몸을 가볍고 날렵하게 해서 이미 완전히 이르렀다고 (생각하면서) 일심一心에 머물면 곧바로 거기에 이른다. 따라서 보살로 하여금 심속질통으로 저 세계에 가게 한다.

神通有三。一者舉身。如鳥飛空。由定功能。單身遠至。恒須神通攝持。若忘不攝。身卽退落。故名舉身。三中下品。二如意神通。隨聖意欲。轉遠令近。轉近令遠。或內或外。若內轉者。世界不促。但身能遠至。若外轉者。身不遠至。但促遠世界。令其在近。轉步則著。此卽中品。三心速疾通。此通最勝。八地已上獨所能得。令身輕捷。至已成滿。止於一心。卽便至彼。故令菩薩。以心速通。往彼世界。

『구사론』 제27권과 『순정리론』에 의하면, 의세신통은 오직 부처님만이 갖는 것이다. 따라서 『순정리론』 제76권에서는 다음과 같이 말한다.

若依俱舍第二十七。及順正理。意勢神通。唯佛所有。故順正理七十六云。

행行에 다시 세 종류가 있다.[229]

첫째는 운신運身이니, 마치 나는 새처럼 허공을 타고 다니는 것을 말한다.【『구사론』에서도 똑같이 말한다.】

둘째는 승해勝解이니, 극히 먼 곳을 가깝다고 사유하면 곧장 이를 수 있는 것이다.【이상은 『구사론』과 같고, 이하는 다르다.】 만약 지극히 먼 색구경천[230]을 가깝다고 생각하여 곧바로 거기에 이를 수 있다면, 본래 가고 옴이 없는데 어찌 빨리 간다고 하겠는가? 이것은 실제로 역시 '행(가는 것)'이지만 단지 '가깝다'는 이해만으로도 행이 극히 빨라지므로 '승해'라고 한 것이다. 혹은 세존께서 '정려의 경계는 부사의하다'라고 말씀하셨으므로 오직 부처님만이 알 수 있는 것이다.

셋째는 의세意勢이니, 지극히 먼 곳이라도 마음을 움직여 (그것을) 소연으로 삼을 때 몸이 곧장 거기에 이르는 것을 말한다. 이 세력(勢)이 뜻(意)대로 일어나므로 '의세'라는 이름을 얻은 것이다.【이상은 『구사론』과 같고, 이하는 다르다.】 예를 들어, 마음이 경계를 취하는 사이에 색구경천에 이르기 때문이다.【이상은 『순정리론』에서 말한 것이다.】

이 세 가지 가운데 의세는 오직 부처님만 할 수 있고, 운신과 승해는 그 밖의 승乘의 사람들에게도 통하는 것이다. 말하자면 우리 세존께서는 신통력으로 신속하게 먼 곳이든 가까운 곳이든 마음만 먹으면 곧장 이르신다. 이로 인해 세존께서는 이와 같이 '모든 부처님의 경계는 불

---

[229] 『順正理論』에 의하면, 등지等持(⑤ samāpatti, 선정)의 힘에 의해 발생하는 신통변화의 경계(境)는 두 종류다. 즉 가는 것(行)과 변화하는 것(化)이다. '가는 것'이란 몸을 자유자재로 이동시킬 수 있는 것을 말하고, '변화하는 것'이란 자신의 몸이나 타인의 몸 등을 변화시키는 것을 말한다. 이하는 그중 '신통력으로 가는 것'에 대해 설명한 것이다.

[230] 색구경천色究竟天: 색계의 사선천四禪天 가운데 가장 꼭대기의 지위를 말한다. 색계 십팔천의 하나이고, 오정거천五淨居天의 하나이다. 이 천은 최상의 사선四禪을 닦은 자가 태어나는 곳으로서, 그 과보는 유색계 중에서 가장 뛰어나다고 한다.

가사의하다'고 말씀하신 것이다.【이상은 『구사론』과 같다.】 마치 태양이 빛을 펼치는 것처럼 (부처님의 몸·마음의) 오온의 흐름도 또한 이와 같아서 단박에 먼 데 이를 수 있기 때문에 '행'이라 하였다. 그렇지 않다고 한다면, 여기서 사라지고 저기서 나타날 때 중간에 이미 끊어졌기 때문에 '행(간다)'의 뜻이 없을 것이다. 혹은 부처님의 위신威神은 불가사의하기 때문에 마음만 먹으면 곧장 이르시니, 이는 헤아릴 수 없는 것이다. 따라서 의세의 행은 오직 세존만 소유하고, 승해는 그 밖의 성인들도 함께 하며, 운신은 이생異生(범부)들도 함께한다.[231]

行有[1]三種。一者運身。謂乘空行。猶如飛鳥。【俱舍亦同。】二者勝解。謂極遠方。作近思惟。便能速至。【上同俱舍。已下乘[2]也。】若於極遠色究竟天。作近思惟。卽便能至。本無去知[3]來。何謂速行。此實亦行。但由近解。行極速故。得勝解名。或世尊言。靜慮境界不思議故。唯佛能了。三者意勢。謂極遠方。擧心緣時。身卽能至。此勢如意。得意勢名。【上同俱舍。已下乘[4]也。】如心取境頓[5]至色究竟故。【已上正理。】於此三中。意勢唯佛。運身勝解。亦通餘乘。謂我世尊。神通迅速。隨方遠近。擧心卽至。由此世尊作如是說。諸佛境界不可思議。【上同俱舍。】如日舒光。蘊流亦爾。能頓至遠。故說爲行。若謂不然。此沒彼出。中間旣斷。行義應無。或佛威神不思議故。擧心卽至。不可測量。故意勢行。唯世尊有。勝解兼餘聖。運身幷異生。

1) 옙『順正理論』 권76(T29, 754c8)에는 '有'가 '復'로 되어 있다. 2) 옙 '乘'은 '乖'의 오기인 듯하다. 3) 괄 '知'는 '無'인 듯하다. 옙『順正理論』 권76(T29, 754c11)에는 '本無來去'라고 되어 있다. 이에 따를 때 '知'는 잉자이므로 삭제하고 '本無來無' 혹은 '本無來去'로 수정해야 한다. 4) 옙 '乘'은 '乖'의 오기인 듯하다. 5) 옙『順正理論』 권76(T29, 754c15)에는 '頓'이 '頃'으로 되어 있다.

---

231 『順正理論』 권76(T29, 754c8).

이제 대승의 『대지도론』에 의하면 이 법의 작용이 조금 다르다. 따라서 제5권에서는 다음과 같이 말한다.

今依大乘。大智度論。法用少異。故第五云。

여의如意[232]에는 세 종류가 있다. 첫째는 능도能到이고, 둘째는 전변자재轉變自在이며, 셋째는 성여의聖如意이다.[233]

'능도'에도 네 가지가 있다. 첫째는 몸으로 마치 새처럼 걸림 없이 날아다닐 수 있는 것이다.【『순정리론』에서 말한 처음의 '행行'에 해당한다.】 둘째는 먼 곳을 이동시켜 가까워지게 하여 가지 않고도 이르는 것이다. 셋째는 여기서 사라지고 저기서 나타나는 것이다.【이 두 가지는 『순정리론』에서 말한 두 번째 '행'에 해당한다.】 넷째는 일념에 도달할 수 있는 것이다.【『순정리론』에서 말한 세 번째 '행'에 해당한다.】

'전변자재'란 큰 것을 작게 만들 수 있거나 작은 것을 크게 만들 수 있으며, 하나를 여럿으로 만들 수 있거나 여럿을 하나로 만들 수 있으며,

---

[232] 여의如意: 오통五通 또는 육통六通 중의 하나인 여의통如意通을 말한다. 자기가 마음 먹은 대로 걸림 없이 날아다니고, 경계들을 자유자재로 전변시키며, 사람 등으로 변화해 나타나는 등의 신통력을 말한다. 이 여의통은 능도能到·전변轉變·성여의聖如意로 구분되는데, 이 세 가지는 사여의족四如意足을 닦음으로써 차례로 생겨나는 것이지 일시에 생기는 것은 아니다.

[233] 『大智度論』의 '여의'에 대한 해석은 『順正理論』과는 조금 차이가 있지만, 『大毘婆沙論』의 '신족神足'에 대한 설명과 거의 동일하다. 여기에 진술된 네 종류 '능도'는 『大毘婆沙論』이나 『順正理論』에서 말한 운신運身·승해勝解·의세意勢의 세 가지 행행에 해당하며, 이는 몸을 빠르게 이동시키는 능력을 말한다. 또 '전변자재'는 『大毘婆沙論』에 나온 '세속소흔世俗所欣'과 같은 것이며, 이는 하나를 여러 개로 전변해 내거나 혹은 여러 개를 하나로 전변해 내는 능력을 말한다. 또 '성여의'는 『大毘婆沙論』에 나온 '성자소락聖者所樂'과 같은 것이며, 이는 마음에 들거나(可意) 마음에 들지 않는(不可意) 경계에 사로잡히지 않고 정정淨淨·부정不淨을 자재하게 관하면서 평정(捨)과 정념正念과 정지正知를 유지하는 능력을 말한다. 이상은 『大毘婆沙論』 권141(T27, 725b18) 참조.

갖가지 사물들을 모두 전변해 낼 수 있는 것이다. 외도들의 전변은 극히 길어도 7일을 넘지 못하지만, 부처님과 그 제자들의 전변자재는 (시간의) 길고 짧음이 없다.

'성여의'란 외계의 여섯 가지 경계에서 좋아할 만하지 않거나 깨끗하지 않은 사물을 관하여 깨끗하게 할 수 있고, 좋아할 만하거나 깨끗한 사물을 관하여 부정하게 할 수 있는 것이다. 이 자재법은 오직 부처님만 갖는 것이다.[234]

如意有三。一者能到。二轉變自在。三聖如意。能到有四。一者身能飛行。如鳥無礙。【當正理初行也。】二者移遠令近。不往而到。三者此沒彼出。【此二即當正理第二。】四者一念能至。【當正理第二。[1)]】轉變自在者。大能作小。小能作大。一能作多。多能作一。種種諸物。皆能轉變。外道[2)]轉變。極久不過七日。佛及弟子轉變自在。無有久近。聖如意者。外六塵中。不愛不淨物。能觀令淨。愛淨物。能觀令不淨。是自在法。唯佛獨有。

---
1) ⑨ '二'는 '三'의 오기인 듯하다. 2) ⑨ 『大智度論』 권5(T25, 98a2)에는 '道' 다음에 '輩'가 있다.

또 『대지도론』 제30권에서는 다음과 같이 말한다.

又大智度論第三[1)]云。

---
1) ⑨ '三' 다음에 '十'이 누락되었다. 이하의 인용문은 『大智度論』 제30권에 나온다.

🔲 가령 경에서는 '손가락 튕기는 사이에 육십 순간(念)이 있다'고 설했다. 한 순간에 일방一方의 항하사와 같은 세계에 이를 수 있다 해도 오

---
234 『大智度論』 권5(T25, 97c22).

히려 믿을 수 없는데, 하물며 시방十方의 항하사와 같은 세계에 더 짧은 시간에 더 많은 곳에 이르는 경우는 어떻겠습니까?

답 경에서는 '다섯 가지 일은 불가사의하다'고 설하였으니, 이른바 중생의 숫자(多少), 업의 과보, 좌선하는 사람의 능력, 모든 용들의 능력, 모든 부처님들의 능력이다. 이 다섯 가지 불가사의 중에서 부처님의 능력이 가장 불가사의하다. 보살은 깊은 선정에 들어 불가사의한 신통을 일으키기 때문에 한 순간에 시방의 모든 부처님 세계에 다 이를 수 있다. 설한 것처럼 네 종류 신통 가운데 오직 불·보살만이 여의질편신통 如意疾遍神通(여의통)을 갖고 있다.²³⁵

問。如經說。彈指頃有六十念。若一念中能至一方恒河沙等世界。尚不可信。何況十方恒河沙等世界。時少而所到處多。答曰。經說五事不可思議。所謂衆生多少。業果報。坐禪人力。諸龍力。諸佛力。於五不可思議中。佛力最不可思議。菩薩入深禪定。生不可思議神¹⁾故。一念中悉到十方諸佛世界。如說四種神通中。唯佛菩薩有如意疾遍神通。

---
1) ㉠ '神' 다음에 '通'이 누락된 듯하다. ㉡『大智度論』권30(T25, 283c21)에 따르면 '通'이 누락되었다.

나. 그들의 모임을 봄

경 저는 그 불국토에서 일찍이 본 적이 있습니다. 한 곳에 7만 7천 외도들이 그들의 스승(師首)과 함께 똑같이 한자리에 모여 앉아,

我於彼佛土曾見。一處有七萬七千外道。幷其師首。同一會坐。

---
235 『大智度論』권30(T25, 283c14).

석 두 번째는 그 무리들이 (승의제에 대해) 사량하기 위해 한자리에 모여 앉은 것을 보았다는 것이다.

釋曰。第二見其聚集。爲欲思量。故一會坐。

다. 논쟁했지만 해결하지 못함

경 제법의 승의제의 상에 대해 사유하기 위해 그들이 함께 사의思議하고 칭량稱量하며 관찰觀察하면서 두루 심구尋求해 보았을 때도 일체법의 승의제의 상을 끝내 얻을 수 없었습니다.

爲思諸法勝諦義[1]相。彼共思議稱量觀察遍尋[2]求時。於一切法勝義諦相。竟不能得。

---

1) ㊈ '諦義'는 '義諦'의 도치다. 2) ㊈ 『解深密經』 권1(T16, 689c15)에는 '尋'이 '推'로 되어 있고, 교감주에 '尋'으로 된 곳도 있다고 하였다.

석 세 번째는 논쟁했지만 해결하지 못했다는 것이다.
진제의 『기』에서는 다음과 같이 말한다. 〈논에서 입의立義[236]한다는 것에는 세 가지 의미가 있다. 첫째는 현량現量에 의한 것이고, 둘째는 비량比量에 의한 것이며, 셋째는 성언량聖言量에 의한 것이다.[237] 제법의 승의제

---

236 입의立義 : 도리道理를 정립하거나 증명하는 것을 말한다.
237 하나의 이치를 정립하는 데 있어서 직접 지각(現量)된 사실에 의거하거나, 혹은 추리(比量)에 의거하거나, 혹은 성인의 말씀(聖言量)에 의거할 수 있다. 여기서 말한 현량·비량·성언량을 삼량三量이라 한다. 양量은 척도 또는 표준의 뜻이니, 지식의 근원이나 인식의 방법을 가리킨다. 이 삼량의 명칭과 정의가 종파마다 조금씩 다른데, 『瑜伽師地論』 제15권과 『顯揚聖教論』 제11권 등에 따르면 다음과 같다. 첫째, 현량現量(ⓢ pratyakṣa-pramāṇa)이란 경계를 대할 때 언어를 매개로 하지 않고 직접 파악해서 아는 것이며, 또한 다섯 가지 감관으로 외계의 현상을 직접 각지覺知하는 것

의 상을 사유하기 위해서 그것을 '사의한다'는 것은 외도들이 말하는 현량에 해당하고, '칭량한다'는 것은 비량에 해당하며, '관찰한다'는 것은 성언량이니 가령 사위타론四韋陀論[238] 등과 같은 것이다.[239] 이 삼량三量에 의해 두루 심구해 보았을 때도 승의제를 끝내 증득할 수 없었다는 것이다.〉

🔆 또 입의한다는 것에 세 가지 의미가 있다. 첫째는 이치를 정립하는 것(立義)이니, 즉 종을 세우는 것(立宗)이다. 둘째는 이치를 증명하는 것(證義)이니, 즉 이유를 명확히 하는 것(辨因)이다. 셋째는 실례를 세우는 것(立喩)이니, 이는 동법유同法喩이다.[240] (이 해석에 따르면) '사의한다'는 것은 종을 세우는 것이고, '칭량한다'는 것은 이유를 세우는 것이며, '관찰한다'는 것은 실례를 드는 것이다. 이 세 가지에 의해 두루 심구해 보았을 때도

을 말한다. 둘째, 비량比量(Ⓢ anumāna-pramāṇa)이란 이미 알고 있는 사실에 견주어 헤아려서 아직 눈앞에 나타나지 않거나 알지 못하는 사실을 추리해서 아는 것이다. 셋째, 성언량聖言量(Ⓢ āgama-pramāṇa)은 지교량至敎量이라고도 하며, 이는 일체지자가 설한 언교言敎이므로 그것을 믿고 따르기 때문에 아는 것을 말한다. 예를 들어 북울단월北鬱單越(Ⓢ Uttara-kuru)의 존재는 내가 감지할 수 있는 것도 아니고 또한 추리해서 알 수 있는 것도 아니지만, 성인의 말씀이기 때문에 그것의 존재를 믿어서 아는 것이다.

238 사위타론四韋陀論 : 바라문교婆羅門敎의 신성한 지식을 담은 기본 문헌들이다. 원래는 세 종류가 있었는데, 즉 리그베다(梨俱吠陀, Ⓢ Ṛg-veda)·사마베다(沙摩吠陀, Ⓢ Sāma-veda)·야주르베다(夜柔吠陀, Ⓢ Yajur-veda)이다. 이것을 삼명三明 혹은 '3베다(三韋陀)'라고 하는데, 여기에다 아타르바베다(阿闥婆吠陀, Ⓢ Atharva-veda)를 합해서 '4베다'라고 한다.

239 외도들의 경우 주장의 진위 여부를 따지기 위해 4베다의 성교와 부합하는지를 관찰할 때, 그 4베다가 성언량에 해당한다.

240 이것은 '입의立義'를 삼지작법에 의거해서 해석한 것이다. 예를 들어 〈주장(宗) : 말은 무상하다(聲是無常). 이유(因) : 만들어진 것이기 때문에(所作性故). 실례(喩) : 마치 항아리와 같이(如甁).〉라는 논증식에서, 주장명제(宗)는 흔히 'S는 P이다'라는 형식으로 표현된다. 여기서 인因은 'S가 P를 갖고 있다'는 주장에 대한 논리적 이유에 해당한다. 유喩는 실례實例를 말하는데, 이를 통해 인因과 P 간의 변충遍充(Ⓢ vyāpti)관계가 있음을 나타낸다. 특히 동법유同法喩(Ⓢ sādharmya-dṛṣṭānta)는 '인이 있는 곳에 반드시 P가 있다'는 긍정적 변충관계를 나타내며, 이법유異法喩(Ⓢ vaidharmya-dṛṣṭānta)는 'P가 없는 곳엔 반드시 인도 없다'는 부정적 변충관계를 나타낸다.

승의제를 증득할 수 없었다는 것이다.

자세하게 분별하면 진제의 『기』에서 말한 것과 같다.【진제의 『기』에 의하면 (그 설명이) 열네다섯 장의 지면이 되므로 번거로울까 봐 서술하지 않는다.】

釋曰。第三諍論不決。眞諦記云。夫論立義。有其三義。一者現量。二依比量。三聖言量。爲思諸法勝義諦相。於彼思議。卽是外道所說現量。言稱量者。卽是比量。言觀察者。是聖言量。如四韋陀論等。依此三量。遍尋求時。於勝義諦。竟不能得。又解。立義有其三義。一者立義。卽是立宗。二者證義。卽是辨因。三者立喩。是同法喩。言思議者。卽是立宗。稱量卽是立因。觀察是喩。依此三種。遍尋求時。不得勝義。若廣分別。如眞諦記云。【依眞諦記。十四五紙。恐繁不述。】

라. 해결하지 못하는 모습을 나타냄

경 오직 (승의제가) '갖가지(種種)'라는 의해意解와 '별개의 다른 것(別異)'이라는 의해와 '변하여 달라진다(變異)'는 의해들이 서로 위배되었을 뿐이고,[241] 함께 쟁론을 일으켜서 입에서 창을 내어 찌르고 다시 서로를 찌르고 헐뜯으며, 이윽고 피롭혀서 무너뜨리고 나서 뿔뿔이 흩어졌습니다.

唯除種種意解別異意解變異意解。互相違背。共興諍論。口出矛矟。更相攢

---

241 이하의 원측 소에 따르면, 이 구절은 세 가지 방식으로 해석될 수 있다. ① '種種'과 '別異'와 '變異'라는 문구를 승의제에 대한 세 가지 의견으로 보는 경우이다. ② '種種'은 '승의제에 대한 의견들이 갖가지였다'는 것을 총괄적으로 서술한 것이고, '別異'와 '變異'는 각 의견의 차이를 따로 서술한 것으로 보는 경우다. ③ '種種'과 '別異'와 '變異'는 특정한 견해를 진술한 것이 아니라 모두 전체 견해들에 대한 총괄적인 설명으로 보는 경우다. 이러한 세 가지 입장 가운데 첫 번째 해석에 의거해서 경문을 번역하였다.

剌既惱¹⁾壞已. 各各離散.

1) ㉠『解深密經』권1(T16, 689c17)에는 '纔剌既惱'가 '纔已剌已惱已'라고 되어 있다.

석 네 번째로 '해결하지 못한 채 (싸우는) 모습'을 나타내었다.

경문에 세 구절이 있다. 처음은 의업意業이 서로 어긋나는 것을 밝혔고, 다음의 "함께 쟁론을 일으켜서" 이하는 구업口業이 어긋나서 논쟁하는 것이고, 뒤의 "이윽고 괴롭혀서 무너뜨리고 나서" 이하는 신업身業이 어긋나는 것이다.

"갖가지라는 의해……뿐이고"라고 한 것은 의업이 서로 어긋나는 것이다. 말하자면 외도들이 갖가지로 추구해 보았지만 끝내 참된 승의제를 증득하지는 못했고, 오직 세 종류 의해意解에 그릇되게 집착했을 뿐이다. (세 종류 의해란) 첫째는 갖가지(種種)라는 의해이고, 둘째는 별개의 다른 것(別異)이라는 의해이며, 셋째는 변하여 달라지는 것(變異)이라는 의해이다.【『해절경』에서는 다만 "갖가지 집착을 일으켰다."²⁴²고만 했을 뿐 세 종류를 병기하지 않았고, 『심밀해탈경』에서는 "상이한 뜻(異異意)과 상이한 견(異異見)과 상이한 집착(異異執著)을 내면서 상이한 붕당을 이루었다."²⁴³고 하였다.】

그런데 세 가지 의해에 대해 여러 설들이 다르다.

한편에서는 다음과 같이 말한다. 〈"갖가지라는 의해"란, 즉 갖가지 제법을 승의제로 삼고 별도의 진여는 없다고 하기 때문에 '갖가지라는 의해'라고 한 것이다. "별개의 다른 것이라는 의해"란, 제법과 분리되어 그 밖에 별도로 승의제가 있어서 일체법과는 결정코 별개의 다른 것이라고 하기 때문에 '별개의 다른 것이라는 의해'라고 한 것이다. "변하여 달라진다."고 했는데, 이치상 실로 승의제는 변해서 달라짐이 없다. 그런데 변

---

242 『解節經』권1(T16, 712b25).
243 『深密解脫經』권1(T16, 666c23).

해서 달라진다고 한 것은 '상주常住'를 말하지 않기 때문에 '변해서 달라진다'고 한 것이다.〉

한편에서는 다음과 같이 말한다. 〈처음의 구(種種)는 총괄해서 말한 것이고, 뒤의 두 구(別異와 變異)는 개별적으로 말한 것이니, 그 의미를 해석하면 위와 같다.〉

한편에서는 다음과 같이 말한다. 〈세 가지 의미는 차별이 없으니, 온갖 헤아림은 하나가 아니므로 '갖가지'라고 하였고, 의취도 각기 다르므로 '별개의 다른 것'이라 했으며, 다른 헤아림들로 펼쳐지면서 결정된 모습이 없기 때문에 '변해서 달라진다'고 하였다.〉

의업이 어긋나서 싸우는 것에 대해 이상에서 이미 설명하였다.

釋曰。第四顯示[1]決相。文有三節。初明意業相違。次共興下。口業違諍。後既惱壞下。顯身業乖違。言唯除種種等者。是名意業相違。謂諸外道種種推求。意[2]不能得眞勝義諦。唯除謬執三種意解。謂一種種意解。二別異意解。三變異意解。【依解節經。但言起種種執。不幷三種。依深密經。生[3]異異見。異異執[4] 立異朋黨也。】然三意解。諸說不同。一云。種種意解者。卽用種種諸法。以爲勝義。無別眞如。故名種種意解。利[5]異意解者。離諸法外。別有勝義。與一切法。決定別異。故言別異意解。言變異者。理實勝義。無有變異。而言變異。非謂常住。故言變異。一云。初句是總。後二是別。釋義如上。一云。三種義無差別。衆計非一。故言種種。意趣各別。故言別異。展轉異計。無決定相。故言變異。意業乖諍。如上已說。

1) ㉭ '示'는 '不'의 오기다. 2) ㉭ '意'는 '竟'의 오기인 듯하다. 3) ㉭『深密解脫經』권1(T16, 666c23)에 따르면, '生' 다음에 '異異意'가 누락되었다. 4) ㉭『深密解脫經』권1(T16, 666c23)에는 '執' 다음에 '著'이 있다. 5) ㉭ '利'는 '別'의 오기다.

다음은 어업을 밝히면서 "입에서 창을 내어"라고 하였고, 뒤에서는 신업을 밝히면서 '다시 서로 상처를 주고 무너뜨렸다'고 하였다.²⁴⁴ 따라서 『해절경』에서는 "입으로 칼을 내어 서로 상처를 주고 곧 각기 뿔뿔이 흩어졌다."²⁴⁵고 하였다. 또 『유가사지론』 제97권에서는 다음과 같이 말한다. "또 외도들은 '살가야견이 근본이 되어 생긴 갖가지 견취見趣'²⁴⁶가 마음(意)마다 각기 다르기 때문에 피차 가면 갈수록 상호 간에 어긋나니,……두루 모든 사성제에 대해서도 오히려 그 가르침을 시설할 수조차 없는데 하물며 그것을 깨달을 수 있겠는가?"²⁴⁷

次明語業。口出矛矟。後明身業。更相損壞。故解節經云。由口刀杖。互相傷毀。便各分散。又瑜伽論九十七云。是¹⁾諸外道。薩迦邪²⁾見以爲根本。種種見趣意各別故。彼此展轉互相違戾。遍於一切四聖諦中。尙無有能施設其敎。況當覺悟。

1) ⓗ『瑜伽師地論』권97(T30, 854a18)에는 '是'가 '又'로 되어 있고, 후자를 따랐다.
2) ⓗ '邪'는 '耶'와 같다.

③ 자기가 생각했던 것을 바로 진술함

---

244 이전의 경문 해석과 조금 차이가 난다. 앞에서는 이 경문을 세 구절로 나누어, "함께 쟁론을 일으켜서" 이하는 구업口業이 어긋나서 논쟁하는 것이고, 뒤의 "이윽고 괴롭혀서 무너뜨리고 나서" 이하는 신업身業이 어긋나는 것이라고 하였다.
245 『解節經』 권1(T16, 712b26).
246 살가야견이 근본이~갖가지 견취見趣 : 고대 인도의 외도들이 그릇되게 집착했던 육십이견六十二見을 말한다. 이 62종류의 견해에 대해서는 학설이 여러 가지인데, 모두 살가야견, 즉 유신견有身見(S satkāyadṛṣṭi)이 근본이 되어 생긴 것이라고 한다. 즉 중생들은 오음五陰 등의 법에 대해 그것을 '신체(身, S kāya)'라고 그릇되게 헤아리거나 주재자(主宰)라고 억지 주장을 하면서 항상 '아견我見'을 일으키는데, 이를 유신견이라 한다. 유신견은 62종種 견취見趣의 근본이 되고, 이 견취들이 나머지 다른 번뇌들의 근본이 되며, 나머지 다른 번뇌들은 업의 근본이 되고, 모든 업은 이숙과異熟果의 근본이 된다.
247 『瑜伽師地論』 권97(T30, 854a18).

경 저는 이때 속으로 이런 생각을 했습니다. 〈여래가 세상에 나오신 일은 매우 기이하고 드문 일이구나. (여래가) 세상에 나오셨기 때문에 이와 같이 '모든 심사尋思의 영역을 넘어서 있는 승의제의 상'에 대해 또한 통달하고 작증할 수 있는 것이다.〉" 이 말을 마치고 나자,

我¹⁾於爾時。竊作是念。如來出世。甚奇希有。由出世故。乃於如是超過一切尋思所行勝義諦相。亦有通達作證可得。說是語已。

1) ㉠ 『解深密經』 권1(T16, 689c18)에는 '我' 앞에 '世尊'이 있다.

석 세 번째는 자기가 생각했던 것을 진술한 것이다. 말하자면 저 보살(법용)은 외도들이 (승의제에 대해) 사유해 보았으나 결정 내리지 못하는 것을 보고는 곧 승의제는 심사의 경계를 넘어서 있음을 알고서, 다시 속으로 이런 생각을 하면서 부처님의 희유하심을 찬탄하였다는 것이다. '부처님이 세상에 나셔서 좋은 방편으로 설해 주셨으므로 또한 남들로 하여금 작증하게 하는 일이 가능해진 것이다.'

釋曰。第三陳已¹⁾所念。謂彼菩薩見諸外道尋思不決。便知勝義超尋思境。便竊作念。讚佛希有。由佛出世善方便說。亦有令他作證可得。

1) ㉠ '已'는 '己'의 오기다.

(2) 세존의 간략한 대답

경 이때 세존께서 법용보살마하살에게 말씀하셨다. "선남자여, 그러하다, 그러하다. 그대가 말한 것처럼, 나는 모든 심사를 넘어서 있는 승의제의 상에 대해 정등각을 이루었고 정등각을 이루고 나서 다른 이를 위해 설법을 펼쳐서 (승의제의 상을) 나타내어 이해시키고 (방편의 언어를) 시설하여 밝

혀 주었느니라."

爾時。世尊告法涌菩薩摩訶薩[1]曰。善男子。如是如是。如汝所說。我於超過一切尋思勝義諦相。現正等[2]覺。現等覺已。爲他宣說。顯現開解施設照了。

---

1) ㉠『解深密經』권1(T16, 689c22)에는 '摩訶薩'이 없다. 2) ㉠『解深密經』권1(T16, 689c23)에는 '正等'이 '等正'으로 되어 있다.

석 두 번째는 물음에 의거해 간략히 답한 것이다. 경문은 세 구절로 되어 있다.

처음의 "이때……"는 설법의 서두(由序)에 해당한다.

다음의 "선남자여……"는 청문이 이치에 맞음을 칭찬한 것이니, 문文·의義가 단지 이치에 맞는다는 말이거나, 혹은 자리·이타의 두 가지에 함께 따른다는 말일 수도 있다. 그러므로 거듭해서 "그러하다, 그러하다."고 말한 것이다.【『대품경』에 의하면, 제석천이 '반야'를 공양하는 공덕이 무량함을 찬탄하자, 부처님께서 '그러하다, 그러하다'고 하셨다. 이에 대해 용수는 다음과 같이 해석하였다. 〈아마도 제석천에 대해 '일체지一切智로 말한 것이 아니다'라거나 혹은 '착오일 수 있다'고 의심할까 염려했기 때문에 부처님께서 그가 말한 것을 인가하시며 거듭해서 '그러하다, 그러하다'고 말씀하셨다.〉 이 경도 또한 이러하니, 다음 문장에서 설한 것도 모두 이에 준해야 한다.】

마지막의 "나는 모든 심사를 넘어서 있는" 이하는 물음에 간략히 대답하면서 '승의제에 대해 등정각을 이루었고 또한 다른 이를 위해 설하였다'고 하신 것이다.

釋曰。第二依問略答。文有三節。初爾時等者。說之由序。次善男子等者。贊請順理。文義但順。或可俱順自他二利。是故重言如是如是。【依大品經。

帝釋贊言供養般若功德無量。佛言如是如是。龍樹釋云。恐疑帝釋。非一切智所說。或錯。故佛印可所說。重言如是如是。此經亦爾。下文所說。皆應准此。】後我於超過者。作¹⁾問略答。於勝義諦。現成等覺。亦爲他說。

1) 옉 '作'은 '依'의 오기인 듯하다.

(3) 보살의 징문

경 "그 이유는 무엇입니까?"

何以故。

석 세 번째는 보살이 '어떤 의미에서 심사의 경계를 넘어서 있습니까'라고 따져 물은 것이다.

釋曰。第二¹⁾菩薩徵詰。以何義故。超尋思境。

1) 옉 '二'는 '三'의 오기다.

(4) 여래의 자세한 해설

경 "내가 설하는 승의제는 모든 성자들이 '내면에서 스스로 증득한 것'(內自所證)이요, 심사尋思의 영역은 모든 이생들이 '전전하여 증득한 것'(展轉所證)'[248]이다.

---

[248] '전전소증展轉所證'은 앞의 내자소증內自所證과 대비되는 문구로 쓰였으며, 스스로 증득한 것이 아니라 남에게서 서로 전해 듣고서 이리저리 사유해서 알게 된 것이라는 뜻이다. '전전'에 관한 자세한 설명은 다음의 각주 254 참조.

我說勝義。是諸聖者內自所證。尋思所行。是諸異生展轉所證。

석 이하는 네 번째로 징문에 의거해 자세히 해석한 것이다. 다섯 가지 상相으로 (승의제가) '심사의 경계를 넘어서 있음'에 대해 해석하였므로 다섯 부분으로 나뉜다. 첫째는 내면에서 스스로 증득한 것이고, 둘째는 무상의 영역이며, 셋째는 언설될 수 없는 것이고, 넷째는 모든 표시가 끊어진 것이며, 다섯째는 모든 쟁론이 그친 것이다.
(이 다섯 가지) 사례마다 두 단락이 있으니, 앞은 해석이고 나중은 결론이다.

釋曰。自下第四依問廣釋。以五相釋超尋思境。卽分爲五。一內自所證。二無相所行。三不可言說。四絶諸表示。五息諸諍論。例有兩段。先釋。後結。

① 내자소증內自所證

'내자소증'을 밝힌 곳에서 경문을 구별하면 두 가지가 있다. 처음은 해석이고 나중은 결론이다.

就內自所證。文別有二。初釋。後結。

가. 해석

이것은 해석이다. 말하자면 모든 성자들은 무분별지로 진여의 경계를 반연하여 (진여 그) 자체를 내면에서 증득한다는 것이다.

此卽釋也。謂諸聖者。無分別智緣眞如境。內證自體。

● 내증內證의 뜻

그런데 이 '내증內證'에 대해 여러 설들이 서로 다르다.

한편에서는 다음과 같이 말한다. 〈일체의 근본지와 후득지로 진여를 내증하면서 영상을 변현해 내지는 않으니, 무루지無漏智로 진여를 반연하기 때문이다.[249]〉

한편에서는 다음과 같이 말한다. 〈근본지와 후득지는 모두 영상을 변현해 내는 것이지 직접 증득하는 것이 아니다. 그렇지 않다면 '유식唯識'의 이치가 성립하지 않기 때문이다.[250]〉

한편에서는 다음과 같이 말한다. 〈정체지正體智(근본지)는 자체를 직접 증득하는 것이지 (영상을) 변현해 내어 반연하는 것은 아니니, 마치 자증분에 별도의 상분이 없는 것과 같다.[251] 후소득지後所得智(후득지)는 영상을 변현해 내어 반연하는 것이니, 이는 분별이기 때문이다.[252] 그렇지 않다면, 대원경지大圓鏡智[253] 등이 진여의 경계를 반연할 때, 정체지와 후득지

---

249 유식의 교의에 따르면 우리는 식이 전변해 낸 영상을 대상으로 삼아서 그것을 인식하는 것이지 경계 자체를 인식하는 것이 아니다. 그런데 근본지根本智와 후득지後得智로 진여를 인식할 때는 진여 그 자체(本質)를 내적으로 증득하는 것이지 진여의 영상影像을 변현해 내어 그 영상을 인식하는 것은 아니라고 하였다. 왜냐하면 무루지無漏智로 진여를 인식할 때는 견분·상분의 이분 구조가 없기 때문이다.
250 우리가 인식하는 대상은 '식이 전변해 낸 영상'이라는 의미에서 '유식'이라고 하는데, 경계 자체를 인식한다고 하면 '식과 분리된 경계'를 인정하는 셈이므로 유식의 이치에 위배된다는 것이다.
251 정체지로 자체를 내증할 때는 능연能緣으로서의 정체지와 소연所緣으로서의 진여 경계가 분리되지 않기 때문에 내증한 식識의 자증분自證分(識體)만 있고 별도의 상분은 없는 것과 같다고 하였다.
252 정체지가 무분별이라면 후득지는 유분별이기 때문에 소연의 영상을 변현해 내어 분별한다는 것이다.
253 대원경지大圓鏡智 : 유식종에 의하면 전의轉依를 이루고 불과佛果를 획득했을 때 제8식과 제7식과 제6식과 전오식前五識이 각기 순서대로 대원경지, 평등성지平等性智, 묘관찰지妙觀察智, 성소작지成所作智 등 네 종류 무루지無漏智로 전환된다고 한다. 이 중에서 대원경지란 깨달음을 이룬 자의 완전한 지혜가 일체법을 진실하게 비추는 것이 마치 대원경大圓鏡이 일체의 영상을 두루 비추는 것과 같음을 비유한 것이다.

의 차별이 없을 것이다.〉

비록 세 가지 설이 있으나 대당 삼장과 호법종에서는 마지막 설을 정의로 여긴다. 자세하게 분별하면, 예를 들어 『성유식론』 제9권의 해석과 『불지론』 제3권의 설과 같다.

> 然此內證。諸說不同。一云。一切根本後得。內證眞如。而不變影。以無漏智。緣眞如故。一云。根本及後得智。皆能變影。而非親證。不爾。唯識理不成故。一云。正智親證自體。不變而緣。自[1])證分。無別相分。後所得智。變影而緣。以分別故。若不爾者。圓鏡智等。緣眞如境。正體後得。應無差別。雖有三說。大唐三藏及護法宗。後說爲正。若廣分別。如成唯識第九卷釋。及佛地論第三卷說。

1) ㉲ '自' 앞에 다른 곳에는 '如'가 있다.

● 심사尋思의 뜻

"심사의 영역(尋思所行)"은 곧 이생異生(범부)이 타인의 언설에 의지해서 (아는 것이지) 내면으로 증득하는 것은 아니다. 따라서 그것을 '전전展轉'[254]이라고 하였다.

🈎 『해절경』과 『심밀해탈경』에서는 모두 '각관覺觀의 경계를 넘어섰다'고 하였고, 이 판본에서는 '심사尋思의 경계를 넘어섰다'고 하였는데, 어떻게 회통시켜 해석할 수 있는가?

🈵 두 가지 해석이 있다.

---

254 전전展轉 : 이 용어는 유식학 경론에 자주 등장하는데, 몇 가지 뜻이 있다. 첫째 '중단되지 않고 연속되는 것(Ⓢ paraṃparā)'을 뜻하거나, 둘째 '점차漸次로, 차례로(Ⓢ anupūrva)'의 뜻이거나, 혹은 '서로 간에(互相, Ⓢ anyonya)'의 뜻이다. 여기서는 세 번째 의미로 쓰였는데, '심사의 영역(尋思所行)'은 진여처럼 내면에서 스스로 증득되는 대상이 아니라 범부들이 서로 간에 남의 언설을 전해 듣고 이리저리 사유해서 알게 되는 대상이라는 것이다.

尋思所行。卽是異生依他言說。非內所證。故言展轉。問。解節深密。皆作
是言。過覺觀境。此本卽云過尋思境。如何會釋。答。有兩釋。

◉ 심尋·사伺의 통칭으로 보는 해석

한편에서는 다음과 같이 말한다. 〈구역의 경론들에서는 다 '각관覺觀'이
라 하였고, 대당 삼장은 '심사尋伺'라고 번역했다. '심尋'은 심구尋求를 말하
고 '사伺'는 사찰伺察을 말하니, 『유가사지론』 등에서는 하나하나 각기 모
두 사思나 혜慧를 체로 삼는다고 하였다.[255] 그런데 이 경에서 '심사尋思'라
고 한 것은 심尋과 사伺를 통칭해서 심사라고 한 것이니, (심과 사는) 모두
추구推求하거나 사량思量한다는 뜻이 있기 때문이다.〉

그런데 이 심과 사에 대해 여러 설들이 서로 다르다.

살바다종에 의하면 심법을 떠나 그 밖에 별도의 심소법이 있어서 실재
하는 체성을 갖는다. 욕계에서부터 초정려까지의 모든 마음에는 모두 심
尋과 사伺가 있고, 중간 정려에는 심은 없고 사만 있으며, 제2정려 이상의
모든 지地는 모두 심도 없고 사도 없다고 한다. (이 둘은) 공통적으로 육
식의 유루·무루에 (있을 수 있다.) 자세하게 분별하면, 『구사론』 등에서
설한 것과 같다.

경부종에 의하면, 심법을 떠나서 그 밖에 별도의 자성은 없으며, 또한
하나의 심법에 심과 사가 함께 일어나지(俱起) 않는다. 그러므로 『성실론』
「각관품」에서는 '어떤 이는 각覺(尋)과 관觀(伺)이 하나의 마음에 있다고 하
는데 이런 일은 있을 수 없다'고 하였다.[256]

一云。舊諸經論。皆云覺觀。大唐三藏。翻爲尋伺。尋謂尋求。伺卽伺察。如

---

[255] 『瑜伽師地論』 권5(T30, 302b23)에서는 "대상을 깊이 헤아리지 않는 경우는 사思를
체성으로 삼고, 대상을 깊이 헤아리는 경우는 혜慧를 체성으로 삼는다."고 하였다.
[256] 『成實論』 권6(T32, 288c13) 참조.

瑜伽論等。一一皆用思慧爲體。而此經言名尋思者。通說尋伺。皆名尋思。
皆有推求思量義故。然此尋伺。諸說不同。薩婆多宗。離心以外。別有心所。
實有體性。始從欲界至初靜慮。一切心中。皆有尋伺。中間靜慮。無尋有伺。
第二靜慮以上諸地。皆名無尋無伺。通於六識有漏無漏。若廣分別。如俱舍
等。依經部宗。離心已外。無別自性。亦非一心尋伺俱起。故成實論覺觀品
云。有說覺觀在一心者。此事不然。

해 경부의 입장은 대승종과 거의 같다. 그런데 차이점은 성실론종成實
論宗(경부종)에 의하면 (심과 사는) 심심을 체로 삼고, 대승종에 의하면 사
와 혜를 체로 삼는다는 것이다.[257] 또 경부종에서는 세 가지 지地의 차별
을 말하는데, 예를 들어 『대비바사론』에서 다음과 같이 말한다. 〈(비유자
譬喩者들은) 욕계에서 유정지有頂地[258]까지 심과 사를 갖추고 있지만, 세 가
지 지의 차별이 있다고 말한다. 욕계의 초정려에 있는 모든 선심과 염오
심과 무부무기심, 정려중간에서 유정지까지의 염오심 등은 '유심유사지有
尋有伺地'라고 한다. 정려중간의 선심과 무부무기심 등은 '무심유사지無尋
唯伺地'라고 한다. 제2정려에서 유정지까지의 선심 및 무부무기심 등은 '무
심무사지無尋無伺地'라고 한다.〉[259]

---

[257] 소승의 유부有部에서는 심법心法 이외에도 심소법心所法에 별도의 체가 있고, 따라서 심尋과 사伺가 별도의 체를 갖는 것이라고 한다. 이에 대해 경부經部와 대승大乘은 심尋과 사伺를 모두 가립된 법으로 간주하고 오직 심心의 거칠거나(粗) 미세한(細) 작용에 따라서 심·사를 구분한다는 점에서는 동일하다. 그러나 경부종에서는 그 두 가지의 체를 '심'으로 본 반면, 대승종에서는 '사思'와 '혜慧'를 체로 삼는다고 본다는 점에서 차이가 난다.
[258] 유정지有頂地 : 삼계구지三界九地 중에 최후의 지地, 즉 무색계無色界의 맨 꼭대기인 비상비비상천非想非非想天을 가리킨다.
[259] 이상의 견해는 『大毘婆沙論』에는 '비유자譬喩者'의 설로 되어 있는데, 이들은 경부經部의 본사本師 구마라다鳩摩邏多(Ⓢ Kumāralāta) 및 그 계승자들을 가리킨다. 앞서 살바다종의 주장에서 알 수 있듯, 일반적으로 욕계에서부터 초정려까지는 유심유사有尋有伺이고, 중간정려는 무심유사無尋有伺이며, 제2정려 이상의 모든 지는 무심무

解云。經部大同大乘。然差別者。成實論宗。以心爲體。依大乘宗。思慧爲體。又經部宗。三地別者。如大毗婆沙。欲界乃至有頂地。具有尋伺。而說三地有差別者。欲界初定一切善染無覆無記。靜慮中間乃至有頂染汙心等。名有尋有伺地。靜慮中間善及無覆無記心等。名無尋唯伺地。第二靜慮乃至有頂善及無覆無記等。名無尋無伺地。

이제 대승에 의하면, 예를 들어 『성유식론』 제7권에서 다음과 같이 말한다. "심尋은 심구尋求를 말하니, 마음이 홀연히 의언意言[260]의 경계에서 거칠게 움직이도록 하는 것을 자성으로 삼는다. 사伺는 사찰伺察을 말하니, 마음이 홀연히 의언의 경계에서 세밀하게 움직이도록 하는 것을 자성으로 삼는다. 이 두 가지 심소는 모두 몸과 마음의 상태를 편안하거나 불안하게 만드는 소의가 되는 작용을 하며,[261] 아울러 사와 혜의 한 부분을 체로 삼는다."[262] (또한) 한 찰나에 두 가지 법이 상응하는 것은 아니니,

---

사無尋無伺라고 한다. 이와 비교해 보면, 비유자들은 정려중간(중간정려)에서 유정지까지의 염오심을 유심유사에 배속시키고, 정려중간의 선심과 무부무기심만을 별도로 무심유사에 배속시켰으며, 제2정려에서 유정지까지의 선심과 무부무기심만을 별도로 무심무사에 배속시켰다. 이에 대한 자세한 설명은 『大毘婆沙論』권52(T27, 269c2) 참조.

260 의언意言:『成唯識論述記』에는 '의언의 경계'라고 한 것에 대해 다음과 같은 세 가지 해석이 나온다. ① '의언'이란 비유적 표현이라는 것이다. 곧 의식과 그 상응법들은 다 경계를 취하는데 이것은 마치 언설의 말(言)이 그 의미 대상을 나타내는 것과 유사하기 때문에 비유적으로 '의언'이라 했다는 것이다. ② 의언이란 경계를 가리키는 이름이라는 것이다. 즉 언설의 말은 청각적인 소리의 성질을 갖지만 이 말은 의식(意)에 의해 파악되는 것이기 때문에 '의언'이라 했다는 것이다. ③ 의언이란 의식 활동의 결과를 나타내는 이름이라는 것이다. 즉 '의식(意)'이 언어 등을 상기해 내어 일으키기 때문에 '의언'이라 했고, 이 의식에 의해 파악되는 경계이기 때문에 '의언의 경계'라고 했다는 것이다.『成唯識論述記』권7(T43, 468a1) 참조.

261 심과 사라는 두 심소법은 정신적·육체적으로 안정된 상태와 불안한 상태의 원인이 된다. 왜냐하면 만약 어떤 사람이 심과 사라는 정신 활동의 결과로 필요한 지식을 얻었을 때는 편안함을 느끼고 반대로 실패했을 때는 불안해지기 때문이다.

262 『成唯識論』권7(T31, 35c28).

한 부류의 거칠고 미세함은 전후로 차이가 있기 때문이다.²⁶³ 자세하게 분별하면, 가령 『유가사지론』과 『현양성교론』과 『성유식론』 등에서 설한 것과 같다.

'세 가지 지地의 차별'에 대해 대당 삼장은 다음과 같이 말한다. 〈『유가사지론』의 뜻은, '자성의 이욕(自性離欲)'에 의거해 세 가지 지를 세우려는 것이다. 말하자면 욕계에서 초정려까지의 모든 유위법은 아직 자성욕自性欲²⁶⁴을 멀리 떠나지 못했기 때문에 '유심사지'라고 하고, 중간정려의 모든 유위법은 하지의 자성욕을 이미 떠났기 때문에 '무심유사지'라고 하며, 제2정려 이상에서 비상비비상정非想非非想定(무색계의 맨 꼭대기)까지의 모든 유위법은 심사의 자성욕을 이미 떠났기 때문에 '무심무사지'라고 한다. 자세히 분별하면, 예를 들어 『유가사지론석』 제1권에서 설한 것과 같다.²⁶⁵〉

지금 이 경에서 '심사를 넘어섰다'고 한 것은 이 심尋·사伺에 의거해서 말한 것이다.

今依大乘。如成唯識第七卷說。尋¹⁾求。令心忽遽。於意言境。麁轉爲性。伺謂伺察。令心忽遽。於意言境。細轉爲性。此二俱以安不安住身心分位所依爲業。並用思慧一分爲體。非一利那二法相應。一類麁細前後異故。若廣分別。如瑜伽顯揚成唯識等。三地別者。大唐三藏云。瑜伽論意。自性離欲。

---

263 이전의 경부종의 주장과 마찬가지로, 대승에서도 심심소尋心所와 사심소伺心所는 거친 분별과 미세한 분별의 차이가 있기 때문에 한 찰나에 두 가지 심소가 동시에 상응해서 일어나지는 않고 전후로 일어난다고 하였다.
264 자성욕自性欲: 『瑜伽論記』 권2(T42, 336b6)에서는 '자성욕'에 대해 다음과 같이 말한다. "구지九地의 법은 그 자지自地에서는 자성상으로 싫증(厭)이 없다는 의미에 따라서 '욕欲'이라 설하였고, 마땅히 상지의 모든 법은 자성상으로 하지를 싫어한다는 의미에 따라서 '이욕離欲'이라 설하였다.(謂九地法隨其自地性不相厭義說爲欲。隨應上地所有諸法性厭下地義說離欲。)"
265 『瑜伽師地論』에서 제시된 유가사瑜伽師의 십칠지十七地 중에서 유심유사지有尋有伺地 등 세 종류 지는 '이욕離欲'에 의거해서 구분했다고 하였는데, 이러한 해석은 최승자最勝子 등이 지은 『瑜伽師地論釋』 권1(T30, 886a29)에 나온다.

建立三地。謂欲界乃至初靜慮中諸有爲法。未能遠離自性欲故。名有尋伺。
中間靜慮諸有爲法。已離下地自性欲故。名無尋唯伺地。第二靜慮已上乃
至非想諸有爲法。已離尋伺自性欲故。名無尋無伺地。若廣分別。如瑜伽釋
論第一卷說。今此所說超尋思者。依此尋伺而說。

1) ㉠『成唯識論』 권7(T31, 35c29)에는 '尋' 앞에 '尋謂'가 있고, 이 두 글자를 넣어
야 문맥이 완전해진다.

⊙ 심心·심소心所의 통칭으로 보는 해석

한편에서는 다음과 같이 말한다. 〈여기서 말한 '심사尋思'는, 삼계의 유
루의 심법과 심소법을 '심사'라고 한 것이니, 곧 오위五位의 법 가운데 '분
별'에 속하는 것이다. 그런데 심사라는 말은 본래 두 가지가 있다. 첫째
사심사四尋思[266]는 혜慧를 체로 삼으니, 이름(名) 등을 추구해 보면서 아직
결정 내리지 않은 것이기 때문이다.[267] 둘째 여기서 말한 심사는 삼계의
유루심 등에 해당하니, 따라서 지금 다만 심사尋思라고만 하고 심사尋伺라
고 하지 않은 것이다.〉

一云。此中尋思。卽用三界有漏心心所法。以爲尋思。卽五法中分別所攝。

---

[266] 사심사四尋思 : 유식종에서 두 번째 가행위加行位에서 닦는 관법으로서, 구체적으로
명名·의의義·자성自性·차별差別 등의 네 가지 법이 '가립된 존재이고 실제로는 없는
것(假有實無)'이라고 관찰하는 관법을 말한다. 명명이란 능전能詮, 즉 색色·수受 등
모든 법의 이름을 가리키고, 의의란 그런 이름들에 의해 드러나는 소전所詮의 체사
體事를 가리킨다. 보살은 이름들과 그에 의해 지시되는 사물에 대해, 이름은 오직 이
름일 뿐이고 사물은 오직 사물이라고 관한다. 자성自性이란 색色·수受 등과 같은 각
각의 체를 가리키고, 차별差別이란 색·수 등이 갖는 상상과 용用을 가리킨다. 보살은
자성의 가립과 차별의 가립에 대해 오직 그것들을 가립이라 관한다. 가행위에서 이와
같은 사심사관을 닦음으로써 보살들은 제법의 의타기성을 깨달아 들어간다.
[267] 사심사는 아직 인가결정하는 지智가 생기기 이전에, 여전히 혜慧에 의거해서 명명名·
의의義 등에 대해 심구尋求하고 사찰思察하는 것을 말한다. 따라서 이 사심사의 단계에
서는 '아직 결정을 내리지 않는다'고 하였다.

然尋思言。自有兩種。一者四尋思。用慧爲體。推求名等未決定故。二者此中所說尋思。卽用三界有漏心等。故今但言尋思。不名尋伺。

나. 결론

경 그러므로 법용이여, 이런 도리에 따라 승의제는 모든 심사의 경계를 넘어서 있는 상임을 알아야 한다.

是故法涌。由此道理。當知勝義超過一切尋思境相。

석 두 번째는 결론지은 문장이니, 알 수 있을 것이다.

釋曰。第二結文可知。

② 무상소행無相所行

경 내가 설하는 승의제는 무상無相의 영역(所行)[268]이요, 심사는 다만 유상有相의 경계에서 행해지는 것이다.

我[1]說勝義無相所行。尋思但行有相境界。

---

1) ㉠『解深密經』권1(T16, 689c27)에는 '我' 앞에 '復次法涌'이 있고, 교감주에서 없는 곳도 있다고 하였다.

---

268 '소행所行'의 범어는 'gocara'이다. go는 '소', cara는 '걸어 다닌다'는 뜻으로, 즉 소가 걸어 다니는 목초지牧草地를 뜻한다. 인식론적으로는 감각기관이나 지智에 의해 인식되는 영역 혹은 범위 등을 뜻한다. 이 경문에서는 '경계'와 거의 같은 의미로 쓰인다.

석 두 번째는 '무상의 영역'임을 밝힌 것이다. 앞은 해석이고, 나중은 결론이다.

釋曰。第二無相所行。先釋。後結。

가. 해석
이것은 해석이다.

『해절경』에서는 "내가 설하는 진실은 상相·행行·처處가 아니다."[269]라고 하였다. 진제의 『기』에서는 다음과 같이 말한다. 〈상·행·처란 십팔계를 말하니, '상'이란 육진六塵이고 '행'이란 육식六識이며 '처'란 육근六根이다. 이 육근과 육진과 육식은 단지 각覺·관觀의 경계이지만, 진여는 각·관의 경계가 아니기 때문에 십팔계에 속하지 않는다.〉

此卽釋也。解節經云。我說眞實非相行處。眞諦記云。相行處者。謂十八界。相卽六塵。行卽六識。處卽六根。此根塵識。但覺觀境。眞如非覺觀境。是故非十八界攝。

지금 당본 『해심밀경』에서 "무상의 영역(無相所行)"이라 하였는데, 이 '무상無相'에 대해 학설들이 같지 않다.

한편에서는 다음과 같이 말한다. 〈능히 관하는 무분별지를 무상이라 한 것이니, (이 지는) 능취能取(파악하는 주체)와 소취所取(파악되는 대상)의 상을 멀리 떠났기 때문이다. 이 설에 의하면, '무상관지의 소행(無相觀智之所行)'이기 때문에 '무상소행'이라 하였으니, 이는 의주석依主釋이다.[270]〉

---

[269] 『解節經』 권1(T16, 712c5).
[270] 이 해석에서 '무상'은 '형상 없는 지(無相智)'를 가리키고, '소행'은 그런 형상 없는 무분별지에 의해 인식되는 영역을 뜻한다. 이 경우 무상소행이라는 복합어는 '무상관지의

한편에서는 다음과 같이 말한다. 〈무상이 곧 진여열반이니, 이것은 무상삼매의 소행(無相三昧之所行)이다.『구사론』과『불지경론』제1권에서는 모두 '열 가지 상이 없기 때문에 무상이라 한다'고 말을 하는데,[271] (열 가지 상이란) 다섯 가지 경계와 남男·여女·생生·노老·무상無常을 말한다. 이 해석에 의하면, '무상이 곧 지소행(無相卽是智所行)'이기 때문에 '무상소행'이라 하였으니, 이는 육합석 중에 지업석持業釋이다.[272]〉

한편에서는 다음과 같이 말한다. 〈평등한 진여법성은 모든 상을 떠났기 때문에 무상이라 한다. 예를 들어『무량의경』에서 다음과 같이 말한다. "무량한 의미는 하나의 법에서 생겨나니 그 하나의 법이란 곧 무상無相이다. 이와 같은 무상에서, 무상은 상이 아니고(無相不相) 상이 아닌 무상(不相無相)을 일컬어 실상實相이라 한다.[273~274] 여러 곳에서 설했던 진여

소행(無相觀智之所行)'으로 해석된다. 원측의 해석에서는 이처럼 앞 단어와 뒤 단어의 관계가 'A之B'로 해석되는 복합어를 모두 의주석이라 한다.

271 '열 가지 상이 없기 때문에 무상이라 한다'고 했는데, 그 열 가지 상에 대해『俱舍論』권28 (T29, 149c21)에서는 "색 등의 다섯 가지 상, 남·여 두 종류 상, 세 종류 유위의 상(色等五男女二種三有爲相)"이라 하였고,『佛地經論』권1(T26, 295c19)에서는 '색色·성聲·향香·미味·촉觸과 남男·여女와 생生·노老·사死'라고 하였다.

272 이 해석에 따르면 '무상'이라는 것은 '지에 의해 인식되는 대상(智所行)'이기 때문에 전자(무상)와 후자(지소행)는 동격이다. 이 경우 무상소행이라는 복합어는 '무상이 그 자체가 지의 소행(無相卽是智所行)'이라는 뜻인데, 원측의 해석에서는 이처럼 앞 단어와 뒤 단어의 관계가 'A卽B'로 해석되는 복합어를 모두 지업석이라 한다.

273 『無量義經』의 이 인용문은 진여실상眞如實相을 논할 때 자주 거론되는데, 여기서 '無相不相不相無相'의 의미에 대해 중국 주석가들의 해석이 다르다. 원측은 뒤의『解深密經疏』권7「分別瑜伽品」(X21, 332c16)에서 "그 밖의 모든 상은 진여의 상으로 제거하지만 진여를 증득했을 때 진여는 전혀 상이 없으므로 그 밖의 법들로 이 진여를 제거한다고 말할 수 없다."고 하면서, 그 경전적 증거로서 위의 경문을 다시 인용하였다. 그에 따르면, '무상불상無相不相'이란 '무상불견無相不遣'의 뜻이고 '불상무상不相無相'이란 '불견무상不遣無相'의 뜻이다. 여기서 '불상不相'이란 '불견不遣', 즉 '버리지 않는다' 또는 '제거되지 않는다'는 뜻으로, 말하자면 진여의 무상無相은 그 밖의 어떤 것으로 제거되는 것이 아니며, 이러한 무상이 바로 실상實相임을 나타낸 것이다. 위의 번역문은 이러한 원측의 해석에 근거한 것이다. 참고로 천태의『妙法蓮華經文句』권2(T34, 27c20)에서는 다음과 같이 해석하였다. "'무상無相'이란 생사의 상이 없다(無

무상은 이에 의거해서 설한 것이다. 또한 『광백론』에서도 "진공眞空의 이치는 있음과 없음 등 일체법의 상을 떠났기 때문에 무상이라 한다."[275]고 하였다.〉

今唐本云。無相所行。然此無相。諸說不同。一云。能觀無分別智。名爲無相。遠離能取所取相故。若依此說。無相觀智之所行故。名無相所行。是依主釋。一云。無相卽是眞如涅槃。此是無相三昧所行。俱舍佛地第一。皆作是說。無十相故。名爲無相。謂五境男女及生老無常。若依此釋。無相卽是智所行故。名無相所行。是六釋中持業釋也。一云。平等眞如法性離諸相故。名爲無相。如無量義經說。無量義者。從一法生。其一法者。卽無相也。如是無相。無相不相。不相無相。名爲實相。諸處所說眞如無相。依此而說。又廣百論云。又眞空理。離有無等一切法相。故名無相。

또한 『유가사지론』 제73권에서는 다음과 같이 말한다. "문 이와 같은 오사五事[276]에는 몇 종류의 취소행의取所行義[277]가 있다고 알아야 하는가?

生死相)는 것이다. '불상不相'이란 열반의 상이 없다(不涅槃相)는 것이니, 열반도 또한 없는 것이다. 따라서 '불상무상불상무상不相無相'이라 하고, 중도中道를 가리켜서 실상實相이라 한다." 이 해석에 따르면, '무상불상'이란 생사의 상과 열반의 상을 떠난 중도실상을 가리킨다.

274 『無量義經』 권1(T9, 385c24).
275 『廣百論釋論』 권6(T30, 217a27).
276 오사五事 : 미혹과 깨달음의 본바탕을 이루는 다섯 가지 법으로서, 즉 명名·상相·분별分別·정지正智·진여眞如를 가리킨다. '명'은 현상계에 안립된 가명假名을 말한다. '상'이란 유위법이 각기 인연으로 생겨나서 현상적으로 차별적 모습을 나타낸 것이다. '분별'이란 앞에서 말한 상과 명의 두 가지로 인해 분별하는 마음을 일으켜서 허망한 생각을 생산해 내는 것이다. '정지'란 진여에 계합契合하는 지혜를 말하고, '진여'란 성인의 지혜에 의해 인식되는 것으로서 모든 언설을 떠나 있는 이치를 말한다. 앞의 셋은 미법迷法이고, 뒤의 둘은 오법悟法이다. 『瑜伽師地論』 권72(T30, 696a1) 참조.
277 취소행의取所行義 : 취소행경取所行境 또는 심경心境으로 표현되기도 한다. '취取'는 능취能取·소취所取에서의 '취'로서 '파악한다'는 뜻이고, '소행의所行義'란 식에 의해

📌 대략 세 종류가 있다. 첫째는 언설(言)도 있고 형상(相)도 있는 취소행의이고, 둘째는 언설은 없지만 형상은 있는 취소행의이며, 셋째는 언설도 없고 형상도 없는 취소행의이다. 이 중에서 최초의 것은 언설에 대해 자각하는 자(言說隨覺者)가 취하는 인식의 경계이고, 두 번째 것은 언설에 대해 수면하는 자(言說隨眠者)가 취하는 인식의 경계이며,[278] 세 번째 것은 언설에 대해 수면마저 떠난 자(於言說離隨眠者)가 취하는 인식의 경계이다.[279] 또 처음의 둘은 세속제의 '취'이고, 최후의 것은 승의제의 '취'이다."[280]

또 『광백론석론』에서는 다음과 같이 말한다. "처음의 것은 명언에 대해 잘 각오覺悟함이 있는 것이고, 그 다음 것은 명언에 대해 수면隨眠은 있지만 각오는 없는 것이며, 마지막 것은 명언에 대해 수면과 각오가 한결같이 영원히 없어진 것이다. 처음의 두 가지는 세속제를 반연하고, 뒤의 하나는 승의제를 반연한다. 다시 영원히 언설과 수면을 떠난 후에 획득된 마음이 있으니, 이는 통틀어 이제를 반연한다."[281]

又瑜伽七十三云. 問. 如是五事. 當知幾種取所行義. 答. 略有三種. 一有言有相取所行義. 二無言有相取所行義. 三無言無相取所行義. 此中最初是言說隨覺者取所行境. 第二是言說隨眠者取所行境. 第三是於言說離隨眠者取所行境. 又初二是世俗諦取. 最後是勝義諦取. 又廣百論釋云. 初於

　　인식되는 대상 또는 경계를 가리킨다. 『瑜伽師地論』 권73(T30, 700c29), 『廣百論釋論』 권10(T30, 249b28) 참조.
278　언설수각자言說隨覺者의 경계란 인간이나 천天처럼 언어를 잘 알아듣고 구사하는 자들이 파악하는 경계를 말하고, 언설수면자言說隨眠者란 마치 어린아이나 짐승처럼 언어를 잘 알지 못한 채 언어가 수면 상태에 있는 자들이 파악하는 경계를 말한다. 『瑜伽師地論』 권55(T30, 601c16) 참조.
279　언설에 대해 수면마저 떠난 자(於言說離隨眠者)가 취하는 인식의 경계란 무분별의 정체지正體智로 파악되는 궁극의 진리, 즉 승의제勝義諦를 말한다.
280　『瑜伽師地論』 권73(T30, 700c29).
281　『廣百論釋論』 권10(T30, 249c10).

名言。能有覺悟。次於名言。雖有隨眠。而無覺悟。後於名言。隨眠覺悟。一切[1]永無。初二緣世俗。後一緣勝義。復有永離言說[2]後所得心。通緣二諦。

---

1) ⓔ『廣百論釋論』 권10(T30, 249c12)에 따르면 '切'는 '向'의 오기다. 2) ⓔ『廣百論釋論』 권10(T30, 249c13)에 따르면, '說' 다음에 '隨眠'이 누락되었다.

문 『대반야경』 등에서는 '온·계·처 등에서 보리에 이르기까지 모두 얻는 바가 없으면 곧 무상無相이다'라고 했는데, 이것은 어떤 의미로 설한 것인가?

해 경문의 의취에 대해 말하는 것이 같지 않다. 청변종에 따르면 통틀어 삼성三性에 의거해서 '얻는 바가 없다(無所得)'고 설한 것이고, 호법종 등에 따르면 오직 변계소집을 떠나는 것이다.[282] 「무자성품」에서 자세히 분별할 것이다.

"심사尋思는 다만 유상의 경계에서 행해지는 것이다."라고 했는데, 심사는 분별을 체로 삼기 때문에 무상의 진여를 증득하지 못한다는 것이다.

問。大般若等云。蘊界處等乃至菩提。皆無所得。卽是無相。此說何義。解云。經意所說不同。依淸辨宗。通約三性。說無所得。護法等宗。唯違所執。無自性品。當廣分別。尋思但行有相境者。尋思卽用分別爲體。是故不證無相眞如。

나. 결론

경 그러므로 법용이여, 이런 도리에 따라 승의제는 모든 심사의 경계를 넘어서 있는 상임을 알아야 한다.

---

282 청변종에서는 변계소집성·의타기성·원성실성을 모두 부정하는 맥락에서 '무소득無所得'을 주장했지만, 호법종에서는 의타기성과 원성실성의 유有를 인정하므로 변계소집성의 무無라는 의미에서만 '무소득'을 주장한다는 것이다.

是故法涌。由是道理。當知勝義超過一切尋思境相。

석 두 번째는 결론지은 문장임을 알 수 있을 것이다.

釋曰。第二結文可知。

③ **불가언설**不可言說

경 법용이여, 내가 설하는 승의제는 언설될 수 없지만, 심사는 다만 언설의 경계에서 행해지는 것이다.

法[1]涌。我說勝義不可言說。尋思但行言說境界。
1) ㉠『解深密經』권1(T16, 690a1)에는 '法' 앞에 '復次'가 있다.

석 세 번째는 언설될 수 없는 상을 밝힌 것이다. 말하자면 진여라는 승의는 유위·무위 등을 멀리 떠나 있기 때문이다.

釋曰。第三不可言說相。謂眞如勝義。遠離有爲無爲等故。

가. 해석

그런데 '불가설不可說'은 여러 성스런 가르침에 따르면 여러 종류가 있다.

첫째, 네 가지 법장에 들어가지 않기 때문에 불가설이라 한다. 예를 들면 독자부에서 세운 다섯 가지 법장이니, 삼세三世 법장[283]과 무위無爲 법장과 불가설不可說 법장을 말한다. 불가설 법장이란 진아眞我이니, (이 진

---

283 삼세三世 법장 : 무위 법장에 대응해서 유위로서의 과거·현재·미래의 법장을 가리킨다.

아는) 삼세라고도 무위라고도 말할 수 없기 때문에 '불가설'이다. 『성유식론』에서는 비량으로 (그것을) 논파하였다. 〈그대들이 말하는 진아는 '아我'라고도 할 수 없고 '아'가 아니라고도 할 수 없다. 왜냐하면 (이것이) 유위인지 무위인지 말할 수 없기 때문이다. 마치 허공 꽃과 같다.〉[284]

둘째, 손損·익益 등을 떠나 있는 것을 불가설이라 하니, 예를 들면 살바다종과 같다. 가령 『대비바사론』 제15권에서는 "말해질 수 있는 것이라면 '불'이라고 말할 때 마땅히 혀를 태워야 하고……'밥'이라고 말할 때 마땅히 굶주림이 사라져야 한다.[285~286]고 하였다. 자세하게 설하면 그 논과

---

284 『成唯識論』 권1(T31, 1c16)에는 '온과 일치하지도 않고 분리되지도 않는(與蘊非卽非離)' 아我를 논파하면서 "또 이미 유위나 무위라고 말할 수 없는 이상, 또한 아라거나 비아라고 말할 수도 없어야 한다.(又旣不可說有爲無爲, 亦應不可說是我非我,)"는 문장이 나온다. 규기窺基의 해석에 따르면 이것은 소승의 독자부에서 세운 '아我(불가설법장)'를 논파한 것이다. 독자부는 이 '아'가 상常도 아니고 무상無常도 아니며, 유위라고도 무위라고도 말할 수 없다고 주장한다. 따라서 논파의 문장을 종宗·인因·유喩를 갖춘 논증식(立量)으로 표현할 때, '아라고 말할 수 없다' 혹은 '비아라고 말할 수 없다'는 것을 종으로 세우는데, 여기서는 독자부에서 세운 '아'를 논파하므로 일단 전자가 종이 된다. 그리고 독자부도 인정하는 '유위라거나 무위라고 말할 수 없다'는 것은 이유(因)로 제시될 수 있다. 또 거북이 털이나 허공 꽃처럼 '이름만 있고 실체는 없는 것'을 동품의 실례(喩)로 들 수 있다. 따라서 규기의 『成唯識論述記』 권1(T43, 247c19)에서는 앞의 논파의 문장을 다음과 같은 논증식으로 표현한다. "그대들이 집착하는 아는 당연히 아라고 말할 수 없는 것이다. 그대들이 이것을 유위라고도 무위라고도 말할 수 없다고 인정하기 때문이다. 예를 들면 거북이 털 등과 같다.(汝所執我。應不可說是我。許不可說是有爲無爲故。如龜毛等。)"

285 이 문장은 『大毘婆沙論』에서 본래 이름(名)과 그것이 지시하는 의미·대상(義) 간의 일치·불일치 관계를 따지는 맥락에서 제기된 질문이다. 질문자는 〈만약 대상(義)이 말해질 수 있다면(可說), 다시 말해서 하나의 이름에 의해 대상 자체가 드러나는 것이라면, '불'이라고 말함과 동시에 혀가 불타야 할 것이다. 반대로 말해질 수 없다면(不可說)이라면, 어떻게 '코끼리(象)'라는 단어에 의해 '말(馬)'이 아닌 코끼리가 찾아지는가?〉라고 묻는다. 이에 대해 이 논에서는 '대상은 불가설이다(義不可說)'라고 답하고 나서, 그럼에도 하나의 이름이 어떻게 대상을 전도 없이 가리키는가에 대해 "겁초의 사람이 대상(義)에다 명名·상想을 가립하여 연속해서 전해 왔기 때문에……"라는 등의 몇 가지 해석을 제시한다.(자세한 것은 『大毘婆沙論』 권15(T27, 73a17) 참조.) 원측에 따르면, 이러한 의미의 '불가설'이란 이름과 대상이 완전히 일치하는 것도 아니고 전혀 일치하지 않는 것도 아님을 나타낸다.

같다.

> 然不可說。依諸聖敎。乃有多種。一非四藏故。名不可說。如犢子部立五法藏。謂三世無爲及不可說法藏。不可說法藏。卽眞我也。不可說爲三世無爲。及[1]不可說。成唯識論。比量破云。汝說眞我。不可說爲是我非我。不可說爲有爲無[2]故。猶如空化。[3] 二離損益等。名不可說。如薩婆多宗。如大婆沙第十五說。若可說者。說火應燒舌。說食應除飢。廣說如彼。

---
1) ㉭ '及'은 의미가 통하지 않고, '故'나 '名' 혹은 '故名'으로 수정해야 한다. 2) ㉭ '爲有爲無' 네 자는 '有爲無爲'의 오기인 듯하다. 『成唯識論』과 『述記』에는 모두 후자로 되어 있다. 자세한 것은 앞의 번역문 각주 참조. 3) ㉭ '化'는 '花'인 듯하다.

셋째, 대승에 의하면 (불가설에는) 대략 네 가지 의미가 있다.

첫째는 손·익 등을 떠나 있는 것을 불가설이라 한다. 예를 들어 『대지도론』에서 '불이라고 말할 때 마땅히 혀를 태워야 한다'고 하였으니,[287] 이는 살바다종의 주장과 똑같다.

둘째는 현량現量의 경계이기 때문에 불가설이라 한다. 예를 들어 『이문론』에서 다음과 같이 말한다. 〈일체의 제법은 모두 두 가지 상을 갖는다. 첫째는 자상自相이니, 현량現量(직접 지각)으로 파악되며 언설될 수 없는 것이다. 둘째는 공상共相이니, 비량比量(추리)으로 파악되며 언설될 수 있는 것이다.〉[288] 이런 도리에 따르면, 모든 성언량聖言量도 비량에 속하고 제법

---
286 『大毘婆沙論』 권15(T27, 73a12).
287 대승에서도 이전의 『大毘婆沙論』의 '불가설'과 동일한 의미를 설하는 경우가 있다. 예를 들어 『大智度論』 권25(T25, 246b5)에서도 대상과 이름의 일치·불일치를 따지면서 다음과 같이 문답한다. "🈯 대상(義)과 명언(名)은 일치하는가(合), 분리되는가(離)? 만약 명언과 일치한다면, '불'이라고 말할 때 마땅히 입을 태워야 한다. 만약 명언과 분리된다면, '불'이라고 말할 때 마땅히 물을 떠올리게 될 것이다. 🈯 일치하는 것도 아니고 분리되는 것도 아니다. 옛사람들이 가짜로 이름을 건립하여 제법을 명명한 것이니……."
288 『因明正理門論』에도 『理門論述記』에도 이와 정확하게 일치하는 문장은 없지만, 위

의 자상은 불가설이다.[289]

三依大乘。略有四義。一離損益等名不可說。如智度論。說火應燒舌。同薩
婆多。二現量境故名不可說。如理門論。一切諸法。皆有二相。一者自相。
現量所得。不可言說。二共相。比量所得。即可言說。由斯道理。諸聖言量。
比量所攝。諸法自相。不可說也。

문 '제법諸法'이라는 언어를 설할 때, 이는 표전表詮(긍정하는 표현)인가 차전遮詮(부정하는 표현)인가?
(답) 대당 삼장은 이것의 총괄적 상을 다음과 같이 판단하였다.

에서 서술된 자상과 공상에 대한 정의는 인명因明논리의 기본 공식으로 받아들여진 것이다. 그에 따르면, 우리가 바른 지식을 얻는 정당한 인식 수단은 현량現量(Ⓢ pratyakṣa, 직접지각)과 비량比量(Ⓢ anumāna, 추리)이고, 그에 의해 파악되는 인식 대상도 현량에 의해 파악되는 사물의 자상自相(Ⓢ sva-lakṣaṇa, 특수상)과 비량에 의해 파악되는 사물의 공상共相(Ⓢ sāmānya-lakṣaṇa, 보편상) 두 가지뿐이다. 그런데 자상이란 언어를 매개로 하지 않고 직접 알려지는 그 자체의 특수한 상으로서 실재(實)로 간주되지만, 반면에 공상이란 매 순간 주어진 특수한 상에서 하나의 보편상을 그려낸 것으로서 일종의 관념적 구성물이며, 하나의 단어·이름을 통해 알려지는 것도 이러한 보편상이다.

289 인명논리학에 따르면, 추리에 의해 알려진 대상과 말로 지시되는 대상은 본질적으로 같다. 가령 우리가 연기라는 간접 증거(因)를 보고 저 산에 '불(火)'이 있음을 추리해서 알 때, 그때 알려진 '불'은 우리가 '불'이라는 이름을 듣고 머리에 떠올리는 '불'과 동일한 것으로서, 둘 다 모든 불에 공통하는 '불'의 일반상, 즉 공상共相이다. 여기서 말의 기능은 추리에서의 간접 증거(因)의 기능과 동일하다. 가령 '연기'라는 증인을 통해 '불'이 추리되는 경우, 연기는 그것이 없는 땅이나 물을 배제시킴으로써 그 자신과 결합되어 있는 대상 '불'을 간접적으로 드러낸다. 마찬가지로 '말'이 그 의미 대상을 드러내는 것도 이와 같아서, '타他의 배제排除(Ⓢ apoha)'를 통해 그 의미를 현현시키는데, 즉 가령 '나무'라는 말을 들으면 의식은 '나무 아닌 것이 아니다'라는 방식으로 '나무'의 일반상을 떠올린다. 이런 맥락에서 성인의 말씀(聖言量)을 통해 아는 것도 본질적으로 추리(比量)와 다르지 않다고 하였다. 따라서 제법의 실재는 오직 현량으로 알려질 뿐 비량과 성언량도 '언설'에 의거하는 한 실재 자체에 도달할 수 없다는 의미에서 '불가설'이라고 하였다는 것이다.

모든 부파에서는 모두 다음과 같이 말한다. 〈'제법'이라는 말을 설할 때는 대개 표전이고, 다만 비량을 세우는 가운데 이법유異法喩(반대되는 실례)에서 쓴 말은 오직 차전이다.〉[290] 대승에서도 또한 이렇게 말한다. 따라서 『인명입정리론』에서 동법유同法喩(동일한 실례)를 들면서 "만들어진 것(所作)이면 그것은 무상無常한 것으로 드러난다. 마치 병 등과 같다."고 하였고, 이법유異法喩를 들면서 "영원한 것(常)이면 그것은 만들어지지 않은 것(非所作)으로 드러난다. 마치 허공 등과 같다."고 하였다. "이 (이법의 실례) 중에서 '영원한 것'이라는 말은 '무상이 아닌 것(非無常)'을 표현한 말이고, '만들어지지 않은 것'이라는 말은 '만들어진 것이 없음(無所作)'을 표현한 것이다."[291] 그러므로 이법유에서는 모두 차전임을 알 수 있다.[292]

또 『장진론』 제1권에서는 다음과 같이 말한다. "이품을 차단하기 위해 이법유를 세우는 것이다. 이품에는 (인因의 성질이) 없기 때문에 '차단(遮)'의 의미가 이미 성립한다."[293] 또 제2권에서는 "차전의 말은 차단하는 기능이 뛰어난데 차단할 대상을 차단하고 나면 그 기능이 다하므로, 다시

---

290 '불가설'에 대한 두 번째 해석에서는 '제법諸法의 자상은 불가설이다'라고 했는데, 그렇다면 '제법'이라는 말은 어떻게 이해해야 하는가? 다음에 후술되는 대승의 관점에서는 모든 말은 차전遮詮인데, 여기서는 먼저 부파의 일반적 해석 중의 하나를 제시하였다. 그에 따르면, '제법'이라는 말 등은 그 말에 의해 어떤 것이 긍정되기 때문에 '표전表詮'에 해당한다. 반면에 인명因明의 삼지작법三支作法에서 이법유異法喩를 드는 경우 이 이법유는 특정한 것을 긍정하는 말이라기보다는 단지 종법宗法의 부정, 즉 '非A'를 뜻할 뿐이므로 '차전遮詮'에 해당한다는 것이다.
291 이상의 인용문들은 『因明入正理論』 권1(T32, 11b13) 참조.
292 가령 주장명제(宗)가 '말은 무상하다(聲是無常)'이고, 이유(因)가 '만들어진 것이기 때문에(所作性故)'일 때, 종법宗法인 무상無常이 배제된 것, 즉 '영원한 것(常)'을 이법유異法喩로 들게 되는데, 이 '영원한 것(常)'이라는 말은 단지 '무상이 아닌 것(非無常)'을 나타낼 뿐이고, 마찬가지로 '비소작非所作'이라는 말도 '소작성이 없는 것(無所作)'을 나타내는 말일 뿐이다. 말하자면 이법유에서 사용되는 말들은 그에 의해 어떤 특정한 것이 긍정되는 것이 아니라 단지 어떤 것의 부정, 즉 '非A'를 나타낼 뿐이다. 따라서 이법유의 언어들은 오직 차전遮詮일 뿐이라고 하였다.
293 『大乘掌珍論』 권1(T30, 268c28).

(그 차전의 말이) 차단되는 대상의 차별을 나타낼 수는 없다."²⁹⁴

問。說諸法言。爲是表詮。爲遮詮耶。大唐三藏。總相判云。諸部皆云。說諸法言。多是表詮。但比量中。異法喩言。唯是遮詮。大乘亦爾。故入理論。同法喩云。謂若所作。見彼無常。譬如瓶等。異法喩云。謂若是常。見非所作。如虛空等。此中常言。表非無常。非所作言。表無所作。故知異喩皆是遮詮。又掌珍論第一卷云。爲遮異品。立異法喩。異品無故。遮義已成。又第二云。又遮詮言。遮止爲勝。遮所遮已。功能卽盡。無能更表所詮¹⁾差別。

1) ㉈『大乘掌珍論』권2(T30, 275b14)에 따르면, '詮'은 '遮'의 오기다.

지금 대승에 의하면, 일체의 언설은 모두 차전이다.²⁹⁵ 따라서 『인명정리문론』에서는 다음과 같이 말한다. 〈실례(喩)에는 두 가지가 있으니 동법과 이법이다. 전자는 차전遮詮이고 후자는 오직 지람止濫이다.〉²⁹⁶ 구체적으로 설하면 그 논과 같다.

[해] 이것은 두 가지 실례의 차별을 가려낸 것이니, 전자는 동법유이고 후자는 이법유이다. '일체법'의 자상自相(자체만의 특수한 상)은 말해질 수 없는 것이고, 공상共相(다른 것에도 공통되는 상)을 언표하려면 반드시 그 밖의 것을 차단해야 한다. 예를 들어 '파랗다'는 말을 할 때 이것은 '파랗지 않은 것' 등을 차단하는 것과 같다.²⁹⁷

---

294 『大乘掌珍論』 권2(T30, 275b13).
295 모든 언어가 본질적으로 차전이라고 간주하는 이유에 대해서는 각주 297에 진술된 진나의 아포하론 참조.
296 대승에 의하면, 모든 말은 다 차전遮詮이기 때문에 동법유와 이법유에서 쓰인 말은 모두 차전이다. 그런데 이법유에서 쓰인 말은 다시 어떤 성질이 타에의 영역에는 분포되어 있지 않음(止濫)을 나타내는 것이다. 『因明正理門論本』 권1(T32, 2c5) 참조.
297 이것은 유식학자인 진나陳那(Ⓢ Dignāga)의 독특한 이론, 즉 아포하론(Ⓢ apoha, 他의 排除)을 말한 것이다. 진나에 의하면, 하나의 단어는 단지 부정적인 방식으로만 의미를 갖는다. 가령 우리가 '나무'라는 말을 들을 때, 우리 의식은 '나무 아닌 것이 아니

또 『광백론』 제9권에서는 다음과 같이 말한다. "내가 한 모든 말은 모두 '차단하는 말(遮言)'이다.【주장을 표명하였다.】 '차단한다(遮)'는 것은 타인이 생멸 등에 집착하는 것을 차단하는 것을 말한다. 생함이 없으면 멸하지도 않으므로 오직 '생'만 부정하기도 하고, 멸함이 없으면 생하지도 않으므로 단지 '멸'만 부정하기도 한다.【바로 해석하였다.】 단멸도 상주도 아니라는 것 등에 대해서도 이에 유추해서 알아야 한다.【유추해서 해석하였다.】 비록 '열반할 때 생사가 단멸한다'고는 하지만, 이는 방편으로 설한 것이고 가립이지 진실이 아니다. 예를 들어 '천天에는 상常·낙樂 등이 있다'고 말하는 것처럼, 이는 세속을 따라서 말한 것이지 진실에 부합하는 말은 아니다.【숨겨진 비난을 해석하고 화통시켰다.】 앞에서 설한 모든 구의 문장들로써 그 대응하는 것에 따라서 모든 허망한 집착을 깨뜨린 것이다. '나(我)' 등이 모두 허망한데 누가 다시 진실되겠는가? 말하자면 필경 공하여 마음속 언어의 길이 끊어지고 분별·희론이 모두 행해질 수 없으니, 오직 성현들만이 내면의 지혜로 증득하는 것이다.【바른 도리를 제시하였다.】"²⁹⁸

今依大乘。一切言說。皆是遮詮。故理門論云。喩有二種。同法異法。前是遮詮。後唯止濫。具說如彼。解云。此簡二喩差別。前是同喩。後是異喩。諸法自相不可言說。若詮共相。要遮餘法。如說靑言。遮非靑等。又廣百論第九卷云。我諸所說。皆是遮言。【標宗。】遮謂遮他生滅等執。無生非滅。唯爲遮生。無滅非生。但爲遮滅。【正釋。】非斷常等。類此應知。【類釋。】雖涅槃時。生滅¹⁾斷滅。此方便說。是假非眞。如說天中有常樂等。是隨俗說。非稱

다'라는 부정적 방식으로 '나무'의 보편상을 떠올리게 된다. 이 보편상이 '나무'라는 말의 의미이다. 다시 말하면 이 '나무'라는 말에 의해 개개의 나무 자체의 특수상들이 이해되는 것은 아니고, 다만 '그것이 아닌 것을 배제'하는 방식으로 '나무'의 일반상을 떠올림으로써 '나무'라는 말의 의미를 이해한다는 것이다.
298 『廣百論釋論』 권9(T30, 242c3).

實言。【釋通伏難。】應以前說諸句文詞。隨其所應。破諸妄執。我等皆妄。誰復爲眞。謂畢竟空。心言路絶。分別戲論。皆不能行。唯諸聖賢。內智所證。
【示正道理。】

1) ㉑『廣百論釋論』권9(T30, 242c6)에 따르면, '滅'은 '死'의 오기다.

셋째는 이름(名)과 대상(義)을 상대시키면 서로 객客이 되므로 '불가언설'이라고 한다.『섭대승론』제5권에서는 다음과 같이 말한다. "다시 어떻게 마치 의타기자성이 변계소집자성으로 현현하지만 그 체가 일치하지 않음을 알 수 있는가? 이름을 (알기) 전에는 지각이 없으므로 (그 지각이 의타기의 사事) 자체와 일치한다는 것은 모순이기 때문이다. 이름이 여러 개 있으므로 사 자체도 여럿이라는 것은 모순이기 때문이다. 이름은 결정적인 것이 아니므로 사의 체도 뒤섞여 있다는 것은 모순이기 때문이다.299~300 자세하게 분별하자면 예를 들어 세친과 무성의『섭대승론석』,

299 이것은 '불가설'이란 용어가 어떤 맥락에서 쓰이는지를 보여주는 또 하나의 사례다. 이『攝大乘論』인용문에서는 의타기 존재와 변계소집 존재 간의 일치 여부를 따지면서, 둘 간의 관계를 이름(名)과 대상(義)의 관계로 대치시켜 논한다. 세친世親의 해석에 따르면, 본론의 게송에서 안립된 문구들 중에서 '이름(名)'을 의타기라고 하고, 그 이름에 의해 지시되는 '대상(義)'을 변계소집이라고 하였다. 왜냐하면 의타기에 내재된 '언어적 힘들(명언종자)'로 인해서 변계소집의 대상들이 이루어지기 때문이다. 따라서 이름과 그에 의해 지시되는 대상 간의 관계를 통해 의타기와 변계소집의 관계를 해명한 것이다. 위의『攝大乘論』인용문에서는 다음과 같은 세 가지 논거에서 이름과 대상 자체가 완전히 일치하는 것이 아님을 주장한다. ① 먼저 우리의 모든 분별망상은 본질적으로 이름을 매개로 하여 작동하는 것으로서 이름을 알기 전에는 어떤 앎(覺)도 이루어지지 않는다. 가령 갓난아기나 짐승처럼 언어를 잘 모르는 부류들에게는 그런 지식이 생겨나지 않는다. 따라서 이 지식은 무엇보다 이름과 결부된 어떤 것에 대한 것이지 대상 자체와 일치하는 것은 아니다. ② 또 이름과 대상이 일치한다면, 여러 가지 이름으로 하나의 대상을 가리키는 경우에 각기 다른 이름에 해당하는 다른 대상들이 존재해야 한다는 모순이 생긴다. 이와는 반대로, ③ 하나의 이름이 여러 대상을 가리킬 수 있는 경우, 그 이름이 어떤 특정한 대상을 가리킨다고 결정된 것은 아니다. 만약 이름이 대상과 일치한다면, 이 경우에 그 이름으로 지시될 수 있는 여러 대상들의 혼합체가 존재해야 한다는 모순이 생긴다. 이상의 세 가지 이유

『삼무성론』, 『유가사지론』「보살지」이니, 구체적인 설명은 그 논들과 같다.

三名義相對互爲客故。不可言說。如攝大乘第五云。復次。云何得知。如依他起自性。遍計所執自性。顯現而非稱體。由名前覺無。稱體相違故。由名有衆多。多體相違故。名不決定。雜體相違故。若廣分別。如世親及無性釋。三無性論及瑜伽菩薩地。具說如彼。

넷째는 모든 법은 얻을 바가 없기 때문에 '불가언설不可言說'이라 하는 것이다. 따라서 『금강반야론』 등에서는 다음과 같이 말한다. 〈여래가 설하신 법은 모두 취할 수도 없고 말할 수도 없는 것이다. 왜 그런가? 모든 성인들은 모두 무위법을 (증득했다는 점에서 범부와) 차별이 있는 것이다.〉[301] 또 『무구칭경』「불이법문품不二法門品」에서는 다음과 같이 말한다. "(이와 같이 모임 중에는) 여러 보살들이 있었는데 아는 대로 각자 따로 말하고 나서, 동시에 묘길상에게 물었다. '어떻게 해야 보살이 불이의 법문을 깨달았다고 합니까?' 이때 묘길상이 보살들에게 말하였다. '그대들이 말한 것은 모두 훌륭하기는 해도 내가 뜻한 대로라면 그대들이 말한 것은 오히려 둘(二)이라 해야 할 것입니다. 만약 보살들이 일체법에 대해 언설함도 없고 표시함도 없으며 모든 희론을 떠나고 모든 분별을 끊는다면, 불이의 법문을 깨달은 것입니다.' 이때 묘길상이 다시 무구칭보살에게 물었다. '우리들은 뜻한 대로 각기 말하였습니다. 당신께서 설해 주십시오.' ……무구칭은 묵묵히 말이 없었다."[302] 구체적으로 설하면 그 경과 같다.

를 들어, 대상 자체는 언어와 일치하지 않는 것임을 논증하고 있다. 이에 대한 자세한 해석은 세친의 『攝大乘論釋』 권5(T31, 343a24), 무성의 『攝大乘論釋』 권5(T31, 405c25) 참조.
300 『攝大乘論本』 권2(T31, 140a14).
301 『金剛般若波羅蜜經論』 권1(T25, 770c7) 참조.
302 『說無垢稱經』 권4(T14, 578c13).

【승조僧肇 스님은 다음과 같이 해석하였다. 이 품에는 세 부분이 있다. 처음은 보살들이 언설로써 불이不二를 밝혔고, 다음은 문수가 언설을 버림으로써 불이를 밝혔으며, 마지막은 유마힐이 침묵으로써 불이를 밝혔다. '언설로써 불이를 밝혔다'는 것은 교교敎를 빌려서 이해를 생기게 하고 언어에 의지해 이치에 통달함을 보여준 것이다. '언설을 버림으로써 불이를 밝혔다'는 것은 비록 언어로 인해 이치에 통달했지만 언어에 집착하면 종지와 어긋남을 보여준 것이다. '침묵으로써 불이를 밝혔다'는 것은 마음이 고요하면 곧 진여와 하나 되지만 마음을 쓰고 있으면 둘에 떨어짐을 보인 것이다. 다시 보살들은 법에 의지해서 불이를 밝혔고, 문수는 이치에 의지해서 불이를 밝혔으며, 유마는 아무것도 의지하지 않고 불이를 밝힌 것이다. '법에 의지한다'는 것은 교教를 제거하고 관觀에 의지하는 것이다. '이치에 의지한다'는 것은 관을 버리고 공空에 의지하는 것이다. '아무것도 의지하지 않는다'는 것은 공을 버리고 관을 소멸시키는 것이다. 이것이 바로 도에 들어가는 데 있어 깊고 얕음의 차이다.】[303]

四一切法無所得故。不可言說。故金剛般若等云。如來所說法。皆不可取。不可說。何以故。一切聖人。皆以無爲法。而有差別。又無垢稱經。不二法門。有諸菩薩。隨所了知。各別說已。同時發問妙吉祥言。云何菩薩名爲悟入不二法。時妙吉祥。告諸菩薩。汝等所言。雖皆是無[1] 如我意者。汝等所[2]說。猶名爲二。若諸菩薩。於一切法。無言無說。無表無示。離諸戲論。絶諸[3]分別。是爲悟入不二法門。時妙吉祥。復問[4]無垢稱言。我等隨意。各別說已。仁者當說。無垢稱默然無說。具說如彼。【肇師釋云。此品有三分。初諸菩薩以言說明不二。次文殊遣言明不二。後維摩詰杜默明不二。言說明不二者。示藉敎以生解。依言以通理。遣言明不二者。示雖由言以通理。著言則乖宗。杜默明不二者。示心寂則會眞。有心則墮二。復次。諸菩薩依法明不二。文殊依理明不二。維摩無依明不二。依法者。除敎依觀。依理者。

---

[303] 이상 승조의 해석은 『注維摩詰經』 권8 「入不二法門品」 참조.

捨觀依空。無依者。捨空而滅觀。此是入道。深淺不同。】

1) ㉠ '無' 다음에 '二'가 탈락된 듯하다. ㉡『說無垢稱經』권4(T14, 578c16)에 따르면, '無'는 '善'의 오기다. 2) ㉡『說無垢稱經』권4(T14, 578c17)에는 '所'가 '此'로 되어 있는데, 전후 문맥상 '所'가 더 적절하다. 3) ㉡『說無垢稱經』권4(T14, 578c19)에는 '諸'가 '於'로 되어 있는데, 의미상 차이는 없다. 4) ㉡『說無垢稱經』권4(T14, 578c20)에는 '問' 다음에 '菩薩'이 있다.

이상으로 설한 네 종류 의미 중에서, 어떤 이는 말하길 '이 경에서는 네 번째 의미에 의거하여 일체의 모든 법은 얻을 수 없기 때문에 (불가설이라 한다)'고 하고, 어떤 이는 말하길 '가령『섭대승론』처럼 이름과 의미는 서로 객이 되기 때문에 불가설이라 한다'고 한다.

그러므로『유가사지론』제73권에서는 다음과 같이 말한다. "🈎 이와 같은 오사五事³⁰⁴가 일체법을 포섭하는가, 그렇지 않은가? 🈯 그렇다. 🈎 저 일체법은 무엇을 자성으로 삼는다고 해야 하는가? 🈯 모든 법의 자성은 언설될 수 없는 것이다. 🈎 어떻게 저 제법의 상을 관찰해야 하는가? 🈯 마치 환사幻事의 모습처럼 전혀 존재하지 않는 것은 아니고,……중간 생략……오직 (환사의) 명名·상相만 얻을 수 있으니 자성은 없는 것이다."³⁰⁵

如上所說四種義中。有說。此經依第四義。一切諸法不可得故。有說。如攝大乘。名義互爲客等故。名不可說。是故瑜伽七十三云。問。如是五事。爲攝一切法。爲不如是耶。答曰。如是。問。彼一切法。以¹⁾何爲性。答。諸法²⁾性。不³⁾言說。問。云何應觀彼諸法相。答。如幻事相。非令⁴⁾無有。乃至。唯有名相可得。無有自性。

304 오사五事 : 미혹과 깨달음의 바탕이 되는 명名·상相·분별分別·정지正智·진여眞如 등 다섯 가지 사를 말한다. p.210 각주 276 참조.
305 『瑜伽師地論』권73(T30, 700a21) 참조.

1) ⓨ『瑜伽師地論』권73(T30, 700a22)에는 '以' 앞에 '當言'이 있다. 2) ⓨ『瑜伽師地論』권73(T30, 700a23)에 따르면, '法' 다음에 '自'가 누락되었다. 3) ⓨ『瑜伽師地論』권73(T30, 700a23)에 따르면, '不' 다음에 '可'가 누락되었다. 4) ⓨ『瑜伽師地論』권73(T30, 700a24)에 따르면, '令'은 '全'의 오기다.

문 말해질 수 있는 가운데 말해질 수 없는 경우에는 '제법은 말해질 수 없다'고 말할 수도 있겠지만, 말해질 수 없는 가운데 말해질 수 없는 경우에는 어떻게 '제법은 말해질 수 없다'고 하겠는가?[306]

답 바로 종지를 세울 때 '불가언'이라는 말도 또한 이미 차단된 것이니, 이와 같은 의미를 깨닫게 하기 위해 방편으로 비유 등의 언설을 시설한 것이다.

問. 可言中不可言. 可說諸法不可說. 不可言中不可言. 如何諸法不可說. 答. 正立宗時. 不可言言. 亦已遮遣. 爲令覺知如是義故. 方便施設譬喩等言.

문 일체법이 언설될 수 없는 것이라면 어째서 세존께서는 다른 이를 위해 설하셨는가?

답 『유가사지론』제36권에서는 다음과 같이 말한다. "만약 언설을 일으키지 않는다면 타인을 위해 일체법의 이언자성에 대해 설할 수가 없고, 타인도 또한 이와 같은 의미를 들을 수도 없으며, 들은 적이 없으면 이 일체법의 이언자성을 알 수가 없다. 타인이 제법의 이언자성에 대해 듣고서 알도록 하기 위해, 이로 인해 이 이언자성에 대해 언설을 일으킨 것이다."[307]

---

306 '불가설'도 말인 한 말해질 수 있는 것이므로 그것에 대해 '불가설'이라고 말할 수 있는 것이지, 전혀 말해질 수 없다면 무엇에 대해 '불가설'이라는 말도 불가능한 것이 아닌가 하는 질문이다.
307 『瑜伽師地論』권36(T30, 489c3).

問。一切法不可言說。如何世尊爲他宣說。答。如瑜伽三十六說。若不起言說。則不能爲他說一切法離言自他性[1]亦不聞。[2] 若無有聞。卽不能知此一切法離言自性。爲欲令他聞知諸法離言自性。是故於此離言自性。而起言說。

1) ㉭『瑜伽師地論』권36(T30, 489c5)에 의거해서 '他性'을 '性他'로 수정하였다.
2) ㉭『瑜伽師地論』권36(T30, 489c5)에는 '不聞'이 '不能聞如是義'라고 되어 있고, 후자를 따랐다.

문 모든 언설은 모두 심尋·사伺에 의지하는가, 그렇지 않은가?
답 여러 설들이 같지 않다. 친광親光 논사의 설명에서는, 팔지 이상은 심·사에 의지하지 않고 언설을 일으키니, 모든 심·사는 오직 유루이기 때문이다. 호법護法의 설에서는, 십지보살은 반드시 심·사에 의지해서 언설을 일으킨다고 하고, 다시 심·사는 또한 무루의 후득지에도 통한다고 설한다.

問。一切言說。皆依尋伺不。答。諸說不同。親光師說。八地已上。不依尋伺。而起言說。以諸尋伺。唯有漏故。護法說云。十地菩薩。必假尋伺而起言說。復說尋伺。亦通無漏後得智。

문 무분별지가 지금 현전해 있을 때도 법을 설한다고 할 수 있는가, 아닌가?
답 설한다 해도 무방하다. 한 찰나에 두 가지 지智가 나란히 현행하는데, 이 중에서 무분별지는 심·사와 함께하지 않지만 후소득지(후득지)는 심사와 함께하면서 언설을 일으키기 때문이다. 『대지도론』제17권에서는 다음과 같이 말한다. 〈보살은 항상 선정에 들 때 마음을 거두어 움직이지 않도록 하므로 각覺·관觀(尋·伺의 구역)을 일으키지 않고도 또한 법을 설할 수 있다.〉³⁰⁸ 자세한 것은 그 논과 같다.

問。無分別智現在前時。能說法不。解云。說亦無妨。於一刹那。二智並行。於中無分別智。非尋伺俱。後所得智。與尋伺俱。起言說故。依智度論第十七云。菩薩常入禪定。攝心不動。不生覺觀。亦能說法。廣說如彼。

나. 결론

경 그러므로 법용이여, 이런 도리에 따라 승의제는 모든 심사의 경계를 넘어서 있는 상임을 알아야 한다.

是故法涌。由此道理。當知勝義超過一切尋思境相。

석 두 번째는 결론지은 문장임을 알아야 한다.

釋曰。第二結文應知。

④ 절제표시 絶諸表示

경 법용이여, 내가 설하는 승의제는 모든 표시가 끊어졌지만, 심사는 다만 표시되는 경계에서 행해질 뿐이다.

法¹⁾涌。我說勝義絶諸表示。尋思但行表示境界。

1) ㉠『解深密經』권1(T16, 690a3)에는 '法' 앞에 '復次'가 있다.

308『大智度論』권17(T25, 188c9) 참조.

석 네 번째는 모든 표시가 끊어졌다는 것이다. 앞은 해석이고 나중은 결론이다.

釋曰。第四絶諸表示。先釋。後結。

가. 해석

이것은 해석이다.【『해절경』에서는 다음과 같이 말한다. "다시 법상이여, 내가 설하는 진실은 네 가지 사事가 끊어진 것이니, 견見과 문聞과 각覺과 지知를 말한다. (그러나) 모든 각覺·관觀은 네 가지 사를 소연으로 삼아 일어나는 것이다."309 **해** 네 가지 사란 보이는 것(所見) 등을 말한다. 『심밀해탈경』에서는 다만 "모든 언어를 떠났다."310고만 하고, 네 가지 사는 설하지 않았다.】

여기서는 승의제는 이름 등을 떠나 있기 때문에 견·문 등의 네 종류 경계로 표시되는 것이 아님을 밝혔다. 그 이유는 무엇인가? 견·문·각·지는 모두 유루의 희론에 속하지만, 승의제의 진리는 견·문 등에 의해 파악되는 경계가 아니다. 그러므로 보이는 사(所見事) 등으로 승의제를 표시할 수는 없다.

문 언설言說과 표시表示는 어떤 차별이 있는가?

답 (전자는 승의제가) 언어로 설해지는 것이 아니라는 것이고, (후자는) 견·문 등으로 표시되는 경계가 아니라는 것이니, 따라서 차별이 있다.311 견·문·각·지에 대해 구체적으로 설하면 『별장』과 같다.

---

309 『解節經』 권1(T16, 712c8).
310 『深密解脫經』 권1(T16, 667a8).
311 이전에는 승의제가 '언설될 수 없다(不可言說)'고 하였고, 여기서는 '모든 표시가 끊어졌다(絶諸表示)'고 하였다. 따라서 언설과 표시의 차이가 무엇인지를 물었다. 이에 대해 '언어'로는 '말해질 수 없다'는 점을 강조한 것이고, '표시'라고 한 것은 '견·문·각·지' 등으로는 표시되지 않는 점을 강조한 것이라고 답하였다.

此卽釋也。【解節經云。復次法上。我說眞實絶於四事。謂見聞覺知。一切覺觀。緣四事起。解云。四事即所見等。深密經中。但云離諸言語。而不說四事也。】此明勝義離名等故。非見聞等四種境界之所表示。所以者何。見聞覺知。皆是有漏戲論所攝。勝義諦理。非見聞等所取之境。是故不可所見等事表示勝義。問。言說表示。有何差別。答。非言所說。非見聞等所表示境。故有差別。見聞覺知。具如別章。

● 견·문·각·지에 대한 각 종파의 해석
그런데 여기서 말하는 견·문·각·지에 대해 여러 설들이 서로 다르다.

然此所說見聞覺知。諸說不同。

◉ 살바다종
살바다종에서는 (견·문·각·지를) 육근에 의거해 설명한다.[312] 안근을 견이라 하고, 이근을 문이라 하며, (비근·설근·신근) 세 근을 각이라 하고, 의근을 지라고 한다. 따라서 『잡심론』제1권에서는 "안계수생眼界隨生을 견이라 하고, 이계수생耳界隨生을 문이라 하며, 삼계수생三界隨生을 각이라 하고, 의계수생意界隨生을 식이라 한다.[313]"[314]고 하였다.

---

312 살바다종에서는 육근에 의거해서 견·문·각·지를 구분하는데, 여기서 견·문·각·지는 근根 자체를 뜻한다. 특히 여기서 말하는 '근'이란 자신의 작용을 일으키는 근, 즉 동분의 근(同分根)을 가리킨다. 그런데 근이 작용을 일으킨다는 것은, 달리 말하면 그 근을 따라서 식識이 생겼음을 뜻한다. 따라서 '견' 등을 정의하면서 '안수생眼隨生' 혹은 '안계수생眼界隨生' 혹은 '안식소수眼識所受' 등과 같은 표현이 나오지만, 어쨌든 견·문·각·지의 본질은 '동분의 근'으로 본다는 점에서는 동일하다. 더 자세한 설명은 이하의 『大毘婆沙論』인용문과 각주 참조.
313 이 논에서는 견문각지見聞覺知를 견문각식見聞覺識이라 했는데, 위 인용문에서 "의계수생을 식이라 한다."는 문장에서 '식識'이 바로 '지知'에 해당한다.
314 『雜阿毘曇心論』권1(T28, 878b25).

해 육근을 '수생'이라 이름한 것은, 말하자면 안근 등의 근은 모두 '근을 따라 발생한 식이 있을 때(有隨根生識)의 동분同分'[315]에 속하는 것이고 이 동분의 근을 견(·문·각·지)의 체로 삼은 것이니, 따라서 '수생'에 의거해서 견(·문·각·지)를 설하였다.[316]

『구사론』도 이러하니, 따라서 제16권에서는 다음과 같이 말한다. "어떤 것들을 일컬어 '보여진 것(所見) 등의 상이라 하는가? 게송으로 말하겠다. 안식과 이식과 의식, 그리고 그 밖의 세 가지 식에 의해 증득된 것을 그 순서대로 보이고 들리고 알려지고 느껴진 것(所見聞知覺)이라 하네."[317] 자세하게 설하면 그 논서와 같다.

『대비바사론』 제121권에서는 다음과 같이 말한다. "이 중에서 안식으로 받아들이는 것을 '견'이라 하고, 이식으로 받아들이는 것을 '문'이라 하며, (비식·설식·신식의) 세 가지 식으로 받아들이는 것을 '각'이라 하고, 의식으로 받아들이는 것을 '지'라고 한다. 네 가지 경계를 설하였기 때문에 견·문·각·지는 근이지 식은 아니다. 그런데 식을 든 것은 안근 등의

---

315 근을 따라~때(有隨根生識)의 동분同分 : '근을 따라 발생한 식이 있다'는 것은 그 근이 현재 작용을 일으키고 있음을 말하고, 이처럼 작용을 일으키는 근을 '동분의 근(同分根)'이라 한다. 『俱舍論』에 따르면, 근·경·식 세 가지가 서로 교섭하여 작용하기 때문에 이 셋을 '분'이라 했거나, 혹은 자신의 작용을 짓고 있는 것을 일컬어 분이라 했거나, 혹은 '생겨난 촉(所生觸)'이라는 과果를 일컬어 '분'이라 한 것이다. 근·경·식 세 가지는 동일(同)하게 이 똑같은 '분'을 갖기 때문에 동분同分이라 한다. 이와는 반대로 작용을 짓지 않은 것을 '피동분彼同分'이라 한다. 또 이 논에 따르면 십팔계 중에서 법계는 항상 동분이고, 나머지 17계 중에서 안계로서 유견색有見色을 이미 보았거나 지금 보고 있거나 미래에 볼 것을 '동분안同分眼'이라 한다. 이와 마찬가지로 이계·비계·설계·신계도 그러하고, 의계의 경우도 각기 자신의 경계에 대해 자신의 작용(知)을 행하는 것을 '동분의同分意'라고 한다. 『俱舍論』 권2(T29, 10a13) 참조.
316 『雜心論』에서는 '근을 따라 생겨난 식이 있을 때의 근', 다시 말하면 식과 함께 작용을 일으키는 동분의 근에 의거해서 안근 등이 곧 견·문·각·지라고 주장한다. 이와 같이 동분안同分眼 내지는 동분의同分意 등에 의거해서 견·문·각·지를 설한다는 점을 분명히 하기 위해 '안수생眼隨生' 혹은 '안계수생眼界隨生' 등으로 표현했다는 것이다.
317 『俱舍論』 권16(T29, 87b22).

근은 반드시 식의 도움이 있어야 비로소 경계를 취할 수 있음을 나타낸 것이다. 동분의 근이 작용할 수 있는 것이지 피동분[318]의 근이 (작용하는 것은) 아니기 때문이다."[319]

薩婆多宗。依六根說。眼根名見。耳根爲聞。三根名覺。意根名知。故雜心論第一卷云。若眼隨生見。耳界隨生聞。三界隨生覺。意界隨生識。解云。六根名隨生者。謂眼等根。皆有隨根生識同分所攝。約同分根。爲見等體。故約隨生。以說見等。俱舍亦爾。故十六云。何等名爲所見[1)]相。頌曰。由眼耳意識。並餘三所證。如次第名爲。所見聞知覺。廣說如彼。大婆沙一百二十一云。此中眼識所受名見。耳識所受名聞。三識所受名覺。意識所受名知。說四境故。見聞覺知。是根非識。然學識者。顯眼等根。必由識助。方能了[2)]境。以同分根。能有作用。非彼同分故。

1) ㉾『俱舍論』 권16(T29, 87b23)에 따르면, '見' 다음에 '等'이 누락되었다. 2) ㉾『大毘婆沙論』 권121(T27, 631c25)에는 '了'가 '取'로 되어 있다.

문 어째서 안근·이근·의근의 세 가지를 각기 (견·문·지의) 하나로 세운 것인가?

답 『잡심론』에서는 다음과 같이 해석한다. "저 세 가지 계는 방편득方便得·이욕득離欲得[320]으로 수득修得한 신통성이고 사지四支정려·오지五

---
318 피동분彼同分 : 근·경·식 세 가지가 자신의 작용을 짓는 경우는 동분同分이라 하는데 대해서, 이와는 반대로 자신의 작용을 짓지 않는 것을 '피동분彼同分'이라 한다. 동분은 아니지만 그(彼) 동분과 비교해서 '종류분이 같기(種類分同)' 때문에 피동분이라고 한다. 더 자세한 설명은 『俱舍論記』 권2(T41, 47c2) 참조.
319 『大毘婆沙論』 권121(T27, 631c22).
320 방편득方便得·이욕득離欲得 : 이욕득이란 하계의 욕欲을 떠남으로써 자연적으로 상지上地를 획득하는 것을 말하고, 방편득(加行得)은 그 이욕득 이후에 현전하는 것으로서 노력하여 획득하는 것을 말한다. 『阿毘曇毘婆沙論』 권21(T28, 154c19) 참조.

支정려[321]의 과이기 때문에 그 수생隨生(동분의 근)을 각기 따로 건립하였지만, 그 밖의 세 가지 계의 수생은 그런 상분이 없으므로 함께 묶어 하나로 건립하였다."[322] 자세한 것은 『대비바사론』과 같다.

[문] 어째서 비근(·설근·신근) 등의 세 가지를 합해서 '각'이라 설했는가?

[답] 『잡심론』의 게송에서는 다음과 같이 말한다. "경계는 오직 무기無記이고 '각'의 마음이 이 중에서 일어나면, (이때) 수생한 세 종류 식을 일컬어 각이라 한다네."[323] 『구사론』에서 다시 다음과 같이 말한다. "향香·미味·촉觸의 세 가지는 무기의 성질이기 때문에, 마치 죽어서 감각이 없는 것과 같기 때문에 능히 아는 자(能證者)만을 특히 '각'이라 명명한다.[324]"[325]

[문] 여섯 번째 의근은 설령 식을 발생시키지 않더라도 동분이 될 수 있고 또한 지知가 될 수 있다. 그렇지 않다면, 아라한의 최후 순간의 의意는 마땅히 '지'가 될 수 없을 것이다.[326]

---

321 사지四支정려·오지五支정려 : 색계의 사선정에 모두 열여덟 가지 공덕이 갖춰져 있다고 하는데, 말하자면 초선천의 선정에 5지, 이선천의 선정에 4지, 삼선천의 선정에 5지, 사선천의 선정에 4지가 있다고 한다. 이 중에서 초선천의 5지는 각지覺支(尋支), 관지觀支(伺支), 희지喜支, 낙지樂支, 일심지一心支(定支)이고, 이선천의 4지는 내정지內淨支(內等淨支), 희지, 낙지, 일심지이며, 삼선천의 5지는 사지捨支, 염지念支, 혜지慧支, 낙지, 일심지이고, 사선천의 4지는 불고불락지不苦不樂支, 염청정지念淸淨支, 사청정지捨淸淨支, 일심지이다.
322 『雜阿毘曇心論』 권1(T28, 878b28).
323 『雜阿毘曇心論』 권1(T28, 878c3).
324 색을 '소견所見'이라 하고 성을 '소문所聞'이라 하며 법을 '소지所知'라고 하는 데 대해, 유독 향·미·촉 세 가지 경계를 동일하게 '소각所覺'이라 명명한 이유를 설명하였다. 그에 따르면, 향·미·촉 세 가지 경계는 오직 무기성이고, 그 성질이 흐릿하고 둔해서 마치 죽은 자에게 지각되는 것이 없는 것과 같기 때문에, 그 경계를 알아차리는 자(能證者), 즉 비근·설근·신근 세 종류 근에 대해서는 유독 '각覺'이라 이름했다는 것이다.
325 『俱舍論』 권16(T29, 87b29).
326 식識을 발생시킨 의意만을 '지知'라고 규정한다면, 아라한의 마지막 찰나의 '의意'는 다음 찰나의 의식을 발생시키지 못하기 때문에 '지'가 아니게 된다. 따라서 의근은 식

(답) 그런데 『잡심론』에서 "의계수생은 식이네.(意界隨生識)"³²⁷라고 한 것은 '식을 가진 근(有識之根)'임을 나타내려고 우선 '수생'이라 설한 것이다.³²⁸ 【자세하게 분별하면 『순정리론』 제42권에서 설한 것과 같다.³²⁹】

問。如何眼耳意三根。各立爲一。雜心釋云。彼三界以方便得離欲得。修得神通性。四支五支定果。是故彼隨生各別建立。餘三隨生。無彼相分。故共建立一。廣如婆沙。問。如何鼻等三根合說爲覺。答。雜心頌云。境界唯無記。覺心於中轉。隨生三種識。是則名爲覺。俱舍復云。香味觸三。無記性故。如死無覺。故能證者。偏立覺名。問。第六意根。設不生識。得成同分。亦得成知。不爾。羅漢最後念意。應不成知。而雜心云。意界隨生識者。欲顯有識之根。且說隨生。【若細分別。如順正理此¹⁾二。】

─────────
1) ㉘ '此'는 다른 곳에는 '四十'으로 되어 있다. ㉠ 견·문·각·지에 관한 설명은 『順正理論』 제42권에 나오므로 '四十'이 바르다.

◉ 경부종

경부종에 의하면 그에 대해 세 가지 해석이 있다.³³⁰

─────────
  을 발생시키지 않더라도 그 자체가 '식'이기 때문에 '지'가 아닌가 하는 질문이다.
327 이 게송에서 말한 '식識'은 견·문·각·지의 '지知'에 해당한다. 앞의 『雜阿毘曇心論』의 인용문(p.228) 참조.
328 이전의 『雜阿毘曇心論』의 인용문과 그에 대한 원측의 ㉠에서 이미 설명했듯, 근根을 견·문·각·지라고 할 경우는 식識을 발생시키는 작용을 한 동분同分의 근에 의거해서 설한 것이다. 그런데 의근은 별도로 식을 발생시키지 않더라도 그 자체가 '식'의 성질을 갖기 때문에 동분으로 간주된다. 그럼에도 굳이 "의계수생은 식이네."라고 한 것은 이 의근이 '식을 갖고 있는 근(有識之根)', 즉 식과 함께 작용을 하는 근임을 나타내기 위해 "의계수생……"이라는 표현을 썼다는 것이다.
329 『順正理論』 권42(T29, 579a13) 참조.
330 이하의 경부종의 세 가지 학설 중에서 첫째 설은 『成實論』에 나온 경부의 대표적 견해라고 할 수 있다. 나머지 두 설은 『俱舍論』에서 유부有部의 이설異說처럼 되어 있지만, 원측을 비롯한 중국 법상학자들은 모두 경부 학자들의 설로 간주하였다. 자세한 것은 이하의 해당 번역문 각주 334와 각주 335 참조.

『성실론』에서는 삼량三量[331] 등에 의거해서 견見 등을 설명한다. 따라서 제8권의 「팔종어품八種語品」에서 다음과 같이 말한다. "문 견·문·지·각 에는 어떤 차별이 있는가? 답 세 종류 믿음이 있다. '견'은 현재에 대한 믿음이라 하고, '문'은 성현의 말씀을 믿는 것이며, '지'는 '비지比知(비량으로 아는 것)'라고 하고, '각'은 '분별'이라 한다.[332] 세 종류 믿음은 혜慧이니, 이 세 종류 혜는 혹은 모두 진실한 것이거나 혹은 모두 전도된 것이기도 하다."[333] 자세한 것은 그 논에서 설한 것과 같다.

【육식六識의 마음이 현재의 경계를 파악했을 때 그것을 '현재(現)'라고 한다. 따라서 『성실론』에서는 "견은 현재에 대한 믿음"이라 하였다. 현재의 경계가 아닌 것은 교敎에 의거해서 알게 되므로 그것을 '문'이라 한다. 따라서 논에서는 '문이란 성현의 말씀을 믿는 것'이라 하였다. 그가 본 적도 없고 들은 적도 없는 경계에 대해 이전에 보고 들은 것에 의거해서 유추하여(譬度) 아는 것을 '지'라고 설한다. 따라서 논에서는 "지는 비지比知(비량으로 아는 것)라고 하며"라고 하였다. 전의 세 가지 마음이 일어난 이후에 거듭해서 분별하는 마음을 '각'이라 한다. 분별이란 무엇인가? 먼저 이미 본 것으로 인해 나중에 거듭 사유해서 '보았다는 생각(見想)'을 일으키고, 혹은 전에 본 것을 잊어버리고서 '보지 않았다는 생각(不見想)'을 일으키기도 하니, 이는 그러한 견見 이후의 자각(覺)이다. 문과 지 이후의 자각도 이와 유사함을 또한 알 수 있다. 그런데 이렇게 자각하는 마음(覺心)은, 단지 보거나(見) 듣거나(聞) 아는(知) 세 종류 마음 뒤에 따라서 일어나는 것은 아니고, 그것은 또한 보지 못했고(不見) 듣

---

331 삼량三量 : 지식을 획득하는 세 종류 인식 방법, 즉 현량現量과 비량非量과 성언량聖言量을 가리킨다. 이 중 다섯 종류 감각적 인식이나 선정 속의 의식意識처럼 언어적 분별을 매개로 하지 않고 경계를 직접 파악하는 것을 현량이라 한다. 다음에 기지旣知의 간접 증인證因을 통해 미지未知의 사실을 추리하거나, 언어를 매개로 하는 의식의 분별은 원리적으로 모두 비량에 해당한다. 마지막으로 성인의 교敎를 믿고 어떤 것의 존재를 아는 것을 성언량이라 한다.
332 여기서 말한 세 종류 믿음이란 어떤 지식이 믿을 만한 것임을 보장해 주는 세 종류 인식 방법(三量)에 다름 아니다. 견은 현량現量에 해당하고, 문은 성언량聖言量에 해당하며, 지는 비량比量에 해당하므로 세 종류 믿음이라고 하였다. 네 번째 '각'은 견·문·지 이후에 뒤따라 일어난 후속적 분별에 해당한다.
333 『成實論』 권8(T32, 304a6).

지 못했으며(不聞) 알지 못했던(不知) 마음 뒤에도 따라서 생겨난다. 먼저 보지 못했는데 나중에 보지 못한 사실을 잊어버리고 '보았다는 생각'을 내기도 하니, 이는 그 보지 못한(不見) 마음 이후의 자각에 해당한다. 듣지 못했고 알지 못했던 마음 (이후에 '보았다'는 등의) 자각을 내는 사례도 그러하다.】

依經部宗。有其三釋。依成實論。約三量等。以辨見等。故第十四¹⁾八²⁾語品云。問。見聞知覺。有何差別。答曰。有三種信。見名現在信。聞名信賢聖語。知名比知。覺名分別。三種信慧。此三種慧。或皆是實。或皆顛倒。其如彼說【六識之心。得現境界。名之爲現。故論說言見名現信。不現境界。藉敎而知。說之爲聞。故論說言聞名信於賢聖之語。於彼不見不聞境界。依前見聞。譬度知者。說之爲知。故論說言知名比知。前三心後。重分別心。名之爲覺。云何分別。先因見已。後重思惟。起於見想。或忘前見。起不見想。此則是其見後覺也。聞知後覺。類亦可知。然此覺心。非直從於見及³⁾知三心後起。其亦從於不見不聞不知後生。先不見。後忘不見。生於見想。此則是其不見後覺。不聞不知生覺例然。】

1) ㉠ '十四'는 '八'의 오기인 듯하다. 이 인용문은 『成實論』 제8권에 나온다. 2) ㉠ 『成實論』 권8(T32, 303c29)에 나오는 품명은 「八種語品」이므로 '八' 다음에 '種'을 추가하였다. 3) ㉠ '及'은 '聞'으로 수정해야 한다. 이것은 '不見·不聞·不知'에 대응해서 '見·聞·知'를 거론한 것이기 때문이다.

『구사론』 제16권에 의하면 두 논사의 설이 있다.³³⁴

---

334 이하에서는 『俱舍論』에 나온 '유여사有餘師'와 '선궤범사先軌範師'의 두 가지 설이 제시되는데, 원측은 이 두 설을 모두 경부經部의 학설로 간주하였다. 이하 협주에서 나타나듯, 두 논사는 모두 삼량三量에 의해 견·문·각·지를 해석한다는 점에서 경부의 첫 번째 설, 즉 『成實論』의 입장과 유사하다. 그러나 견은 오근에 있고 문·각·지는 의근에 있다고 보거나(유여사의 설), 혹은 견은 안眼에만 있고 문·각은 의意에만 있으며 지는 이·비·설·신·의에 통한다고 본다(선대 궤범사의 설)는 점에서는 살바다종의 학설과는 매우 다른 것이다. 이전에 언급했듯, 살바다종에서는 '견'은 안근이고 '문'은 이근이며 '각'은 비근·설근·신근이고 '지'는 의근이라고 보는 것이 정설이다.

한편에서는 다음과 같이 말한다.[335] "어떤 다른 논사는 이렇게 말한다. 만약 이것이 다섯 가지 근에 의해 현증現證(직접 지각)된 것이면 '보여진 것(所見)'이라 한다. 만약 다른 이가 전하여 설해 준 것이면, 그것은 '들려진 것(所聞)'이라 한다. 만약 자기 마음을 움직여 여러 가지 이치로써 헤아려 인정된 것이면, 그것은 '자각된 것(所覺)'이라 한다. 만약 의근에 의해 현증된 것이면, 그것은 '알려진 것(所知)'이라 한다. 다섯 가지 경계에 대해서 각각 견·문·각·지의 네 종류 언설이 생겨날 수 있고, 여섯 번째 경계(법경)에 대해서는 '견'을 제외한 세 종류가 있을 수 있다."[336] 자세하게 설하면 그 논과 같다.

【이 논사의 뜻을 설하면 다음과 같다. 만약 이것이 오근의 현량에 의해 증득되는 다섯 가지 경계라면 분명하기 때문에 '보여진 것'이라 한다. 만약 교량敎量(성언량)에 의거해서 다른 사람으로부터 전설傳說되는 여섯 가지 경계 등이라면 '들려진 것'이라 한다. 만약 비량에 의거해서 자기 마음을 움직여 여러 가지 이치로 추리함으로써 인정된 여섯 가지 경계라면 '자각된 것'이라 한다. 만약 의식이 현량에 의지해서 증득한 여섯 가지 경계라면 '알려진 것'이라 한다. 말하자면 의식이 직접 오식을 뒤따라 일어나서 현량으로 그 오경을 증득하거나 선정 상태에서 의식이 현량으로 법法을 증득하는 경우,[337] 혹은 선정에서 의意가 현량으로 여섯 가지 경계를

따라서 『順正理論』의 중현衆賢은 그 두 설은 오직 비바사를 싫어하고 등진 자의 교教·리理에 어긋나는 말일 뿐, 경주經主가 이 정종正宗을 등지고 그 삿된 설과 한패가 된 것이라 비판하였다. 『順正理論』 권42(T29, 579c20) 참조.
335 다음에 인용된 『俱舍論』의 '유여사설有餘師說'에 대해 보광普光의 『俱舍論記』 권16(T41, 261a13)에서는 "그 밖의 경부 논사의 설이다.(有餘經部師說.)"라고 하였고, 마찬가지로 법보法寶의 『俱舍論疏』 권16(T41, 668c9)에서는 "이것은 경부의 그 밖의 논사의 해석을 인용한 것이다.(此引經部餘師釋也.)"라고 하였다.
336 『俱舍論』 권16(T29, 87c18).
337 앞서 말한 의식이 여섯 가지 경계를 현량으로 파악하는 경우 '알려진 것(所知)'이라 한다고 했는데, 의식의 작용은 일반적으로 비량比量에 의거하지만 특별히 현량으로 간주되는 경우는 다음과 같다. 식에 곧바로 뒤따라 일어난 의식의 첫 찰나는 현량에 속하며 오식과 함께 오경을 파악하는 것이고, 의식이 선정 상태에서 법경을 직관하는 경우도 현량에 속한다. 이와 같이 의식은 통틀어 여섯 가지 경계를 현량으로 파악한다.

증득하는 경우, 통틀어 여섯 가지 경계를 증득할 수 있다.】

若依俱舍十六。有二師說。一云。有餘師說。若是五根現所證境。名爲所見。若他傳聞說[1]爲所聞。若運自心。以種種理。比度所許。名爲所覺。若意現證。名爲所知。於五境中。一一容起見聞覺知四種言說。於第六境。除見有三。具說如彼。【此師意說。若是五根現量所證五境。以分明故。名爲所見。若依敎量。從他傳說六境。名爲所聞。若依比量。運自己[2]心。以種種理。比度所許六境。名爲所覺。若意識依現量證六境。名爲所知。謂意識親從五識後起。現量證五。若在定意識現量證法。或在定意現量六。能通證六境。】

1) ⓐ『俱舍論』권16(T29, 87c20)에는 '聞說'이 '說名'으로 되어 있고, 후자를 따랐다. 2) ⓐ '已'는 '己'의 오기다.

"선대 궤범사軌範師[338]는 다음과 같이 설한다.[339] 안근에 의해 현견現見(직접 지각)되는 것을 '보여진 것(所見)'이라 하고, 다른 이로부터 전해 들은 것을 '들려진 것(所聞)'이라 하며, 스스로 자기 마음을 움직여서 사유하여 구축한 모든 것을 '자각된 것(所覺)'이라 하고, 스스로 내면에서 받아들인 것과 스스로 증득한 것을 '알려진 것(所知)'이라 한다."[340]

【해】이 논사의 뜻을 설하자면 다음과 같다. 안근의 현량으로 본 것을 '보인 것'이라 한다. 오직 안근만을 '견'이라 하는 이유는 색경色境이 현현한 것은 가장 분명하기 때문이다. 따라서 안근만을 오직 '견'이라 하였다. 교량(성언량)에 의거하여 다른 이로부터 전해 들은 여섯 가지 경계는 '들려진 것'이라 한다. 비량에 의거하여 스스로 자기 마음을 움직여서 사유

---

[338] 궤범사軌範師 : 아사리阿闍梨(Ⓢ ācārya)의 의역이다. 제자를 가르쳐 주고 행동을 단정히 하도록 시키면서 자신은 또 제자의 모범이 되는 스승을 가리킨다.
[339] 이『俱舍論』에 나온 '선대 궤범사의 학설'에 대해 보광의『俱舍論記』권16(T41, 261a26)에서는 "학유가론자들을 선대 궤범사라고 한다.(學瑜伽論者名先軌範師。)"고 하였고, 법보의『俱舍論疏』권16(T41, 668c19)에서는 "논주(세친)가 경부 논사의 뜻을 서술하였다.(論主敍經部師義也。)"고 하였다.
[340]『俱舍論』권16(T29, 87c24).

(思搆)된 것은 '자각된 것'이라 한다. 또 현량에 의거해서 이·비·설·신으로 자기 내면에서 받아들인 네 가지 경계, 그리고 의근의 현량으로 자기 내면에서 증득한 여섯 가지 경계는 모두 다 '알려진 것'이라 한다. 이러한 해석에 따르면, 견은 오직 안眼에만 있고, 문과 각은 오직 의意에만 있으며,³⁴¹ 지는 이·비·설·신·의에 통한다. 여섯 가지 경계 가운데 색경은 (견·문·각·지) 네 종류를 일으킬 수 있고, 성경聲境 등 다섯 가지 경계는 문·각·지 세 종류를 일으킬 수 있다.】

先軌範師。作如是說。眼所現見。名爲所見。從他傳聞。名爲所聞。自運已¹⁾心諸所思搆。名爲所覺。自內所受及自所證。名爲所知。【解云。此師意說。眼現量所見。名爲所見。所以唯眼名爲見者。色境顯現。最分明故。故眼唯見。若依敎量。從他傳聞六境。名爲所聞。若依比量。自運已*心諸所思搆。名爲所覺。又依現量。耳鼻舌身自內所受四境。及意根現量自內所證六境。但²⁾名所知。若依此釋。見唯在眼。聞覺唯意。知通耳鼻舌身意。於六境中。色境容起四種。聲等五境。容起聞覺知三。】

1) ㉡ '巳'는 '己'의 오기다. 이하도 동일하다.   2) ㉮ '但'은 다른 곳에 '俱'로 되어 있다. ㉡ 후자를 따랐다.

⊙ 대승의 미륵종

지금 대승에 의하면 여러 교설들이 같지 않다.³⁴²

---

341 '문聞'이 오직 '의근意根'에만 있다고 했는데, 전승되는 성인의 말씀을 알아듣는다는 것은 이근耳根의 청각적 인식이 아니라 본질적으로 언어의 의미를 이해하는 의식意識의 작용이고, 이러한 의식을 발생시킨 의근을 일컬어 '문'이라 했기 때문이다.

342 이하에서는 '견·문·각·지'에 대한 대승의 대표적 견해를 『大智度論』과 『雜集論』과 『瑜伽師地論』에서 인용하였다. 이 세 논들에서도 '육근六根'이나 '삼량三量' 등은 견·문·각·지를 해석하는 유효한 기준이기는 하지만, 후대의 학설인 만큼 살바다종이나 경부종의 경우처럼 '육근에 의거한 해석'이라거나 '삼량三量에 의거한 해석'이라고 일괄하기는 어렵고 다양한 관점이 뒤섞여 있다. 따라서 원측은 대표적 문구들을 먼저 소개하고, 그 다음에는 다시 견·문·각·지에 대한 해석에서 어떤 특징이 있는지를 세부적으로 따져 보았다.

『대지도론』 제40권에서는 다음과 같이 말한다. 〈안식으로 알려진 것을 '보여진 것(所見)'이라 하고, 이식으로 알려진 것을 '들려진 것(所聞)'이라 하며, 비식·설식·신식의 세 가지 식으로 알려진 것을 '느껴진 것(所覺)'이라 하고,[343] 의식의 소연을 '알려진 것(所識)'이라 한다.〉[344] 자세한 것은 그 논과 같다.

『잡집론』제1권에서는 다음과 같이 말한다. "견·문·각·지의 의미를 말하면, 눈으로 받아들인 것이 견의 뜻이고, 귀로 받아들인 것은 문의 뜻이며, 자연스레 사유로 끌어내어 '마땅히 이러이러할 것이다'라고 하는 것이 각의 뜻이고,[345] 자기 내면으로 받아들인 것은 지의 뜻이다."[346]

또『유가사지론』제2권에서는 다음과 같이 말한다. "어떤 것이 네 종류 언설인가? 말하자면 견·문·각·지에 의거하는 모든 언설을 말한다. 견에 의거한 언설이란, 눈에 의지해서 외계의 색을 직접 보고서(現見) 이런 인연으로 다른 사람에게 말해 주는 것이다.……문에 의거한 언설이란, 다른 사람으로부터 전해 듣고서 이런 인연으로 다른 사람에게 말해 주는 것이다.……각에 의거한 언설이란, 보지도 않았고 듣지도 않았지만 단지 스스로 사유(思搆)하고 칭량稱量하며 관찰觀察하고서 이런 인연으로 다른 사람

---

[343] 지금까지 '각覺'에 대한 해석은 크게 두 종류로 구분된다. 첫째는 비근·설근·신근 등으로 지각하는 것을 뜻하고, 둘째는 직접 지각하지 않았던 것을 사유를 통해 추론해 냄으로써 아는 것을 뜻한다. 전자는 현량에 속하므로 '느껴진 것(所覺)'이라 번역하였고, 후자는 비량에 속하므로 '자각된 것(所覺)'으로 번역하였다. 이『大智度論』에서는 전자의 의미로 쓰였다.

[344] 『大智度論』에는 위와 정확히 일치하는 문장은 없고, 단 같은 책 권40(T25, 350c12)에서 견見·문聞·각覺·식識(知)과 관련해서 다음과 같은 문장이 나온다. "어째서 세 종류 식(비식·설식·신식)으로 알려지는 것(所知)은 하나로 묶었고, 세 종류 식(안식·이식·의식)으로 알려지는 것은 셋으로 했는가? 다시 말해 눈(眼)으로 아는 것은 견見이라 하고, 귀(耳)로 아는 것은 문聞이라 하며, 의意로 아는 것은 식識이라 하고, 비식鼻識·설식舌識·신식身識으로 아는 것은 각覺이라 하였는가?"

[345] 『大智度論』에서는 '각覺'을 비식·설식·신식의 감각적 지각(現量)으로 본 반면, 뒤의『雜集論』과『瑜伽師地論』 등에서는 의식意識에서 일어나는 추리(比量)로 보았다.

[346] 『雜集論』권1(T31, 695c9).

에게 말해 주는 것이다.……지에 의거한 언설이란, 각기 내면에서 감수되고(所受) 증득되고(所證) 감촉되고(所觸) 획득된(所得) 것이 있어서 이런 인연으로 다른 사람에게 말해 주는 것이다."[347]

今依大乘。諸敎不同。依智度論第四十云。眼識所知。名爲所見。耳識所知。名爲所聞。鼻舌身三識所知。名爲所覺。意識所緣。名爲所知。[1] 其說如彼。依雜集論第一卷云。見聞覺知義者。眼所受。是見義。耳所受。是聞義。自然思搆應如是如是。是覺義。自內所受。是知義。又瑜伽第二卷云。云何四種言說。謂依見聞覺知所有言說。依見言說者。謂依眼故現見外色。由是[2]因緣。爲他宣說。依聞言說者。謂從他聞。由此因緣。爲他宣說。依覺言說者。謂不見不聞。但自然[3]思搆稱量觀察。由此因緣。爲他宣說。依知言說者。謂各別於內所受所證所觸所得。由此因緣。爲他宣說。

1) 엥『大智度論』권40(T25, 350c13)에는 '知'가 '識'으로 되어 있고, 후자를 따랐다.
2) 엥『瑜伽師地論』권2(T30, 289b14)에는 '是'가 '此'로 되어 있다. 3) 엥『瑜伽師地論』권2(T30, 289b17)에 따르면, '然'은 잉자이므로 삭제해야 한다.

◎ '견見'에 대한 해석

이른바 '견'에 대해 본래 세 가지 해석이 있다.

한편에서는 안근을 견이라 한다. 따라서 (위의『잡집론』에서) "눈으로 감수되는 것이 견의 뜻이다."라고 하였다.[348]【뜻은 살바다종과 같다.】

한편에서는 안식을 견이라 한다. 따라서『유가사지론』제2권에서 "눈에 의지해서 외계 색을 직접 본다."고 하였다. 그런데 (위의『잡집론』에서) "눈으로 감수되는 것이 견의 뜻이다."라고 한 것은 식이 눈에 의지하기 때

---

347 『瑜伽師地論』 권2(T30, 289b13).
348 이전의『雜集論』의 문구에만 의거한다면, '견의 본질은 안근이다'라는 해석도 가능하다는 말이다.

문이다.³⁴⁹

한편에서는 안근과 안식을 견이라 한다. 따라서 『잡집론』에서 "눈으로 감수되는 것이 견의 뜻이다."라고 하였고, 또 『유가사지론』에서는 "눈에 의지해서 바깥 색을 직접 본다."고 하였다. 그러므로 안근과 안식을 견의 체로 여겼음을 알 수 있다.³⁵⁰

문 ³⁵¹ 그렇다면 어째서 『잡집론』 제2권에서는 다음과 같이 말하는가? "**문** 눈이 색을 보는 것인가, 아니면 식 등이 보는 것인가? **답** 눈이 색을 보는 것이 아니고 또한 식 등이 보는 것도 아니다. 모든 법에는 (본다는) 작용이 없기 때문이다. (근·경·식의) 화합이 있음으로 인해 '견'을 가립한 것이다. 또 여섯 가지 특징(六相)으로 인해, 눈은 색을 보는 일에서 가장 뛰어나지만 식 등은 그렇지 않다.³⁵² 그러므로 눈이 모든 색을 볼 수 있다고 설한 것이다.【여섯 가지 특징이란 논에서 설한 것과 같다.】"³⁵³

---

349 『瑜伽師地論』의 문구에만 의거한다면, '견의 본질은 안식이다'라는 해석도 가능한데, 『雜集論』의 문구와 회통시키기 위해 '식이 근에 의지하기 때문에' 그 논에서 '눈으로 감수되는 것'이라 했다고 하였다.
350 『雜集論』과 『瑜伽師地論』에 모두 의거한다면, '견의 본질은 안근·안식이다'라는 해석도 가능하다는 말이다.
351 이하에 진술된 두 개의 물음(**문**)은 모두 앞의 세 번째 해석과 모순되는 교설을 들어 반문한 것이다.
352 초기불교에서부터 가령 색의 인식에서, '눈'이 보는 것인가 '식'이 보는 것인가 하는 논쟁이 있었다. 위의 『雜集論』에서는 색을 보는 데 있어 다음과 같은 여섯 가지 뛰어난 특징(六相)을 갖고 있기 때문에 '눈'이야말로 '보는 행위의 주체'라고 말한다. "여섯 가지란 어떤 것인가? 첫째는 생인이기 때문이다. 즉 눈이 능히 저 (색에 대한 인식을) 발생시키기 때문이다. 둘째는 의처이기 때문이다. 즉 보는 것은 눈에 의지하기 때문이다. 셋째는 변동 없이 전변하기 때문이다. 즉 눈은 항상 한 종류이기 때문이다. 넷째는 자재하게 전변하기 때문이다. 즉 어떤 조건과 합하길 기다리지 않더라도 (눈 자체는) 순간순간 생하기 때문이다. 다섯째는 반듯하게 장엄하며 전변하기 때문이다. 즉 이 눈으로 인해 소의신을 장엄하기 때문이다. 여섯째는 성스런 가르침이기 때문이다. 즉 가령 경전에서는 '눈이 능히 색을 볼 수 있다'고 말하기 때문이다. 이와 같이 말한 여섯 가지 특징은 식 등에서는 전혀 얻을 수 없는 것이다."『雜集論』 권2(T31, 703b15) 참조.
353 『雜集論』 권2(T31, 703b12).

물 『유가사지론』 제56권에서는 다음과 같이 말한다. "승의의 도리에 의거하면, 눈 등이 보는 것이 아니고 또한 저 식이 보는 것도 아니다. 어째서인가? 제법의 자성은 뭇 연으로 생하기 때문이고 찰나마다 멸하기 때문이며 어떤 작용도 없기 때문이다. 세속의 도리에 의거하면, 눈 등이 가장 뛰어나기 때문에 그것에 대해 '보는 자(見者)' 등을 가립할 수 있다."[354] 구체적인 것은 그 논의 설과 같다.

(이상의 두 논의 설과는 다르게) 어째서 안근·안식을 둘 다 견見이라고 하는가?

답 근과 식을 각기 따로 견으로 여기는 것을 차단하기 위해 '견 등은 근도 아니고 식도 아니다'라고 한 것이지, 근과 식의 화합을 견으로 여기는 것을 차단한 것은 아니다. 그러므로 근과 식을 둘 다 견이라고 하였다.

해 또 견·문·각·지에서의 견은 '색을 본다'고 할 때의 견과는 같지 않기 때문에 (안근·안식을 둘 다 견이라 해도) 서로 어긋나지 않는다고 볼 수도 있다.

所言見者。自有三釋。一云。眼根名見。故云眼所受是見義。【意同薩婆多。】一云。眼識名見。故瑜伽第二卷云。謂依眼故。現見外色。而言眼所受是見義者。識依眼故。一云。眼相[1]及識名見。故雜集云。眼所受是見義。又瑜伽云。謂依眼故現見外色。故知眼根及識。以爲見體。問。若爾。如何雜集第二云。問。爲眼見色。爲識等耶。答。非眼見色。亦非識等。以一切法無作用故。由有和合。假立爲見。又由六相。眼於見色中最勝。非識等。是故說眼能見諸色。【六相如論。】問。瑜伽五十六云。約勝義道理。非是眼等。亦非彼識。何以故。諸法自性。衆緣生故。刹那滅故。無作用故。約世俗道理。眼等最勝。故可於彼假立見者。[2] 具如彼說。如何說言眼根及識二俱爲見。答。

---

[354] 『瑜伽師地論』 권56(T30, 610a21).

爲遮根識各別爲見。故言見等非根非識。非遮根識和合名見。是故根識俱
名爲見。又解。見聞覺知中見。與見色見。不同故。不相違也。

1) ㉠ '相'은 '根'의 오기다.   2) ㉠ 『瑜伽師地論』권56(T30, 610a24)에 따르면, '者'
다음에 '等'이 누락되었다.

◎ '문문聞'에 대한 해석

『대지도론』에 의하면, 네 가지 법의 화합, 말하자면 이근·이식·의식
및 소리의 화합을 '문聞'이라 하니, 구체적인 설명은 그 논과 같다.[355]

이른바 '문'이란 타인이 말하는 것을 듣는 것이니, 문혜·사혜 등을 자
성으로 삼는다. 이것은 의식意識과 상응하는 마음들(心聚)을 자성으로 삼
는 것이다.[356]

문 그렇다면 어째서 『유가사지론』에서는 '문'을 성언량이라고 하는가?[357]

---

[355] 『大智度論』권1(T25, 64b26)에는 '문聞'에 대해 다음과 같은 설명이 나온다. "이근이
소리를 듣는 것이 아니고, 이식이 소리를 듣는 것도 아니며, 의식이 소리를 듣는 것도
아니다. (근·경·식의) 사사가 여러 인연을 따라 화합하기 때문에 소리를 들을 수 있
는 것이다. (이근·이식·성경 중에) 어떤 한 법도 소리를 듣는 주체라고 할 수 없다.
그 이유는 무엇인가? 이근은 각覺이 없기 때문에 소리를 듣는 것일 수 없고, 식은 무
색無色이고 무대無對이며 처소도 없기 때문에 또한 소리를 듣는 것일 수 없으며, 소
리는 각이 없고 근도 없기 때문에 (소리가) 소리를 알아차릴 수도 없다."
[356] 『大智度論』과 『雜集論』과 『瑜伽師地論』 등 대승에서 말하는 '문聞'이란 단순히 소리를
파악하는 현량現量의 이식耳識을 가리키는 것이 아니라 남의 말을 알아듣고 이해하
는 비량比量의 의식意識을 가리킨다는 것이다.
[357] 예를 들어 『瑜伽師地論』권93(T30, 830b16)에서는 견見·문·각·지에 의거하는 네 종
류 언설의 차이를 다시 삼량三量에 의거해서 다음과 같이 설명한다. "또 네 종류에 의
지하는 언설에서 일체의 소의는 삼량임을 알아야 한다. 견見·지知 두 종류 언설은 현
량現量에 의지하고, 각覺언설은 비량比量에 의지하며 문聞언설은 지교량至教量(성언
량)에 의지한다." 그런데 이 논에서 '문' 또는 '문혜'가 성언량에 의지한다고 한 것은
'의식과 상응하는 마음들을 자성으로 삼는다'는 것과는 어긋나는 점이 있다. 말하자면
'문聞'이란 자신이 부처님의 말씀을 직접 들은 것은 아니지만 남에게 전해 듣고 다시
기록하는 등의 활동이고 이 '문'으로 획득된 지혜를 '문혜聞慧'라고 하는데, 이것은 타
인의 말의 의미를 알아듣고 이해하는 비량比量의 의식意識과 상응한다. 따라서 어째
서 문을 성언량이라 했는가라고 묻고 있다.

답 성언량에는 본래 두 종류가 있다. 첫째는 성자의 언교言敎를 성언량이라 한다. 이는 '성언이 곧 양(聖言卽量)'이므로 성언량이라 한 것이니, 이것은 지업석에 해당한다. 둘째는 문혜 등을 성언량이라 한다. 이는 '성언의 양(聖言之量)'이므로 성언량이라 한 것이니, 이것은 의주석에 해당한다. 『유가사지론』에서는 이 의주석에 의거해서 문혜 등을 성언량이라 한 것이다.[358]

若依智度論。四法和合。謂耳根耳識意識及聲和合名聞。具說如彼。所言聞者。聞他所說。聞思慧等。以爲自性。此卽意識相應心聚。以爲自性。問。若爾。如何瑜伽說聞爲聖言量。答。聖言量。自有二種。一聖者言敎。爲聖言量。此卽聖言卽量。名聖言量。是持業釋。二聞慧等。名聖言量。此卽聖言之量。故言聖言量。是依主釋。瑜伽依此故。說聞慧等爲聖言量。

◎ '각覺'과 '지知'에 대한 해석

스스로 자기 마음을 움직여서 자연스럽게 ('마땅히 그럴 것이다'라고) 사유하는 비량의 의식이라면 각覺의 성질이다.[359] 이식耳識 등 네 가지 식과 현량의 의식이라면 모두 '지知'라고 하니, 따라서 『유가사지론』에서는 "지에 의거한 언설이란 각기 따로 내적으로 감수된 것(所受), 증득된 것(所

---

358 '성언량'이 '성언 그 자체가 양(聖言卽量)'으로 해석되는 경우(지업석), 성인의 말씀 그 자체가 바로 진리의 척도임을 뜻하기 때문에 '문聞'을 곧 성언량과 등치시키기는 힘들다. 그런데 '성언의 양(聖言之量)'으로 해석되는 경우(의주석), 성언이란 목적 혹은 수단 등을 뜻할 수 있기 때문에 '성인의 말씀에 대해' 혹은 '성인의 말씀으로' 전해 듣고서 배우고 익히는 것, 즉 '문'이 곧 성언량이라 말할 수 있다.
359 대승에는 '각覺'에 대한 두 종류 해석이 있다. 첫째는 『大智度論』의 인용문처럼 비식·설식·신식 등 세 종류 식으로 알려지는 것을 뜻할 때는 현량에 해당하니, 이는 살바다종의 해석과 같다. 둘째는 『雜集論』·『瑜伽師地論』의 인용문처럼 자기가 직접 지각하지 못했던 것을 사유를 통해 추론해 냄으로써 아는 것을 뜻할 때는 비량에 해당하니, 이는 경부종의 해석과 유사하다. 여기서는 후자를 대승의 정설로 간주하였다.

證), 감촉된 것(所觸), 획득된 것(所得)을 말한다."³⁶⁰고 하였다.

해 이식을 '감수된 것'이라 하고, 비식·설식을 '증득된 것'이라 하며, 신식을 '감촉된 것'이라 하고, 현량의 의식을 '획득된 것'이라 한다. 혹은 이식 등 네 가지 식과 함께 그 근根도 취해서 ('감수된 것' 등이라 했다고) 볼 수도 있다. 그런데『잡집론』에서 단지 "스스로 내면에서 감수된 것이 '지'의 뜻이다."³⁶¹라고 한 것은, '증득된 것' 등을 포함해서 모두 '내면에서 감수된 것'이라 이름한 것이다. 모두 내적인 현량으로 경계를 감수한다는 점에서 동일하기 때문이다.

若自運已¹⁾心。自然思搆比量意識。以爲覺性。若耳等四識及現量意識。皆名爲知。故瑜伽云。依知言說者。謂各別於內所受所證所觸所得。解云。耳識名所受。鼻舌二識名所證。身識名所觸。現量意識名所得。或可耳等四識並取其根。而雜集論。但言自內所受是知義者。攝所證等。皆名內所受。皆內現量受境同故。

1) ㉔ '已'는 '己'의 오기다.

● 여러 쟁점들을 문답으로 설명함

문 제7식과 제8식도 '견見' 등이라 하는가, 아닌가?

답 사실에 의거해 논하자면, 제7말나식은 비량非量³⁶²에 속하기 때문에 (이것에) '견' 등을 안립하지 않고, 제8아뢰야식은 오직 현량이기 때문에 '지'에 포함된다.³⁶³ 그런데『대모경』등에서는 우선 육식에만 의거했기 때

---

360 『瑜伽師地論』 권2(T30, 289b19).
361 『雜集論』 권1(T31, 695c10).
362 비량非量 : 그릇된 현량(似現量)과 그릇된 비량(似比量), 다시 말하면 부정확한 지각과 추리를 뜻한다. 예를 들어 안개를 연기라고 보고 그릇되게 '불이 있다'고 추론하는 것 등을 말한다.
363 제8아뢰야식은 오직 현량現量에 속하는데, 이처럼 내적인 현량으로 경계를 감수한다

문에 그것을 설하지 않은 것이다.

問。第七八識爲見等不。答。據實爲論。第七末那。非量攝故。不立見等。第八賴耶。唯現量故。攝在知中。而大母經等。且依六識。故不說之。

『유가사지론』에서는 삼량三量의 의미에 의거해서 '견' 등을 분별하는데, 따라서 그 논의 제93권에서는 다음과 같이 말한다. "또 네 종류(견·문·각·지)에 의지하는 언설에서, 일체의 소의는 삼량임을 알아야 한다. 견見언설과 지知언설 두 종류는 현량에 의지하고, 각覺언설은 비량에 의지하며, 문聞언설은 지교량(성언량)에 의지한다."[364]

若依瑜伽。約三量義。以辨見等。故彼九十三云。又卽依止四種言說。應知。一切所依三量。若見若知二種言說。是依現量。若覺言說。是依比量。若聞言說。依至敎量。

문 안근 등은 현량인가, 아닌가? 현량이라면, 어째서 『인명정리문론』에서는 "이 중에 현량은 무분별지를 말하니, 어떤 정지正智가 색 등의 대상에 대해 이름(名)·종種 등을 떠나 있는 것이다."[365]라고 했는가? 현량이 아니라면, 어째서 『잡집론』에서는 "눈으로 감수되는 것이 견의 뜻이다."라고 하였고, 『유가사지론』에서는 "견은 현량이다."라고 하였는가?[366]

는 점에서는 『雜集論』 등에서 말한 '지知'에 해당한다고 하였다.
364 『瑜伽師地論』 권93(T30, 830b16).
365 이것은 『因明正理門論』 권1(T32, 3b15)에는 "이 중에서 '현량은 분별이 배제된 것이다'라고 한 것은, 말하자면 어떤 지智가 색 등의 경계에 대해 일체의 종류와 명언을 멀리 떠난 것이다.(此中現量除分別者。謂若有智。於色等境。遠離一切種類名言。)"라고 되어 있다.

답 이에 대해 두 가지 해석이 있다. 한편에서는 다음과 같이 말한다. 〈근은 현량이 아니라 현량의 소의이니, 따라서 『유가사지론』 등에서 '색근의 현량(色根現量)'이라 한 것이다.〉[367] 한편에서는 다음과 같이 말한다. 〈이에 두 종류가 있다. 첫째는 색근의 (현량이니,) 예를 들어 『유가사지론』 제15권에서 "색근의 현량이란 다섯 가지 색근이 행해지는 경계를 말한다."[368]고 한 것과 같다. 둘째는 마음 등의 (현량이니,) 예를 들어 『인명정리문론』의 설과 같다. (두 종류이기) 때문에 안 등을 또한 현량이라 설한 것이다.〉

問。眼等根是現量不。若是現量。如何理門論說。此中現量。謂無分別智。若有正智。於色等義。離名種等。若非現量。何故雜集說云。眼所受是見義。瑜伽卽云。見是現量。答。此有兩解。一云。根非現量。現量依故。瑜伽等云。色根現量。一云。有二種。一是色根。如瑜伽第十五云。色根現量者。謂五色根所行境界。二卽心等。如理門論。故說眼等亦名現量。

문 팔지 이상에서 모든 성인의 가르침을 들을 때 제6의식은 정심定心

---

366 『因明正理門論』에서는 '현량은 분별이 배제된 것', 다시 말하면 유類·이름과 결합되지 않는 지智, 즉 현량지現量智라고 하였고, 반면에 『雜集論』 등에서는 '안근으로 감수하는 것'을 견이라 하고 견은 현량이기 때문에 안근 등이 바로 현량이라고 하였다. 따라서 '안근 등이 현량인지 아닌지'를 물은 것이다.
367 이 해석에 따르면 '색근현량色根現量'이란 '색근을 소의로 삼아 발생한 현량'을 뜻한다.
368 『瑜伽師地論』의 인용 문구에서 '색근현량'이라 한 것은 오경의 인식 주체를 '색근'으로 간주한 것이므로 '색근' 자체가 현량이라고 보았다는 것이다. 이 논에서는 현량의 소유자가 누구인가에 따라 그것을 네 종류로 나눈다. 첫째는 색근色根현량이니, 다섯 가지 감각 기관이 물리적 경계에서 작동하는 경우다. 둘째는 의수意受현량이니, 의근이 마치 현량의 오식五識처럼 자체상을 파악하는 경우다. 셋째는 세간世間현량이니, 앞의 두 가지 현량을 총칭한 것이다. 넷째는 청정淸淨현량이니, 세간·출세간의 청정한 현량을 총칭한 것이다. 『瑜伽師地論』 권15(T30, 357c19) 참조.

에 해당하는데 어째서 현량이라 하지 않는가?

해 그에 두 가지 뜻이 있다. 첫째 현량은 자상을 얻는 것이기 때문이고, 혹은 성언량은 성인의 말씀을 양量으로 삼은 것이기 때문이다.[369]

문 그렇다면 어째서 진나陳那보살은 다만 두 가지 양, 즉 현량·비량만 안립하고, 그 성언량은 비량에 속한다고 했는가?[370]

해 두 가지라는 보살의 주장(宗)과는 그 의미가 같지 않기 때문에 회통시킬 수 없다.[371] 석문釋文에서 '진나보살이 성언량을 비량이라고 한 것은 성교聖敎에 의거해서 설한 것'이라고 하였다.[372] 따라서 서로 모순되는 것

---

[369] 현량은 언어적 분별을 매개로 하지 않고 사물 자체의 특수상(自相)을 파악하는 것인데, 선정의 마음에서 제6식으로 성교聖敎를 듣고 있을 때는 성인의 말씀을 인식의 척도(量)로 삼고 있는 것이다. 따라서 팔지 이상의 선정 상태에서 성교를 듣는다 해도 그것은 '현량'으로 간주하지 않는다고 하였다.

[370] 진나는 지智를 획득하는 정당한 인식 방법(量)으로 현량·비량 두 가지만 정립하였다. '성인의 말씀을 듣는다'는 것은 단지 소리(聲)를 청각적으로 파악하는 것만이 아니라 '명名·구句·문文'이라는 소리상의 특정한 음운굴곡, 즉 언어를 이해하는 것이다. 이 언어는 의식에 의해 파악된다. 그런데 진나의 아포하론(S apoha, 他의 排除)에 따르면, 하나의 단어는 단지 부정적인 방식으로만 의미를 갖는다. 가령 '나무'라는 말은 들을 때, 의식에서는 '나무 아닌 것이 아니다'라는 방식으로 타他(나무 아닌 것)를 배제함으로써 '나무'의 일반상을 만들어 낸다. 이것은 마치 연기를 보고 불이 있음을 추리할 때, '연기를 갖지 않는 것'을 배제함으로써 '불'을 이끌어 내는 것과 같다. 이처럼 하나의 단어는 추리에서 증인證因과 같은 역할을 하기 때문에, '성언량'은 '비량'에 속한다고 한다.

[371] 이 문장의 의미가 분명하지 않다. 이상의 두 문답은 서로 연속되는데, 앞의 질문은 '팔지 이상의 정심定心으로 성교聖敎를 듣는 것을 왜 현량現量이라 하지 않는가' 하는 것이고, 그에 대해 '현량이 자상을 파악하는 것이라면, 성언량聖言量은 성인의 말(聖言)을 양량(기준, 척도)으로 삼는 것이기 때문'이라고 해석하였다. 그런데 이러한 해석은 다시 진나보살이 현량과 비량比量만 인정하고 성언량은 비량에 소속시켰던 것과는 어긋난다고 볼 수도 있다. 그러므로 이 두 번째 풀이(해)에서는 두 가지 양에 대한 논의에서 진나가 말하려는 의미가 전혀 다르기 때문에, 이것을 굳이 앞의 해석과 회통시킬 필요가 없다고 한 듯하다.

[372] 원측에 따르면, 석문釋文에서 '진나보살의 주장은 어쨌든 성교에 의거해서 말한 것'이라 하였다. 그런데 여기서 말한 '석문'이 무엇을 가리키는지 정확하지 않다. 참고로 규기의 『因明入正理論疏』권3(T44, 137c4)에는 옛 논사(古師)의 견해와는 달리 진나보살 이후로 성언량(지교량)이나 비유량譬喩量 등을 배제하고 오직 현량·비량 두 가지

은 아니다.

問。八地已上。聞諸聖敎。第六意識。卽是定心。如何不說是現量耶。解云。有其二義。一者現量得自相故。或聖言量。量聖言故。問。若爾。如何陳那菩薩。但立二量。謂現量比量。其聖言量。比量所攝。解云。二菩薩宗。其義不同。故不可會。釋文云。陳那菩薩云。聖言量是比量者。約聖敎說。故不相違。

『현양성교론』 제18권에 의하면, (네 종류) 언설의 차별은 '계界'를 기준으로 분별한 것이다. "욕계에는 (견·문·각·지에 의한) 네 종류 언설이 갖추어져 있다. 색계에는 각覺이 없으니, 추론하는 것(推度)이 없기 때문이다. 무색계에는 아무것도 있지 않다."373【해 욕계에는 견(·문·각·지) 및 네 가지 언설이 갖추어져 있다. 색계에는 실제로 미세한 추론이 있을 텐데, '없다'고 한 것은 거친 모습을 기준으로 말한 것이다. 무색계에는 (각뿐만 아니라) 다른 세 종류(견·문·지)도 없으니, 생각해 보면 알 수 있을 것이다. 그 '지知'의 체를 논하자면, 실제로는 또한 있지만 미세하기 때문에 생략하고 설하지 않았다. 그 논에서 언설이 없다고 한 의미가 분명해졌으니, 알 수 있을 것이다.】

若依顯揚第十八。言說差別。約界分別。謂欲界中。具有四種言說。色界無覺。無推度故。無色界中。一切無有【解云。於欲界中。具有見等及四言說。於色界中。據實應有微細推度。而言無者。約麤相說。無色界中。無別三種。尋卽可知。論其知體。據實亦有。以微細故。略而不說。彼無言說。義顯可知。】

양만 건립한 이유를 설명하는 내용이 나온다.
373 『顯揚聖敎論』 권18(T31, 572b23).

나. 결론

경 그러므로 법용이여, 이런 도리에 따라 승의제는 모든 심사의 경계를 넘어서 있는 상임을 알아야 한다.

是故法涌。由是道理。當知勝義超過一切尋思境相。

석 두 번째는 결론지은 문장임을 알 수 있을 것이다.

釋曰。第二結文可知。

⑤ 절제쟁론絶諸諍論

경 법용이여, 내가 설하는 승의제는 모든 쟁론들이 끊어진 것이고, 심사는 다만 쟁론의 경계에서 행하는 것이다.

法[1]涌。我說勝義絶諸諍論。尋思但行諍論境界。

---
1) ㉡『解深密經』권1(T16, 690a6)에는 '法' 앞에 '復次'가 있다.

석 이하는 다섯 번째로 '모든 쟁론들이 끊어진 상'을 밝힌 것이다. 앞은 해석이고 나중은 결론이다.

釋曰。自下第五絶諸諍論相。先釋。後結。

가. 해석
이것은 해석이다.

'쟁론'이란 아견我見·아소견我所見³⁷⁴으로 오온에 참된 아가 있다고 집착하는 것을 말한다. 그런데 진여는 아·아소를 떠나 있어서 아견 등의 쟁론·번뇌가 행하는 처소가 아니다. 따라서 "모든 쟁론들이 끊어진 것"이라고 하였다.

진제는 다음과 같이 해석하였다. 〈투쟁에는 두 종류가 있다. 첫째는 재가인들이 오진의 경계에 대해 사유(思推)해서 (생긴) 번뇌 때문에 투쟁이 일어나는 것이다. 둘째는 출가인들이 서로 어긋나게 일으킨 모든 견見 때문에 투쟁이 생기는 것이다.〉

此卽釋也。言諍論者。謂我我所見。於五蘊中。執有眞我。而是眞如離我我所。非我見等諍論煩惱所行之處。故名絶諸諍論。眞諦解云。鬪諍二種。一者在家。於五塵境。由思推煩惱。故起鬪諍。二出家人。由相違所起諸見。故生鬪諍。

● 소승의 해석

『구사론』 제1권에서는 "유루를 취온取蘊이라 하고 또한 유쟁有諍이라고도 한다."³⁷⁵고 하였고, 장행에서 다음과 같이 해석하였다. "번뇌를 취라고 하는데 온은 취를 따라 생기므로 취온이라 하였으니, 마치 초강화草穅火라고 하는 것과 같다.³⁷⁶ 혹은 (유루의) 온은 취에 속하기 때문에 '취온'이라 하였으니, 마치 '제왕신帝王臣'이라고 하는 것과 같다.³⁷⁷ 혹은 (유루

---

374 아견我見·아소견我所見 : 실아實我가 있다고 집착하는 허망한 견해나 비아非我에 대해 아라고 집착하는 것을 '아견'이라 하고, 오온의 법에 대해 '내가 가지고 있는 것(我所有)', 즉 '나의 소유'라고 허망하게 집착하는 것을 '아소견'이라고 한다.
375 『俱舍論』 권1(T29, 2a22).
376 가령 풀(草)이나 겨(穅)에서 생겨난 불을 '초강화草穅火'라고 부르듯이, '취에서 생겨난 온'이라는 의미에서 '취온'이라 이름할 수도 있다는 것이다.
377 가령 제왕에게 속하는 신하를 '제왕신帝王臣'이라고 하듯이, '취에 속하는 온'이라는

의) 온은 취를 낳기 때문에 '취온'이라 하였으니, 마치 화과수花果樹라고 하는 것과 같다.³⁷⁸ 이러한 유루법을 또한 '유쟁有諍'이라고도 한다. 번뇌를 '쟁'이라 한 것이니, (그것은) 선품을 자극하여 동요시키기 때문이고, 자신과 타인에게 손해를 끼치기 때문이다. (그 유루법에) 이러한 '쟁'이 따라서 증가하기(隨增) 때문에 '유쟁'이라 한 것이니, 마치 '유루有漏'와 같다.³⁷⁹"³⁸⁰

『대비바사론』제179권에서는 다음과 같이 말한다. "쟁에는 세 종류가 있다. 첫째는 번뇌쟁이고, 둘째는 온쟁이며, 셋째는 투쟁이다. 번뇌쟁이란 백팔번뇌를 말하고, 온쟁이란 죽음을 말하며, 투쟁이란 모든 유정들이 서로 깔보고 욕하면서 언어가 서로 어긋나는 것을 말한다."³⁸¹『잡심론』 제1권의 뜻도 이와 동일하다.

依俱舍論第一卷云。有漏名取蘊。亦說名有諍。長行釋云。煩惱名取。蘊從取生。故名取蘊。如草糠¹⁾火。或蘊屬取。故名取蘊。如帝王臣。或蘊生取。故名取蘊。如華菓²⁾樹。此有漏法。亦名有諍。煩惱名諍。觸動善品故。損害自他故。諍隨增故。名爲有諍。猶如有漏。依大毗婆沙第一百七十九云。諍有三種。一煩惱諍。二蘊諍。三鬪諍。煩惱諍者。謂百八煩惱。蘊諍者。謂死。鬪諍者。謂諸有情互相悷³⁾辱。言語相違。雜心第一意亦同此。

---
1) ㉠『俱舍論』권1(T29, 2a26)에는 '糠'이 '穅'으로 되어 있다. 2) ㉠『俱舍論』권1(T29, 2a27)에는 '華菓'가 '花果'로 되어 있는데, 의미상 차이는 없다. 3) ㉠『大毗婆沙論』권179(T27, 899a24)에 따르면, '悷'은 '陵'의 오기다.

의미에서 '취온'이라 이름할 수도 있다는 것이다.
378 예를 들어 꽃이나 과실을 낳는 나무를 '화과수花果樹'라고 부르듯이, '취를 낳는 유루의 온'을 가리켜서 '취온'이라 이름할 수도 있다는 것이다.
379 '유쟁有諍'이라 이름하게 된 동일한 이유에서 '유루有漏'라고 이름했다는 말이다.
380 『俱舍論』권1(T29, 2a25).
381 『大毗婆沙論』권179(T27, 899a22).

● 대승의 해석

『집론』 등에 의하면 탐·진·치가 쟁諍의 체성體性이니, 따라서 제2권에서는 다음과 같이 말한다. "유쟁有諍이란 무엇이고, 유쟁은 몇 가지이며, 어떤 의미에서 유쟁을 관하는 것인가? 이와 같은 탐·진·치에 의하기 때문에 칼과 방망이를 집어 들거나 일체의 다투는 송사와 어긋난 논쟁들을 일으킨다. 그것의 자성(彼自性)이기 때문에,[382] 그것의 상속(彼相屬)이기 때문에,[383] 그것에 속박되기(彼所縛) 때문에,[384] 그것에 뒤따르는 것(彼所隨)이기 때문에,[385] 그것이 수순하는 것(彼隨順)이기 때문에,[386] 그것의 종류(彼種類)이기 때문에,[387] (이 일체가) '유쟁'을 뜻한다. 나아가 유루에 이만큼의 양이 있으니, 유쟁도 또한 이러하다."[388]

『잡집론』 제3권도 또한 『집론』과 같다.[389]

그런데 저 『집론』에서 '자성自性' 등이라 설했던 것은, 예를 들면 (『잡집론』에서) '유루'에 대해 설한 것과 같으므로 (그에) 준해서 알 수 있다.[390]

---

382 다음에 나온 '유루'의 해석에 준해서 '유쟁'을 해석하면 다음과 같다. 먼저 '유쟁'으로 통칭되는 것들 중에서 쟁의 자성이란 '쟁(번뇌)' 자체를 말하기 때문에 당연히 유쟁에 속한다.
383 이는 '쟁(번뇌)'과 더불어 존재하는 심법·심소법 및 안眼 등을 말하니, 쟁과 상응해서 일어났거나(심법 등) 쟁의 소의(안근 등)로서 서로 묶여 있기 때문에 마찬가지로 '유쟁'이라 불린다.
384 이는 유쟁의 선법들을 말한다. 이 선법도 쟁의 세력으로 말미암아 후유後有를 불러내기 때문에 '유쟁'에 속한다.
385 이는 타지他地의 법들을 말한다. 그 밖의 지의 번뇌추중들도 이 '쟁'을 뒤따라 다니기 때문에 모두 '유쟁'이라 불린다.
386 이는 순결택분順決擇分을 말한다. 이 순결택분에 비록 쟁이 뒤따라 다니기는 하지만 그 자체는 무루이니, 성도聖道를 일으키려면 결국 일체의 유를 등지고 그 순결택분의 대치對治에 수순하기 때문이다. 이런 의미에서 쟁과 연관되므로 '유쟁'이라 불린다.
387 이는 아라한의 유루의 모든 온을 말한다. 이것도 이전 생의 쟁(번뇌)에 의해 일어난 것이기 때문에 마찬가지로 유쟁이라 불린다.
388 『集論』 권2(T31, 668a2).
389 『雜集論』 권3(T31, 706c23) 참조.
390 유루와 유쟁은 모두 번뇌를 뜻하는 말이다. 그러므로 유루에 대한 해석에 준해서 앞

"'루漏의 자성'이란 모든 루의 자성을 말하니, 루의 자성과 합치하기 때문에 '유루有漏'라고 하였다. '루의 상속'이란 루와 함께 존재하는 심법·심소법 및 안眼 등을 말한다. 그 차례대로 (심법 등은) 루와 상응하고 (안 등은) 루의 소의이기 때문에 유루라고 하였다. '루에 속박되는 것'은 유루의 선법을 말하니, 루의 세력으로 인해 후유後有[391]를 불러내기 때문이다. '루에 뒤따르는 것'이란 그 밖의 지의 법을 말하니, 또한 그 밖의 지의 모든 번뇌(漏)추중들이 뒤따라 다니기 때문이다. '루가 수순하는 것'이란 순결택분을 말한다. 비록 번뇌추중들이 뒤따라 다니지만 이는 무루성이라고 건립할 수 있으니, 일체의 유를 등지고 그것의 대치對治(순결택분)에 수순하기 때문이다. '루의 종류'란 아라한의 유루의 모든 온을 말한다. 전생의 번뇌에 의해 일어난 것이기 때문이다. 오취온·십오계·십처 전부 및 삼계·이처의 일부분이 유루이다. 말하자면 최후의 삼계·이처의 일부분과 그 밖의 성도의 권속 및 무위법들은 제외하니, 이는 유루가 아니기 때문이다."[392]

혹은 『유가사지론』에 의하면 모든 번뇌를 모두 유쟁이라 하니, 따라서 제8권에서는 다음과 같이 말한다. 〈번뇌의 차별이란 여러 종류의 차별이 있음을 알아야 하니, 말하자면 결·박·수면 내지는 유쟁 등이다.〉[393]

依集論等。以貪瞋痴。爲諍體性。故第二卷云。云何有諍。幾是有諍。爲何

에 나온 유쟁의 문답도 자세히 설명될 수 있다는 것이다. 자세한 설명은 앞에 인용된 『集論』의 번역문과 역주(p.252) 참조.

391 후유後有(Ⓢ punar-bhava) : 미래의 과보, 후세後世의 심신身心. 즉 아직 열반을 증득하지 못한 유정중생들이 미래세에 받을 과보를 말한다. '유有'에는 과보·존재라는 의미가 모두 포함되어 있다.

392 『雜集論』권3(T31, 706c7).

393 『瑜伽師地論』권8(T30, 314b20) 참조. 이 논에서 열거된 번뇌의 차별적 이름들은 다음과 같다. 結, 縛, 隨眠, 隨煩惱, 纏, 暴流, 軛, 取, 繫, 蓋, 株杌, 垢, 常害, 箭, 所有, 根, 惡行, 漏, 匱, 燒, 惱, 有諍, 火, 熾然, 稠林, 拘礙.

義故觀有諍耶。謂依如是貪瞋痴故。執持刀杖。發起一切鬪訟違諍故。[1] 彼
自性故。彼相屬故。彼所縛故。彼所隨故。彼隨順故。彼種類故。是有諍義。
乃至有漏。有爾所量。有諍亦爾。雜集第三亦同集論。然彼所說自性等者。
如有漏中說。准卽可知。漏自性者。諸[2]漏自性。漏性合故。名爲有漏。漏相
屬者。謂漏共有心心法及眼等。漏相應故。漏所依故。如其次第。名有漏。
漏所縛者。謂有漏善法。由漏勢力。招後有故。漏所隨者。謂餘地法。亦爲
餘地諸漏麤重所隨逐故。漏隨順者。謂[3]順決擇分。雖爲煩惱麤重所隨。然
得建立爲無漏性。以背一切有。順彼對治故。漏種類者。謂阿羅漢有漏諸
蘊。前生煩惱所起故。五取蘊十五界十處全。及三界二處少分。是有漏。謂
除最後三界二處少分。聖道眷屬及諸無爲。非有漏。[4] 或依瑜伽論。一切煩
惱。皆名有諍。故第八云。煩惱差別者。多種差別應知。謂結縛隨眠乃至有
諍等。

---

1) ㉠『集論』권2(T31, 668a4)에 따르면, '故'는 잉자다. 2) ㉠『雜集論』권3(T31, 706c7)에는 '諸' 앞에 '謂'가 있다. 3) ㉠『雜集論』권3(T31, 706c12)에는 '謂'가 '爲'로 되어 있으나, 전후 문맥상 '謂'가 바른 듯하다. 4) ㉠『雜集論』권3(T31, 706c18)에 따르면, '漏' 다음에 '故'가 누락되었다.

나. 결론

경 그러므로 법용이여, 이런 도리에 따라 승의제는 모든 심사의 경계를 넘어서 있는 상임을 알아야 한다.

是故法涌。由此道理。當知勝義超過一切尋思境相。

석 두 번째는 결론지은 문장임을 알 수 있을 것이다.

釋曰。第二結文可知。

(5) 비유로 설함

경 법용이여, 마땅히 알라. 비유하면 어떤 사람이 그 수명이 다하도록 시고 쓴 맛에 익숙해져 있으면 꿀과 석밀石蜜[394]의 달콤한 맛에 대해 심사尋思할 수도 없고 추리(比度)할 수도 없으며 신해信解할 수도 없는 것과 같다.

法涌。當知。譬如有人。盡其壽量。習辛苦味。於蜜石蜜上妙美味。不能尋思。不能比度。不能信解。

석 이하는 다섯 번째로 비유(喩)를 들어 거듭 해석한 것이다. 다섯 가지 비유가 있는데, 이는 앞의 다섯 가지 법을 비유한 것이다.

진제 삼장은 다섯 가지 즐거움에 배대해서 다섯 가지 비유를 들어서 앞의 다섯 가지 법을 해석하였다. 〈다섯 가지 즐거움이란, 첫째는 출가락出家樂이고, 둘째는 원리락遠離樂이며, 셋째는 적정락寂靜樂이고, 넷째는 정각락正覺樂이며, 다섯째는 열반락涅槃樂이다. 다섯 가지 즐거움의 차례를 (설하면 다음과 같다.) 오직 열반락만이 가장 진실하고, 나머지 네 가지 즐거움은 방편이다. 방편에는 네 가지가 있다.[395] 첫째 출가락은 열반의 연기緣起이니, 신근信根으로 인해 성취된다. 둘째 원리락은 열반의 자량資糧이니, 정진근精進根으로 인해 성취된다. 셋째 적정락은 열반도涅槃道의 의지처(依止), 즉 열반의 연緣이니, 정근定根으로 인해 성취된다. 넷째 정각

---

394 석밀石蜜(S phāṇita) : 『五分律』 등에 나오는 다섯 종류 약(五種藥) 중의 하나로서, 빙당冰糖의 다른 이름이다. 즉 사탕수수(甘蔗)의 즙을 달여서 엿처럼 딱딱하게 만든 것을 말한다. 『善見律毘婆沙』 권17(T24, 795b2)에서는 "검은 석밀(黑石蜜)이 있는데, 이는 사탕수수엿(甘蔗糖)이다. 단단해서 마치 돌 같기 때문에 석밀이라 한다."고 하였다.
395 이하에서는 방편의 즐거움을 신信·근勤·염念·정定·혜慧 등 오근五根에 의거해서 해석하였다.

락은 열반의 정도正道이니, 혜근慧根으로 인해 성취된다. 염근念根은 이 네 가지 곳에 통하니, 모두 다 (열반을 잊지 않고) 기억하는 것이기 때문이다. 이 네 가지 방편으로 인해 차례대로 열반의 상常·낙樂·아我·정淨을 얻는다.〉

釋曰。自下第五擧喩重釋。有其五喩。喩上五法。眞諦三藏。配五種樂。以爲五喩。釋上五法。言五樂者。一出家樂。二遠離樂。三寂靜樂。四正覺樂。五涅槃樂。五樂次第者。唯涅槃樂是最眞實。所餘四樂是方便。方便有四。初出家樂。是涅槃緣起。由信根成。次遠離樂。是涅槃資糧。由精進根成。三寂靜樂。是涅槃道依止。卽涅槃緣。由定根成。四正覺樂。是涅槃正道。由慧根成。念根通此四處。皆諸憶念故。由是四方便次第。得涅槃常樂我淨。

지금 이 경문을 해석하면서, 『유가사지론』 등에서 말한 무뇌해락無惱害樂에 속하는 네 종류 즐거움을 다섯 종류 즐거움으로 열어서 이 경문을 해석하겠다. (그 논에서 말한) 네 종류 즐거움이란 첫째는 출가락이고, 둘째는 원리락이며, 셋째는 적정락이고, 넷째는 보리락이다.[396]

해 네 번째 보리락을 두 가지로 열었으니, 첫째는 보리락이고 둘째는 열반락이다. 따라서 『유가사지론』 제38권에서는 '두 가지 지智와 두 가지 단斷을 모두 보리라고 한다'고 하였다.[397] 『선계경』과 『지지론』에서도 『유

---

[396] 『瑜伽師地論』 권35(T30, 483b22)에서는 인락因樂·수락受樂·고대치락苦對治樂·수단락受斷樂·무뇌해락無惱害樂 등 다섯 종류 즐거움이 나온다. 이 중의 다섯 번째 무뇌해락을 다시 네 종류로 나누었는데, 첫째는 출리락出離樂이고, 둘째는 원리락遠離樂이며, 셋째는 적정락寂靜樂이고, 넷째는 보리락菩提樂이다. 이하에서는 이 논에서 말한 무뇌해락의 네 종류에서 다시 네 번째 보리락을 보리락·열반락 두 종류로 나누고, 이러한 다섯 가지 즐거움에 의거해서 경문을 해석하였다.

[397] 이 논에서 말한 '두 가지 단(二斷)'이란 번뇌장煩惱障·소지장所知障의 단멸을 가리킨다. '두 가지 지(二智)'란, 첫째로 번뇌장을 단멸함으로 인해 필경 일체의 번뇌를 멀리 떠나 더 이상 그에 계박되지 않는 지혜이고, 둘째로 소지장의 단멸로 인해 모든 알아

가사지론』과 같이 말한다. 또『열반경』제25권에서는 "제불여래에게 두 가지 즐거움이 있으니, 첫째는 적멸락寂滅樂(열반락)이고, 둘째는 각지락覺知樂(보리락)이다."³⁹⁸라고 하였다.

今解此經。依瑜伽等。無惱害樂所攝四樂。開爲五樂。以釋此經。言四樂者。一出家樂。二遠離樂。三寂靜樂。四菩提樂。解云。第四菩提樂中。開爲二種。一菩提樂。二涅槃樂。故瑜伽論三十八云。二智二斷。皆名菩提。善戒經。地持論。亦同瑜伽。又涅槃二¹⁾十五云。諸佛如來有二種樂。一寂滅樂。二覺知樂。

1) ㉠ '二'는 다른 곳에는 '三'으로 되어 있다. ㉡ 위 인용문은『大般涅槃經』제25권에 나오므로 '二'가 바르다.

이제 먼저 다섯 가지 즐거움의 뜻을 설명하고 나서, 그 후에 비로소 경문을 해석하겠다.

今先辨五種樂義。後方便¹⁾釋文。
1) ㉡ 전후 문맥상 '便'은 잉자인 듯하다.

① 오종락五種樂의 뜻을 설명함

다섯 가지 즐거움의 뜻을 자세하게 설하면『별장』과 같다.

五種樂義。具如別章。

야 할 것(所知)에 대해 더 이상 장애가 없는 지혜를 말한다.『瑜伽師地論』권38 (T30, 498c20) 참조.
398『大般涅槃經』권25 (T12, 513b13).

② **경문을 해석함**

경문을 해석하는 곳에서, 다섯 가지 즐거움에 의거해 앞서 말한 승의제의 오상五相을 비유하였으므로, 곧 다섯 가지로 구분된다. 첫째는 출가에서 맛보는 뛰어난 즐거움의 비유다. 둘째는 오욕을 멀리 떠난 오묘한 즐거움의 비유다. 셋째는 현성들의 말없이 고요한 즐거움의 비유다. 넷째는 모든 표시가 사라진 고요한 즐거움의 비유다. 다섯째는 모든 쟁론을 떠난 깨달음의 즐거움의 비유다.[399]

> 就釋文中。依五種樂。喩上五相。卽分爲五。一出家上味勝樂喩。二遠離五欲妙樂喩。三賢聖嘿然靜樂喩。四滅諸表示寂靜[1]喩。五離諸諍論覺樂喩。
>
> 1) ㉠ 전후 문맥상 '靜'은 '樂'의 오기인 듯하다. 뒤에 나온 문구에서도 '第四絕諸表示寂樂喩'라고 하였다.

가. 출가에서 맛보는 뛰어난 즐거움의 비유

이것은 첫째로 출가에서 맛보는 뛰어난 즐거움의 비유다.

"비유하면 어떤 사람이……"라고 한 것은, 마치 어떤 사람이 일생 동안 언제나 쓴맛의 음식만 먹었으면 사탕수수엿(石蜜)의 맛에 대해 심사尋思하거나 추리(比度)하거나 신해信解할 수 없는 것처럼, 재가인도 그래서 오랫동안 생사에 머무르며 항상 세간의 근심·고통이라는 거친 맛에 익숙해져 있으면 출가에서의 즐겁고 오묘한 범행梵行의 맛을 심사하거나 추리하거나 신해할 수 없다는 말이다.

따라서 『유가사지론』에서는 다음과 같이 말한다. "바른 믿음으로 집을 버리고서 집 아닌 곳으로 향해 가는 자는 번뇌의 삼태기 같은 집에 머물

---

[399] 이상의 다섯 종류 즐거움은 그 순서대로 이전에 언급된 출가락·원리락·적정락·열반락·보리락에 해당한다.

면서 갖가지 큰 고통으로 핍박받는 일로부터 벗어나니, 이를 '출리락出離 樂'이라 한다."[400]

또 『열반경』에서는 다음과 같이 말한다. "집에 머물면서 핍박받는 것은 비유하면 뇌옥에 갇힌 것과 같아서 모든 번뇌가 이로 말미암아 생겨난다. 출가의 넓은 들판은 마치 허공과 같아서 모든 선법이 이로 말미암아 증장한다. 집에 머문다면 평생토록 범행을 깨끗하게 닦을 수 없으니, 나는 이제 머리를 깎고 출가하여 무상보리를 수학하리라."[401]

또 『대지도론』 제3권에서는 다음과 같이 말한다. "공작은 비록 색깔로 장엄된 몸이 있지만, 기러기가 멀리 날아갈 수 있는 것만 못하고, 백의白衣[402]는 비록 부귀의 재력을 갖고 있지만, 출가한 공덕의 수승함만 못하다네."[403]

此卽第一出家上味勝樂喩。言譬如有人等者。如人一生。常食苦味。於石蜜味。不能尋思比度信解。在家亦爾。久在生死。恒習在世間憂苦鹽味。於出家樂妙梵行味。不能尋思比度信解。故瑜伽云。正信捨家。趣於非家。解脫煩籠居家迫迮種種大苦。名出離樂。又涅槃云。居家迫迮。喩如牢獄。一切煩惱。由之而生。出家寬曠。猶如虛空。一切善法。由之增長。若在家。不得盡壽淨修梵行。我今應剃除鬚髮出家修學無上菩提。[1) 又智度論第三卷云。孔雀雖有色嚴身。不如鴻鴈能遠飛。白衣雖有富貴力。不如出家功德勝。

1) ㉠『大般涅槃經』권11(T12, 432a24)에는 '修學無上菩提'가 '學道'로 되어 있다.

---

400 『瑜伽師地論』 권35(T30, 483c12).
401 『大般涅槃經』 권1(T12, 432a21) 참조.
402 백의白衣(Ⓢ avadāta-vasana) : 재가인在家人을 가리키는 말로서, 인도인들은 일반적으로 새하얀 옷을 귀하게 여겨 대개 백의를 착용하므로 이렇게 부른다. 이와 상대해서 사문을 가리킬 때는 치의緇衣·염의染衣라고 한다.
403 『大智度論』 권3(T25, 84b8).

그런데 이 출가出家에는 본래 두 종류가 있다. 첫째는 외형적으로 출가하는 것이니, 이는 앞에서 말했던 것과 같다. 둘째는 마음으로 출가하는 것이니, 『유마경』에서 "백의일지라도 사문의 청정한 율행律行을 받들어 지니고, 집에 머물면서도 삼계에 집착하지 않으며, 처자가 있어도 항상 범행을 닦음을 보여준다."[404]고 한 것과 같다. 또 그 경에서는 다시 "곧장 아뇩다라삼먁삼보리심을 내기만 한다면 곧 출가한 것이고 구족된 것이다."[405]라고 하였다.

『성실론』에 의하면 그에 대한 네 가지 구(四句)가 있다. 말하자면 승려의 위의威儀는 있지만 승려의 공덕은 없는 자, 승려의 위의는 없지만 승려의 공덕은 있는 자, 승려의 위의도 있고 승려의 공덕도 있는 자, 승려의 위의도 없고 승려의 공덕도 없는 자이다.[406]

然此出家。自有二種。一形出家。如上所說。二心出家。如維摩云。雖爲白衣。奉持沙門淸淨律行。雖處居家。不著三界。示有妻子常修梵行。又彼復云。但¹⁾發阿耨多羅三藐三菩提心。是卽出家。是卽具足。依成實論。有其四句。謂有僧威儀無僧德。無僧威儀有僧德。有僧威儀有僧德。無僧威儀無僧德。

1) ㉡『維摩詰所說經』 권1(T14, 541c26)에 따르면, '但'은 '便'의 오기다.

"심사尋思"라고 한 것은 알 수 있을 것이다.[407]
이 비유의 뜻을 말하자면, 심사尋思와 추리(比度)와 신해信解라는 세간의

---

404 『維摩詰所說經』 권1(T14, 539a19).
405 『維摩詰所說經』 권1(T14, 541c25).
406 『成實論』 권2(T16, 249a22) 참조.
407 원측에 의하면, 심사尋思는 전형적인 분별활동에 해당하는 심尋심소와 사伺심소를 통칭하는 말이다. 이에 대해서는 '심사尋思의 영역을 넘어선 상'에 대한 해석(pp.201~206)에서 자세히 논한 바 있다.

세 종류 지智로는 다만 유루의 거친 경계의 맛을 얻을 뿐 아직 출세간의 삼무루근408으로 자기 내면에서 증득되는 진여의 오묘한 즐거움을 얻지는 못했다는 것이다.

진제 삼장도 이와 동일한 의미로 말하였다.【『해절경』에서는 "각관覺觀하고 추리(比度)하고 기억(憶持)하려 해도 (이런 일은 있을 수 없다.)"409고 하였고, 『심밀해탈경』에서는 "알아차릴(覺) 수도 없고 헤아릴(量) 수도 없으며 믿을(信) 수도 없다."410고 하였다.】

尋思卽可知。此喩意云。尋思比度信解。世間三智。但得有漏麤境之味。未得出世三無漏根自內所證眞如妙樂。眞諦三藏。亦同此意【解節經云。覺觀比度憶念。1) 深密經云。不能覺。不能量。不能信思2)也。】

1) ㉯『解節經』권1(T16, 712c13)에는 '念'이 '持'로 되어 있다. 2) ㉯『深密解脫經』권1(T16, 667a14)에 따르면, '思'는 잉자다.

나. 오욕을 멀리 떠난 오묘한 즐거움의 비유

경 혹은 기나긴 밤 동안에 욕탐을 (불러내는) 승해勝解로 말미암아 모든 욕망(오욕의 경계)의 치성한 불길에 타 버렸기 때문에, 안으로 모든 색·성·향·미·촉의 상을 소멸시킨 오묘한 원리락에 대해 심사할 수도 없고 추리할 수도 없으며 신해할 수도 없는 것과 같다.

或於長夜。由欲貪勝解。諸欲熾火所燒然故。於內除滅一切色聲香味觸相。

---

408 삼무루근三無漏根 : 미지당지근未知當知根·이지근已知根·구지근具知根을 가리킨다. 이 삼무루근은 의意·낙樂·희喜·사捨·신信·근勤·염念·정定·혜慧 등의 아홉 가지 근을 체로 하여 가립된 것이다. 그 아홉 가지는 증상된 힘이 있어서 무루의 청정한 성법聖法을 발생시키는 데 도움을 주기 때문에 근根으로 가립한 것이다.
409 『解節經』권1(T16, 712c12).
410 『深密解脫經』권1(T16, 667a13).

妙遠離樂。不能尋思。不能比度。不能信解。

석 두 번째는 오욕을 멀리 떠난 오묘한 즐거움의 비유다. 이것은 네 종류 즐거움 가운데 원리락에 해당한다.[411] 따라서 『유가사지론』에서는 "모든 욕망의 악한 불선법을 끊어 없애고 초정려의 이생희락離生喜樂[412]을 증득한 것을 원리락이라 한다."[413]고 하였다.

(문) 어째서 이 (다섯 가지 비유) 중에서 처음과 마지막 것은 "비유하면(譬如)" 등의 말을 갖추어 설했는데 중간의 세 가지는 (이 문구를) 생략했는가?

(답) 이것은 여래의 언어적 표현의 능숙함(善巧)이다. 혹은 간략하게 하려 했기 때문이라 할 수도 있다. 그 밖의 두 본의 경은 모두 ('비유하면'이라는 말을) 갖추어서 설했는데, 이는 번역가가 다르기 때문이다. 혹은 범본에 이런 다른 점이 있었을 수도 있다.

釋曰。第二遠離五欲妙樂喩。此卽四種樂中遠離樂也。故瑜伽云。斷除諸欲惡不善法。證初禪[1]慮離生喜樂。名遠離樂。如何此中初後。具說譬如等言。中三略者。此卽如來文辭善巧也。或可爲存略故。餘二本經。皆具說者。譯家別故。或可梵本有此不同。

1) ㉢『瑜伽師地論』권35(T30, 483c14)에 따르면, '禪'은 '靜'의 오기다.

"기나긴 밤"이란 생사의 기나긴 밤을 말한다.

---

411 앞서 언급했듯『瑜伽師地論』에서는 무뇌해락無惱害樂을 출가락·원리락·적정락·보리락 등 네 종류로 나누었는데, 그중의 두 번째 원리락에 해당한다.
412 이생희락離生喜樂: '생'이란 번뇌를 가리키거나 근기가 아직 성숙하지 않은 것을 말하고, 성도聖道는 이를 떠난 것이기 때문에 '이생離生'이라 한다. 욕계의 염오된 번뇌를 떠나서 초정려에 들었을 때 생기는 희와 낙을 '이생희락'이라 한다.
413 『瑜伽師地論』권35(T30, 483c13).

"욕탐"이라 했는데, 욕탐은 곧 열 가지 번뇌[414] 중에 탐욕을 자성으로 한다. "승해"란 곧 별경심소[415] 가운데 승해를 체로 삼는다. 여기서 '욕'을 거론한 의도는 승해를 취하려는 것이다.

"모든 욕망의 치성한 불길에 타 버렸기 때문에"라고 한 것에 대해 두 가지 해석이 있다.

한편에서는 다음과 같이 말한다. 〈'모든 욕망(諸欲)'이란 곧 색경 등의 다섯 가지 경계이다. 오경은 하나가 아니고 탐욕을 생기게 하기 때문에 오경을 '모든 욕망'이라 하였다. '치성한 불길(熾火)'이란 곧 다섯 가지 경계에서의 탐욕이니, 손해를 끼칠 수 있기 때문에 '치성한 불길'이라 하였다. 따라서 『대지도론』에서는 '어떤 사람이 다섯 가지 경계에 탐착하면 모든 번뇌의 불이 다 치성하게 타올라 사람의 몸을 태워 해치니 마치 불이 금은金銀을 태우는 것과 같다'고 하였다.[416] 또 제14권에서는 다음과 같이 말한다. '술파가라는 어부가 있었는데, 욕구하는 것을 성취하지 못하자 근심과 한으로 괴로워하다 음탕한 불길이 안에서 일어나 스스로 불타 죽어 버렸다'고 한다. 자세한 것은 그 논에서 설한 것과 같다.[417]〉 이 해석에 따

---

414 열 가지 번뇌(十煩惱) : 탐貪·진瞋·치癡(無明)·만慢·의疑·견見(惡見) 등의 여섯 가지 번뇌를 근본번뇌라 하는데, 여기서 마지막에 있는 '견'을 다시 유신견有身見·변집견邊執見·사견邪見·견취견見取見·계금취견戒禁取見 등의 다섯 가지로 나누어 모두 십번뇌가 된다. '견'에는 자세히 관찰하고 따지는 성질이 있으므로 그 작용이 강렬하여 예로부터 오리사五利使라고 하고, 그 나머지는 오둔사五鈍使라고 한다.
415 별경심소別境心所 : 특정한 경계를 인식할 때 일어나는 욕欲·승해勝解·염念·정定·혜慧 등의 다섯 가지 심소법을 말한다. 이 중에서 좋아하는 경계는 '욕'에 의해, 판단하여 결정하는 대상은 '승해'에 의해, 관하는 경계는 정과 혜라는 두 심소에 의해, 일찍이 경험한 적이 있던 경계는 염심소에 의해 인식된다. 이 다섯 가지 심소법들은 별도의 특정한 경계를 인식 대상으로 하여 생겨나기 때문에 별경심소라고 하였다.
416 『大智度論』 권17(T25, 181b13) 참조.
417 이 논에는 '술파가休波伽'라는 어부에 관한 이야기가 나온다. 그는 길을 가다 한 왕녀가 높은 누각에 있는 것을 보고는, 왕녀에 대해 염착하는 마음을 버리지 못한다. 이로 인해 죽게 될 지경에 이르자 그의 어머니가 왕녀에게 아들의 사정을 애원해서 왕녀와 만날 기회가 주어진다. 그러나 이런 천한 사람이 왕녀를 욕보이는 것을 싫어한 천신

르면 '제욕의 치화(諸欲之熾火)'라는 뜻에서 '제욕치화諸欲熾火'라고 한 것이니, 이는 육합석 중에 의주석에 해당한다.[418]

한편에서는 다음과 같이 말한다. 〈'모든 욕망'이란 다섯 가지 경계 안의 탐욕이니, 즉 다섯 가지 탐욕을 '치성한 불길'이라 한 것이다. 따라서 『대지도론』에서는 "오욕五欲이 사람을 태워 버리는 것은 마치 바람을 마주한 채 횃불을 쥐고 있는 것과 같다."[419]고 하였다.〉 (이 해석에 따르면) 육합석 중에 지업석에 해당한다.[420]

言長夜者。謂生死長夜。言欲貪者。欲貪卽是十煩惱中貪欲爲性。言勝解者。卽別境中勝解爲體。此中擧欲。意取勝解。言諸欲熾火所燒然故者。此有兩釋。一云。諸欲卽是色等五境。五境非一。能生貪欲。故說五境名爲諸欲。熾火。卽是五境上貪。能損害故。名爲熾火。故智度論云。若人貪著五境。諸結使火。盡皆熾然。燒害人身。如火燒人。[1] 又十四云。有捕魚師。名怢波[2]伽。求欲不遂。憂恨懊惱。婬火內發。自燒而死。廣說如彼。若依此釋。諸欲之熾火。故言諸欲熾火。卽六釋中依主釋也。一云。諸欲卽五境中貪。卽說五貪名爲熾火。故智度論云。五欲燒人。如逆風執炬。卽六釋中持業釋也。

---

1) ㉟『大智度論』권17(T25, 181b14)에 의거해서 '人'을 '金銀'으로 수정하였다. 2) ㉟『大智度論』권14(T25, 166b1)에는 '怢波'가 '逑婆'로 되어 있다.

天神이 그로 하여금 잠들어 깨어나지 못하게 하는 바람에 그는 왕녀가 왔다 간 것을 알지 못한다. 이로 인해 그는 원통함으로 괴로워하다 음욕의 불이 안에서 타올라 스스로 불타 죽었다고 한다.『大智度論』권14(T25, 166a29) 참조.

418 원측 소에서는 두 단어의 관계가 'A之B'로 분석되면 의주석이라 하는데, 이 경우 '제욕의 불길'이란 욕망 자체가 아니라 거기서 생겨난 불길, 즉 번뇌나 음탕한 마음 등을 가리킨다.

419『大智度論』권17(T25, 181a16).

420 이 해석에 따르면 '제욕 그 자체가 바로 치화(諸欲卽熾火)'라는 뜻에서 '제욕치화諸欲熾火'라고 한 것이니, 이처럼 앞 단어와 뒤 단어가 동격으로서 전자가 후자를 수식하는 관계에 있는 복합어는 '지업석'에 해당한다.

"안으로……소멸시킨"이라 했는데, '안(內)'이란 '내적인 선정(內定)'을 말하니, 외적인 산란을 배제하려고 '안'이라 이름한 것이다.

"안으로 모든 색·성·향·미·촉의 상을 소멸시킨 오묘한 원리락"이라 한 것은, 초정려의 선정과 상응하는 낙수樂受를 밝힌 것이다. 욕계의 다섯 가지 경계에서의 탐욕을 멀리 떠나서 온몸이 쾌적해지기 때문에 '오묘한 원리락'이라 이름한 것이다. 실제로는 초정려에서 오개五蓋[421]를 완전히 떠나지만, 탐개貪蓋가 처음이므로 처음의 것을 들어 나중의 것도 나타내었다. 오욕과 오개의 과환에 대해 자세히 해석하면 『대지도론』 제17권에서 설한 것과 같다.

살바다종에 의하면, 근본정根本定[422]에 들면 오직 희喜는 일어나도 낙樂은 일어나지 않는다. 이제 대승에 의하면, 한 찰나의 희열이 마음을 쾌적하게(適悅) 하는 것을 '희'라고 하고, 몸을 쾌적하게(怡適) 하는 것을 '낙'이라고 하니, 예를 들어 『현양성교론』에서 설한 것과 같다. 따라서 초정려에도 역시 낙이 있다고 말한다.[423]

---

421 오개五蓋 : 오개란 마음의 본성을 덮어서 선법이 생겨나지 못하게 하는 다섯 가지 번뇌를 가리킨다. ① 탐욕개貪欲蓋란 다섯 가지 욕망의 경계에 집착하고 탐하면서 싫증냄이 없는 것을 가리킨다. ② 진에개瞋恚蓋란 정에 거스르는 경계에 대해 분노를 품는 것을 말한다. ③ 혼침개惛眠蓋란 수면개睡眠蓋라고도 한다. 혼침惛沈과 수면은 모두 마음이 적극적으로 활동하지 못하게 만든다. ④ 도거악작개掉擧惡作蓋란 마음이 들뜨거나 혹은 이미 저지른 일을 후회하는 것을 말한다. ⑤ 의개疑蓋란 어떤 것에 대해 머뭇거리면서 결단하지 못하는 것을 말한다. 이 다섯 가지 번뇌는 무루의 오온에 대해 장애가 될 수 있으니, 즉 탐욕과 진에는 계온戒蘊을 장애하고, 혼침과 수면은 혜온慧蘊을 장애하며, 도거와 악작은 정온定蘊을 장애하고, 의는 사제의 이치를 의심하는 것이다. 따라서 오직 이 다섯 가지를 덮개라고 안립한다.
422 근본정根本定 : 사정려·사무색정에 접근해 가는 예비적 단계를 '근분정近分定'이라 하는 데 대해서 사정려·사무색정은 본격적인 선정 단계에 해당하므로 '근본정'이라고 한다.
423 살바다종에서는 초정려의 근본정에 들면 '낙樂'은 일어나지 않는다고 한 반면, 『顯揚聖敎論』 등에서 희喜와 낙樂을 정의한 것에 따르면 초정려의 근본정에도 '낙'이 있을 수 있다.

이 비유의 뜻을 말하자면, 탐욕을 이끌어 내는 승해의 세력으로 인해 오욕의 경계에서 탐욕의 불을 일으키기 때문에 다섯 가지 경계를 떠난 초정려의 즐거움에 대해 알 수가 없는데, 이와 마찬가지로 심사尋思가 있는 자는 색 등의 상을 떠난 무상진여無相眞如에 대해 알 수가 없다는 것이다.

言於內除滅等者。內謂內定。簡外散亂。名之爲內。於內除滅一切[1]聲香味觸相妙遠離樂者。此明初靜慮定相應樂受。遠離欲界五境上貪。遍身怡適。故言妙遠離樂。據實。初定具離五蓋。貪蓋是初。擧初顯後也。廣釋五欲五蓋過患。如智度論第十七卷。若依薩婆多宗。入根本定。唯喜非樂。今依大乘。一刹那喜。令心適悅。名之爲喜。令身怡適。名之爲樂。如顯揚說。故說初定亦名爲樂。此喩意說。由引貪欲勝解勢力。於五欲境上起貪火故。於離五境初靜慮樂。不能了知。如是有尋思者。不能了知離色等相無相眞如。

1) ㉯ '一切' 다음에 '色'이 누락되었다.

다. 현성들의 말없이 고요한 즐거움의 비유

경 혹은 기나긴 밤 동안 언설과 (상응하는) 승해로 인해 세간의 현란한 언설을 즐기고 집착하였기 때문에 내면의 적정한 성인의 말 없는 즐거움에 대해 심사할 수도 없고 추리할 수도 없으며 신해할 수도 없는 것과 같다.

或於長夜。由言說勝解。樂著世間綺言說故。於內寂靜聖默然樂。不能尋思。不能比度。不能信解。

석 세 번째는 현성의 말 없는 적정의 즐거움의 비유다. 이것은 네 종류 즐거움 중에서 적정락에 해당한다. 따라서『유가사지론』에서는 "제2정려 이상의 모든 선정에서 심尋과 사伺가 그치게 되는 것을 일컬어 적정락이라 한다."⁴²⁴고 하였다.

여러 교에서는 세 가지 법이 세 가지 행을 이룰 수 있다고 설한다.

첫째는 신행身行이니, 말하자면 들숨과 날숨이 몸의 행(신업)을 성취시키기 때문에 신행이라고 한다.⁴²⁵ 제4선정에 들면 신행을 없앨 수 있다.

둘째는 어행語行이니, 이른바 심과 사가 말의 행(어업)을 일으키는 것을 일컬어 어행이라고 한다. 제2정려에 들면 곧 제거하여 없앨 수 있다.⁴²⁶ 대·소승교에서 모두 다음과 같이 말한다. 〈제2정려 이상의 모든 지地에는 심·사가 없기 때문에 장차 말을 일으키려 할 때는 모두 하지의 심사尋思에 의지해서 말한다.〉

셋째는 심행心行이니, 수受와 상想 등이 마음의 행(의업)을 도와주는 것을 일컬어 심행이라고 한다. 심소가 없으면 마음이 현행하지 않기 때문에 멸진정에 들었을 때 심행을 멸할 수 있다.⁴²⁷

지금 이 경문에서는 언행言行에 의거해 설한 것이니, 제2선정 이상에서는 심尋·사伺가 없기 때문에 말을 일으킬 수 없고, 말을 일으키지 않기 때

---

424 『瑜伽師地論』 권35(T30, 483c15).
425 첫째는 들숨·날숨의 바람(入出息風)이 신행을 이룬다는 것이다. 여기서 들숨·날숨을 신행이라고 이름한 것은, 업을 일으키는 '바람(風)'이 시발점이 되어 신업이 일어나기 때문이다. 몸으로 지은 업을 모두 '신행'이라고 한다. 우치한 자는 먼저 신업에 수순하는 바람을 일으킴으로 말미암아 그 연후에 비로소 염오의 신업을 일으킨다. 『瑜伽師地論』 권56(T30, 612a28) 참조.
426 둘째는 심尋·사伺 두 심소가 어행을 이룬다는 것이다. 제2정려 이상을 무심무사지無尋無伺地라고 하는데, 여기서부터는 언어적 분별의 전제가 되는 심尋심소와 사伺심소가 일어나지 않기 때문에 '어행'도 일어나지 않는다고 하였다.
427 셋째는 수受·상想 두 심소가 심행을 이룬다는 것이다. 이 두 심소는 무색계의 선정까지도 여전히 일어나는데, 멸진정滅盡定에 들면 그 두 심소마저 끊어지기 때문에 그 선정을 '멸수상정滅受想定'이라고도 한다. 소승의 유부有部에서는 이 선정은 모든 심·심소가 끊어진 상태이기 때문에 심불상응행법의 하나로 분류했지만, 유식종에서는 이 선정에서도 아직 아뢰야식은 끊어지지 않고 단지 수와 상만 멸한 것으로 보았다. 따라서 위의 해석에서 두 심소마저 단멸했다는 의미에서 '심행이 멸한다'고 한 것이다.

문에 "(내면의) 적정한 성인의 말 없는 즐거움"이라고 하였다. 이 말의 뜻을 설하자면, 심·사가 있는 자는 세간의 현란한 언설을 즐기고 집착하기 때문에 제2정려 이상의 성인의 말 없는 즐거움을 알 수가 없듯이, 이와 마찬가지로 심사尋思가 있는 자는 심사의 힘으로 인해 언설의 경계에서 행하므로 이언법성離言法性인 적정진여寂靜眞如에 대해 말할 수가 없다는 것이다.

釋曰。第三賢聖默然寂靜樂喩。此卽四種樂中寂靜樂也。故瑜伽云。第二靜慮已上諸定。尋伺止息。名寂靜樂。諸敎中說三種法能成三行。一者身行。謂出入息成身之行。故名身行。入第四定。能滅身行。二者語行。所謂尋伺發語之行。名爲語行。第二靜慮。卽能除滅。大小乘敎。皆作此說。第二靜慮已上諸地。無尋伺故。將欲發語。皆依下地尋思而說。三者心行。謂受想等助心之行。名爲心行。若無心所。心不行故。入滅定時。能滅心行。今於此中。約言行說。二定已上。無尋伺故。不能發言。不發言故。名爲寂靜聖嘿然樂。此中意說。有尋伺者。樂著世間綺言說故。不能了知二定已上聖嘿然樂。如是有尋思者。由尋思力。行言說境。而不能說離言法性寂靜眞如。

라. 모든 표시가 사라진 고요한 즐거움의 비유

경 혹은 기나긴 밤 동안 견·문·각·지의 표시表示[428]와 (결합된) 승해로 인해 세간의 모든 표시를 즐기고 집착하기 때문에, 영원히 모든 표시를 없애고 살가야薩迦耶[429]가 소멸한 구경열반에 대해서는 심사할 수도 없고 추리할 수

---

[428] 표시表示: 견·문·각·지에 의해 알려지는 경계를 가리킨다. 그런데 이전에 이미 논했듯, 이 견·문·각·지에 대한 대·소승의 학설이 다양하다. 이전의 '심사尋思의 영역을 넘어선 상'에서 '절제표시絕諸表示'에 대한 해석(pp.228~244) 참조.

[429] 살가야薩迦耶: 살가야견薩迦耶見([S] satkāya-dṛṣṭi)의 줄임말로서, 유신견有身見이

도 없으며 신해할 수도 없는 것과 같다.

或於長夜。由見聞覺知表示勝解。樂著世間諸表示故。於永除斷一切表示薩迦邪¹⁾滅究竟涅槃。不能尋思。不能比度。不能信解。

1) ㉰ '邪'는 '耶'와 같다.

석 네 번째는 모든 표시가 끊어진 고요한 즐거움의 비유다. 이것은 네 가지 즐거움 중에 보리락에 해당한다. 따라서 『유가사지론』에서는 "모든 번뇌로부터 궁극적으로 계박을 여의고 '알아야 할 사(所知事)'에 대해 여실하게 등각等覺을 이루면, 이 즐거움을 삼보리락三菩提樂이라 한다."⁴³⁰고 하였다.

또 그 논에서 다시 다음과 같이 말한다. "무뇌해락無惱害樂에 속하는 최후의 삼보리락이란, 미래세에는 이 '승의고勝義苦'⁴³¹가 영원히 고요하게 사라지기 때문에, 현법에서는 소의所依에 부착해 있는 모든 번뇌품의 모든 추중이 영원히 적멸해지기 때문에, 이를 즐거움이라 설한 것이다."⁴³²

해 『유가사지론』에 의거해서 보리락을 설명하자면 본래 두 종류가 있다. 첫째는 오직 지智일 뿐 멸滅은 아닌 것이니, 앞에 인용된 문장과 같다.⁴³³ 둘째는 오직 멸일 뿐 지는 아닌 것이니, 뒤에 인용된 문장과 같

라 의역한다. 오온五蘊의 인연화합으로 이루어진 몸에 집착하여 진실로 '나(我)'와 '나의 것(我所)'이 있다고 집착하는 견해를 가리킨다.

430 『瑜伽師地論』 권35(T30, 483c15).
431 승의고勝義苦 : 승의의 차원에서 '고'로 간주되는 것을 말한다. 선정에서 일어나는 낙樂이란 본래 여러 고통을 대치시키거나 그것들이 일어나지 않게 하는 것이지만, 승의의 차원에서 보면 '낙'뿐만 아니라 선정에서 일어나는 모든 느낌(受)들은 다 '고'이다. 그런데 멸진정에 들면 이 승의의 고가 잠시 일어나지 않고 적정해지며, 열반에 들면 이 승의의 고가 영원히 사라진다. 따라서 이것을 '보리락'이라 했다는 것이다. 『瑜伽師地論』 권35(T30, 483c22) 참조.
432 『瑜伽師地論』 권35(T30, 483c24).
433 앞서 인용된 『瑜伽師地論』의 두 문장 중에 전자에 따르면, 보리락의 본질은 '알아야

다.[434] 지금 이 경문에 의하면 멸을 취하고 지는 취하지 않으니, 이는 진제가 멸을 들어서 지를 취한 것과는 같지 않다.[435]

釋曰。第四絶諸表示寂樂喩。此卽四種樂中菩提樂也。故瑜伽云。一切煩惱畢竟離繫。於所知事。如實等覺。名菩提樂。[1] 又彼復云。無惱害樂所攝最後三菩提樂。由當來世。此勝義苦。永寂滅故。於現法中。附在所依諸煩惱品一切麤重。永寂滅故。說名爲樂。解云。依瑜伽論。明菩提樂。自有二種。一唯智非滅。如前所引文。二唯滅非智。如後所引文也。今依此經。取滅非智。不同眞諦擧滅取智。

1) ㉲『瑜伽師地論』권35(T30, 483c16)에는 '名菩提樂'이 '此樂名爲三菩提樂'이라 되어 있고, 후자를 따랐다.

"표시表示"란 앞에서 말한 것처럼 견·문·각·지라는 네 종류의 표시를 말한다.[436]

"살가야薩迦耶"란 범음이다. 살바다종에 의하면 '살薩(S sat)'은 유有를 말하고 '가야迦耶(S kāya)'는 신身을 말하니, 그들은 온의 몸은 실체가 있다고 하기 때문이다. 경부종에 의하면 '살'은 허위를 말하고 '가야'는 신을 말

할 사에 대해 진실 그대로 평등하게 아는 것'이다. 따라서 '지를 취하고 멸을 취하지 않았다'고 하였다.

434 여기에서 인용된 『瑜伽師地論』의 두 문장 중에 후자에 따르면, 보리락의 본질은 '모든 번뇌들이 영원히 고요하게 사라진 것'이다. 따라서 '멸을 취하고 지를 취하지 않았다'고 하였다.

435 앞에서 진제는 다섯 가지 즐거움 중에 앞의 네 가지를 신·근·염·정·혜에 배당시키면서 "넷째 정각의 즐거움은 열반의 정도正道이니 이는 혜근慧根으로 인해 이루어진다."고 하였다. 이것은 이 경에서 설한 네 번째 즐거움의 본질을 '지智'로 본 것이다. 그런데 이와는 달리 원측은 네 번째 즐거움의 본질은 '지'가 아니라 '번뇌의 영원한 소멸'로 간주하였다.

436 이전의 '심사의 영역을 넘어선 상(超過尋思所行相)'에서 '절제표시絶諸表示'에 대해 해석하면서 견·문·각·지에 대한 대·소승의 다양한 해석을 소개한 바 있다.(pp.228~244)

하니, 그 종파는 오온을 허위라고 보기 때문이다.[437]

이제 대승에 의하면, 무성의 『섭대승론석』에서는 경부종과 동일하게 설한다. 따라서 제10권에서 다음과 같이 말한다. "'가야'는 몸이고 허위를 '살'이라 하니, 그 몸이 허위임을 일컬어 살가야라고 한 것이다."[438]【세친의 해석에서는 "삼계를 설하여 살가야라고 한다."[439]고 하였고, 『오온석론五蘊釋論』에서는 "'살'은 깨지고 무너짐을 뜻하고 '가야'는 화합해서 쌓임을 뜻한다."[440]고 하였다. 자세히 분별하면 예를 들어 『잡심론』 제4권, 『구사론』 제19권, 『순정리론』 제47권, 『대비바사론』 제8권 및 제49권, 『성실론』 제16권, 『증일아함경』 제15권, 『유가사지론』 제8권, 『현양성교론』 제15권, 양梁 『섭대승론석』 제15권, 『열반경』 제25권과 같다.】

"열반"이란 범음을 갖추어 말하면 '파리닐박남波利昵縛喃(S parinirvāṇa)'이라 해야 하니, 여기 말로 '원적圓寂'이라 한다. 지금은 옛 학설을 따르기 때문에 '열반'이라 한 것이다. 이 열반에는 두 가지 의미가 있다. 첫째는 영원히 모든 견(·문·각·지) 등의 표시를 끊음이다. 둘째는 살가야가 소멸한 구경열반이다. 이는 그 무여열반에 해당하는데, 구경에는 오온의 몸을 영원히 소멸시키기 때문에 구경열반이라 이름한 것이다.

言表示者。如上所說。見聞覺知四種表示。薩迦邪[1]者。此是梵音。依薩婆多。薩名爲有。迦邪*名身。彼五蘊身有實體故。依經部宗。薩名虛僞。迦邪* 名身。彼宗五蘊是虛僞故。今依大乘。無性攝論。同經部說。故第十云。迦邪*名身。虛僞名薩。其身虛僞。名薩迦邪。*【世親釋云。即說三界。名薩迦邪。* 五蘊釋論云。薩謂敗壞義。迦邪*謂和合積聚義。若廣分別。如雜心第

---

437 이상의 설명에 따르면, 살바다종은 오온은 실체가 있다고 여겼기 때문에 '실재하는 오온의 몸'을 일컬어 '살가야'라고 하였고, 경부종은 신체를 이루는 오온은 가립된 허구라고 여겼기 때문에 '허구인 오온의 몸'을 가리켜서 '살가야'라고 했다는 것이다.
438 무성의 『攝大乘論釋』 권10(T31, 446c24).
439 세친의 『攝大乘論釋』 권10(T31, 377b26).
440 안혜의 『大乘廣五蘊論』 권1(T31, 852c24).

四。俱舍十九。順正理四十七。婆沙第八及四十九。成實十六。增一阿含十五。瑜伽第八。顯揚十五。梁論十五。涅槃經二十五。】言涅槃者。若具梵音。應言波利膃縛喃。此云圓寂。今順舊說。故言涅槃。於此涅槃。有其二義。一永斷一切見等表示。二薩迦邪[^*]滅究竟涅槃。此卽是其無餘涅槃。究竟永滅五蘊身故。名爲究竟涅槃。

1) ㉠ '邪'는 '耶'와 같다. 이하도 동일하다.

문 여기서의 열반은 어떤 승에 의거해서 설한 것인가?

해 미륵종에 의하면 삼승에는 모두 무여열반이 있으니, 뒤에 가서 분별하겠다.『해절경』에서는 "네 가지 사처事處(견·문·각·지)를 끊고 신견身見을 없애고 여읜 것이 반열반이다."[441]라고 했는데, 이는 번역가의 오류다.『심밀해탈경』에서는 "내적인 몸이 적멸하여 견·문·각·지를 떠난 즐거움"[442]이라 하였다. **해** 『심밀해탈경』의 뜻은 이『해심밀경』과 동일하여, 다섯 가지 즐거움 중에 다섯 번째 즐거움(열반락)에 배당시킨 것이다.】

이 경문의 뜻을 설하자면, 생사의 기나긴 밤 동안 (견·문·각·지의) 표시와 (결합된) 승해로 인해 세간의 모든 표시들에 즐겨 집착하기 때문에 영원한 적멸의 즐거움을 알 수가 없고, 이와 마찬가지로 심사尋思하는 자는 다만 표시의 경계를 돌아다닐 뿐 승의제상으로서의 표시가 끊어진 경계에 대해 심사할 수가 없다는 것이다.

問。此涅槃依何乘說。解云。依彌勒宗。三乘皆有無餘涅槃。後當分別。【解節經云。絶四事處滅離身見是般涅槃者。譯家謬也。深密經云。內身寂滅離見聞覺知樂。解云。深密意同此經。配五樂中何1)樂。】此中意說。於生死長

---

441 『解節經』 권1(T16, 712c19).
442 『深密解脫經』 권1(T16, 667a22).

夜。由表示勝解。樂著世間諸表示故。不能了知永寂之樂。如是有尋思者。
但行表示境界。不能尋思勝義諦相絶表示境。

1) ⓔ '何'는 의미가 통하지 않는다. '五' 혹은 '第五'의 오기인 듯하다.

마. 모든 쟁론을 떠난 깨달음의 즐거움의 비유

경 법용이여, 마땅히 알라. 비유하면 어떤 사람이 그 기나긴 밤 동안에 갖가지 '나의 것(我所)'과 '나의 섭수攝受'를 쟁론하는 승해로 인해 세간의 모든 쟁론을 즐기고 집착하였기 때문에, 북구로주北拘盧洲[443]에서는 '나의 것'도 없고 '나의 섭수'도 없어서 쟁론을 떠나 있다는 것에 대해 심사할 수도 없고 추리할 수도 없으며 신해할 수도 없는 것과 같다.

法涌。當知。譬如有人。於其長夜。由有種種我所攝受評論勝解。樂著世間諸評論故。於北拘盧洲。無我所無攝受離評論。不能尋思。不能比度。不能信解。

석 다섯 번째는 모든 쟁론을 떠난 깨달음의 즐거움의 비유다. 이것은 네 가지 즐거움 중에 보리락이다.[444] 따라서 『유가사지론』에서는 "모든 번뇌의 계박을 끝내 여의게 되고 알아야 할 사事에 대해 여실하게 등각을

---

443 북구로주北拘盧洲(Ⓢ Uttara-kuru-dvīpa) : 수미須彌 사주四洲의 하나이다. 수미산의 북쪽 제칠금산第七金山과 대철위산大鐵圍山 사이에 큰 바다가 있고, 바다 가운데 있는 사람 무리들이 사는 곳인데, 이곳 사람들의 수명은 1천 세이고 중간에 일찍 죽는 경우는 없으며, 쾌락이 끝이 없어 수미 사주 중에서 중생·처소·재물·물품 등이 모두 뛰어나다고 한다.
444 네 번째 '모든 표시가 사라진 고요한 즐거움(絶諸表示寂樂)'과 다섯 번째 '모든 쟁론을 떠난 깨달음의 즐거움(離諸諍論覺樂)'은 『瑜伽師地論』에서 말한 '삼보리락三菩提樂'에 해당한다.

이루면 이 즐거움을 일컬어 삼보리락이라 한다."⁴⁴⁵고 하였다. 이는 지智를 취하고 멸滅을 취하지 않은 것이니, 진제가 멸을 취하고 지를 취하지 않았던 경우와는 다르다.⁴⁴⁶

말하자면 쟁론하는 승해를 가진 모든 자들은 세간에서 자기가 섭수하는 바의 부모·처자·형제·친구 및 창고 등의 섭수하는 사물을 즐기고 집착하기 때문에 북구로주의 유정들이 처자 등의 섭수를 쟁론함이 없다는 것을 알 수가 없듯이, 이와 마찬가지로 심사尋思하는 자는 다만 번뇌쟁煩惱諍 등을 행하면서 쟁론의 경계로 삼으므로 승의제상은 번뇌 등이 없고 쟁론의 경계를 떠났다는 것을 심사할 수가 없다.

【『해절경』에서는 다음과 같이 말한다. 〈비유하면 어떤 사람이 항상 재산을 축적하고 정벌을 즐기며 행하기에, 북울단월에서 나의 것도 없고 축적도 없으며 서로 투쟁하지도 않는 즐거움에 대해서는 추리해 볼 수 없는 것과 같다.〉⁴⁴⁷ 『심밀해탈경』에서는 다음과 같이 말한다. 〈마치 어떤 사람이 기나긴 밤을 아·아소의 상을 취해 왔으므로 북울단월에서의 아·아소가 없는 즐거움에 대해 알 수가 없는 것과 같다.〉⁴⁴⁸ 지금의 당본에서는 '구로拘盧'라고 했는데, 여기 말로 '승처勝處'라고 하고 혹은 '승생勝生'이라 한다.】

---

445 『瑜伽師地論』 권35(T30, 483c15).
446 지금까지 『瑜伽師地論』의 사종락四種樂 중에 네 번째 보리락을 다시 열반락과 보리락 두 종류로 나누고, 총 다섯 종류 즐거움으로 경문을 해석하였다. 『瑜伽師地論』에서는 보리락을 설명하면서 혹은 '깨달은 지智'를 강조하고 혹은 '번뇌의 사라짐(滅)'을 강조한다. 원측은 이 『解深密脫』에서 설한 네 번째 즐거움은 '번뇌의 소멸(滅)'을 강조한 것이고, 다섯 번째 즐거움은 '지혜(智)'를 강조한 것이다. 이 해석에 따르면, 네 번째는 열반락에 해당하고 다섯 번째는 보리락에 해당한다. 반면에 진제는 네 번째 즐거움은 '지혜'를 강조한 것이고 다섯 번째 즐거움은 '번뇌의 소멸'을 강조한 것으로 해석하였다.
447 『解節經』 권1(T16, 712c20)의 원문은 다음과 같다. "비유하면 어떤 사람이 항상 재산을 축적하고 정벌을 즐겨 행하면서도, 다시 능히 북울단월에서 아소도 없고 축적되는 것도 없으며 서로 투쟁하지도 않는 이러한 현법락에 대해 각관하고 추리하며 기억할 수 있다는 것은 있을 수 없다.(譬如有人。由恒蓄財。樂行征伐。復能覺觀比度憶持。北欝單越無有我所。無所積蓄。不相鬪諍。是現法樂。無有是處。)"
448 『深密解脫經』 권1(T16, 667a22)에는 "曇無竭。如人長夜。取我我相樂信樂而行。彼人不能知。不能覺。不能量。不能信北欝單越無我我所樂。"이라고 되어 있다.

釋曰。第五離諸諍論覺樂喩。此卽四種樂中菩提樂也。故瑜伽云。一切煩惱
畢竟離繫。於所知事。如實等覺。名[1]菩提樂。此卽取智非滅。不同眞諦取
滅非智。謂有諍論諸勝解者。樂著世間自所攝受父母妻子兄弟朋友。及庫
藏等攝受事故。不能了知北洲有情無妻子等攝受諍論。如是爲尋思者。但
行煩惱諍等。爲諍論境。不能尋思勝義諦相無煩惱等離諍論境。【解節經云。
譬如有人。由恒畜財。樂行征伐。北鬱單越無我所無積畜不相鬪諍樂。不能
比度。深密經云。如人長夜取我我[2]相。不能知北鬱單越無我我所樂。今依
唐本云拘盧。此云勝處。或云勝生。】

---

1) ㉠『瑜伽師地論』권35(T30, 483c16)에는 '名' 앞에 '此樂'이 있고, 그 뒤에 '三'이 있다. 2) ㉠ '我' 다음에 '所'가 누락되었다.

(6) 법동유를 듦

경 이와 같이 법용이여, 모든 심사는 모든 심사의 영역을 넘어서 있는 승의제의 상에 대해서는 심사할 수도 없고 추리할 수도 없으며 신해할 수도 없다."

如是法涌。諸尋思者。於超一切尋思所行勝義諦相。不能尋思。不能比度。
不能信解。

석 여섯 번째는 법동유法同喩를 든 것이다.[449] 말하자면 모든 심사의 행상은 거칠기 때문에 승의제의 이치를 알지 못한다는 것이다. 그 합유合喩

---

449 원측 소에서 '법동유法同喩'는 '합합'이라고도 하며, 실례들을 들고 나서 마지막에 이것을 본래 말하고자 했던 교법과 결합시키며 동품의 실례를 완전하게 진술하는 부분을 가리킨다. '2. 심사의 영역을 넘어선 상을 해석함(釋超過尋思所行相)'에서는 이 문장이 '법동유'에 해당한다.

(법동유)에 대해 해석하면 이전과 같이 알아야 한다.

釋曰。第六擧法同喩。謂諸尋思行相麤故。不能了知勝義諦理。釋其合喩。如上應知。

2) 게송으로 간략히 설함

경 이때 세존께서 이 의미를 거듭 펼치고자 게송을 설하셨다.

爾時世尊。欲重宣此義。而說頌曰。

석 '심사를 넘어서 있는 상(超過尋思相)'을 해석한 곳에서 경문을 둘로 구별했는데, 처음은 장행으로 자세히 해석한 것이고, 나중은 게송으로 간략히 답한 것이다. 이상으로 이미 장행을 해석하였고, 이하는 게송으로 간략히 설한다.
　이 게송 중에 두 가지가 있다. 처음은 게송을 설한 뜻을 간략히 표명한 것이다. 나중은 게송으로 바로 해석한 것이다.

釋曰。就釋超過尋思相中。文別有二。初長行廣釋。後以頌略說。上來已[1] 釋長行。自下擧頌略說。於中有二。初略標頌意。彼[2]擧頌正釋。

---
1) ㉠ '己'는 '已'의 오기다.　2) ㉮ '彼'는 '後'인 듯하다.

(1) 게송을 설한 뜻을 간략히 표시함

이것은 처음에 해당한다.

此卽初也。

(2) 게송으로 바로 해석함

경 내적으로 증득되고, 무상의 영역이며[450]
언설될 수 없고, 표시가 끊어졌으며
모든 쟁론이 그친 승의제는
모든 심사를 넘어서 있는 상이네

內證無相之所行　不可言說絶表示
息諸諍論勝義諦　超過一切尋思相

석 이것은 두 번째로 게송으로 간략히 설한 것이다. 하나의 게송 문구가 있는데 그것을 둘로 구분하였다. 처음에 두 구句와 네 자字가 있으니,[451] 오상五相을 따로따로 읊은 것이다. 뒤의 세 자와 한 구는 오상을 통틀어 읊은 것이다.[452]

"내적으로 증득되고"라는 것은 (오상 중에) 첫 번째 상을 읊은 것이고, "무상의 영역이며"라고 한 것은 두 번째 상을 읊은 것이며, "언설될 수 없고"라고 한 것은 세 번째 상을 읊은 것이고, "표시가 끊어졌으며"

---

450 이전의 해석에서 이미 언급되었듯, '무상소행無相所行'은 의주석이나 지업석으로 해석될 수 있다. '無相之所行'으로 볼 경우에는 의주석에 해당하고, 이때의 '무상無相'이란 '무상관지無相觀智'를 가리킨다. 따라서 '무상의 소행'이란 '모습 없는 관지의 영역'이라는 뜻이다.
451 본문의 게송인 "① 內證無相之所行 ② 不可言說絶表示 ③ 息諸諍論勝義諦 ④ 超過一切尋思相" 중에서 ①과 ②의 두 구와 ③의 '息諸諍論'이라는 네 자를 가리킨다.
452 위의 게송 중에서 ③의 '勝義諦'라는 세 자와 ④의 '超過一切尋思相'이라는 한 구를 가리킨다.

라고 한 것은 네 번째 상을 읊은 것이며, "모든 쟁론이 그친"이라고 한 것은 다섯 번째 상을 읊은 것이다. 나중의 "승의제"라는 세 자字와 한 구句는 다섯 가지 상相을 통틀어 읊은 것이니, 경문 그대로 알 수 있을 것이다.

> 釋曰。此卽第二擧頌略說。有一頌文。分之爲二。初有二句四字。別頌五相。後三字一句。通頌五相。言內證者。頌第一相。無相之所行者。頌第二相。不可言說者。頌第三相。絶表示者。頌第四相。息諸諍論者。頌第五相。後勝義等三字一句。通頌五相。如文可知。

3. 모든 법과의 동일성·차이성을 넘어선 상[453]

경 이때 선청정혜보살마하살이 부처님께 말하였다. "세존이시여, 매우 기

---

[453] 이하는 승의제의 오상五相 중에서 네 번째 상을 설한 것이다. 이전과 마찬가지로 여기서도 먼저 보살의 고백을 통해 진리를 추구하는 자들이 필연적으로 부딪히게 되는 어떤 난관을 보여주고, 거기서 벗어나게 하기 위한 방편으로써 승의제의 네 번째 상이 설해진다. 여기서는 특히 승해행지勝解行地를 닦는 자들, 아직 진여를 증득하지 못한 상태에서 제법의 본성에 대한 수승한 이해(勝解)를 높여감으로써 궁극적 진리로 나아갈 수 있다고 믿는 자들이 최후로 부딪히는 난제들 중의 하나를 다루었다. 그것이 바로 승의제가 제법과 동일한지 다른지 하는 문제다. 선청정혜보살의 고백은 그 문제에 답할 수 없는 분별적 사유의 한계를 보여주는 데 있다. 그의 목격담에 따르면, 승해행지의 사람들은 기껏해야 '승의제와 제법이 동일하다'고 하거나 반대로 '다르다'고 하거나, 혹은 두 주장 사이에서 부화뇌동하거나 할 뿐이며, 결국 어떤 결론도 내지 못한 채 인간의 어리석음에 대한 깊은 회의에 빠질 수 있다. 따라서 세존은 그런 식의 분별적 사유로는 승의제에 다가갈 수 없음을 보여주기 위해 승의제의 상은 제법과의 동일성·차이성을 넘어서 있는 것임을 설파한다.

이하십니다. 게다가 세존이시여, 선설善說[454]입니다.

爾時。善淸淨慧菩薩摩訶薩。[1] 白佛言。世尊甚奇。乃至世尊善說。

1) ㉠『解深密經』권1(T16, 690a28)에는 '摩訶薩'이 없다.

석 이하는 세 번째로 '모든 법과의 동일성·차이성을 넘어선 상'을 해석한 것이다.

이 중에 두 가지가 있다. 처음은 장행으로 자세히 해설한 것이고, 나중은 게송으로 간략히 설한 것이다.

釋曰。自下第三釋超過諸法一異性相。於中有二。初長行廣說。後以頌略說。

1) 장행으로 자세히 해설함

장행에 가서 다시 다섯 가지로 나누었다. 첫째는 보살의 질문이고, 둘째 "이때(爾時)" 이하는 여래가 바로 답하신 것이며, 셋째는 비유이고, 넷째는 (비유와 법의) 결합이며, 다섯째는 결론이다.

就長行中。復分爲五。一菩薩問。二爾時下。如來正答。三喩。四合。五結。

---

454 선설善說 : 부처님이 설하신 법문을 존중하는 의미에서 여러 가지 별명別名을 세우는데, 그중에서 부처님의 교설은 제법의 실상實相에 맞게 제법에 대해 설하신 것이기 때문에 '선설'이라 부른다.

(1) 보살의 질문

이것은 질문이다. 이 중에 세 가지가 있다. 처음은 모두 선설善說임을 찬탄한 것이다. 다음은 많은 쟁론들을 나타낸 것이다. 마지막 "세존이시여, 저는 그들을 보고" 이하는 자기의 의심을 진술한 것이다.

此卽問也。於中有三。初贊凡善說。次顯衆諍論。後世尊我見下。申已[1]疑情。

---
1) ㉠ '已'는 '己'의 오기다.

① 모두 선설임을 찬탄함

선설을 찬탄한 곳에서 다시 둘로 나뉜다. 처음은 부처님의 선설을 찬탄한 것이고, 나중은 선설을 간략히 진술한 것이다.

讚善說中。復分爲二。初讚佛善說。後略申善說。

가. 부처님의 선설을 찬탄함

이것은 처음에 해당한다.

"이때"라는 것은 물음을 일으킨 때이다.

"선청정혜보살"이란 '혜'를 따라서 이름을 붙인 것이니, 정지正智(根本智)와 후득지後得智는 선하고 무루이며 모든 오염을 떠났기 때문에 '선청정혜'라고 이름하였다. 『심밀해탈경』도 동일하다.[455] 『해절경』에서는 '정혜보살淨慧菩薩'이라 하였는데,[456] 진제는 다음과 같이 풀이하였다. 〈이 보살의

---
455 『深密解脫經』 권1(T16, 667b2)에서는 "성자聖者 선청정혜보살마하살善淸淨慧菩薩摩訶薩"이라고 하였다.
456 『解節經』 권1(T16, 712c29) 참조.

지위는 구지九地에 머물고 물음에 잘 답해 주면서 항상 법륜을 굴린다. 정혜위淨慧位에 있고, 또 (자신에게) 청정한 혜가 있는 데다가 또 타인의 청정한 혜를 내게 할 수 있기 때문에 '정혜'라고 이름하였다.〉 구체적으로 설명하면 그 풀이와 같다.

> 此卽初也。爾時者。發問時。言善淸淨慧菩薩者。從慧立名。正智後得。是善無漏。離諸染汙。故名善淸淨慧。深密亦同。解節經云。淨慧菩薩。眞諦解云。此菩薩位居九地。善答問。常轉法輪。在淨慧位。復有淨慧。復能生他淨慧。故名淨慧。具說如彼。

말하자면 불세존에게는 본래 두 가지 덕이 있으니, 이른바 자리自利와 이타利他이다. 처음에는 자리를 찬탄하였으므로 "세존이시여, 매우 기이하십니다."라고 하였고, 나중에는 이타를 찬탄하였으므로 "세존이시여, 선설입니다."라고 하였다.

『유가사지론』에 의하면 '매우 기이하십니다, 선설입니다'라고 한 것은 자리와 이타에 통하니, 따라서 제46권에서는 다음과 같이 말한다. "다섯 가지 매우 보기 드문 법이 있다.……첫째, 모든 유정들에게 인연이 있지 않아도 친근한 사랑을 내는 것이다. 둘째, 오직 유정들에게 이익을 주기 위해 항상 생사에 머물면서 한량없는 고통을 인내하는 것이다. 셋째, 번뇌가 많아 조복시키기 어려운 유정을 조복시키는 방편을 잘 이해하시는 것이다. 넷째, 지극히 이해하기 어려운 진실한 이치(義理)에 수순해서 깨달아 들어가는 것이다. 다섯째, 불가사의한 큰 위신력을 갖추는 것이다."[457]【해 거기서는 보살의 덕을 설명한 것인데, 그에 준해서 부처님의 덕을 해석해도 이치상으로 위배되지 않는다. 생각해 보면 알 수 있을 것이다.】

---

457 『瑜伽師地論』 권46(T30, 545b27).

"선설"이라 한 것에 대해,『유가사지론』제70권에서는 다음과 같이 말한다. "두 가지 이유에서 불세존의 법을 '선설'이라 한다. 첫째, 언사와 문구가 모두 청정하고 아름답기 때문이다. 둘째, 쉽게 통달할 수 있기 때문이다."[458]【이해하기 어려운 법도 부처님의 말씀으로 인해 쉽게 통달하기 때문이다.】또 제83권에서는 '선설이라 한 것은 (그 말씀이) 도리에 맞는 것이기 때문이고, 뛰어난 공덕을 담지하고 있기 때문이라고 하였다.[459] 또『유가사지론』제94권에서는 네 종류 상相으로 인해 부처님이 설하신 가르침을 선설이라 한다고 했는데, 구체적으로 해석하면 그 논과 같다.[460]

謂佛世尊。自有二德。所謂自利利他。初贊自利。故言世尊甚奇。復贊利他。故言世尊善說。若依瑜伽。甚奇善說。通自利利他。故四十六云。有五甚希奇法。一者於諸有情。非有因緣而生親愛。二者唯爲饒益諸有情故。常處生死。[1] 三者於多煩惱難伏[2]有情。善能解了調伏方便。四者於極難解眞實義理。能順[3]悟入。五者具不可思議大威神力。【解云。彼說菩薩德。准釋佛德。於理無違。尋即可知。】言善說者。如瑜伽論第七十云。由二因緣。佛世尊法。名爲善說。一言詞文句。皆淸美故。二易可通達故。【難解法。由佛說故。易可通達也。】又八十三云。言善說者。道理相應[4]故。任持勝德故。又瑜伽九十四云。由四種相。佛所說敎。名爲善說。具釋如彼。

1) ㉠『瑜伽師地論』권46(T30, 545c1)에는 '生死' 다음에 '忍無量苦'가 있는데, 이 문구를 보완하였다.　2) ㉠『瑜伽師地論』권46(T30, 545c2)에는 '伏'이 '復'로 되

---

458 『瑜伽師地論』권70(T30, 687b27).
459 『瑜伽師地論』권83(T30, 762a28) 참조.
460 부처님의 법이 선설善說로 불리는 것은 다음과 같은 '네 가지 특징'을 갖기 때문이다. "첫째는 적정으로 나아가 유여의열반계를 증득하게 할 수 있기 때문이다. 둘째는 반열반하여 무여의열반계를 증득하게 할 수 있기 때문이다. 셋째는 보리로 나아가서 성문·독각의 (깨달음과 보살의) 무상정등삼보리를 증득하게 할 수 있기 때문이다. 넷째는 선서의 분별은 가장 궁극적인 현량에 의해 현현된 것이고 무상 대사無上大師께서 개시한 것이기 때문이다."『瑜伽師地論』권94(T30, 836b28) 참조.

어 있고, 교감주에 따르면 '伏'으로 된 곳도 있다. 3) ㉑『瑜伽師地論』권46(T30, 545c3)에는 '順'이 '隨'로 되어 있는데, 의미상 차이는 없다. 4) ㉑『瑜伽師地論』권83(T30, 762a28)에는 '相應'이 '所攝'으로 되어 있는데, 의미상 차이는 없다.

나. 선설을 간략히 진술함

경 세존께서 '승의제상은 미세하고 심오하며 제법과의 동일성·차이성[461]을 넘어선 상임을 통달하기 어렵다'고 말씀하신 것 말입니다.

謂[1] 世尊言。勝義諦相。微細甚深。超過諸法一異性相。難可通達。

1) ㉑『解深密經』권1(T16, 690a29)에는 '謂'가 '如'로 되어 있고, 교감주에 '謂'로 된 곳도 있다고 하였다.

석 두 번째는 '선설善說'에 대해 간략히 진술한 것이다. (선설이란) 불세존께서『무상의경』등에서 이와 같이 '승의제의 상은……통달하기 어렵다'고 말씀하신 것을 말한다.

진제 스님은 다음과 같이 해석하였다. 〈세 부류 사람에 의거해서 (설한 것이다.) 범부가 알 수 있는 것이 아니기 때문에 '미세하다'고 하였고, 이승(성문·연각)이 알 수 있는 것이 아니기 때문에 '심오하다'고 하였으며, 지전地前 보살이 증견證見할 수 있는 것이 아니기 때문에 '통달하기 어렵다'고 하였다. 혹은 세 가지 의미에 의거해서 (설한 것이다.) 진여와 제행諸行은 하나가 아니기 때문에 '미세하다'고 하였고, 다르지도 않기 때문에 '심오하다'고 하였으며, 같음·다름을 넘어서 있기 때문에 '통달하기 어렵다'

---

461 동일성·차이성 : 이에 해당하는 원문은 '一異性'이다. 이것은 '동일성(一性)·차이성(異性)'의 줄임말로서, 후술되는『攝大乘論釋』등의 해석에 나타나듯, 일성산동一性散動(一性分別)과 이성산동異性散動(異性分別) 등을 가리킨 것이다. 전자는 승의제와 제법의 관계에 대해 오로지 '동일한 것'이라고 사유하는 것을 말하고, '이성산동'이란 오로지 '상이한 것'이라고 사유하는 것을 말한다.

고 하였다. 또⁴⁶² 문혜聞慧의 경계가 아니기 때문에 '미세하다'고 하였고, 사혜思慧의 경계가 아니기 때문에 '심오하다'고 하였으며, 범부나 이승이나 초학보살의 수혜修慧의 경계가 아니므로 '통달하기 어렵다'고 하였다.〉

【해】 진제 스님의 세 가지 해석에서 세 번째가 뛰어나다. 따라서 『대반야경』 제567권에서는 다음과 같이 말한다. 〈진여법계는 출세간의 반야 및 후득지와 무분별지의 경계이지 삼혜의 경계가 아니다. 그 이유는 무엇인가? 실상반야實相般若⁴⁶³는 심오하고 미묘한데, 문혜는 거칠고 얕아서 통찰할 수가 없다. 이는 승의勝義이기 때문에 사혜로도 헤아릴 수 없다. 이는 출세간의 법이기 때문에 수혜로도 행할 수 없다.〉⁴⁶⁴】

釋曰。第二略申善說。謂佛世尊。無上依經等。作如是說。勝義諦相乃至難可通達。眞諦解云。或約三人。非凡所知。故名微細。非二乘所知。故名甚深。非地前菩薩所能證見。故名難可通達。或約三義。眞如與行。不一故微細。不異故甚深。過一異故難可通達。又非聞慧境。故名微細。非思慧境。故說甚深。非凡夫二乘初學菩薩修慧境。故說難可通達。【解云。眞諦三釋。第三爲勝。故大般若五百六十七云。眞如法界。是出世般若。及後得無分別智境。非三慧境。所以者何。實相般若。甚深微妙。聞慧麤淺。不能得見。是勝義故。思不能量。出世法故。修不能行。】

② 많은 쟁론들을 나타냄

【경】 세존이시여, 저는 여기에서 일찍이 한 장소에 많은 보살 무리들이 승해

---

462 이하는 삼혜三慧에 의거해서 경문을 해석한 것이다.
463 실상반야實相般若: 실상實相·관조觀照·문자文字 등 세 종류 반야般若 중의 하나이다. 실상이란 관조되는 공의 이치를 뜻하고, 관조란 관하는 지혜를 가리키며, 문자란 성스런 가르침의 언어들을 가리킨다.
464 『大般若波羅蜜多經』 권567(T7, 929c13) 참조.

행지勝解行地[465]를 바로 수행하면서 같이 한자리에 모여 앉아 모두 함께 승의
제상勝義諦相이 제행상諸行相[466]과 더불어 동일성과 차이성을 (가진) 상인지를
사의思議하는 것을 본 적이 있습니다.

> 世尊。我卽於此。曾見一處。有衆菩薩等正修行勝解行地。同一會坐。皆共
> 思議勝義諦相與諸行相一異性相。

석 이하는 두 번째로 많은 쟁론들을 나타낸 것이다. 이 중에 두 가지
가 있다. 처음은 '함께 모여서 쟁론했음'을 총괄해서 밝힌 것이고, 나중은
세 종류 계탁을 따로따로 서술한 것이다.

> 釋曰。自下第二顯衆諍論。於中有二。初總明共集諍論。後別叙三計。

가. 함께 모여 쟁론했음을 총괄해서 밝힘

이것은 처음에 해당한다.

"저는 여기에서"라고 한 것은 '이 사하娑訶 세계에서'라는 말이거나 혹

---

[465] 승해행지勝解行地(S adhimukti-caryā-bhūmi) : 보살의 수행의 계위 중의 하나로 서, 승해勝解에 의거해서 수행하지만 아직 진여를 증득하지 못한 보살들의 지위를 가리킨다. 보살의 십지 중에서 아직 초지初地에 들어가기 전의 단계로서 '사유'라는 방편에 의거해서 모든 선근善根을 습득하는 지위이다.

[466] 제행상諸行相 : 이하에서는 '제법상諸法相' 대신에 '제행상諸行相'으로 표현된다. 이하 원측의 해석에 따르면 이 '제행상'이라는 문구는 '제행의 상' 혹은 '모든 행상' 두 가지 번역이 모두 가능하다. 따라서 문맥에 따라 '제행상', '제행의 상', '모든 행상' 등으로 번역하였는데, 어쨌든 모두 '제법의 상'과 상응하는 단어이다. 그런데 여기서 주의할 점은, '모든 행상'이라고 할 때도 그 '행상'은 소연所緣의 상분相分에 대응하는 견분見分의 인식 작용(行相)을 가리킨 것은 아니고, 그 견분(行)에 나타난 상분(相) 혹은 생멸生滅·천류遷流하는 제행의 체상體相을 가리키는 것이다. 이에 관해서는 뒤의 〈(2)-⑤-가.-(나)-㉣-a. 성자가 행상을 떨쳐 버리지 못하게 되는 과실(行相不遣失)〉에서 '행상'에 대한 해석(p.311) 참조.

은 '이 섬부주贍部洲⁴⁶⁷에서'라는 말일 수도 있다. 나머지 다른 두 본本에는 모두 이 말이 빠져 있다.

"일찍이 한 장소에서"라고 한 것은 곧 왕사성 등에 해당한다. 그런데 정토는 아니니, 승해행지의 보살중들이 모여 있는 곳이기 때문이다. 승해행지는 곧 지전의 최초의 아승기 지위⁴⁶⁸에 해당한다. 그러므로 대당大唐『섭대승론』에서는 "🈁 승해행의 보특가라는 최초의 무수대겁無數大劫(아승기겁)을 거쳐야 수행이 원만해진다."⁴⁶⁹고 하였다. 또 양梁『섭대승론석』제11권에서 다음과 같이 말한다. "원요행인願樂行人⁴⁷⁰은 본래 네 종류가 있으니, 십신·십해·십행·십회향을 말한다. 보살의 성스런 도에는 네 종류 방편이 있기 때문에 네 종류 사람이 있으니, 마치 수다원도 이전에 네 종류 방편이 있는 것과 같다.⁴⁷¹ 이 네 사람을 모두 원요행지願樂行地라고 하니, 첫 번째 아승기겁을 거치면 수행이 원만해진다."⁴⁷²

---

467 섬부주贍部洲(S Jambu-dvīpa) : 구역에서는 염부제閻浮提라고 하였다. 사주四洲의 남쪽에 있는 주가 '남섬부주'다. 섬부贍部(S jambu)란 본래 나무의 이름인데, 이 주에 섬부 나무가 무성하기 때문에 '섬부주'라고 부른다.
468 지전地前의 최초의 아승기 지위 : 보살의 수행이 완성되는 데 걸리는 3아승기겁 중에 첫 번째 아승기겁을 가리킨다.
469 현장 역『攝大乘論本』권3(T31, 146a26) 참조.
470 원요행인願樂行人 : 원요행지願樂行地라고도 한다. 이미 십지의 초지初地(견도)에 들어가 청정한 의행(淸淨意行 : 무분별지)을 획득한 자를 청정의행인淸淨意行人이라 하는 데 대해, 아직 청정한 의행을 획득하지 못한 지전의 지위에서 '오직 유식만 있다(唯有識)'는 교법을 듣고 나서 그것을 믿고 좋아하는 마음(信樂心)으로 수행하는 자들을 가리킨다. 진제 역『攝大乘論釋』권7(T31, 199c18), 같은 책 권11(T31, 229b22) 참조.
471 수다원은 소승의 사과四果 중에서 최초로 견도에 든 지위이고, '네 종류 방편'이란 이 견도에 들기 전의 예비적 단계로서 사제四諦의 열여섯 가지 행상行相 등을 관하는 난煖·정頂·인忍·세제일법世第一法의 사선근위四善根位를 가리킨다. 수다원과 이전에 네 종류 방편적 지위가 있듯이, 마찬가지로 대승의 유식종에서도 십지의 초지初地(견도)에 들기 전의 예비적 단계로서 사심사관四尋思觀 등을 수습하는 네 종류 지위를 말하는데, 그것이 지전의 십신·십해·십행·십회향이다.
472 진제 역『攝大乘論釋』권11(T31, 229b22).

此卽初也。言我卽於此者。於此娑訶世界。或可於此贍部洲中。餘二本中。
皆闕此言。曾見一處。卽王舍城等。而非淨土。勝解行地諸菩薩衆所集處
故。勝解行地。卽是地前初僧祇位。是故大唐攝大乘云。論曰。謂勝解行補
特伽羅。經初大¹⁾劫。修行圓滿。又梁攝論第十一云。願樂行人。自有四種。
謂十信。十解。十行。十廻向。菩²⁾薩聖道。有四³⁾方便。故有四人。如須陀洹
道前。有四⁴⁾方便。此四種⁵⁾人。名願樂⁶⁾地。第⁷⁾一僧祇修行圓滿。

1) ㉯『攝大乘論本』권3(T31, 146a27)에는 '大' 앞에 '無數'가 있다. '아승기겁'을 뜻하므로 '無數'를 넣어야 한다. 2) ㉯『攝大乘論釋』권11(T31, 229b23)에는 '菩' 앞에 '爲'가 있다. 3) ㉯『攝大乘論釋』권11(T31, 229b22)에는 '四' 다음에 '種'이 있다. 4) ㉯『攝大乘論釋』권11(T31, 229b24)에는 '四' 다음에 '種'이 있다. 5) ㉯『攝大乘論釋』권11(T31, 229b24)에는 '四' 다음에 '種'이 없다. 6) ㉯『攝大乘論釋』권11(T31, 229b25)에는 '樂' 다음에 '行'이 있다. 7) ㉯『攝大乘論釋』권11(T31, 229b25)에는 '第' 앞에 '於'가 있다.

● 승해행지의 다른 이름들

그런데 이 지地의 이름에 대략 네 가지가 있다.[473] 첫째는 원요지願樂地이니, 예를 들면 양의『섭대승론석』및『해절경』이다. 둘째는 신행지信行地이니, 예를 들면『심밀해탈경』이다. 셋째는 승해행지勝解行地이니, 예를 들면 당의『섭대승론석』과『유가사지론』과『지지경』과『선계경』이다. 넷째는 의요지意樂地이니, 예를 들면『유가사지론』「의요품」등이다.

어째서 지地의 이름에 이런 차이가 있는가? 이 지의 이름에는 대략 두 종류가 있다.

첫째는 총체적 이름이다. 범음 '아세야阿世邪ⓢ āsaya'는 여기 말로 '의요意樂'라고 하니, 욕欲·신信·승해勝解라는 세 가지 법을 자성으로 삼는다. 따라서『유가사지론』등에서 (이 지를) '의요(지)'라고 한 것이다.[474]

---

473 위의 경문에 나온 '승해행지'는 경론마다 다르게 표현되기 때문에 이하에서 그 이명異名들을 열거하였다.
474 '의요意樂'란 욕欲·신信·승해勝解라는 세 가지 심소법에 의거해서 설정된 총괄적 이

둘째는 개별적 이름이니, 이에 세 가지가 있다. 첫째는 원요願樂라고 하니, 이는 요욕樂欲의 다른 이름이다. 오별경五別境[475]심소 중에서 욕欲을 자성으로 삼는다. 따라서 『성유식론』에서는 "요욕이란 욕을 말한다."[476]고 하였다. 둘째는 신행信行이라 하니, 선심소善心所[477] 열한 개 중에서 신信을 그 체로 삼는다. 따라서 『대지도론』에서는 "불법의 큰 바다에 믿음으로 들어갈 수 있고 지혜로 건널 수 있다."[478]고 하였다. 셋째는 승해행勝解行이라 하니, 또한 별경심소 중에서 승해를 자성으로 삼는다. 그러므로 무성의 『섭대승론석』에서는 "승해행자는 아직 진여를 증득하지 못하고 다만 승해에 의지해서 부지런히 제행을 닦는다."[479]고 하였다. 또다시 그 논에서는 "첫째는 승해를 얻는 것이니, 말하자면 제지諸地에서의 깊은 신해信解를 얻은 자가 타인이 가르쳐 준 법에 대해 '진실로 이와 같다'고 결정적으로 인가하는 것이다."[480]라고 하였다.

이 지에서는 아직 진여를 증득하지 못했으므로 이런 쟁론들이 있는 것이다.

然此地名。略有四種。一願樂地。如梁攝論。及解節經。二信行地。如深密經。三勝解行地。如唐攝論。瑜伽地持。及善戒經。四意樂地。如瑜伽論意

름이다. 따라서 이 '지地'를 지칭할 때, 『瑜伽師地論』처럼 '의요지意樂地'라고 총괄해서 지칭하는 경우도 있지만, 다른 논서들에서는 '의요'의 체가 되는 세 가지 심소법을 따로따로 강조하여 원요지·신행지·승해행지 등으로 지칭하기도 한다.

475 오별경五別境 : 특정한 경계를 인식할 때 발생하는 다섯 가지 마음의 작용으로서, 욕欲·승해勝解·염念·정定·혜慧 등의 다섯 가지 심소법을 가리킨다.

476 『成唯識論』권6(T31, 29b29).

477 선심소善心所 : 선한 마음이 일어날 때 수반되는 열한 가지 선한 마음의 작용을 가리킨다. 그 열한 가지란 신信·참慚·괴愧·무탐無貪·무진無瞋·무치無癡·근勤·경안輕安·불방일不放逸·행사行捨·불해不害 등이다.

478 『大智度論』권1(T25, 63a1).

479 무성의 『攝大乘論釋』권7(T31, 426a3).

480 무성의 『攝大乘論釋』권7(T31, 424c9).

樂品等。如何地名有此異者。謂此地名。略有二種。一者總名。梵音阿世邪。
此云意樂。欲信勝解三法爲性。故瑜伽等。名爲意樂。二者別名。有三種。
一名願樂。卽是樂欲之異名也。五別境中。欲爲自性。故唯識云。樂欲謂欲。
二名信行。善十一中。信爲自體。故智度論云。佛法大海信爲能入。智慧[1]
能度。三名勝解行。亦別境中勝解爲性。是故無性攝大乘云。勝解行者。未
證眞如。但依勝解。勤修諸行。又復彼云。一得勝解。謂得諸地深信解者。
於他敎法。決定印可。眞實如是。於此地中。未證眞如。有此諍論也。

1) ㉠『大智度論』권1(T25, 63a2)에는 '慧'가 '爲'로 되어 있다.

나. 세 종류 계탁을 따로따로 서술함

경 이 모임에서 한 부류의 보살들은 다음과 같이 말했습니다. '승의제상은 제행상과 전혀 다름이 없다.'

於此會中。一類菩薩。作如是言。勝義諦相與諸行相。都無有異。

석 이하는 두 번째로 세 종류 계탁을 따로따로 서술한 것이니, 곧 세 가지로 구분된다.

釋曰。自下第二別叙三計。卽分爲三。

가) 첫 번째 계탁

이것은 처음의 계탁이다. 제법을 떠나 그 외에 별도의 승의제는 없으니, 수승한 지혜의 소연이므로 승의라고 이름하고 세간적 지혜의 소연이므로 세속이라 한다는 것이다.

此卽初計。離諸法外。無別勝義。勝智所緣。故名勝義。俗智所緣。名爲世俗。

나) 두 번째 계탁

경 한 부류의 보살들은 다시 다음과 같이 말했습니다. '승의제상은 제행상과 더불어 전혀 다름없는 것이 아니라 승의제상은 제행상과는 다르다.'

一類菩薩。復作是言。非勝義諦相與諸行相都無有異。然勝義諦相異諸行相。

석 이것은 두 번째 논사의 계탁이다. 제법을 떠나 그 외에 별도의 승의제가 있고 정연하게 체가 구별된다는 것이다.

釋曰。此卽第二師計。離諸法外。有別勝義。條然別體。

다) 세 번째 계탁

경 그 밖의 어떤 보살들은 의혹하고 주저하면서 다시 다음과 같이 말했습니다. '이 보살들 중에 누가 진실을 말하고 누가 거짓을 말하는 걸까, 누가 이치에 맞게 행하고 누가 이치에 맞지 않게 행하는 걸까?' 혹은 소리 높여 '승의제상은 제행상과 전혀 다름이 없다'고 말하거나, 혹은 소리 높여 '승의제상은 제행상과 다르다'고 말했습니다.

有餘菩薩。疑惑猶豫。復作是言。是諸菩薩。誰言諦實。誰言虛妄。誰如理行。誰不如理。或唱是言。勝義諦相與諸行相。都無有異。或唱是言。勝義諦相。異諸行相。

석 세 번째 논사의 계탁이다. 앞의 두 가지 설에 대해 주저하며 결정 내리지 못한 것일 뿐 별도의 계탁이 있는 것은 아니다.

지금 여기에는 합하여 네 가지 계탁이 있는 셈이니, 이른바 같거나 다르거나 둘 다이거나 (둘 다) 아니라는 것이다. 그 이유는 무엇인가? '같기도 하고 다르기도 하다'는 것은 상위방相違謗이고, '같지도 않고 다르지도 않다'는 것은 희론戱論이기 때문이다.[481] 그런데 이 경의 뜻은 간략하게 하려 했기 때문에, (뒤의 둘은) 준해서 알 수 있기 때문에, 우선 같다거나 다르다는 계탁만 논파하려는 것이다.

釋曰。第三師計。於上二說。猶豫不決。非別有計。今於此中。合有四計。所謂一異及與俱非。所以者何。亦一亦異。是相違諦。[1] 非一非異。是戱論故。而此經意。爲存略故。准可知故。且破一異。

1) ㉑ '諦'는 '謗'의 오기인 듯하다.

그런데 여기서 말한 '같음과 다름'에 대한 두 가지 집착은 열 가지 산동散動 중에서 같다거나 다르다는 집착에 해당한다.[482] 이와 같은 같음·다

---

481 어떤 주제에 대한 상이한 계탁과 집착을 일반적으로 사구四句로 정리할 수 있는데, 이것을 사방四謗이라고 한다. 예를 들어 오직 '유有'라고 하거나, '무無'라고 하거나, '유이기도 하고 무이기도 하다(亦有亦無)'고 하거나, '유도 아니고 무도 아니다(非有非無)'라고 할 경우, 첫 번째 집착은 증익방增益謗이라 하고, 두 번째 집착은 손감방損減謗이라 하며, 세 번째 집착은 상위방相違謗이라 하고, 네 번째 집착은 희론방戱論謗이라고 한다. 『攝大乘論釋』 권12(T31, 244a4) 참조.

482 이것은 『攝大乘論本』 권2(T31, 140a1)에서 언급된 열 종류 산동散動을 염두에 둔 말이다. '산동'이란 산란散亂이라고도 하며, 마음이 소연의 경계에서 노닐면서 산란되는 것이다. 유식학에서는 이 '산동'을 수번뇌의 하나로 간주한다. 『攝大乘論』에서는 이러한 산동의 종류를 열 가지로 구분했는데, 즉 ① 무상산동無相散動, ② 유상산동有相散動, ③ 증익산동增益散動, ④ 손감산동損減散動, ⑤ 일성산동一性散動, ⑥ 이성산동異性散動, ⑦ 자성산동自性散動, ⑧ 차별산동差別散動, ⑨ 여명취의산동如名取義散動, ⑩ 여의취명산동如義取名散動이다. 이 중에서 '일성산동'이란 위의 경문에서 언급했듯 '승의제와 제행이 같다'고 집착하는 것이고, '이성산동'이란 '다르다'고 집착하는 것이다.

름의 분별을 대치하는 것에 대해 여러 교설들이 같지 않다.

세친의 『섭대승론석』 제4권에서는 다음과 같이 말한다.[483] 〈일성산동一性散動[484]을 대치하기 위해서 그 경에서는 '색공은 색이 아니다(色空非色)'라고 하였다. 어째서인가? 의타기와 원성실이 동일한 성질이라면 이 의타기는 당연히 원성실과 마찬가지로 청정한 경계일 것이다.[485]【이것은 의타기의 색을 원성실의 공과 대응시킴으로써 저들의 '같다'는 집착을 깨뜨린 것이다.】 이성산동異性散動[486]을 대치하기 위해서 그 경에서는 '색은 공을 떠나지 않는다(色不離空)'고 하였다. 어째서인가? 그 두 가지가 다르다면 법과 법성도 또한 다름이 있어야 한다. 다른 성질이 있다면 도리에 맞지 않다. 마치 무상법無常法과 무상성無常性의 관계와 같다.[487]【이것도 또한 의타기의 색을 원성실의 공과 대응시킴으로써 저들의 '다르다'는 집착을 깨뜨린 것이다.】 변계소집자성을 취할 경우, '색이 곧 공이고 공이 곧 색이다(色卽是空空卽是色)'라고 한다. 어째서인가? 변계소집의 색이 '있는 바 없음(無所有)'이 바로 공성空性이고 이 공성이 바로 그것의 있는 바 없음이니, 이는 가령 의타기와 원성실이 동일하다고 말할 수 없는 것과는 같지 않다.[488]【이것은 변계소집의 색을 변계소집의 공과 대응시

---

483 이하의 『攝大乘論釋』 인용문은 『大般若經』 권4(T5, 17c3) 등에 나오는 "色空非色。色不離空。空不離色。色卽是空。空卽是色。"이라는 경문을 유식의 삼성설三性說에 의거해서 해석한 것이다.

484 일성산동一性散動 : 의타기와 원성실과의 관계에서 그 둘이 동일한 것이라고 집착하는 것을 말한다.

485 세친의 해석에 따르면, 『大般若經』에서 '색공은 색이 아니다'라고 한 뜻은 의타기의 색과 원성실의 공의 차이를 말하려는 것이다. 즉 의타기의 색은 청정하지 않은 경계인 반면 원성실성으로서의 색공色空은 청정한 경계라는 점에서는 차이가 있기 때문에 '색공은 색이 아니다'라고 한 것이다.

486 이성산동異性散動 : 의타기와 원성실과의 관계에서 그 둘이 전혀 다른 것이라고 집착하는 것을 말한다.

487 마치 무상한 법이 무상성과 불가분리의 관계에 있는 것처럼 마찬가지로 의타기의 색은 원성실의 공과 서로 분리되지는 않는다는 의미에서 '색은 공을 떠나지 않는다'고 한 것이다.

488 유식학에서는 의타기와 원성실은 가假·실實의 차이는 있지만 모두 '유有'로서 인정되

킴으로써 저들의 '다르다'는 집착을 깨뜨린 것이다.]〉⁴⁸⁹

양의 『섭대승론석』 제5권도 세친의 『섭대승론석』과 동일하게 말한다.

무성의 『섭대승론석』 제4권에 의하면, '색공은 색이 아니다'라는 것은 세친의 『섭대승론석』에서 의타기의 색을 원성실의 공과 대응시킴으로써 저들의 '같다'는 집착을 깨뜨린 경우와 같고, '색은 공을 떠나지 않는다'는 등은 변계소집의 색을 변계소집의 공과 대응시킴으로써 저들의 '다르다'는 집착을 깨뜨린 경우와 같다.⁴⁹⁰

『잡집론』 제14권에 의하면, '색공은 색이 아니다'라는 것은 변계소집의 색을 원성실의 공과 대응시킴으로써 저들의 '같다'는 집착을 깨뜨린 것이고, '색은 공을 떠나지 않는다'는 등은 변계소집의 색을 변계소집의 공과 대응시킴으로써 저들의 '다르다'는 집착을 깨뜨린 것이다.⁴⁹¹

『대승장엄경론』 제5권에서는 단지 경문을 배당시킬 뿐 해석하지는 않았다.

고, 반면에 변계소집은 정情 속에서만 있고 이치상으로는 무無이다. 변계소집의 차원에서 보면, 변계소집의 색은 본래 그 자체가 무無이고 그 무를 가리켜 '공'이라 하였으므로 색과 공은 동일한 것이다. 이런 의미에서 『大般若經』에서는 '색이 곧 공이고 공이 곧 색이다'라고 한 것이다. 그런데 의타기의 색과 원성실의 공을 대응시킬 경우, 변계소집의 색과 공이 본래 동일한 것과는 달리, 의타기는 불청정한 경계이고 원성실은 청정한 경계라는 차이가 존재하기 때문에 비록 둘 간의 불가분리의 관계를 말할 수는 있어도 그 둘이 완전히 동일하다고 말할 수는 없다는 것이다.

489 세친의 『攝大乘論釋』 권4(T31, 342c15) 참조.
490 무성의 『攝大乘論釋』 권4(T31, 405b16) 참조.
491 이 논에 따르면, 일성분별一性分別(색과 공이 동일하다는 분별)을 대치시키기 위해서 '이 색의 공성空性은 색이 아니다'라고 한 것이다. 왜냐하면 색 등은 변계소집자성이고 공성空性은 원성실자성이라는 점에서 자성이 다르기 때문이다. 또 이성분별異性分別(색과 공이 다르다는 분별)을 대치시키기 위해서 '또한 색을 떠나서 별도로 공성이 있는 것이 아니다'라고 한 것이다. 왜냐하면 변계소집자성은 상이 없고(無相), 그 변계소집을 떠나서 그것의 무성無性을 얻을 수는 없기 때문이다. 『雜集論』 권14(T31, 764c11) 참조.

然此所說一異二執。十散動中一異執也。對治如是一異分別。諸教不同。若依世親攝大乘釋第四卷云。爲對治一性散動故。卽彼經言色空非色。何以故。若依他起與圓成實。是一性者。此依他起。應如圓成實。是淸淨境。【此約依他色對圓成空。破彼一執。】爲對治異性散動故。卽彼經言色不離空。何以故。此二若異。法與法性。亦應有異。若有異性。不應道理。如無常法與無常性。【此亦約依他色對圓成空。破彼異執。】若取遍計所執自性。色卽是空。空卽是色。何以故。遍計所執色無所有。卽是空性。此[1)]性卽是彼無所有。非如依他起與圓成實不可說一。【此約所執色對所執空。破彼異執。】梁論第五。同世親論。若依無性攝論第四。色空非色。同世親論。以依他色。對圓成空。破彼一執。色不離空等。約所執色。對所執空。破彼異執。雜集十四。色空非色。約所執色。對圓成空。破彼一執。色不離空等。約所執色。對所執空。破彼異執。莊嚴第五。但配經文。而不解釋。

---

1) ㉧『攝大乘論釋』권4(T31, 342c23)에는 '此' 다음에 '空'이 있다.

지금 이 경문의 뜻은 의타기를 원성실과 대응시킴으로써 '같다'고 하거나 '다르다'고 하는 집착을 깨뜨리려는 것이니, 세친의 처음 해석과 동일하다.

따라서 『성유식론』 제8권에서는 다음과 같이 말한다. "이 원성실과 저 의타기는 다른 것도 아니고 다르지 않은 것도 아니다. 다르다면 당연히 진여는 저 (의타의) 실성實性이 아닐 것이다. 다르지 않다면 이 실성은 당연히 무상한 것이어야 하고, 그것(의타)도 이것(실성)도 둘 다 청정한 경계이거나 청정하지 않은 경계이고,[492] 그런즉 근본지와 후득지의 작용에 차별이 없을 것이다. 두 가지 자성(의타기성과 원성실성)이 다르지도 않고 같지

---

492 의타기와 원성실이 다르지 않고 둘의 체體가 동일하다면, 그 의타기성도 이 원성실성도 둘 다 동시에 청정한 경계이거나 혹은 둘 다 동시에 청정하지 않은 경계가 된다는 것이다.

도 않다는 것은 어떤 것인가? 마치 저 무상無常·무아無我 등의 성性과 같으니, 무상 등의 성이 행行 등의 법과 다르다면 당연히 그 법은 무상한 것 등이 아니고, 다르지 않다면 이것(무상성 등)은 당연히 저것(행법 등)의 공상共相이 아닐 것이다.493 이러한 비유로 '이 원성실과 저 의타기는 같지도 않고 다르지도 않음'을 나타내었다."494

같음과 다름에 대한 자세한 분별은 뒤에서 설한 것과 같다.

今此經意。約依他起對圓成實。破一異執。同世親初釋。故成唯識第八卷云。此圓成實。與彼依他起。非異非不異。異應眞如非彼實性。不異此性應是無常。彼此俱應淨非淨境。則本後智用應無別。云何二性非異非一。如彼無常無我等性。無常等性。與行等法。異應彼法非無常等。不異此應非彼共相。由斯喩顯此圓成實與彼依他非一非異。廣辨一異。如後當說。

③ 자기의 의심을 진술함

경 세존이시여, 저는 그들을 보면서 속으로 이런 생각을 했습니다. 〈이 선남자들은 우치와 우둔함으로 인해 밝지도 않고 선하지도 않으며 이치에 맞게 행하지도 않는다. 이들은 승의제의 미세하고 심오한, 제행과의 동일성·차이성을 넘어선 상을 이해할 수가 없다.〉" 이렇게 말하고 나자

---

493 여기서는 의타기와 원성실이 '일치하지도 않고 분리되지도 않는(不卽不離)' 관계를 '제행무상'이나 '제법무아' 등의 예를 들어 설명하였다. 여기서 무상·무아 등은 제행·제법에 보편적으로 관철되는 성性(도리)에 해당하기 때문에 그것을 행법行法 등의 공상共相(보편상)이라고 하였다. 그런데 만약 이 무상성 등이 그 행법과 결정코 다르다고 한다면, '제행은 무상하다' 혹은 '제법은 무아다'라는 말도 성립하지 않는다. 반면에 이 보편상이 그 행법과 결정코 다르지 않고 '체가 동일하다'고 한다면, 무상 등의 이치는 저 개별적 행들에 관철되는 보편상이라고 하는 의미가 없어진다.
494 『成唯識論』 권8(T31, 46b18).

世尊。我見彼已。竊作是念。是諸善男子。愚癡頑鈍。不明不善。不如理行。
於勝義諦微細甚深超過諸行一異性相。不能解了。說是語已。

석 세 번째는 자기의 의심을 진술한 것이다.
"우치"란 무명의 체를 나타낸 것이고, "우둔함"이란 무명의 작용을 밝힌 것이다. 말하자면 선청정혜보살은 다음과 같이 생각하였다. 〈이 선남자들은 무명으로 인해 우둔해지고, 우둔함으로 인해 그 세 가지 작용이 있게 된다. 첫째 밝지 않다는 것은, 아직 미지근未知根을 얻지 못했기 때문이다. 둘째 선하지 않다는 것은, 아직 이지근已知根을 얻지 못했기 때문이다. 셋째 (진여의) 이치를 알지 못한다는 것은, 아직 구지근具知根을 얻지 못했기 때문이다.[495] 이로 인해 같지도 다르지도 않은 상의 수승한 진여의 이치를 아직 증득하지 못한 것이다.〉

釋曰。第三申已[1)]疑情。言愚癡者。出無明體。言頑鈍者。辨無明用。謂善淸淨慧菩薩。作如是念。此諸善男子。由無明故頑鈍。由頑鈍故。有其三用。一不明者。未得未知根故。二不善者。未得未[2)]知根故。三不知理者。未得具知根故。由此未證非一異相勝眞如理。

1) ㉠ '已'는 '己'의 오기다. 2) ㉯ '未'는 '己'인 듯하다. ㉠ 원 교감주의 '己'는 '巳'의

---

[495] 이상은 "① 밝지도 않고 ② 선하지도 않으며 ③ 이치에 맞게 행하지도 않는다."는 경문을 미지근未知根·이지근已知根·구지근具知根이라는 무루無漏의 세 종류 근에 의거해서 해석하였다. 이 삼무루근은 『俱舍論』에서 언급되는 22근 중에서 의意·낙樂·희喜·사捨·신信·근勤·염念·정定·혜慧 등의 아홉 가지 근을 체로 하여 안립한 것이다. 이 아홉 가지는 증상시키는 힘이 있어서 무루의 청정한 성법聖法을 발생시키기 때문에 독립적 근으로 간주한다. 특히 미지근은 견도에서 사제의 이치를 통찰하는 토대가 되는데, 이것을 얻지 못했기 때문에 '선하지 않다'고 하였다. 또 이지근은 수도에서 사혹事惑을 제거하는 근거가 되는데, 이것을 얻지 못했기 때문에 '선하지도 않다'고 하였다. 또 무학위에서 모든 번뇌를 이미 끊고 모든 일을 다 성취했기 때문에 이전의 근들을 구지근이라 하는데, 이것을 아직 획득하지 못했기 때문에 '이치에 맞게 행하지 않는다'고 하였다.

오기다.

(2) 여래의 대답

경 이때 세존께서 선청정혜보살마하살에게 말씀하셨다. "선남자여, 그러하다, 그러하다. 그대가 말한 것처럼 이 선남자들은 우치와 우둔함으로 인해 밝지도 않고 선하지도 않으며 이치에 맞게 행하지도 않는다. 그들은 승의제의 미세하고 심오한, 제행과의 동일성·차이성을 넘어선 상에 대해 이해할 수가 없느니라."

爾時世尊。告善淸淨慧菩薩摩訶薩[1]曰。善男子。如是如是。如汝所說。此[2] 諸善男子。愚癡頑鈍。不明不善。不如理行。於勝義諦微細甚深超過諸行一 異性相。不能解了。

1) ㉠『解深密經』권1(T16, 690a15)에는 '摩訶薩'이 없다. 2) ㉠『解深密經』권 1(T16, 690b15)에는 '此'가 '彼'로 되어 있고, 교감주에 '此'로 된 곳도 있다고 하였다.

석 이하는 두 번째로 여래께서 바로 대답하신 것이다. 이 중에 다섯 가지가 있다. 첫째는 여래께서 인가하신 것이고, 둘째는 보살이 따져 물은 것이며, 셋째는 여래께서 간략히 대답한 것이고, 넷째는 보살이 거듭 따져 물은 것이며, 다섯째는 여래께서 자세히 해석한 것이다.

釋曰。自下第二如來正答。於中有五。一如來印可。二菩薩徵詰。三如來略 答。四菩薩重徵。五如來廣釋。

① 여래의 인가

이것은 첫 번째로 여래께서 인가하신 것이다. "그러하다"고 중복해서 말한 뜻은 이전의 해석에 준해서 알아야 한다.[496]

此卽第一如來印可。重意如是。准上應知。

② 보살의 징힐

경 "어째서입니까?"

何以故。

석 두 번째는 보살이 따져 물은 것이다. 따져 물은 뜻은, '어떤 의미에서 (그렇게 말씀하셨는지) 이해할 수 없다'는 것이다.

釋曰。第二菩薩徵詰。徵詰之意。以何義故。不能解了。

③ 여래의 간략한 대답

경 "선청정혜여, 제행에 대해 이와 같이 (관觀을) 행할 때 승의제상을 통달했다고 하거나 승의제를 작증作證할 수 있다고는 하지 않는다."

善淸淨慧。非於諸行如是行時。名能通達勝義諦相。或於勝義諦。爲得作證。

---

496 '2. 심사의 영역을 넘어선 상을 해석함(釋超過尋思所行相)'의 두 번째 과목 '(2) 세존의 간략한 대답(世尊略答)'에서 '如是如是'에 대해 자세히 해석한 바 있다.(p.197)

석 세 번째는 여래께서 간략히 대답하신 것이다. 이 대답의 뜻은, 제행에 대해 이와 같이 승의제와 '같다'거나 '다르다'고 집착하면서 그것에 통달할 수 있거나 작증할 수 있는 것은 아니라는 것이다. 왜냐하면 (이런 집착에) 과실이 많기 때문이다. 과실의 모습은 뒤에서 설한 것과 같다.

그런데 이 (경문에 나온) '통달通達'과 '작증作證'에 대해 요별해 보겠다.

승의를 아는 것을 통달이라 하고, 열반 및 보리의 과를 능히 획득하는 것을 작증이라 한다.

또 무간도無間道를 통달이라 하고, 그 해탈도解脫道를 통달이라 하거나 작증이라고도 하니, 무위를 증득하는 것이기 때문이다.[497]

또 후득지를 통달이라 하고 그 정체지正體智(근본지)를 작증이라 한다. 따라서 『대반야경』 제567권에서 다음과 같이 말한다. 〈"세존이시여, 어떻게 이와 같은 법계를 증證할 수 있고 득得할 수 있습니까?" 부처님이 말씀하셨다. "출세간의 반야 및 후소득後所得의 무분별지로 증할 수 있고 득할 수 있느니라." "세존이시여, 증과 득의 의미에는 어떤 차이가 있습니까?" 부처님이 말씀하셨다. "출세간의 반야로 여실하게 볼 수 있기 때문에 증이라 하고, 후득지로 통달할 수 있기 때문에 득이라 하느니라."〉[498]

釋曰。第三如來略答。此答意者。非於諸行如是執著。與勝義諦。或一或異。而能通達。或得作證。有多過故。失相如後當說。然此通達作證了別者。知勝義。名爲通達。能得涅槃及菩提果。名爲作證。又無間道。名爲通達。其解脫道。名爲通達。亦名作證。證無間[1]爲故。又後得智名爲通達。其正體

---

[497] 무간도無間道란 번뇌의 현행을 바로 제거하는 지위로서 해탈도의 직전의 지위이고, 이 무간도에서 번뇌를 끊음과 동시에 곧바로 한 순간 정지正智가 생겨나는데 이 정지로 진리를 깨닫는 지위를 해탈도解脫道라고 한다. 이 무간도와 해탈도에 의거해서 설명할 경우, '해탈도'에서 '통달한다'고 할 뿐만 아니라 가령 무위를 증득하는 경우는 '작증한다'고 할 수도 있다는 것이다.
[498] 『大般若波羅蜜多經』 권567(T7, 929c9) 참조.

智。名爲作證。故大般若五百六十七云。世尊。云何能證能得如是法界。佛言。出世般若及後得²⁾所得無分別智。能證能得。世尊。證得義有何異。佛言。出世般若能如實見。故名爲證。後智通達。故名爲得。

---

1) ㉠ '間'은 잉자인 듯하다.　2) ㉠ 『大般若經』권567(T7, 929c9)에 따르면, '得'은 잉자다.

그런데 이 작증이란, 우선 살바다종에 의하면 성도聖道와 무위법을 대응시켜서 이중의 사구四句를 만들 수 있다. 첫째는 여러 찰나에 의거한 사구(多念四句)이고, 둘째는 한 찰나에 의거한 사구(一刹那四句)이다.

여러 찰나에 의거한 사구란 다음과 같다.⁴⁹⁹ 첫째, 몸으로 증득했지만 혜로는 증득하지 못한 경우니, 말하자면 세 가지 제(고제·집제·도제)를 소연으로 삼는 해탈도解脫道일 때이다. 무위를 증득했기 때문에 '몸으로 증득했다'고 하고, 멸제를 소연으로 삼는 것은 아니기 때문에 '혜로 증득하지 못했다'고 한다.⁵⁰⁰ 둘째, 혜로 증득했지만 몸으로는 증득하지 못한 경우니, 말하자면 멸제를 소연으로 삼는 무간도無間道일 때이다. 무위를 소연으로 삼기 때문에 '혜로 증득하였다'고 하고, 아직 멸제를 증득한 것은 아니기 때문에 '몸으로 증득하지 못했다'고 한다. 셋째, 몸과 혜로 모두 증득한 경우니, 말하자면 멸제를 소연으로 삼는 해탈도일 때이다. 혜가 무위를 소연으로 삼는데다가 또 멸제를 증득하기 때문이다. 넷째, 몸과 혜로 모두 증득하지 못한 경우니, 말하자면 세 가지 제를 소연으로 삼는 무간도일 때이다. 혜가 멸제를 소연으로 삼는 것도 아니고 멸제를 증득하는

499　이하는 견도見道에서 사제四諦를 관하는 경우, '신증身證'과 '혜증慧證'을 기준으로 사구四句를 만든 것이다. 여기서는 사제 중에 무위법無爲法에 속하는 멸제滅諦를 소연所緣으로 삼았다면 '혜증'이라 하고, 그것을 이미 증득했으면 '신증'이라 한다.
500　멸제 이외의 나머지 고제·집제·도제를 관하는 경우, 해탈도에서는 멸제를 소연으로 삼지 않으므로 혜증은 아니지만 3제諦에 대한 미혹을 끊고서 그것의 멸滅(무위법)을 증득하기 때문에 신증이다.

것도 아니기 때문이다.[501]

한 찰나에 의거한 사구는 다음과 같다. 우선 예를 들어 멸법지滅法智[502]로 일래과一來果[503]를 얻을 때, 한 찰나에 그 사구가 갖추어진다.[504] 첫째, 몸으로 증득했지만 혜로는 증득하지 못한 경우다. 즉 상지의 두 계(색계와 무색계)의 견소단혹을 (끊음으로써) 증득되는 무위를 말하니, 과果(일래과)를 증득할 때 그것을 단박에 증득하기 때문이다. 둘째, 혜로 증득했지만 몸으로 증득하지 못한 경우다. 즉 욕계의 9품 중에서 뒤의 세 가지 수소단혹을 (끊음으로써) 증득되는 무위를 말하니, 혜가 그것을 소연으로 삼기는 해도 아직 증득하지 못했기 때문이다. 셋째, 몸과 지혜로 모두 증득한 경우다. 즉 욕계의 수소단혹 중에서 앞의 6품 및 욕계의 견사제소단見四諦所斷[505]의 모든 미혹을 (끊음으로써) 증득되는 무위를 말한다.[506] 넷째,

---

501 멸제 이외의 나머지 고제·집제·도제를 관하는 경우, 무간도에서는 멸제를 소연으로 삼지도 않았으므로 혜증도 아니고, 또 3제의 미혹을 끊기는 했어도 그것의 멸을 증득한 것은 아니기 때문에 신증도 아니다.
502 멸법지滅法智 : 견도의 16심(見道十六心) 중에서 욕계의 멸제를 현관現觀하여 멸제의 진리를 깨닫는 것을 '멸법지'라고 한다.
503 일래과一來果(⑤ sakṛdāgāmin) : 소승의 성문사과 중에 두 번째 성자로서 '사다함'이라 음역한다. 그는 욕계의 6품 미혹을 다 끊었고 3품만 남았기 때문에 인人과 천天에 한 번만 왕래하면 완전한 열반에 들 수 있기 때문에 '일래一來'라고 한다.
504 소승의 학설에 따르면, 성문사과聲聞四果의 성취에 있어서 욕계 수혹의 9품 가운데 앞의 5품을 끊는 지위까지는 예류과預流果라고 하고, 욕계 수혹 가운데서 제6중하품의 번뇌를 끊으면 성문사과의 두 번째인 일래과一來果를 성취한다고 한다. 그런데 욕계의 멸제를 관하여 한 찰나에 멸법지가 일어나서 일래과를 성취할 경우, 이 성자는 욕계에 있는 견소단의 모든 미혹과 수소단의 6품 미혹을 이미 모두 끊은 상태다. 따라서 욕계의 견소단의 모든 미혹과 수소단의 전前6품, 욕계의 수소단의 후後3품, 그리고 상지의 색계·무색계의 미혹들을 기준으로 하여, '그것들을 소연으로 삼는가, 그리고 그것을 이미 증득했는가'에 따라 다음의 사구四句가 만들어진 것이다.
505 견사제소단見四諦所斷 : 사제를 통찰함으로써 끊어지는 번뇌, 즉 견소단혹見所斷惑을 가리킨다.
506 일래과의 성자는 욕계의 수소단혹修所斷惑 중에 전前6품 및 욕계의 견사제소단見四諦所斷의 모든 미혹을 끊고 무위를 획득하는데, 이 경우 '혜'가 그것들을 소연으로 삼는다는 측면에서는 '혜증慧證'이고, 또 그것을 끊고 무위를 증득했다는 측면에서는 '신증身證'이기도 하다.

몸과 혜로 모두 증득하지 못한 경우다. 즉 상지의 두 계의 수소단혹을 (끊음으로써) 증득되는 무위를 말한다.[507]

然此作證。且依薩婆多宗。以其聖道對無爲法。有兩重四句。一多念四句。二一刹那四句。多念四句者。一身證慧不證。謂緣三諦解脫道時。證無爲故。名爲身證。不緣滅故。名慧不證。二慧證身不證。謂緣滅諦無間道時。緣無爲故。名爲慧證。未得滅故。名身不證。三身慧俱證。謂緣滅諦解脫道時。慧緣無爲及得滅故。四身慧俱不證。謂緣三諦無間道時。慧不緣滅。未得滅故。一刹那四句者。且如以滅法智得一來果時。一刹那中。有其四句。一身證慧不證。語[1]上二界見所斷惑所得無爲。以得果時。頓得彼故。二慧證身不證。謂欲界九品中。後三修所斷惑所得無爲。慧雖能緣。而未得故。三身慧俱證。謂欲界修所斷中。斷前六品及欲界見四諦所斷諸惑所得無爲。四身慧俱不證。謂上二界修所斷惑所證無爲。

1) ㉣ '語'는 '謂'의 오기다.

④ 보살의 거듭된 징힐

경 "어째서입니까?"

何以故。

석 이것은 네 번째로 보살이 거듭해서 (승의제상이) '심오한' 이유를 따져 물은 것이다.

---

507 일래과를 획득하는 경우, 상지의 두 계의 수소단혹을 끊음으로써 증득되는 무위에 대해서는 그것을 소연으로 삼지 못하므로 '혜증'도 아니고, 따라서 그것을 끊고 무위를 증득할 수도 없으므로 '신증'도 아니다.

釋曰。此卽第四菩薩重徵甚深所由。

⑤ 여래의 자세한 해석

경 "선청정혜여, 만약 승의제상이 제행상과 전혀 다름이 없다면,

善淸淨慧。若勝義諦相。與諸行相。都無異者。

석 이하는 다섯 번째로 징힐에 의거해서 자세히 해석한 것이다.[508]
세 가지 부차적 설명(復次)이 있으니, 곧 세 가지로 구분된다. 처음은 세 종류 과실과 다섯 종류 과실에 의거해서 같음·다름에 대한 집착을 깨뜨린 것이다. 다음의 "선청정혜여, 만약 승의제상이 제행상과 전혀 다름이 없다면" 이하는 '청정한 공상共相'[509]에 의거해서 같음·다름에 대한 집착을 깨뜨린 것이다. 마지막의 "선청정혜여, 만약 승의제상이 제행상과 전혀 다름이 없다면" 이하는 제행의 차별 없음과 무아 등에 의거해서 같음·다름에 대한 집착을 깨뜨린 것이다.

釋曰。自下第五依徵廣釋。有三復次。卽分爲三。初約三五過。破一異執。次善淸淨慧。若勝義諦相與諸行相都無異者下。約淨共相。破一異執。後善

---

[508] 이하에서 진술된 '제법과 승의제와의 동일성·차이성을 넘어선 상'에 대한 자세한 해석(廣釋)은 다른 것에 비해 상대적으로 상세하고 논증적인데, 그 초점은 '제법의 상과 승의제의 상이 전혀 다르지 않다'고만 觀하거나 '두 가지 상이 다르다'고만 관할 경우 논리적인 측면에서 혹은 실천적인 측면에서 중대한 과실을 범하게 된다는 것을 보여주는 데 있다. 이것을 원측은 반석反釋·반해反解 등으로 표현하였다.

[509] 청정한 공상共相 : 공상이란 사물의 보편상을 뜻한다. 그런데 법무아성法無我性·진여眞如·승의勝義 등은 모든 법에 편재하는 상으로서 정지正智에 의해 알려지는 청정한 경계이기 때문에 그것을 '청정한 공상'이라고 하였다.

淸淨慧。若勝義諦相與諸行相都無異者下。約行無別及無我等。破一異執。

가. 첫 번째 부차적 설명

처음의 부차적 설명에서 두 가지로 구분된다. 첫째는 반석反釋[510]으로 집착을 깨뜨린 것이고, 다음의 "선청정혜여" 이하는 순석順釋[511]으로 집착을 깨뜨린 것이다.【혹은 처음은 '종을 정에 맞추는 방식(宗隨情)'으로 논파하였고 나중은 '의를 도리에 맞추는 방식(義隨理)'으로 논파한 것이라 볼 수도 있다.[512]】

就初復次。分爲二。初反釋破執。後善淸淨慧下。順釋破執。【或可初就宗隨情破。約[1)]義隨理破。】

1) 옘 '約' 앞에 '後'가 누락된 듯하다.

가) 반석反釋으로 집착을 깨뜨림

반석으로 논파한 곳에서 다시 두 가지로 구분된다. 처음은 세 가지 과실에 의거해서 '같다'는 집착을 깨뜨린 것이고, 나중은 다섯 가지 과실에 의거해서 '다르다'는 집착을 깨뜨린 것이다.

就返破中。復分爲二。初約三失。以破一執。後約五失。破其異執。

---

[510] 반석反釋: 앞에서는 반석返釋이라 하였다. 도리에 맞지 않는 집착들이 필연적으로 어떤 불합리한 결론에 이르는가를 보여줌으로써 그 집착이 잘못되었음을 간접적으로 증명하는 해석 방식을 말한다.
[511] 순석順釋: 이전의 반석反釋과는 달리, 이 순석은 처음부터 도리와 사실에 수순해서 해석함으로써 그로부터 합당한 결론을 이끌어 내는 것을 말한다.
[512] '종을 정에 맞춘다(宗隨情)'는 것은, 앞서 말한 '반석反釋'과 유사한 말로서, 본래의 주장(宗)을 감추고 오히려 범부의 정情으로 집착하는 바를 내세워서 그것이 어떤 불합리한 결론에 이르는가를 보여준 것을 말한다. '의를 도리에 맞춘다(義隨理)'는 것은, 앞서 말한 '순석順釋'과 유사한 말로서, 본래의 의미(義)를 바른 도리에 수순해서 진술하는 것을 말한다.

(가) 세 종류 과실에 의거해서 '같다'는 집착을 깨뜨림

'같다'는 집착을 깨뜨리는 곳에서 먼저 표제를 걸고, 다음에 논파하였다.

破一執中。先牒。後破。

㉮ 표제

이 경문은 장차 논파하려고 저들의 '같다'는 집착을 표제로 내건 것이다.

此卽將破。牒彼一執也。

㉯ 논파

경 마땅히 지금 이때 모든 이생(범부)들도 다 이미 진리를 통찰했어야 하고,

應於今時。一切異生。皆已見諦。

석 이것은 두 번째로 곧바로 세 가지 과실로써 그들의 '같다'는 집착을 논파한 것이다.[513] 세 가지 과실이란, 첫째는 이생도 이미 진리(諦理)를 통찰했어야 한다는 과실이고, 둘째는 (이생도) 이미 열반을 획득했어야 한다는 과실이며, 셋째는 (이생도) 이미 보리를 획득했어야 한다는 과실이다.

---

[513] 이하에서는 도리와는 어긋나게 '제법의 상과 승의제의 상이 전혀 다르지 않다'고 관할 경우 이생異生, 즉 범부에 대해서 사실과 맞지 않는 세 가지 불합리한 결론에 연쇄적으로 귀결됨을 보여준 것이다. 〈① 단지 일상적 상식만 갖고 있는 모든 범부들과 이미 진리를 증득한 성자는 아무런 차이가 없게 되고, ② 그렇다면 범부들이 이미 위없는 방편과 안온한 열반을 획득했어야 하고, ③ 또한 이미 무상보리를 증득했어야 한다. 그러나 범부의 실제 모습은 이와는 다르다.〉

釋曰。此即第二正以三過破彼一執。三過失者。一異生已見諦理失。二已得涅槃失。三已得菩提失。

a. 이생이 이미 진리를 통찰했어야 한다는 과실

이것은 첫 번째인 '이생도 이미 진리를 통찰했어야 한다는 과실'에 해당한다. 말하자면 그대가 만약 제행이 곧 이치라고 인정한다면 이생이 색을 볼 때 마땅히 이치를 보는 것이니, 색이 곧 이치이기 때문이다.[514]

此即第一異生已見諦理失。謂汝若許諸行卽理。異生見色。應則見理。色則理故。

b. 이생이 이미 열반을 증득했어야 한다는 과실

경 또 모든 이생들이 다 이미 위없는 방편의 안온한 열반을 증득했어야 하며,

又諸異生。皆應已得無上方便安穩涅槃。

석 이것은 두 번째로 '이생도 마땅히 열반을 증득했어야 한다'는 과실을 나타낸 것이다.
"위없는 방편"이란 도제道諦라는 무루의 성도를 말한다.

---

[514] '모든 범부들도 진리를 통찰했어야(見諦) 한다'고 했는데, 여기서 견제見諦란 견도見道(⑤ darśana-mārga)의 다른 말이다. 견도 이전의 가행위에서 사제四諦의 이치를 관하다가 이치를 통찰하는 순간 곧바로 견도에 들게 된다. 이 견도 이전을 범부凡夫라고 하고 견도에 들면 성자聖者라고 하는데, 만약 승의제와 제행의 모습이 전혀 차이가 없다면, 승의제를 아는 성자와 범부의 구분은 의미가 없어진다는 것이다.

"열반"이란 대략 네 종류가 있다. 첫째는 본래 자성 청정한 열반이고, 둘째는 유여열반이며, 셋째는 무여열반이고, 넷째는 무주처열반이다. 이는 나중에 가서 분별하겠다.

지금 여기에서는 유여의와 무주처에 의거해 말한 것이니, 본래 청정한 열반은 원래부터 있는 것이기 때문이고, 그 무여의열반은 몸이 이미 멸한 것이기 때문이다. 혹은 여기에서 또한 무여의열반에 의거해 말한 것일 수도 있으니, 유루의 소의를 멸하고 무여열반을 증득한 것이기 때문이다. 방편의 도를 들어서 열반의 과를 나타냈기 때문에 "위없는 방편의 안온한 열반"이라 한 것이다.

釋曰。此顯第二異生應證涅槃失。無上方便。卽是道諦無漏聖道。言涅槃者。略有四種。一者本來自性淸淨。二者有餘。三者無餘。四者無住處。後當分別。今於此中。約有餘依及無住處。本來淸淨。元來有故。其無餘依。身已滅故。或可此中亦依無餘。滅有漏依。得無餘故。擧方便道。顯涅槃果。故言無上方便安穩涅槃也。

c. 이생이 이미 보리를 증득했어야 한다는 과실

경 혹은 이미 아뇩다라삼먁삼보리를 증득했어야 한다.

或應已證阿耨多羅三藐三菩提。

석 이것은 세 번째로 '이생이 마땅히 보리를 증득했어야 한다'는 과실을 나타낸 것이다.

'보리'라는 말은 범음이다. 이 지역에서 번역할 때 신역과 구역이 서로 다르다.

한편에서는 다음과 같이 말한다.〈'아阿⑤ an'는 '없음(無)'을 말하고, '녹다라搙多羅⑤ uttara'는 '위(上)'를 말한다. '삼三⑤ sam'은 '바름(正)'이고, '먁藐⑤ yak'은 '진眞'을 말한다. 뒤의 '삼三⑤ saṃ'은 '바름'이고, '보리菩提⑤ bodhi'는 '도道'이다. 총칭하면 '무상정진정도無上正眞正道'라고 한다.〉

한편에서는 다음과 같이 말한다.〈'아'는 '없음'이고, '녹다라'는 '위'를 뜻한다. '삼'은 '정正'이고, '먁'은 '편遍'을 말한다. 뒤의 '삼'은 '지知'이고, '보리'는 '각覺'이라 한다. 여리지如理智[515]로 진제를 소연으로 삼는 것을 '정'이라 하고, 여량지如量智[516]로 속제를 소연으로 삼는 것을 '편'이라 한다. 무분별지無分別智로 두 종류 무지無知[517]를 끊는 것을 '지'라고 하고, 보리로 꿈속 바깥으로 나오는 것을 '각'이라고 한다. 이 네 가지 지智는 보리의 체이니, 이승의 과를 넘어서기 때문에 '위없다(無上)'고 한다. 총칭해서 '무상정편지각無上正遍知覺'이라고 한다.〉

대당 삼장은 다음과 같이 해석하였다.〈'아'는 '없음'이고, '녹다라'는 '위'를 말한다. 앞의 '삼'은 '정正'이라 하고 '먁'은 '등等'이라 하며, 뒤의 '삼'은 '정'이라 하고 보리는 '각覺'이라 한다. 더 넘어설 만한 법이 없으므로 '위없다'고 하고, 이理와 사事를 두루 알기(遍知) 때문에 '정등正等'이라고 하며, 허망을 떠나서 진실을 비추기 때문에 '정각正覺'이라고 하였다. (이를 총칭하면) '무상정등정각無上正等正覺'이다.〉

이 경문의 뜻을 해석하면 다음과 같다.〈(승의제와 제행이) '다름이 없

---

515 여리지如理智 : 여량지如量智에 대칭되는 말로서, 제일의제第一義諦의 진리를 비추는 지혜를 말한다.

516 여량지如量智 : 여리지如理智에 대칭되는 말로서, 속제俗諦의 삼라만상의 차별을 비추는 지혜를 말한다.

517 두 종류 무지(二無知) : 몇 가지 해석이 가능하지만, 원측의『仁王經疏』권1(T33, 364b7)에는 '깨달은 자(佛)'를 정의하면서 이와 관련된 문구가 나온다. "셋째는 두 종류 무지를 떠났다.【첫째는 해탈을 장애하는 무지(解脫障無知)이고, 둘째는 일체지를 장애하는 무지(一切智障無知)이다.】"

다'고 하면, 모든 이생의 부류들도 다 이미 색色 등의 행상行相을 알고 있으니, 또한 승의제의 상도 마땅히 알고 있어야 한다. (승의제의 상은) 그 밖의 행상과는 별다른 차이가 없기 때문이다. 이에 따르면 (이생도) 마땅히 무상보리를 증득했어야 한다. (그러나) 이미 증득하지 못하고 있다. 따라서 (승의제와 제행이) '같지 않음'을 알 수 있다.〉

釋曰。此顯第三異生應證菩提失。菩提言者。此是梵音。此地翻譯。新舊不同。一云。阿之言無。耨多羅云上。三名正。藐之言眞。後三名正。菩提曰道。總言無上正眞正道。一云。阿之言無。耨多羅云上。三名正。藐之言遍。後三云知。菩提名覺。如理智緣眞名正。如量智緣俗言遍。無分別智斷二無知名知。菩提出眠夢之表。稱之曰覺。此四智是菩提體。超二乘果。故名無上。總云無上正遍知覺。大唐三藏釋云。阿之言無。耨多羅云上。前三名正。藐之云等。後三言正。菩提名覺。無法可過。故名無上。理事遍知。故云正等。離妄照眞。故曰正覺。卽是無上正等正覺。此意釋云。若無異者。諸異生類。皆已了知色等行相。亦應了知勝義諦相。與餘行相。無別異故。由斯應證無上菩提。旣不證得。故知非一也。

(나) 다섯 종류 과실에 의거해서 '다르다'는 집착을 깨뜨림

경 만약 승의제상이 제행상과 한결같이 다르기만 하다면,

若勝義諦相與諸行相一向異者。

석 이하는 두 번째로 다섯 종류 과실에 의거해서 '다르다'는 집착을 논파한 것이다. 이 중에 두 가지가 있다. 먼저 표제를 내걸었고, 나중에는 그것을 논파한다.

釋曰。自下第二約五種失。破其異執。於中有二。先牒。後破。

㉮ 표제

이것은 장차 논파하고자 하여 먼저 '다르다'는 집착을 표제로 내건 것이다. 말하자면 승의제상이 제행상과는 정연하게 다르다고 하는 것은 마땅히 다섯 종류 과실이 있다는 것이다.

此卽將破。先牒異執也。謂勝義諦與諸行相條然異者。應有五失。

㉯ 논파

경 이미 진리를 통찰한 자도 제행상을 떨쳐 버리지 못할 것이다.

已見諦者。於諸行相。應不除遣。

석 이하는 두 번째로 다섯 종류 과실을 따로따로 나타내었다.[518]

다섯 종류 과실이란, 첫째는 이미 진리를 통찰한 자(견도의 성자)도 행상行相을 떨쳐 버리지 못하게 되는 과실이고, 둘째는 상박相縛에서 벗어나지 못하게 되는 과실이며, 셋째는 추중박麤重縛에서 벗어나지 못하게 되는

---

[518] 이하에서는 도리와 어긋나게 '제법의 상과 승의제의 상이 한결같이 다르다'고만 관할 경우, '성자'에 대해서 사실과 맞지 않는 다섯 가지 불합리한 결론에 연쇄적으로 이르게 됨을 보여준다. 〈① 이미 진리를 통찰한 자(견도의 성자)도 제법의 상相을 떨쳐 버리지 못하게 되고, ② 그렇다면 그도 상박相縛에서 해탈하지 못하며, ③ 그로 인해 추중박麤重縛에서도 해탈할 수 없고, ④ 그 두 가지 속박에서 벗어나지 못하므로 위없는 방편의 안온한 열반을 획득하지 못하며, ⑤ 또한 무상보리를 증득할 수 없게 된다.〉 그러나 성자의 실제 모습은 이와는 다르다. 따라서 승의제의 상과 제법의 상은 다른 것이 아니다.

과실이고, 넷째는 열반을 증득하지 못하게 되는 과실이며, 다섯째는 보리를 증득하지 못하게 되는 과실이다.

釋曰。自下第二別顯五失。言五失者。一已見諦者行相不遣失。二相縛不脫失。三麤重縛不脫失。四不證涅槃失。五不證菩提失。

a. 성자가 행상을 떨쳐 버리지 못하게 되는 과실

이것은 첫 번째로 행상을 떨쳐 버리지 못한다는 과실에 대해 해석한 것이다.

"행상行相"이라 한 것에서, '행'은 견분見分을 말하니 능연能緣의 행해行解이고, '상'은 상분이다. 이것은 곧 '행의 상(行之相)'이라는 뜻에서 행상이라 한 것이니, 이는 의주석에 해당한다. 혹은 행상에서, 행은 생멸하고 천류하면서 머물지 않는 것을 말하고, 상은 체상體相이라고 볼 수도 있다.

이 논파의 뜻은 다음과 같다. 〈승의제와 제행상이 한결같이 다르기만 하다면, 이미 진리를 통찰한 자(성자)도 제행상을 떨쳐 버리지 못할 것이다. 승의제와 제행은 다르기 때문이다. 그런데 (성자들은 그것을) 떨쳐 버릴 수 있다. 따라서 (그 둘은) 다른 것이 아니어야 한다.〉

此釋第一行相不遣失。言行相者。行謂見分。能緣行解。相是相分。此卽行之相故。名爲行相。此依主釋。或可行相者。行謂生滅遷流不住。相卽體相。此破意云。若勝義諦與諸行相一向異者。已見諦者。於諸行相。不應除遣。以勝義諦與行異故。然能除遣。故應非異。

문 승의를 통찰할 때 어떻게 의타기상을 떨쳐 버릴 수 있는가?

해 진여를 관할 때 여러 상들이 (더 이상) 현현하지 않으므로 '떨쳐 버린다'고 하였다. 이는 가령 변계소집이 자성이 없기 때문에 '버린다'고 하는 것과는 같지 않다. 무엇에 준해서 알 수 있는가? 예를 들어『성유식론』제9권에서 사선근四善根의 관행觀行[519]에 대해 설하면서, "송 눈앞에 조금이라도 어떤 것을 세워, 이것이 '유식성'이라 한다면, 이는 얻는 바가 있기 때문에, 실로 유식에 머무는 것은 아니다."[520]라고 하였고, 장행의 해석에서는 "저 공·유의 두 가지 상을 아직 제거하지 못해서 상을 띤 관심觀心으로 얻는 바가 있기 때문이다."[521]라고 하였다. 구체적 설명은 그 논과 같다. 또『유가사지론』에서는 다음과 같이 말한다. 〈지극히 선한 정심定心이 제4정려에 의지해서 순결택분順決擇分[522]의 선법 가운데서 일어났어도 아직 모든 상들을 제거한 것도 아니고 두 가지 속박에서 벗어난 것도 아니다.〉[523] 그러므로 여기에서 '상相을 떨쳐 버린다'고 한 것은 '공·유의 상분相分'을 통칭해서 '상'이라 했음을 알 수 있다.

---

519 사선근四善根의 관행觀行 : 견도에 들기 전에 닦는 난煖·정頂·인忍·세제일법世第一法 등 네 가지 관행을 가리키며, 이것을 총칭해서 순결택분順決擇分이라 한다. 소승에서는 사제四諦의 행상을 관하는 것이지만, 대승의 유식종에서는 사심사관四尋思觀을 닦아서 사여실지四如實智를 획득하는 단계를 가리킨다. 사심사란 명名·의義·자성自性·차별差別 등 네 가지 법이 '가립된 존재이고 실제로는 없다(假有實無)'는 것에 대해 심사尋思하는 관법이다. '사심사관'에 대해서는 이전의 〈2.-1)-(4)-① 내자소증內自所證〉에서 '심사尋思'에 대한 해석(p.206) 참조.
520 『成唯識論』권9(T31, 49a23). 이것은 유식삼십송 중에서 제27송에 해당한다.
521 『成唯識論』권9(T31, 49b25).
522 순결택분順決擇分 : 앞의 각주 519 참조.
523 이 논에 따르면, 견도에 든 보살이 자신을 내적으로 관찰하면서 안으로 상박과 추중박에서 해탈하는 것은 궁극적으로 비안립제非安立諦, 즉 명名·상想을 떠나 있는 진리를 관할 때 가능하다. 그럼에도 안립제安立諦, 즉 명·상에 의거해서 시설된 진리를 관하는 이유는 자량도·방편도에서도 청정을 획득하게 하기 위함이라고 한다. 위에서 말한 "지극히 선한 정심定心이 제4정려에 의지해 순결택분의 선법 가운데서 일어나는 경우……"라는 것은 바로 제4정려에 의지해서 선정의 마음으로 안립제를 관하는 경우를 말한다. 이 논에서는 이처럼 명과 상에 의해 규정된 진리를 관하는 마음을 '유상有相을 행하는 마음'이라고 하였는데, 이런 마음으로는 궁극적으로 상박·추중박에서 벗어나지 못한다고 하였다.『瑜伽師地論』권64(T30, 657a12) 참조.

問。見勝義時。如何能遣依他起相。解云。眞如觀時。衆相不現。故說除遣。非如所執無自性故名之爲遣。准何得知。如成唯識第九卷。說四善根觀行。頌云。現前立少物。謂是唯識性。以有所得故。非實住唯識。長行釋云。以彼空有二相未除。帶相觀心有所得故。具說如彼。又瑜伽云。極善定心。第四靜慮順決擇分。[1] 未遣諸相。未脫二縛。故知此云除遣相者。空有相分。通名爲相。

---

1) ㉮ '第四靜慮順決擇分' 전후로 문구가 많이 생략되어 의미가 통하지 않는다. 『瑜伽師地論』 권64(T30, 657a14)에 의거할 때, 적어도 앞에는 '依', 뒤에는 '善法中轉'을 추가해서 '依第四靜慮順決擇分善法中轉'으로 수정해야 한다.

b. 성자가 상박에서 벗어나지 못하게 되는 과실

경 만약 제행상을 제거하지 못한다면, 상박相縛[524]에서 해탈하지 못할 것이다.

若不除遣諸行相者。應於相縛不得解脫。

석 두 번째는 (성자들도) 상박을 끊지 못한다는 과실이다. 말하자면 (소연경계가) 환사幻事와 같음을 알지 못하기 때문에 모든 심·심소가 소연의 상에서 자재할 수 없다. 따라서 상분을 상박이라 이름한 것이다.

釋曰。第二不斷相縛失。謂不了知如幻事故。諸心心所。於所緣相。不得自在。故說相分名爲相縛。

---

524 상박相縛 : '박縛'은 번뇌를 뜻한다. 인식되는 대상(相分)의 영상이 인식하는 마음(見分)을 구속하여 자유롭지 못하게 하는 것을 상박이라 한다.

c. 성자가 추중박을 벗어나지 못하게 되는 과실

경 이 진리를 통찰한 자는 모든 상박에서 해탈하지 못하기 때문에, 추중박麤重縛[525]에서도 또한 해탈할 수 없을 것이다.

此見諦者。於諸相縛。不解脫故。於麤重縛。亦應不脫。

석 세 번째는 (성자들도) 추중박을 끊지 못한다는 과실이다. 말하자면 상박에서 자재하지 않기 때문에 모든 추중박도 끊지 못할 것이다.
그런데 이 두 가지 속박에 대해 여러 학설들이 서로 다르다. 대당 삼장에 따르면, 서방의 논사들은 본래 두 가지로 설한다.

釋曰。第三不斷麤重失。謂於相縛不自在故。諸麤重縛。亦應不斷。然此二縛。諸說不同。大唐三藏云。西方諸師。自有兩說。

한편에서는 다음과 같이 말한다.
모든 유루의 상분相分이 상박相縛이다. 말하자면 유루의 상분의 힘으로 인해 견분見分의 마음 등은 '모든 유루법이 모두 환 등과 같아서 (실제로) 있는 것이 아니라 마치 있는 것처럼 나타남非有似有'을 알지 못하고, 무명으로 인해 곧 색법·심법 등이 실재한다고 집착한다는 것이다. 이 해석에 따르면 '상이 곧 속박이기相是縛' 때문에 상박이라 한 것이니, 육합석 중에 지업석에 해당한다. 상분相分에 (있는) 능히 속박하는 미혹들을 일컬어 '추중박'이라 하니, 행상이 거칠기 때문이다. 이것도 지업석이니, 이전에

---

525 추중박麤重縛 : '추중'이란 그 성질이 매우 단단하고 무거운 번뇌를 뜻한다. 이것이 중생들의 심신을 속박하여 생사의 세계에 얽매이게 하므로 '추중박'이라 한다.

준해서 알아야 한다. 이 뜻을 총괄해서 말하자면, 소연所緣(인식 대상)인 상분을 상박이라 하고, 능연能緣(인식 작용)인 견분의 탐貪 등의 모든 미혹을 추중박이라 한 것이다. 따라서 『유가사지론』 제51권에서는 '(견도의 보살은) 또한 아뢰야식을 통달할 수 있으니, 밖으로는 상박에 속박되어 있고 안으로는 추중박에 속박되어 있음을 (안다)'고 하였다.[526] 구체적인 설명은 그 논과 같다.

一云。一切有漏相分。以爲相縛。謂由有漏相分力故。見分心等。不能了知諸有漏法皆如幻等。非有似有。由無明故。便執實有色心等法。若依此釋。卽相是縛。故名相縛。卽六釋中持業釋也。卽相分上能縛諸惑。名麤重縛。行相麤故。此亦持業。准上應知。總說意者。所緣相分。名爲相縛。能緣見分貪等諸惑。名麤重縛。是故。瑜伽五十一云。亦能通達阿賴耶識。外爲相縛所縛。內爲麤重縛所縛。具說如彼。

한편에서는 다음과 같이 말한다.

상박은 말나식末那識[527]을 자성으로 삼는다. 이 말의 뜻을 설하자면, 말나식과 상응하는 네 가지 미혹의 영향력(勢分力)으로 인해 육식 중의 미혹이 모든 상분에 대해 그것이 환사幻事 등과 같음을 알지 못하기 때문에 말나식을 상박이라 한다는 것이다.[528] 이 해석에 따르면, '상'은 상분을 말하

---

[526] 이 논에 따르면 성문의 정성리생正性離生(견도의 성자)이나 보살의 정성리생에 들어가서 참된 법계를 깨닫고 나면 또한 아뢰야식에 통달할 수 있다. 구체적으로 말하면 견도에 들어서 능히 자신 안의 모든 잡염법들을 총체적으로 관찰할 수 있을 때, 또한 자신이 밖으로는 상박에 속박되어 있고 안으로는 추중박에 속박되어 있음을 잘 알 수 있게 된다는 것이다. 『瑜伽師地論』 권51(T30, 581b28) 참조.

[527] 말나식末那識(S manas) : 유식종에서 세운 여덟 종류 식 중에 제7식을 가리킨다. 이 식은 항상 아치我癡·아견我見·아만我慢·아애我愛 등의 네 종류 번뇌와 상응하면서 제8아뢰야식의 견분見分을 대상으로 삼아 '아我·아소我所'라고 집착하는 염오식染汚識이다.

고 '박'은 말나식이니, '상의 박(相之縛)'이기 때문에 상박이라 이름한 것이다. 이는 육합석 중에 의주석이다.

추중박이란 본래 두 종류가 있다. 첫째, 육식 중의 미혹을 추중이라고 한다. 의미는 앞에서 설한 것과 같다. 둘째, 번뇌장·소지장 두 가지 장애의 세력이 모든 유루의 오온 등의 법을 감임堪任할 수 없게 만드는데, 이것을 추중박이라고 설한 것이다.[529] 지금 여기에서는 전자를 말한 것이지 후자를 말한 것은 아니다.【어떤 이는 다음과 같이 말한다. 〈추중박이란 모든 번뇌의 견분 종자이고 상박은 곧 번뇌의 상분 종자이다. 또 현기現起한 상분·견분도 또한 두 가지 박에 해당한다.〉】

一云。相縛卽末那識以爲自性。此意說云。由末那識相應四惑勢分力故。六識中惑。於諸相分。不能了知如幻事等。故說末那名爲相縛。若依此釋。相謂相分。縛卽末那。相之縛故。名爲相縛。卽六釋中依主釋也。言麤重縛。自有二種。一[1)]六識中惑。名爲麤重。義如上說。二者。煩惱所知二障勢力。令諸有漏五蘊等法無所堪任。卽說此爲麤重縛也。今於此中。說前非後也。【有云。麤重縛者。諸煩惱見分種子。相縛卽是煩惱相分種子。又現起相見。亦是二縛。】

1) ㉯ '一' 다음에 '者'가 누락된 듯하다.

『삼무성론』에 의하면 두 절의 문장이 있으니, 그 논의 상권에서는 분별

---

528 이 견해에 따르면, 유식종에서 말하는 제7말나식과 상응해서 일어나는 아치我癡·아견我見·아만我慢·아애我愛 등 네 가지 근본 번뇌의 영향을 받아서, 안식 등 여섯 가지 식들이 경계의 상이 환과 같은 줄 알지 못하고 그에 속박되는데, 결국 이러한 속박의 근원은 말나식이기 때문에 말나식을 '상박'이라 했다.

529 번뇌추중들이 심신心身을 혼침惛沈에 빠뜨려 성도聖道를 감당해 내지 못하는 상태를 '무감임無堪任'이라 한다. 이 견해에 따르면, 번뇌장과 소지장의 번뇌들이 몸과 마음의 오온법들을 무기력하게 만들기 때문에 이장二障을 추중박으로 규정하였다.

성分別性(변계소집성)을 상혹相惑이라 하고 의타기성依他起性을 추중혹麤重惑이라 하였다. 따라서 상권에서 다음과 같이 말한다. "(논) 다음에 상혹과 추중혹을 설명하겠다. 분별성이 일어나면 두 가지 미혹이 되어 중생을 속박할 수 있으니, 첫째는 상혹이고 둘째는 추중혹이다. 상혹은 분별성이고, 추중혹은 의타기성이다. 이 두 가지 미혹이 안립될 수 있는 까닭은, 의타기성에 대해 분별성이라고 집착하기 때문에 성립될 수 있는 것이다. 석 분별성을 상혹이라 했는데, '상'은 상모相貌를 말하고 상모를 '혹'이라 설한 것이다. (상모는) '혹의 연(惑緣)'이 될 수 있기 때문에 '혹'이라 했지만, 단지 의타기성만이 혹惑이다.[530] 그런데 (혹의) 가벼움(輕)·무거움(重)을 설한 것은, 분별성은 다만 혹의 연일 뿐인데 혹이라 설했기 때문에 '가벼운 것'이라 하였고, 의타기성은 바로 '혹의 체(惑體)'이므로 '추중麤重'이라고 하였다."[531]

이는 『현양성교론』과 동일하다. 따라서 그 논의 제16권에서는 다음과 같이 말한다. "이 의타기자성은 상과 추중을 체로 삼는다. 어째서 (이 두 종류를) 의타기라고 설하는가? 이 두 종류가 상호 간에 연이 되어 생겨나게 할 수 있기 때문이다. 말하자면 상이 연이 되어 추중을 일으키고 추중이 연이 되어 또 상을 생기게 할 수 있다."[532]

若依三無性論。有兩節文。故彼上卷云。分別性。名爲相惑。依他起性。名麤重惑。故上卷云。次辨相惑麤重惑。若分別性起。能爲二惑。繫縛衆生。一者相惑。二麤重惑。相惑卽分別性。麤重惑卽依他性。故[1]此二惑所以得立者。於依他起性中。執爲分別性故得立。釋曰。呼分別性爲相惑者。相謂

---

530 이 논에 따르면, 변계소집의 상相은 미혹의 대상(惑緣)이기에 또한 '혹'이라 명명했지만, 사실상 의타기의 마음이야말로 바로 미혹 자체(惑體)에 해당한다.
531 『三無性論』 권1(T31, 870c6).
532 『顯揚聖教論』 권16(T31, 559a6).

相貌。說相貌²⁾惑。能爲惑緣。故說爲惑。但依他性是正惑。而說輕重者。分別性。但是惑緣說惑。故名爲輕。依他起性。正是惑體。故說麤重。同顯揚論。故彼第十六云。是依他起自性。以相及麤重爲體。云何說爲依他起。由此二種。更互爲緣。而得生故。謂相爲緣。起於麤重。麤重爲緣。又能生相。

1) 『三無性論』 권1(T31, 870c8)에 따르면, '故'는 잉자다. 2) 『三無性論』 권1(T31, 870c11)에 따르면, '貌' 다음에 '爲'가 누락되었다.

양梁 『섭대승론석』 제4권에 의하면 다음과 같다. "결結(번뇌의 다른 이름)에는 두 종류가 있다. 첫째는 상결相結이고 둘째는 추중결麤重結이다. 상결은 벗어나기 어렵고, 추중결은 소멸시키기 어렵다. 마음이 모든 경계(塵)를 분별하는 것을 상결이라 한다. 이 분별로 인해 탐욕·진에 등의 미혹을 일으키면, 그것을 추중결이라 한다. 무분별지를 얻으면 곧 상결에서 벗어나고, 상결이 일어나지 않으면 추중결도 곧 따라서 소멸한다."⁵³³【진제 스님은 다음과 같이 풀이하였다. 〈상결이란 분별해서 상에 집착하는 것이다. 말하자면 모든 육식의 심식心識의 소연인 외경이 '있다'고 하는 것이니, 아직은 이것들이 모두 자기 마음의 분별에 의해 만들어진 것임을 통달하지 못했기 때문이다. 상이 모두 분별에 의해 만들어진 것임을 통찰한다면, 탐욕·진에 등이 따라서 생하는 일도 없다.〉】 대당大唐의 『세론世論』⁵³⁴에는 이런 문장이 전혀 없다.【『대업본大業本』⁵³⁵을 조사해 보라.】

『해절경』에 의하면, '많은 상계박相繫縛과 추중계박麤重繫縛'이라고 하였고, 또 그 다음에는 '상결相結·추중혹麤重惑'이라고 하였다.⁵³⁶【진제의 『기』에서는 다음과 같이 말한다. 〈오식의 경계를 상계박이라 하고, 의식의 경계를 추중계박이라 한다. 또 '많은 상계박'이란 분별성(변계소집성)이고, 추중계박은 의타성을 말한다.〉】해 또

---

533 진제 역 세친의 『攝大乘論釋』 권4(T31, 179b5).
534 대당大唐의 『세론世論』: 현장이 번역한 세친의 『攝大乘論釋』을 가리킨다.
535 『대업본大業本』: 『大業論』, 즉 수隋의 천축 삼장 급다笈多 등이 번역한 세친의 『攝大乘論釋論』을 가리킨다.
536 『解節經』 권1(T16, 713a23), 같은 책 권1(T16, 713b2) 등 참조.

는 모든 고제苦諦를 '많은 상계박'이라 한 것이니, 해탈함에 따라 그것을 여읠 수 있기 때문이다. 모든 집제集諦를 추중계박이라 하니, 도제道諦에 의해 소멸되기 때문이다. 자세히 설명하면 그 『기』와 같다.】『심밀해탈경』에서는 '상박相縛·번뇌박煩惱縛'이라고 하였다.[537]

자세히 분별하면, 그 의미는 『별장』과 같다.

依梁攝論第四卷云。結有二種。一相結。二麤重結。相結難解。麤重結難滅。心分別諸塵。名相結。由此分別。起欲瞋等惑。說名麤重結。若得無分別智。即解相結。相結不起。麤重結卽隨滅。【眞諦解云。相結卽是分別執相。謂一切六識心識所緣外境是有。未達此並是自心分別所作故。若見相並是分別所作。欲瞋等則無從卽生。】大唐世論。都無此文也。【勘大業本。】依解節經云。衆相繫縛。麤重繫縛。又復下云。相結麤重惑。【眞諦記云。五識境名相繫縛。意識境名麤重繫縛。又衆相繫縛。即分別性。麤重繫縛。謂依他性。又解。一切苦諦。名衆相繫縛。由解脫得離故。一切集諦。名麤重繫縛。由道所滅故。廣說如彼。】深密經云。相縛煩惱縛。若廣分別。義如別章。

d. 성자가 열반을 증득하지 못하게 되는 과실

[경] 두 가지 속박에서 해탈하지 못하기 때문에, 이미 진리를 통찰한 자도 위없는 방편의 안온한 열반을 증득하지 못할 것이고,

由於二縛不解脫故。已見諦者。應不能得無上方便安穩涅槃。

[석] 네 번째는 (성자도) 열반을 증득하지 못하게 되는 과실이니, 앞에

---

537 『深密解脫經』 권1(T16, 668a17) 등 참조.

준해서 알아야 한다.

釋曰。第四不證涅槃失。准上應知。

e. 성자가 보리를 증득하지 못하게 되는 과실

경 혹은 아뇩다라삼먁삼보리를 증득하지 못할 것이다.

或不應證阿耨多羅三藐三菩提。

석 다섯 번째는 (성자도) 보리를 증득하지 못하게 되는 과실이니, 앞에 준해서 알아야 한다.

釋曰。第五不證菩提失。准上應知。

나) 순석順釋으로 집착을 깨뜨림

경 선청정혜여, 지금 모든 이생들이 다 이미 진리를 통찰한 것도 아니고,

善清淨慧。由於今時。非諸異生皆已見諦。

석 이하는 두 번째로 순석의 도리로 '같다'거나 '다르다'고 하는 집착을 논파한 것이다. 이 중에 두 가지가 있다. 처음은 세 종류 과실이 없음을 들어서 저들의 '같다'는 집착을 논파한 것이다. 다음의 "선청정혜여" 이하는 다섯 종류 과실이 없음에 의거해서 저들의 '다르다'는 집착을 논파한 것이다. 이러한 두 가지 의미는 앞의 경우를 뒤집어 생각하면 알 수 있다.

釋曰。自下第二順釋道理。破一異執。於中有二。初擧無三失。破彼一執。
後善淸淨慧下。約無五失。破彼異執。此之二義。翻上可知。

(가) 세 종류 과실이 없음을 들어 '같다'는 집착을 논파함

세 종류 과실이 없음을 든 곳에서 문장을 구분하면 두 가지가 있다. 앞은 해석이고, 나중은 결론이다.

就擧無三失中。文別有二。先釋。後結。

㉮ 해석

이것은 해석에 해당한다. 여기에서 세 종류 과실이 없음에 대해 해석하였으니, 곧 세 가지로 구분된다.

此卽釋也。於中釋無三失。卽分爲三。

a. 이생들이 이미 진리를 통찰한 것은 아님

이것은 첫 번째로 (범부들이) 이미 진리를 통찰한 것은 아니라고 해석한 것이니, 문장 그대로 알 수 있을 것이다.

此卽第一釋非已見諦。如文可知。

b. 이생들이 열반을 증득한 것도 아님

경 모든 이생들이 이미 위없는 방편의 안온한 열반을 획득한 것도 아니며,

非諸異生已能獲得無上方便安穩涅槃。

석 두 번째는 (이생들이) 열반을 증득한 것도 아님을 밝힌 것이니, 문장 그대로 알 수 있을 것이다.

釋曰。第二明[1]證涅槃。如文可知。

---
1) ㉠ '明' 다음에 '非'가 누락된 듯하다.

c. 이생들이 보리를 증득한 것도 아님

경 또한 이미 아뇩다라삼먁삼보리를 증득한 것도 아니다.

亦非已證阿耨多羅三藐三菩提。

석 세 번째는 (이생들이) 보리를 증득한 것도 아님을 밝히면서 그들의 '같다'는 집착을 논파한 것이니, 알 수 있을 것이다.

釋曰。第三非證菩提。破其一執。可知。

㉯ 결론

경 그러므로 승의제상이 제행상과 전혀 다름이 없다는 것은 도리에 맞지 않다.

是故勝義諦相。與諸行相。都無有異。不應道理。

석 이하는 두 번째로 '같다'는 집착에 대한 논파를 결론지은 것이다. 이 중에 두 가지가 있다. 처음은 도리로써 총괄해서 결론지은 것이고, 나중은 계탁을 표제로 내걸고 거듭 결론지은 것이다.

釋曰。自下第二結破一執。於中有二。初以理總結。後牒計重結。

a. 도리로써 총괄해서 결론지음

이것은 처음에 해당한다. 말하자면 앞에서 설했던 반석反釋과 순석順釋 때문에 저들이 '같다'는 계탁에 집착하는 것은 도리에 맞지 않다는 것이다.

此卽初也。謂上所說反順釋故。彼執一計。不應道理。

b. 계탁을 표제로 내걸고 거듭 결론지음

경 만약 여기에서 이와 같이 '승의제상이 제행상과 전혀 다름이 없다'고 말한다면, (앞에서 말한) 이러한 도리에 따라 모두 이치에 맞게 행하는 것도 아니고 바른 도리에 맞지도 않음을 알아야 한다.

若於此中。作如是言。勝義諦相。與諸行相。都無異者。由此道理。當知一切非如理行不如正理。

석 이것은 두 번째로 계탁을 표제로 내걸고 거듭 결론지은 것이다. 말하자면 앞에서 설했던 반석과 순석으로 인해 저들의 '같다'고 계탁하는 집착 및 집착된 의미는 바른 행 및 바른 도리일 수 없다는 것이다.

釋曰。此卽第二牒計重結。謂由上說反順釋故。彼計一執及所執義。不應正行及正理也。

(나) 5종 과실이 없음에 의거해 '다르다'는 집착을 논파함

경 선청정혜여, 지금 진리를 통찰한 자는 제행상을 떨쳐 버리지 못하는 것이 아니라 오히려 그것을 떨쳐 버릴 수 있다.

善淸淨慧。由於今時。非見諦者於諸行相不能除遣。然能除遣。

석 이하는 두 번째로 다섯 종류 순석의 도리로 저들의 '다르다'는 집착을 논파한 것이다. 이 중에 두 가지가 있다. 앞은 해석이고, 나중은 결론이다.

釋曰。自下第二五種順釋道理。破彼異過。[1] 於中有二。先釋。後結。

---
1) ㉱ 이전의 과목 분류에 따르면 '過'는 '執'의 오기다.

㉮ 해석

이것은 해석이다. 다섯 종류의 과실 없음을 해석하였으니, 곧 다섯 가지로 구분된다.

此卽釋也。釋五無失。卽分爲五。

a. 성자는 상을 떨쳐 버림

이것은 첫 번째로 (성자들은) '상을 떨쳐 버린다'는 것을 나타냄으로써 저들의 '다르다'고 하는 집착을 논파한 것이다. 말하자면 모든 성자들은 환 같은 사물 등은 실체성이 없음을 여실하게 알기 때문이다.

此卽第一顯除遣相。破彼異執。謂諸聖者。如實了知如幻事等無實性故。

b. 성자는 상박을 제거할 수 있음

경 진리를 통찰한 자는 모든 상박에서 해탈하지 못하는 것이 아니라 오히려 해탈할 수 있다.

非見諦者於諸相縛不能解脫。然能解脫。

석 이것은 두 번째로 (성자들은) 상박을 제거할 수 있음을 나타낸 것이다. (승의제와 제행은) '다른 모습이 없음'을 여실하게 잘 알기 때문이다.

釋曰。此顯第二能除相縛。如實了知無異相故。

c. 성자는 추중박을 제거할 수 있음

경 진리를 통찰한 자는 추중박에서 해탈하지 못하는 것이 아니라 오히려 해탈할 수 있다.

非見諦者於麤重縛不能解脫。然能解脫。

석 세 번째는 (성자는) 추중박을 제거할 수 있다는 것이다. 상박을 끊었기 때문이다.

釋曰。第三除麤重縛。斷相縛故。

d. 성자는 열반을 증득할 수 있음

경 두 가지 장애에서 해탈할 수 있기 때문에 또한 위없는 방편의 안온한 열반을 증득할 수 있고,

以於二鄣能解脫故。亦能獲得無上方便安穩涅槃。

석 이것은 네 번째로 (성자는) 열반을 증득할 수 있음을 나타낸 것이다. 두 가지 속박을 끊었기 때문이다.

釋曰。此顯第四能證涅槃。斷二縛故。

e. 성자는 보리를 증득할 수 있음

경 혹은 아뇩다라삼먁삼보리를 증득할 수도 있다.

或有能證阿耨多羅三藐三菩提。

석 이것은 다섯 번째로 (성자는) 보리를 증득할 수 있음을 나타낸 것이다. 장애를 다 끊었기 때문이다.

釋曰。此顯第五能證菩提。斷鄣盡故。

㉯ 결론

경 그러므로 승의제상이 제행상과 한결같이 다른 상이라는 것은 도리에 맞지 않다.

是故勝義諦相。與諸行相。一向異相。不應道理。

석 이하는 두 번째로 '다르다'고 보는 과실에 대해 결론지은 것이다. 이 중에 두 가지가 있다. 처음은 도리로써 총괄해서 결론지은 것이고, 나중은 표제를 내걸고 거듭 결론지은 것이다.

釋曰。此下第二結異過失。於中有二。初以理總結。後牒計重結。

a. 도리로써 총괄해서 결론지음
이것은 처음에 해당한다.

此卽初也。

b. 계탁을 표제로 내걸고 거듭 결론지음

경 만약 여기에서 이와 같이 '승의제상은 제행상과 한결같이 다르다'고 말한다면, (앞에서 말한) 이런 도리에 따라 모두 이치에 맞는 행도 아니고 바른 도리에 맞지도 않음을 알아야 한다.

若於此中。作如是言。勝義諦相與諸行相一向異者。由是道理。當知一切非如理行不如正理。

석 이것은 두 번째로 계탁을 표제로 내걸고 거듭 결론지은 것이다. 말하자면 앞에서 설했던 다섯 가지 과실로 인해 승의제와 제행은 '다르다'고 말할 수 없다는 것이다.

釋曰。此卽第二牒計重結。謂由前說五過失故。勝義諸行。不可言異。

나. 두 번째 부차적 설명

경 선청정혜여, 만약 승의제상이 제행상과 전혀 다름이 없다면, 마치 제행상이 잡염상에 떨어지는 것처럼 이 승의제상도 또한 이와 같이 잡염상에 떨어져야 할 것이다.

善[1]淸淨慧。若勝義諦相。與諸行相。都無異者。如諸行相。墮雜染相。此勝義諦相。亦應如是墮雜染相。

1) ㉠『解深密經』권1(T16, 690c15)에는 '善' 앞에 '復次'가 있다.

석 이하는 세 가지 부차적 설명 중에 두 번째 부차적 설명에 해당한다. 청정한 공상共相에 의거해서 저들의 '같다'고 하거나 '다르다'고 하는 주장을 논파한 것이다. 이 중에 두 가지가 있다. 처음은 해석이고, 나중은 결론이다.

釋曰。自下三復次中第二復次。約淨共相。破彼一異。於中有二。初釋。後結。

가) 해석

해석에 두 가지가 있다. 처음은 반해反解[538]이고, 나중은 순석順釋이다.

釋中有二。初反解。順¹⁾釋。

1) ㉯ '順' 앞에 '後'가 탈락된 듯하다.

(가) 반해反解

전자에 두 가지가 있다. 처음은 (승의제도) 잡염상에 떨어진다는 점에 의거해 그들의 '같다'는 집착을 논파한 것이다. 나중은 공상에 의거해서 그들의 '다르다'는 집착을 논파한 것이다.

前中有二。初約墮雜染相。破彼一執。後約共相。破其異執。

㉮ 잡염상에 떨어진다는 점에 의거해 '같다'는 집착을 논파함

이것은 처음에 해당한다. 말하자면 승의제도 당연히 잡염에 떨어지는 것이고 제행상과 전혀 차이가 없으므로 오히려 잡염법과 같다는 것이다.

此卽初也。謂勝義諦。應墮雜染。與諸行相。都無異故。猶如雜染。

㉯ 공상에 의거해 '다르다'는 집착을 논파함

경 선청정혜여, 만약 승의제상이 제행상과 한결같이 다르다면, 모든 행상들의 공상共相을 승의제상이라 해서는 안 될 것이다.

善淸淨慧。若勝義諦相。與諸行相。一向異者。應非一切行相¹⁾名勝義諦相。

1) ㉯ 『解深密經』 권1(T16, 690c19)에 의거해, '相' 다음에 '共相'을 추가하였다.

---

538 반해反解 : 반석反釋과 같은 말로서, 일종의 귀류논증의 형식을 띤 해석 방법을 말한다. 이전의 '반석'에 대한 역주 참조.

석 두 번째는 공상의 뜻에 의거해 그들의 '다르다'는 집착을 논파한 것이다.

말하자면 모든 법에는 모두 두 가지 상이 있다. 첫째는 자상自相[539]이다. 가령 색色은 질애를 자상으로 삼고 식識은 요별을 (자상으로 삼는다고) 설하는 것처럼, (그 밖의 법에는) 미치지 않기 때문에 자상이라 한다. 둘째는 공상共相[540]이다. 말하자면 모든 법의 무아성無我性 등이나 진여·승의는 제법에 편재하기 때문에 공상이라 한다. 지금 (승의제와 제행이) '다르다'는 집착을 논파하면서, '승의제가 제행상과 다르다면 (승의제는) 제행의 공상이 아니어야 한다'고 하였다. 저 제행과는 한결같이 다르기 때문이다.

釋曰。第二約共相義。破其異執。謂一切法。皆有二相。一者自相。如說色是質礙爲相。識爲了別。以不遍故。名爲自相。二者共相。謂一切法無我性等眞如勝義。遍諸法故。名爲共相。今破異執。若勝義諦異諸行相。應非諸行共相。與彼諸行一向異故。

---

539 자상自相(Ⓢ sva-lakṣaṇa) : 공상共相과 대비되는 말로서, 현량지現量智에 의해 직접 파악되는 사물의 특수상을 뜻한다. 예를 들어 색이 가진 고유한 모습은 '물리적 질애'이고, 식의 고유한 모습은 '요별'이라고 하는 경우와 같다. 그런데 이런 의미의 자상은 가립된 개념들 내에서 자상과 공상을 구분한 것이고, 엄밀한 의미에서 자상은 직접 체험 속에서 알려지는 것으로서 '언어로 표현될 수 없는 것(不可說)'이다.
540 공상共相(Ⓢ sāmānya-lakṣaṇa) : 자상自相과 대비되는 말로서, 추리지(比量智)나 언어(能詮)에 의해 드러나는 사물의 보편상을 뜻한다. 예를 들어 사물들에 대해 '모든 것은 다 무아(無我)다'라고 할 때, 이 '무아'는 모든 것에 공통되는 공상이며, 이 '무아성無我性'이라는 공상으로 인해 '모든 것'에 공통되는 의미가 드러난다. 마찬가지로 '고苦·공空·무상無常' 등의 말을 통해 제법의 의미가 분명하게 드러나므로 모두 '공상'이라 한다.

(나) 순석順釋

경 선청정혜여, 지금 승의제상은 잡염상에 떨어진 것도 아니고, 제행의 공상을 승의제상이라 이름하니,

善淸淨慧。由於今時。勝義諦相。非墮雜染相。諸行共相。名勝義諦相。

석 이것은 두 번째로 도리에 수순해서 '같다'거나 '다르다'고 하는 계탁을 논파한 것이다. 경문 그대로 알아야 한다.

釋曰。此卽第二依順道理。破一異計。如經應知。

나) 결론

경 그러므로 승의제상이 제행상과 전혀 다른 상이 없다는 것도 도리에 맞지 않고, 승의제상은 제행상과 한결같이 다른 상이라는 것도 도리에 맞지 않느니라.

是故勝義諦相。與諸行相。都無異相。不應道理。勝義諦相。與諸行相。一向異相。不應道理。

석 이하는 두 번째로 '같다'거나 '다르다'고 보는 과실에 대해 결론지은 것이다. 이 중에 두 가지가 있다. 처음은 도리로써 짝지어 결론지은 것이고, 나중은 계탁을 표제로 내걸고 거듭 결론지은 것이다.

釋曰。自下第二結一異過。於中有二。初以理雙結。後牒計重結。

(가) 도리로써 짝지어 결론지음

이것은 짝지어 결론지은 것이다.

此卽雙結。

(나) 계탁을 표제로 내걸고 거듭 결론지음

경 만약 여기에서 '승의제상은 제행상과 전혀 다름이 없다'고 하거나 혹은 '승의제상은 제행상과 한결같이 다르다'고 한다면, (앞에서 말한) 이러한 도리에 따라 모두 이치에 맞게 행하는 것도 아니고 바른 도리에 맞지도 않음을 알아야 한다.

若於此中。作如是言。勝義諦相。與諸行相。都無有異。或勝義諦相。與諸
行相。一向異者。由此道理。當知一切非如理行。不如正理。

석 두 번째는 계탁을 표제로 내걸고 '같다'고 하거나 '다르다'고 하는 집착의 과실에 대해 거듭 결론지은 것이다.

釋曰。第二牒計重結一異執過。

다. 세 번째 부차적 설명

경 선청정혜여, 만약 승의제상이 제행상과 전혀 다름이 없다면, 마치 승의제상이 제행상에 대해 차별이 없는 것과 마찬가지로, 모든 행상들도 또한 이와 같이 차별이 없을 것이다.

善[1]淸淨慧。若勝義諦相。與諸行相。都無異者。如勝義諦相。於諸行相。無有差別。一切行相。亦應如是無有差別。

1) ㉠『解深密經』권1(T16, 690c26)에는, '善' 앞에 '復次'가 있다.

석 이하는 세 번째 부차적 설명으로서 '행의 차별 없음과 무아' 등에 의거해서 그들의 '같다'거나 '다르다'고 하는 집착을 논파한 것이다. 이 중에 두 가지가 있다. 앞은 논파이고, 나중은 결론이다.

釋曰。自下第三復次。約行無別及無我等。破其一異。於中有二。先破。後結。

가) 논파

전자 중에 두 가지가 있다. 처음은 반해反解로 과실을 나타낸 것이다. 나중의 "선청정혜여" 이하는 순석順釋으로 과실을 나타낸 것이다.

前中有二。初反解顯失。後善淸淨慧下。順釋顯過。

(가) 반해反解로 과실을 나타냄

전자에 두 가지가 있다. 처음은 두 가지 상에 의거해 '다름이 없다'고 하는 과실을 논파한 것이다. 나중은 두 가지 상에 의거해 '한결같이 다르다'고 하는 과실을 논파한 것이다.

前有二。初約二相。破無異過。後約二相。破一向異。

㉮ 두 가지 상에 의거해 '다름이 없다'고 하는 과실을 논파함

전자에 두 가지가 있다. 처음은 '제행은 차별된다'는 점에 의거해 '다름이 없다'고 하는 과실을 논파한 것이다. 나중은 '다시 승의제를 구한다'는 점에 의거해 '다름이 없다'고 하는 집착을 논파한 것이다.

前中有二。初約諸行差別。破無異過。後約更求勝義。破無異執。

a. 제행이 차별된다는 점에 의거해 '다름이 없다'고 하는 과실을 논파함

이것은 처음에 해당한다. 말하자면 승의제가 온蘊・처處 등과 차이가 없다면, 온 등도 당연히 온과 처 등과 차이가 없어야 한다는 것이다.

此卽初也。謂若勝義。與蘊處等。無別異者。蘊等應無蘊處等異。

b. 다시 승의제를 구한다는 점에 의거해 '다름이 없다'는 집착을 논파함

경 관행을 닦는 자는 제행 가운데서 그에게 보인 대로 그에게 들린 대로 그에게 자각된 대로 그에게 알려지는 대로 (알고) 나중에 다시 승의제를 구하지 않아야 할 것이다.

修觀行者。於諸行中。如其所見。如其所聞。如其所覺。如其所知。復於後時。[1] 更求勝義。

---
1) ㉑『解深密經』권1(T16, 691a2)에는 '復於後時'가 '不應後時'로 되어 있고, 전후 문맥상 '不應'이 바르다.

석 두 번째는 '다시 승의제를 구한다'는 점에서 '다름이 없다'고 하는 집착을 논파한 것이다. 말하자면 승의제가 제행상과 전혀 다름이 없다면, 보인 경계 등에 대해 그에게 보여진 대로 그 의미(승의)를 이미 알므로 나중에 다시 승의제를 구하지 않아야 하지만, 이미 승의제를 구하고 있기 때문에 '같지 않음'을 알 수 있다는 것이다.
견見·문聞·각覺·지知의 의미는 이전에 설명한 것과 같다.[541]

釋曰。第二更求勝義。破無異執。謂若勝義。與諸行相。都無異者。所見等境。如其所見。其義已了。不應後時更求勝義。既求勝義。故知非一。見聞覺知。義如前說。

㉝ 두 가지 상에 의거해 '한결같이 다르다'는 집착을 논파함

경 만약 승의제상이 제행상과 한결같이 다르다면, '제행이 오직 무아성無我性이고 오직 무자성無自性임'에 의해 현현되는 것이 승의제상인 것이 아니고,

若勝義諦相。與諸行相。一向異者。應非諸行唯無我性。唯無自性之所顯現。是勝義相。

석 이하는 두 번째로 '오직 무아無我'라는 등에 의거해서 '한결같이 다르다'고 하는 집착을 논파한 것이다. 이 중에 두 가지가 있다. 처음은 '오직 무아'라는 등에 의거해서 '한결같이 다르다'는 집착을 논파한 것이다. 나중은 '별개의 상이 성립하지 않는다'는 점에 의거해서 '한결같이 다르다'는 집착을 논파한 것이다.

釋曰。自下第二約唯無我等。破一向異。於中有二。初約唯無我等。破一向

---

[541] '2.심사尋思의 영역을 넘어선 상을 해석함'에서 '절제표시絶諸表示'에 대해 해석하면서 견·문·각·지에 대한 대소승의 여러 학설들을 자세히 논한 바 있다.(pp.228~244)

異。後約非別相成立。破一向異。

a. '오직 무아'라는 등에 의거해 '한결같이 다르다'는 집착을 논파함

이것은 처음에 해당한다. 말하자면 세존께서는 '모든 법들은 다 오직 무아다'라고 설하시거나 혹은 '모든 법은 다 무자성이다'라고 설하셨기 때문에 승의제와 모든 행은 한결같이 다르지 않음을 알 수 있다는 것이다. 한결같이 다르다면, 승의제는 제행이 오직 무아성이고 오직 무자성임에 의해 현현되는 것이 아니어야 한다.

> 此卽初也。謂世尊說。一切諸法。皆唯無我。或說諸法皆無自性。故知勝義
> 與一切行。非一向異。一向異者。應非諸行唯無我性唯無自性之所顯現。

b. '별상이 성립하지 않는다'는 점에 의거해 '한결같이 다르다'는 집착을 논파함

경 또 동시에 별상이 성립해야 하니, 잡염상과 청정상을 말한다.

> 又應俱時別相成立。謂雜染相及淸淨相。

석 이것은 두 번째로 '별상이 성립하지 않는다'는 점에서 '한결같이 다르다'는 집착을 논파한 것이다.

그런데 이 경문의 해석에는 본래 여러 설들이 있다.

어떤 이는 다음과 같이 설한다. 〈"또 동시에 별상이 성립해야 한다.……"고 한 것은, (다음과 같다.) 명名 등의 오사五事[542]의 영상影像을 제

---

[542] 명名 등의 오사五事 : 유식종에서 제시한 미혹과 깨달음의 본바탕을 이루는 다섯 가

거하고 무상無相의 진여를 증득하기 때문에 무상을 증득했을 때는 모든 상들이 현현하지 않는다. 만약 상들이 현현했을 때라면 무상은 현현하지 않는다. 그러므로 (상과 무상이) 동시에 성립할 수는 없다. 만약 그대들이 '한결같이 다르다'고 말한다면, 동시에 별상이 성립해야 할 것이다. 각기 체가 구별되기 때문이다. 예를 들어 색과 성 등의 (체가 구별되는 것과 같다).〉

어떤 이는 다음과 같이 설한다. 〈또 동시에 별상으로 염법·정법 두 가지 법이 성립해야 한다. 그 이유는 무엇인가? 승의제와 제행은 확연히 다르기 때문이다. 이렇다면 정법을 볼 때도 마땅히 염법을 제거한 것이 아니어야 하고, 염법을 볼 때도 마땅히 정법을 장애하는 것이 아니어야 한다.〉

어떤 이는 다음과 같이 설한다. 〈승의제와 제행이 한결같이 다르다면, 동시에 별상이 성립해야 하니, 일체의 모든 법에는 본래 오염된 것과 본래 청정한 것이 있다. 그런데 경에서 다만 '그 자성은 본래 청정하다'고 설한다. 따라서 제행과 승의제가 한결같이 다른 것은 아님을 알 수 있다. 혹은 '속제가 곧 진제이고 진제가 곧 속제라고 말해서는 안 되니, (그 둘은) 확연히 다르기 때문이다'라는 말일 수도 있다.〉【진제 스님의 해석도 있지만 번거로울까 봐 진술하지 않겠다.】

釋曰。此卽第二非別相立。破一向異。然釋此文。自有諸說。有說。又應俱時別相成立等者。除遣名等五事影像。證無相眞如。是故證無相時。諸相不顯現。若諸相顯現時。無相不顯現。是故不應俱時成立。若如汝說一向異

지 법, 명名·상相·분별分別·정지正智·진여眞如를 가리킨다. '명'은 현상계에 안립된 가명假名이고, '상'은 유위법의 차별적 모습을 말하며, '분별'은 상과 명에 의거해서 분별하는 것이니, 이 세 가지는 미혹의 바탕이 되는 법이다. '정지'는 진여에 계합契合하는 지혜이고, '진여'는 그 정지에 의해 알려지는 이언離言의 이치이니, 이 둘은 깨달음의 바탕이 되는 법이다.

者。卽應俱時別相成立。各別體故。如色聲等。有說。又應俱時別相成立染
淨二法。所以者何。勝義與行。調然異故。是則見淨時應不除染。見染時應
不障淨。有說。勝義與行一向異者。卽應俱時別相成立。一切諸法。本染本
淨。然經但說其性本淨。故知諸行與勝義諦。非一向異也。或可不應說言俗
卽是眞眞卽是俗。調然異故。【眞諦有釋。恐繁不述。】

(나) 순석의 도리로 '같다'거나 '다르다'는 집착을 논파함

경 선청정혜여, 지금 모든 행상들은 다 차별이 있는 것이지 차별이 없는 것은 아니다.

善淸淨慧。由於今時。一切行相。皆有差別。非無差別。

석 이하는 두 번째로 순석의 도리로 저들의 '같다'거나 '다르다'고 하는 집착을 논파한 것이다. 이 중에 두 가지가 있다. 처음은 두 가지 상에 의거해서 저들의 '다르지 않다'는 집착을 논파한 것이다. 나중은 두 가지 상에 의거해서 '한결같이 다르다'는 집착을 논파한 것이다.

釋曰。自下第三[1]順釋道理破彼一異。於中有二。初約二相。破彼不異。後
約二相。破一向異。

1) ㉑ '三'은 '二'의 오기다.

㉮ 두 가지 상에 의거해 '다르지 않다'는 집착을 논파함
전자 중에 두 가지 상이 있으니, (문장도) 두 가지로 구분된다.

前中二相。卽分爲二。

a. '차별된 체'라는 점에 의거해 '다르지 않다'는 집착을 논파함

이것은 첫 번째로 '차별된 체'라는 점에 의거해서 저들의 '다름이 없다'는 집착을 논파한 것이다.

此卽第一約差別體。破彼無異。

b. '승의제를 다시 구한다'는 점에서 '다르지 않다'는 집착을 논파함

경 관행을 닦는 자는 제행 가운데서 그에게 보인 대로 그에게 들린 대로 그에게 자각된 대로 그에게 알려진 대로 (받아들이고) 나중에 다시 승의제를 구한다.

修觀行者。於諸行中。如其所見。如其所聞。如其所覺。如其所知。復於後時。更求勝義。

석 두 번째는 '승의제를 다시 구한다'는 점에서 저들의 '다르지 않다'는 집착을 논파한 것이다. 문장 그대로 알 수 있을 것이다.

釋曰。第二更求勝義。破彼不異。如文可知。

㉯ 두 가지 상에 의거해 '한결같이 다르다'는 집착을 논파함

경 또 제행이 오직 무아성이고 오직 무자성임에 의해 현현되는 것을 승의제상이라 이름하고,

又卽諸行唯無我性唯無自性之所顯現。名勝義相。

석 이하는 두 번째로 두 가지 상에 의거해서 '한결같이 다르다'는 집착을 논파한 것이다.

釋曰。自下第二約二種相。破一向異。

a. '오직 무아성에 의해 현현되는 의미'라는 점에 의거해 논파함

이것은 첫 번째로 '오직 무아성임에 의해 현현되는 의미'(승의勝義를 뜻함)라는 점에서 '한결같이 다르다'는 집착을 논파한 것이다.

此卽第一唯無我性所顯義故。破一向異也。

b. '별상이 성립하지 않는다'는 점에 의거해 논파함

경 또 동시에 잡염상·청정상 두 가지 상이 별상으로 성립하는 것도 아니다.

又非俱時染淨二相別相成立。

석 이것은 두 번째로 '별상이 성립하지 않는다'는 점에 의거해서 '한결같이 다르다'는 집착을 논파한 것이다. 예를 들어 계경에서 '모든 법은 다 오직 본래 청정한 것이다'라고 하였기 때문이다.

釋曰。此卽第二約非別相立。以破一向異。如契經云。一切諸法。皆唯本清淨故。

나) 결론

경 그러므로 승의제상이 제행상과 전혀 다름이 없다거나 혹은 한결같이 다르다는 것은 도리에 맞지 않다.

是故勝義諦相。與諸行相。都無有異。或一向異。不應道理。

석 이하는 두 번째로 두 가지 과실에 대한 논파를 결론지은 것이다. 이 중에 두 가지가 있다. 처음은 도리로써 총괄해서 결론지은 것이고, 나중은 계탁을 표제로 내걸고 거듭 결론지은 것이다.

釋曰。自下第二結破二失。於中有二。初以理總結。後牒計重結。

(가) 도리로써 총괄해서 결론지음

이것은 첫 번째로 '같다'거나 '다르다'고 하는 집착을 총괄해서 논파한 것이다.

此卽第一總破一異。

(나) 계탁을 표제로 내걸고 거듭 결론지음

경 만약 여기에서 이와 같이 '승의제상은 제행상과 전혀 다름이 없다'거나 혹은 '한결같이 다르다'고 말한다면, (앞에서 말한) 이런 도리에 따라서 모두 이치에 맞는 행이 아니고 바른 도리에 맞지 않음을 알아야 한다.

若於此中。作如是言。勝義諦相與諸行相。都無有異。或一向異者。由此道理。當知一切非如理行不如正理。

석 이것은 두 번째로 계탁을 표제로 내걸고 거듭 결론지은 것이다. '같다'거나 '다르다'고 하는 집착을 결론지어 논파하였으니, 문장 그대로 알 수 있을 것이다.【『불성론』 제2권과 『삼무성론』 제2권과 『유가사지론』 제72권에서는, 진여와 상相이 같다거나 다르다고 하면 모두 세 가지 과실이 있다고 하였다.[543] 『불성론』 제4권에서는 법法에 의거하고 인人에 의거해서 진제와 속제가 '같다'고 하거나 다르다고 하는 집착을 논파하였는데, 번거로울까 봐 진술하지 않겠다.[544]】

釋曰。此卽第二牒計重結。結破一異。如文可知。【佛性論第二。三無性論第二。瑜伽七十二。眞如與相。若一若異。皆有三過。佛性論第四。約法約人。破眞與俗若一若異。恐繁不述。】

(3) 비유(喩)

경 선청정혜여, 마치 소라의 새하얀 색성色性이 그 소라와 같은 상인지 다른 상인지를 시설하기는 쉽지 않은 것과 같고,

善淸淨慧。如螺貝上鮮白色性。不易施設與彼螺貝一相異相。

석 이하는 세 번째로 비유(喩)를 들어 거듭 해석한 것이다. 열 종류의 비유가 있으니, 곧 열 가지로 구분된다. 열 가지 의미가 있기는 해도 차례대로 육경六境에 의거해서 말한 것이다. 처음의 두 가지는 색色에 의거하

---

543 『瑜伽師地論』 권72(T30, 696c10), 『三無性論』 권2(T31, 873b2) 참조.
544 『佛性論』 권4(T31, 809a6) 참조.

였고, 다음은 성聲에 의거하였으며, 다음은 향香에 의거하였고, 다음의 두 가지는 미味에 의거하였으며, 다음의 두 가지는 촉觸에 의거하였고, 나중의 두 가지는 법法에 의거한 것이다.

釋曰。自下第三擧喩重釋。有十種喩。卽分爲十。雖有十義。如其次第。約六境說。初二約色。次一約聲。次一約香。次二約味。次二約觸。後二約法。

① 소라와 흰색의 같음·다름으로 비유함

이것은 첫 번째로 소라와 흰색의 같음·다름으로 비유한 것이다.
범음 '상가傷佉[S] śaṅkha'는 여기 말로 '소라'라고 한다. 말하자면 그 소라는 제행상들을 비유하니, (소라를 이루는) 사진四塵(색·향·미·촉)이 다르기 때문이다. '새하얀 색성色性'은 승의제를 비유하니, 색성은 (소라 이외의 것에도) 공통되기 때문이다.
가령 소라와 새하얀 색이 동일하다고 말할 수 없으니, 사진과 색성은 전체(總)와 개별(別)이 다르기 때문이다. 혹은 공통(通)과 개별(別)이 다르기 때문이라 볼 수도 있다. (또 소라와 새하얀 색이) 다르다고 말할 수 없으니, 체가 구별되지 않기 때문이다.

此卽第一螺貝白色一異喩。梵音傷佉。此云螺貝。謂彼螺貝。喩諸行相。四塵異故。鮮白色性。喩勝義諦。色性通故。由如螺貝與鮮白色。不可言一。四塵色性。總別異故。或可通別異故。不可言異。無別體故。

진제의 『기』에서는 다음과 같이 말한다.

세 번째로 비유를 설한 것은 이근·둔근의 두 종류 방편을 나타내기 위해서다. 만약 의미만 설하고 비유를 설하지 않으면, 오직 이근은 깨달을 수 있지만 둔근은 깨닫지 못한다. 만약 의미와 비유 두 종류를 갖추어 설해 주면, 이근과 둔근이 모두 깨닫는다. 따라서 비천한 사물을 빌려서 심오한 이치를 나타낸 것이다. 여기서는 육진六塵을 모두 들어 비유로 삼았다.[545] 한 종류를 해석해 주면, 나머지 종류는 (준해서) 알 수 있을 것이다.

'상가傷佉'는 흰색 소라이다. 흰색과 소라가 동일하다고 한다면, 단지 색이 소라인 셈이므로 (소라를 이루는) 그 밖의 삼진三塵(향·미·촉)과 사대四大(지·수·화·풍)는 모두 소라가 아니어야 한다. 또 흰색이 오직 눈(眼)의 경계인 것과 마찬가지로, 소라도 그러해야 한다. 또 흰색이 그 밖의 사물들에도 공통되는 것과 마찬가지로, 소라도 그러해야 한다. 그런데 소라가 이미 (다른 사물에) 공통되지 않는 이상, 흰색도 그러하여 다른 사물에도 공통되지 않아야 한다. 이와 같은 의미는 없기 때문에 '동일하다'고 말할 수 없다. (흰색과 소라가) 다르다고 한다면, 이 의미도 또한 불가하다. 그 흰색을 볼 경우, 소라에 공통되는 것이 아니어야 한다. (흰색과 소라의) 체가 별개의 다른 것이기 때문이다. 또 이 흰색은 (그것이 속하는) 의지처(所依)가 없게 되니, 소라와 무관하기 때문이다. 또 이 소라는 팔물八物[546]을 갖추지 않는 것이 되니, 색과 다른 것이기 때문이다.

황색과 금 내지는 감촉과 (두라솜의) 사례도 모두 이와 같다.

---

545 육진六塵을 모두 비유로 들었다는 것은 색·성·향·미·촉·법의 여섯 가지 경계에서 사례를 들었다는 것이다. 이하에서 가령 안식의 경계인 색色에서는 '소라와 흰색' 등의 비유를 들었고, 이식의 경계인 성聲에서는 '공후 소리와 선율'의 비유를 든 것 따위를 말한다.
546 팔물八物 : 색·향·미·촉의 사진四塵과 지·수·화·풍의 사대四大를 말한다.

자세한 설명은 그 『기』와 같다. 『심밀해탈경』에서는 비유하면 조개(珂)와 흰색(白)이 같다거나 다르다고 말할 수 없는 것과 같다고 하였고,[547] 『해절경』에서는 비유하면 소라와 흰색이 같다거나 다르다고 말할 수 없는 것과 같다고 하였다.[548]】

眞諦記云。第三喩說。爲顯利鈍兩種方便。若但說義。不立譬者。唯利能入。鈍不能入。若具足說義喩二種。利鈍俱入。故借淺事。以顯深理。此中具擧六塵爲譬。若解一種。餘類可知。傷佉。卽是白色螺也。白色與螺。若言一者。則但色是螺。餘三塵四大。皆應非螺。又如白色。唯眼境界。螺亦應爾。又如白色。通餘諸物。螺亦應爾。螺旣不通。白色亦爾。不應通物。無此義故。不可言一。若言異者。義亦不可。見其白色。不應通螺。體別異故。又此白色應無所依。不關螺故。又應此螺不具八物。與色異故。赤[1]色與金。乃至於觸。例皆如是。具說如彼。【深密經云。譬如珂白。不可言一異。解節經云。譬如傷佉白色。不可言一異。】

1) ㉠『解節經』 권1(T16, 713b24)과 진제 『記』에는 '赤色與金'이라고 되어 있는데, 이것은 황금색과 황금 자체의 같음·다름의 문제를 다룬 것이므로 '赤'을 '黃'으로 수정하였다. 참고로 『深密解脫經』(T16, 668a3)에는 '金黃'이라 되어 있고, 『解深密經』 권1(T16, 691a16)에는 '金上黃色'이라 되어 있다.

② 금과 노란색의 같음·다름으로 비유함

경 마치 소라의 새하얀 색성과 마찬가지로, 금金의 노란색도 또한 이와 같다.

如螺貝上鮮白色性。金上黃色。亦復如是。

---
547 『深密解脫經』 권1(T16, 668a2) 참조.
548 『解節經』 권1(T16, 713b23) 참조.

석 이것은 두 번째로 금과 노란색의 같음·다름을 비유로 든 것이다. 이전의 해석을 예로 삼으면 알 수 있을 것이다.

釋曰。此卽第二金與黃色一異喩。例前可知。

③ 공후 소리와 선율의 같음·다름으로 비유함

경 마치 공후箜篌[549] 소리의 미묘한 선율(曲性)이 공후 소리와 같은 상인지 다른 상인지를 시설하기는 쉽지 않은 것과 같고,

如箜篌聲上美妙曲性。不易施設與箜篌聲一相異相。

석 이것은 세 번째로 공후 소리와 선율의 같음·다름의 비유를 나타낸 것이다.

소리와 선율은 동일하다고 말할 수 없으니, 전체(總)와 개별(別)이 다르기 때문이다.【소리는 전체이고, 선율은 개별이다.】 혹은 공통(通)과 개별(別)이 다르기 때문이라고 볼 수도 있다.[550]

(소리와 선율은) 다르다고 말할 수도 없으니, 체가 구별되지 않기 때문이다.『심밀해탈경』에 의하면 공후와 소리의 관계에서 같지도 다르지도 않음을 분별한 것이

---

549 공후箜篌 : 서양의 하프와 유사한 악기다. 진제의 『記』에서는 비파琵琶(⑤ vīṇā)와 거의 유사한 인도 악기라고 하였다.

550 여기서 문장의 착오가 생긴 듯하다. 원문은 '聲曲異故'인데, 이것은 '소리(聲)와 선율(曲)이 동일하지 않은' 이유를 제시한 것이다. 그런데 소리와 선율이 동일하지 않은 이유가 '소리와 선율이 다르기 때문'이라는 것은 일종의 동어반복이다. 이 부분은 이전의 '소라와 흰색의 비유'에 대한 해석과 거의 동일한 구조로 되어 있고, 거기서 "總別異故。或可通別異故。"라고 했던 것에 비추어 볼 때 여기서도 "總別異故……或可通別異故。"가 나와야 한다. 따라서 '或可聲曲異故'에서 '聲曲'을 '通別'로 수정하여 "혹은 공통(通)과 개별(別)이 다르기 때문이라 볼 수도 있다."라고 번역하였다.

다.[551] 그 경에 의하면, 공후는 전체(總)에 해당하니, 오진五塵(색·성·향·미·촉)을 갖추고 있기 때문이다. 소리는 그것의 개별(別)에 해당하니, 이는 (그 오진의) 일부분이기 때문이다. 『해절경』도 동일하니, 따라서 그 경에서는 '가령 비나毘拏와 음악 소리는 같다거나 다르다고 말할 수 없다'고 하였다.[552] 진제의 『기』에서는 비나는 음악기인데 여기에서의 비파毘巴와 거의 유사하다'고 하였다.】

釋曰。此顯第三箜篌聲曲一異喩。謂聲與曲。不可言一。總別異故。【聲是總。曲是別。】或可聲曲[1]異故。不可言異。無別體故。【若依深密。箜篌與聲。辨非一異。若依彼經。箜篌是總。具五塵故。聲是其別。是一分故。解節亦同。故彼經云。如毘拏音聲。不可言一異。眞諦記云。毘拏者。是音樂器。此間毘巴。大略相似。】

---

1) ㉔ '聲曲'은 '通別'의 착오인 듯하다. 자세한 것은 번역문 역주 참조.

④ 침향과 묘한 향기의 같음·다름으로 비유함

경 마치 검은 침향에 묘한 향기가 있는데, 그 검은 침향과 같은 상인지 다른 상인지를 시설하기는 쉽지 않은 것과 같다.

如黑沈上有妙香性。不易施設與彼黑沈一相異相。

석 네 번째는 침향과 묘한 향기의 같음·다름을 비유로 든 것이다. 침향과 묘한 향기는 같다고 말할 수 없으니, 전체(總)와 개별(別)이 다르기

---

551 『深密解脫經』 권1(T16, 668a3)에는 "箜篌妙聲……不可說一。不可說異。"라고 되어 있다.
552 『解節經』 권1(T16, 713b25)에는 "譬如毘拏音聲美妙。不可安立。與毘拏一。與毘拏異。"라고 되어 있다.

때문이다. 다르다고 말할 수도 없으니, 체가 구별되지 않기 때문이다.【『심밀해탈경』에서는 '침수沉水(향료의 일종)와 향미香味는 같다거나 다르다고 말할 수 없다'고 하였고, 『해절경』에서는 '가령 침향과 향기가 같다거나 다르다고 말할 수 없는 것과 같다'고 하였다.[553]】

> 釋曰。第四沈與妙香一異喩。沈與妙香。不可言一。總別異故。不得言異。無別體故。【深密經云。沉水香味。不可言一異。解節經云。如沉香香氣。不可言一異也。】

⑤ 후추와 매운맛의 같음·다름으로 비유함

경 마치 후추(胡椒)의 매운 강렬한 성질이 그 후추와 같은 상인지 다른 상인지를 시설하기는 쉽지 않은 것과 같고,

> 如胡椒上辛猛利性。不易施設與彼胡椒一相一異。[1]
>
> 1) ㉠『解深密經』권1(T16, 691a20)에 따르면, '一異'는 '異相'으로 수정해야 한다.

석 다섯 번째는 후추와 매운맛의 같음·다름을 비유로 든 것이다. 후추와 매운맛은 같다고 말할 수 없으니, 전체와 개별이 다르기 때문이다. 다르다고 말할 수도 없으니, 체가 구별되지 않기 때문이다.【『심밀해탈경』에서는 '필발畢鉢[554]과 매운맛이 같다거나 다르다고 말할 수 없다'고 하였고, 『해절경』에서는 '마리차摩梨遮[555]와 매운맛이 같다거나 다르다고 말할 수 없다'고 하였다.[556]】

---

553 『深密解脫經』권1(T16, 668a4)과 『解節經』권1(T16, 713b26) 참조.
554 필발畢鉢(Ⓢ pippala) : 필발華菝이라고도 음역하며 호초胡椒과에 속하는 나무 열매를 뜻한다.
555 마리차摩梨遮(Ⓢ marica) : 미리차彌梨遮라고도 음역하고, 후추를 가리킨다.

釋曰。第五胡椒辛味一異喩。椒與辛味。不可言一。總別異故。不得言異。無別體故。【深密經云。畢鉢辛味。不可言一異。解節經云。摩梨遮與辛辢[1)]味。不可言一異。】

---

1) ㉐ '辢'은 원문에 '辣'로 되어 있는데, 의미는 동일하다.

⑥ 하리와 떫은맛의 같음·다름으로 비유함

경 마치 후추에서의 매운 강렬한 성질과 마찬가지로, 하리訶利[557]와 떫은 성질도 이와 같다.

如胡椒上辛猛利性。訶利淡性。亦復如是。

경 여섯 번째는 하리와 떫은맛의 같음·다름을 비유로 든 것이니, 앞에 준해서 알아야 한다.『십밀해탈경』에서는 '하리륵과 쓴맛이 같다거나 다르다고 말할 수 없다'고 하였고,『해절경』에서는 '하리륵과 떫은맛'이라고 하였다.[558]

釋曰。第六訶梨淡味一異喩。准上應知。【深密經云。訶梨勒苦味。不可言一異。解節經云。呵梨勒澁。】

556『深密解脫經』권1(T16, 668a4)과『解節經』권1(T16, 713b27) 참조.
557 하리訶利(Ⓢ harītakī) : 하리달계訶梨怛鷄, 하리륵訶梨勒, 가리륵呵梨勒으로 음역한다. 노란색 미로바란(Myrobalan) 나무와 그 열매를 가리킨다. 이것은 마치 감초처럼 다양한 용도에 쓰이는 약초나 감미료인 듯하다. 예를 들어『翻譯名義集』권3(T54, 1103a14)에서는 "하리륵은 신역에서는 하리달계라고 하는데, 여기서는 천주지래天主持來라고 한다. 이 열매를 약으로 쓰면 효용이 아주 많아서 들어가지 않는 데가 없다."고 하였다.
558『深密解脫經』권1(T16, 668a4)과『解節經』권1(T16, 713b28) 참조.

⑦ 솜과 부드러움의 같음·다름으로 비유함

경 마치 두라솜[559]에 부드러운 성질이 있는데, (그것이) 두라솜과 같은 상인지 다른 상인지 시설하기는 쉽지 않은 것과 같다.

如蠹羅綿上有柔耎性。不易施設與蠹羅綿一相異相。

석 일곱 번째는 솜과 부드러움의 같음·다름을 비유로 든 것이다.
 "두라솜"이란 서로 전하는 설에 따르면 포류화蒲柳華[560]라고 한다. 솜과 부드러움은 같다고 말할 수 없으니, 전체와 개별이 다르기 때문이다. 다르다고 말할 수도 없으니, 체가 구별되지 않기 때문이다.【『심밀해탈경』에서는 '두라와 부드러움'이라 하였고,『해절경』에서는 '솜털과 부드러움'이라 하였다.[561]】

釋曰。第七綿與柔耎一異喩。蠹羅綿者。相傳說。是蒲柳華也。綿與耎觸。不可言一。總別異故。不得言異。無別體故。【深密經云。兜羅柔輭。[1] 解節經云。綿繢柔輭。*】

1) ㉠ '輭'은 원문에는 '軟'으로 되어 있는데 의미는 동일하다. 이하도 동일하다.

⑧ 숙소와 제호의 같음·다름의 비유

경 마치 숙소熟酥에 있는 제호醍醐[562]가 그 숙소와 같은 상인지 다른 상인

---

559 두라솜(蠹羅綿, ⓢ tūla) :『飜譯名義集』권7(T54, 1172a23)에서는 '나무에 생겨난 부드러운 솜'이라고 하였는데, 자세한 것은 아래의 '포류화'에 대한 주석 참조.
560 포류화蒲柳華 : '포류'는 버들과에 속하는 냇버들을 가리키고, '포류화'란 그 버들가지에 보송보송하게 붙어 있는 겨울 꽃눈을 가리킨다. 이 꽃눈이 하얗게 보여서 마치 성긴 솜털처럼 보인다.
561 『深密解脫經』권1(T16, 668a5)과 『解節經』권1(T16, 713b29) 참조.

지를 시설하기는 쉽지 않은 것과 같다.

如熟蘇¹⁾上所有醍醐。不易施設與彼熟蘇*一相異相。

1) ⓔ『解深密經』권1(T16, 691a23)에는 '蘇'가 '酥'로 되어 있고, 이하도 동일하다.

석 여덟 번째는 숙소와 제호의 같음·다름을 비유로 든 것이다. 비록 제호를 들긴 했지만 의도는 '미끄러운 촉감(滑觸)'을 다루려는 것이다.[563] 숙소와 제호는 같다고 말할 수 없으니, 전체와 개별이 다르기 때문이다. 다르다고 말할 수도 없으니, 체가 구별되지 않기 때문이다.

진제의 『기』에서는, 소와 제호는 단지 (오진五塵 중에서) 그 '촉觸'을 거론한 것이지 그 '미味'를 말한 것은 아니라고 하였다.【『심밀해탈경』과 『해절경』도 이 경과 동일하게 설한다.】

釋曰。第八熟蘇醍醐一異喩。雖舉醍醐。意取滑觸。蘇與醍醐。不可言一。總別異故。不可言異。無別體故。眞諦記云。蘇與醍醐。但舉其觸。不談其味。【深密解節。亦同此經。】

⑨ 이理와 사事의 같음·다름의 비유

경 또 마치 일체행의 무상성無常性, 모든 유루법의 고성苦性, 모든 법의 보

---

562 숙소熟酥(⑤ sarpis)에 있는 제호醍醐(⑤ maṇḍa) : 소나 양의 젖을 가공하여 낙酪(⑤ dadhi)을 만들고, 이 낙을 다시 가공하여 생소生酥(⑤ navanīta)를 만들며, 이 생소를 발효시켜 숙소를 만든다. 다시 이 숙소를 발효시키면, 가장 정제된 맛을 가진 제호 醍醐가 생기는데, 불교에서는 이 제호를 불성이나 열반에 비유한다.

563 이 여덟 번째 비유도 이전의 '두라솜과 부드러움(柔耎性)'의 비유와 마찬가지로 촉경 觸境에서 사례를 든 것이다. 따라서 '숙소와 제호'라고 했지만 뒤의 '제호'는 의미상 '숙소의 미끄러운 촉감(滑觸)'을 거론한 것이라는 말이다.

특가라무아성補特伽羅無我性이 저 행 등과 같은 상인지 다른 상인지를 시설하기는 쉽지 않은 것과 같다.

又如一切行上無常性。一切有漏法上苦性。一切法上補特伽羅無我性。不易施設與彼行等一相異相。

석 아홉 번째는 이理와 사事의 같음·다름을 비유로 든 것이다.

"일체행의 무상성"이라 했는데, '행行'이란 모든 유루·무루의 네 가지 상(생·주·이·멸)이 변해 가는 것이기 때문에 '무상하다'고 한 것이다. 따라서 『열반경』에서는 "제행은 무상하니 이는 생멸법이다."564라고 하였다.

"모든 유루법의 고성"이라 했는데, 모든 유루법에 (번뇌의) 추중麁重이 따라다니는 것을 '고'라고 하니, 예를 들면 『대법론』의 설과 같다.565

"모든 법의 보특가라무아성"이라 했는데, '모든 법'이라는 말은 유위·무위의 모든 법을 총괄한 것이다. '보특가라補特伽羅(S) pudgala)'란 여기 말로 '삭취취數取趣'라고 하니, 모든 유정들이 선업·악업을 따라 '자주(數) 여러 취趣들을 취取하기' 때문에 '삭취취'라고 한 것이다. 구역에서 '인人'이라 한 것은 번역가의 오류다. 그런데 무아無我의 의미에는 두 종류가 있으니, 첫째는 생공生空(인공)이고 둘째는 법공法空이다. 지금 여기서는 전자를 말한 것이지 후자를 말하는 것은 아니므로 '보특가라무아성'이라 한 것이다.

문 이치는 네 종류가 있는데 왜 세 가지만 설하고 '공空'은 밝히지 않았는가?566

---

564 『大般涅槃經』권3(T7, 204c23).
565 『雜集論』권5(T31, 706c16)에서는 '사고四苦' 중의 '행고성行苦性'에 대해 설명하면서 다음과 같이 말한다. "제행諸行에 대해 '저 두 가지 추중에 섭수되는 것'이라 했는데, 말하자면 고고苦苦와 괴고壞苦 두 가지 고의 추중이 뒤따라 다니기 때문이다."
566 이치에 네 종류가 있다는 것은 일체의 유루법에 관철되는 공상共相의 이치, 즉 무상無常·고苦·공空·무아無我를 말한다. 위의 경문에서 '무상성과 고성과 무아성'만을

🗨 지금 여기서는 삼법인三法印을 나타내었으니, 말하자면 유루법은 모두 '고'이고, 모든 유위법은 다 '무상'하며, 두루 일체법이 모두 '무아'라는 것이다. '공'은 (삼법인으로) 인증된 것이 아니므로 여기서는 논하지 않았다.

이 경문의 의미는 다음과 같다. 〈무상無常 등의 '성'과 행行 등의 '법'이 같다고 말할 수 없으니, 사와 이는 구별되기 때문이다. 다르다고 말할 수도 없으니, 체가 구별되지 않기 때문이다.〉

釋曰。第九理事一異喩。言一切行[1]無常性者。行謂一切有漏無漏四相所遷。故名無常。故涅槃云。諸行無常。是生滅法。一切有漏法上苦性者。諸有漏法麤重所隨。說名爲苦。如對法說。一切法上補特伽羅無我性者。一切法言。總攝有爲無爲諸法。補特伽羅者。此云數取趣。以諸有情隨善惡業。數取諸趣。名數取趣。舊云人者。譯家謬也。然無我義。有其二種。一者生空。二者法空。今於此中。說前非後。故云補特伽羅無我性也。問。理有四種。何爲說三。而不明空。答。今於此中。顯三法印。謂有漏者。皆悉是苦。諸有爲者。皆是無常。遍一切法。悉皆無我。空無所印。故此不論。此中意云。無常等性與行等法。不可言一。事理別故。不可言異。無別體故。

1) ㉠ 경문에는 '行' 다음에 '上'이 있다.

그러므로 세친의 『유식삼십론송』에서는 다음과 같이 말한다. "의타기자성[567]은 분별을 연으로 하여 생겨나고, 원성실자성[568]은 그것(의타기자

거론했기 때문에 네 가지 중에 '공'을 언급하지 않은 이유를 물은 것이다.
567 의타기자성依他起自性(Ⓢ paratantra-svabhāva) : 다른 것에 의존해서 생기하는 것, 즉 각종의 인연에 의해 생겨난 것을 가리킨다. 영원불변의 실재는 아니지만, 연이 합하면 생기지만 연이 다하면 멸하는 방식으로 어느 정도 실재성을 갖는다는 의미에서 '가유假有'라고 한다.
568 원성실자성圓成實自性(Ⓢ pariniṣpanna-svabhāva) : 의타기자성의 진실한 체體, 즉

성)⁵⁶⁹에서 이전의 자성(변계소집자성⁵⁷⁰)을 영원히 멀리 떠났다. 이것(원성실자성)⁵⁷¹과 의타는 다른 것도 아니고 다르지 않은 것도 아니니, 마치 무상無常 등의 '성性'과 같다. 이것을 통찰하지 않고 그것을 (통찰하는 것은) 아니다."⁵⁷²

(이에 대해) 호법護法은 다음과 같이 해석하였다.⁵⁷³ "이 원성실성은 그 의타기성과 다른 것도 아니고 다르지 않은 것도 아니다. 다르다면, 진여는 그것(의타)의 실성實性이 아닐 것이다. 다르지 않다면, 이 실성은 무상한 것이어야 한다. 그것(의타)과 이것(실성)은 둘 다 깨끗한 경계이거나 깨끗하지 않은 경계여야 하고,⁵⁷⁴ 그렇다면 근본지·후득지의 작용에 차별이 없을 것이다. 어째서 두 가지 자성은 다르지도 않고 같지도 않은가? 가령 그것의 무상無常·무아無我 등의 '성'과 같으니, 무상 등의 '성'이 행 등의 '법'과 다르다면 그 법은 무상한 것 등이 아니어야 하고,⁵⁷⁵ 다르지

진여眞如를 가리킨다. 이것은 일체법에 두루 편재하고(圓滿) 생함도 멸함도 없으며 (成就) 체성體性이 참된 실재이기(眞實) 때문에 '원성실'이라고 한다.
569 이하에 진술된 『唯識三十頌』과 호법의 해석에서 '그(彼)'라는 지시어는 모두 '의타기자성'을 가리킨다.
570 변계소집자성遍計所執自性(Ⓢ parikalpita-svabhāva) : 실체가 전혀 없는 것인데 '실재'라고 집착된 대상을 가리킨다. 예를 들어 '실아實我·실법實法' 등은 그것을 헤아리는 정情 속에는 있어도 이치상으로는 존재하지 않는다. 이전의 의타기와 원성실은 가유假有와 진실眞實이라는 차이는 있어도 모두 '유'로 간주되는 반면, 변계소집자성은 단지 언어상으로만 있고 실체는 전혀 없는 '무無'이다.
571 이하에 진술된 『唯識三十頌』과 호법의 해석에서 '이(此)'라는 지시어는 모두 '원성실성'을 가리킨다.
572 『唯識三十論頌』 권1(T31, 61a16). 이것은 『唯識三十頌』에서 제21송과 제22송에 해당한다.
573 이하 호법의 해석은 원성실성과 의타기성이 일치하지도 않고 분리되지도 않는(不卽不離) 관계를 논한 것이다. 앞의 계송과 마찬가지로 여기서도 '이(此)'라는 지시어는 모두 원성실성(진여)을 가리키고, '그(彼)'라는 지시어는 모두 의타기를 가리킨다.
574 만약 진여실성眞如實性이 의타기와 더불어 체가 동일하다면, 진여와 의타가 둘 다 동시에 청정한 경계이거나 혹은 둘 다 동시에 청정하지 않은 경계가 된다는 모순이 생긴다.
575 무상성無常性·무아성無我性 등과 행법行法이 전혀 다른 것이라면 '제행은 무상하다'

않다면 이것은 그것의 공상共相이 아니어야 한다.[576] 이러한 비유로 '이 원성실과 그 의타기가 같지도 않고 다르지도 않음'을 나타내었다. 법과 법성法性[577]은 이치상 마땅히 그러하니, 승의와 세속은 서로 상대해서 있는 것이기 때문이다."[578]

是故世親三十頌云。依他起自性。分別緣所生。圓成實於彼。常遠離前性。故此與依他。非異非不異。如無常等性。非不見此彼。護法釋云。此圓成實與[1)]依他起。非異非不異。異應眞如非彼異[2)]性。非異此性應是無常。彼此俱應淨非淨境。卽本後智用應無別。云何二性非異非一。如彼無常無我等性。無常等性與行等法。異應彼法非無常等。不異彼[3)]應非彼共相。由斯喩顯。此圓成實與彼依他。非一非異。法與法性。理必應然。勝義世俗。相待有故。

1) ㉑『成唯識論』권8(T31, 46b18)에 따르면, '與' 다음에 '彼'가 누락되었다. 2) ㉑『成唯識論』권8(T31, 46b19)에 따르면, '異'는 '實'의 오기다. 3) ㉑『成唯識論』권8(T31, 46b23)에 따르면, '彼'는 '此'의 오기다.

⑩ 번뇌의 성성性과 상相의 같음·다름으로 비유함

경 또 마치 탐貪에서의 적정하지 않은 상 및 잡염상, 이것이 그 탐과 같은 상인지 다른 상인지를 시설하기는 쉽지 않은 것과 같다. 탐에서 그런 것과 마찬가지로, 진瞋과 치癡에서도 그러함을 알아야 한다.

거나 '제법은 무아이다'라는 말도 성립하지 않는다.
576 무상성無常性·무아성無我性·공성空性 등은 제행·제법에 공통적으로 관철되는 도리이기 때문에 '공통된 상(共相)'이라 한다. 그런데 이 무상성 등이 그 제행 등과 다르지 않고 같다고 하면, 무상성 등이 제행의 공상이라고 하는 의미가 없어진다.
577 법성法性 : 여기서 '법성'이란 제법의 공상共相, 즉 앞서 말한 무상無常·무아無我·공空 등의 성을 가리킨다.
578 『成唯識論』권8(T31, 46b18).

又如貪上不寂靜相及雜染相。不易施說[1]此與彼貪一相異相。如於貪上。於瞋痴上。當知亦爾。

1) '說'은 '設'의 오기다.

석 이것은 열 번째로 번뇌의 성性과 상相의 같음·다름을 비유로 든 것이다. 말하자면 탐·진·치의 자성에는 모두 두 가지 상이 있다. 첫째는 자상自相이니, 탐·진·치의 자성이 각기 다르기 때문이다. 둘째는 공상共相이니, 잡염 등은 (모든 번뇌가) 다 공통으로 갖고 있기 때문이다. 공상에 두 종류가 있다. 첫째는 '적정하지 않은 상'이니, (번뇌는) 소란하게 동요하는 것이기 때문이다. 둘째는 '잡염상'이니, 상응박相應縛·소연박所緣縛[579] 두 가지 박이 뒤섞여 있기 때문이다. 말하자면 저 탐(·진·치)의 성과 상이 서로 다르기 때문에 '같다'고 말할 수 없고, (잡염상 등의) 상은 탐(·진·치) 등을 떠나서 별도의 체가 없기 때문에 '다르다'고 말할 수도 없다.

釋曰。此卽第十煩惱性相一異喩。謂貪瞋痴性。皆有二相。一者自相。謂貪瞋等性各別故。二者共相。謂雜染等。皆共有故。共相有二。一不寂靜相。以囂動故。二雜染相。相應所緣二縛雜故。謂彼貪等。性相別故。不可言一。相離貪等。無別體故。不可言異。

- 문답으로 결택함[580]

---

[579] 상응박相應縛·소연박所緣縛 : 상응박이란 마음이 그와 상응해서 일어나는 견혹見惑이나 수혹修惑에 속박되는 것을 말한다. 소연박이란 심식心識이 자기의 대상(所緣) 때문에 그 작용이 제약되어 속박되는 것을 말한다. 예를 들어 안식은 색만 인식하고, 그 외의 성·향 등을 인식 대상으로 삼지 못하는 것과 같다.
[580] 이하는 아홉 번째 비유와 열 번째 비유와 관련된 의문점을 문답으로 결택한 것이다.

🔵 탐·진 등은 하나하나 모두 적멸하지 않은 상과 잡염상을 갖고 있고, 모든 종파에서 '법처에 속하는 것'이라고 공동으로 인정한다. 그런데 여기서 말하는 일체행과 무상 등의 공상도리共相道理는 당연히 십이처에 통하는 것인데, 어째서 이 경에서는 오직 법처에 속한다고 하는가?[581]

🔵 살바다종에서는 일체행 및 무상 등은 하나하나 모두 통틀어 십이처에 속하는 것이다. 그런데 그들의 법처는 오직 개별적인 것(別)이지 총체적인 것(總)은 아니니, 말하자면 수受·상想·행行, 삼종무위三種無爲,[582] 무표색無表色[583] 등 이와 같은 일곱 가지는 (법처에 속할 뿐) 나머지 열 개의 처에는 속하지 않기 때문이다.[584]

경부종에 의하면 법처에 두 가지가 있으니, 개별적인 것(別)과 공통된 것(通)이다. '개별적 법처'란 살바다종에서 설한 것과 거의 동일하다. 차별

---

581 이전의 해석에서는 경문의 열 가지 비유는 육진六塵에 의거해서 든 것이고 그중에 마지막 두 가지 비유, 즉 '일체행과 무상성 등의 같음·다름' 그리고 '탐·진·치의 성과 상의 같음·다름'은 모두 법처에서 사례를 든 것이라고 하였다. 그런데 탐·진·치와 같은 번뇌들은 법처에 소속되는 법이므로 그렇다고는 말할 수 있어도, '일체행과 무상 등의 공상共相'은 모두 십이처에 공통적으로 속하는 것들인데 어째서 이것을 법처에서 든 사례라고 했는가를 묻고 있다.
582 삼종무위三種無爲: 구사종에서 말하는 세 종류 무위법無爲法, 즉 허공과 택멸擇滅과 비택멸非擇滅을 말한다.
583 무표색無表色: 살바다종에서는 몸짓의 형태나 말소리로 표현된 것을 표업表業이라고 하고, 이러한 표업의 본질은 형태나 소리이므로 색처나 성처에 속한다고 한다. 그런데 그러한 표업으로 인해 무형의 색법이 일어나면 이것을 무표색無表色이라 한다. 이 무표색은 밖으로 나타낼 수 없기 때문에 '무표'라고 하고, 또 몸 안의 지수화풍 등의 사대에 의해 생겨난 것이기 때문에 '색'이라고 한다. 비록 색이라고는 해도 다른 색법들처럼 감각적으로 보여질 수 있는 성질이나 물리적 장애 등을 가진 것이 아니므로 '무견무대색無見無對色'이라고 하고 이것을 법처에 포함시킨다.
584 이상의 살바다종의 관점에서는 '일체행과 무상 등의 공상도리'는 법처의 사례라고 볼 수 없다. 이 종에서 말하는 법처는 '색처' 등과 구분되는 특수하고 개별적인(別) 처를 가리키기 때문이다. 그 법처에는 색온·식온에 속하지 않는 그 밖의 것들, 말하자면 수온·상온·행온, 세 종류 무위법, 색법이기는 하지만 지각되지 않는 무표색이 법처에 속한다. 그런데 '일체행과 무상 등의 공상도리'는 십이처를 포괄하기 때문에 이것을 그러한 특수한 법처의 사례로 볼 수 없다.

이 있다면, 그 종에서는 무작無作(무표색)은 색법도 아니고 심법도 아니라고 한다는 점이다. '공통된 법처'란 그 경부종에서는 십이처를 모두 법처라고 한다. 제6의식의 소연 경계이기 때문이다.[585]

이제 대승에 의하면, 대개 경부종과 동일해서 공통된 것과 특수한 것두 가지를 모두 법처라고 한다. 따라서『성유식론』제5권에서는 다음과 같이 말한다. 〈색식色識 등의 다섯 가지 식은 오직 색 등을 요별하는 것이므로 '색식' 등이라 이름한다.[586] 법식法識은 모든 법을 통틀어 요별할 수 있기 때문에 법식이라 이름한다. 혹은 법을 요별할 수 있으므로 유독 법식이라는 이름을 얻은 것이다.〉[587]

해 이에 준해 보면, 대승의 법처는 두 종류를 갖추고 있다. 지금 이 경문에 대해, 사실에 의거해 논하자면 일체행 등은 십이처에 통하는 것이다. 이 경에서 우선 '의식의 소연이라는 점 및 공통된 법처'라는 두 가지 의미에 의거했기 때문에 '일체행' 등을 모두 법처라고 이름한 것이다.

問。貪瞋等一一皆有不寂滅相及離[1)]染相。諸宗共許法處所攝。然此所說一切行與無常等共相道理。應通十二。如何此經唯法處攝。解云。薩婆多宗。說一切行及無常等。一一皆通十二處攝。然彼法處。唯別非總。謂受想行三種無爲及無表色。如是七種。餘十一處所不攝故。依經部宗。法處有二。一

---

[585] 이상의 경부종의 관점에서 볼 때, '공통적 법처'에 의거해서 설한다면 '일체행과 무상 등의 공상도리'는 법처의 사례라고 할 수 있다. 이 종에 따르면, '법처'의 '법'은 가장 포괄적 의미에서는 의식의 경계가 되는 일체의 법, 즉 십이처의 모든 법을 뜻하기 때문이다.

[586] 오식五識을 가리킬 때 '근根'의 이름 대신에 '경계(境)'의 이름을 취해서 안식眼識을 색식色識이라 하고, 이식耳識을 성식聲識이라 하며, 내지는 의식意識을 법식法識이라고 명명하기도 한다.

[587] 이『成唯識論』의 문장은 '법처'가 '공통된 법처'의 뜻으로 사용된 사례를 든 것이다. 이 논에서는 법식法識(意識)은 일체법을 요별하기 때문에 '법식'이라 불린다고 정의하는데, 이에 따를 때 앞서 말한 '일체행과 무상 등의 공상도리'는 법처의 사례라고 볼 수도 있다. 이상은『成唯識論』권5(T31, 26a22) 참조.

別。二通。若別法處。大同薩婆多。而差別者。彼宗無作非色非心。通法處者。彼宗十二皆名法處。第六意識所緣境故。今依大乘。大同經部。通別二種。皆名法處。故成唯識第五卷云。色等五識。唯了色等。名色等識。法識通能了一切法。故名法識。或能了別法。獨得法識名。解云。准此。大乘法處。具有二種。今於此中。據實爲論。一切行等通十二處。此經且依意識所緣及通法處二種義故。一切行等。皆名法處。

1) ㉄ '離'는 '雜'의 오기다.

(4) 결합

경 이와 같이 선청정혜여, 승의제상이 제행상과 같은 상인지 다른 상인지는 말로 시설할 수 없느니라.

如是善淸淨慧。勝義諦相。不可施設與諸行相一相異相。

석 네 번째는 법동유를 든 것이니,[588] 문장 그대로 알 수 있을 것이다.

釋曰。此卽第四擧法同喩。如文可知。

---

[588] 이전의 과목 분류에서는 이것을 '결합(合)'이라고 표현했는데, 원측 소에서는 '법동유法同喩'와 같은 말이다. 이 법동유는 몇 가지 비유(실례)를 언급하고 나서 마지막에 본래 말하고자 했던 교법을 결합시킴으로써 동품 비유의 의미를 완전하게 표시하는 문장을 가리킨다. 승의제의 세 번째 상인 '초과제법일이성상超過諸法一異性相'에서는 위의 경문이 그에 해당한다.

(5) 결론

경 선청정혜여, 나는 이와 같이 미세하고도 지극히 미세하며 심오하고도 지극히 심오하며 통달하기 어렵고도 지극히 통달하기 어려운, 제법과의 동일성·차이성을 넘어선 상相인 승의제상에 대해 정등각正等覺[589]을 이루었고, 정등각을 이루고 나서 다른 이에게 설해 주기 위해 현시하고 이해시키고 시설하여 비추었다."

善淸淨慧。我於如是微細極微細。甚深極甚深。難通達極難通達。超過諸法一異性相勝義諦相。現正等覺。現正[1]等覺已。爲他宣說。顯示開解。施設照了。

1) ㉢『解深密經』권1(T16, 691b3)에는 '正'이 없다.

석 이것은 다섯 번째로 결론지어 외인의 의문을 회통시킨 것이다. (외인의 의문이란) '부처님께서 설하신 심오한 승의제를 어떻게 알아야 할까' 하는 것이다. 따라서 부처님께서는 '나는 이와 같이 제법과의 동일성·차이성을 넘어서 있는 상에 대해 등정각等正覺(正等覺)을 이루었고 다른 이에게 설해 주었다'고 말씀하신 것이다.

그런데 이 승의제는 십신十信 이전의 외도 이생(外異生)[590]의 경계를 넘어서 있으니, 그들이 설할 수 있는 것도 아니고 그들이 사유할 수 있는 것도 아니기 때문에 '미세하고도 지극히 미세하다'고 하였다. 또 지전地前의

---

589 정등각正等覺(⑤ samyak-saṃbodhi) : 정각正覺·등정각等正覺·정등정각正等正覺·정진각正盡覺 등으로 번역된다. 일체법에 대한 여래의 진실한 깨달음을 가리킨다. 무상정등각無上正等覺 혹은 아뇩다라삼먁삼보리의 약칭이다. 이 용어에 대해서는 이전의 〈3.-1)-(2)-⑤-가.-가)-(가)-c. 이생이 이미 보리를 증득했어야 한다는 과실(已得菩提失)〉에서 자세히 해석한 바 있다.(p.308)
590 외도 이생(外異生) : 불교를 믿지 않는 외도外道의 범부들을 가리킨다.

내도 이생(內異生)⁵⁹¹의 지위를 넘어서 있으니, 언어로 미칠 수 있는 것이 아니고 사유로 생각될 수 있는 것도 아니기 때문에 '심오하고도 지극히 심오하다'고 하였다. 혹은 등각等覺⁵⁹² 이하의 보살들의 계위를 넘어서 있으니, 언어로 설할 수 있는 것도 아니고 마음이 미칠 수 있는 것도 아니기 때문에 '통달하기 어렵고도 지극히 통달하기 어렵다'고 하였다.

해 또 삼아승기三阿僧祇⁵⁹³를 거쳐서 언설되고 사유되는 것이기 때문에 여섯 구句를 말한 것이다.⁵⁹⁴ 이와 같은 의미들을 이치에 맞게 생각해 보아야 한다.

釋曰。此卽第五結通外疑。謂佛所說甚深勝義。如何了知。故佛說言。我於如是超過諸法一異性相。成等正覺。爲他宣說。然此勝義。超過十信已前外異生境。非彼所說。非彼所思。故言微細極微細。又過地前內異生位。非言所及。非思所思。故言甚深極甚深。或過等覺已下諸菩薩位。非言所說。非心所及。故言難通達極難通達。又解。過三僧祇所說所思。故說六句。如是等義。如理應思也。

---

591 내도 이생(內異生) : 불교라는 내도內道에 있으면서 아직 견도見道(十地의 초지)에 들지 못한 범부들을 가리킨다.
592 등각等覺 : 대승 보살의 계위는 경론마다 일정하지는 않지만, 십신十信·십주十住·십행十行·십회향十迴向·십지十地 다음에 등각위等覺位와 묘각위妙覺位를 추가해서 보살의 오십이위五十二位라고 하는데, '등각'은 그중 51번째 계위에 해당한다.
593 삼아승기三阿僧祇 : 보살의 수행이 완성되는 데 걸리는 세 번의 아승기겁을 가리킨다.
594 제1·제2·제3의 아승기를 거치면서 언설되고(所說) 사유되는(所思) 것이기 때문에 '微細, 極微細, 甚深, 極甚深, 難通達, 極難通達'라는 '여섯 구句'로 표현했다는 것이다.

2) 게송으로 간략히 설함

경 이때 세존께서 이러한 의미를 거듭 펼치시려고 게송으로 말씀하셨다.

爾時世尊。欲重宣此義。而說頌曰。

석 이하는 두 번째로 게송을 들어 간략히 설한 것이다. 이 중에 두 가지가 있다. 처음은 송문頌文을 발기한 것이고, 나중은 게송으로 간략히 설한 것이다.

釋曰。自下第二擧頌略說。於中有二。初發起頌文。後擧頌略說

(1) 송문을 발기함

이것은 처음에 해당한다.

此卽初也。

(2) 게송으로 간략히 설함

경 행계行界와 승의勝義의 상은
　　동일성·차이성을 여읜 상이네
　　같다거나 다르다고 분별한다면
　　그는 이치에 맞게 행하는 것이 아니니
　　중생은 상에 속박되고

또 추중에 속박되네⁵⁹⁵

부지런히 지관⁵⁹⁶을 닦는다면

이에 해탈을 얻을 수 있다네

行界勝義相　離一異性相
若分別一異　彼非如理行
衆生爲相縛　及爲¹⁾麤重縛
要勤修止觀　爾乃得解脫

---

1) ㉕『解深密經』 권1(T16, 691b8)에는 '爲'가 '彼'로 되어 있고, 교감주에 '爲'로 된 곳도 있다고 하였다.

석 이하는 두 번째로 게송을 들어 간략히 설한 것이다. 이 중에 세 가지가 있다. 처음의 두 구는 이치의 심오함을 찬탄한 것이다. 다음에 네 구가 있으니, 집착에 과실이 있음을 나타낸 것이다. 마지막 두 구는 수행으로 과를 얻음을 밝힌 것이다.

"행계行界"라고 했는데, '행'이란 변하며 흘러가는 유위의 제행을 말한다. '계'는 '성性'의 뜻인데, 본래 두 가지 설이 있다. 한편에서는 유위의 자성自性을 '계'라고 한다. 한편에서는 제행은 모두 진여를 자성으로 삼기 때

---

595 이하의 원측의 해석에서는 "若分別一異。彼非如理行。衆生爲相縛。及爲麤重縛。"이라는 네 구를 집착의 과실을 나타낸 문구라고 보았기 때문에 여기서는 "같다거나 다르다고 분별한다면 그는 이치에 맞게 행하는 것이 아니니 중생은 상에 속박되고 추중에 속박되네."라고 번역하였다. 그런데 만약 '衆生爲相縛。及爲麤重縛。'이라는 두 구를 의미상으로 마지막 두 구와 연결되는 것으로 간주한다면, "중생이 상박과 추중박을 (벗어나기) 위해 부지런히 지관을 닦는다면 이에 해탈을 얻을 수 있다네."라고 번역할 수도 있다.
596 지관止觀 : '지止'는 사마타奢摩他(Ⓢ śamatha)의 번역이고 '관觀'은 비발사나毘鉢舍那(Ⓢ vipaśyanā)의 번역이다. '지'는 모든 외부 대상에 대한 생각이나 망념을 그치고 특정한 대상에 마음을 집중하여 머무는 것이고, '관'은 그와 동시에 바른 지혜를 일으켜 이 하나의 대상을 관찰하는 것이다.

문에 '행계'라고 이름한다고 하니, 곧 행계가 승의제이다.

다음에 네 구가 있으니, 집착에 과실이 있음을 나타낸 것이다. 말하자면 '같다'고 하거나 '다르다'고 하는 등의 집착은 모두 이치에 맞지 않고, 이치에 맞지 않기 때문에 두 가지 속박(상박과 추중박)에 묶이게 된다. 두 가지 속박의 이치는 앞에서 설한 것과 같다.

> 釋曰。自下第二擧頌略說。於中有三。初之二句。歎理甚深。次有四句。顯執有失。後之二句。明修得果。言行界者。行謂遷流有爲諸行。界是性義。自有二說。一云。有爲自性。名之爲界。一云。諸行皆以眞如爲自性故。名爲行界。卽以行界爲勝義也。次有四句。顯執有失。謂執一異等。皆非如理。非如理故。二縛所縛。二縛之理。如上已說。

마지막에 두 구가 있으니, 수행으로 과를 얻음을 밝힌 것이다. 말하자면 미혹하고 집착하는 자는 반드시 지관을 닦아야 비로소 해탈할 수 있다는 것이다. 범음 '사마타奢摩他(Ⓢ śamatha)'는 여기 말로 '지止'라고 번역한다. 이것의 체는 정定이다. 산란을 그치게 하는 것을 '지'라고 한다. 범음 '비발사나毗鉢舍那(Ⓢ vipaśyanā)'는 여기 말로 '관觀'이라 한다. 이것의 체는 혜慧이다. 제법을 자세히 관찰하는 것을 '관'이라 한다. 뒤의 유가처瑜伽處에서 자세하게 분별하겠다.[597] '해탈'은 곧 유위해탈과 무위해탈 두 종류를 말한다. 유위해탈이란 심해탈心解脫·혜해탈慧解脫 두 종류이고,[598] 무위

---

[597] 이 『解深密經』「分別瑜伽品」에서는 유가瑜伽(Ⓢ yoga)의 요의了義를 설하는데, 협의의 의미에서 유가의 본질은 지관止觀을 가리킨다. 뒤의 「分別瑜伽品」은 이 지관에 대해 자세히 설명한 품이다.

[598] 성자의 정견正見과 상응하는 승해勝解를 유위해탈이라 하는데, 이 승해는 심소법 중의 하나이고 유위법이기 때문에 유위해탈이라 한 것이다. 이 유위해탈은 다시 심해탈心解脫·혜해탈慧解脫로 구분하는데, 전자는 마음(心)이 탐애 등의 계박을 떠난 것을 말하고, 후자는 혜慧가 무명번뇌를 떠난 것을 말한다.

해탈이란 무위의 네 종류 열반이다.[599]

이 문구의 뜻을 설하자면, 두 종류 속박을 끊어 없애려는 자는 반드시 3대 아승기겁을 거쳐 부지런히 지관을 닦아야 비로소 두 종류 속박에서 해탈할 수 있다는 것이다.【『유가사지론』 제59권에서 말한 뜻도 이 경문과 같다. 따라서 그 논에서 다음과 같이 말한다. "다시 또 어떻게 번뇌를 끊을 수 있고, 어느 정도 되어야 이미 번뇌를 끊었다고 말할 수 있는가?……말하자면 사마타를 닦기 때문에, 비발사나를 닦기 때문에, 번뇌를 끊을 수 있다. 만약 모든 상박에서 이미 해탈을 얻었고 모든 추중박에서도 해탈을 얻었다면, 당연히 '모든 번뇌를 이미 끊었다'고 해야 할 것이다. 예를 들면 세존께서는 '상박이 중생을 속박하고 또한 추중박으로 속박되니, 지와 관을 잘 짝지어 닦아야 비로소 구해탈俱解脫[600]을 얻는다'고 하셨다."[601]】

後有二句。明修得果。謂迷執者。要修止觀。方得解脫。梵音名奢摩他。此翻名止。體卽定。止息散亂。名之爲止。梵音毗鉢舍那。此云觀也。體卽是慧。審察諸法。名之爲觀。後瑜伽處當廣分別。解脫卽是有爲無爲二種解脫。有爲解脫者。卽是心慧二種解脫。無爲解脫。卽是無爲四種涅槃。此意說言。若欲斷除二種縛者。要經三大阿僧祇劫。勤修止觀。方可解脫二種縛也。【瑜伽五十九。意同此經。故彼論云。復次。云何能斷煩惱。云[1]何當言已斷煩惱。謂修奢摩他故。修毗鉢舍那故。能斷煩惱。若諸相縛已得解脫。諸麤重縛亦得解脫。當言已斷一切煩惱。如世尊言。相縛縛衆生。亦由麤重善。[2] 縛[3]雙修止觀。方乃俱解脫。】

---

599 소승의 구사종에서는 택멸무위擇滅無爲, 즉 열반涅槃을 무위해탈이라 하고, 대승의 법상종에서는 이 열반을 본래자성청정열반本來自性淸淨涅槃, 유여의열반有餘依涅槃, 무여의열반無餘依涅槃, 무주처열반無住處涅槃 등 네 종류로 건립한다.
600 구해탈俱解脫: 본래 성자가 정定과 혜慧의 힘으로 번뇌장煩惱障·해탈장解脫障 두 가지 장애에서 모두 떠난 것을 '구해탈'이라 한다. 위의 『유가사지론』에서 인용된 경의 게송에서는 상박과 추중박 두 가지에서 모두 떠나는 것을 '구해탈'이라 하였다.
601 『瑜伽師地論』 권59(T30, 628b15) 참조.

1) ㉢『瑜伽師地論』권59(T30, 628b15)에 따르면, '云'은 '齊'의 오기다. 2) ㉠『瑜伽師地論』권59(T30, 628c6)에 따르면, '善'은 뒤의 '縛'과 도치되었다. 3) ㉠『瑜伽師地論』권59(T30, 628c6)에 따르면, '縛'은 앞의 '善'과 도치되었다.

4. 모든 것에 편재하는 일미의 상을 해석함[602]

해심밀경소 권3
서명사 사문 원측 찬술하다
승의제상품 제2의 나머지

解深密經疏卷第三
西明寺沙門 圓測撰
勝義諦相品第二之餘[1)]

1) ㉤ '勝義…'라는 한 행을 보충하였다.

경 이때 세존께서 존자 선현에게 말씀하셨다. "선현이여,

---

602 이하에서는 승의제의 오상 중에 다섯 번째 '모든 것에 편재하는 일미상一味相'을 설한다. 이전과 마찬가지로 보살의 목격담을 실마리로 하여 설법이 행해지는데, 이 '일미상'을 설한 경문에서는 이례적으로 먼저 세존이 어떤 의문을 던지고 이에 대해 선현 善現(수보리)이 자신의 경험담을 진술한다. 여기서 세존은 '도대체 얼마나 되는 사람들이 참으로 승의제를 깨닫고 나서 스스로 깨달았다고 말하는가'라는 근본적 의문을 던지고, 이에 대해 보살은 대부분의 사람들이 승의제를 깨닫지 못했으면서도 깨달았다고 자만하는 '증상만增上慢'을 갖고 자기가 안 것에 대해 기별한다고 답한다. 이 문답에서는 증상만이야말로 승의제를 증득하는 데 있어서 마지막까지 따라다니는 장애이고, 이로 인해 모든 것에 편재하는 승의제의 일미상을 알지 못함을 일깨워 준다. 그에 따르면, '승의제'라는 청정한 경계는 진리를 추구하는 자들이 증상만에 사로잡혀 있기 때문에 보이지 않았을 뿐 실제로는 깨달음으로 인도하기 위해 설해진 모든 교법들 안에서도 알려질 수 있는 '일미상'이다.

爾時世尊。告尊者[1]善現曰。善現。

1) ㉠『解深密經』권1(T16, 691b10)에는 '尊者'가 '長老'로 되어 있고, 교감주에 '尊者'로 된 곳도 있다고 하였다.

석 이하는 네 번째로 모든 것에 편재하는 일미의 상(遍一切一味相)을 해석한 것이다. 이 중에 두 가지가 있다. 처음은 장행으로 자세히 해석한 것이고, 나중은 게송으로 간략히 설한 것이다.【혹은 게송 문구는 여래의 정설에서 구별시킨 것이라 볼 수도 있다.[603]】

釋曰。自下第四釋遍一切一味相。於中有二。初長行廣釋。後擧頌略說。【或可頌文。如來說中乃可分別。】

1) 장행으로 자세히 해석함

장행에 가서 다시 세 가지로 구분된다. 처음은 여래께서 질문하신 것이고, 다음은 선현이 대답 드린 것이며, 마지막은 세존께서 바로 설하신 것이다.

就長行中。復分爲三。一如來告問。次善現奉答。後世尊正說。

(1) 여래의 질문

이것은 첫 번째로 세존께서 질문하신 것이다. 이 중에 두 가지가 있다.

---

603 이 품은 전반부의 설법은 선현의 대답으로 이루어져 있고 그 다음에 여래의 정설이 추가되는데, 마지막에 나오는 게송의 약설은 그 여래의 정설 안에서 구분시킨 것으로 볼 수도 있다는 말이다.

처음은 시時에 의거해서 질문받은 자를 표시한 것이고, 나중은 질문하실 것을 바로 밝힌 것이다.

此卽第一世尊告問。於中有二。初約時標所問者。後正明告問。

① 시時에 의거해 질문받은 자를 표시함

이것은 처음에 해당한다.

"이때"라는 것은 부처님께서 '진여의 일미상(眞如一味相)'을 설하실 때이다. 혹은 선현이 질문했을 때라고 볼 수도 있다.

【진제의 『기』에서는 다음과 같이 말한다. 〈이때라고 한 것에는 열한 가지 뜻이 있다. 첫째는 부처님이 세상에 계실 때이고, 둘째는 법륜을 굴리실 때이며, 셋째는 상속을 성취한 사람이 모여 있을 때이고, 넷째는 듣고(聞) 사유하며(思) 닦는(修) 때이며, 다섯째는 해탈을 성취할 종자를 심을 때이다. 여섯째는 자신의 바른 의미(正義)를 성립시켰을 때이고, 일곱째는 삿된 집착으로 건립된 의미를 깨뜨릴 때이며, 여덟째는 생사의 감옥을 깨뜨리는 때이고, 아홉째는 바른 의미를 설해 줌으로써 삿된 의미에 의해 (더이상) 장애받지 않게 된 중생을 기쁘게 해주는 때이다. 열째는 바르게 수행하는 사람이 보사寶祠를 받아들일 때이니, 부처님이 대중에게 설하시기 위해 능히 정법을 나누고 넓히면서 대중에게 수여하는 것, 곧 법보法寶를 대중에게 하사하는 것을 말한다. 열한째는 수행 중에 바른 선정의 지혜로 (마음을) 분발시키거나(拔起) 억누르거나(抑下) 평온히 놓아두고(捨置) 있을 때이다.[604] 이와 같은 의미에서 이때라고 한 것이다.〉】

---

[604] 진제의 『記』에 나온 '拔起抑下捨置'라는 문구는 다른 용례를 찾을 수가 없으므로 정확한 의미를 알 수가 없다. 여기서는 이것을 선정을 닦을 때에 있는 세 가지 상, 즉 마음의 침체를 대치시키기 위해 분발하는 상(發相), 마음의 산란을 제지하는 상(制相), 그리고 평정한 마음을 가만히 놓아두고 있는 모습(捨相) 등으로 간주하고 번역하였다.

此卽初也。言爾時者。佛說眞如一味相時。或可善現發問之時。【眞諦記云。言爾時者。有十一種。一佛在世時。二轉法輪時。三成就相續人聚集時。四聞思修時。五下種成就解脫時。六成立自正義時。七破邪執所立義時。八破壞生死牢獄義[1]時。九由說正義。爲歡喜破除邪義所部衆生時。十正脩行人。領受寶祠時。佛爲大衆說。能分張正法。授與大衆。卽是法寶祠大衆也。十一於脩行中正定智。拔起抑下捨置之時。由如是等義。故言爾時也。】

---

1) ㉠ '義'는 잉자인 듯하다.

'선현善現'이란 범음을 갖추어 말하면 '수부후저俯浮吼底'[605]라고 하고, 여기 말로는 '선현'이라 한다. 서로 전하는 설에 따르면, 그 사람이 처음 태어났을 때 집안이 다 텅 비어 있었다. 부모가 괴이하게 여겨 점쟁이에게 물어 보니, 점쟁이가 '공을 나타낸 것(現空)은 더할 나위 없이 좋은 것(唯善)이다'라고 알려 주었기 때문에 '선현'이라 이름하였다. 혹은 '공생空生'이라 하는데, 곧 이러한 의미를 따른 것이다.

무착無著의 논에서는 '선길善吉'이라 하였고,[606] 급다笈多가 번역한 『직본반야경直本般若經』[607]에서는 '선실善實'이라 하였다. 진제의 『금강반야기金剛

---

[605] 수부후저俯浮吼底(ⓢ Subhūti) : '수보리'라고도 음역하고, 부처님의 4대 제자 중에서 특히 '해공제일解空第一'이라 불린다. '수보리'는 선현善現·선길善吉·공생空生 등으로 번역되기도 한다. 이하 원측 소에 나타나듯, 이 이름들은 모두 그가 태어날 때의 일화와 연관된다. '공생'이란 이름은 그가 태어났을 때 온 집 안이 텅 비어 있었다는 데서 유래한다. 또 '선현·선길'이라는 이름은, 점쟁이가 그 집이 빈 일에 대해 '공空'을 이해하는 능력이 있음을 나타내는 좋은 징조라고 해석하면서, "공을 나타낸 것은 좋습니다.(現空唯善)", "좋습니다. 길조입니다.(唯善唯吉)"라고 말했다고 한 데서 유래한다. 『維摩經疏』 권3(T85, 384b7), 『金剛般若經疏論纂要』 권1(T33, 157c9) 참조.

[606] 원측 소에서 '무착無著의 논'이라 칭하는 경우 이는 무착의 『金剛般若論』(T25)을 가리키는데, 이 논에서는 '선길'이 아니라 '수보리'로 되어 있다. 세친世親의 『金剛般若波羅蜜經論』에는 '선길'로 되어 있는데, 아마도 이 논과 혼동한 듯하다.

[607] 『직본반야경直本般若經』 : 수隋의 천축 삼장 '급다'가 번역한 『金剛能斷般若波羅蜜經』(T8)을 가리킨다.

般若記』에서는 '동방세계의 청룡타불靑龍陀佛이 여기에서 영향影響을 나타낸 것'이라 하였으니,[608] 자세한 것은 그『기』와 같다. 또 서로 전하는 바에 따르면, 본래 어떤 경문에는 '그가 아비발치阿鞞跋致([S] avaivartika, 불퇴전)의 지위에 올랐다'고 하였다.【그러나 아직 증거가 되는 문구를 보지 못하였다. 혹은 서로 전하는 바에 따르면, 바라문의 아들이고 하늘에 기도해서 태어났으며, 태어날 때부터 장대하였다. 또 그가 청해서 부처님을 모셔다가 큰 법회를 열었는데, 부처님을 기원정사에 모셔다 드리고 돌아와서 아라한의 지위를 얻었다고 한다. 혹은 정음향왕淨音嚮王의 태자라고 한다.[609]】

言善現者。若具梵音。名脩浮吼底。此云善現。相傳說云。其人初生。宅室皆空。父母驚恠。以問相師。相師報云。現空唯善無所加也。故名善現。或云空生。卽由此義。無著論中。名爲善吉。笈多所翻直本般若。名爲善實。眞諦金剛波若記云。東方世界靑龍陀佛。於此影嚮也。廣如彼記。又相傳云。自有經文。位登阿鞞跋致地。【然未見誠文。或相傳云。婆羅門子。祈天而生。生始長大。請又[1]延佛。爲設大會。送佛祇園。返獲羅漢。或云。是淨音嚮王太子。】

1) ㉘ '請又'는 도치된 듯하다.

문 어째서 이 모임에서는 오직 선현 비구에게만 물으시고 그 밖의 삼부 대중 및 보살중에게는 묻지 않으셨는가?[610]

---

608 수보리는 동방세계의 청룡타불이 응현應現한 것이라는 설이 있다. 위 문장에서 '영향影響'이라 한 것은 불보살의 응현을 묘사한 말로서, 마치 그림자(影)가 형태(形)를 따라 나타나고 메아리(響)가 소리(聲)를 따라 나타나듯이 모든 불보살들이 부처님의 교화를 돕기 위해 자유자재로 시현하는 것을 말한다.

609 이상의 상전相傳의 설에 대해서는 길장吉藏의『金剛般若經義疏』권2(T33, 100a2) 참조.

610 이하의『解深密經』의 문답에서는 부처님이 '증상만이 있는 자와 없는 자'에 대해 질문하고, 이에 대해 선현 보살이 자세하게 대답하는데, 이 선현의 대답이 설법의 주요 내

(답) 진제 스님은 다음과 같이 말한다. 〈그 밖의 부류에게 묻지 않으신 데는 세 가지 의미가 있다. 첫째, 처음에 법륜을 굴리실 때 이 비구가 먼저 입도入道하여 부처님 제자가 되었고 그 밖의 대중들은 나중에 입도하였기 때문이다. 둘째, 백랍百臘의 비구니라도 일랍一臘의 비구에게 경례하니, 그 이유는 무엇인가? (그 비구니는) 비구의 힘으로 계戒를 성취했기 때문이고, 또 종신토록 떠나지 않고 비구에게 의지하기 때문이다. 셋째, 근성이 뛰어나기 때문이다. 장부의 근성은 굳고 날카롭지만 여성은 암둔하다. 그러므로 율律에서 '여인에게 설법해 줄 때 다섯 마디(五語)나 여섯 마디(六語)를 넘으면 파야제波夜提[611]'라고 밝혔다.[612] '다섯 마디'라는 것은 오음五陰을 말하고, '여섯 마디'란 육입六入을 말한다. 여인에게 법을 설해 주어도 오음·육입 이외의 의미를 증득할 수 없으니, 근성이 암둔해서 많이 받아들일 수 없기 때문이다.〉 그 밖의 부류와 보살중에게 묻지 않은 이유를 자세히 분별하면 모두 다섯 가지 의미가 있는데, 번거로울까 봐 서술하지 않겠다. 또『오분율』제6권에서는 다음과 같이 말한다. "다섯 마디란 색의 무상과 수·상·행·식의 무상을 말하고, 여섯 마디란 안의 무아와 이·비·설·신·심의 무아를 말한다."[613] 『사분율』등에서는 모두 (그 말을) 해석하지 않았다.

지금의 해석은 다음과 같다. 수보리에게 (말하도록) 명한 것에 대해 가령『대지도론』제40권에서 다음과 같이 말한다. 〈수보리에게 두 가지 인

용을 이룬다. 따라서 왜 유독 선현 보살에게만 질문하여 그가 설하도록 했느냐고 묻는 것이다.
611 파야제波夜提(Ⓢ pāyattika) : 파야제는 '타墮'를 뜻한다. 이것은 가령 가져야 할 의발의 수량을 초과한 경우 몰수되거나 참회해야 하는 가벼운 죄를 가리키는데, 이 죄를 범하고 참회하지 않으면 죽은 다음에 반드시 삼악도에 떨어지므로(墮三惡道) '파야제'라고 한다.
612 이 문구는 예를 들면『四分律』이나『十誦律』등의 여러 율장에 나온다.
613 『五分律』권6(T22, 39a21).

연의 위대함이 있어서 부처님께서 그에게 설법하라고 명하셨고 그 밖의 제자에게는 명하지 않으셨으니, 첫째는 그가 무쟁정無諍定[614]을 수행하길 좋아하고, 둘째는 공법空法을 깊이 수행하길 좋아하기 때문이다.〉[615]

問。如何此會。唯告善現比丘。不告餘三部衆及菩薩衆耶。眞諦師云。不告餘部。有其三義。一初轉法輪時。比丘先入道。爲佛弟子。餘衆後入故。二百臈[1]比丘尼。禮敬一臈比丘。所以者何。由比丘力。成就戒故。又終身不離。依止比丘。三根性勝。丈夫根性堅利。女性闇鈍。是故律明爲女人說法。過五六語波夜提。五語者。謂五陰。六語者。謂六入。爲女說法。不得陰入外義。根性闇鈍。不能多受故。若廣分別不告餘部及以菩薩。皆有五義。恐繁不述。又五分律第六卷云。五語者。色無常。受想行識無常。六語者。眼無我。耳鼻舌身心無我。四分等律。皆不釋也。今解。命須菩提。如智度論第四十卷。須菩提有二因緣大。佛命說法。不命餘弟子。一者好行無諍定。二好深行空法。

---
1) ㉠ '臈'은 '臘'과 같은 뜻이다.

🔵 그렇다면 어째서 (성문에게만 물으시고) 보살에게는 묻지 않으셨는가?

🔵 예를 들어『대지도론』제11권에서 다음과 같이 말한다. 〈수보리는 항상 공삼매空三昧를 행하고 또 번뇌를 다 끊었기에 중생들이 믿음을 내므로 그에게 명하여 설법하게 한 것이다.〉[616]『법화론』에서는 다섯 가지 의미에

---
614 무쟁정無諍定 : 혜원의『維摩義記』권2(T38, 452c1)에서는 "항상 욕계의 중생을 예상하며 관찰하여 번뇌를 일으키지 않고 그 뜻이 일어나려 하면 방호해서 그와 경쟁하지 않는 것을 일컬어 무쟁정이라 한다."고 하였다.
615 이상은『大智度論』권40(T25, 356a20) 참조.
616『大智度論』권11(T25, 137a12) 참조.

서 부처님이 성문에게 명하고 보살에게는 묻지 않았다고 하였다.⁶¹⁷ 『대지도론』 제41권에서는 보살 및 그 밖의 제자에게 명하지 않았고 부처님도 설하시지도 않고 (오직 수보리에게 설법하라고 명한) 이유를 자세히 해석하였으니, 알 수 있을 것이다.⁶¹⁸】 저 『대지도론』에서 오직 선현에게만 물은 것에 준하여, 지금 이 『해심밀경』도 이와 같음을 알아야 한다.

問。若爾。如何不告菩薩。答。如智度論第十一云。須菩提常行空三昧。復斷漏盡。衆生生信。命令說法。【法華論中。以五義故。佛命聲聞。不告菩薩。大智度論第四十一。廣釋不告菩薩及餘弟子佛亦不爲說所由。應知】准彼智度。唯告善現。今此經中。應知亦爾。

② 질문하신 것을 바로 밝힘

경 그대는 유정계에서 얼마나 되는 유정이 증상만增上慢⁶¹⁹을 품고서 증상만에 사로잡혀서 (자기가) 이해한 것을 기별記別⁶²⁰해 주는지 아는가? 그대는

---

617 『妙法蓮華經憂波提舍』 권1(T26, 5a5)에 따르면, 부처님은 다섯 가지 의미(五義)에서 성문에게 명하고 보살에게는 명하지 않는다. 이 논에 따르면, 첫째는 묘법연화의 설법은 성문들이 마땅히 섬겨야 할 대상이기 때문이다. 둘째는 성문들이 회심하여 대보리로 나아가게 하기 위해서다. 셋째는 보살에게 설하면 성문들이 겁약해져서 '이것은 나의 분수에 맞지 않다'고 할까 봐 염려했기 때문이다. 넷째는 성문이 부처님께 명을 받았으니 그 밖의 성문들도 '나도 그와 같은 부류이니 명을 받겠지'라고 잘 사념思念하도록 하기 위해서다. 다섯째는 성문들이 멸과滅果를 증득했다는 이유로 '지어야 할 바를 이미 성취하였다(所作已辦)'는 마음을 일으키지 않도록 하기 위해서다. 이에 대한 자세한 설명은 규기의 『妙法蓮華經玄贊』 권3(T34, 696c4) 참조.
618 『大智度論』 권41(T25, 357c3) 참조.
619 증상만增上慢(S adhimāna) : 훌륭한 교법을 알지도 못하면서 알았다고 생각하거나, 깨달음을 증득하지 못했으면서 증득했다고 생각하면서 다른 이를 무시하는 거만한 마음을 말한다. 뒤의 〈(2)-②-가. 간략한 대답(略答)〉에서 '증상만'에 대한 대·소승의 학설이 자세히 소개된다.(pp.380~388)
620 기별記別(S vyākaraṇa) : 기별은 십이부경의 한 형식이기도 한데, 여기에서는 기답

유정계에서 얼마나 되는 유정이 증상만을 여의고서 (자기가) 이해한 것을 기별해 주는지 아는가?"

> 汝於有情界中。知幾有情。懷增上慢。爲增上慢所執持故。記別所解。汝於
> 有情界中。知幾有情。離增上慢故。[1]) 記別所解。
>
> 1) ㉠『解深密經』권1(T16, 691b13)에는 '故'가 없다.

석 이것은 두 번째로 질문하신 것을 바로 밝힌 것이다.

이 경문에서 말한 "증상만"에 대해, 예를 들면 『법화경』에서는 '아직 얻지(得) 못했으면서도 얻었다고 말하고 아직 깨닫지(證) 못했으면서도 깨달았다고 말하는 것을 증상만이라 한다'고 하였다.[621] 『해절경』도 이와 동일하게 설한다. 『심밀해탈경』에서 "아에 의지하고 만에 의지하여"[622]라고 한 것은 번역가의 오류다.

지금 이 경문에서 만慢의 유·무에 의거해서 두 개의 질문을 일으켰는데, 진제의 『기』에서는 다음과 같이 말한다. 〈앞에서는 증상만이 있는 경우를 물었고, 뒤에서는 증상만이 없는 경우를 물었다. 전자는 범부에 대해 물은 것이고, 후자는 성인에 대해 물은 것이다. 앞의 질문은 대치할 수 없는 사람을 나타내었고, 뒤의 질문은 대치할 수 있는 사람을 (나타낸 것이다.) 또 전자는 공과를 행하는 사람(空果行人)에 대해 물은 것이고, 후자는 불공과를 행하는 사람(不空果行人)에 대해 물은 것이다.[623] 또 전자는 전

記答, 즉 대답해 주는 것을 말한다.
621 『妙法蓮華經』권1(T9, 7a9) 참조.
622 『深密解脫經』권1(T16, 668a22).
623 이 문장의 의미는 정확히 알 수 없지만, 전후 문맥으로 볼 때 '공과를 행하는 사람(空果行人)'이란 증상만이 있는 사람이나 범부 등과 상응하고, '불공과를 행하는 사람(不空果行人)'이란 증상만이 없는 사람이나 성인 등과 상응한다. 이에 따를 때 전자는 공허한 과를 닦는 사람을, 후자는 공허하지 않은 과를 닦는 사람을 가리키는 듯

도되게 닦는 사람에 대해 물은 것이고, 후자는 전도되지 않고 닦는 사람에 대해 물은 것이다. 또 전자는 사정취邪定聚[624]의 사람에 대해 물은 것이고, 후자는 정정취正定聚[625]의 사람에 대해 물은 것이다.〉

釋曰。此卽第三[1)]正明告問。此中所言增上慢者。如法華經。未得謂得。未證謂證。名增上慢。解節同此。深密經云。依我我[2)]慢者。譯家謬也。今於此中。約慢有無。以發兩問。眞諦記云。前問有增上慢。後問無增上慢。前問凡夫。後問聖人。前問顯示不可治人。後問可治人。又前問空果行人。後問不空果行人。又前問顚倒脩人。後問不顚倒脩人。又前問邪定聚人。後問正定聚人。

1) ㉮ '三'은 '二'의 오기다. 2) ㉮ '我'는 '依'의 오기다. 『深密解脫經』 권1(T16, 668a22)에는 '依我依慢'으로 되어 있고, 같은 책 권1(T16, 668a26)에는 '依我我慢'으로 되어 있지만, 이 문구는 뒤의 '離我離慢'과 대구가 되기 때문에 '依我依慢'이 바르다.

그런데 이 경문의 해석에서 진제의 『기』에 의하면, '만이 있다(有慢)'거나 '만이 없다(無慢)'고 한 데는 각기 네 가지 의미가 있다.

'만이 있다'는 것은 네 가지 의미에서다. 첫째는 증상만의 의지처(依止)이니, 유취오음有取五陰을 말한다.[626] 둘째는 만의 인因이니, 만수면慢隨眠[627]

하다.

624 사정취邪定聚 : 삼취三聚 중의 하나로서, 오무간업五無間業을 성취하여 반드시 악도에 떨어질 자를 말한다. 이에 대한 자세한 설명은 이전의 〈1.-2)-(2)-②-나.〉에서 '삼취'에 대한 대·소승의 학설(pp.159~168) 참조.

625 정정취正定聚 : 삼취三聚 중의 하나로서, 유학법有學法과 무학법無學法을 성취한 자를 말한다. 이에 대한 자세한 설명은 이전의 〈1.-2)-(2)-②-나.〉에서 '삼취'에 대한 대·소승의 학설(pp.159~168) 참조.

626 유루의 오온, 다시 말하면 아직 번뇌를 여의지 못한 사람의 상속하는 오온을 '만의 의지처'라고 하였다.

627 만수면慢隨眠 : 탐貪·진瞋·치癡·만慢·의疑와 오견五見의 근본번뇌를 십수면十隨眠이라 하는데, 이 중의 '만' 수면을 가리킨다.

을 말한다. 셋째는 만의 체體이니, 상심上心(자기를 높이는 마음)에 해당한다. 넷째는 만의 작용(事用)이니, 바로 상심의 만으로 인해 모든 업과 과보 등을 내는 것을 말한다. "얼마나 되는 유정이(知幾有情)"라고 한 것은 만의 의지처를 나타낸 것이고, "증상만을 품고서"라고 한 것은 만의 인을 나타낸 것이며, "증상만에 사로잡혀서"라고 한 것은 만의 체를 나타낸 것이고, "이해한 것을 기별하는지"라고 한 것은 만의 작용을 나타낸 것이다.

'만이 없다'는 것은 네 가지 의미에서다. 첫째는 무만無慢의 의지처이니, 무루오음無漏五陰의 상속을 말한다.[628] 둘째는 무만의 인이니, 미지욕근未知欲根[629]을 말한다. 셋째는 무만의 체이니, 지근知根[630]을 말한다. 넷째는 무만의 작용이니, 지이근知已根[631]을 말한다. "얼마나 되는 유정이(知幾有情)"라고 한 것은 무만의 의지처이고, "증상만을 여의고서"라고 한 것은 무만의 인 및 무만의 체를 말한다. 『해절경』에서는 "증상만이 없이 증상만을 따르지 않고"[632]라고 하였고, 『심밀해탈경』에서는 "아를 떠나고 만을 떠나서"[633]라고 하였다. ○이 두 종류 경에는 각기 두 구의 문장이 갖추어져 있다. 그런데 지금 이 판본에는 오직 한 구만 있

---

628 이미 번뇌를 여읜 사람의 오온의 상속, 즉 무루오온이 '무만의 의지처'다.
629 미지욕근未知欲根(ⓢ anājñātam-ājñāsyāmi-indriya) : 삼무루근三無漏根의 하나로서 미지당지근未知當知根이라고도 한다. 『구사론』에 나온 22근 중에서 의意·낙樂·희喜·사捨·신信·근勤·염念·정定·혜慧라는 아홉 가지 근은 무루의 청정한 성법聖法을 발생시키는 데 증상된 힘이 있기 때문에 이에 의거해서 무루근을 안립한 것이다. 특히 견도의 지위에 있을 때는 이것이 '아직 알지 못했으나 알아야 할' 사제의 이치를 관하는 토대가 되기 때문에 '미지당지근'이라 한다.
630 지근知根(ⓢ ājñā-indriya) : 삼무루근三無漏根의 하나로서 이지근已知根이라고도 한다. 이미 사제의 이치를 알아서 미리혹迷理惑은 끊겨졌고 다만 미사혹迷事惑만 남는데, 다시 나아가 사제를 관하여 그 사혹을 끊는 토대가 되어 주기 때문에 이전의 아홉 가지 근을 '이지근'이라 바꿔서 이름한다.
631 지이근知已根(ⓢ ājñātāvi-indriya) : 삼무루근三無漏根의 하나로서 구지근具知根이라고도 한다. 무학위에서는 모든 번뇌를 이미 끊고 모든 일을 다 성취했기 때문에 이전의 아홉 가지 근을 '구지근'이라고 바꿔서 이름한다.
632 『解節經』 권1(T16, 713c16)에는 "無增上慢不由慢心"이라고 되어 있다.
633 『深密解脫經』 권1(T16, 668a23).

는데, 두 가지 의미를 포함하기 때문에 다만 "증상만을 여의고서"라고 한 것이다.[634] "이해한 것을 기별하는지"라고 한 것은 무만의 작용을 나타낸 것이다.

然釋此文。依眞諦記。有慢無慢。各有四義。有慢四者。一增上慢依止。謂有取五陰。二慢因。謂慢隨眠。三慢體。卽是上心。四慢事用。卽是因上心慢。能生諸業果報[1]等。言知幾有情者。顯慢依上。[2] 懷增上慢者。顯慢之因。增上慢所執持故者。顯慢體也。記別所解者。顯慢事用。無慢四者。一無慢依上。* 謂無漏五陰相續。二無慢因。卽是未知欲根。三無慢體。卽是知根。四無慢事用。卽知已根。言知幾有情者。無慢依上。* 離增上慢者。謂無慢因及無慢體。【解節經云。無增上慢。不由增上慢。深密經云。離我離慢。○此二經各具二文。今此本中。唯有一句。含有二義。是故但云離增上慢也。】記別所解者。無慢事用。

1) ㉤ '報'는 다른 판본에는 없다. 2) ㉤ '上'은 '止'의 오기다. 이하도 동일하다.

(2) 선현의 대답

경 이때 존자 선현이 부처님께 말하였다. "세존이시여, 제가 알기로는 유정계에서 소수의 유정들이 증상만을 여의고서 (자기가) 이해한 것을 기별해 줍니다.

爾時。[1] 尊者[2] 善現白佛言。世尊。我知有情界中。少分有情。離增上慢。記

---

634 다른 두 본의 경에서는 증상만이 있는 경우를 두 구로 표현하고 이와 대비시켜 증상만이 없는 경우에 대해서도 『深密解脫經』에서는 "아를 떠나고 만을 떠나서(離我離慢)", 『解節經』에서는 "증상만이 없고 만심을 따르지 않으며(無增上慢不由慢心)"라는 두 구로 표현했다. 그런데 이 『解深密經』에서는 증상만이 있는 경우는 "증상만을 품고서 증상만에 사로잡혀서(懷增上慢。爲增上慢所執持故)"라고 하고, 없는 경우는 간단히 "증상만을 여의고서(離增上慢)"라고 한 것을 말한다.

別所解。

1) ⓔ『解深密經』권1(T16, 691b13)에는 '爾時'가 없다. 2) ⓔ『解深密經』권1(T16, 691b13)에는 '尊者'가 '長老'로 되어 있고, 교감주에 '尊者'로 된 곳도 있다고 하였다.

석 이하는 두 번째로 선현이 대답을 드린 것이다. 이 중에 두 가지가 있다. 먼저 뒤의 질문에 대해 해석하였고, 나중에 앞의 질문에 대해 답하였다.

釋曰。自下第二善現奉答。於中有二。先釋後問。後答前問。

① 뒤의 질문에 대해 해석함

이것은 처음에 해당한다. 말하자면 오직 초지初地 이상의 보살이라야 (모든 법에) 편재하는 일미상一味相의 법공승의法空勝義를 여실하게 알고 이로 인해 법에 대한 증상만을 일으키지 않지만, 모든 이승과 이생異生(범부) 등은 그렇지 않다. 따라서 "소수의 유정들이 증상만을 여의고서 (자기가) 이해한 것을 기별해 줍니다."라고 말하였다.

문 어떻게 이승의 (수보리가) 그 (법공승의의) 문제를 알아서 보살을 위해 설해 주겠는가?

답 부처님이 가피해 주셨기 때문이다. 수보리는 총상總相을 대략 알기는 해도 궁극에는 낱낱이 잘 아는 것은 아니다. 따라서 『대품경』「설상품舌相品」[635]에서는 '수보리가 보살에게 설법해 준 것은 모두 부처님의 힘이다'라고 하였다.[636]

---

635 수보리가 지혜의 힘으로 보살마하살들에게 반야바라밀을 설한 것은 모두 부처님의 힘 때문이라는 내용은 「설상품舌相品」이 아니라 그 다음에 곧바로 이어지는 「삼가품三假品」에 나온다.
636 『摩訶般若波羅蜜經』권2(T8, 230b25) 참조.

🈑 이 선현이 가피력으로 이해할 수 있었다면 당연히 법집을 끊었어야 하고, 이해하지 못했다면 어떻게 (법공승의를) 설할 수 있겠는가?

🈔 가피력으로 인해 믿고 이해할 수 있으니, 또한 '공'을 설할 수도 있는 것이다. 그렇지 않다면 당연히 (이승이) 법집을 끊었어야 한다는 과실이 있기 때문이고, 『대지도론』에서 '이승은 아직 법공의 이치를 증득하지 못했다'고 하기 때문이다.

🈑 이 선현은 바로 이승인데, 어떻게 (부처님에게) 대답을 드리면서 정토에 머물고 있는 것인가?

🈔 부처님이 가피해 주셨기 때문에 정토에 갈 수 있는 것이다. 혹은 부처님이 화작해 낸 것이지 실재의 몸이 아니거나, 혹은 예토에서 이렇게 문답한 것일 수도 있다.

> 此卽初也。謂唯初地已上菩薩。如實了知遍一味相法空勝義。由此不起法增上慢。非諸二乘及異生等。故言少分有情離增上慢記別所解。問。如何二乘知其分齊。爲菩薩說。答。佛加被故。總相略知。而非究竟一一了知故。¹⁾ 故大品經舌相品云。須菩提爲菩薩說法。皆是佛力。問。此善現由加被力。若能解者。應斷法執。若不解者。如何能說。解云。由加被力故。能信知解。亦能說空。不爾。應斷法執過故。智度論云。二乘未證法空理故。問。此善現卽是二乘。如何奉答。在淨土耶。答。佛加被故。得往淨土。或佛所化。而非實身。或可穢土有此問答。

1) ㉑ '故'는 다른 판본에는 없다.

② 앞의 질문에 대해 답함

🈢 세존이시여, 제가 알기로는 유정계에서 한량없이 무수한 불가설의 유정들이 증상만을 품고서 증상만에 사로잡혀서 (자기가) 이해한 것을 기별해

줍니다.

世尊。我知有情界中。有無量無數不可說有情。懷增上慢。爲增上慢所執持故。記別所解。

석 이하는 두 번째로 첫 번째 질문에 대답한 것이다. 이 중에 세 가지가 있다. 처음은 간략한 대답이고, 다음의 "세존이시여" 이하는 자기가 보았던 것을 진술한 것이고, 마지막의 "세존이시여" 이하는 자기가 생각한 것을 진술한 것이다.

釋曰。自下第二答第一問。於中有三。初略答。次世尊下。述已[1]所見。後世尊下。申已*所念。

1) ㉠ '已'는 '己'의 오기다. 이하도 동일하다.

가. 간략한 대답

이것은 처음에 해당한다. 말하자면 '제가 알기로는 유정계에서 한량없는 유정들이 증상만을 품고서 (각자가) 이해한 것을 기별해 준다'는 것이다.
'기별記別'의 특징은 뒤에서 설한 것과 같다.[637]

此則初也。謂我知有情界中。無量有情。懷增上慢。記別所解。記別之相。如後當說。

- **증상만에 대한 대·소승의 학설**

그런데 여기서 말한 '증상만을 품는다'는 것에 대해 여러 설이 다르다.

---

637 '기별'에 대해서는 뒤의 「分別瑜伽品」 중 12부의 교법에 대한 해석에서 후술.

然此所說懷增上慢. 諸說不同.

⊙ 살바다종과 경부종

살바다종에 의하면 네 종류의 사람이 있어서 증상만을 일으키는데, 이른바 이생異生(범부) 및 하위 삼과三果(예류·일래·불환)의 사람들이다. 예를 들어 『대비바사론』 제43권에서는 다음과 같이 말한다.

증상만을 일으키는 것에 대해 세 가지 설이 다르다.
어떤 이는 다음과 같이 말한다. 〈이생은 다섯 가지에 대해 (증상만을) 일으키니, 말하자면 사선근四善根과 사과四果를 말한다. 예류과는 네 가지에 대해 일으키니, 첫 번째(사선근)는 제외한다. 일래과는 세 가지에 대해 일으키니, 앞의 두 가지(사선근·예류과)는 제외한다. 불환과는 두 가지에 대해 일으키니, 앞의 세 가지(사선근·예류과·일래과)는 제외한다. 아라한과는 증상만이 없다.〉[638]
어떤 이는 다음과 같이 말한다. 〈이생은 아홉 종류에 대해 (증상만을) 일으키니, 유루의 선근善根과 (무루의) 사향四向·사과四果[639]를 말한다. 예류과는 일곱 가지에 대해 일으키니, 앞의 두 가지는 제외된다. 일래향은 여섯 가지에 대해 일으키니, 앞의 세 가지는 제외된다. 일래과는 다섯 가지에 대해 일으키니, 앞의 네 가지는 제외된다. 불환향은 네 가지

---

[638] 이 견해에 따르면, 아직 견도에 들지 못한 범부(이생)뿐만 아니라 예류과·일래과·불환과는 자기 과(自果)보다 하위의 과를 제외하고 각기 자기 과 및 더 상위의 과에 대해 증상만을 일으킨다. 말하자면 그 과를 아직 증득하지 못했음에도 증득했다고 자만하는 것이다. 그런데 자기 과에 대해 증상만을 일으킨다는 의미가 성립하는가라는 질문에 대해 이 논에서는 자기 과 안에 있는 '더 수승한 근성(勝根性)에 대해 증상만을 일으킨다'고 답한다. 『大毘婆沙論』 권43(T27, 225a30) 문답 참조.

[639] 사향四向·사과四果 : 예류·일래·불환·아라한의 네 종류 성자를 다시 사향과 사과로 세분한 것이다. 이미 그 과위에 들어간 것을 '과'라고 하고, 반면에 아직 그 과위에 들어가지는 못한 상태에서 그 과로 나아간다(趣向)는 뜻에서 '향'이라 하였다.

에 대해 일으키니, 앞의 다섯 가지는 제외된다. 불환과는 세 가지에 대해 일으키니, 앞의 여섯 가지는 제외된다. 아라한향은 두 가지에 대해 일으키니, 앞의 일곱 가지는 제외된다.[640] 아라한과는 증상만이 없고, 예류향은 '증상만을 일으킨다'는 의미가 성립하지 않는다.[641]〉

평가評家는 말한다. 〈성자는 수승한 유루선(勝有漏善)에 대해 증상만을 일으킨다. 따라서 여섯 성자는 이전처럼 일으키고, 각각 다시 하나씩 증가된다.[642]〉[643]

자세하게 설하면 그 논과 같다.
경부종에 의하면 살바다종과 똑같으니 이치에 상위되는 것은 없다. 그 부파 내에는 다양한 계탁이 있기 때문이다.

若依薩婆多宗。有四種人。起增上慢。所謂異生及下三果。如大婆沙四十三云。起增上慢。三說不同。有說。異生起五。謂四善根及四果。預流起四。除第一。一來起三。除前二。不還起二。除前三。阿羅漢無增上慢。有說。異生起九。謂有漏善根四向四果。預流果起七。除前二。一來向起六。除前三。

---

640 이 학설은 소승의 성자를 사향과 사과로 나누어 증상만을 일으키는 경우를 논한 것이다. 이들은 보다 더 높은 지위에 대해 증상만을 일으키고 더 낮은 지위에 대해서는 증상만을 일으키지 않으므로, 지위가 하나씩 높아질수록 증상만의 대상도 하나씩 줄어든다. 예류과는 유루선근·예류향이 제외되고, 일래향은 유루선근·예류향·예류과가 제외되며, 일래과는 유루선근·예류향·예류과·일래향 등이 제외된다.
641 예류과부터는 수도에 속하고, 수도에 들기 직전에 욕계·상계의 사제에 대한 인忍·지智가 일어나면 이것을 견도십육심見道十六心이라 한다. 이 견도십육심 중에 열여섯 번째 찰나의 마음은 이미 과를 획득한 것이고, 그전의 15심에 대해 '예류향'이라는 지위를 설정한다. 그런데 이 15심의 단계에서는 시간적으로 '증상만'을 일으킬 수 없기 때문에 '증상만을 일으킨다(起增上慢)'는 의미가 성립하지 않는다고 하였다.
642 예류과에서 아라한향까지 여섯 성자는 바로 앞의 설과 동일하게 증상만을 일으키는데, 상위의 과로 갈수록 줄어드는 증상만의 개수가 하나씩 늘어난다는 말이다.
643 이상은 『大毘婆沙論』 권43(T27, 225a26) 참조.

一來果起五。除前四。不還向起四。除前五。不還果起三。除前六。阿羅漢向起二。除前七。阿羅漢無增上慢。預流向無起增上慢義。評曰。聖者亦於勝有漏善。起增上慢。故六聖者。如前所起。各復增一。廣說如彼。依經部宗。同薩婆多。於理無違。於彼部中。有多計故。

⊙ 대승

이제 대승에 의하면 (소승의) 두 종파의 설과 거의 동일하니, '만慢'은 이생과 유학有學의 성자에게 공통되는 것이다. 따라서 『성유식론』 제6권에서는 다음과 같이 말한다. "만이란 무엇인가? 자기를 믿으면서 남에게 거만하게 구는 것이 (만의) 자성이고, '거만하지 않음不慢'을 장애하여 고苦를 내는 것이 (만의) 작용이다.……이 만을 차별시키면 일곱 종류나 아홉 종류가 있다. 삼품처三品處와 아처我處와 덕처德處에서 생겨난다.[644] 모두 다 견소단·수소단에 통하고, 성인의 지위에서도 아만이 현행할 수 있으니,[645] 만의 부류가 이로 인해 일어난다고 해도 또한 과실이 없다."[646]

해 '일곱 종류 만'이라 한 것에 대해 『오온론』에서 다음과 같이 말한다. 〈만이란 무엇인가? 만慢, 과만過慢, 만과만慢過慢, 아만我慢, 증상만增上慢, 비만卑慢, 사만邪慢을 말한다. '만'이란 하열한 자에 대해 자기가 더 뛰어나다고 헤아리거나 혹은 동등한 자에 대해 자기가 동등하다고 헤아리는, 마음의 거만함을 자성으로 삼는다. '과만'이란 동등한 자에 대해 자기가 더

---

[644] 하열한 품에 대해 자기가 수승하다고 자만하거나 동등한 품에 대해 자기가 더 수승하다고 자만하는 등 삼품三品과 관련해서 만이 일어나기도 하고, 아온我蘊에 대해 아만我慢을 일으키기도 하며, 아직 증득하지 못한 수승한 덕(勝德)에 대해 이미 증득했다고 자만하기도 하는 것을 말한다. 『成唯識論述記』 권6(T43, 444b27) 참조.
[645] 소승에 의하면 '만'은 근본번뇌로서 견소단·수소단의 번뇌에 통하지만, 수도의 성자에게 있어서는 가령 만과 아만은 아직 끊지 않았을지라도 결정코 현행하는 일이 없다고 한다. 그런데 대승에서는 수도에도 이미 아만이 있다고 하기 때문에 성자에게도 만의 부류가 현행한다고 한다. 『成唯識論述記』 권6(T43, 444c20) 참조.
[646] 『成唯識論』 권6(T31, 31b26).

뛰어나다고 헤아리거나 혹은 더 뛰어난 자에 대해 자기가 동등하다고 헤아리는 것이다. '만과만'이란 더 뛰어난 자에 대해 자기가 더 뛰어나다고 헤아리는 것이다. '아만'이란 오취온을 따라 관觀하면서 '나(我)'라고 여기거나 '나의 것(我所)'이라고 여기는, 마음의 거만함을 자성으로 삼는다. '증상만'이란 아직 증득하지 못한 증상된 수승한 소증법所證法에 대해 '나는 이미 증득했다'고 말하는 것이다. '비만'이란 대단히 수승한 자에 대해 자기가 조금 하열하다고 헤아리는 것이다. '사만'이란 실제로 덕이 없는데 자기가 덕이 있다고 헤아리는 마음의 거만함을 자성으로 삼는다.〉⁶⁴⁷

『집론』 제4권, 『잡집론』 제6권, 『유가사지론』 제89권에서도 모두 『오온론』과 동일하게 말한다. 『대지도론』 제56권에 의하면, '증상만인은 불제자로서 선정은 얻었어도 아직 성도를 얻지는 못했는데 스스로 이미 얻었다고 말한다'고 하였다.⁶⁴⁸

今依大乘。大同二宗。慢通異生有學聖者。故成唯識第六卷云。云何爲慢。恃已¹⁾於他高擧爲性。能障不慢。生苦爲業。此慢差別。有七九種。謂於三品我德處生。一切皆通見脩所斷。聖位我慢旣現行。慢類由斯起亦無失。解云。言七慢者。五蘊論云。云何爲慢。謂慢。過慢。慢過慢。我慢。增上慢。卑慢。邪慢。慢謂於劣計已[*]勝。或於等計已[*]等。心高擧爲性。過慢謂於等計已[*]勝。或於勝計已[*]等。慢過慢謂於勝計已[*]勝。我慢謂於五取蘊隨觀爲我。或²⁾我所。心高擧爲性。增上慢謂於未得增上殊勝所證法中。謂我已得。卑慢謂於多分殊勝計已[*]少分下劣。邪慢謂實無德計已[*]有德。心高擧爲性。集論第四。雜集第六。瑜伽八十九。皆同五蘊。若依智度論五十六云。增上³⁾人者。是佛弟子。得禪定未得聖道。自謂已得。

---

647 이상은 『大乘五蘊論』 권1(T31, 849a8), 『大乘廣五蘊論』 권1(T31, 852b29) 참조.
648 『大智度論』 권56(T25, 461b5) 참조.

1) ㉢'㺭'는 '己'의 오기다. 이하도 동일하다. 2) ㉺『大乘五蘊論』권1(T31, 849a14)에 의거해 '或' 다음에 '爲'를 보완하였다. 3) ㉺『大智度論』권56(T25, 461b5)에 따르면, '上' 다음에 '慢'이 누락되었다.

'아홉 종류 만'이라 한 것에 대해 『발지론』 제20권에서 다음과 같이 말한다. "아홉 종류 만이 있으니, 내가 더 뛰어나다고 하거나(我勝), 나와 동등하다고 하거나(我等), 내가 조금 하열하다고 하거나(我劣), 나보다 조금 뛰어난 점이 있다고 하거나(有勝我), 나와 동등한 점이 있다고 하거나(有等我), 나보다 하열한 점이 있다고 하거나(有劣我), 나보다 뛰어난 점이 없다고 하거나(無勝我), 나와 동등한 점이 없다고 하거나(無等我), 나보다 하열한 점이 없다고 하는(無劣我) 것을 말한다.[649~650]

『현양성교론』 제1권에서는 다만 세 종류 만의 부류를 열거하는데, 그 논에서는 다음과 같이 말한다. "가령 경에서 세 종류 만의 부류를 설했으니, 즉 '내가 더 뛰어나다'고 하는 만의 부류와 '나와 동등하다'고 하는 만의 부류와 '내가 하열하다'고 하는 만의 부류이다."[651]

해 (세 종류 만의 부류의) 의미는 아홉 종류 만에 대한 설명에 준하면 되니, 이치에 위배되는 것은 없다.

言九慢者。發智論第二十云。有九慢類。謂我勝。我等。我劣。有勝我。有等我。有劣我。無勝我。無等我。無劣我。顯揚第一。但列三種慢類。故彼論云。

---

649 이 중에서 아등아我等·유등아有等我·무승아無勝我는 동등한 자에 대해 자기가 동등하다거나 그가 나보다 나은 점이 없다고 생각하는 것인데, 이는 모두 만慢에 속한다. 아승아我勝·유열아有劣我·무등아無等我는 동등한 자와 비교해서 내가 그보다 조금 낫다고 생각하는 것이므로 모두 과만過慢에 속한다. 아열아我劣·유승아有勝我·무열아無劣我는 뛰어난 자와 비교해서 자기가 조금 모자란다고 생각하거나 그가 자기보다 못한 점이 없다고만 생각하는 것인데, 이는 모두 비만卑慢에 해당한다.『俱舍論記』권19(T41, 302a14) 참조.
650 『發智論』권20(T26, 1028b26).
651 『顯揚聖敎論』권1(T31, 482a8).

如經說三種慢類。我勝慢類。我等慢類。我劣慢類。解云。義准說九。於理無違。

이 일곱 가지 만과 아홉 가지 만은 『성유식론』에 따르면 다섯 곳에서 생긴다. 따라서 그 논의 제6권에서는 "이 만을 차별시키면 일곱 종류나 아홉 종류가 있으니 삼품처三品處와 아처我處와 덕처德處에서 생겨나기 때문이다."[652]라고 하였다.

해 우선 일곱 종류 만 중에서 만·과만·만과만·비만은 삼품처에 의지해서 일어나고, 아만 한 종류는 아처에 의지해서 생겨나며, 사만·증상만은 덕처에 의지해서 생겨난다. 따라서 『잡집론』 제6권에서는 다음과 같이 말한다. 〈하품처·중품처에 대해 만을 내고,[653] 중품처·상품처에 의거해 과만을 내며,[654] 상품처에 의거해 만과만을 내고 상품처에 의거해 하열만(비만)을 낸다.[655] 오취온五取蘊을 아·아소라고 집착하여 이로 인해 아만을 일으킨다. 아직 증득하지 못한 수승한 덕에 대해 자기가 이미 수승한 덕을 얻었다고 헤아리면서 증상만을 일으킨다. 실제로는 덕이 없는데 자기가 덕이 있다고 헤아리는 것은 곧 사만이다.〉[656]

此七九慢。依成唯識。於五處生。故彼第六云。此慢差別。有七九種。謂於三品我德處生。解云。且七慢中。慢。過慢。慢過慢。卑慢。依三品起。我慢

---

652 『成唯識論』 권6(T31, 31b29).
653 하열한 품의 사람(下品處)에 대해 자기가 더 뛰어나다고 여기거나, 혹은 자기와 유사한 품의 사람(中品處)에 대해 자기와 유사하다고 여기는 것을 말한다.
654 자기와 유사한 품의 사람(中品處)에 대해 자기가 더 뛰어나다고 여기거나, 혹은 자기보다 뛰어난 품의 사람(上品處)에 대해 자기와 유사하다고 여기는 것을 '과만'이라고 한다.
655 자기보다 더 뛰어난 품의 사람(上品處)에 대해 자기가 더 뛰어나다고 여기는 것은 '만과만'이고, 자기가 조금 하열하다고 여기는 것은 '하열만'이다.
656 이상의 내용은 『雜集論』 권6(T31, 723b20) 참조.

一種。依我處生。邪慢增上。依德處生。故雜集論第六卷云。於下中二品處。生慢。依中上品處。生過慢。依上品處。生慢過慢。依上品處。生劣¹⁾慢。於五邪²⁾蘊。執我我所。由此起我慢。於未得勝德。計³⁾已得勝德。起增上慢。於實無德計已⁴⁾有德。卽是邪慢。

1) ㉓『雜集論』권6(T31, 723b27)에 따르면, '劣' 앞에 '下'가 누락되었다.   2) ㉓『雜集論』권6(T31, 723b25)에 따르면, '邪'는 '取'의 오기다.   3) ㉓『雜集論』권6(T31, 723b26)에 의거해 '計' 다음에 '己'를 보완하였다.   4) ㉓ '已'는 '己'의 오기다.

아홉 종류 만에 대해 설명하면, 본래 두 가지 설이 있다.

『발지론』에 의하면, 예를 들어『구사론』제19권에서 설한 것처럼, 이와 같은 아홉 가지 만은 이전에 말한 일곱 종류 만의 세 종류에서 분리된 것이니, 앞서 말한 만·과만·비만을 말한다. 이와 같은 세 종류 만은 견見에 의거해 행行을 내는 경우 차례대로 특수한 면이 있으므로 삼중三重의 세 종류 만이 성립된다. 처음의 세 가지 만은 차례대로 과만·만·비만에 해당하고,⁶⁵⁷ 중간의 세 가지 만은 차례대로 비만·만·과만에 해당하며,⁶⁵⁸ 마지막 세 가지 만은 차례대로 만·과만·비만에 해당한다.⁶⁵⁹ 자세한 것

657 처음의 세 가지는 아승아勝·아등아等·아열아劣을 말한다. '아승만'은 동등한 자에 대해 내가 더 뛰어나다고 지나치게 높이는 것이므로 '과만過慢'에 속한다. '아등만'은 동등한 자에 대해 나와 동등하다고 생각하는 것이므로 단순한 '만慢'에 속한다. '아열만'은 훨씬 뛰어난 자에 대해 내가 조금만 하열하다고 낮추는 것이므로 '비만卑慢'에 속한다.
658 중간의 세 가지는 유승아有勝我·유등아有等我·유열아有劣我를 말한다. '유승아만'은 더 뛰어난 자에 대해 그가 나보다 뛰어난 점이 있기는 있다고 조금만 낮추는 것이므로 '비만'에 속한다. '유등아만'은 동등한 자에 대해 그가 나와 동등한 점이 있다고 생각하는 것이므로 단순한 '만'에 속한다. '유열아만'은 동등한 자에 대해 내가 그보다 낫다고 자기를 높이는 것이므로 '과만'에 속한다.
659 마지막 세 가지는 무승아無勝我·무등아無等我·무열아無劣我를 말한다. '무승아만'은 동등한 자에 대해 나보다 뛰어난 점이 없다고 하는 것이므로 단순한 '만'에 속한다. '무등아만'은 동등한 자에 대해 나와 동등한 점이 없고 내가 그보다 낫다고 생각하는 것이므로 '과만'에 속한다. '무열아만'은 뛰어난 자에 대해 나보다 못한 점이 없다고만 하면서 자기를 조금만 낮추는 것이므로 '비만'에 속한다. 이상은『發智論』권20(T26,

은『대비바사론』과 같다.

『품류족론』에 의거해 만의 종류를 해석하겠다. 우선 아승만의 부류는 세 가지 만에서 생기니, 만慢·과만過慢·만과만慢過慢 세 가지를 말한다. 하열한 경계와 동등한 경계와 뛰어난 경계를 관하는 것이 차별되기 때문이다.660 따라서 『대비바사론』 제199권에서는 다음과 같이 말한다. "『품류족론』에 의하면 아승만의 부류 중에 세 가지 만이 포함되니, 열등한 자에 대해 자기가 더 뛰어나다고 하는 것은 '만'에 해당하고, 동등한 자에 대해 자기가 더 뛰어나다고 하는 것은 '과만'에 해당하며, 뛰어난 자에 대해 자기가 더 뛰어나다고 하는 것은 '만과만'에 해당한다. 그 밖의 여덟 가지 만의 종류는 이치에 맞게 설해야 한다."661

해 "그 밖의 여덟 가지 만의 종류는 이치에 맞게 설해야 한다."고 한 것은 다음과 같다. 아등만我等慢의 종류는 중품과 상품에 의거하므로 두 종류 만을 포함한다. 동등한 자에 대해 (자기가) 동등하다고 헤아리는 것은 만에 해당하고, 뛰어난 자에 대해 (자기가) 동등하다고 헤아리는 것은 과만에 해당한다. 아열만我劣慢의 종류는 다만 상품에 의거하므로 한 종류의 만을 포함한다. 대단히 뛰어난 자에 대해 자기가 조금 하열하다고 헤아리는 것은 비만에 해당한다. 유승만有勝慢·무열만無劣慢에 대해서는 아열만과 동일하게 설한다. 유등만有等慢·무승만無勝慢에 대해서는 아등만과 동일하게 설한다. 유열만有劣慢·무등만無等慢에 대해서는 아등만과 동일하게 설한다. 이와 같은 아홉 종류 만 중에서 셋은 삼품에 의거하고 셋은 중품·상품에 의거하며 셋은 상품에 의거하니, 이전과 같이 알면 된다.

若辨九慢。自有兩說。若依發智論。如俱舍第十九說。如是九種。從前七慢

1028b28),『俱舍論』권19(T29, 101a25) 참조.
660 『品類足論』권1(T26, 693b1) 참조.
661 『大毘婆沙論』권199(T27, 995c14).

三中離出。謂從前慢過慢卑慢。如是三種。若依見生行。次有殊成三三類。
初三如次。卽過慢慢卑慢。中三如次。卽卑慢慢過慢。後三如次。卽慢過慢
卑慢。廣如婆沙。若依品類足。釋慢類者。且我勝慢勝。[1] 從三慢生。謂慢過
慢慢過慢三。由觀劣等勝境別故。故婆沙第百九十九云。依品類足論。我勝
慢[2]中。攝三種慢。若於劣謂已[3]勝。卽是慢。若於等謂已*勝。卽是過慢。若
於勝謂已*勝。卽慢過慢。餘八慢類。如理應說。解云。餘八慢類如理應說
者。我等慢類。依中上品。攝二種慢。於等計等。此卽是慢。於勝謂等。卽是
過慢。我劣慢類。但依上品。攝一種慢。謂於多勝計已*少劣。卽是卑慢。有
勝無劣。同我劣說。有等無勝。同我等說。有劣無等。同我勝說。如此九中。
三依三品。三依中上。三依上品。如前可知。

---

1) ㉠ '勝'은 '類'의 오기다.   2) ㉠ 『大毘婆沙論』 권199(T27, 995c14)에 따르면, '慢'
다음에 '類'가 누락되었다.   3) ㉠ '已'는 '己'의 오기다. 이하도 동일하다.

그런데 지금 이 경문에서 '만이 있다'고 한 것은 일곱 가지 만과 아홉 가지 만 중에서 다만 증상만에 의거해 말한 것이다. 이에 대해서도 세 가지 설이 다르다.

진제 삼장에 의하면 다만 이생異生에 대해 '만이 있다'고 설한 것이니, 유소득관有所得觀에 의거해서 참된 관(眞觀)으로 여기면서 증상만을 일으키기 때문이다.

어떤 이는 다음과 같이 말한다. 〈이 경문에서는 통틀어 이생과 이승의 유학에 대해 '만이 있는 자'라고 설한 것이다. 아라한은 이미 번뇌장을 끊었기 때문이다. 따라서 『법화경』 제1권에서 설하길, "(어떤 비구가) 실로 아라한과를 얻었다면 이 법을 믿지 않는 일은 있을 수 없다."[662]고 하였다.〉

---

662 『妙法蓮華經』 권1(T9, 7c4).

어떤 이는 다음과 같이 말한다. 〈(증상만은) 또한 아라한에게도 통하는 것이다. 그 이유는 무엇인가? 번뇌장의 만(煩惱慢)은 없어도 소지장의 만(所知慢)은 있기 때문이다.〉

문 그렇다면 『법화경』에서 말한 것과 어떻게 회통시켜 해석하겠는가?

답 그 경은 번뇌장에 의거해서 설했고 이 경은 소지장에 의거해서 설했으니, 있다고 하든 없다고 하든 서로 어긋나는 것은 아니다.

而今此中說有慢者。七九慢中。但約增上。於中三說不同。眞諦三藏。但說異生。以爲有慢。依有所得觀。以爲眞觀。起上慢故。有說。此中通說異生二乘有學爲有慢者。羅漢已斷煩惱障故。故法華經第一卷說。實得阿羅漢。若不信此法。無有是處。有說。亦通羅漢。所以者何。雖無煩惱慢。有所知慢故。問。若爾。如何會釋法華所說。答。彼約煩惱。此據所知。說有說無。互不相違。

문 칠지까지의 모든 보살들 또한 증상만을 일으킬 수도 있는가, 아닌가?

답 세 가지 해석이 있다. 한편에서는 초지 이상은 증상만을 일으키지 않는다고 하니, 이미 승의제의 일미상一味相을 증득했기 때문이다. 한편에서는 칠지까지는 일으킨다 해도 과실이 없다고 하니, 경에서 설한 것처럼 고의故意로 일으키기 때문이다. 한편에서는 앞의 일곱 지에서는 번뇌장의 만을 일으킬 뿐만 아니라 소지장의 만도 현행할 수 있다고 하니, 지地와 지를 서로 대조해 보면 수승함과 열등함이 있기 때문이다.

問。七地已來諸菩薩等。於增上慢。亦得起不。答。有三釋。一云。初地已上。不起上慢。已得勝義一味相故。一云。七地已還。起亦無失。如經所說。故意起故。一云。前七地中。不唯得起煩惱部慢。所知障慢。亦得現行。地地相望。有勝劣故。

문 부처님은 모든 중생들의 변제邊際를 아시는가, 아닌가?

(답) 이와 같은 문답이 예를 들어 『대비바사론』 제186권에 나오는데, 그 논에서 다음과 같이 말한다.

비나야에서 설한다. 〈세존이 보리수 아래서 모든 유정들은 삼취三聚를 이룬다고 건립하셨으니, 말하자면 이 정도 되는 이는 사정취邪定聚라고 이름하고, 이 정도 되는 이는 정정취正定聚라고 이름하며, 이 정도 되는 이는 부정취不定聚라고 이름한다고 하셨다.〉

문 이것은 유정의 분제에 의거해 건립한 것인가, 법의 분제에 의거해 건립한 것인가? 유정에 의거했다면, 어째서 세존께서 수많은 유정해有情海의 변제를 증득하시지 않았겠는가? 법에 의거했다면, 성문도 이와 같은 것(삼취)을 건립할 수 있을 텐데, 부처님이 성문과 더불어 어떤 공통되지 않은 점(不共)이 있겠는가?

어떤 이는 '유정에 의거해 건립했다'고 말한다.

문 그렇다면, 어찌 수많은 유정해의 변제를 증득한 것이 아니겠는가?

답 부처님께서 수많은 유정해의 변제를 증득하셨다고 해도 과실이 없다. 그런데 총상總相을 증득하신 것이지 별상別相을 증득하신 것은 아니다. 말하자면 일체 유정은 사생四生을 벗어나지 않으니, 이와 같은 것(총상)을 증득하신 것이다.

어떤 이는 '법에 의거해 건립했다'고 말한다.

문 그렇다면, 성문도 이와 같은 것(삼취)을 건립할 수 있을 텐데, 부처님이 성문과 더불어 어떤 공통되지 않은 점이 있겠는가?

답 성문은 부처님에게 들었기 때문에 (건립할 수 있지만,) 부처님은 스승 없이 스스로 건립하셨으니, 이것이 공통되지 않은 점이다.

어떤 이는 '삼천세계와 천세千歲까지는 유정에 의거해 건립한 것이

고, 그 밖의 세계와 그 밖의 시時는 법에 의거해 건립한 것'이라고 말한다.663

問。佛知一切衆生邊際不。如是問答。如大婆沙一百八十六。彼云。毗奈耶說。世尊於菩提樹下。建立有情爲三聚。謂齊爾許名邪定聚。齊爾許名正定聚。齊爾許名不定聚。問。爲依有情分齊建立。爲依法分齊耶。若依有情者。云何非是得有情海邊際耶。若依法者。聲聞亦能如是建立。佛與聲聞。有何不共。有說。依有情建立。問。若爾。如何非是得有情海邊際耶。答。佛得有情海邊際。亦無有過。然總相得。而非別相。謂一切有情。不出四生。如是而得。有說。依法建立。問。若爾。聲聞亦能1)建立。佛與聲聞。有何不共。答。聲聞因從佛聞。佛無師自能建立。是爲不共。有說。若三千世界。及千歲已來。依有情建立。若餘世界及餘時。依法建立。

1) ㉠『大毘婆沙論』권186(T27, 931a2)에 의거해 '能' 다음에 '如是'를 보완하였다.

『대지도론』에 또한 문답이 있으니, 제28권에서 다음과 같이 말한다.

문 모든 중생들의 마음들을 다 아실 수 있는가, 아닌가? 다 아실 수 있다면 중생은 한계(邊)가 있는 것이다. 다 아시지 못한다면, 어째서 '모든 중생들의 마음이 나아가려 하는 곳을 아시려 한다'고 말하거나 어떻게 '부처님에게 일체종지一切種智가 있다'고 말하겠는가?

답 (부처님은) 중생의 심법心法과 심수법心數法(심소법)을 다 아실 수 있다. 어째서인가? 예를 들어 경에서 '모든 진실한 말(實語) 중에 부처님 말씀이 가장 제일이다'라고 하였다. 만약 모든 중생의 마음을 다 아시어 그 변제를 증득하실 수 없다면, 어떻게 부처님이 '다 아신다'고 하겠으

---

663 『大毘婆沙論』권186(T27, 930c21).

며, 또한 '일체지인一切智人'이라 하지도 않을 것이다. 그런데 부처님 말씀은 모두 진실하니, 반드시 실로 일체지인이 있어야 한다.

다시, 중생은 한계가 없다 해도 일체종지도 또한 한계가 없으니, 비유하면 함函이 크면 뚜껑도 큰 것과 같다. (중생을 아는) 지혜에 한계가 있는데 중생은 한계가 없다면 이런 힐난이 있을 수 있으나, 지금 지혜와 중생이 모두 한계가 없기 때문에 그대들의 힐난은 틀린 것이다. 다시, '한계가 있다, 한계가 없다'고 하는 이 두 가지는 불법佛法 안에서는 치답置答[664]이다. 이 열네 가지 사(十四事)[665]는 허망해서 (그에 대답해 보았자) 아무런 실익이 없기 때문에 힐난거리가 될 수 없다.[666]

依智度論。亦有問答。故第二十八云。問。[1] 一切衆生[2]可得悉知不。若悉知。卽衆生有邊。若不知。何以故說欲知一切衆生心所趣向。云何佛有一切[3]智。答曰。衆生心心數法可得悉知。何以故。如經中說。一切實語中。佛最第一。若不能悉知一切衆生心得其邊際者。佛何以言悉知。亦不名一切

---

664 치답置答: 불교 안에서 물음에 대답하는 네 가지 방식(四記答) 중의 하나인 사치기捨置記를 가리킨다. 가령 질문들 중에서 한결같이 대답해 주어야 하는 경우(一向記)가 있고, 분별해서 알려 주어야 하는 경우(分別記)가 있으며, 반문하는 방식으로 답하는 경우(反詰記)가 있고, 대답하지 않고 그냥 내버려 두는 경우(捨置記)가 있다. 지금 여기서 문제가 되는 '한계가 있는가, 없는가' 하는 질문은 네 번째 '사치기'에 해당하며, 이런 질문은 대답할 만한 의미가 없기 때문에 대답하지 않고 내버려 둔다.

665 열네 가지 사(十四事): 외도들의 질문들 중에서 세존께서 대답하지 않으셨던 '열네 가지 난문難問'을 가리킨다. 세존은 그 질문에 대답할 만한 가치가 없다고 여기셨기 때문에 '그렇다, 아니다'라고 대답하지 않았다. 이에 해당하는 열네 가지 질문을 특히 십사무기十四無記라고 하는데, 그것을 열거하면 다음과 같다. ① 세간은 영원(常)한가, ② 영원하지 않은가, ③ 영원하면서 영원하지 않은 것인가, ④ 영원한 것도 아니고 영원하지 않은 것도 아닌가, ⑤ 세간은 끝(邊)이 있는가, ⑥ 없는가, ⑦ 있으면서 없는 것인가, ⑧ 있는 것도 아니고 없는 것도 아닌가, ⑨ 여래의 사후는 존재하는가, ⑩ 존재하지 않는가, ⑪ 존재하면서 존재하지 않는가, ⑫ 존재하는 것도 아니고 존재하지 않는 것도 아닌가, ⑬ 신체(身)와 명命이 동일한가, ⑭ 다른가?

666 『大智度論』 권28(T25, 265c28).

智人。而佛語皆實。必應定⁴⁾有一切智人。後⁵⁾次。衆生雖無邊。一切種智亦無邊。譬如函大蓋亦大。若智慧有邊。衆生無邊者。應有是難。今智慧及衆生。俱無邊故。汝難非也。後*次。若言有邊無邊。此二於佛法中是置答。是十四事虛妄。無實無益故。不應以爲難。

1) ㉠『大智度論』권28(T25, 265c29)에는 '問' 다음에 '曰'이 있다.   2) ㉠『大智度論』권28(T25, 265c29)에는 '生' 다음에 '諸心'이 있다.   3) ㉠『大智度論』권28(T25, 266a2)에는 '切' 다음에 '種'이 있다.   4) ㉠『大智度論』권28(T25, 266a6)에는 '定'이 '實'로 되어 있다.   5) ㉮ '後'는 '復'인 듯하다. 이하도 동일하다. ㉠『大智度論』에 따르면, '復'가 바르다.

자세한 것은 그 논에서 설한 것과 같다.【또 제30권에서는 다음과 같이 말한다. "문 보살이 일체 중생의 원을 채워 줄 수 있다면, 중생은 한계가 있는 것이고, 모든 굶주림·추위 따위의 고통을 받는 자가 없을 것이다. 어째서인가? 모든 중생들이 다 원하던 것이 충족되니, 고통을 떠나 즐거움을 얻기를 원하였기 때문이다. 답 '일체를 충족시킨다'는 것은, 언어(名字)로 '일체'라고 한 것이지 실로 일체를 말한 것이 아니다. 예를 들어『법구경』비송에서 다음과 같이 말한다. '일체가 다 죽는 것을 두려워하고, 매 맞는 고통을 두려워하지 않음이 없으니, 자기를 용서하는 것을 비유로 삼아, 죽이지도 매질하지도 말지어다.' (이 비송에서) 비록 '일체가 매 맞는 고통을 두려워한다'고 했지만, 가령 무색계의 중생은 몸이 없기 때문에 매 맞는 고통이 없고, 색계의 중생은 몸이 있기는 해도 또한 매 맞는 고통이 없으며, 욕계의 중생도 매 맞는 고통을 받지 않는 경우가 있다. 그런데 '일체'라고 한 것은 매 맞게 될 사람을 일컬어 '일체'라고 한 것이지 실로 일체인 것은 아니다."⁶⁶⁷】

其如彼說。【又三十云。問曰。菩薩¹⁾若能滿一切衆生願者。則衆生有邊。卽²⁾無有受諸飢寒苦。³⁾何以故。一切衆生皆滿所願。離⁴⁾苦得樂故。答云。⁵⁾滿一切者。名字一切。非實一切。如法句偈說。一切皆懼死。莫不畏杖痛。恕

---

667 『大智度論』권30(T25, 278b17).

已⁶⁾可爲譬。勿煞⁷⁾勿行杖。雖言一切畏杖痛。如無色衆生。無身故。即無杖痛。色界衆生。雖可有身。亦無杖痛。欲界衆生。亦有不受杖痛。而言一切。語⁸⁾應得杖者。說言一切。非實一切。】

1) ㉠『大智度論』권30(T25, 278b18)에는 '菩薩'이 없으나, 있어도 무방하다. 2) ㉠『大智度論』권30(T25, 278b18)에는 '即'이 없으나, 있어도 무방하다. 3) ㉠『大智度論』권30(T25, 278b19)에는 '苦' 다음에 '者'가 있다. 4) ㉠『大智度論』권30(T25, 278b20)에는 '離' 앞에 '願'이 있다. 5) ㉠『大智度論』권30(T25, 278b20)에는 '云'이 '曰'로 되어 있다. 6) ㉠ '已'는 '己'의 오기다. 7) ㉠ '煞'은 '殺'과 같다. 8) ㉠『大智度論』권30(T25, 278b26)에 따르면, '語'는 '謂'의 오기다.

나. 자기가 보았던 것을 진술함

경 세존이시여, 제가 한때 아련야⁶⁶⁸의 큰 숲에 머물렀는데

世尊。我於一時。住阿練若大樹林中。

석 이하는 두 번째로 자기가 보았던 것을 진술한 것이다. 이 중에 두 가지가 있다. 처음은 자기와 다른 이들이 머물렀던 곳을 밝힌 것이고, 나중의 "저는(我見)" 이하는 다른 이들이 기별하는 모습을 서술한 것이다.

釋曰。自下第二申已¹⁾所見。於中有二。初明自他住處。後我見下。叙他記別。

1) ㉠ '已'는 '己'의 오기다.

---

668 아련야阿練若〔S〕 araṇya〕: 한적하고 조용한 곳을 가리키는데, 이하 원측의 주석에서 이 단어에 대한 여러 가지 해석들이 소개된다. 이 단어는 본래 부정접두사 'a'와 'raṇa'와 접미사 'ya'의 합성어이다. 'raṇa'는 어근 √raṇ의 파생어로서 싸움・전쟁, 소리・소음, 움직임・이동 등의 뜻을 갖는데, 이런 것들이 없는 곳을 '아란야'라고 한다. 이하에 소개된 다양한 해석들은 모두 이와 같은 어원적 의미를 배경에 깔고 있다.

가) 자기와 다른 이들이 머물렀던 곳을 밝힘

(가) 자기가 머물렀던 곳을 밝힘

이것은 자기가 머물렀던 곳을 밝힌 것이다.

많은 나무들이 군집해 있기 때문에 '숲(林)'이라 한다.

『심밀해탈경』에서는 "제가 기억하기로는 과거세일 때에 어느 한 곳의 아련야阿練若 동산에 머물렀는데"[669]라고 하였다. '아련야'란 범음인데, 여기 말로 한적하고 조용한 곳을 말한다.

진제 스님은 다음과 같이 해석하였다. 〈'아련야'란 본래 세 가지 의미가 있다. 첫째는 소리를 떠난 곳이니, 말하자면 국읍國邑 사람들의 음성이 들리지 않는 곳이기 때문이다. 둘째는 찍거나 베는 일을 떠난 곳이니, 말하자면 나무꾼들이 오지 않는 곳이기 때문이다. 셋째는 투쟁鬪諍을 떠난 곳이니, 말하자면 모든 번뇌는 모두 선법을 동요시킬 수 있으므로 '투쟁'이라 하는데 이곳에 머물면 번뇌를 조복시킬 수 있기 때문에 '투쟁을 떠난 곳'이라고 하였다.〉

此明自所住處。衆樹聚集故。深密經云。名爲林。[1] 如我憶念。過去世時。住於一處阿練若園。阿練若者。卽是梵音。此云空閑靜處。眞諦釋云。阿練若者。自有三義。一者離聲處。謂國邑音聲所不至故。二者離斫伐處。謂採薪所不至故。三者離鬪諍處。謂一切煩惱。總能動亂善法。名爲鬪諍。若住此處。能伏煩惱故。名離鬪諍也。

1) ㉠ 앞의 '深密經云'과 '名爲林'이 도치되었다. 이것을 "(衆樹聚集.) 故名爲林. 深密經云. (如我憶念.)"으로 수정해야 한다.

1구로사拘盧舍 밖으로 백천百千 유순由旬[670]에 이르는 데까지 모두 아련

---

669 『深密解脫經』(T16, 668a27).
670 유순由旬(Ⓢ yojana) : 유사나踰闍那·유선나踰繕那 등으로 음역한다. 자세한 것은 이

야처라고 한다. 살바다부에서는 1구로사가 5백 궁弓이라고 해석하고, 정량부에서는 1구로사가 무릇 1천 궁이라고 해석한다. 1궁이 8척尺이고 무릇 8백 장丈의 땅이니, 이 거리에 준해 보면 4리里쯤 될 것이다. 『비담론』에서는 4주肘는 1궁이고 5백 궁을 1구로사라고 하며 1구로사의 절반을 아련야처라고 하였다.[671] 『대비바사론』 제136권에서는 다음과 같이 말한다. "4주는 1궁이고 마을에서 5백 궁 떨어진 곳을 아련야처라고 하며, 이 이상으로 가면 변방지역(邊遠處)이라 한다. 곧 5백 궁은 마게타국(S Magadha)에서는 1구로사이고 북방에서는 반半 구로사이다. 그 이유는 무엇인가? 마게타국은 그 땅이 평평해서 마을과의 거리가 가깝더라도 소리가 들리지 않지만, 북방은 높낮이가 있어서 멀더라도 오히려 소리가 들린다. 그러므로 북방의 구로사가 더 큰 것이다."[672]

從一拘盧舍外。外去乃至百千由旬。皆名阿練若處。若薩婆多部。解一拘盧舍五百弓。依正量部。解一拘盧舍。凡一千弓也。一弓八尺。凡八百丈地。若准此間。應成四里少許。毗曇論云。四肘爲一弓。五百弓。名一拘盧舍。一拘盧舍半。名阿練若處。大毗婆沙一百三十六云。四肘爲一弓。五[1)]百弓。名阿練若處。從此已去。名邊遠處。卽五百弓。成摩揭陀國一俱盧舍。成北方半俱盧舍。所以者何。摩揭陀國。其地平正。去村雖近。而不聞聲。北方高下。遠猶聲及。是故北方俱盧舍大。

1) ㉠『大毘婆沙論』권136(T27, 702a18)에는 '五' 앞에 '去村'이 있다.

『구사론』 제12권에서 그 칭량에 대해 자세히 설명하는데, 거기서 다음과 같이 말한다. "㉻ 극미極微·미微와 금진金塵·수진水塵·토모진兔毛塵·양모진羊毛塵·우모진牛毛塵·극유

하 원측의 협주에서 나온 『俱舍論』 인용문 참조.
671 『雜阿毘曇心論』 권2(T28, 887a10) 참조.
672 『大毘婆沙論』 권136(T27, 702a18).

진극유진隙遊塵, 기蟣·슬蝨·맥麥·지절指節이 있어, 뒤로 갈수록 그 양은 일곱 배씩 증가한다. 24지지는 1주肘이고, 4주는 1궁弓의 길이며, 5백 궁은 1구로사拘盧舍니, 이것의 여덟 배가 1유선나踰繕那이다. 논 극미가 처음이고 지절이 마지막인데, 뒤로 갈수록 모두 일곱 배씩 증가함을 알아야 한다. 말하자면, 7극미는 1미의 양이고, 미를 일곱 개 쌓은 것을 1금진이라 하며, 금진이 일곱 개 쌓인 것을 수진이라 하고, 수진이 일곱 개 쌓인 것을 1토모진이라 하며, 토모진이 일곱 개 쌓인 것을 1양모진이라 하고, 양모진이 일곱 개 쌓인 것을 1우모진이라 하며, 우모진이 일곱 개 쌓인 것이 극유진[673]의 양이 된다. 7극유진은 1기라고 하며, 7기는 1슬이라 하고, 7슬은 1광맥麵麥이라 하고, 7광맥은 1지절이라 한다. 3지절은 1지指라고 하는데,……24지를 가로로 펼치면 1주이고, 세로로 4주를 쌓으면 1궁이니, 말하자면 1심尋[674]이다. 가로로 5백 궁을 쌓으면 1구로사이고, 1구로사는 바로 마을로부터 아련야까지 이르는 중간 도로의 길이 정도라고 한다. 8구로사는 1유선나라고 말한다."[675] 자세히 설하면 『대비바사론』제136권에서 설한 것과 같다.】

【俱舍第十二。廣辨其量。彼云。頌云。極微微金水兎[1)]羊牛隙塵。蟣[2)]蝨麥指節。後後增七倍。二十四指肘。四肘爲弓量。五百拘盧舍。此八踰繕那。論曰。極微爲初。指節爲後。應知後後皆七倍增。謂七極微爲一微量。積微至七爲一金塵。積七金塵爲水塵量。水塵積至七爲一兎[3)]毛塵。積七兎[4)]毛塵爲一羊毛塵量。積羊毛塵七爲一牛毛塵。積七牛毛塵爲隙[5)]遊塵量。隙*塵七爲蟣。七蟣爲一蝨。七蝨爲麵[6)]麥。七麥爲指節。三節爲一指。二十四指橫布爲肘。豎積四肘爲弓。謂尋。豎積五百弓爲一俱盧舍。一俱盧舍。許

---

673 극유진隙遊塵(⑤ vātāyanacchidra-rajas) : 구역에서는 극광중진隙光中塵이라 하는데, 문틈으로 비친 광선에 비쳐서 우리 육안으로 겨우 보이는 먼지 정도의 크기를 가리킨다.
674 심尋 : 고대의 길이를 재는 단위로서 양팔을 펼쳤을 때의 길이를 1심이라 한다. 대략 8척 혹은 6척 정도 되거나, 7척이라고 하기도 한다. 예를 들면 불보살의 몸 주변에 밤낮으로 항상 광명이 빛나는 것을 가리켜 '항상 한 길 광명이 빛난다(常光一尋)'고 한다.
675 『俱舍論』권12(T29, 62a26).

是從村至阿練若中間道量。說八俱盧舍爲一踰繕那。若廣分別。如婆沙論一百三十六說。】

1) ㉠『俱舍論』권12(T29, 62a26)에는 '菟'가 '兔'로 되어 있다. 2) ㉠『俱舍論』권12(T29, 62a27)에는 '蠑'가 '蟻'로 되어 있는데, 전자가 바른 듯하다. 3) ㉠『俱舍論』권12(T29, 62b4)에 따르면 '菟'는 '兔'의 오기다. 4) '菟'는 '兔'의 오기다. 5) ㉠『俱舍論』권12(T29, 62b5)에 따르면, '陳'는 '隙'의 오기다. 이하도 동일하다. 6) ㉠『俱舍論』권12(T29, 62b6)에는 '纊'이 '穬'으로 되어 있다.

무성의『섭대승론석』에서는 "마을에서 멀리 떨어져 1구로사 지난 곳을 아련야阿練若(아란야)라고 한다."[676]고 하였다.『십주론』에서는 '온갖 소란을 떠나기 때문에 아련야라고 한다'고 하였다.[677]『유가사지론』에서는 다시 '한적한 산림이나 들판에 머물면서 주변에 있는 침구를 사용하면서 모든 촌읍과 취락을 멀리 떠나 있는 것을 아련야라고 한다'고 하였다.[678]『두타경』에서는 다음과 같이 말한다. "아련야법은 몸을 소란스러운 곳으로부터 멀리 떠나 한적한 곳에 머물도록 하는 것이다. '멀리 떠난다'는 것은 온갖 시끄러운 소리들을 떠난다는 것이다. 방목하는 곳이라면 가장 가깝게는 3리이고 멀수록 더욱 좋다. 몸이 멀리 떠나 있어야 또한 당연히 마음도 오욕五欲과 오개五蓋에서 떠나도록 할 수 있다. (이것을) 아련야라고 한다."[679]『대지도론』도 이와 동일하다.

無性攝論云。遠離聚落。拘[1])盧舍。名阿練若。十住論云。離衆憒丙。[2)] 名阿練若。瑜伽復云。謂住空閑山林坰野。受用邊際所有臥具。遠離一切村邑

[676] 무성의『攝大乘論釋』권5(T31, 412c29).
[677] 『十住毘婆沙論』권16(T26, 113a17)에는 '아련야처'에 대해 다음과 같은 설명이 나온다. "나는 어째서 여기에 있는가?……두려움을 떠나고 싶어서 여기에 온 것이다. 무엇을 두려워하는가? 온갖 소란을 두려워하고, 온갖 말들을 두려워하며……."
[678] 『瑜伽師地論』권25(T30, 422b10) 참조.
[679] 『十二頭陀經』권1(T17, 720c18).

聚落。名阿練若。頭陀經云。阿練³⁾若法。令身遠離憒鬧。住於空閑。遠離者。
離衆惱亂。⁴⁾若放牧處。最近三里。能遠益善。身⁵⁾遠離已。亦當令心遠離五
欲五蓋。⁶⁾名⁷⁾阿練若。智論亦同。

1) ㉠『攝大乘論釋』권5(T31, 412c29)에는 '拘'가 '俱'로 되어 있고, 그 앞에 '過'가 있
다. 2) ㉠ '丙'은 의미가 통하지 않는다. 『十住毘婆沙論』 권16(T26, 113a19)에 의거
해 '丙'을 '閙'로 수정하였다. 3) ㉠『十二頭陀經』 권1(T17, 720c17)에는 '練'이 '蘭'으
로 되어 있다. 4) ㉠『十二頭陀經』 권1(T17, 720c19)에는 '惱亂'이 '閙聲'으로 되어
있는데, 후자를 따랐다. 5) ㉠『十二頭陀經』 권1(T17, 720c19)에 의거해 '身' 앞에
'若得'을 보완하였다. 6) ㉠ '葢'는 '蓋'이다. 7) ㉠『十二頭陀經』 권1(T17, 720c20)
에는 '名'이 없다.

(나) 다른 중들이 머물렀던 곳을 밝힘

경 그때 많은 필추[680]들이 있었는데, 또한 이 숲에서 저와 가까운 곳에 머물고 있었습니다.

時有衆多苾蒭。亦於¹⁾林依近我住。

1) ㉠『解深密經』 권1(T16, 691b18)에는 '於' 다음에 '此'가 있고, 이 글자를 넣어야
문맥이 더 분명하다.

석 이것은 다른 중들이 머물렀던 곳을 밝힌 것이다.
"필추苾蒭"라는 것은 당唐나라 말로 '걸사乞士'이니, 구역에서는 '비구比
丘'라고 하였다. 『금강선론』에서는 다음과 같이 말한다. 〈이것은 범음이

---

680 필추苾蒭(Ⓢ bhikṣu): 구역에서는 비구比丘라고 하였다. 이하 원측의 주석에서
이 단어에 대한 여러 가지 해석들이 소개된다. 이 단어가 '구걸하다'라는 뜻의 어근
√bhikṣ에서 파생된 것으로 볼 때 '구걸하는 자'를 뜻한다. 그런데 이 단어의 어원에
대해 다른 분석을 하기도 한다. 만약 이 단어가 '파괴한다'는 뜻의 어근 √bhid에서 파
생된 것이라면 '번뇌를 파괴하는 자'를 뜻하기도 하고, 또 '두려워하다'라는 뜻의 어근
√bhī에서 파생된 것이라면 '마라들을 떨게 하는 자'를 뜻한다. 이하에 소개된 다양한
해석들은 모두 이와 같은 어원적 의미를 배경에 깔고 있다.

다. 이 지역의 말로 의역하면 혹은 '걸사'라고 하고, 혹은 '파악破惡'이라 하며, 혹은 '포마怖魔'라고 하니, 상응해서 번역되는 정확한 이름이 없기 때문에 범어를 그대로 둔 것이다.〉[681]

『대지도론』에 의하면 그것에 다섯 가지 의미가 있다. 첫째는 '걸사'라고 하니, 청정하게 생활해 가기 때문이다. 【그 논의 제3권에서 다음과 같이 말한다. 〈네 가지 구식口食을 떠나기 때문에 청정하다고 한다. '네 가지 구식'이란 다음과 같다. 첫째는 하구식下口食이다. 어떤 출가인이 약을 만들거나 곡식을 심거나 나무를 기르거나 하는 등의 일로 청정하지 않게 생활해 간다면, 이는 하구식이라 한다. 어떤 출가인이 성좌(星宿)나 해·달이나 바람·비나 천둥 번개·벼락 등을 관찰하는 일로 청정하지 않게 생활해 간다면 이는 앙구식仰口食이라 한다. 어떤 출가인이 부호 권세가에게 아첨하고 사방에 심부름꾼을 보내서 교묘한 말로써 많은 것을 구하는 일로 청정하지 않게 생활해 간다면, 이는 방구식方口食이라 한다. 어떤 출가인이 갖가지 주술呪術과 길흉을 점치는 소술小術을 배워서 바르지 못한 이와 같은 것들로 청정하지 않게 생활해 간다면, 이는 사유구식四維口食이라 한다.〉[682]】 둘째는 번뇌를 깨뜨리는 자를 비구라고 한다.【'비比'는 여기 말로 '파破'이고 '구丘'는 '번뇌'라고 한다.】 셋째는 출가인의 호칭이다. 넷째는 '청정한 지계'라고 한다. 다섯째는 '포마怖魔'라고 한다.【'비'는 '포'라고 하고 구는 '마'라고 한다.】

『유가사지론』에 의하면 다섯 종류 비구가 있으니, 따라서 제29권에서 다음과 같이 말한다. "필추에는 다섯 종류가 있다. 첫째는 구걸하는 필추(乞匃苾芻)이고, 둘째는 자칭하는 필추(自稱苾芻)이며, 셋째는 이름만의 필추(名想苾芻)[683]이고, 넷째는 번뇌를 파괴하는 필추(破壞煩惱苾芻)이며, 다섯째

---

681 『金剛仙論』 권1(T25, 801c27) 참조.
682 『大智度論』 권3(T25, 79c8) 참조.
683 이름만의 필추(名想苾芻) : 머리를 깎기는 했지만 아직 계를 받지 않은 자를 말한다. 이런 사람은 다만 '필추'라는 명호名號만 있을 뿐 아직 계가 없기 때문에 '이름만의 필추'라고 한다. 『瑜伽論記』 권7(T32, 461c26) 참조.

는 백사갈마[684]로 구족계를 받은 필추(白四羯磨受具足戒苾芻)다."[685]

진제의 『기』에서 다음과 같이 말한다. 〈인인의 지위에 있을 때는 포마·걸사·파악이라 이름하는데, 과果의 지위에 이르면 포마는 '살적煞賊'으로 바꾸고 걸사는 '응공應供'으로 바꾸며 파악은 '불생不生'으로 부른다.〉

釋曰。此明衆所住處。言苾芻者。唐言乞士。舊云比丘。金剛仙云。此是梵音。此方義釋。或云乞士。或云破惡。或云怖魔。無正名相翻。故存梵語。依智度論。有其五義。一名乞士。淸淨活命故。【彼第三卷云。離四口食。故名淸淨。四口食者。一下口食。有出家人。合藥種穀殖樹等。不淨活命者。是名下口食。有出家人。觀視星宿日月風雨雷電礔礰。[1] 不淨活命者。是名仰口食。有出家人。曲媚豪勢。通使四方。巧言多求。不淨活命者。名[2]方口食。有出家人。學種種呪術。竿[3]吉凶小術不正[4]如是等。不淨活命者。是名四維口食也。】二破煩惱名比丘。【比此云破。丘名煩惱。】三出家人號。四名淸淨持戒。五名怖魔。【比名怖。丘名魔。】依瑜伽論。有五苾芻。故第二十九云。苾芻有五種。一乞白[5]苾芻。二自稱苾芻。三名想苾芻。四破壞煩惱苾芻。五白四羯磨受具足戒苾芻。眞諦記云。在因。名怖魔乞士破惡。至果。轉怖魔爲煞賊。改乞士爲應供。說破惡爲不生。

1) ㉯『大智度論』권3(T25, 79c10)에는 '礔礰'이 '霹靂'으로 되어 있는데, 의미는 동일하다. 2) ㉯『大智度論』권3(T25, 79c12)에는 '名' 앞에 '是'가 있다. 3) ㉯『大智度論』권3(T25, 79c13)에는 '竿'이 '卜筮'로 되어 있다. 4) ㉯『大智度論』권3(T25, 79c13)에는 '小術不正'이 없고, 교감주에 다른 판본에는 네 글자가 있다고 하였다. 5) ㉯『瑜伽師地論』권29(T30, 447a19)에 따르면, '白'은 '匂'의 오기다.

684 백사갈마白四羯磨(Ⓢ jñapticaturtha-karman) : 백사白四·백사법白四法·일백삼갈마一白三羯磨라고도 한다. 백白(Ⓢ jñapti)은 고백의 뜻이고, 갈마羯磨(Ⓢ karma)는 의역하면 업業·작법作法 등을 뜻한다. 백사갈마는 모두 승단에서 행하는 사무를 가리킨다. 가령 수계의 작법에 대해 규정하거나, 또는 구족계를 받을 때 삼사三師 중의 갈마사羯磨師가 승가 대중들에게 '아무 아무개가 출가 요구를 제출했다'고 먼저 고백하는 것 등에 대해 규정해 놓는 경우와 같다.
685 『瑜伽師地論』권29(T30, 447a19).

나) 다른 이들이 기별하는 모습을 서술함

경 저는 그 필추들이 해질녘에 서로서로 모여서 '유소득의 현관(有所得現觀)'에 의지하여 각자 갖가지 상의 법을 설하면서 (각자) 이해한 바를 기별해 주는 것을 보았습니다.

我見彼諸苾芻。於日後分。展轉聚集。依有所得現觀。各說種種相法。記別
所解。

석 이하는 두 번째로 (각자) 이해한 바를 기별하는 것이다. 이 중에 두 가지가 있다. 처음은 계탁들을 총괄해서 서술한 것이고, 나중은 계탁들을 따로따로 서술한 것이다.

釋曰。自下第三[1]記別所解。於中有二。初總叙諸計。後別叙諸計。

1) ⓔ '三'은 '二'의 오기다.

(가) 계탁들을 총괄해서 서술함

이것은 첫 번째로 계탁들을 총괄해서 서술한 것이다. 다음 경문에서 설하는 것처럼, 오온 등에 의거해서 갖가지 이해를 일으켜 승의제로 여기면서, 일미의 법공도리(一味法空道理)가 승의제라고 말하지는 않는다. 이와 같이 나아가서는 팔성도에서의 자성과 차별 및 대치 등을 승의제라고 헤아리면서 증상만을 낸다. 그러므로 이제 그것을 서술한 것이다.

此卽第一總叙諸計。如後所說。依五蘊等。作種種解。以爲勝義。不說一味
法空道理爲勝義諦。如是乃至八聖道中。自性差別。及對治等。計爲勝義。
成增上慢。故今叙之。

"현관現觀"이란 『유가사지론』 제55권에서는 "'결정決定'의 뜻이 현관의 뜻이다."686라고 하였고, 『구사론』 제23권에서는 "모든 진리(諦)의 경계를 현견現見하여 분명해진 것을 '견현관見現觀'이라 한다."687고 하였다.

그런데 이 현관에 대해 여러 교설이 다르다.

『구사론』에 의하면 세 종류 현관이 있으니, 견見·연緣·사事의 차별이 있기 때문이다.688 혹은 여섯 종류를 설하는데, 예를 들면 『유가사지론』 제55권 등에서 설한 것과 같다.689 혹은 열 종류를 설하는데, 예를 들면 『집론』 제7권과 『잡집론』 제13권에서 설한 것과 같다.690 어떤 경우는 열여덟 가지 종류가 있다고 하니, 예를 들면 『현양성교론』 제17권에서 설한 것과 같다.691

그런데 지금 설하는 "유소득의 현관(有所得現觀)"이란 모든 비구들이 최초의 법륜에서 설한 열세 가지 법문692에 의거해서 말 그대로 의미에 집

---

686 『瑜伽師地論』 권55(T30, 605c8).
687 『俱舍論』 권23(T29, 121c13).
688 이 논에서는 '현관'을 견見·연緣·사事로 나누어 설명하는데, 이에 대해 다음과 같이 말한다. "온갖 현관을 살펴보면 모두 세 가지의 종류가 있으니, 이를테면 견·연·사의 차별이 있기 때문이다. 곧 오로지 무루의 혜로써 모든 진리(諦)의 경계를 현견하여 분명해진 것을 '견현관見現觀'이라고 하고, 이러한 무루의 혜와 아울러 그 밖의 다른 상응법이 (온갖 진리의 경계를) 동일한 소연으로 삼는 것을 '연현관緣現觀'이라 하며, 이 같은 온갖 능연能緣(무루혜와 그 상응법)과 더불어 그 밖에 구유俱有하는 계戒와 생상生相 등의 불상응법이 (온갖 진리의 경계에 대해) 동일하게 사업事業을 행하는 것을 '사현관事現觀'이라고 한다." 『俱舍論』 권23(T29, 121c12) 참조.
689 『瑜伽師地論』 권55(T30, 605c10)에서 열거한 6종 현관은 다음과 같다. 사현관思現觀, 신현관信現觀, 계현관戒現觀, 현관지제현관現觀智諦現觀, 현관변지제현관現觀邊智諦現觀, 구경현관究竟現觀.
690 『集論』 권7(T31, 690b7)과 『雜集論』 권13(T31, 756c1)에서 열거한 10종 현관은 다음과 같다. 법현관法現觀, 의현관義現觀, 진현관眞現觀, 후현관後現觀, 보현관寶現觀, 불행현관不行現觀, 구경현관究竟現觀, 성문현관聲聞現觀, 독각현관獨覺現觀, 보살현관菩薩現觀.
691 『顯揚聖教論』 권17(T31, 562c27) 참조.
692 열세 가지 법문 : 『解深密經』의 다음 경문에서 자세히 언급되는 것처럼 '증상만의 경계가 되는 열세 가지 법문'을 말한다. 여러 부류의 비구들은 각기 이 열세 가지 법문

착하면서 '무소득의 일미법구인 승의(無所得一味法句勝義)'에 대해서는 알지 못한 채 증상만을 일으켜 '공'이라는 궁극의 승의제를 증득했다고 말하는 것이다.

🈲 필추들은 어떤 현관에 의지해서 (자기가) 이해한 것을 기별하는가?
🈯 견도·수도·무학도 및 이전의 방편도의 (현관을) 통틀어 말한 것이다. 따라서 다음의 경문에서 "사념주를 증득하거나 내지는 팔지성도를 증득함으로 인해"라고 하였다.

現觀者。依瑜伽論五十三[1]云。決定義是現觀義。依俱舍論第二十二[2]云。於諸諦境現見分明。名見現觀。然此現觀。諸教不同。依俱舍論。有三種現觀。謂見緣事有差別故。或說六種。如瑜伽五十五等。或說十種。如集論第七。雜集十三。或說十八。如顯揚十七。然今所說有所得現觀者。謂諸苾芻。依初法輪所說十三法門。如言執義。不了無所得一味法句勝義。起增上慢。便諸[3]證得空竟勝義。問。諸苾芻。依何現觀。記別所解。答。通說見脩無學及前方。[4] 故下經云。由得念住乃至得八支聖道故。

──────
1) ㉯ '三'은 다른 판본에는 '五'로 되어 있다. ㉠ '五'가 바르다. 위의 인용문은 『瑜伽師地論』 제55권에 나온다. 2) ㉠ '二'는 '三'의 오기다. 위 인용문은 『俱舍論』 제23권에 나온다. 3) ㉯ '諸'는 '謂'인 듯하다. 4) ㉯ '方' 다음에 '便'이 탈락된 듯하다.

(나) 계탁들을 따로따로 서술함

🈞 이 중에 한 부류는 온蘊을 증득했기 때문에, 온의 상相을 증득했기 때문에, 온의 일어남(起)을 증득했기 때문에, 온의 다함(盡)을 증득했기 때문에,

───
을 증득함으로 인해 궁극의 승의를 얻었다는 증상만을 일으킬 수 있는데, 그 열세 가지는 다음과 같다. 오온五蘊·십이처十二處·십이연기十二緣起·사식四食·사제四諦·십팔계十八界·사념주四念住·사정단四正斷·사신족四神足·오근五根·오력五力·칠각지七覺支·팔지성도八支聖道.

온의 멸滅을 증득했기 때문에, 온의 멸을 작증作證하는 것을 증득했기 때문에, (그에 의거해 자기가) 이해한 바를 기별해 주었습니다.

於中一類。由得蘊故。得蘊相故。得蘊起故。得¹⁾蘊滅故。得蘊滅作證故。記別所解。

1) ㉾ '得' 앞에 다른 판본에는 '得蘊盡故'가 있다. ㉠『解深密經』권1(T16, 691b22)에 따르면, 여섯 개의 구 중에 네 번째 구인 '得蘊盡故'가 누락되었다.

석 이하는 두 번째로 계탁들을 따로따로 서술한 것이다. 이 중에 두 가지가 있다. 처음은 여섯 가지 선교善巧⁶⁹³로 관찰된 경계에 의거해서 이해한 바를 기별하는 것이다. 나중의 "다시 어떤 부류는 염주를 증득하고" 이하는 삼십칠도품 중의 일곱 가지 관문에 의거해서 이해한 바를 기별하는 것이다.

釋曰。自下第二別叙諸計。於中有二。初約六種善巧所觀境界。記別取¹⁾解。後復有類得念住下。約道品中七種觀門。記別所解。

1) ㉠ '取'는 '所'의 오기다.

㉮ **여섯 가지 선교로 관찰된 경계에 의거해 기별함**

이것은 첫 번째로 여섯 가지 선교로 관찰된 경계에 의거해서 이해한 것을 기별하는 것이다.

'여섯 가지 선교'란 온蘊·처處·연생緣生·사식四食·사제四諦·십팔계十八界를 말한다. 이치상 실제로는 십이처와 십팔계가 법을 두루 다 포괄하지만, 모든 유정들의 의요가 차별되기 때문에 온 등에 의거해서 여섯 문으

---

693 여기서 말하는 '선교善巧'란 선교방편으로서 시설해 놓은 오온 등의 법문을 가리킨다.

로 열어 보였다. 참된 현관이라면 반드시 일미의 승의의 진리를 증득해야 비로소 '현관'이라 이름하지만, 필추들은 증상만을 품고 '온' 등의 상을 증득하고 나서 '참된 현관'이라고 말한다. 따라서 지금 이 경문에서는 여섯 종류의 계탁을 서술한 것이다.

여섯 문이 있기는 해도 다섯 단락으로 거두어진다. 첫째는 오온을 밝힌 것이고, 둘째는 처와 연생을 유추해서 밝힌 것이며, 셋째는 사식을 밝힌 것이고, 넷째는 사제를 밝힌 것이며, 다섯째는 십팔계를 밝힌 것이다.

此卽第一六種善巧所觀境界。記別所解。六善巧者。謂蘊。處。緣生。四食。四諦。幷十八界。理實處界。攝法周盡。而諸有情意樂差別。故約蘊等。開爲六門。若眞現觀。要證一味勝義諦理。方名現觀。而諸苾蒭。懷增上慢。得蘊等相。謂眞現觀。故今此中叙六種計。雖有六門。攝爲五段。一明五蘊。二類處緣生。三明四食。四明四諦。五明十八界。

a. 오온의 여섯 구를 해석함

이것은 첫 번째로서 오온의 여섯 구에 대해 해석한 것이다.

<문> 이 여섯 구는 한 종류 계탁인가, 여섯 종류 계탁인가?

<해> 『해절경』과 『심밀해탈경』에서 모두 다음과 같이 설한다. 〈어떤 비구들은 오음의 상相을 증견證見하고 나서 법을 증견했다고 말하고, 어떤 비구들은 오음의 생겨남을 증견하고 나서 법을 증견했다고 한다.〉[694] 따라서 여섯 구에 모두 별도의 계탁이 있음을 알 수 있다. 지금 이 당본唐本 『해심밀경』에서는 하나하나의 문마다 "한 부류(一類)"라는 말을 갖추어 설했으므로 그 경과 마찬가지로 여섯 가지 계탁으로 구분하였음을 알 수 있다. 혹은 한 문을 합해서 하나의 계탁으로 삼아도 이치에 위배되지 않는다.

---

[694] 『解節經』 권1(T16, 713c26)과 『深密解脫經』 권1(T16, 668b2) 참조.

此卽第一釋蘊六句。問。此六句爲一類計。爲六計耶。解云。解節相續[1]皆
作此說。有諸比丘。證見陰相。說爲證法。有諸比丘。證見陰生。以爲證法。
故知六句皆有別計。今此本經。一一門中。俱說一類。故知同彼。分爲六計。
或可一門合爲一計。於理無違。

1) ㉠ '相續'은 『相續解脫地波羅蜜了義經』이나 『相續解脫如來所作隨順處了義經』
을 가리키는데, 여기에는 「勝義諦相品」이 없으므로 이에 해당하는 문구가 나오지 않
는다. 아마도 '相續'은 『深蜜解脫經』을 가리키는 '深密'의 오기인 듯하다.

그런데 이 여섯 구를 해석하는 데는 두 가지 내용이 있다. 첫째는 구의 개수를 밝히는 것이고, 둘째는 (각 구의) 차별상을 설명한 것이다.

然此六句。釋有二義。一句數多少。二辨差別相。

a) 구의 개수를 밝힘

구의 개수(多少)는 다음과 같다.

『심밀해탈경』에는 오직 다섯 구만 있고 첫 번째 구는 빠져 있다.【첫째는 오음의 상相이고, 둘째는 오음의 생상生相이며, 셋째는 오음의 멸상滅相이고, 넷째는 오음의 멸법滅法(멸제)이며, 다섯째는 오음의 멸을 현증하는 법(現證法: 도제)이다.】 『해절경』에는 여섯 구가 갖추어져 있으니, 의미는 이 『해심밀경』과 동일하다.【첫째는 오음이고, 둘째는 오음의 상이며, 셋째는 오음의 생生이고, 넷째는 오음의 변이變異이며, 다섯째는 오음의 멸滅이고, 여섯째는 오음의 멸을 증득하는 도道이다.】

지금 이 『해심밀경』에 의하면 세 곳이 다르다. 제1권에서는 여섯 구가 있으니, 경문 그대로 알면 된다.[695] 제2권의 초에는 오직 다섯 구만 있

---

[695] 제1권에서 언급된 여섯 구라는 것은 가령 온蘊의 경우를 예로 들면 다음과 같다. "由得蘊故。得蘊相故。得蘊起故。得蘊盡故。得蘊滅故。得蘊滅作證故。" 『解深密經』 권1(T16, 691b21) 참조.

다.⁶⁹⁶【첫째는 오온의 모든 자상自相이고, 둘째는 생상生相이며, 셋째는 멸상滅相이고, 넷째는 영단永斷이고, 다섯째는 변지遍知이다.】제2권의 말에는 일곱 가지 상이 나오는데, 거기에서는 다음과 같이 말한다. "가명으로 안립하여 색온色蘊으로 삼아서 혹은 자성상이라 하고 혹은 차별상이라 하며, 가명으로 안립하여 '색온의 생'으로 삼고 '색온의 멸'로 삼으며 그리고 '색온의 영단·변지'로 삼아서 혹은 자성상이라 하고 혹은 차별상이라 합니다."⁶⁹⁷

言多少者。依深密經。唯有五句。少第一句。【一者陰相。二陰生相。三陰滅相。四陰滅法。五陰滅現證法也。】依解節經。具有六句。意同此經。【一陰。二陰相。三陰生。四陰變異。五陰滅。六證陰滅道。】今依此經。三處不同。第一卷中。有其六句。如經可知。第二卷初。唯有五句。【一諸蘊所有自相。二者生相。三者滅相。四者永斷。五者遍知。】第二卷末。有七種相。故彼云。假名安立以爲色蘊。或自性相。或差別相。假名安立。爲色蘊生。爲色蘊滅。及爲色蘊永斷遍知。或自性相。或差別相。

문 어째서 이 경은 구의 개수에 이런 차이가 있는가?

해 실제로는 전후로 모두 아홉 구가 있다. 말하자면 첫 권의 여섯 구 이외에 다시 '영단永斷'과 '변지遍知'를 추가하고, '상相'을 두 가지로 열었으니 자성상과 차별상을 말한다. 그런데 이 제1권과 제2권의 말에서는 총구總句와 별구別句를 갖추어 설하였으므로 총구를 배치하였고, 제2권의 초에서는 총구는 별구와 분리되지 않으므로 따로 총구를 설하지 않았다. 또 첫 권에서는 자성과 차별을 합해서 '온의 상'이라 했고, 제2권에 가면 '상'에서 자성과 차별로 나누었다. 또 첫 권에서 오직 멸제와 도제를 설할 뿐

---

696 『解深密經』 권2(T16, 693c18) 참조.
697 『解深密經』 권2(T16, 696b16).

고제와 집제는 논하지 않았고, 제2권의 말에서 '영단·변지'를 설하고 멸제와 도제를 설하지 않은 것은, 영략으로 서로 나타낸(影略互顯) 것이다.[698] 따라서 서로 위배되는 것은 아니다.

> 問。如何此經句數多少。有此異耶。解云。據實前後。總有九句。謂初卷六句外。更加永斷遍知。及開相爲二。謂自性差別。然此第一及第二末。總別具說。故置總句。第二卷初。總不離別。不別說總。又初卷中自性差別。合爲蘊相。至於第二。相中分爲自性差別。又初卷中。唯說滅道。不論苦集。第二卷末。永斷遍知。不說滅道者。影略互顯。故不相違。

b) 차별상을 설명함

'차별상'이라 한 것에 대해, 진제 스님은 다음과 같이 말한다.

> 言差別相者。眞諦師云。

문 이 오온 등의 팔만법문은 '일미一味'의 뜻을 얻는데, 그 상은 어떤 것인가? 상좌부에 의하면 팔만사천법문이 있고, 이제 정량부에 의하면 다만 팔만법문이 있다.

답 여섯 종류 법상法相에 의거해서 '일미'의 뜻을 나타냈다.[699]

---

698 서로 연관되는 두 가지 사실에서 각각 한 측면씩만 나타내고 다른 한 측면은 생략함으로써 상호 미루어 알게 하는 설명 방식을 '영략호현影略互顯'이라 한다. 본래는 고·집·멸·도의 사제를 설하려는 것인데, 가령 제1권에서는 멸제·도제만 설하고 반대로 제2권에서는 고제·집제만 설한 것처럼, 전자에서 생략된 것을 후자에서 거론하고 후자에서 생략된 것을 전자에서 거론하는 방식으로 나타내는 것이다.

699 이하에서는 '일미'의 뜻을 나타내기 위해서 '일미상'을 알지 못하게 하는 이유를 제시하는데, 여섯 부류 비구들의 관찰을 예로 들어 그 이유를 설명하였다. 그 요점은 일미상은 각각의 교법 안에서도 다 편재하지만 각자가 교법에 대한 지엽적 통찰을 얻고서 그것이 '승의제'라고 증상만을 일으키기 때문에 드러나지 않는다는 것이다. 이하의

"비구들은 오음을 증견證見함으로 인해 (자기가) 증득한 것을 기별하니"라고 했는데, 이것은 첫 번째로 '오음이 있다'고 집착하는 것이다. 대사大師(세존)께서 설하신 것은 다만 음성일 뿐 오음이라 이름하는 별도의 법이 있지 않음을 알지 못한다.[700] 이 '일미'를 알지 못함으로 인해 이와 같은 집착을 일으켜서 '오음이 실유한다'고 말한다. 이 집착으로 인해 전도를 일으키며, 이 전도로 인해 증상만을 일으키는 것이다.

"어떤 비구는 오음의 상相을 증견하고"라고 했는데, 이것은 두 번째로 오음의 상을 나타낸 것이다. 혹은 가명假名의 상이나 혹은 실법實法의 상, 공덕의 상이나 과악過惡의 상, 인연의 상과 삼세의 상, 생상生相·주상住相·멸상滅相, 고제 등 사제의 상, 삼계의 상이나 무루계의 상, 일향답一向答의 상과 분별답分別答의 상과 문답問答의 상과 치답置答의 상,[701] 사식四食의 상 내지는 유루의 색심色心·비색심非色心 등의 상, 오음에는 이와 같은 갖가지 도리가 있는 것을 일컬어 '오음의 상'이라 한다. 도리의 일미를 알지 못함으로 인해 이러한 도리가 실유한다는 집착을 일으키고, 이 집착으로 인해 전도를 일으키며, 이 전도로 인해 증상만을 일으키는 것이다.

진제 『記』의 인용문은 『解節經』 권1(T16, 713c25)에 나온 "有諸比丘。由證見陰。記其所得。或有比丘證見陰相。或有比丘證見陰生。或有比丘證陰變異。或有比丘證見陰滅。或有比丘證陰滅道。"라는 경문에 대한 해석이다.

[700] 세존께서 설하신 '오음' 등은 그 자체로는 말소리이고 방편으로 시설된 언어일 뿐 그에 반드시 대응하는 실체가 있는 것은 아니다. 이것을 망각하기 때문에 마치 '오음'이라는 별도의 실체가 있다고 생각하게 된다는 것이다.

[701] '일향답一向答·분별답分別答·문답問答·치답置答'이라 한 것은 일향기一向記·분별기分別記·반힐기反詰記·사치기捨置記를 가리킨다. 이것은 물음에 답하는 네 가지 방식(四記答)을 가리킨다. 가령 질문들 중에서 한결같이 대답해 주어야 하는 경우를 일향기(일향답)라고 하고, 분별해서 알려 주어야 하는 경우를 분별기(분별답)라고 하며, 반문하는 방식으로 답해야 하는 경우는 반힐기(문답)라 하고, 대답하지 않고 그냥 내버려 두는 경우는 사치기(치답)라고 한다.

問. 此五蘊等八萬法門. 得一味義. 其相云何. 若依上坐部. 則有八萬四千法門. 今依正量部. 但有八萬. 答. 約六種法相. 顯一味義. 或有[1]比丘由[2]見陰者[3]記自所得. 此則第一執有五陰. 不能了別大師所說. 但唯音聲. 無有別法名爲五陰. 由不了知此一味故. 起如是執. 謂實有五陰. 由此執故. 起於顚倒. 由此倒故. 起增上慢. 或有比丘證見陰相者. 此卽第二顯五陰相. 或假名相. 或實法相. 功德相. 過惡相. 因緣相. 三世相. 生住滅相. 苦等四諦相. 三界相. 無漏界相. 一向答相. 分別答相. 及問答相. 置答相. 四食相. 乃至有漏色心非色心等相. 陰有如是種種道理. 名爲陰相. 由不了別道理一味. 故起此實實[4]道理執. 因此執故. 起於顚倒. 由顚倒故. 起增上慢.

1) ㉠ 진제 역 『解節經』 권1(T16, 713c25)에는 '或有'가 '有諸'라고 되어 있다. 2) ㉠ 『解節經』 권1(T16, 713c25)에는 '由' 다음에 '證'이 있다. 3) ㉠ '者'는 중간에 잘못 들어간 글자다. 이 글자를 뒤로 보내어 '者記自所得'을 '記自所得者'로 수정해야 한다. 4) ㉮ '實'은 '有'인 듯하다.

"어떤 비구는 오음의 생을 증견하며"라고 했는데, 이것은 세 번째로 생상生相을 나타낸 것이다. 인과가 일미임을 알지 못함으로 인해 오음에는 진실로 생함이 있다고 집착하고, 이 집착으로 인해 전도를 일으키며, 이 전도로 인해 증상만을 일으키는 것이다.

"어떤 비구는 오음의 변이變異를 증견하고"라고 했는데, 이것은 네 번째로 오음의 변이하는 상을 나타낸 것이다. 멸함 없는 일미를 알지 못함으로 인해 이러한 변이가 실유한다는 집착을 일으키고, 이 집착으로 인해 전도를 일으키며, 이 전도로 인해 증상만을 일으키는 것이다.

"어떤 비구는 오음의 멸滅(멸제)을 증견하며"라고 했는데, 이것은 다섯 번째로 오음의 멸상滅相을 나타낸 것이다. 청정한 일미를 알지 못함으로 인해 이 청정이 실유한다는 집착을 일으키고, 이 집착으로 인해 전도를 일으키며, 이 전도로 인해 증상만을 일으키는 것이다.

"어떤 비구는 오음을 멸하는 도도(도제)를 증견합니다."라고 했는데, 이것은 여섯 번째로 오음의 멸도滅道(멸을 작증하는 도)를 나타낸 것이다. 경계(境)와 지혜(智)가 일미임을 잘 알지 못함으로 인해 멸도가 실제한다는 집착을 일으키고, 이 집착으로 인해 전도를 일으키며, 이 전도로 인해 증상만을 일으키는 것이다.

오음의 법문에 이미 이러한 여섯 가지 의미가 있으므로 여섯 종류의 일미가 된다. 이와 마찬가지로 십이입十二入(십이처) 등의 모든 법문에서 예를 들어도 모두 이와 같다.

或有比丘證見陰生者。此卽第三顯生相。由不了別因果一味。故執五陰眞實有生。由此執故。起於顚倒。由顚倒故。起增上慢。或有比丘證陰變異者。此卽第四顯陰變異相。由不了別無滅一味。故起此實變異執。由此執故。起於顚倒。由顚倒故。起增上慢。或有比丘證見陰滅者。此卽第五顯陰滅相。不了別淸淨一味。故起此實淸淨執。由此執故。起[1)]顚倒。由顚倒故。起增上慢。或有比丘證陰滅道者。此卽第六顯陰滅道。由不了別境智一味。故起實滅道執。由此執故。起於顚倒。由顚倒[2)]起增上慢。就五陰法門。旣有此六義。爲六種一味。如是十二入等一切法門中。例皆如此。

1) ㉲ '起' 다음에 다른 판본에는 '於'가 있다. 2) ㉠ '倒' 다음에 '故'가 누락된 듯하다.

또 별도의 해석이 있다. 〈첫 번째 구는 언설의 품류를 나타낸 것이니, 즉 오음이란 단지 언설로만 있을 뿐 별도의 (실체는) 없기 때문이다. 두 번째 구는 의義와 도리(理)의 품류를 나타낸 것이니, '의미'상으로는 가명·실법·삼세의 상 등 갖가지 부동함이 있지만 앞에서 열거한 것처럼 '도리'는 하나의 무아(一無我)이다. 세 번째 구는 소멸시켜야 할 품류를 나타낸 것이니, 집제로서의 번뇌·업에 해당하기 때문이다. 네 번째 구는 알아야 할 품류를 나타낸 것이니, 고제에 해당한다. 다섯 번째 구는 증득해야 할 품류를 나타낸 것이니, 멸제에 해당한다. 여섯 번째 구는 닦아야 할 품류를 나타낸 것이니, 도제에 해당한다. 십이입 등에서 예를 들어도 이 여섯 구가 있다.〉

又有別解。第一句顯言說品類。卽是五陰但有言說。無有別故。第二句顯義及理品類。義有假名實法三世相等種種不同。如前所列道理一無我。第三句顯應滅品類。卽是集諦煩惱業故。第四句顯應知品類。卽是苦諦。第五句顯所證得品類。卽是滅諦。第六句顯應脩品類。卽是道諦。於入等中。例有此六也。

지금의 해석은 그렇지 않다.[702]

"온을 증득했기 (때문에)"라고 한 것은 증득된 오온의 법문을 총괄해서 나타낸 것이니, 총구總句에 해당한다.

"온의 상을 증득했기 (때문에)"라고 한 것은 온의 자성상自性相·차별상差別相을 증득한 것이니, 이 두 구는 총구이고 이하의 모든 구에 통하는 것이다. 따라서 두 번째 구에서 "가명으로 안립하여 '색온'으로 삼아서 혹은 자성상이라 하고 혹은 차별상이라 하며 내지는 색온의 영단永斷·변지遍知를 (안립하여) 혹은 자성상이라 하고 혹은 차별상이라 합니다."[703]라고 하였다. '자성상'이란 그 법 자체(自法自體)를 자성이라 하니, 예를 들면 색온色蘊·수온受蘊 등과 같다. 자성에서의 차별적 의미를 분별하는 것을 차별상이라 하니, 예를 들면 (색온 등에 대해 그것은) '영원하다, 무상하다, 유루다, 무루다'라는 등을 설하는 것이다.

"온의 일어남을 증득했기 때문에, 온의 다함을 증득했기 때문에"라고

---

702 이상으로 구유식을 대변하는 진제 스님의 해석을 진술하였고, 이하에서는 원측 당시의 유식학자들의 새로운 해석을 진술한 것이다.
703 『解深密經』 권2(T16, 696b16).

했는데, 이 두 구는 '생멸하는 것은 무상하다'는 견해를 나타낸 것이다. 따라서 다음의 경문에서는 '모든 온의 생상과 멸상'이라 하였고,[704] 또 여러 경에서 '제행은 무상하니, 일어났다가 사라지는 법이기 때문이다'라고 하였다. 또『유가사지론』제85권에서는 "어째서 제행은 '무상하다'고 결정되는가?……일어남(起)·사라짐(盡)과 상응하기 때문이다.[705]"[706]라고 하였다.

"온의 멸을 증득했기 때문에, 오온의 멸을 작증하는 것을 증득했기 때문에"라고 했는데, 이 두 구는 차례대로 멸제와 도제 두 가지를 나타낸 것이다. 고제와 집제를 끊고 멸제를 얻기 때문이고, 도제로써 오온을 끊고 멸제를 작증하기 때문이다.

십이처 등도 모두 이 해석에 준한다. 오온에 대해 자세히 설명하면 그 의미는『별장』과 같다.

今解不爾。言得蘊者。總顯所證五蘊法門。卽是總句。言得蘊相者。得蘊自性差別相。此二句是總。通下諸句。故第二云。假名安立。以爲色蘊。或自性相。或差別相。乃至色蘊永斷遍知。或自性相。或差別相。言自性相者。自法自體。名爲自性。如色受蘊等。於自性上。辨差別義。名差別相。如說常無常漏無漏等。言得蘊起故得蘊盡故者。此二句顯生滅無常見。故下經云。諸蘊生相滅相。又諸經云。諸行無常。起盡法故。又瑜伽八十五云。云

---

[704] 『解深密經』 권2「無自性相品」(T16, 693c18)에 나온 "曾說諸蘊所有自相生相滅相永斷遍知"라는 경문을 가리킨다.
[705] 이 논에서는 제행諸行에 네 가지 결정(四決定)이 있음을 설하는데, 그중에 하나가 '무상결정無常決定'이다. 현재의 제행이 결정코 무상한 이유는 ① 전에 없다가 있기 때문이고(先無而有故), ② 전에 있다가 없어지기 때문이며(先有而無故), ③ 일어남·사라짐과 상응하기 때문이다(起盡相應故). 여기서 세 번째 이유(起盡相應)는 '起'는 '① 없다가 있게 되는 것'을 말하고, '盡'은 '② 있다가 없어지는 것'을 말한다. 과거의 법은 있다가 없어졌으므로 '진'과 상응하고 미래의 법은 없다가 있게 되므로 '기'와 상응하는 데 비해, 현재법은 일어나자마자 곧 사라지므로 '기·진' 두 가지와 상응한다. 따라서 결정코 무상하다는 것이다.
[706] 『瑜伽師地論』 권85(T30, 774b19) 참조.

何諸行無常決定。起盡相應故。言得蘊滅故得蘊滅作證故者。此二句如次
顯示滅道二諦。斷苦集諦。得滅諦故。由道斷蘊作證滅故。十二處等。皆准
此釋。廣辨五蘊。義如別章。

b. 처와 연생을 유추해서 밝힘

경 마치 이 한 부류가 온蘊을 증득함으로 인해 (기별하는 것처럼,) 다시 한
부류는 처處를 증득했기 때문에, 다시 한 부류는 연기緣起를 증득했기 때문
에, 또한 이렇게 한다는 것을 알아야 합니다.

如此一類。由得蘊故。復有一類。由得處故。復有一類。得緣起故。當知亦爾。

석 이것은 두 번째로 처處(십이처)와 연생緣生(십이연기)을 유추해서 밝힌
것이다. 모두 여섯 구가 있으니, '온'에 유추해서 알아야 한다. 처와 연생
의 의미는 『별장』의 설과 같다.

釋曰。此卽第二類處緣生。皆有六句。類蘊應知。處及緣生。義如別章。

c. 사식의 문에 의거해 밝힘

경 다시 한 부류는 식食을 증득했기 때문에, 식의 상을 증득했기 때문에,
식의 일어남을 증득했기 때문에, 식의 다함을 증득했기 때문에, 식의 멸을 증
득했기 때문에, 식의 멸을 작증하는 것을 증득했기 때문에, (그에 의거해) 이
해한 바를 기별해 주었습니다.

復有一類。由得食故。得食相故。得食起故。得食盡故。得食滅故。得食滅

作證故。記別所解。

석 이것은 세 번째로 사식四食[707]의 문에 의거해서 이해한 바를 기별하는 것이다. 여섯 구에 배당하여 해석하였으니, 앞에 준해서 알아야 한다. 사식의 상을 밝히자면 그 의미는 『별장』과 같다.

釋曰。此卽第三約四食門。記別所解。配釋六句。准上應知。辨四食相。義如別章。

d. 사제의 문에 의거해 밝힘

경 다시 한 부류는 제諦를 증득했기 때문에, 제의 상을 증득했기 때문에,

---

707 사식四食 : 중생의 생명을 키우고 자라게 하는 단段·촉觸·사思·식識 등의 네 가지 음식물을 가리킨다. ① 단식段食은 욕계欲界에서 향香·미味·촉觸의 세 가지 물질로 이루어진 것으로서 조각조각 잘려서 섭취되는 것으로, 입이나 코에서 나누어 수용된다. 세상 사람들이 일반적으로 섭취하는 곡물이나 음료수 등과 같은 음식물을 가리킨다. ② 촉식觸食은 세활식細滑食·낙식樂食이라고도 한다. 촉觸이라는 심리 작용이 그 본질이다. 이것이 감촉되는 경계에 대해 즐거워하는 애욕을 일으켜서 몸을 키우고 자라게 하는데, 이 촉은 번뇌 있는 감각 기관(根)·대상(境)·인식(識)의 세 가지가 화합하여 생긴다. 예를 들어 희극을 하루 종일 보면서 먹지 않아도 허기를 느끼지 못하는 경우에 그는 촉식으로 살고 있는 것이다. ③ 사식思食은 의지식意志食·의념식意念食·업식業食이라고도 한다. 의식에서 욕구하는 대상에 대해 희망하고 사유함으로써 모든 감각 기관을 키우고 상속시키는 것을 말한다. 예를 들어 사람이 희망이나 사상·신념에 의해 살아가는 경우가 이에 해당한다. 또 가령 거북이가 육지로 나와서 알을 낳은 후에 모래로 덮고서 다시 물속으로 들어가는데, 이때 저 알들이 부모를 생각하면서 잊지 않으면 부패되어 파괴되지 않지만 부모를 생각하지 않는다면 곧 부패되어 버리는 것과 같다. ④ 식식識食 : 이것은 모든 유루식有漏識을 가리킨다. 말하자면 모든 유루식은 앞의 단식·촉식·사식 세 가지 음식의 힘에 의해 증장되는데 다시 그 식들이 모든 근의 대종(諸根大種)을 장양長養시키면서 능히 식사食事가 되어 준다. 이 유루식들 중에서도 제8식이 이러한 '음식'의 의미가 강한데, 제8아뢰야식이 토대가 되어 중생들의 몸과 생명을 파괴되지 않게 유지시켜 주기 때문이다.

제의 변지遍知를 증득했기 때문에, 제의 영단永斷을 증득했기 때문에, 제의 작증作證을 증득했기 때문에, 제의 수습修習을 증득했기 때문에, (그에 의거해) 이해한 것을 기별해 주었습니다.

> 復有一類。由得諦故。得諦相故。得諦遍知故。得諦永斷故。得諦作證故。得諦脩習故。記別所解。

[석] 이것은 네 번째로 사제四諦[708]의 문에 의거해서 이해한 바를 기별하는 것이다. 여섯 구 중에서 처음의 두 구는 총구이니, 앞과 같이 알아야 한다.[709] 나중의 네 구는 그 차례대로 '고제를 두루 알아야(遍知) 하고, 집제를 영원히 끊어야(永斷) 하며, 멸제는 작증作證해야 하고, 도제는 수습修習해야 한다'는 것이다.

『유가사지론』 제55권에서는 다음과 같이 말한다. "[문] 어떤 이유에서 고제를 두루 알아야 하고 집제를 영원히 끊어야 하며 멸제를 촉증觸證해야 하고 도제를 수습해야 한다고 설합니까? [답] 저 고제는 네 가지 전도

---

708 사제四諦 : 고苦·집集·멸滅·도道라는 네 가지 진리를 말한다. 이 네 가지 진리는 성자에 의해 알려진 것이므로 사성제四聖諦라고도 한다. 이 사제는 원시불교의 가장 기본적인 교리이며 세존의 최초 설법으로 알려져 있다. 이 네 가지 진리 중에서, 앞의 고제와 집제는 미망의 세계의 결과(고)와 원인(집)을 표시한 것이고, 멸제와 도제는 깨달음의 세계의 결과(멸)와 원인(도)을 표시한 것이다. 즉 세간의 번뇌로 인해 수반된 모든 결과를 '고苦'라고 하고, 그런 고통스런 과를 낸 원인을 '집集'이라 하며, 출세간의 번뇌가 사라진 과를 '멸滅'이라 하고, 출세간의 번뇌가 사라진 결과를 내는 원인을 '도道'라고 한다. 이 사성제는 붓다가 깨달음을 이룬 후에 녹야원에서 다섯 비구에게 최초로 설한 설법으로서, 불교의 가장 기본적 교리이자 생사해탈의 유일한 방법으로 여겨졌다. 후대에는 사성제를 소승의 성문聲聞의 법이라고 하지만, 가령 『勝鬘經』이나 북본北本 『大般涅槃經』 등과 같은 대승 경전 중에도 이 사제의 교설이 등장한다.
709 이전의 '오온의 여섯 구'에 준해 보면, "사제를 증득했기 때문에"라고 한 것은 증득의 대상이 되는 '사제'를 총괄해서 나타낸 것이므로 총구總句에 해당하고, 또한 "사제의 상을 증득했기 때문에"라고 한 것은 사제의 자성상自性相·차별상差別相을 증득한 것을 말하므로 총구에 해당하며 이하의 모든 구에 공통되는 것이다.

의 의지처이기 때문이다. 전도를 제거하기 위해서는 고제를 두루 알아야 한다. 이미 고제를 두루 알았으면 곧 집제를 두루 알게 되니, 저 집제는 고제에 속하는 것이기 때문이다. 비록 고제를 두루 안다 해도 집제가 (그것을) 뒤따라 다니기 때문에 반드시 다시 '집제를 영원히 끊어야 한다'고 말한 것이다. '촉증觸證'이란 '현견現見'의 뜻이다. 멸제를 현재 눈앞(現前)에서 보기 때문에, 두려움을 내지 않고 좋아하며 즐겁게 섭수한다. 그러므로 다음에 '멸제를 촉증한다'고 말한 것이다. 만약 부지런히 도를 닦으면 (앞서) 말했던 세 가지 의미를 성취할(成辦) 수 있다. 그러므로 마지막에 '도제를 수습한다'고 말한 것이다."[710]

> 釋曰。此卽第四約四諦門。記別所解。於六句中。初二是總。如上應知。後四如次。菩[1]應遍知。集應永斷。滅應作證。道應脩習。若依瑜伽第五十五云。問。何緣故說遍知苦諦。永斷集諦。觸證滅諦。脩習道諦。答。由彼苦諦。是四顚倒所依處故。爲除顚倒。苦旣遍知。[2] 苦卽遍知。[3] 故[4] 遍知集。由彼集諦。苦諦攝故。雖遍知苦。仍爲集之所隨逐故。故須更說永斷集諦。言觸證者。是現見義。由於滅諦現前見故。不生怖畏。受[5] 樂攝受。是故次說觸證滅諦。若勤脩道。乃能成辦所觀[6] 三義。是故後說脩習道諦。

---

1) ㉠ '菩'는 '苦'의 오기다. 2) ㉠ 이하에 글자가 뒤섞였다. 『瑜伽師地論』 권55(T30, 605c1)에는 '苦旣遍知'는 '故遍知苦'라고 되어 있다. 3) ㉠『瑜伽師地論』 권55(T30, 605c1)에는 '苦卽遍知'는 '旣遍知苦'로 되어 있다. 4) ㉠『瑜伽師地論』 권55(T30, 605c1)에 따르면, '故'는 '卽'의 오기다. 5) ㉠『瑜伽師地論』 권55(T30, 605c5)에 따르면, '受'는 '愛'의 오기다. 6) ㉠『瑜伽師地論』 권55(T30, 605c6)에 따르면, '觀'은 '說'의 오기다.

문 그 밖의 세 가지 제諦도 두루 알아야 할 텐데, 어째서 유독 고제만 두루 알아야 한다고 설하는가?

---

710 『瑜伽師地論』 권55(T30, 605b28).

답 이는 『대비바사론』 제79권에서 설한 것과 같으니, 그 논에서 다음과 같이 말한다.

문 계경에서는 다만 고제를 두루 알아야 한다고 설하는데, 어째서 아비달마(對法)에서는 일체법을 모두 다 두루 알아야 한다고 설했는가?

(**답**) 협존자脅尊者의 말에 따르면, 세존께서 오직 고제를 두루 알아야 한다고 설하시거나 혹은 오직 고제만을 바로 두루 알아야 할 것이라고 하셨기 때문에, 대법對法(아비달마)에서는 일체법을 두루 알아야 할 대상(所遍知)이라 설하는 것이다.[711] 세존께서 오직 집제만 영원히 끊어야 한다고 설하시거나 혹은 오직 집제만을 바로 영원히 끊어야 할 것이라고 하셨기 때문에, 대법에서는 유루법을 모두 영원히 끊어야 한다고 설하는 것이다. 세존께서 오직 멸제만 작증해야 한다고 설하시거나 혹은 오직 멸제만을 바로 작증해야 할 것이라고 설하셨기 때문에, 대법에서는 득작증得作證에 의거해서 모든 선법을 다 작증해야 한다고 설하는 것이다.[712] 세존께서 오직 도제만 닦아야 할 것이라고 설하시거나 혹은 오직 도제만을 바로 닦아야 할 것이라고 설하셨기 때문에, 대법에서는 모든 선한 유위법을 다 닦아야 한다고 총괄해서 설한 것이다. 이것은 곧 경에서 설한 의미는 불요의不了義이고 아비달마는 요의了義를 설했음을

---

[711] 계경에서 세존은 밀의密意의 방편적 언어로써 설하셨기(不了義의 설) 때문에 오직 고제에 대해서만 변지遍知해야 한다고 설하신 것이고, 아비달마(對法) 논서들에서는 그 의미를 완전하게 드러내어 설하기(了義의 설) 때문에 '일체법을 변지해야 한다'고 했다는 것이다. 이하의 집제의 영단永斷, 멸제의 작증作證, 도제의 수습修習에 대해서도 이와 마찬가지로 해석할 수 있다.

[712] 『大毘婆沙論』 권90(T27, 465c15)에서는 '작증'을 지작증智作證과 득작증得作證으로 구분하여 다음과 같이 설명한다. "법을 작증하는 데 대략 두 종류가 있다. 첫째는 '지智'로 작증하는 것이고, 둘째는 '득得'으로 작증하는 것이다. 지로 작증한다는 것은 일체법을 '지'가 능히 증지證知하는 것을 말한다. 득으로 작증한다는 것은 모든 선법과 통과무기를 '득'이 능히 증획證獲하는 것을 말한다. 여기에서는 오직 득작증에 의거해 설한 것이다."

나타낸 것이다.713

자세한 것은 그 논에서 여러 번 부차적으로(復次) 설명한 것과 같다. 사제에 대해 자세하게 분별하면 그 의미는 『별장』과 같다.

問。餘三諦亦應遍知。如何唯說苦應遍知。答。此如婆沙七十九說。彼云。問。契經但說苦諦應遍知。如何阿毗達磨。說一切法皆應遍知。脇尊者言。世尊唯說應遍知苦。或謂唯苦是應遍知。故對法中。說一切法是所遍知。世尊唯說集應永斷。或謂唯集是應永斷。故對法中。說有漏法皆應永斷。世尊唯說滅應作證。或謂唯滅是應作證。故對法中說有漏法皆應永斷世尊唯說滅應作證或謂唯滅是應作證。[1) 故對法中。依得作證。說諸善法皆應作證。世尊唯說道應脩習。或謂唯道是應脩習。故對法中。總說一切善有爲法皆應脩習。此則顯示經義不了。阿毗達磨是了義說。廣如彼論多復次說。廣辨四諦。義如別章。

1) ㉠ '故對法中說有漏法皆應永斷世尊唯說滅應作證或謂唯滅是應作證'은 앞의 문장과 중복되는 잉문이고, 『大毘婆沙論』에도 나오지 않으므로 삭제해야 한다.

e. 십팔계에 의거해 밝힘

경 다시 한 부류는 계界를 증득했기 때문에, 계의 상을 증득했기 때문에, 계의 종종성種種性을 증득했기 때문에, 계의 비일성非一性을 증득했기 때문에, 계의 멸을 증득했기 때문에, 계의 멸을 작증하는 것을 증득했기 때문에, (그에 의거해) 이해한 바를 기별해 주었습니다.

---

713 이상은 『大毘婆沙論』 권79(T27, 406c2) 참조.

復有一類。內¹⁾得界故。得界相故。得界種種性故。得界非一性故。得界滅故。得界滅作證故。記別所解。

1) ㉢『解深密經』권1(T16, 691c1)에 따르면, '內'는 '由'의 오기다.

석 다섯 번째는 십팔계에 의거해서 이해한 바를 기별하는 것이다.

여섯 구 가운데에서 처음의 두 구와 뒤의 두 구는 이전에 준해서 알아야 한다.

중간의 두 구에 대해서는 해석의 차별이 있다.

종류가 여럿인 것을 "종종種種"이라 하고, 수가 하나를 넘으므로 "비일非一"이라 하였다. 따라서 『잡아함경』 제16권에서는 다음과 같이 말한다. "부처님이 비구에게 고하였다. 종종계種種界란 무엇인가? 십팔계를 말하니, 안계·색계·안식계 내지는 의계·법계·의식계를 '종종계'라고 한다."⁷¹⁴

『유가사지론』제27권에서는 오온에 의거해 '종종種種'과 '비일非一'이라는 두 가지 뜻의 차별을 밝히는데, 그 논에서 다음과 같이 말한다. "온의 종종차별성種種差別性이란 무엇을 말하는가? 색온이 다르고 내지는 식온이 다름을 말한다.……온의 비일중다성非一衆多性이란 무엇을 말하는가? 색온의 하나 아닌 다양한 품류를 말한다. 대종소조大種所造가 차별되기 때문이고, 과거·미래·현재 등의 품류가 차별되기 때문이다.⁷¹⁵"⁷¹⁶

『유가사지론』제56권에서는 다음과 같이 말한다.⁷¹⁷ "종종계種種界란 무

---

714 『雜阿含經』권16(T2, 116a8).
715 이 해석에 따르면, '종종種種'이라는 말은 좀 더 상위의 차원에서 서로 다른 종류들 간의 차별을 가리키는 말이고, '비일非一'이라는 말은 좀 더 하위의 차원에서 동일한 종류 내에서의 다양한 품류들 간의 차이를 가리킨다.
716 『瑜伽師地論』권27(T30, 433c23).
717 이하의 두 인용문은 모두 '십팔계'에 의거해서 '종종種種'과 '비일非一'의 뜻을 설명한 것이다.

엇인가? 십팔계의 상호 간의 이상성(展轉異相性)을 말한다. 비일계非一界란 무엇인가? 저 모든 계의 무량한 유정들의 종종의 차별적 소의주성所依住性'을 말한다.⁷¹⁸ 무량계無量界란 무엇인가? 그 두 가지를 총괄해서 무량계라고 한다."⁷¹⁹ 또『유가사지론』제83권에서 다음과 같이 말한다. "십팔계에 대해 잘 아는 것을 '비일계지非一界智'라고 한다. 저 계의 종종의 품류에 대해 잘 아는 것을 '종종계지種種界智'라고 하니, 저 계의 취趣·지地·보특가라의 품류 차별에 대해 통달하여 잘 알기 때문이다."⁷²⁰

십팔계의 뜻은『별장』에서 설한 것과 같다.

釋曰。第五約十八界。記別所解。於六句中。初二後二。准前應知。中間二句。釋有差別。種類衆多名爲種種。數過一故名爲非一。故雜阿含經第十六云。佛告比丘。云何種種界。謂十八界。眼界色界眼識界。乃至意界法界意識界。是名種種界。若瑜伽二十七。約五蘊。明種種非一二義差別。彼云。云何名蘊種種差別性。謂色蘊異。乃至識蘊異。云何名蘊非一衆多性。謂色蘊非一衆多品類。大種所造差別故。古¹⁾來今等品類差別故。若瑜伽五十六云。云何種種界。謂卽十八界展轉異相性。云何非一界。謂卽彼諸界無量有情種種差別所依住。²⁾ 云何無量界。謂總彼二名無量界。又瑜伽八十三云。若能了知十八界者。名非一界智。了知彼界種種品類。名種種界智。通達了知彼界趣地補特伽羅品類差別故。十八界義。如別章說。

---

718 이 해석에 따르면, '종종種種'이란 십팔계에서 하나의 계는 그 밖의 계와 상호 대망시켜 보면(展轉) 상이한 자성(展轉異相性)이 있음을 나타낸 말이고, '비일非一'이란 그 계들마다 다시 수많은 유정의 품류들이 의지하고 머무는 토대(所依住性)가 갖가지로 차별됨을 나타낸 말이다. 여기서 전자는 서로 다른 계들 간의 다양한 차이가 있음을 나타낸 말이고, 후자는 하나의 계 내에서 무량한 차이가 있음을 나타낸다는 점에서는 이전의 '오온'에 의거한 해석과 대동소이하다.
719『瑜伽師地論』권56(T30, 609c23).
720『瑜伽師地論』권83(T30, 761b29).

1) ㊂『瑜伽師地論』권27(T30, 433c27)에 따르면, '古'는 '去'의 오기다. 2) ㊂『瑜伽師地論』권56(T30, 609c25)에 따르면, '住' 다음에 '性'이 누락되었다.

④ 삼십칠도품의 일곱 가지 관문에 의거해 기별함

경 다시 한 부류는 염주念住(사념주)를 증득했기 때문에, 염주의 상을 증득했기 때문에, 염주에서 대치시키는 것(能治)과 대치되는 것(所治)을 증득했기 때문에, 염주의 닦음을 증득했기 때문에, 염주가 아직 생기지 않았다가 생기게 하는 것을 증득했기 때문에, 염주가 이미 생겨났다면 그것을 견고히 머물게 하고 잊지 않고 갑절로 닦아서 증상되고 광대해지게 하는 것을 증득했기 때문에, (그에 의거해) 이해한 바를 기별해 주었습니다.

復有一類。由得念住故。得念住相故。得念住能治所治故。得念住脩故。得念住未生令生故。得念住生已堅住不忘倍脩增上廣大[1]故。記別所解。

1) ㊂『解深密經』권1(T16, 691c6)에는 '增上廣大'가 '增廣'이라 되어 있다.

석 이하는 두 번째로 도품의 서른일곱 가지 법에 의거해 이해한 바를 기별하는 것이다. 이에 두 가지 해석이 있다.

한편에서는 다음과 같이 말한다. 〈앞에서 말한 온蘊 등의 법에 (의거해 기별하는 것은) '증득되는 경계(所證境)'에 의거해 이해한 바를 기별하는 것이고, 뒤에서 염주念住 등에 (의거해 기별하는 것은) '증득하는 행(能證行)'에 의거해 이해한 바를 기별하는 것이다.〉

한편에서는 다음과 같이 말한다. 〈저 필추들은 단지 오온 등의 여섯 가지 상을 반연하여 승의勝義의 현관경계現觀境界로 삼을 뿐만 아니라 또한 염주·정단 등의 법의 여섯 가지 별상別相을 반연하여 진실한 현관경계라고 계탁하기 때문에 참된 승의의 일미상을 알지 못한다. 따라서『해절경』

에서는 "어떤 비구는 염처念處(염주) 및 염처의 상을 증견證見하고……자기가 증득한 것을 기별합니다."[721]라고 하였고, 또 『심밀해탈경』에서는 "이와 같이 비구들은 사념처의 상을 파악하고 법을 증득했다고 말한다."[722]고 하였다. 구체적으로 설하면 그 경과 같다.〉

釋曰。自下第二約道品三十七法。記別所解。此有兩釋。一云。前蘊等法。約所證境。記別所解。後念住等。依能證行。記別所解。一云。彼諸苾蒭。非但緣於蘊等[1]中六相。以爲勝義現觀境界。亦緣念住正斷等法六種別相。計爲眞實現觀境界。故不能了眞勝義中一味相也。故解節云。或有比丘。證見念處及念處相等。記自所得。又深密云。如是諸比丘。取[2]念處相。說爲證法。具說如彼。

1) ㉮ '等' 다음에 다른 판본에는 '法'이 있다. 2) ㉯ 『深密解脫經』 권1(T16, 668b16)에 따르면 '取' 다음에 '四'가 누락되었다.

이 경문에도 세 가지가 있다. 처음은 염주에 의거해 이해한 바를 기별하는 것이다. 다음의 "마치 한 부류가" 이하는 정단正斷·신족神足·근根·역力·각지覺支에 의거해 이해한 바를 기별하는 것에 대해 (앞의 경우에) 유추해서 해석한 것이다. 마지막은 팔성도八聖道에 의거해 이해한 바를 기별하는 것이다.

於中有三。初約念住。記別所解。次如有一類下。類釋正斷神足根力覺支。記別所解。後約八聖道。記別所解。

a. 사념주에 의거해 기별함

---

721 『解節經』 권1(T16, 714a4).
722 『深密解脫經』 권1(T16, 668b16).

이것은 첫 번째로 사념주四念住[723]에 의거해 이해한 바를 기별하는 것이다.

"염주念住"라는 것은 사념주, 즉 신身·수受·심心·법法을 말한다.

『순정리론』제71권에서는 다음과 같이 말한다. "어떤 이유로 혜慧에 대해 염주라는 이름을 세웠는가? 혜는 염念의 힘으로 유지되고 머물게 되기 때문이다."[724] 『구사론』제25권에서는 다음과 같이 말한다. "비바사사는 다음과 같이 설한다. 〈혜는 염의 힘에 의해 유지되어 (소연의 경계에) 머물게 되기 때문이다.〉 그러나 이치상 실로 혜가 염을 경계(사제)에 머물도록 하는 것이니, 여실하게 본 자가 분명하게 기억할 수 있기 때문이다."[725] 『대비바사론』제96권에서는 다음과 같이 말한다. "염의 세력으로 자체를 분석하기 때문에 염주라고 한다. '자체'란 유루의 오온이다. 반드시 염주로 인해 그것을 분석하기 때문이다."[726]

『대지도론』제19권에서는 "'염'이 지혜에 수순해서 연緣(소연 경계) 가운데 머물게 되면 이때를 염처念處라고 한다."[727]고 하였다.

『유가사지론』제28권에서는 다음과 같이 말한다. "**문** 염주란 어떤 뜻인가? **답** 여기에 염이 머물거나, 이로 말미암아 염이 머문다면, 모두 '염주'라고 한다. '여기에 염이 머문다'는 것은 소연념주所緣念住를 말한다. '이로 말미암아 염이 머문다'는 것은 '혜'나 '염'이 정定을 섭지攝持하는 것을 말하니, 이는 자성념주自性念住다. 그 밖의 상응하는 모든 심과 심소는 상

---

723 사념주四念住 : 사념처四念處·사의지四意止·사지념四止念·사념四念·신수심법身受心法이라고도 한다. 초기불교도들의 일반적 수행법인 삼십칠도품의 첫 번째 행법行法이다. 몸(身)의 부정不淨, 수受의 고통(苦), 마음(心)의 무상無常, 법法의 무아無我를 관찰함으로써 신·수·심·법에 대해 그 차례대로 '청정하다(淨), 즐겁다(樂), 영원하다(常), 자기동일성이 있다(我)'고 보는 네 가지 전도된 생각을 대치시키는 관법이다.
724 『順正理論』권71(T29, 727a9).
725 『俱舍論』권25(T29, 132b29).
726 『大毘婆沙論』권96(T27, 496b23).
727 『大智度論』권19(T25, 198b14).

잡념주相雜念住다.[728][729]

此卽第一約四念住。記別所解。言念住者。謂四念住。卽身受心法。依正理論七十一云。何緣於慧立念住名。慧由念力持令住故。俱舍二十五云。毗婆沙師。作如是說。慧由念力。持令住故。理實由慧令念住境。如實見者。能明記故。依毗婆沙第九十六云。由念勢力。析[1]除自體。故名念住。自體卽是有漏五蘊。要由念住折除彼故。依智度論第十九云。隨[2]順智慧。緣中止住。是時名念處。依瑜伽二十八云。問。念住何義。答。若於此念住。[3] 若由此住念。皆名念住。於此念住*者。謂所緣念住。由此住念者。謂若慧若念。攝持於定。是自性念住。所餘相應諸心心所。是相雜念住。

1) ㉯ '析'은 '折'인 듯하다(編). ㉠『大毘婆沙論』권96(T27, 496b23)에는 '折'로 되어 있고, 자체 교감주에 따르면 '析'으로 된 판본도 있다. 2) ㉠『大智度論』권19(T25, 198b14)에는 '隨' 앞에 '念'이 있다. 3) ㉠『瑜伽師地論』권28(T30, 442a11)에는 '念住'가 '住念'으로 되어 있다. 이하도 동일하다.

● 법수法數로써 사념주의 체를 밝힘

(사념주의) 체성體性을 밝혀 보겠다.

살바다에 의하면 '혜'를 체로 삼는다.

대승에 의하면 '염'과 '혜'를 체로 삼는다. 따라서 『잡집론』제10권에서 다음과 같이 말한다. "염주 자체란 혜와 염을 말한다. 불교 경전에서 '신身 등을 순관循觀[730]한다'는 말이 있기 때문에, 또 '염주'라는 말이 있기 때문

---

728 이 논에서는 '염주念住'에서 세 가지 측면을 구분하여, 소연념주所緣念住와 자성념주自性念住와 상잡념주相雜念住라고 하였다. 염주란 마음을 하나의 소연의 경계에 집중하는 정定의 일종인데, 이 선정에서 어떤 대상을 관하거나 집중하고 있는 마음의 작용 자체로서의 혜·염을 '자성념주', 즉 염주 그 자체라고 하였다. 또 이러한 집중하는 마음의 소연 경계가 되는 신·수·심·법 등을 소연념주라고 하였다. 또 혜나 염과 상응해서 일어난 그 밖의 심법·심소법들을 상잡념주라고 하였다.
729 『瑜伽師地論』권28(T30, 442a10).
730 순관循觀 : 순신관循身觀이라고도 하며, 사념처관 중에서 신념처관身念處觀을 말한

에, 그 순서대로 (혜와 염이 체임을 알 수 있다.731)"732 『유가사지론』에서는 다음과 같이 말한다. "혜나 염이 정을 섭지하는 것을 자성념주733라고 한다.……또 이에 다시 세 종류가 있다. 첫째는 문소성聞所成이고, 둘째는 사소성思所成이며, 셋째는 수소성脩所成이다. 문소성과 사소성은 오직 유루이고, 수소성은 유루와 무루에 통한다."734

> 辨體性者。依薩婆多。以慧爲體。若1)大乘。以念慧爲體。故雜集論十云。念住自體者。謂慧及念。由佛經中有於身等隨2)觀言故。及有念住言故。如其次第。依瑜伽云。若慧若念。攝持於定。是名自性念住。又此復三種。一聞所成。二思所成。三脩所成。聞思所成。唯是有漏。脩所成者。通有漏無漏。

1) ㉠ '若' 다음에 '依'가 누락된 듯하다. 2) ㉠『雜集論』권10(T31, 739a5)에는 '隨'가 '循'으로 되어 있고, 자체 교감주에 따르면 '隨'로 된 곳도 있다.

● 경문 해석

경문을 해석한 곳에 가면, 문장은 여섯 구가 있다.『심밀해탈경』에는 일곱 구가 있다. 여섯 번째 구를 두 구로 늘렸으니, 말하자면 염처가 생기고 나서 '머물게 하는 (수행의 상)'과 '망실하지 않는 수행의 상'이다.735『해절경』의 경문은, 진제의『기』에 따르면, 열 개의

다. 신체를 관찰하면서 머리에서 발에 이르기까지 차례로 두루 거치면서 청결하지 않은 서른여섯 가지 사물을 관하기 때문에 '순신관'이라 한다.
731 '몸 등을 쫓아서 관하는 것(循身觀)'은 '혜'로 관하는 것이기 때문에, 또 '염주'라는 말 자체에 이 관법의 본질이 '염'이라는 사실이 드러나 있기 때문에, 혜와 염 두 가지 법이 염주의 체라고 하였다.
732 『雜集論』권10(T31, 739a4).
733 자성념주自性念住: 앞에 나온『瑜伽師地論』제28권 인용문과 역주 참조.
734 『瑜伽師地論』권28(T30, 442a12) 참조.
735 여기서 착오가 있는 듯하다.『深密解脫經』에서 '머물게 하는 상'과 '망실하지 않는 상'으로 나눈 것은 다음에 나오는 '사정근四正勤·사여의四如意' 등을 설한 경문이고, 사념주에서는 '망실하지 않는 상(不失相)'과 '증상하고 광대해지게 하는 상(增廣相)'으로 구분하였다. 말하자면『解深密經』의 여섯 번째 구는 "得念住生已。堅住不忘倍脩。增上廣大故。"이고,『深密解脫經』에서 그에 해당하는 두 개의 구는 "⑥ 有諸比丘。取已生

구로 나뉜다.[736]】

就釋文中。文有六句。【深密經有七句。於第六句。開爲二句。謂念處生已住及不失脩行相。解節經文。依眞諦記開爲十句。】

⊙ 진제의 해석
진제의 『기』에서는 다음과 같이 말한다.

문 경에서 의도적으로 '어떤 비구는 염처를 증견한다'는 등의 열 가지 구를 설한 것은 무엇을 나타내려는 것인가?
답 열 가지 의미를 나타내려고 이 열 가지 구를 설한 것이다.

제1구에서 '염처를 증견한다'고 한 것은 경계념처境界念處에 해당한다. 제2구인 '염처의 상相'이란 자성념처自性念處에 해당한다. 제3구인 '염처에서의 대치對治'란 염처라는 도道에 의해 대치되는(所治) 네 가지 전도를 나타낸 것이다. 제4구인 '염처의 대치도對治道'란 대치시키는(能治) 도를 나타낸 것이니, 곧 잡념처雜念處가 네 가지 전도를 대치시키기 때문이다.[737]

四念處。爲不失修行相故說爲證法。⑦ 有諸比丘。取已生四念處。爲增廣修行相故說爲證法。"이다. 『深密解脫經』 권1(T16, 668b20) 참조.
736 『解節經』 권1(T16, 714a4)에서 "① 或有比丘證見念處。② 及念處相。③ 念處對治。④ 念處對治道。⑤ 念處修習。⑥ 未生念處證見念生。⑦ 已生念處證見念住。⑧ 及不忘失。⑨ 增長。⑩ 圓滿。記自所得。"이라 한 것을 말한다.
737 이상의 세 구에서는 경계념처境界念處·자성념처自性念處·잡념처雜念處 세 종류로 나누어 경문을 해석하였는데, 이 세 종류는 앞의 『瑜伽師地論』 인용문에서 언급된 소연념주所緣念住와 자성념주自性念住와 상잡념주相雜念住와 유사하다. 경계·자성·잡의 세 종류 염처에 대해 『四諦論』 권4(T32, 397c7)에 다음과 같은 설명이 나온다. "첫째 자성념처는 다만 억념憶念이 생하는 것이니, 비유하면 (이 염은) '왕'과 같다. 둘째 잡념처란 염을 도와줄 수 있는 법들도 또한 염이라 한 것이니, 비유하면 왕의 신하가 또한 왕이라는 이름을 얻는 경우와 같다. 셋째 경계념처는 염이 이것을 연으로 하

제5구인 '염처의 수습修習'이란 염처의 방편도를 닦는 것을 말한다.[738] 제6구인 '아직 염처가 생기지 않은 상태에서 염처가 생기는 것을 증견한다'고 한 것은 무애도無礙道(무간도)에 해당하니, 팔인八忍을 말한다. 제7구인 '이미 염처가 생긴 상태에서 염처가 머무는 것을 증견한다'고 한 것은 해탈도解脫道에 해당하니, 팔지八知(八智)를 말한다.[739] 제8구인 '잊지 않게 한다'는 것은 수도修道에 해당하니, 곧 금강심金剛心까지를 말한다.[740] 제9구인 '증장시킨다'는 것은 무학도無學道에 해당하니, 곧 금강후심金剛後心을 말한다.[741] 제10구인 '원만해진다'는 것은 신통도神通道에 해당하니, 세 가지 법륜으로 중생을 이롭게 하는 것이다. (세 가지 법륜

여 일어난다면 (그 경계를) 또한 염이라 한 것이니, 비유하면 왕의 주처와 같다. 따라서 염근念根(경계)도 또한 염처이다."

[738] 이는 견도見道에 들기 전에 가행위加行位에서 사념주를 닦는 것을 말한다. 이 가행위에는 삼현위三賢位와 사선근四善根이 포함되는데 이것을 방편도方便道라고도 한다.

[739] 제6구와 제7구는 견도의 십육심(見道十六心)에 의거해서 염처의 수행에 대해 설명한 것이다. 견도에서 사제의 이치를 관하여 무루의 인忍과 지智가 일어나는데, 예를 들어 욕계에서 사제를 관찰하여 얻은 지를 법지法智라고 한다면, 색계·무색계에서의 사제를 관할 때는 관의 경계(境)와 지智가 '법지'의 경우와 유사하므로 '유지類智'라고 한다. 또 그 제諦를 제로서 인가하는 것을 '인忍'이라 하는데, 이 자체는 지는 아니지만 지의 권속眷屬에 속한다. 이것을 팔인八忍·팔지八智라고 하는데, 즉 욕계의 4법지와 색계의 4유지, 그리고 욕계의 4법지인法智忍과 색계의 4유지인類智忍을 말한다. 이와 같은 십육심 중에 앞의 열다섯 가지는 견도에 속하고, 제16심인 도류지道類智에서는 사제법을 이미 한 번에 두루 관하여 안 것이기 때문에 수도에 속한다. 그런데 모든 번뇌는 견도와 수도에서 모두 끊어지는 것인데, 이처럼 번뇌를 본격적으로 끊는 지위를 무간도無間道라고 하고, 무간도에 이어 그러한 번뇌의 끊어짐을 확증하여 아는 지智가 들어서면 이를 해탈도解脫道라고 한다. 요컨대, 견도15심 중에서 8인은 모두 무간도에 속하며, 7지는 해탈도에 속한다.

[740] 수도修道에서는 이미 증득한 지智에 의거해 그것을 잊지 않고 반복적으로 닦음으로써 수소단修所斷의 번뇌를 끊는다. 소승에서는 사제의 이치를 관함으로써 생긴 팔인·팔지 중에서 마지막 제16심에서 수도에 들어가 예류과預流果를 획득하고 나서 아라한과를 얻기 직전 단계인 아라한향阿羅漢向까지를 말하며, 대승에서는 초지初地의 주심住心에서부터 제10지의 최후인 금강무간도金剛無間道까지를 수도라고 한다.

[741] 소승에서는 성문사과의 마지막인 아라한과를 무학도라고 하고, 대승에서는 제10지의 금강무간도에서 획득되는 최후의 마음(金剛後心), 즉 불과佛果를 무학도라고 한다.

이란) 신통神通·기심記心·정교正敎를 말한다.[742]

사념처에 이 열 구가 있는 것과 마찬가지로 사정근 내지는 팔성도를 예로 들어도 또한 이와 같으니, 구체적으로 설하면 그 『기』와 같다.

眞諦記云。問曰。經意或有比丘證見念處等十句。欲何所顯。答曰。爲顯十義。說此十句。初句證見念處者。卽是境界念處。第二念處相者。卽是自性念處。第三念處對治者。顯念處道所治四倒。第四念處對治道者。顯能治道。卽是雜念處治四倒故。第五念處脩習者。卽是脩念處方便道。第六未生念處證見念生者。卽是無礙道。謂八忍。第七已生念處證見念住者。卽解脫道。謂八知。第八不忘失。卽是脩道。乃至金剛心。第九增長者。卽無學道。謂金剛後心。第十圓滿者。卽神通道。三輪利物也。謂神通。記心。正敎。如四念處有此十句。四正勤乃至八聖道。例亦如此。其說如彼。

◉ 지금의 해석
지금의 해석은 그렇지 않다.

하나하나 법문마다 예例의 여섯 구가 있다. 처음 두 개의 구는 오온에 준해서 알아야 하고, 다음에 네 개의 구가 있는데 오온 등의 경우와 다르다.

"사념주에서 대치시키는 것과 대치되는 것을 증득했기 (때문에)"라고

---

742 이 신통도의 단계는 불·보살·아라한 등이 온갖 신변神變을 시현示現하는 경지를 말한다. 여기서 부처님 등은 중생을 교화하기 위해 세 종류의 묘한 신통변화를 일으키는데, ① 때에 맞게 몸을 나타낼 수도 있고 사라지게 할 수도 있는 것을 '신통神通'이라 하고, ② 타인의 마음을 알아차리는 것을 '기심記心'이라 하며, ③ 어떻게 보리를 구하고 번뇌를 끊는가에 대해 알려 주는 것을 '교계敎誡'라고 한다. 이 세 가지를 『瑜伽師地論』 권27(T30, 435c10)에서는 신경신변神境神變·기설신변記說神變·교계신변敎誡神變이라고 하였는데, 그 의미는 거의 동일하다.

한 것은 사념주로 네 가지 전도를 대치시킴을 나타낸 것이다. 말하자면 신념주身念住는 몸의 부정不淨을 관하여 '청정하다(淨)'는 전도를 대치시킨다. 수념주受念住는 수受의 무락無樂을 관하여 '즐겁다(樂)'는 전도를 대치시킨다. 심념주心念住는 마음의 무상無常을 관하여 '영원하다(常)'는 전도를 대치시킨다. 법념주法念住는 법의 무아無我를 관하여 '아가 있다'는 전도를 대치시킨다. 자세한 것은 『유가사지론』 제28권 등에서 설한 것과 같다.

> 今解不爾。一一法門。例有六句。初二句准蘊應知。下有四句。不同蘊等。言得念住能治所治者。顯四念住能治四倒。謂身念住。觀身不淨。能治淨倒。受念住。觀受無樂。能治樂倒。心念住。觀心無常。能治常倒。法念住。觀法無我。能治我倒。廣如瑜伽二十八等。

"사념주의 닦음을 증득했기 때문에……"이라 한 것에는 세 개의 구문이 있는데, 네 종류 수修에 의거해 사념주를 해석한 것이다.

그런데 이 네 종류 수는, 살바다종에 따르면 다음과 같다. 염주가 현전한 것을 행수行修라고 하고, 또한 득수得修라고도 한다. 미래법의 종류를 일으켜 획득했거나(起得) 획득 가능한(能得) 경우는 '득에 의거해 닦는다(准得修)'고 한다.[743] 따라서 『구사론』 제26권에서는 다음과 같이 말한다.

> 수修에는 네 종류가 있다. 첫째는 득수得修이고, 둘째는 습수習修이며, 셋째는 대치수對治修이고, 넷째는 제견수除遣修이다. 이와 같은 네 종류 수는 어떤 법에 의거해서 성립하는가?

---

743 행수行修(習修)는 현재 실제로 수행하는 것이다. 득수得修란 미래수未來修로서 현재의 수행력에 의해 미래의 법을 획득하여 함께 닦는 것을 말하는데, 이때 미래법은 오직 '득得'에 의거해 '닦는다(修)'고 한다는 것이다. 이 '득수'에 관해서는 『俱舍論』 제26권에 자세히 언급되어 있다.

송 득수와 습수를 세운 것은
선한 유위법에 의거하였고
모든 유루법에 의거해서는
대치수와 제견수를 세웠도다

논 득수와 습수 두 가지는 유위의 선법에 의거한 것이니, 미래에는 오로지 득수만이 있을 뿐이고, 현재에는 두 가지 수를 갖추고 있다.[744] 대치수와 제견수 두 가지는 유루법에 의거한 것이다.[745] 따라서 유루의 선법은 네 가지 닦음을 모두 갖추고 있고, 무루의 유위법과 나머지 유루법은 그 차례대로 각기 전자(득수·습수)와 후자(대치수·제견수)의 두 가지 닦음을 갖추고 있다.[746]

자세하게 분별하면, 예를 들어 『순정리론』 제74권과 『대비바사론』 제105권에서 설한 것과 같다.[747]

言得念住脩故等者。此三句文。約四種脩。釋四念住。然此四脩。薩婆多宗。

---

[744] 아직 획득하지 못한 공덕이 현전하고 또한 미래의 그 밖의 공덕을 획득(得)하는 경우, 그것은 새로 수득修得한 것이기 때문에 모두 '득수得修'라고 한다. 그리고 이전에 획득하였거나 아직 획득하지 못한 공덕이 현기現起하여 현재 그것을 수습하고 있는 것을 '습수習修'라고 한다. 『順正理論』 권74(T29, 745b28), 『俱舍論記』 권26(T41, 402a13) 참조.
[745] 신身·수受·심心·법法과 같은 유루법의 대치를 획득하는 경우 대치되는(所治) 신·수·심·법 등을 가리켜 '대치수對治修'라고 하고, 신·수·심·법 등을 소연의 경계로 하는 번뇌가 끊어지는 경우 그 신·수·심·법 등을 '제견수除遣修'라고 한다. 말하자면 신·수·심·법 등에 대한 대치를 획득하는 경우뿐만 아니라 또한 그것을 소연의 경계로 삼는 번뇌들이 끊어지는 경우도 '신 등을 닦는다'고 말한다는 것이다. 『順正理論』 권74(T29, 745c2), 『俱舍論記』 권26(T41, 402b25) 참조.
[746] 『俱舍論』 권26(T29, 140a3).
[747] 『順正理論』 권74(T29, 745b24)와 『大毘婆沙論』 권105(T27, 545a18) 참조.

念住現前。名爲行脩。亦名得脩。起得能得未來種類。名准得脩。故俱舍論
二十六云。脩有四種。一得脩。二習脩。三對治脩。四除遣脩。如是四種[1)]
依[2)]法立。頌曰。立得習二[3)]脩。依善有爲法。依諸有漏法。立治脩遣脩。論
曰。得習二脩。依有爲善。未來唯得。現其[4)]二脩。治遣二脩。依有漏法。故
有漏善。具足四脩。無漏有爲餘有漏法。如次各具前後二脩。若廣分別。如
順正理七十四。婆沙一百五說。

1) ㉕『俱舍論』권26(T29, 140a4)에는 '種'이 '修'로 되어 있다. 2) ㉕『俱舍論』
권26(T29, 140a4)에 따르면, '依' 다음에 '何'가 누락되었다. 3) ㉕『俱舍論』권
26(T29, 140a6)에 따르면, '習二'는 '修習'으로 수정해야 한다. 4) ㉝ '其'는 다른 판
본에는 '具'로 되어 있다. ㉕『俱舍論』에 따르면 '具'가 바르다.

이제 대승에 의하면 여러 교설이 서로 다르다.
『집론』제5권과『잡집론』제9권에 따르면, 또한 네 가지 수修에 의거해 염주 등을 닦는다. 거기서는 사정단四正斷(사정근)에 의거해서 네 종류 수를 설명하는데, 따라서 그 논에서 다음과 같이 말한다. "다시 모든 도품을 닦는 차별에 대해 설명하겠다. 대략 설하면 네 종류가 있는데, 득수得修·습수習修·제거수除去修·대치수對治修를 말한다. '득수'란 아직 생기지 않은 선법을 수습해서 생기도록 하는 것이다. '습수'란 이미 생긴 선법을 수습해서 견고하게 머물게 하고 잊지 않고 갑절로 반복해서 증상되고 광대해지게 하는 것이다. '제거수'란 이미 생긴 악한 불선법을 수습으로 영원히 끊어지게 하는 것이다. '대치수'란 아직 생기지 않은 악한 불선법을 수습으로 생기지 않도록 하는 것이다. 이와 같은 네 종류 수의 차별상은 그 대응하는 바에 따라 사정단에 의거해 설한 것이다."[748]
『유가사지론』제66권에서도『집론』과 동일하게 말한다.[749]

---

[748]『雜集論』권9(T31, 738a10).
[749]『瑜伽師地論』권66(T30, 667a3) 참조.

이 『해심밀경』에서는 오직 처음의 두 종류 수에 의거해 사념주를 닦는 것에 대해 밝혔다. "염주의 닦음을 증득했기 때문에"라고 한 것은 두 종류 수를 총괄해서 표명한 것이다. "아직 생기지 않았다가 생겨나게 하는 것"이란 득수를 따로 나타낸 것이고, "이미 생겨났다면 그것을 견고히 머물게 하고……"라고 한 것은 습수를 따로 나타낸 것이다.

문 어째서 뒤의 두 종류 수(제거수와 대치수)를 설하지 않았는가?

답 여기에서는 모든 선법을 닦는 것을 갖추어 설하고 그 밖의 악한 불선법의 경우는 설하지 않기 때문이다. 혹은 네 가지 수를 모두 설했다고 해도 되니, 이전의 (네 가지 전도를) '대치시키는 것(能治)'에 두 가지 수가 포함되기 때문이다.

> 今依大乘。諸教不同。若依集論第五雜集第九。亦依四脩。脩念住等。彼約四正斷。明四種脩。故彼論云。更辨諸道脩之差別。略說有四種。謂得脩。習脩。除去脩。對治脩。得脩者。謂未生善法脩習令生。習脩者。謂已生善法脩令堅住不忘陪復增廣。除去脩者。謂已生惡不善法脩令永斷。對治脩者。謂未生惡不善法脩令不生。如是四種脩差別相。隨其所應。依四正斷說。瑜伽六十六。亦同集論。若依此經。唯初二脩。明脩念住。言得念住脩故者。總標二脩。言未生令生者。別顯得脩。言生已堅住等者。別顯習脩。問。如何不說後二種脩。答。此中俱說脩諸善法。不說餘惡不善法故。或可具四。前能治中攝二脩故。

"염주가 아직 생기지 않았다가 생기게 하는 것을 증득했기 때문에"라고 한 것은 『현양성교론』 제2권에 준해서 (해석할 수 있다.) "'아직 생기지 않은 선법을 생기게 하기 때문이다.'……'아직 생기지 않았다'는 것은 아직 획득하지 못한 것(所未得)을 말한다. '선법'이란 문聞·사思·수修에 의해 생겨나는 세 가지 혜를 말하니, 허물이 없다는 의미에서 '선'이라 하였다. '생기게 하는 것을 (증득했기) 때문'이라 한 것은 '그것을 획득하게 하기 때문'이라는 말이다."[750]

"염주가 이미 생겨났다면 그것을 견고히 머물게 하고 잊지 않고 갑절로 닦아서 증상되고 광대해지게 하는 것을 증득했기 때문에"라고 한 것은 '습수習脩'를 설한 문장인데, 여러 교에서 다르게 말한다.

『현양성교론』에 의하면 그에 일곱 종류가 있다. 첫째 이미 선법이 생겨나고, 둘째 머물게 하며, 셋째 잊지 않고, 넷째 닦아서 원만해지게 하며, 다섯째 갑절로 닦게 하고, 여섯째 증장되게 하며, 일곱째 광대해지게 하는 것이다.[751] 따라서 그 논에서는 다음과 같이 말한다. "'이미 생겼다'는 것은 이미 획득했기 때문이다. '머물게 한다'는 것은 문혜聞慧를 말하고, '잊지 않게 한다'는 것은 사혜思慧를 말하며, '닦아서 원만해지게 한다'는 것은 수혜修慧를 말한다. 이상의 세 구는 오직 이미 획득한 선법을 수호하는 것을 나타내었다. '갑절로 닦게 하고, 증장되게 하며, 광대해지게 한다'는 (세 구는) 그 차례대로 오직 그 (앞의 단계에) 만족하는 마음을 내지 않기 때문이다."[752]

『유가사지론』 제28권에서는 이름을 다 갖추어 열거했지만 해석하지는 않았고, 제29권의 문장에는 단지 앞의 네 구만 있고 뒤의 세 구는 빠져 있다.[753]

> 言得念住未生令生故者。准顯揚第二云。未生善法爲令生故。未生者。謂所未得。善法者。謂聞思脩所生三慧。由無過義。故名爲善。爲令生故者。謂

---

750 『顯揚聖敎論』 권2(T31, 488b29).
751 『顯揚聖敎論』 권2(T31, 488c9) 참조.
752 『顯揚聖敎論』 권2(T31, 488c9).
753 『瑜伽師地論』 권28(T30, 439c29)에는 "於已生善法。爲欲令住。令不忘失。令修圓滿。令倍修習。令其增長。令其廣大。"라고 되어 있고, 같은 책 제29권(T30, 442c24)에는 그중에서 '已生善法의 令住와 令不忘失과 令修圓滿'에 대해서만 설해져 있다.

令脩[1]得故。言得念住生已堅住不忘倍脩增廣故者。此習脩文。諸教不同。
若准顯揚。有其七種。一已生善法。二令住。三不忘。四令脩滿。五令倍脩。
六令增長。七令廣大。故彼論云。已生者。謂已得故。令住者。謂聞慧。令不
忘者。謂思慧。令脩滿者。謂脩慧。此上三句。顯唯守護已所得善。令倍脩
令增長令廣大者。如其次第。不唯於彼生知足故。若依瑜伽二十八。具足列
名。而不解釋。二十九文。但有前四。闕後三句。

---

1) ㉠『顯揚聖教論』권2(T31, 488c3)에 따르면, '脩'는 '彼'의 오기다.

b. 사정단·사신족·오근·오력·칠각지를 유추하여 해석함

경 마치 한 부류가 염주를 증득했기 때문에 (기별해 주는 것처럼,) 다시 어떤 한 부류는 정단正斷을 증득했기 때문에, 신족神足을 증득했기 때문에, 모든 근根을 증득했기 때문에, 모든 역力을 증득했기 때문에, 각지覺支를 증득했기 때문에, 이와 같이 한다는 것을 알아야 합니다.

> 如有一類。得念住故。復有一類。得正斷故。得神足故。得諸根故。得諸力
> 故。得覺支故。當知亦爾。

석 이것은 두 번째로 다섯 가지 문을 유추해서 해석한 것이다. 말하자면 사념주에 여섯 구가 있었던 것처럼 사정단·사신족·오근·오력·칠각지에도 모두 여섯 구가 있으니, 이전에 준해서 알아야 한다.

> 釋曰。此卽第二類釋五門。謂如念住有其六句。正斷神足根力覺支。皆有六
> 句。准上應知。

● 사정단

다섯 문이라 한 것은 다음과 같다.

첫째, 정단은 사정단四正斷[754]을 말한다. 즉 이미 생긴 악한 불선법을 끊어지도록 하기 때문이고, 아직 생기지 않은 모든 악한 불선법을 생기지 않도록 하기 때문이며, 아직 생기지 않은 그 모든 선법을 생기게 하기 때문이고, 이미 생긴 그 모든 선법을 머물게 하고 망실되지 않게 하고 (갑절로 닦아 증장되고 광대해지게) 하기 때문이다.

『구사론』에서는 다음과 같이 말한다. "어째서 근勤을 정단이라 부르는가? '단斷·수修(번뇌를 끊고 대치도를 닦음)'를 바르게 수습하는 지위에서 이 '근'의 힘으로 해태懈怠(단·수를 게을리하는 것)를 끊을 수 있기 때문이다. 혹은 (정단을) 정승正勝이라고도 하는데, 신身·어語·의意를 바르게 유지하면서 책려하는 데는 이것이 가장 뛰어나기 때문이다."[755]

『순정리론』과 『대비바사론』도 동일하게 말한다.[756]

『대지도론』 제19권에서는 "삿된 법을 깨뜨리고 정도正道 안에서 행하기 때문에 정근이라 한다."[757]고 하였고, 또 "네 종류 정진의 마음을 용맹하게 발동시키고 (그릇된 것을 두려워하기) 때문에 정근이라 한다."[758]고 하였다.

(법수로 사정근의) 체성을 분별해 보면, 대승과 소승의 모든 교에서 모

---

754 사정단四正斷: 삼십칠도품 중의 두 번째 행법이다. 또는 사정근四正勤·사의단四意斷·사의단四意端·사정승四正勝·사단四斷이라고도 한다. '근勤'은 게으르지 않다는 뜻이고, '단斷'은 장애를 끊는다는 뜻이다. 이는 특히 악을 끊고 선을 생기게 하기 위해 정진하는 네 가지 수행법을 말한다. ① 이미 생한 악을 끊기 위해 부지런히 정진하고, ② 아직 생기지 않은 악이 생기지 못하도록 부지런히 정진하며, ③ 아직 생기지 않은 선이 생길 수 있도록 부지런히 정진하고, ④ 이미 생긴 선이 증장되도록 부지런히 정진하는 것을 말한다. 일심으로 정진하면서 이 네 가지 법을 수행하므로 '사정근'이라 한다.
755 『俱舍論』 권25(T29, 132c3).
756 『順正理論』 권71(T29, 727a10)과 『大毘婆沙論』 권96(T27, 496b26) 참조.
757 『大智度論』 권19(T25, 198b15).
758 『大智度論』 권19(T25, 202c2).

두 '정진精進'을 체로 삼는다고 한다.⁷⁵⁹

> 言五門者。一者正斷。謂四正斷。卽已生惡不善法爲令斷故。於諸未生惡不善法爲令不生故。於其未生一切善法爲令生故。於其已生一切善法爲欲令住令不忘失等。依俱舍論云。何故說勤名爲正斷。於正脩習斷脩位中。此勤力能斷懈怠故。或名正勝。於正持策¹⁾身語意中。此最勝故。順正理毗婆沙亦同。依智度論第十九云。破邪法正道中行。故名正勤。又云。四種精進心勇發動。故名正勤。辨體性者。大小諸敎。皆以精進爲體。

1) ㉵ '筞'은 '策'과 같다.

● 사신족

'신족神足'이란 사신족四神足⁷⁶⁰을 말하니, 즉 욕欲·근勤·심心·관觀의 삼마지이다.

『구사론』에 의하면 다음과 같이 말한다. "어떤 이유에서 정定에 대해 '신족'이라는 이름을 세웠는가? 모든 영묘한 공덕의 의지처가 되기 때문이다. 어떤 다른 논사는 다음과 같이 말한다.〈신神은 선정에 해당하고, 족足은 욕(·근·심·관) 등을 말한다.〉그러나 그 경우 각분의 사事는 열세 가지가 있어야 하니, 욕과 심이 더해지기 때문이다.【비바사사들은 각분覺分은 열한 가지 사라고 하는데,⁷⁶¹ 욕과 심을 더하기 때문에 열세 가지 사가 된다.】또한 경의

---

759 여기서 말하는 정진精進은 구사종의 열 가지 대선지법大善地法의 하나이고 유식종의 열한 가지 선심소善心所의 하나를 가리킨다. 용맹하게 부지런히 채찍질하며 나아가면서 모든 선법을 닦는 것을 말한다. 이 심소의 작용으로 인해 선을 닦고 악을 끊는 과정에서 게으르지 않고 노력하며 나아가게 되므로, 정진은 수도의 근본이 된다.

760 사신족四神足 : 사여의분四如意分·사여의족四如意足이라고도 하며, 삼십칠도품의 세 번째 행법이다. 원하거나(欲) 부지런히 노력하거나(勤) 마음을 거두어들이거나(心) 지혜로 관찰하는(觀) 등, 즉 욕欲·근勤·심心·관觀의 네 가지 법에 의거해서 갖가지 신통을 이끌어 내는 선정을 말한다.

761 비록 '삼십칠도품'이라고 명명하기는 했지만 이 도품의 체體는 실제로는 열 가지 사

말씀과도 위배된다. 예를 들면 계경에서 다음과 같이 말한다. 〈나는 이제 그대를 위해 신족 등에 대해 설하겠다. 신神이란 갖가지 신통경계神境를 수용하는 것인데, 하나를 나누어 여럿으로 만드는……중간 생략……것이고, 족足이란 욕 등의 네 가지 삼마지를 말한다.〉 여기서 부처님께서는 선정의 과定果를 '신'이라 하셨고, 욕 등에 의해 생겨난 등지等持[762]를 '족'이라 하신 것이다.[763]"[764]

『순정리론』도 이와 거의 동일하다.

『대비바사론』에서는 "신묘한 공덕의 소의이기 때문에 신족이라 하였다.[765]"[766]고 하였으니, 자세히 분별하면 가령 『대비바사론』 제141권에서 설한 것과 같다.[767]

『대지도론』에 의하면 "마음을 거두어 안은安隱하게 연緣 가운데 두기 때문에 여의족이라 한다."[768]고 하였다. 또 "사정단을 수행할 때 마음이 조금 산

(十事)로서, 즉 혜慧·근勤·정定·신信·염念·희喜·사捨·경안輕安·계戒·심尋을 말한다. 이 중에서 팔정도 중의 정어正語·정업正業·정명正命은 '계戒'를 체로 삼는다고 하는데, 이에 대해 비바사사들은 신업身業과 어업語業은 서로 다르기 때문에 '계'를 두 가지로 구분해야 한다고 한다. 따라서 도품의 체는 열한 가지 사事라고 한다. 이에 관한 자세한 설명은 『俱舍論』 권25(T29, 132b10) 참조.

762 등지等持 : 삼마지[S] samādhi)의 의역으로서 선정의 다른 이름이다. 그런데 이 용어는 정위定位와 산위散位에 모두 통용되지만, 다만 유심위有心位에 국한되고 무심위無心位에는 통용되지 않는다.

763 어떤 다른 논사의 주장대로 '사신족'에서 '신'이 선정(定)이고 '족'이 욕·근·심·관이라면, 사신족은 '정·욕·근·심·관'이라는 다섯 가지 법을 체體로 삼는 것이고, 이는 앞서 말한 비바사사의 설과는 어긋나는 측면이 있다. 그런데 경에서는 '신'은 선정의 결과이고 '족'은 욕·근·심·관에 의해 획득된 선정(等持)을 가리킨다고 하였다. 이에 따르면, 사신족은 '정定'을 체로 삼는 것이다.

764 『俱舍論』 권25(T29, 132c5).

765 이 선정을 닦음으로써 온갖 신통력을 획득하는데, 이 선정이 온갖 신통한 경계들을 변화시켜 내는 근거가 되므로 '신족'이라 했다는 것이다.

766 『大毘婆沙論』 권96(T27, 496b27).

767 『大毘婆沙論』 권141(T27, 725a28) 참조.

768 『大智度論』 권19(T25, 198b15).

란되므로 정정定으로써 마음을 거두어들이기 때문에 여의족이라 한다."[769],[770]
고 하였고, 또 "지智와 정정定의 힘이 균등해져서 원하던 것을 모두 획득하기 때문에 여의족이라 한다."[771]고 하였다. 자세히 설하면 그 논과 같다.

『유가사지론』에 의하면 다음과 같이 말한다. "문 어떤 이유에서 신족이라 이름하는가? 답 마치 발(足)이 있는 자는 갈 수도 있고 돌아올 수도 있으며 용맹하게 높이 뛰어오를 수도 있는 것처럼, 세간에 있는 모든 수승한 법을 증득하는 데 있어, 세간의 수승한 법을 '신'이라 이름하고 그것으로 여기에 이를 수 있으므로 '신족'이라 이름한다.……중간 생략……출세간법을 증득하는 데 있어, 출세간법은 가장 수승하고 자재하므로 이것을 가장 수승한 '신'이라 이름하였고 그것으로 이것을 증득할 수 있으므로 '신족'이라 이름한 것이다."[772] 자세히 설하면 그 논과 같다.

(법수로 사신족의) 체성을 분별해 보면 대승과 소승의 모든 교에서 모두 삼마지三摩地[773]를 체로 삼는다고 한다.

言神足者。謂四神足。卽欲勤心觀三摩地。依俱舍云。何緣於定立神足名。諸靈妙德所依止故。有餘師說。神卽是定。足謂欲等。彼應覺分事有十三。增欲心故。【毗婆沙師。覺分十一。加欲心故。成十三事】又違經說。如契經言。吾今爲汝說神足等。神謂受用種種神境。分一爲多。乃至廣說。足謂欲

---

769. 사정근을 수행할 때는 지혜의 힘이 증대되고 그에 따라서 선정의 힘은 약화되어 마음이 산란해지기 쉽다. 그러므로 욕·근·심·관의 네 종류 법을 통해 마음을 거두어들이고, 지智와 정정定이 균등한 상태가 되게 만드는데, 이러한 것을 여의족이라 부른다는 것이다.
770. 『大智度論』권19(T25, 202c6).
771. 『大智度論』권19(T25, 202c10).
772. 『瑜伽師地論』권29(T30, 444c29).
773. 여기서 말하는 삼마지三摩地는 구사종의 십대지법十大地法의 하나이자 유식종의 오별경五別境심소의 하나인 '정정定' 심소를 가리킨다. 즉 마음을 하나의 경계에 고정시켜서 산란되지 않게 하는 것을 말한다.

等四三摩地。此中佛說定果名神。欲等所生等持名足。正理大同。毗婆沙云。能爲神妙功德所依。故名神足。若廣分別。如大婆沙百四十一說。依智度論云。攝心安隱於緣中。故名如意足。又云。行四正勤時。心等[1]散故。以定攝心。故名如意足。又云。智定力等。所願皆得故。名如意足。具說如彼。依瑜伽云。問。何因緣。[2] 說名神足。答。如有足者。能往能還。騰躍勇健。能得能證世間所有殊勝之法。世殊勝法。說名爲神。彼能到此。故名神足。廣說乃至。能得能證出世間法。由出世法最勝自在。是最勝神。彼能證此。故名神足。廣說如彼。辨體性者。大小諸敎。皆用三摩地爲體。

1) ㉑『大智度論』권19(T25, 202c7)에는 '等'이 '小'로 되어 있다.   2) ㉑『瑜伽師地論』권29(T30, 444a29)에 따르면, '緣' 다음에 '故'가 누락되었다.

● 오근과 오력

"모든 근根과 모든 역力"이라 한 것은 오근五根[774]과 오력五力[775]을 말하니, 즉 신信·정진精進·염念·정定·혜慧이다.

『구사론』에 의하면 다음과 같다. "어떤 연유로 '신信' 등을 앞에서는 '근'이라 하고 뒤에서는 '역'이라 했는가? 이 다섯 가지 법을 하품과 상품에 의거해 전자와 후자로 나누었기 때문이다. 또는 굴복될 수 있는 것과 굴

---

[774] 오근五根 : 삼십칠도품 중에서 네 번째 행법이다. 신信·정진精進·염念·정定·혜慧의 다섯 가지는 번뇌를 조복시키고 성도聖道를 이끌어 내는 데 증상된 작용이 있고, 또 일체의 선법善法을 일으키는 근본이 되며, 또 무루의 성도에 들어가거나 그것을 발생시킬 수 있기 때문에 오근이라 한다. 먼저 신근信根은 삼보三寶·사제四諦 등의 도리를 믿는 것이다. 정진근精進根은 용맹하게 선법을 닦는 것이다. 염근念根이란 항상 정법正法을 기억하고 생각하는 것이다. 정근定根은 마음을 하나의 경계에 묶어 두고 산란되지 않게 하는 것이다. 혜근慧根은 선정 중에 관하는 지혜(觀智)가 일어나서 진리를 여실하게 아는 것이다.

[775] 오력五力 : 삼십칠도품의 다섯 번째 행법이다. 신信·정진精進·염念·정定·혜慧의 다섯 가지 근이 더욱 증장됨에 따라 생겨난 다섯 가지 힘을 말한다. 이 다섯 가지는 모두 악을 깨뜨리는 힘이 있기 때문에 오력이라 한다. 이 오력의 내용은 오근과 동일한 것이며, 실천 과정에서 전자인 오근으로 인해 점차로 후자인 오력에 이르게 된다.

복될 수 없는 것에 의거해 나누었기 때문이다.⁷⁷⁶"⁷⁷⁷

『순정리론』에서는 다음과 같이 말한다. "어떤 연유로 신信 등에 대해 '근'이나 '역'이라는 이름을 세웠는가? 증상되었기 때문이고, 굴복시키기 어렵기 때문이다.⁷⁷⁸ 어떤 연유로 이 다섯 가지 법은 전자를 근이라 하고 후자를 역이라 했는가? 이 다섯 가지 법은 하품과 상품에 의거해 전자와 후자로 나누었기 때문이다. 또 굴복될 수 있는 것과 굴복될 수 없는 것에 의거해 나누었기 때문이다. 하품의 신 등은 세력이 하열하기 때문에 여전히 대치되는 대상(번뇌)과 같은 종류로서 굴복될 수 있지만, 상품은 이와 반대이기 때문에 '역'이라는 이름을 얻는다."⁷⁷⁹

『대비바사론』에서는 "세용勢用이 증상되었기 때문에 근이라 하고, 꺾어 누르기 어렵기 때문에 역이라 한다."⁷⁸⁰고 하였다.

『대지도론』에서는 "유연한 지혜(軟智)의 마음으로 획득한 것을 근이라 하고 예리한 지혜(利智)의 마음으로 획득한 것을 역이라 한다."⁷⁸¹고 하였다. 또 다음과 같이 말한다. "중생의 근기를 아는 데 있어 자재한 방편의 힘을 얻었기 때문에 '근'이라 하고,……다섯 가지 근의 힘이 증장되어 능히 번뇌를 파괴하고 중생을 제도하며 무생법인無生法忍을 얻을 수 있는 것을 '오력'이라 한다. 다시 천마天魔와 외도들이 막거나 무너뜨릴 수 없는 것을 '역'이라 한다."⁷⁸² 구체적인 것은 그 논과 같다.

---

776 오근과 오력의 체體는 똑같은 신信·근勤(精進)·염念·정定·혜慧의 다섯 가지 법이다. 이 다섯 가지 법은 하품인 단계에서는 오근이라 하고 상품인 단계에서는 오력이라 한다. 또는 쉽게 굴복될 수 있는 하열한 단계는 오근이라 하고, 쉽게 굴복되지 않는 수승한 단계는 오력이라 한다는 것이다.
777 『俱舍論』권25(T29, 132c11).
778 신·근(정진)·염·정·혜의 다섯 가지 법이 증상增上되어 있을 때는 오근이라 하고, 그것이 굴복되지 않을 정도로 강력해졌을 때는 오력이라 한다는 것이다.
779 『順正理論』권71(T29, 727b23).
780 『大毘婆沙論』권96(T27, 496b28).
781 『大智度論』권19(T25, 198b16).

『유가사지론』에 의하면 '증상되었다'는 의미에서 '근'이라 하고, '굴복시키기 어렵다'는 의미에서 '역'이라 한 것이니, 자세한 것은 그 논에서 설한 것과 같다.[783] 『현양성교론』과 『잡집론』 등에서 말한 뜻도 『유가사지론』과 동일하다.

(법수로 오근·오력의) 체성을 분별해 보면, 대승과 소승의 모든 교에서 모두 신信 등의 다섯 가지 법을 체로 삼는다고 한다.

言諸根諸力者。謂五根五力。卽信精進念定慧。依俱舍論。何緣信等。先說爲根。後名爲力。由此五法。依下上品。分先後故。又依可屈伏不可屈伏故。依順正理云。何緣信等立根力名。以增上故。難屈伏故。何緣此五。先說爲根。後名爲力。由此五法。依下上品。分先後故。又依可屈伏不可屈伏故。下品信等勢力[1]劣故。猶爲所治同類屈伏。上品翻此。故得力名。毗婆沙云。勢用增上。故名爲根。難可摧制。故名爲力。依智度云。耎[2]智心得。故名根。利智心得。故名力。又云。於知衆生根中。得自在方便力。故名爲[3]根。五力[4]增長。能破煩惱。度衆生。得無生法忍。是名爲[5]力。復次。天魔外道不能沮[6]壞。故[7]名爲力。具說如彼。依瑜伽論。增上義故說名根。難伏義故名力。具如彼說。顯揚雜集等。意同瑜伽。辨體性者。大小諸敎。皆用信等五法爲體。

1) ㉚『順正理論』권71(T29, 727b27)에는 '力'이 '用'으로 되어 있다. 2) ㉚ '耎'은 '軟'과 같다. 3) ㉚『大智度論』권19(T25, 204c28)에는 '爲' 다음에 '知'가 있고, 교감주에서 없는 판본도 있다고 하였다. 여기서는 문맥상 '知'가 없는 것이 바르다. 4) ㉚『大智度論』권19(T25, 204c29)에 따르면, '力'은 '根'의 오기다. 5) 『大智度論』권19(T25, 205a1)에는 '爲'가 '五'로 되어 있다. 6) ㉚『大智度論』권19(T25, 205a2)에 따르면, '沮'는 '沮'의 오기다. 7) ㉚『大智度論』권19(T25, 205a2)에는 '故'가 '是'로 되어 있다.

---

782 『大智度論』권19(T25, 204c27).
783 『瑜伽師地論』권29(T30, 444b12) 참조.

● 칠각지

'각지'라고 한 것은 칠각지七覺支[784]를 말하니, 즉 염념念·택법擇法(慧)·정진精進·희喜·안安·정定·사捨의 각지이다.

『대비바사론』에 의하면 다음과 같다.

여실한 깨달음을 도와주기 때문에 각지라고 한다.
[문] 각지란 어떤 의미인가?
[답] 능히 깨달아 아는 것(能覺悟)이기 때문에 각지라고 하고, 각의 지(覺之支)이기 때문에 각지라고 한다.[785]
어떤 이는 이렇게 말한다. 〈능히 깨달아 아는 것이기 때문에 각지라고 한다.〉
[문] 그렇다면 한 개는 맞지만 여섯 개는 아닐 것이다.[786]
[답] 여섯 개도 각분覺分(각지)이다. (이 여섯 개는) 각에 수순하는 것이니, 수승한 것을 따라 설하여 또한 각지라고 한 것이다.
다시 어떤 이는 이렇게 말한다. 〈'각의 지'이기 때문에 각지라고 한다.〉

---

784 칠각지七覺支: 삼십칠도품의 여섯 번째 행법이다. '각覺'이란 보리·지혜를 뜻하고, 일곱 가지 법이 보리를 여는 데 도움을 주므로 '각지覺支'라고 한다. 첫째 염각지念覺支는 마음속이 밝아져서 항상 선정과 지혜를 생각하는 것이다. 둘째 택법각지擇法覺支는 지혜에 의지해서 진실한 법을 선택하고 거짓된 법을 버리는 것이다. 셋째 정진각지精進覺支란 정법을 정성껏 부지런히 닦되 게을리하지 않는 것이다. 넷째 희각지喜覺支란 정법을 얻고서 희열하는 것이다. 다섯째 안각지安覺支란 경안각지輕安覺支를 말하며, 의각지猗覺支라고도 한다. 몸과 마음이 경쾌하고 안은安隱해지는 것이다. 여섯째 정각지定覺支란 선정에 들어 마음이 산란되지 않는 것이다. 일곱째 사각지捨覺支란 마음이 편파적이지 않고 집착함이 없이 평정한 상태를 유지하는 것이다.
785 '능히 각오하는 작용(能覺悟)', 즉 혜慧심소(擇法)처럼 각覺 자체에 해당하는 것을 물론 각지覺支라고 이름하고, 또한 '각의 지', 즉 그 '각'에 수순하거나 상응하는 부류들도 모두 각지라고 이름한다.
786 '깨달아 아는 것(能覺悟)'만을 각지라고 하는 경우, '혜慧'에 해당하는 택법擇法은 각지라고 이름할 수 있지만, 나머지 여섯 개는 '혜'에 수순하는 부류들이기는 해도 '혜' 자체는 아니므로 '각지'라고 이름할 수 없다고 반문하였다.

🟦 그렇다면 곧 여섯 개는 맞지만 한 개는 아닐 것이다.[787]

🟩 택법은 각이면서 또한 각지이기도 하고, 나머지 여섯 개는 각지이지만 각은 아니다. 이는 마치 정견正見이 바로 도道이면서 또한 도지道支이지만[788] (나머지 일곱 가지는 도지가 아닌 것과) 같다.[789]

구체적으로 설하면 그 논과 같다. 『순정리론』의 의미도 『대비바사론』과 동일하다.

『대지도론』에서는 "무학의 진실한 깨달음에 이 일곱 가지 사事로 도달할 수 있기 때문에 분分(支)이라 한다."[790]고 하였고, 또 "수도의 작용이기 때문에 '각'이라 하고 견도의 작용이기 때문에 '도'라고 한다."[791]고 하였다.

『변중변론』에서는 "이 지支는 각覺을 돕기 때문에 각지라고 하니, 이로 인해 각지의 지위는 견도에 있는 것이다."[792]라고 하였다.

『유가사지론』에서는 "이미 정성리생正性離生[793](견도에 든 성자)에 깨달아 들어간 모든 보특가라의 여실한 각혜覺慧는 이것을 지로 삼기 때문에 각

---

787 '각의 지'만을 각지라고 하는 경우, 혜(택법)를 제외한 그 밖의 여섯 개는 '각의 지'에 해당하지만 혜는 각 자체이기 때문에 '혜'는 '각지'라고 할 수 없다고 반문하였다.
788 팔정도八正道의 본질은 혜慧이고 정견正見은 혜를 본질로 하기 때문에, 정견은 팔정도의 도체道體이자 도지道支이기도 하지만, 나머지 일곱 가지는 그렇지 않다는 말이다.
789 이상은 『大毘婆沙論』 권96(T27, 496b29) 참조.
790 『大智度論』 권19(T25, 198c8).
791 『大智度論』 권19(T25, 198b17).
792 『辯中邊論』 권2(T31, 472a23).
793 정성리생正性離生 : 견도에 들어간 성자를 일컫는 말이다. 『俱舍論』에 따르면 '정성正性'이란 열반이나 성도聖道를 가리키고, '생生'이란 번뇌 혹은 근기가 아직 성숙하지 않은 것을 말한다. 성도 등은 이러한 생을 초월하게 하기 때문에 '이생離生'이라 하였다. 그런데 대소승의 정성리생에 대한 정의는 매우 다양한데, 뒤의 「分別瑜伽品」 중에 "이것을 획득했기 때문에 보살의 정성리생에 들어갔다고 이름한다.(由得此故名入菩薩正性離生.)"는 경문을 해석하면서 이에 관한 자세한 설명이 나온다.

지라고 한다."[794]고 하였다.

(법수로 칠각지의) 체성을 분별해 보면 대승과 소승의 모든 교에서는 혜慧(택법)·정진精進·염念·정정·희수喜受·경안輕安·행사行捨를 체로 삼는다.

言覺支者。謂七覺支。卽念。擇法。精進。喜。安。定。捨覺支。依婆沙云。助如實覺。故名覺支。問。覺[1]支者。是何義耶。爲能覺悟。故名覺支。爲覺之支。故名覺支。有作是說。是[2]能覺悟。故名覺支。問。若爾。卽應一是六非。答。六是覺支。[3] 能隨順覺。從勝而說。亦名覺支。復有說者。是覺之支。故名覺支。問。若爾。卽應六是一非。答。擇法是覺。支亦是覺。[4] 餘六是覺支。而非是覺。如正見是道。亦正[5]道支。具說如彼。順正理論。意同婆沙。依智度論云。無學[6]實覺。此七事能到。故名[7]分。又云。脩道用。故名覺。見道用。故名道。中邊論云。此支助覺。故名覺支。由此覺支位在見道。依瑜伽論云。諸已證入正性離生補特伽羅。如實覺慧。用此爲支。故名覺支。辨體性者。大小諸敎。用慧。精進。念。定。喜受。輕安。行捨爲體。

1) ㉢『大毘婆沙論』권96(T27, 496c1)에는 '覺' 앞에 '言'이 있다. 2) ㉢『大毘婆沙論』권96(T27, 496c4)에는 '是'가 '此'로 되어 있다. 3) ㉢『大毘婆沙論』권96(T27, 496c6)에는 '支'가 '分'으로 되어 있다. 4) ㉢『大毘婆沙論』권96(T27, 496c8)에 따르면, '支亦是覺'은 '亦是覺支'로 수정해야 한다. 5) ㉢『大毘婆沙論』권96(T27, 496c9)에 따르면, '正'은 '是'의 오기이다. 6) ㉢『大智度論』권19(T25, 198c8)에는 '學'이 '覺'으로 되어 있고, 교감주에 따르면 '學'으로 된 판본도 있다. 여기서는 '무학의 성자'를 가리키므로 '學'이 바르다. 7) ㉢『大智度論』권19(T25, 198c8)에는 '名' 다음에 '爲'가 있다.

C. 팔성도에 의거해 기별함

경 다시 한 부류는 팔지성도八支聖道[795]를 증득했기 때문에, 팔지성도의 상

---

794 『瑜伽師地論』권29(T30, 444c29).
795 팔지성도八支聖道 : 삼십칠도품 중에 일곱 번째 행법이다. 열반과 해탈로 나아가는

을 증득했기 때문에, 팔지성도에서 대치시키는 것과 대치되는 것을 증득했기 때문에, 팔지성도의 닦음을 증득했기 때문에, 팔지성도가 아직 생기지 않았다가 생기도록 하는 것을 증득했기 때문에, 팔지성도가 이미 생겨나서 견고히 머물게 하고 잊지 않고 갑절로 닦아 증상되고 광대해지도록 하는 법을 증득했기 때문에, (그에 의거해) 자기가 이해한 것을 기별해 주었습니다.

復有一類.[1] 得八支正[2]道相故。得八支聖道能治所治故。得八支聖道脩故。得八支聖道未生令生故。得八支聖道生已堅住不忘倍脩增廣故。記別所解。

---

1) ㉦『解深密經』권1(T16, 691c9)에 따르면, '類' 다음에 제1구에 해당하는 '得八支聖道故'가 누락되었다. 2) ㉦『解深密經』권1(T16, 691c9)에는 '正'이 '聖'으로 되어 있고, 또 다음 문구에 준해 보면 '聖'이 바른 듯하다.

석 이것은 세 번째로 팔도지八道支에 의거해 이해한 것을 기별해 주는 것이다.

여덟 가지 바른 길 또는 지름길을 말한다. 열반으로 향하는 불교의 가장 대표적인 실천도로서, 세존께서 법륜을 굴리실 때 낙욕樂欲과 고행苦行의 두 극단을 떠나서 중도中道에 나아가는 길을 설하신 것이 바로 이 팔정도이다. 첫째 정견正見은 고苦는 고라고 보고 집集은 집이라고 보며 멸滅은 멸이라고 보고 도道는 도라고 보며, 선악의 업이 있으면 선악의 과보가 있다고 보는 것이다. 둘째 정사유正思惟는 탐욕스런 마음(欲覺)과 성내는 마음(恚覺)과 해치려는 마음(害覺)이 없는 것이다. 셋째 정어正語는 망언妄言·양설兩舌·악구惡口·기어綺語 등을 하지 않는 것이다. 넷째 정업正業은 살생 등을 하지 않는 것이다. 다섯째 정명正命은 주술 등의 사명邪命을 버리고, 법에 합당하게 의복이나 음식 등의 모든 생활 도구를 구하는 것이다. 여섯째 정정진正精進은 이미 생한 악법이 영원히 끊어지고 아직 생하지 않은 악법이 일어나지 않으며 아직 생하지 않은 선법이 생겨나고 이미 생한 선법이 증장되기를 발원하고서, 열심히 노력하는 것이다. 일곱째 정념正念은 여실하게 제법의 성性·상相을 억념憶念하면서 잊어버리지 않는 것이다. 여덟째 정정正定은 악한 불선법을 떠나 초선初禪을 성취하고 사선四禪에 이르는 것이다.

'대치시키는 것'이란 팔성도이고, '대치되는 것'이란 팔사八邪[796]이다. 그 밖의 것은 이전의 해석과 동일하다.

"팔지성도"라고 한 것은 정견正見 · 정사유正思惟 · 정어正語 · 정업正業 · 정명正命 · 정정진正精進 · 정념正念 · 정정正定을 말한다.

『대비바사론』에서는 다음과 같이 말한다.

문 도지道支란 어떤 의미인가? 능히 추구하며 나아가는 것(能求趣)이기 때문에 도지라고 하는가, 도의 지(道之支)이기 때문에 도지라고 하는가?

어떤 이는 이렇게 설한다. 〈이것은 '추구하며 나아가는 것'이기 때문에 도지라고 이름한 것이다.〉

문 그렇다면 한 개는 맞지만 일곱 개는 아닐 것이다.[797]

답 일곱 개는 도분道分으로서 도에 수순하는 것이다. 수승한 것을 따라서 설하면 그것들 또한 도지라고 이름한다.

다시 어떤 이는 이렇게 설한다. 〈이것은 '도의 지'이기 때문에 도지라고 한다.〉

문 그렇다면 일곱 개는 맞지만 한 개는 아닐 것이다.[798]

답 정견은 도이면서 또한 도지이기도 하고, 그 밖의 일곱 개는 도지이지만 도는 아니다.[799] 예들 들어 가령 택법擇法(慧)은 각覺이면서 또한

---

796 팔사八邪 : 팔정도에 의해 대치되는 여덟 가지 삿된 행들, 즉 사견邪見 · 사사邪思 · 사어邪語 · 사업邪業 · 사명邪命 · 사정진邪精進 · 사념邪念 · 사정邪定을 '팔사' 또는 '팔사행八邪行'이라 한다.
797 팔정도 중에서 '혜慧'를 본질로 하는 '정견正見'만이 '능히 추구하며 나아가는 것(能求趣)'에 해당하기 때문에, '능히 추구하며 나아가는 것'을 도지라고 할 경우에는 그 밖의 일곱 지는 도지가 아니라고 반문한 것이다.
798 '도의 지(道之支)'라는 의미에서 '도지'라고 했다면, 정견을 제외한 나머지 일곱 개는 '도의 지'에 해당하지만 정견은 도 자체에 해당하므로 '도의 지'라고 할 수 없다고 반문한 것이다.
799 팔정도八正道의 본질은 혜慧이고 정견正見은 혜를 본질로 하기 때문에 정견은 도 자체(道體)이자 도의 지(道支)이기도 하지만, 나머지 일곱 가지는 오직 도의 지일 뿐이

각지覺支이고, 나머지 여섯 개는 각지이지만 각은 아닌 것과 같다.[800]

『대지도론』에서는 "이 법을 얻어 안은安隱하게 구족하고 나서 열반무위의 성에 들어가려 하기 때문에, 이 법들을 행하는 이때를 '도'라고 한다."[801]고 하였다.

『유가사지론』에서는 다음과 같이 말한다. "🈎 어떤 이유에서 팔지성도라고 하는가? 🈭 모든 성스런 유학들로서 이미 (부처님의) 행적을 본 자들은, 팔지八支의 행적을 포괄하는 정도正道로 말미암아 모든 번뇌를 남김없이 끊고 해탈을 궁극적으로 작증할 수 있다. 그러므로 팔지성도라고 한다."[802]

釋曰。此卽第三約八道支。記別所解。能治是八聖道。所治是八邪。餘同前釋。言八支聖道者。謂正見。正思惟。正語。正業。正命。正精進。正念。正定。毗婆沙云。問。言道支者。是何義耶。爲能求趣。故名道支。爲道之支。故名道支。有作是說。此能求趣。故名道支。問。若爾。則應一是七非。答。七是道分。能隨順道。從勝而說。亦名道支。復有說者。是道之支。故名道支。問。若爾。卽應七是一非。答。正見是道。亦[1]道支。餘[2]是道支。而非道。如擇法是覺。亦是覺支。餘六是覺支。而非覺。智度論云。得是諸[3]安隱具足已。欲入涅槃無爲城故。行是諸法。是時名爲道。瑜伽論云。問。何因緣故。名八支聖道。答。諸聖是覺[4]已見迹者。由八支攝行迹正道。能無餘斷一切煩惱。能於解脫究竟作證。是故名爲八支聖道。

1) ㉘『大毘婆沙論』권96(T27, 496c19)에는 '亦' 다음에 '是'가 있다.   2) ㉘『大毘

라고 하였다.
800 『大毘婆沙論』권96(T27, 496c12).
801 『大智度論』권19(T25, 198c8).
802 『瑜伽師地論』권29(T30, 445a12).

婆沙論』권96(T27, 496c20)에 따르면, '餘' 다음에 '七'이 누락되었다. 3) ⑳『大智度論』권19(T25, 198c8)에 따르면, '諸'는 '法'의 오기다. 4) ⑳『瑜伽師地論』권29(T30, 445a13)에 따르면, '是覺'은 '有學'의 오기다.

(팔지성도의) 체성을 분별하자면 여러 설이 같지 않다.

『구사론』에서는 여섯 가지 법을 체로 삼는다고 하니, 정어正語·정업正業·정명正命은 똑같이 계戒에 해당하기 때문이다.803 비바사사는 일곱 가지 법을 체로 한다고 하니, 신업과 어업 두 가지는 서로 뒤섞이지 않기 때문이다.804 『순정리론』도 이와 동일하다. 『대비바사론』에는 세 가지 해석이 있다. 〈혹은 여섯 개라고 하고, 혹은 일곱 개라고 하니, 그 의미는 『구사론』과 동일하다. 혹은 여덟 개라고 하니, 정명은 정어·정업이 아니기 때문이다.805〉806

『잡집론』에서는 "도지 자체란 정견·정사유·정어·정업·정명·정정진·정념·정정을 말하니, 이와 같은 여덟 가지 법을 도지 자체라고 한다."807고 하였다.

⟦문⟧ 칠각지와 팔성도는 어떤 지위에 의거해 설한 것인가?

⟦답⟧ 『대비바사론』에 의하면 본래 두 가지 설이 있다. 한편에서는 견도위는 팔정도八正道이고 수도위는 칠각지라고 한다.808 한편에서는 견도를 칠

---

803 팔지성도의 법체를 말한다면, 정견正見은 혜慧, 정정진正精進은 근勤, 정정正定은 정定, 정념正念은 염念, 정어正語·정업正業·정명正命은 계戒, 정사유正思惟는 심尋을 체로 삼는다. 『俱舍論』 권25(T29, 132b19) 참조.
804 정어正語·정업正業·정명正命은 모두 '계戒'를 체로 삼지만, 어업과 신업의 체는 구별되므로 그 '계'도 두 가지로 구분된다. 따라서 이전의 여섯 가지 체에서 다시 하나가 늘어난다.
805 이 해석에 따르면, 정어正語와 정업正業과 정명正命은 각각 체가 구별되기 때문에 이전의 일곱 가지 체에다 다시 하나가 늘어나서 모두 여덟 가지 체가 된다.
806 『大毘婆沙論』 권96(T27, 496a23) 참조.
807 『雜集論』 권10(T31, 741a5).
808 첫 번째 설은 '팔도지는 견도에서 수승하고 칠각지는 수도에서 수승하다'라는 것인데, 이 논에서는 그 이유를 다음과 같이 설한다. 〈추구하며 나아간다(求趣)'는 뜻이

각지라고 하고 수도를 팔정도라고 한다.[809] 평가정의評家正義[810]에 따르면 전자의 설이 바르다.[811] 『구사론』에 의하면 또한 두 가지 해석이 있다. 한편에서는 『대비바사론』과 동일하게 설하고, 한편에서는 칠각지는 견도에 있고 팔정도는 견도와 수도에 통한다고 한다.

이제 대승에 의하면 다음과 같다.

『대지도론』에는 본래 두 가지 설이 있는데 『대비바사론』과 동일하다.

『잡집론』과 『변중변론』에서는 칠각지는 견도라고 하고 팔정도는 수도라고 한다.[812]

'도지道支'의 뜻이다. 견도에서는 신속하게 나아가면서 기약한 마음(期心 : '나는 서른 네 찰나(三十四念)에 성도하리라'라는 등의 결심)을 넘어서지 않는데, '추구하여 나아간다'는 의미에 수순하기 때문에 견도에서는 팔도지가 수승하다고 한다. '깨친다(覺悟)'는 뜻이 '각지覺支'의 뜻이다. 수도에서는 구품九品을 자주 반복해서 각오하니, '깨친다'는 의미에 수순하기 때문에 수도에서는 칠각지가 수승하다.〉 『大毘婆沙論』 권 96(T27, 497a2) 참조.

809 두 번째 설에 따르면 삼십칠도품三十七道品의 사념주·사정단·사여의족과 오근·오력과 칠각지와 팔정도는 계위의 선후 차례로 설한 것이다. 따라서 칠각지와 팔도지에 대해 다음과 같이 말한다. "……오력의 의미가 이미 성취되면 능히 사성제의 경계를 여실하게 깨달을 수 있고 더 이상 주저함(猶豫)이 없으니, 따라서 여섯 번째로 칠각지를 설한 것이다. 이미 여실하게 사성제를 깨닫고 나서는 생사를 싫어하며 버리고 열반에 기뻐하며 나아가니, 따라서 일곱 번째로 팔도지를 설한 것이다." 이 설에 따르면, 칠각지는 사성제를 깨달은 단계, 즉 견도見道이고, 팔도지는 견도 후에 열반에 나아가기 위해 계속 수행하는 단계, 즉 수도修道에 해당한다.

810 평가정의評家正義 : 비바사 4대 논사를 가리킨다. 가슴미라국 가니색가迦膩色迦왕 통치 시절에 오백아라한이 결집하여 『發智論』을 평석하여 『大毘婆沙論』을 편찬하였는데, 그들 중에 법구法救(Ⓢ Dharmatrāta)·묘음妙音(Ⓢ Ghoṣa)·세우世友(Ⓢ Vasumitra)·각천覺天(Ⓢ Buddhadeva) 등 4대 논사를 예로부터 사평가 또는 평가정의라고 한다.

811 평가정의에 따르면, '칠각지는 수도다'라고 보는 설이 우수하다. 왜냐하면 수도의 계위가 더 보리에 근접해 있고, '각覺'에 수순한다는 뜻이 더 뛰어나기 때문이다. 『大毘婆沙論』 권96(T27, 497a25) 참조.

812 『辯中邊論』에 따르면, 각覺을 보조하는 것을 각지覺支라고 한 것이기 때문에 칠각지는 견도에 있다. 또 팔정도를 분별지分別支·회시타지誨示他支·영타신지令他信支·대치장지對治障支 등의 네 종류 지로 정리해서 수도修道에서의 수행으로 설명하였다. 『辯中邊論』 권2(T31, 472a23) 참조.

『현양성교론』의 설에 따르면, 칠각지는 견도에 있고, 팔성도 중의 정견은 견도와 수도에 통하고 나머지 일곱 개는 오직 수도에 있다. 『유가사지론』에서는 칠각지는 견도이고, 팔성도 중의 정어·정업·정명은 오직 수도에서 세운 것이라 하는데, 그 밖의 것에 대해서는 따로 설하지 않았다.

도품에 대해 자세히 설명하면, 그 의미는 『별장』과 같다.

辨體性者。諸說不同。若依俱舍。六法爲體。正語業命同或[1]故。毘婆沙師。七法爲體。身語二業不相雜故。正理亦同。毘婆沙論有三釋。或說爲六。或說爲七。意同俱舍。或說爲八。正命非正語業故。依雜集論云。道支自體者。謂正見。正思惟。正語。正業。正命。正精進。正念。正定。如是八法。名道支自體。問。七覺八道。依何位說。答。依婆沙。自有兩說。一云。見位八正道。脩位七覺支。一云。見道名覺支。脩道名八道。許[2]家正義。前說爲正。依俱舍論。亦有兩釋。一說同婆沙。一說七覺在見道。八道通見脩。今依大乘。智度論。自有兩說。同大婆沙。雜集中邊。七覺爲見。八道爲脩。顯揚論說。七覺在見。八聖道中正見。通於見脩。餘七唯脩。瑜伽。七覺爲見。八聖道中正語業命。唯立脩道。餘不別說。廣辨道品。義如別章。

1) ㉠ '或'은 '戒'인 듯하다. ㉡『俱舍論』권25(T29, 132b19)에 따르면, '戒'가 바르다.   2) ㉡ '許'는 '評'의 오기다.

다. 자기가 생각한 바를 진술함

경 세존이시여, 저는 그들을 보고 나서 곧 이런 생각을 했습니다. 〈이 장로들은 유소득의 현관에 의거해 각자 갖가지 상의 법을 말하면서 이해한 것을 기별하는구나.

世尊。我見彼已。便[1]作是念。此諸長老。依有所得現觀。各說種種相法。記別所解。
─────
1) ㉠『解深密經』권1(T16, 691c13)에는 '便'이 '竊'로 되어 있고, 교감주에 '便'으로 된 곳도 있다고 하였다.

석 이하는 세 번째로 자기가 생각한 바를 진술한 것이다. 이 중에 세 가지가 있다. 처음은 자기 생각을 간략히 진술한 것이고, 다음은 자기 생각을 거듭 진술한 것이며, 마지막은 세존의 공덕을 찬탄한 것이다.

釋曰。自下第三述已[1)]所念。於中有三。初略述已*念。次重述已*念。後讚世尊德。
─────
1) ㉠ '巳'는 '己'의 오기다. 이하도 동일하다.

가) 자기의 생각을 간략히 진술함
이것은 첫 번째로 자기 생각을 간략하게 진술한 것이다.

此卽第一略述已[1)]念。
─────
1) ㉠ '巳'는 '己'의 오기다.

나) 자기의 생각을 거듭 진술함

경 저 장로들은 모두 다 증상만을 품고서 증상만에 사로잡혀 있기 때문에 승의제의 모든 것에 편재하는 일미상을 이해할 수 없음을 알아야 한다.〉

當知。彼諸長老。一切皆懷增上慢。爲增上慢所執持故。於勝義諦遍一切一味相。不能解了。

석 이것은 두 번째로 생각했던 바를 거듭 진술한 것이다.

釋曰。此卽第二重述所念。

다) 세존의 공덕을 찬탄함

경 그러므로 세존께서는 매우 기이하시고 나아가 세존께서는 선설을 해 주셨습니다.

是故世尊甚奇。乃至世尊善說。

석 이하는 세 번째로 세존의 공덕을 찬탄한 것이다. 이 중에 세 가지가 있다. 처음은 선설善說임을 간략히 찬탄한 것이고, 다음은 찬탄하려는 교설을 든 것이며, 마지막은 그 밖의 사람의 경계가 아님을 나타낸 것이다.

釋曰。自下第三讚世尊德。於中有三。初略讚善說。次擧所讚敎。後顯非餘境。

(가) 선설을 간략히 찬탄함
이것은 처음에 해당한다.

此卽初也。

(나) 찬탄하려는 교설을 듦

경 세존께서는 승의제상의 '미세하면서도 가장 미세하고, 심오하면서도 가장 심오하며, 통달하기 어려우면서도 가장 통달하기 어려운, 모든 것에 편재하는 일미상'을 말씀해 주셨습니다.

> 謂世尊言。勝義諦相。微細最微細。甚深最甚深。難通達最難通達。遍一切一味相。

석 이것은 두 번째로 찬탄하려는 교설을 든 것이다. "미세하면서도 ……"라는 경문은 이미 앞에서 해석한 것과 같다.[813]

> 釋曰。此卽第二擧所讚教。微細等文。已如上釋。

(다) 그 밖의 사람의 경계가 아님을 나타냄

경 세존이시여, 이 성스런 가르침 안에서 수행하는 비구들조차 승의제의 '모든 것에 편재하는 일미상'을 오히려 통달하기 어려운데 하물며 모든 외도들은 어떻겠습니까?"

> 世尊。此聖敎中脩行苾蒭。於勝義諦遍一切一味相。尙難通達。況諸外道。

---

813 이전의 해석에 따르면, 이 승의제는 십신十信 이전의 외도 범부의 경계를 넘어서 있으므로 그들이 설할 수 있는 것도 사유할 수 있는 것도 아니다. 따라서 '미세하면서도 가장 미세하다'고 하였다. 또 지전地前의 불교 내 범부의 지위를 넘어서 있으므로 언어나 사유가 미칠 수 있는 것이 아니다. 따라서 '심오하면서도 가장 심오하다'고 하였다. 혹은 등각等覺 이하의 모든 보살의 지위를 넘어서 있으므로 언어로 설할 수 있는 것도 아니고 마음이 미칠 수 있는 것도 아니다. 따라서 '통달하기 어렵고도 지극히 통달하기 어렵다'고 하였다. 이전의 '3. 모든 법과의 동일성·차이성을 넘어선 상(超過諸法一異性相)'에 대한 해석(pp.360~361) 참조.

석 이것은 세 번째로 그 밖의 사람의 경계가 아님을 나타낸 것이다. 말하자면 모든 이승인과 외도들은 '편재하는 일미상'을 통달할 수 없으므로 모두 이에 대해 증상만을 일으킨다는 것이다.

> 釋曰。此卽第三顯非餘境。謂諸二乘及諸外道。不能通達遍一味相。皆是此中起增上慢。

(3) 세존의 정설

경 이때 세존께서 존자 선현에게 말씀하였다. "그러하다, 그러하다, 선현이여. 나는 미세하면서도 가장 미세하며 심오하면서도 가장 심오하며 통달하기 어려우면서도 가장 통달하기 어려운, 모든 것에 편재하는 일미상의 승의제에 대해 정등각을 이루었고 정등각을 이루고 나서 다른 이를 위해 설해 주고 현시해서 일깨워 주고 (언어를) 시설하여 비추어 주었다.

> 爾時。世尊告尊者[1]善現曰。如是如是。善現。我於微細最微細。甚深最甚深。難通達最難通達。遍一切一味相勝義諦。現正等現。[2] 覺[3]等覺已。爲他宣說。顯示開解。施設照了。
>
> 1) ㉠『解深密經』 권1(T16, 691c21)에는 '尊者'가 '長老'로 되어 있고, 교감주에 '尊者'로 된 곳도 있다고 하였다.   2) ㉠『解深密經』 권1(T16, 691c24)에 따르면, '現'은 뒤의 '覺'과 도치되었다.   3) ㉠『解深密經』 권1(T16, 691c24)에 따르면, '覺'은 앞의 '現'과 도치되었다.

석 (이하는 세 번째로 세존께서 바로 설하신 것이다. 이 중에 두 가지가 있다. 첫째는 찬탄받은 공덕을 나타낸 것이고, 둘째는 징문에 의거해 자세히 해석한 것이다.)[814]

釋曰。[1)]

---
1) ㉥ '曰' 다음에 '自下第三世尊正說。於中有二。初顯所讚德。後依徵廣釋。'을 추가해야 한다. 자세한 것은 번역문 역주 참조.

① 찬탄받은 공덕을 나타냄

이것은 첫 번째로 찬탄받은 공덕을 나타낸 것이다. 그대가 찬탄했던 것처럼, '미세하면서도……일미의 승의제'를 스스로 깨달았고 남도 깨우쳐 주었다는 것이다.

해 또 처음은 '스스로 깨닫고 남도 깨우쳐 준 것'을 총괄해서 찬탄한 것이고, 나중은 '스스로 깨닫고 남도 깨우쳐 준 것'을 따로따로 찬탄한 것이니, 자타의 깨달음을 찬탄하면서 거듭해서 "그러하다."고 한 것이다.

此卽第二[1)]卽[2)]所讚德。如汝所讚。於微細等一味勝義。自覺悟他。又解。初是總讚能自覺他。後是別讚能自覺他。讚自他覺。重言如是。

---
1) ㉥ '二'는 '一'의 오기다.　2) ㉥ '卽'은 '顯'의 오기인 듯하다.

② 징문에 의거해 자세히 해석함

경 어째서인가?

814　'**석**(釋曰)' 다음에 많은 글자가 누락된 듯하다. 이 경문은 '1) 장행으로 해석함' 이하의 세 번째 과목인 '(3) 세존의 정설'에 해당하므로, 여기에 우선 '自下第三世尊正說'이라는 문구가 나와야 한다. 또 이 과목 아래에는 다시 '① 찬탄받는 공덕을 나타냄(顯所讚德)'과 '② 징문에 의거해 자세히 해석함(依徵廣釋)'이라는 두 개의 세부 과목이 있다. 따라서 '釋曰' 다음에 적어도 '於中有二。初顯所讚德。後依徵廣釋。'이라는 문구가 나와야 한다. 이 누락된 문구를 보완하여 번역하였다.

何以故。

석 두 번째는 징문에 의거해 자세히 해석한 것이다. 앞은 징문이고, 뒤는 해석이다.

釋曰。第二依徵廣釋。先徵。後釋。

가. 징문
이것은 징문에 해당한다.

此卽徵也。

나. 해석

경 선현이여, 나는 이미 모든 온들 중에서의 청정한 소연이 바로 승의제라는 것을 현시하였고,

善現。我已顯示。於一切蘊中淸淨所緣。是勝義諦。

석 이것은 자세한 해석이다. 이 중에 세 가지가 있으니, 처음은 법法이고, 다음은 비유(喩)이며, 마지막은 결합(合)이다.

釋曰。此卽廣釋。於中有三。初法。次喩。後合。

가) 법法
법에 세 가지가 있다. 처음은 청정한 소연에 의거해 '일미상'을 나타낸

것이다. 다음의 "선현이여, 관행을 닦는" 이하는 세 종류 편재(三遍)의 뜻에 의거해 일미상을 밝힌 것이다. 마지막의 "선현이여, 마치 저" 이하는 세 가지 과실을 떠나는 것을 가지고 일미상을 해석한 것이다.

> 法中有三。初約淸淨所緣。顯一味相。次善現脩觀行下。約三遍義。以辨一味。後善現如彼下。卽以離三過。釋一味相。

(가) 청정한 소연에 의거해 일미상을 나타냄

처음의 단락에 가면, 앞은 해석이고 나중은 결론이다.

> 就初段中。先釋。後結。

㉠ 해석

해석에 다시 두 가지가 있다. 먼저 청정한 소연에 의거해 승의제를 나타내었고, 나중의 "이 청정한" 이하는 청정한 소연으로 일미상을 나타낸 것이다.

> 釋中復二。初約淸淨所緣。顯勝義諦。後此淸淨下。以淸淨所緣。顯一味相。

a. 청정한 소연에 의거해 승의제를 나타냄

전자 중에 두 가지가 있다. 처음은 온蘊에서의 청정한 소연에 의거해 승의제를 나타낸 것이다. 나중은 처處 등의 청정한 소연이 바로 승의제라는 것을 유추한 것이다.

> 前中有二。初約蘊上淸淨所緣。顯勝義諦。後類處等淸淨所緣是勝義諦。

a) 온의 청정한 소연에 의거해 승의제를 나타냄

이것은 처음에 해당한다.

"모든 온"이란 오온이 하나가 아니므로 '모든(一切)'이라고 하였다. 혹은 유루·무루 등은 하나가 아니기 때문에 '모든'이라 했다고 할 수도 있다.

이 경문의 뜻을 설하자면, 온 등에 있는 승의제를 또한 청정한 소연이라 하니, 이 경계를 소연으로 삼아 마음의 청정함을 획득하기 때문이다. 그러므로 『현양성교론』 제16권에서는 다음과 같이 말한다. "다시 게송으로 말하겠다. '청정한 소연은 항상 변함이 없으니, 선성善性과 낙성樂性을 모두 다 성취했도다.' 논하여 말한다. 승의제는 동일성·차이성을 떠나 있기 때문이니, 이것이 바로 청정한 소연성(淸淨所緣性)임을 알아야 한다. 어째서인가? 이 경계를 소연으로 하여 마음의 청정함을 얻기 때문이다.[815] 구체적인 설명은 그 논과 같다.

혹은 승의제는 그 자체가 계박을 떠나 있기 때문에 청정하다고 볼 수도 있다.

문 위의 『해심밀경』에서 아직 이 말을 설한 적이 없는데, 어째서 "나는 이미 나타내었고(我已顯示)"라고 말했는가?

해 모든 부의 『반야경』 및 『무량의경』에서 모두 (온 등의 청정한 소연인) '진여'를 설하였다.

此則初也。一切蘊者。五蘊非一。故言一切。或可漏無漏等非一。故言一切。此意說云。於蘊等上有勝義諦。亦名淸淨所緣。由緣此境。得心淸淨故。是故顯揚十六卷云。復次頌曰。淸淨之所緣。常無有變異。善性及樂性。一切皆成就。論曰。由勝[1]諦離一異性故。當知卽是淸淨所緣。[2] 何以故。由緣此境。得心淸淨故。具說如彼。或可勝義。卽體離繫。故名淸淨。問。上經中未

---

815 『顯揚聖教論』 권16(T31, 559b4).

說此言。如何說言我已顯示。解云。諸部般若及無量義中。皆說眞如也。

1) ㉐『顯揚聖敎論』권16(T31, 559b7)에 따르면, '勝' 다음에 '義'가 누락되었다. 2) ㉐『顯揚聖敎論』권16(T31, 559b8)에는 '緣' 다음에 '性'이 있다.

b) 처 등의 청정한 소연이 승의제임을 유추함

경 나는 이미 모든 처·연기·식·제·계·염주·정단·신족·근·역·각지·도지 중의 청정한 소연이 승의제임을 나타내었다.

我已顯示。於一切處。緣起。食。諦。界。念住。正斷。神足。根。力。覺支。道支中。淸淨所緣。是勝義諦。

석 이것은 두 번째로 십이처 등의 청정한 소연이 바로 승의제라고 유추해서 해석한 것이다. 그 이유는 무엇인가? 승의제의 이치는 모든 법에 편재하기 때문이다.

釋曰。此卽第二釋類[1)]處等淸淨所緣是勝義諦。所以者何。勝義諦理。遍諸法故。

1) ㉐ '釋類'는 '類釋'의 오기인 듯하다.

b. 청정한 소연에 의거해 일미상을 나타냄

경 이 청정한 소연은 모든 온 중에서 일미상이고 별도의 이상은 없으니,

此淸淨所緣。於一切蘊中。是一味相。無別異相。

석 이하는 두 번째로 청정한 소연에 의거해 일미상을 나타낸 것이다. 이 중에 두 가지가 있다. 처음은 모든 온에 의거해 일미상을 해석한 것이고, 나중은 십이처 등에 대해 유추해서 일미상임을 해석한 것이다.

> 釋曰。自下第二約淸淨所緣。顯一味相。於中有二。初約諸蘊。釋一味相。後類處等。釋一味相。

a) 모든 온에 의거해 일미상을 해석함

이것은 첫 번째로 온에서의 청정한 소연에 의거해서 일미상을 나타낸 것이다. 모든 온들에서의 청정한 소연에는 별도의 이상異相이 없다. '별도의 다름이 없다'는 뜻에서 곧 '일미'이기 때문이다.

> 此卽第一約蘊上淸淨所緣。顯一味相。於諸蘊上淸淨所緣。無別異相。無別異義。卽一味故。

b) 처 등에 대해 유추해서 일미상임을 해석함

경 마치 온에서 (그런 것처럼) 이와 같이 모든 처에서도 내지는 모든 도지에서도 일미상이고 별도의 이상은 없다.

> 如於蘊中。如是於一切處中。乃至一切道支中。是一味相。無別異相。

석 이것은 두 번째로 처 등의 제법도 일미임을 유추한 것이다.

> 釋曰。此卽第二類處等諸法一味。

㈓ 결론

경 그러므로 선현이여, 이런 도리에 따라 승의제는 모든 것에 편재하는 일미상임을 알아야 한다.

是故善現。由是道理。當知勝義諦是遍一切[1]味相。

1) ㉠『解深密經』권1(T16, 692a3)에 따르면, '切' 다음에 '一'이 누락되었다.

석 이것은 두 번째로 '승의제는 일미상'이라고 결론지은 것이다. 말하자면 앞에서 밝힌 온 등의 법에서의 청정한 소연이 승의제상이지 별도의 도리는 없으니, 따라서 승의제상이 곧 모든 것에 편재함을 알 수 있다.

釋曰。此卽第二結勝義諦是一味相。謂由前所明蘊等法中淸淨所緣。勝義諦相。無別道理。故知勝義諦相卽是遍一切。

(나) 세 종류 편재의 뜻에 의거해 일미를 밝힘

경 선현이여, 관행을 닦는 필추들은 하나의 온의 진여·승의·법무아성을 통달하고 나면, 다시 각기 별도로 그 밖의 온이나 모든 처·연기·식·제·계·염주·정단·신족·근·역·각지·도지의 진여·승의·법무아성을 구하지 않더라도,

善[1]現。脩觀行苾蒭。通達一蘊眞如勝義法無我性已。更不尋求各別餘蘊。諸處。緣起。食。諦。界。念住。正斷。神足。根。力。覺支。道支。眞如勝義法無我性。

1) ㉠『解深密經』권1(T16, 692a3)에는 '善' 앞에 '復次'가 있다.

석 이하는 두 번째로 '세 종류 편재(三遍)'의 뜻에 의거해서 '일미一味'를 해석한 것이다. '세 종류 편재'란 진여와 승의와 법무아를 말한다. 이 세 가지는 모두 온 등의 법에 편재하기 때문에 이 세 가지를 '일미'라고 이름 한 것이다. 이 중에 두 가지가 있으니, 앞은 해석이고 나중은 결론이다.

釋曰。自下第二約三遍義。以釋一味。言三遍者。謂眞如勝義及法無我。此三皆遍蘊等法中。故說此三名爲一味。於中有二。先釋。後結。

㉮ 해석
해석 중에 두 가지가 있다. 앞은 반해이고, 나중은 순석이다.[816]

釋中有二。先反解。後順釋。

a. 반해反解
이것은 처음에 해당한다.
승의제는 여러 가지 의미가 있다. 『대반야경』에 의하면 열두 가지 이름 이 있으니, 진여眞如, 법계法界, 법성法性, 불허망성不虛妄性, 불변이성不變異 性, 평등성平等性, 이생성離生性, 법정法定, 법주法住, 실제實際, 허공계虛空界, 부사의계不思議界다. 이와 같이 나아가 그 밖의 교에서 설한 것들은 다 진 술할 수가 없다. 지금 여기서는 우선 세 가지 의미에 의거해 '일미'를 해석

---

[816] 이하에서도 이전과 마찬가지로 반해反解와 순석順釋으로 '승의제의 일미상'을 논증한 다. 이전의 경우 '반해'라는 것은 도리에 반하는 사례를 들어서 그것이 불합리한 결론 에 도달하는 것을 보여주는 해석 방식을 말한다. 그런데 원측이 후술하듯 위 경문은 '그 밖의 법의 승의를 다시 구하지 않아도 된다'는 것을 말하기 위해 '그 밖의 법의 승 의를 구하는 것'을 배제시킨 문구이기 때문에 '반해'라고 한 것이다. 그에 비해 다음의 경문에서는 '오직 이 하나의 온의 승의를 구하는 것'만으로도 일미상을 알 수 있음을 순리대로 해석한 것이므로 '순석'에 해당한다.

하겠다.

此卽初也。謂勝義諦有衆多義。依大般若。有十二名。謂眞如。法界。法性。不虛妄性。不變異性。平等性。離生性。法定。法住。實際。虛空界。不思議界。如是乃至餘教所說。不可具述。今於此中。且約三義。以釋一味。

● 진여眞如

'진여'라고 한 것은 예를 들어 『성유식론』 제9권에서 다음과 같이 말한다. "'진眞'이란 '진실眞實'을 말하니, 허망하지 않음을 나타낸다. '여'는 '항상 그러함(如常)'을 말하니, 변화하지 않음을 나타낸다. 말하자면 이 진실은 모든 지위에서 항상 그 성품 그대로이기 때문에 '진여'라고 한다. 바로 깊고 고요하여 허망하지 않다는 의미다."[817]

문 이전에는 참된 승의제는 모든 언어를 떠났다고 설하지 않았는가? 그런데 어째서 이 논에서는 '진여'라고 말하는가?

해 이 힐난을 해석하자면, 예를 들어 『성유식론』 제2권에서 말한 것과 같다. "진여도 또한 가짜로 시설된 이름이다. '없다'고 부정하는 것을 막기 위해 '있음'을 설하고, '있다'는 집착을 막기 위해 '공'을 설한다. (변계소집과 같이) 허虛하다거나 (의타기와 같이) 환幻이라고 해서는 안 되기 때문에 '실實'이라 설하였고, 이치는 허망한 전도가 아니기 때문에 '진여'라고 하였다."[818]

言眞如者。如成唯識第九卷云。眞謂眞實。顯非虛妄。如謂如常。表無變異。[1)]
謂此眞實。於一切位。常如其性。故曰眞如。卽是湛然不虛妄義。問。豈

---

[817] 『成唯識論』 권9(T31, 48a23).
[818] 『成唯識論』 권2(T31, 6c16).

不前說眞勝義諦離諸名言。如何於此說名眞如。解釋此難。如成唯識
第二卷說。眞如亦是假施設名。遮撥爲無。故說爲有。遮執爲有。故說
爲空。勿謂虛幻。故說爲實。理非妄倒。故名眞如。

---

1) ㉠『成唯識論』권9(T31, 48a24)에는 '異'가 '易'으로 되어 있는데, 의미상 큰 차이
는 없다.

● 승의勝義

'승의'라고 한 것은, '승勝'은 수승한 지혜(勝智)이고 '의義'는 경계(境義)를 말하니, 이 진여는 두 종류 수승한 지혜의 소연 경계이기 때문에 승의라고 이름한 것이다. 그러므로 『현양성교론』 제16권에서는 다음과 같이 말한다. "논 이 승의제는 바로 원성실자성임을 알아야 한다. 문 어떤 이유에서 일곱 종류 진여⁸¹⁹를 승의제라고 하는가? 답 이것은 두 종류 가장 수승한 지혜의 영역(所行)이기 때문이니, (두 종류 지혜란) 출세간지 및 후소득의 세간지를 말한다. 이 승의에는 희론이 없기 때문에 그 밖의 지혜의 경계가 아니다."⁸²⁰

그 밖의 별도의 의미는 예를 들어 「이제장二諦章」의 설과 같다.

言勝義者。勝謂勝智。義卽境義。謂此眞如。二種勝智所緣境義。故名勝義。
是故顯揚第十六云。論曰。此勝義諦。當知卽是圓成實¹⁾性。問。何因緣故。

---

819 일곱 종류 진여(七種眞如) : 일곱 가지 진여는 '오염법과 청정법 가운데 내재되어 있는 궁극의 진리'로서 요가행자들이 반드시 관해야 하는 대상을 말한다. 일곱 가지 진여란 다음과 같다. 첫째 유전流轉진여란 모든 행위가 시작도 끝도 없이 이어지는 것을 말한다. 둘째 상상相진여란 모든 법에 내재된 인人·법法의 무아성無我性을 말한다. 셋째 요별了別진여란 모든 것이 '유식唯識'이라는 진리를 말한다. 다음에 안립安立·사행邪行·청정淸淨·정행正行의 네 가지 진여는 각기 고苦·집集·멸滅·도道의 진리(諦)를 나타낸다. 이 일곱 가지 진여는 여소유성如所有性이라 이름하며, 지관止觀의 네 종류 소연 중에서 '사변제성事邊際性'에 해당한다. 자세한 것은 「分別瑜伽品」에 나온 '지관의 소연'에 대한 해석 참조.
820 『顯揚聖教論』 권16(T31, 559a28).

七種眞如。名勝義諦。答。由是二最勝智所行故。謂出世智及後所得世間
智。由此勝義無戲論故。非餘智境。自餘別義。如二諦章。

1) ㉠『顯揚聖敎論』권16(T31, 559a28)에는 '實' 다음에 '自'가 있다.

● 법무아法無我

'법무아'라고 한 것에 대해 예를 들어『집론』제3권에서 다음과 같이 설한다. "어떤 것이 무아상인가? 가령 아론자我論者들에 의해 정립된 아상我相과 같은 것은 온·계·처에는 이런 상이 없으니, 온·계·처에는 아상이 없기 때문에 '무아상'이라 한 것이다."[821]『잡집론』제8권에서도 이와 동일하게 말한다.

言法無我者。如集論第三說。何等無我相。謂如我論者所立我相。蘊界處非
此相。由蘊界處我相無故。故[1]名無我相。雜集第八。亦同此說。

1) ㉠『集論』권3(T31, 675b3)에 따르면, '故'는 잉자다.

🔲 공과 무아, 두 종류는 어떤 차별이 있는가?

🔲 여러 교설이 같지 않다.

『구사론』에 의하면 네 가지 설이 다르다. 따라서 제26권에서는 "(오온 등의 고과苦果는) 아소견我所見과 어긋나기 때문에 공空이라 하고 아견我見과 어긋나기 때문에 비아非我라고 한다."[822]고 하였다.[823] 또 "그것은 내적

---

821 『集論』권3(T31, 675b2).
822 『俱舍論』권26(T29, 137a10).
823 여기에서는 고제苦諦에 대해 비상非常·고苦·공空·비아非我의 네 가지 행상을 설한 이유를 밝히는데, 이하에 모두 네 가지 해석이 나온다. 그중 첫 번째 해석에 따르면, 오온五蘊 등의 고과苦果는 반드시 많은 연을 기다려야 생겨나기 때문에 '비상非常'이라 하고, 천류하면서 핍박받는 성질이기 때문에 '고苦'라고 하였으며, 내가 소유하는 것(我所)이라고 집착될 만한 것이 아니기 때문에 '공'이라 하였고, '나(我)'라고 집착될 만한 것이 아니기 때문에 '비아'라고 하였다.『俱舍論記』권26(T41, 392b20) 참조.

으로 사부士夫(ⓢ puruṣa : 자아)를 떠난 것이기 때문에 '공'이고, 자재하지 않기 때문에 '비아'다."⁸²⁴라고 하였다.⁸²⁵ 또 "여기에 '아'가 없기 때문에 '공'이고, 그 자체는 '아'가 아니기 때문에 '비아'다."⁸²⁶라고 하였다.⁸²⁷ 또 아소견을 대치하기 위해 '공'의 행상을 닦고, 아견을 대치하기 위해 '비아'의 행상을 닦는다고 하였다.⁸²⁸

『대비바사론』제79권에도 두 가지 설이 있는데, 『구사론』의 처음 두 가지 해석과 동일하다. 『순정리론』 제74권에서는 "주재主宰가 없기 때문에 '공'이고 아상我相과 어긋나기 때문에 '비아'다."⁸²⁹라고 하였다. 또 "아소견을 대치하기 위해 '공'의 행상을 닦고, 아견을 대치하기 위해 '비아'의 행상을 닦는다."⁸³⁰고 하였다.【이것은『구사론』의 네 번째 해석과 동일하다.⁸³¹】

---

824 『俱舍論』 권26(T29, 137a19).
825 두 번째 해석에 따르면, 오온 등의 고제苦諦는 궁극적 열반의 영원함(常)과는 어긋나기 때문에 '비상非常'이라고 하였고, 유루有漏의 행법行法은 마치 무거운 짐을 짊어진 것과 같기 때문에 '고苦'라고 하였으며, 오온 안에는 '사부士夫(我)'라고 집착될 만한 것이 없기 때문에 '공空'이라 하였고, 그 체가 자재하지 않기 때문에 '비아非我'라 하였다. 『俱舍論記』 권26(T41, 392b29) 참조.
826 『俱舍論』 권26(T29, 137a24).
827 세 번째 해석에 따르면, 오온 등의 고제는 그 자체가 생멸하기 때문에 '비상非常'이라 하였고, 이러한 유루有漏의 법은 성인의 마음과는 어긋나기 때문에 '고苦'라고 하였으며, 마치 집 안에 사람이 없는 것처럼 이 온 중에는 '아'가 없기 때문에 '공空'이라 하였고, 마치 집은 사람이 아닌 것처럼 온 자체가 '아'는 아니기 때문에 '비아非我'라 하였다. 『俱舍論記』 권26(T41, 392c25) 참조.
828 네 번째 해석에 따르면, 고제苦諦의 네 가지 행상은 그릇된 견들을 대치하기 위해 설해진 것이다. 그에 따르면, 상견常見을 대치하기 위해 '비상非常'의 행상을 닦고, 낙견樂見을 대치하기 위해 '고苦'의 행상을 닦으며, 아소견我所見을 대치하기 위해 '공空'의 행상을 닦고, 아견我見을 대치하기 위해 '비아非我'의 행상을 닦는다. 이상은 『俱舍論』 권26(T29, 137b24), 『俱舍論記』 권26(T41, 393c13) 참조.
829 『順正理論』 권74(T29, 741a7).
830 『順正理論』 권74(T29, 740c20).
831 『順正理論』의 두 번째 해석은 앞의 『俱舍論』의 네 번째 해석과 마찬가지로 고제苦諦 하의 비상非常·고苦·공空·비아非我의 행상 중에서 뒤의 두 가지 행상은 아소견과 아견을 대치하는 것으로 보았다.

『대지도론』 제32권에서는 "실재(實)를 보지 않는 것을 '공'이라 하고 '아我'를 보지 않는 것을 '무아'라고 한다."[832]고 하였다.

『집론』 제3권에서는 다음과 같이 말한다. "어떤 것이 공의 모습인가? 만약 이곳에 이것이 있지 않다면 이 도리에 따라 '공空'이라고 바르게 관하고, 만약 이곳에 그 밖의 것이 있다면 이 도리에 따라 '있다(有)'고 여실하게 안다면, 이것을 공성空性에 잘 깨달아 들어간다고 한다.……어떤 곳에 무엇이 있지 않다는 것인가? 온·계·처에는 항상 견고하게 머무르면서 변하여 무너지지 않는 '법·아·아소' 등은 있지 않으니, 이 도리에 따라서 그것들은 모두 '공'이다. 어떤 곳에 그 밖의 무엇이 있다는 것인가? 즉 '이곳에서의 무아성(此處無我性)', '이 아의 무성(此我無性)'과 '무아의 유성(無我有性)'이니, 이것을 '공성'이라 일컫는다.[833·834]

『성실론』 제15권에서는 다음과 같이 말한다. "『법인法印經』에서 설한 것처럼, 행자는 색의 무상無常과 공허空虛를 관한다. '무상'이란 색의 체성이 무상함을 말하고, '공허'란 마치 병 안에 물이 없으면 '빈 병'이라 하는 것처럼 이와 같이 오온 중에는 신아神我가 없기 때문에 '공'이라 한다.[835·836] 또 「성행품聖行品」에서는 다음과 같이 말한다. "두 가지 행이 있으니, 공행空行과 무아행無我行이다. 오음 중에서 중생을 보지 않는 것을 공행이라 하고, 오음도 또한 없다고 보면 무아행이라 한다."[837]]

---

832 『大智度論』 권32(T25, 297c20).
833 이 논에서는 '공空'과 '공성空性'을 구분하여 설명하고 있다. 가령 온·처·계 등에는 범부들이 집착하는 것과 같은 실아實我·실법實法 등은 존재하지 않는다. 이처럼 어떤 곳에 X가 '없음(無)'을 일컬어 '공空'이라 말한다. 그런데 온·처·계 등에는 이와 같은 아가 없다는 사실로 인해 '무아'는 '있음'이 드러난다. 이러한 '무아의 유성(無我有性)'을 일컬어 '공성'이라 한다.
834 『集論』 권3(T31, 675a21).
835 여기서 '공'이란 마치 물병에 물이 없으면 병이 공하다고 하듯이, 오온 중에 '아'가 없다는 의미에서 '공'이라고 한 것이다. 이는 앞의 『集論』에서 말한 '공'과 같은 의미이고, '무아의 있음(無我有性)'을 나타내는 '공성'과는 의미상 차이가 난다.
836 『成實論』 권15(T32, 363b7).
837 『成實論』 권16(T32, 365b18).

問. 空與無我. 二種何別. 答. 諸教不同. 依俱舍論. 四說不同. 故第二十六云. 違我所見故空. 違我見故非我. 又云. 內離士夫故空. 不自在故非我. 又云. 於此無我故空. 自非我故非我. 又云. 爲治我所見故. 脩空行相. 爲治我見故. 脩非我行相. 大毗婆沙第七十九. 亦有兩說. 同俱舍初二釋. 順正理論第七十四云. 無主宰故空. 違我相故非我. 又云. 爲治我所見故. 脩空行相. 爲治我見故. 脩非我行相.【此同俱舍論第四釋.】依智度論第三十二云. 不見實. 是名空. 不見我. 是名無我. 依集論第三云. 何等空相. 謂若於是處此非有. 由此理正觀爲空. 若於是處餘是有. 由此理如實如[1])有. 是名善入空性. 於何處誰非有. 於蘊界處. 常恒凝住不變壞法我我所等非有. 由此理. 彼皆是空. 於何處誰餘有. 即此處無我性. 此無我[2])性. 無我有性. 是謂空.[3])【成實論第二[4])十五云. 如法印經中說. 行者觀色無常空虛.[5]) 無常者. 謂色體性無常. 空虛者. 如瓶中無水. 名曰空瓶. 如是如是[6])五蘊中. 無神我故名爲空. 又聖行品云. 有二行. 空行無我行. 於五陰中. 不見衆生. 是名空行. 見五陰亦無. 是無我行也.】

1) ㉑ '如'는 다른 판본에는 '知'로 되어 있다. ㉓『集論』권3(T31, 675a22)에 따르면, '知'가 바르다. 2) ㉓『集論』권3(T31, 675a26)에 따르면, '無我'는 '我無'로 수정해야 한다. '此我無性'은 뒤의 '無我有性'과 대구되는 문구다. 3) ㉓『集論』권3(T31, 675a26)에 따르면, '空' 다음에 '性'을 추가해야 한다. 4) ㉓ '二'는 삭제해야 한다. 위의 인용문은『成實論』제15권에 나온다. 5) ㉓『成實論』권15(T32, 363b8)에는 '虛' 다음에 '離相'이 있으나, 전후 문맥상 없어도 무방하다. 6) ㉓『成實論』권15(T32, 363b9)에 따르면, '如是如是'에서 '如是' 하나는 삭제해야 한다.

b. 순석順釋

경 오직 이 진여·승의·무이에 수순하는 지智를 의지로 삼기 때문에, 모든 것에 편재하는 일미상의 승의제를 심찰하고 취증하는 것이다.

唯卽隨此眞如勝義無二智爲依止故. 於遍一切一味相勝義諦. 審察趣證.

석 이것은 두 번째로 '일미一味'에 대해 순석한 것이다.

이 경문의 해석에서 여러 설이 다르다.

한편에서는 다음과 같이 말한다. 〈"오직(唯)"과 "이(此)"는 모두 하나의 온(一蘊)을 가리키니, 차전遮詮과 표전表詮이 다르기 때문에 두 자를 말한 것이다. '오직'이라 말한 것은 차전으로서 그 밖의 온 등을 배제시킨 것이고, '이'라는 것은 표전으로서 '이 하나의 온'을 지시한 것이다.[838] 이 말의 뜻을 설하자면, 오직 이 하나의 온의 진여와 승의 및 유·무 둘 없는 법무아의 경계에 (수순하는) 세 종류 무분별지를 의지로 삼기 때문에 후소득지로 저 모든 것의 일미상에 대해 심찰하고 취증하며, 따라서 진여가 바로 일미상임을 안다는 것이다.〉 한편에서는 다음과 같이 말한다. 〈"무이에 (수순하는) 지"란 '인·법 두 가지 무아의 지(人法二無我智)'를 말한다. 나머지는 이전의 설과 같다.〉[839] 한편에서는 다음과 같이 말한다. 〈행자는 세 종류 무분별지를 의지로 삼기 때문에 이 지智로써 모든 것에 편재하는 일미상에 대해 심찰하고 취증한다.[840] 나머지는 처음의 설과 같다. 혹은

---

[838] 이전의 경문에서 "하나의 온의 진여·승의·법무아성을 통달하고 나면, 다시 각기 별도로 그 밖의 온이나 모든 처·연기·식·제·계·염주·정단·신족·근·역·각지·도지의 진여·승의·법무아성을 구하지 않더라도"라고 하였는데, 여기서 말했던 '그 밖의 온' 등을 배제하고 바로 이 '하나의 온'만을 가리키기 위해서 이번 경문에서도 '유唯'와 '차此'라는 말을 쓴 것이다. 즉 "오직 이 진여·승의·무이에 수순하는 지智(唯卽隨此眞如勝義無二智)"라는 문구에 쓰인 '唯'와 '此'를 가리킨다. 그런데 '오직(唯)'이라는 것은 '그 밖의 온 등'을 배제하는 의미로 쓰였다. 이는 특정한 A를 가리키는 것이 아니라 단지 'A 아닌 것'을 배제시키는 말이므로 '차전'이라고 하였다. 반면에 '이것(此)'이라는 말은 '하나의 온'을 가리킨다. 이는 특정한 A를 긍정하는 말이므로 '표전'이라고 하였다.

[839] 첫 번째 해석과 이 해석은 오직 '무이지無二智'에 대한 해석에서 차이가 난다. 전자는 '무이지'를 인법이무아지人法二無我智, 즉 인무아·법무아 두 가지 무이의 경계에 수순하는 지라고 해석한 반면, 후자는 유무무이법무아경有無無二法無我境, 즉 유·무 둘 없는 법무아의 경계에 수순하는 지라고 해석하였다.

[840] 첫 번째 해석과 이 해석은 일미상을 심찰·취증하는 지智에 대한 해석에서 차이가 난다. 전자는 '진여·승의·무이에 수순하는 세 종류 무분별지無分別智'를 소의로 삼기 때문에 그 무분별지 이후에 획득된 후득지後得智로 일미상을 심찰·취증한다고 해석한 반면, 후자는 세 종류 무분별지로 심찰·취증한다고 해석하였다.

나미지는 이전의 설과 같다고 할 수도 있다.〉

이상으로 모두 세 가지 설이 있었다.[841] 한편에서는 '오직'과 '이'는 모두 '일미의 진여'를 가리킨다고 하는데, 이에 또한 세 가지 해석이 있으니 앞의 것에 준해서 알아야 한다. 한편에서는 '오직'은 '하나의 온'을 말하고 '이'는 진여를 말한다고 하는데, 이에 또한 세 가지 해석이 있으니 앞의 것에 준해서 알아야 한다. 이와 같이 이상으로 모두 아홉 가지 해석이 있다. 혹은 '오직'이란 진여를 말하고 '이'는 하나의 온을 가리킨다고 볼 수도 있는데, 이에 또한 세 가지 해석이 있으니 앞의 것에 준해서 알아야 한다.

비록 이런 해석들이 있기는 해도 문장의 표현이 간편하지 않다. 그 뜻을 총괄해서 해석하자면, 앞 문장은 '그 밖의 법의 승의를 구하는 경우'를 차단한 것이므로 '반해反解'라고 하였고, 이 문장은 '오직 하나의 온의 승의를 구하는 경우'를 성립시킨 것이므로 '순석順釋'이라 한 것이다.

釋曰。此卽第二順釋一味。釋此文。諸說不同。一云。唯此皆是一蘊。遮表異故說二。言唯是遮。遣遮餘蘊等。此者表。示此一蘊也。此意說云。唯此一蘊眞如勝義及有無無二法無我境。三種無分別智爲依止故。後所得智。於彼一切一味相。審察趣證。故知眞如是一味相。一云。無二智者。人法二無我智。餘如前說。一云。行者以三種無分別智爲依止故。卽用此智。於遍一切一味相中。審察趣證。餘如初說。或可餘如前說。上來總有三說。一云。唯此皆是一味眞如。亦有三釋。准上應知。一云。唯謂一蘊。此卽眞如。亦有三釋。准上應知。如是上來。總有九釋。或可唯是眞如。此卽一蘊。亦有三釋。准上應知。雖有此釋。文辭不便。總釋意云。前文遮求餘法勝義。故

---

[841] 앞에 진술된 세 가지 해석은 공통적으로 경문의 "오직(唯)"과 "이(此)"라는 단어가 차전·표전의 차이는 있어도 모두 "이 하나의 온"을 직접·간접적으로 가리킨다고 본 것이다. 반면에 이하에 진술된 해석들은 그 두 단어가 모두 '진여'와 연결된다고 보거나, 혹은 그 두 글자가 각기 따로 '진여'나 '이 하나의 온'에 연결된다고 보았다.

名反解。此文成立唯求一蘊故名順釋。

진제 삼장은 두 단락의 경문을 해석하면서, 앞 문장은 '세 가지 경계(진여·승의·무이)에 통달하는 것'에 대해 해석한 것이고, 뒤 문장은 '심찰과 취증'을 해석한 것이라고 하였다.

(진여·승의·무이라는) 이 세 가지의 차별은, 소승에 의하면 세 가지 무루근에 차별이 있기 때문이다. 이것은 곧 견도위와 수도위와 무학위가 차별되기 때문이다.[842] 이제 대승에 의하면, 지地마다 모두 들어가고(入) 머물고(住) 나오는(出) 단계가 있는데, 그 차례대로 배당시킨 것임을 알아야 한다.

眞諦三藏。釋兩段經云。前文釋通達三境。後文釋審察趣證。此三別者。若依小乘。三無漏根有差別故。此卽見脩無學位差別故。今依大乘。地地皆有入住出分。如其次第。配屬應知。

④ 결론

경 그러므로 선현이여, 이런 도리에 따라 승의제는 바로 모든 것에 편재하

---

[842] 의意·낙樂·희喜·사捨·신信·근勤·염念·정定·혜慧 등의 아홉 가지는 증상시키는 힘이 있어서 무루의 청정한 성법聖法을 발생시키기 때문에 그것들을 무루근無漏根으로 가립한다. 이 아홉 가지 근들은 견도위의 사람이 아직 알지 못하는 사제의 진리를 알고자 하여 지전地前 방편의 해행解行을 닦아 익힐 때 그런 수행의 토대가 되기 때문에 미지당지근未知當知根이라 한다. 또 수도위의 사람이 사제의 진리를 이미 알고 아울러 이치에 대한 미혹을 제거하였는데, 다만 사사에 대한 미혹을 제거하기 위해 정진해서 사제의 이치를 관할 때 이 근들은 그런 관의 토대가 된다. 따라서 수도위에서는 이것을 이지근已知根이라 한다. 또 사제의 이치를 통찰한 무학위의 사람은 모든 번뇌를 이미 끊고 일체의 이뤄야 할 일을 다 성취했기 때문에 무학위에서는 그것을 구지근具知根이라 한다.

는 일미상임을 알아야 한다.

是故善現。由此道理。當知勝義諦是遍一切一味相。

석 이것은 두 번째로 결론지은 문장임을 알 수 있을 것이다.

釋曰。此卽第二結文可知。

(다) 세 가지 과실을 떠난다는 점에서 일미상을 해석함

경 선현이여, 마치 저 모든 온의 전전이상展轉異相[843]처럼, 마치 저 모든 처·연기·식·제·계·염주·정단·신족·근·역·각지·도지의 전전이상처럼,

善[1]現。如彼諸蘊展轉異相。如彼法[2]處。緣起。食。諦。界。念住。正斷。神足。根。力。覺支。道支。展轉異相。

1) ㉠『解深密經』권1(T16, 692a9)에는 '善' 앞에 '復次'가 있다. 2) ㉠『解深密經』권1(T16, 692a10)에 따르면, '法'은 '諸'의 오기다.

석 이하는 세 번째로 세 가지 과실을 벗어난다는 점에서 일미상을 해석한 것이다. 곧 진여 등은 '인因이 있다'는 등의 세 종류 과실을 벗어나기 때문에 '일미'를 성립시킨다. 이 중에 두 가지가 있으니, 앞은 해석이고 나

---

843 전전이상展轉異相: '전전展轉'이라는 말은 어떤 것들을 시간적 전후 관계에서 비교해 보거나 혹은 상호 대망對望시켜 보는 관계를 모두 가리킨다. '전전이상'이란 상호간에 비교해 보았을 때 모습이 각기 다르다는 것뿐만 아니라 시간이 지남에 따라 점점 모습이 달라진다는 것을 모두 의미할 수 있다.

중은 결론이다.

> 釋曰。此下第三以離三過。釋一味相。卽眞如等。離有因等三種過失。故成一味。於中有二。先釋。後結。

㉮ 해석

해석에 두 가지가 있다. 처음은 온 등의 전전이상에 대해 밝힌 것이고, 나중은 진여에는 별개의 이상이 없음을 나타낸 것이다.

> 釋中有二。初明蘊等展轉異相。後辨眞如無別異相。

a. 온 등의 전전이상을 밝힘

이것은 처음에 해당한다. 경문에 두 개의 절이 있다. 처음은 모든 온의 전전이상을 밝힌 것이고, 나중의 "마치 저" 이하는 처處 등의 전전이상을 유추해서 밝힌 것이다.

이 온 등의 상相은 각기 다르기 때문에, (승의제가 마치 온 등과 같다면) 세 가지 과실이 있게 된다.[844] 첫째는 인因이 있으니, 인에 의해 생겨난 것이기 때문이다. 둘째로 유위有爲가 되니, 상에 의해 변천되는 것이기 때문이다. 셋째로 승의가 아니므로 마땅히 다시 추구해야 할 것이니, 궁극적인 것이 아니기 때문이다.

---

844 여기에 진술된 세 가지 과실은 모두 유위법의 특징에 해당하는데, 승의제가 마치 온 등과 마찬가지로 전전이상展轉異相를 갖는다고 할 경우 그러한 유위법의 특징을 갖게 된다는 점에서 과실이라고 한 것이다. 그에 따르면, 오온의 고과苦果는 모두 인因에 의해 생겨난 것이고, 인에서 생긴 것들은 생生·주住·이異·멸滅이라는 유위의 사상四相을 거치므로 유위법이며, 따라서 수행자들이 궁극적으로 추구해야 할 승의勝義는 아니다.

此即初也。文有二節。初明諸蘊展轉異相。後如彼下。類處等展轉相異。[1)]
由此蘊等相別異故。有三過失。一者有因。因所生故。二者有爲。相所遷故。
三非勝義。應更尋求。非究竟故。

1) ㉕ '相異'는 '異相'의 도치다.

b. 진여에 별개의 이상이 없음을 나타냄

경 만약 일체법의 진여·승의·법무아성에도 이상異相이 있다면, 이는 진여·
승의·법무아성에도 마땅히 인因이 있어서 인에서 생겨난 것이어야 한다. 만약
인에서 생겨난 것이라면, 마땅히 이는 유위일 것이다. 만약 이것이 유위라면,
마땅히 승의제가 아닐 것이다. 만약 승의제가 아니라면, 마땅히 다시 그 밖의
승의제를 찾아야 할 것이다.

若一切法眞如勝義法無我性。亦異相者。是卽眞如勝義法無我性。亦應有
因。從因所生。若從因生。應是有爲。若是有爲。應非勝義。若非勝義。應更
尋求餘勝義諦。

석 이하는 두 번째로 승의제는 별개의 이상異相이 없음을 나타낸 것이
다. 이 중에 두 가지가 있다. 처음은 '승의제에 세 가지 과실이 있음'을 반
현返顯한 것이고,[845] 나중의 "선현이여" 이하는 '승의제는 세 가지 과실을
떠난다'고 순석順釋한 것이다.

釋曰。此下第二顯勝義諦無別異相。於中有二。初返顯勝義有三過失。後善

---

845 '반현返顯'은 앞서 말한 '반석反釋'과 같다. 바른 도리와는 상반되는 경우를 들어 그 과
실을 지적하는 방식으로 해석하였으므로 '반현'이라고 하였다.

現下。順釋勝義離三過失。

a) 승의제에 세 가지 과실이 있음을 반현返顯함

이것은 처음에 해당한다. 경문에 두 개의 절이 있다. 처음에는 '이상異相'을 표제로 내걸었고, 나중에는 세 가지 과실을 나타내었다.

세 가지 과실이란 앞에서 이미 설했던 것과 같다. 혹은 다섯 가지 과실이라 할 수도 있다. 첫째는 인因이 있어야 하고, 둘째는 인에서 생긴 것이며, 셋째는 유위여야 하고, 넷째는 승의가 아니며, 다섯째는 (그 밖의) 승의를 구해야 한다는 것이다.

이 경문에 준해 보면, 대원경지大圓鏡智[846] 등도 '인'에서 생겨났기 때문에 유위에 속하고 승의제가 아니게 된다. 따라서 친광親光 등은 수용신受用身을 해석하면서 다음과 같이 말한다. 〈이것은 무상하니, '생겨난 것은 반드시 멸한다'고 한결같이 대답해야 하기(一向記) 때문이다. 어떤 이는 '이것은 영원하다'고 설한다.〉[847]【문장을 조사해 보라.】이와 같은 의미는 제5권에서 자세히 분별할 것이다.

此卽初也。文有二節。初牒異相。後顯三失。言三失者。如前已說。或可五

---

846 대원경지大圓鏡智(S ādarśa-jñāna) : 전의轉依를 이루고 불과佛果를 획득했을 때 제8식이 전환되어 대원경지를 이룬다고 한다. 마치 대원경大圓鏡이 일체의 영상을 두루 비추는 것과 같이 일체법을 비추는 완전한 지智를 말한다.
847 아마도 친광의 『佛地經論』의 내용을 언급한 듯한데, 문장이 완전하지 않아 그 취지를 잘 알 수 없다. 그런데 이 논에는 수용신 등에 대해 어떤 경우는 '무상無常'이라 말하고 어떤 경우는 '상주常住'라고 말하는 이유를 다음과 같이 설명하는 대목이 있다. 〈여래의 수용신과 변화신도 비록 순간순간 생하고 멸함이 있기는 해도, '간단이 없다(無間斷)'는 측면에서 '상常'이라 설하거나 '상속한다(相續)'는 측면에서 '상'이라 설하기도 하므로 경에서 '여래의 색色·수受 등은 상주한다'고 설하는 것이다. 그런데 실제로 여래의 몸은 찰나마다 생멸이 있고, 이 몸은 무루종자를 수습하고 증장시켜서 생겨난 것이며, 또 '생겨난 것은 모두 멸한다'고 한결같이 대답해야 하기 때문에, '여래의 몸은 무상하다'고 설하는 것이다.〉『佛地經論』권7(T26, 326b11) 참조.

失。一應有因。二從因生。三應有爲。四非勝義。五應求勝。卽准此文。圓鏡智等。從因生故。是有爲攝。非勝義諦。故親光等。釋受用身。卽是無常。生者必滅一向記故。有說是常。【勘文。】如是等義。第五卷中。當廣分別。

b) 승의제는 세 가지 과실을 떠남을 순석順釋함

경 선현이여, 이에 따르면 진여·승의·법무아성은 인因이 있다고 하지 않고, 인에서 생긴 것도 아니며, 또한 유위도 아니고, 바로 승의제이니, 이 승의제를 얻으면 다시 그 밖의 승의제를 찾지 않는다.

善現。由此。眞如勝義法無我性。不名有因。非因所生。亦非有爲。是勝義諦。得此勝義。更不尋求餘勝義諦。

석 이하는 두 번째로 승의제가 세 가지 과실을 떠남을 순석順釋한 것이다. 이 중에 두 가지가 있다. 처음은 '승의제는 세 가지 과실을 떠남'을 바로 순석한 것이고, 나중의 "오직(唯有)" 이하는 (바른) 도리로 거듭 성립시킨 것이다.

釋曰。自下第二順釋勝義。離三過失。於中有二。初正釋勝義離三過。後唯有下。以理重成。

(a) 바로 해석함

이것은 처음에 해당한다. 말하자면 (승의제에) 별개의 이상異相이 있다면 세 종류 과실이 있게 되니, 따라서 승의제는 오직 일미이고 세 종류 과실을 떠났음을 알 수 있다.

此卽初也。謂若別異有三失故。故知勝義唯是一味。離三種失。

(b) 도리로 거듭 성립시킴

경 오직 상상시常常時에 항항시恒恒時에 여래께서 세상에 나시든 나시지 아니하든 제법의 법성이자 안립법계로서 안주하는 것이다.[848]

唯有常常時。恒恒時。如來出世。若不出世。諸法法性安立法界安住。

석 이것은 두 번째로 (바른) 도리로 거듭 성립시킨 것이다. 말하자면 저 승의의 일미진여는 오직 언제 어느 때나 여래가 세상에 나시든 나시지 아니하든 일체 제법의 법성이고 안립법계로서 안주하는 것이니, 다시 변이된 갖가지 이상異相들이 없다는 것이다.

『해절경』에서는 단지 "항상恒常……법성法性·법계法界·법주法住로서 (모두 상주한다.)"[849]고 하였고, 진제 스님은 다음과 같이 해석하였다. 〈도 이전(道前)의 단계에서는 이전부터 본래 있는 것이므로 "항恒"이라 하였으니, 부처님이 세상에 나오시고서야 비로소 있게 된 것은 아니기 때문이다. 도 중간(道中)과 도 이후(道後)의 지위에서는 이 이치가 사라지지 않으므로 "상常"이라 하였으니, 부처님이 세상에 나오신 후에도 이치는 다함이 없기 때문이다. "법성"이란 바로 '자성주불성自性住佛性'이다. 도 이전의 지위에서 보면 (그것이) 보리를 이루기 위한 근본이 될 수 있으니, 중생

---

848 다음의 『解深密經疏』 문장에도 나오듯 이 '諸法法性安立法界安住'라는 문구는 두 가지 방식으로 해석될 수 있다. 나머지 다른 두 판본에서처럼 이 문구를 '제법법성, 안립법계, (안립)안주'라는 세 구절로 나누어 해석하는 경우, 혹은 무성의 『攝大乘論釋』에서처럼 '법성안립, 법계안주'라는 두 구절로 나누어 해석하는 경우다.
849 『解節經』 권1(T16, 714b18).

이 이로 말미암아 발심할 수 있기 때문이다. "법계"란 '인출불성引出佛性'이다. 도 중간의 지위에서 보면 계界를 제행의 근본이라 이름하니, (이로 말미암아) 만행을 이끌어 내기 때문이다. "법주"란 '지득과불성至得果佛性'이다. 도 이후의 지위에서 보면, 열반에 이르기까지 법체가 상주하기 때문이다.〉[850]

釋曰。此卽第二以理重成。謂彼勝義一味眞如。唯常恒時。如來出世。若不出世。一切諸法法性安立法界安住。更無變異種種異相。依解節經。但說恒常乃至法性法界法住。眞諦解曰。於道前位中。先來本有。故名爲恒。非佛出世方始有故。道中後位。此理無滅。故稱爲常。佛出世後理無盡故。法性者。卽自性住佛性。約道前位。能爲菩提以作根本。衆生由此得發心故。法界者。卽引出佛性。約道中位。界名爲諸行根本。引出萬行故。法住者。卽至得果佛性。約道後位。至涅槃法體常住故。

지금 이 판본(현장 역 『해심밀경』)에서는 "상상시常常時에 항항시恒恒時에"라고 하였다.

해 일미진여는, 본래부터 지금까지 이전의 때(前時)도 하나가 아니므로 '상상시'라고 하였고 이후의 때(後時)도 하나가 아니므로 '항항시'라고 하였다. 이와 같은 시간 속에서 제법의 법성이자 안립법계로서 안주하는

---

850 이상의 진제 해석에서는 도道의 전전·중中·후後 지위에 의거해서 불성을 세 종류로 나누었는데, 이러한 구분은 『佛性論』 등에도 나온다. 그에 따르면, 자성주불성自性住佛性이란 견도 이전의 범부 지위에 있는 중생들이 아직 수행하지 않은 상태에서도 본래 갖추고 있는 불성을 가리킨다. 인출불성引出佛性이란 발심하고 나서 금강심金剛心에 이르기까지 성도聖道를 닦는 유학의 지위에서, 수습과 지혜와 선정의 힘에 의지해서 본유本有의 불성이 이끌려 나온 것을 가리킨다. 지득과불성至得果佛性이란 무학의 지위에서 수행이 완전히 충족되어 그 과성果性이 분명하게 현현한 상태를 말한다. 『佛性論』 권4(T31, 808b17), 『攝大乘論釋』 권7(T31, 200c23) 참조.

것이다.

그런데 이 '법성안립법계안주法性安立法界安住'에는 본래 두 가지 의미가 있다. 다른 두 판본(『해절경』과 『심밀해탈경』)에 준해 보면 세 가지로 나뉜다. 첫째는 제법법성諸法法性이고, 둘째는 안립법계安立法界이며, 셋째는 안립안주安立安住이다. 무성無性의 『섭대승론석』제4권에 준해 보면 두 가지로 나뉜다. 첫째는 제법의 '법성안립'이다. 둘째는 '법계안주'인데, 안주란 안립의 다른 이름이다.[851]

『유가사지론』에 의하면 세 가지로 나뉘니, 법성과 법계와 법주法住이다. 안주가 곧 법성이기 때문에 제10권에서는 다음과 같이 말한다. "이 모든 연기는 무시이래로 도리가 성취된 성질(理成就性)이니, 이를 '법성'이라 이름한다. 성취된 성질 그대로 전도 없는 문구로 안립되니, 이를 '법주'라고 이름한다. 이 법주는 저 법성을 인因으로 삼기 때문에, 그것을 '법계'라고 이름한다."[852]

해 『유가사지론』에서는 저 '연기'를 들어 저 이성理性을 나타낸 것이다. 혹은 그 논에서는 '연기'를 설하면서 이 세 구를 둔 것이지, 저 이성을 나타낸 것은 아니라고 할 수도 있다. 그러나 세 구를 해석하는 데 있어 그 이치는 다름이 없다.

今依此本。云常常時恒恒時者。解云。一味眞如。從本已來。前時非一。名常常時。後時非一。名恒恒時。於如是時。諸法法性安立法界安住。然此法性安立法界安住。自有二義。准餘二本。分爲三種。一諸法法性。二安立法界。三安立安住。若准無性攝論第四。分爲二種。一諸法法性安立。二法界安住。安住卽是安立異名。若依瑜伽。分爲三種。謂法性法界法住。安住卽

---

851 무성의 『攝大乘論釋』 권4(T31, 399c8) 참조.
852 『瑜伽師地論』 권10(T30, 327c24).

是法性故。第十卷云。是諸緣起。無始時來。理成就性。是名法性。如成就性。以無顚倒文句安立。是名法住。由此法住。以彼法性爲因。是故說彼名爲法界。解云。瑜伽擧彼緣起。顯彼理性。或可彼論卽說緣起。有此三句。非顯彼性。然釋三句。其理無別。

㉣ 결론

경 그러므로 선현이여, 이런 도리에 따라 승의제는 모든 것에 편재하는 일미상임을 알아야 한다.

是故善現。由此道理。當知勝義諦是遍一切一味相。

석 이것은 두 번째로 결론지은 문장임을 알아야 한다.

釋曰。是第二結文應知。

나) 비유(喩)

경 선현이여, 비유하면 갖가지 하나 아닌 품류의 이상異相의 색 안에서 허공은 상도 없고 분별도 없으며 변이도 없이 모든 것에 편재하는 일미상인 것처럼,

善現。譬如種種非一品類異相色中。虛空無相無[1]別無變異。遍一切一味相。

---
1) ㉮『解深密經』권1(T16, 692a22)에 따르면, '無' 다음에 '分'이 누락되었다.

석 두 번째는 비유를 들어 거듭 설한 것이다.

"갖가지 하나 아닌 품류"라고 했는데, 색온을 일반적으로 논하면 세 종류가 있다. 첫째는 사대四大 및 소조所造의 상이다.[853] 둘째는 유견유대有見有對와 무견유대無見有對와 무견무대無見無對라는 세 구의 차별적 상이다.[854] 셋째는 변괴變壞의 상이니, 말하자면 앞의 두 종류는 모두 변하여 무너짐이 있기 때문에 변괴의 상이라 한다. 이 세 가지를 갖추기 때문에 '갖가지 하나 아닌 품류'라고 하였고, 혹은 '이상異相'이라 한 것이다.

그런데 허공 중에는 능조能造·소조所造[855]의 상이 없기 때문에 '모습이 없다(無相)'고 하였다. 유견유대의 색 등의 갖가지 차별이 없기 때문에 '분별이 없다(無分別)'고 하였는데, 분별이란 바로 '차별'의 다른 이름이다. 『해절경』에서 '차별이 없다(無差別)'고 하였기 때문이다.[856] 또한 '변괴가 없다(無變壞)'는 것을 '변이가 없다'고 하였다. 이 세 가지 의미를 갖추므로 '일미상'이라 한 것이다.

釋曰。第二擧喩重說。言種種非一品類者。凡論色蘊。有其三種。一者四大及所造相。二者有見有對。無見有對。無見無對。三句差別之相。三者變壞。

---

853 사대四大와 소조所造는 다음의 '능조能造·소조所造'에 대한 역주 참조.
854 '유견有見과 무견無見'은 눈에 보이는가 아닌가를 기준으로 구분한 것이고, '유대有對와 무대無對'란 질애質礙가 있는가 없는가를 기준으로 구분한 것이다. 유견유대는 눈에 보이고 질애도 있는 것으로 '색色'을 말한다. 무견유대는 눈에는 보이지 않지만 질애를 가진 것으로 '색' 이외의 사경四境과 오근五根을 말한다. 무견무대는 눈에 보이지도 않고 질애도 없지만 물질의 범주에 속하는 것으로 소승에서 말하는 '무표색無表色' 등을 가리킨다.
855 능조能造·소조所造 : 지地·수水·화火·풍風 등의 사대종四大種은 능히 모든 색법을 만들 수 있으므로 '능조'라고 하고, 기타의 모든 색법들은 다 사대종으로 만들어진 것이므로 '소조'라고 한다.
856 위의 경문 중에서 "무분별無分別"이라 한 것은 『解節經』 권1(T16, 714b21)에는 "무유차별無有差別"이라 되어 있다. 따라서 위의 경문에서 '분별'이라 한 것은 '차별'의 다른 이름이라고 하였다.

謂前二種。皆有變壞。名變壞相。具此三種。故言種種非一品類。或云異相也。然虛空中。無能所造相。故名無相。無有有見有對色等種種差別故。名無分別。分別卽是差別異名。解節經云。無差別故。亦無變壞。名無變異。具此三義。名一味相。

다) 결합

경 이와 같이 이성異性과 이상異相의 모든 법들 안에서 승의제가 모든 것에 편재하는 일미상이라는 것도 또한 그러함을 알아야 한다."

如是異性異相一切法中。勝義諦遍一切一味相。當知亦爾。[1]

1) ㉠『解深密經』권1(T16, 692a24)에는 '爾'가 '然'으로 되어 있다.

석 세 번째는 법동유法同喩[857]를 든 것이다.
"이성異性과 이상異相"이란 자상自相과 차별差別을 말한다.[858] 따라서『심밀해탈경』에서는 '자상과 차별'이라고 하였다.[859]
이 경문의 뜻을 설하자면 다음과 같다. 〈모든 법들은 다 두 가지 상을

---

857 원측의『解深密經疏』에서는 비유를 들고 나서 마지막 하나의 주장을 추가하여 동품의 비유를 완전하게 진술하는 경우, 그 마지막 문장을 특별히 '합합' 또는 '법동유'라고 한다.
858 위 경문에서 말한 '이성異性'이란 제법의 자상自相(自性)을 뜻하고 '이상異相'이란 차별差別(差別相)을 뜻한다고 하였다. 본래 대승불교에서 '자성'이란 말해질 수 없는 것이고 오직 현량現量으로 파악되는 것이지만, 여기서 말하는 '자상'이란 하나의 사물 자체의 상을 총체적으로 가리키는 말이다. 그에 대해 '차별'이란 그 사물에 있는 갖가지 차별적 상들을 가리킨다. 이것을 판단에서의 주어와 술어의 관계를 통해 설명하면 다음과 같다. 예를 들어 '사과는 빨갛다'는 등등의 단순한 지각 판단에서, '사과'는 아직 분별이 가해지기 이전의 개별적 법 자체(自性)를 가리킨다. 그리고 '빨갛다, 둥글다, 시다' 등의 특징은 '사과'를 다른 것과 차별시키는(差別) 역할을 한다.
859『深密解脫經』권1(T16, 669a1).

갖고 있으니, 첫째는 자성(자상)이고 둘째는 차별이다. 그런데 승의제 중에서는 일체법의 자상과 차별이 없기 때문에 '일미'라고 한다.〉

따라서 『불지경』에서는 다음과 같이 말한다. "비유하면 허공은 비록 모든 색의 갖가지 상 가운데 편재하지만 (허공에) 갖가지 상이 있다고는 말할 수 없고 체는 오직 일미인 것처럼, 이와 같이 여래의 청정법계는 비록 다시 갖가지 상의 품류의 알아야 할 경계(所知境界)에 편재하지만 (청정법계에) 갖가지 상이 있다고 말할 수 없고 체는 오직 일미다."[860] 『불지경론』 제5권에서는, 의타기성은 똑같이 진여인 원성실성에 돌아가기 때문에 '일미'라고 하였고, 또 변계소집의 무無에 의해 현현된 진여는 차별이 없기 때문에 '일미'라고 하였다.[861]

釋曰。第三擧法同喩。言異性相者。卽自相差別。故深密云。自相差別。此意說云。一切諸法。皆有二相。一者自性。二者差別。而勝義中。無一切法自相差別。故名一味。故佛地經云。譬如虛空。雖遍諸色種種相中。而不可說有種種相。體唯一味。如是如來淸淨法界。雖復遍至種種相類所知境界。而不可說有種種相。體唯一味。佛地論第五。依他起性同皈眞如圓成實性。故名一味。又遍計所執[1]所顯眞如無差別故。名爲一味。

1) ㉢ '執' 다음에 '無'가 누락된 듯하다. 자세한 것은 해당 번역문 주석 참조.

---

860 『佛地經』 권1(T16, 721a4).
861 이것은 "세간은 적정하여 모두 똑같은 일미다.(世間寂靜皆同一味。)"라는 『佛地經』의 문구를 해석한 것이다. 『佛地經論』에 따르면, 유루의 오온을 '세간'이라 하고 그것의 그침(息滅)을 '적정'이라 할 경우, 성도聖道 등의 의타기성에서는 그 세간이 적정하여 모두 똑같이 진여(원성실성)로 귀결된다는 의미에서 '일미'라고 한다. 또 변계소집을 '세간'이라 하고 그 변계소집자성의 무無를 '적정寂靜'이라 할 경우, 이러한 적정에 의해 현현된 진여에는 차별적 상이 없다는 의미에서 '일미'라고 한다. 『佛地經論』 권5(T26, 315b7) 참조.

2) 게송으로 간략히 설함

경 이때 세존께서 이러한 의미를 거듭 펼치시기 위해 다음과 같이 게송으로 말씀하셨다.

爾時世尊。欲重宣此義。而說頌曰。

석 이하는 두 번째로 게송으로 간략히 설한 것이다. 이 중에 두 가지가 있다. 처음은 송문을 발기한 것이고, 나중은 게송으로 간략히 설한 것이다.

釋曰。自下第二擧頌略說。於中有二。初發起頌文。後擧頌略說。

(1) 송문을 발기함

이것은 처음에 해당한다.

此即初也。

(2) 게송으로 간략히 설함

경 이 모든 것에 편재하는 일미상의
　　승의제를 제불께서는 다름없이 설하시니[862]

---

[862] 이하의 원측의 해석에 따르면, '勝義諸佛說無異'는 제불들께서 승의제에 대해 똑같이 설하셨음을 찬탄한 구句이다. 따라서 "승의제를 제불께서는 다름없이 설하시니"라고 번역하였다. 그런데 원측의 또 다른 해석에 따르면, 마지막 '無異'라는 두 자는 승의제에

이에 대해 다름을 분별하는 자 있다면
그는 정녕 우치하여 증상만에 의지한 자로다

此遍一切一味相　勝義諸佛說無異
若有於中異分別　彼定愚癡依上慢

석 이하는 두 번째로 게송으로 간략히 설한 것이다. 이 중에 두 가지가 있다. 처음에 나온 반 송은 부처님들이 똑같이 설하셨음을 들어서 '일미상'을 찬탄한 것이다. 뒤의 두 구는 어리석은 이는 '다르다'고 집착함을 밝힘으로써 이치의 심오함을 나타낸 것이다.

전자 중에서 상구上句는 일미상이 모든 온 등에 편재함을 읊은 것이고, 하구下句는 그 승의제를 제불께서 똑같이 설하셨음을 밝힌 것이다. 혹은 "승의제를 제불께서는 다름없이 설하시니"라고 했는데, '다름없음(無異)'이 바로 '일미'의 뜻에 해당한다고 할 수도 있다. 다음의 반 송 중에서, 앞의 구는 '다르다'는 계탁을 밝힌 것이고, 뒤의 구는 계탁의 소의所依(증상만)를 밝힌 것이다.

그런데 이 게송에는, 『해절경』에 따르면, 다시 한 개의 게송 및 봉지奉持에 해당하는 장행이 덧붙어 있는데,[863] 이는 정본이 아닐 것이다. 그러한 이유는 당본唐本과 『심밀해탈경』에는 모두 (『해절경』에 덧붙은) 뒤의 게송과 뒤의 봉지가 없기 때문이다.

차이(異相)가 없는 것, 즉 '일미一味'를 뜻할 수도 있다. 이 해석에 따르면, "승의제를 제불께서는 다름없다고 설하시니"라고 번역할 수도 있다.

863 『解節經』 권1(T16, 714b28)에는 마지막에 "생사의 흐름을 거스르는 도는 미세하고 심오하여 보기 어려우니 욕망에 오염되고 우치에 덮여서 범인들은 획득할 수 없다네.(逆生死流道 微細深難見 欲染癡覆故 凡人不能得)"라는 한 송이 추가되어 있고, 이 게송에 이어서 관세음보살觀世音菩薩이 경의 가르침을 봉지하였다는 장행의 문구가 나온다.

진제 스님은 스스로 다음과 같이 말한다. 〈뒤 문구는 유통분으로 가야지 이 품 안에 둘 것은 아니다. 이는 최후의 유통분에 포함되는데 여기에 둔 이유를 잘 모르겠다. 전서前序도 또한 그러하니, 경의 전서를 베껴서 첫 번째 품에 둔 것이다.〉[864]

지금 이 진제의 해석을 판별해 보면, 또한 경문과 맞지 않는다. 경의 끝부분의 봉지분에서는 '만수실리'가 최후이기 때문이다.[865]

【『심밀해탈경』의 게송에서는 "여래께서는 마땅히 일체가 일미상이고 제일의제를 떠나지 않는다고 설하시니 다르다고 본다면 이는 교만이로다."[866]라고 하였다. 『해절경』에는 두 개의 송이 있다. "법의 공통된 모습인 일미를 모든 부처님들이 평등하게 설하시니, 이 중에 다름이 있다고 집착한다면 이 사람은 증상만을 가진 이로다. 생사의 흐름을 거스르는 도道는 미세하고 심오하여 통찰하기 힘드니, 욕망에 물들고 우치에 덮여서 범인들은 획득할 수 없다네."[867]】

釋曰。自下第二以頌略說。於中有二。初有半頌。擧佛同說。讚一味相。後二句。辨愚異執。顯理甚深。前中上句。頌一味相遍諸蘊等。下句。明其勝義諸佛同說。或可勝義諸佛說無異者。無異卽是一味義也。下半頌中。前句辨異計。後句計所依。然此頌中。依解節經。更有一頌及奉持長行。應非

---

864 진제 역 『解節經』은 현장 역 『解深密經』의 처음 두 품에 해당하는데, '서품' 명칭은 없고 '승의제상품'을 네 개의 품으로 나눈 것이다. 그중에서 첫 품인 「不可言無二品」의 서두에는 서품에 해당하는 문구가 삽입되어 있는데, 그와 유사하게 최후의 품인 「一味品」의 끝에는 유통분에 들어갈 문구가 삽입되었다는 말이다.
865 『解深密經』의 마지막 품인 「如來成所作事品」에서는 최후에 만수실리보살이 이 경의 가르침을 봉지하는 것으로 되어 있으나, 『解節經』 「一味品」의 추가된 장행에는 관세음보살이 봉지하는 것으로 되어 있다. 따라서 최후의 유통분에 들어가야 할 부분이 「一味品」에 들어간 것이라는 진제의 추측도 맞지 않다는 말이다.
866 『深密解脫經』 권1(T16, 669a4).
867 『解節經』의 게송 문구가 많이 도치되었는데, 원래의 게송은 "法通相一味 諸佛說平等 若於中執異 是人增上慢 逆生死流道 微細深難見 欲染癡覆故 凡人不能得"이다. 『解節經』 권1(T16, 714b26) 참조.

正本。所以爾者。唐本深密。皆無後頌又[1] 後奉持。眞諦自云。後去流通。非此品內。乃是攝最後流通文。安此末了。前序亦然。抄經前序。安第一品也。今判此釋。亦不順經。經末奉持。曼殊室利。以爲後故。【深密頌云。如來應說法。[2] 見別是憍慢。解節經。有其二頌。法通相一味。[3] 一切一味相。不離第一義。[4] 是人增上慢。逆生死流通。[5] 微細深難見。諸佛說平等。若於中執異。[6] 欲染癡覆故。凡夫[7]不能得。】

---

1) ㉱ '又'는 '及'의 오기인 듯하다.　2) ㉱『深密解脫經』권1(T16, 669a4)에 따르면, '如來應說法' 다음에 뒤의 '一切一味相。不離第一義。'라는 두 구가 나와야 한다.　3) ㉱ 이하에 나온『解節經』의 게송은 잉문과 도치가 많다.『解節經』권1(T16, 714b26)에 따르면, '味' 다음에 뒤의 '諸佛說平等。若於中執異。'라는 두 구가 나와야 한다.　4) ㉱ '一切一味相。不離第一義。'는『深密解脫經』의 게송이므로 '如來應說法' 뒤로 옮겨야 한다.　5) ㉱『解節經』권1(T16, 714b28)에 따르면, '通'은 '道'의 오기다.　6) ㉱ '諸佛說平等。若於中執異。'는 '法通相一味' 다음에 배치해야 한다.　7) ㉱『解節經』권1(T16, 714b29)에는 '夫'가 '人'으로 되어 있다.

찾아보기

가리륵呵梨勒 / 349
가타伽他 / 151
가타伽陀 / 151
가행위加行位 / 128
각覺 / 227, 243, 248, 445
각覺·관觀 / 225
각관覺觀 / 85, 201
각분覺分 / 439, 445
각각언설 / 245
각지覺支 / 437, 452
각지락覺知樂 / 257
감인堪忍 / 177
감임堪任과 불감임不堪任 / 166
거신擧身 / 183
걸사乞士 / 400
게게偈 / 151
게타게偈他 / 151
견見 / 102, 227, 239
견도見道 / 306
견도십육심見道十六心 / 382, 430
견見·문聞·각覺·식識 / 238
견見·문聞·각覺·지知 / 228, 229, 237, 238, 248, 272
견사제소단見四諦所斷 / 301
견아만사見我慢事 / 157
견견언설 / 245
견見·연緣·사事 / 404
견제見諦 / 306

견취見趣 / 195
견현관見現觀 / 404
견혹見惑 / 117
결結 / 318
경境 / 57
경계(境義) / 54
경계념처境界念處 / 429
경부經部 / 203, 234
경부종經部宗 / 131, 160, 202, 203, 232, 357, 382
경안각지輕安覺支 / 445
경촉문輕觸問 / 68
경境·행行·과果 / 57, 58, 59
고苦 / 469
고고苦苦 / 352
고성苦性 / 351
고苦·집集·멸滅·도道 / 418
공空 / 468, 469, 470
공과를 행하는 사람(空果行人) / 374
공삼매空三昧 / 372
공상共相 / 215, 216, 218, 329, 330, 355, 356
공상도리共相道理 / 357
공생空生 / 369
공성空性 / 292, 355, 470
공행空行 / 470
공허空虛 / 470
과果 / 57
과거장過去藏 / 97
과만過慢 / 383, 385~388

관觀 / 364
광대명칭廣大名稱 / 176
광맥麵麥 / 398
괴고壞苦 / 352
교계教誡 / 431
교계신변教誡神變 / 431
교량教量 / 105, 235
구瞿 / 149
구걸하는 필추(乞匃苾芻) / 401
구대명칭具大名稱 / 176
구로사拘盧舍 / 398
구마라다鳩摩邏多 / 160, 203
구생俱生아집 / 119
구지근具知根 / 261, 296
구해탈俱解脫 / 365
궤범사軌範師 / 236
극미極微 / 397
극유진극隙遊塵 / 398
근根 / 437
근근勤 / 438
근본정根本定 / 265
근본지根本智 / 142, 200
근根 · 진塵 · 아我 · 식識 / 117
금강무간도金剛無間道 / 430
『금강반야기金剛般若記』 / 369
금강심金剛心 / 430
금강후심金剛後心 / 430
『금광명기金光明記』 / 117
금진金塵 / 397
긍가殑伽 / 176, 179
긍기殑耆 / 179
긍기라殑耆羅 / 179
기蟣 / 398
기별記別 / 373
기설신변記說神變 / 431
기심記心 / 431

낙酪 / 351
낙견樂見 / 469
난법煖法 / 128
난식亂識 / 78, 80
내도 이생(內異生) / 361
내증內證 / 200
네 가지 구식口食 / 401
네 가지 수修 / 434
능도能到 / 187
능인能忍 / 177
능조能造 · 소조所造 / 484
능해심심의절보살能解甚深義節菩薩 / 63

다섯 종류 상(五相) / 60
단선근斷善根 / 164
단식段食 / 417
담무갈曇無竭 / 174
대당 삼장 / 144, 157, 201, 202, 205, 216, 308
대당大唐의 『세론世論』 / 318
『대업본大業本』 / 318
대원경지大圓鏡智 / 200, 478
대치수對治修 / 432~434
덕처德處 / 383, 386
도거악작개掉擧惡作蓋 / 265

도분道分 / 449
도제의 수습修習 / 420
도지道支 / 451
독자부犢子部 / 97, 110
독자犢子 아라한 / 97
동법유同法喩 / 191, 217
동분同分 / 229
동분안同分眼 / 229
동분의同分意 / 229
동생同生 / 138
동일성(一性) / 283
두라솜(蠹羅綿) / 350
두 종류 무지無知 / 308
득수得修 / 432~435
득작증得作證 / 420
등각等覺 / 361
등지等持 / 440

루漏 / 253

마리차摩梨遮 / 348
만慢 / 374, 383, 385~388
만과만慢過慢 / 383, 386, 388
만수면慢隨眠 / 375
말나식末那識 / 315
맥麥 / 398
멸법지滅法智 / 301
멸제의 작증作證 / 420

명名·구句·문文 / 247
명名·상想 / 101, 111, 113, 147
명名·상相·분별分別·정지正智·진여眞如
   / 210, 337
명언습기名言習氣 / 119
명名·의義·자성自性·차별差別 / 206
무간도無間道 / 299, 300, 430
무감임無堪任 / 316
무견무대無見無對 / 484
무견유대無見有對 / 484
무뇌해락無惱害樂 / 256, 269
무등만無等慢 / 388
무등아無等我 / 385, 387
무량계無量界 / 423
무루근無漏根 / 474
무루오음無漏五陰 / 376
무루지無漏智 / 200
무만無慢 / 376
무법無法 / 87
무분별無分別 / 74
무상無常 / 354, 470
무상無相 / 87
무상결정無常決定 / 415
무상성無常性 / 351, 354, 355
무상정등정각無上正等正覺 / 308
무상정진정도無上正眞正道 / 308
무상정편지각無上正遍知覺 / 308
무소득無所得 / 75
무승만無勝慢 / 388
무승아無勝我 / 385, 387
무심무사지無尋無伺地 / 203
무심유사지無尋唯伺地 / 203
무아無我 / 352, 354
무아성無我性 / 335, 354, 355

무아행無我行 / 470
무애도無礙道 / 430
무여의열반無餘依涅槃 / 365
무열만無劣慢 / 388
무열반법無涅槃法 / 163
무열아無劣我 / 385, 387
무위無爲 / 69, 73~77, 80, 82, 83, 85, 96, 107
무위법無爲法 / 78
무위無爲 법장 / 213
무위의 비세(無爲非世) / 98
무위장無爲藏 / 97
무위해탈無爲解脫 / 364
무이無二 / 61, 68, 72, 77, 84, 85
무이상無二相 / 73
무자성無自性 / 335
무쟁정無諍定 / 372
무주처열반無住處涅槃 / 365
무취오온無取五蘊 / 84
무취온無取蘊 / 84
무치선근無痴善根 / 127
무표색無表色 / 357
무학도無學道 / 430
문聞 / 227, 242
문답問答 / 411
문聞·사思·수修·증證 / 105
문문언설 / 245
문혜聞慧 / 284, 436
미微 / 397
미래수未來修 / 432
미래장未來藏 / 97
미륵종彌勒宗 / 131, 237
미리차彌梨遮 / 348
미지근未知根 / 296

미지당지근未知當知根 / 261
미지욕근未知欲根 / 376
밀의密意 / 87

바차강(婆叉河) / 180
반석反釋 / 304
반열반법般涅槃法 / 160
반해反解 / 328, 329, 333, 465, 473
반현返顯 / 477
반힐기反詰記 / 411
방구식方口食 / 401
방편도方便道 / 430
방편득方便得 / 230
『백법론百法論』 / 67
백사갈마白四羯磨 / 402
백사갈마로 구족계를 받은 필추(白四羯磨受具足戒苾芻) / 402
백의白衣 / 259
번뇌를 파괴하는 필추(破壞煩惱苾芻) / 401
번뇌박煩惱縛 / 319
번뇌장煩惱障 / 65
번뇌장의 만(煩惱慢) / 390
번뇌쟁煩惱諍 / 251
법계法界 / 465, 480, 482
법공法空 / 352
법구法救 / 138
법념주法念住 / 432
법동유法同喩 / 115, 135, 173
법무아法無我 / 465, 468
법무애法無礙 / 63
법성法盛 / 174

법성法性 / 355, 465, 480, 482
법성안립법계안주法性安立法界安住 / 482
법식法識 / 358
법신의 다섯 가지 상相 / 85
법용法涌 / 175
법용보살法涌菩薩 / 174
법정法定 / 465
법주法住 / 465, 480, 482
변계소집遍計所執 / 292, 293
변계소집성遍計所執性 / 82~84
변계소집자성遍計所執自性 / 354
변괴變壞 / 484
변지遍知 / 418, 420
변화색變化色 / 130
별경심소別境心所 / 263
별상別相 / 336, 337
별이상別異相 / 87
보관정寶冠頂 / 63
보특가라補特伽羅 / 98, 352
보특가라무아성補特伽羅無我性 / 352
본래자성청정열반本來自性淸淨涅槃 / 365
본사本師 / 93
부사의계不思議界 / 465
부정不定 / 154
부정법취不定法聚 / 165
부정상不定相 / 162
부정취不定聚 / 159, 169
북구로주北拘盧洲 / 273
분단생사分段生死 / 159
분별기分別記 / 411
분별답分別答 / 411
분별무상관分別無相觀 / 88
분별성分別性 / 79, 316
분별分別아집 / 119

불가설不可說 / 213~215, 217, 220, 223
불가설법장不可說法藏 / 97, 110, 213
불가설장不可說藏 / 97
불가언不可言 / 224
불가언설不可言說 / 221
불공과를 행하는 사람(不空果行人) / 374
불반열반법不般涅槃法 / 160
불변이성不變異性 / 465
불요의不了義 / 150, 420
불요의경不了義經 / 150
불이不二 / 222
불자佛子 / 65
불해문不解問 / 68
불허망성不虛妄性 / 465
비구比丘 / 400
비량比量 / 105, 190, 215, 216, 247
비량非量 / 244
비만卑慢 / 383, 385~387
비발사나毗鉢舍那 / 364
비상非常 / 469
비상非常·고苦·공空·비아非我 / 468, 469
비세非世 / 98
비소작非所作 / 69, 77, 80, 81
비아非我 / 468, 469
비애非愛분별 / 156
비유량譬喩量 / 247
비유사譬喩師 / 160
비유자譬喩者 / 160, 203
비일非一 / 422
비일계非一界 / 423
비일계지非一界智 / 423
비일성非一性 / 421
비일중다성非一衆多性 / 422
비지比知 / 233

사事 / 99, 101, 104, 106, 111, 130
사伺 / 204
사가娑呵 / 177
사각지捨覺支 / 445
사거리(四衢道) / 118, 121
사견邪見의 사정상 / 162
사경似境 / 130
사과四果 / 381
사념四念 / 426
사념주四念住 / 426
사념처四念處 / 426
사마타奢摩他 / 364
사만邪慢 / 383, 386
사무애辭無礙 / 63
사무애변四無礙辯 / 63
사무애지四無礙智 / 63
사무애해四無礙解 / 63
사방四謗 / 117, 291
사변四辨 / 63
사변제성事邊際性 / 467
사선근四善根의 관행觀行 / 312
사성정법취邪性定法聚 / 164
사성정취邪性定聚 / 159
사식四食 / 417
사식思食 / 417
사식주四識住 / 119, 121
사식처四識處 / 119
사신족四神足 / 439
사심사四尋思 / 206
사위타론四韋陀論 / 191
사유구식四維口食 / 401
사의지四意止 / 426

사정邪定 / 154
사정단四正斷 / 434, 438
사정상邪定相 / 162
사정취邪定聚 / 169
사제四諦 / 418
사지념四止念 / 426
사지四支정려 / 231
사찰伺察 / 202, 204
사치기捨置記 / 393, 411
사타강(私陀河) / 180
사향四向 / 381
사현관事現觀 / 404
사혜思慧 / 284, 436
삭취취數取趣 / 98, 352
산동散動 / 291
산란散亂 / 291
살가야薩迦耶 / 268, 270
살가야견薩迦耶見 / 195
살바다종薩婆多宗 / 130, 159, 202, 228, 234, 265, 300, 357, 381
삼계수생三界隨生 / 228
삼량三量 / 191, 233, 245
삼마지三摩地 / 441
삼무등三無等 / 58
삼무루근三無漏根 / 261
삼무성三無性 / 59
삼법인三法印 / 353
삼보리락三菩提樂 / 269
삼선근三善根 / 127
삼성三性 / 59
삼세三世 법장 / 213
삼십칠도품三十七道品 / 452
삼아승기三阿僧祇 / 361
삼종무위三種無爲 / 357

삼취三聚 / 159, 162
삼품처三品處 / 383, 386
삼혜三慧 / 284
상가상佉 / 343, 344
상견常見 / 469
상결相結 / 318
상계박相繫縛 / 318
상무자성相無自性 / 79
상박相縛 / 310, 313~316, 319
상상相狀 / 55
상상시常常時 / 480, 481
상위방相違謗 / 291
상응박相應縛 / 356
상잡념주相雜念住 / 427
상진여相眞如 / 467
상혹相惑 / 317
색구경천色究竟天 / 185
색근色根현량 / 246
색식色識 / 358
생공生空 / 352
생무자성生無自性 / 79
생소生酥 / 351
『서역전西域傳』 / 179
석밀石蜜 / 255
선교善巧 / 406
선길善吉 / 369
선남자善男子 / 71
선문보살善問菩薩 / 62
선설善說 / 279, 280~283, 455
선실善實 / 369
선심소善心所 / 288
선입보살善入菩薩 / 62
선청정혜보살善淸淨慧菩薩 / 280
선현善現 / 369

섬부주贍部洲 / 286
성견聖見 / 101, 111, 113, 147
성교정설분聖敎正說分 / 57
성식聲識 / 358
성언량聖言量 / 190, 247
성여의聖如意 / 187
성자소락聖者所樂 / 187
성지聖智 / 101, 111, 113, 147
성지성견聖知聖見 / 103
성지성견聖智聖見 / 103
세 가지 훈습 / 119
세간世間현량 / 246
세속世俗 / 54
세속소흔世俗所欣 / 187
세속제世俗諦 / 54
세제일법世第一法 / 128
세 종류 만 / 385
세 종류 편재(三遍) / 460, 465
소각所覺 / 231
소견所見 / 231
소문所聞 / 231
소연념주所緣念住 / 426, 427
소연박所緣縛 / 356
소연사所緣事 / 157
소의사所依事 / 157
소작所作 / 69, 77, 78, 80
소지所知 / 231
소지장所知障 / 65
소지장의 만(所知慢) / 390
소집所集 / 92
소행所行 / 207
손감방損減謗 / 291
수념주受念住 / 432
수도修道 / 430

수면개睡眠蓋 / 265
수보리須菩提 / 371, 372
수부후저脩浮吼底 / 369
수생隨生 / 231
수습修習 / 418
수용신受用身 / 478
수진水塵 / 397
수혜修慧 / 284, 436
숙소熟酥 / 350, 351
순결택분順決擇分 / 128, 312
순관循觀 / 427
순석順釋 / 304, 328, 331, 338, 465, 471, 473, 479
순신관循身觀 / 427
술파가述婆伽 / 263
슬瑟 / 398
습수習修 / 432~436
승생勝生 / 274
승의勝義 / 54, 465, 467
승의고勝義苦 / 269
승의제勝義諦 / 54, 460, 464, 467
승의제무자성관勝義諦無自性觀 / 88
승조僧肇 스님 / 222
승처勝處 / 274
승해勝解 / 185, 187
승해행勝解行 / 288
승해행지勝解行地 / 278, 285~287
시샘과 인색의 악행을 일으키지 않는 사정상 / 162
시험문試驗問 / 68
식식識食 / 417
신경신변神境神變 / 431
신근信根 / 255
신념주身念住 / 432

신두강(辛頭河) / 180
신량信量 / 105
신수심법身受心法 / 426
신身·수受·심心·법法 / 426
신족神足 / 437
신증身證 / 300, 301
신통神通 / 183, 431
신통도神通道 / 430
신행身行 / 267
신행信行 / 288
신행지信行地 / 287
실사實事 / 105
실상반야實相般若 / 284
실성實性 / 294, 354
실제實際 / 86, 465
심尋 / 204, 398
심구尋求 / 202, 204
심념주心念住 / 432
심밀해탈보살深密解脫菩薩 / 63
심심번뇌 / 117
심사尋思 / 85, 201, 206, 272
심사尋伺 / 85, 157, 206
심尋·사伺 / 225, 267
심속질통心速疾通 / 184
심心·피皮·육肉 / 117
심해탈心解脫 / 364
심행心行 / 267
십칠지十七地 / 59

아견我見 / 468, 469
아견我見·아소견我所見 / 250

아나파답다지阿那婆答多池 / 179
아뇩다라삼먁삼보리阿耨多羅三藐三菩提 / 307
아누달지阿耨達池 / 180, 182
아등我等 / 385, 387
아등만我等慢 / 388
아련야阿練若 / 395, 396, 399
아만我慢 / 383, 386
『아비달마대승경阿毗達磨大乘經』 / 58
아세야阿世邪 / 287
아소견我所見 / 468, 469
아승我勝 / 385, 387
아열我劣 / 385, 387
아열만我劣慢 / 388
아집습기我執習氣 / 119
아처我處 / 383, 386
아포하론 / 218, 247
아홉 종류 만 / 385, 387, 388
안각지安覺支 / 445
안계수생眼界隨生 / 228
앙구식仰口食 / 401
애애분별 / 156
애혹愛惑 / 117
양모진羊毛塵 / 397
어행語行 / 267
언설수각자言說隨覺者 / 211
언설수면자言說隨眠者 / 211
언설에 대해 수면하는 자(言說隨眠者) / 211
업종자業種子 / 119
여덟 가지 희론(八種戲論) / 156
여량지如量智 / 308
여리정문如理正聞 / 62
여리지如理智 / 308
여리청문보살如理請問菩薩 / 62

여소유성如所有性 / 467
여실의如實義 / 178
여여如如 / 85
여의如意 / 187
여의신통如意神通 / 184
여의통如意通 / 187
역力 / 437
연현관緣現觀 / 404
열 가지 번뇌(十煩惱) / 263
열 가지 비유(十喩) / 132
열 가지 상의 수승수승어(十相殊勝殊勝語) / 58
열네 가지 사(十四事) / 393
열반涅槃 / 271, 272
열반락涅槃樂 / 255
염각지念覺支 / 445
염근念根 / 256
염의染衣 / 259
염주念住 / 424, 426
염처念處 / 426
염念·택법擇法(慧)·정진精進·희喜·안安·정定·사捨 / 445
영단永斷 / 418
영략호현影略互顯 / 410
영아범부嬰兒凡夫 / 122
영향影響 / 370
예류과預流果 / 301
오개五蓋 / 265
오근五根 / 162, 442
오근五根의 정정상 / 162
오력五力 / 442
오무간업五無間業 / 159
오법장五法藏 / 97
오별경五別境 / 288

오분법신五分法身 / 103
오사五事 / 210, 223, 336
오역五逆의 사정상 / 162
오종락五種樂 / 257
오지五支정려 / 231
오통五通 / 187
온쟁蘊諍 / 251
외도 이생(外異生) / 360
요별了別진여 / 467
요설무애락說無礙 / 63
요의了義 / 150, 420
욕欲·근勤·심心·관觀 / 439
용맹종龍猛宗 / 131
우모진牛毛塵 / 397
우부愚夫 / 136, 137
우치문愚癡問 / 68
운신運身 / 185, 187
원리락遠離樂 / 255
원성실圓成實 / 292~295
원성실관圓成實觀 / 88
원성실성圓成實性 / 83, 84
원성실자성圓成實自性 / 353
원요願樂 / 288
원요지願樂地 / 287
원요행인願樂行人 / 286
원요행지願樂行地 / 286
원적圓寂 / 271
위없는 성도를 수행하는 정정상 / 162
유견유대有見有對 / 484
유등만有等慢 / 388
유등아有等我 / 385, 387
유루有漏 / 251, 253
유루의 유취(有漏有取) / 156
유법有法 / 87

유분별有分別 / 74
유사(似) / 132
유소득有所得 / 75
유소득관有所得觀 / 389
유소득의 현관(有所得現觀) / 403, 104
유순由旬 / 182, 396
유승만有勝慢 / 388
유승아有勝我 / 385, 387
유식唯識 / 200
유식성관唯識性觀 / 87
유신견有身見 / 195
유심유사지有尋有伺地 / 203
유여의열반有餘依涅槃 / 365
유열만有劣慢 / 388
유열반법有涅槃法 / 163
유열아有劣我 / 385, 387
유위有爲 / 69, 73~78, 80, 82, 83, 85, 92, 93, 109
유위해탈有爲解脫 / 364
유의有義 / 178
유재석有財釋 / 55
유쟁有諍 / 250~252
유전流轉진여 / 467
유정지有頂地 / 203
유지습기有支習氣 / 119
유취有取 / 156
유취오음有取五陰 / 375
육계六界 / 136
육종六種 / 136
육통六通 / 187
육혹肉惑 / 117
응송應頌 / 150
의義 / 104
의각지猗覺支 / 445

의개疑蓋 / 265
의계수생意界隨生 / 228
의를 도리에 맞추는 방식(義隨理) / 304
의리義利 / 55
의무애義無礙 / 63
의미(義) / 100
의세意勢 / 185, 187
의수意受현량 / 246
의언意言 / 204
의요意樂 / 287
의요지意樂地 / 287
의주석依主釋 / 54, 66
의타기依他起 / 83, 292~295
의타기성依他起性 / 83, 317
의타기자성依他起自性 / 353
의타무성관依他無性觀 / 88
의타성依他性 / 79
의타팔유依他八喩 / 132
의혹문疑惑問 / 68
이계수생耳界隨生 / 228
이락유정문利樂有情問 / 68
이름(名)과 대상(義) / 220
이름만의 필추(名想苾芻) / 401
이법유異法喩 / 191, 217
이상異相 / 477, 484, 485
이생異生 / 136, 137, 138
이생성離生性 / 465
이생희락離生喜樂 / 262
이성理性 / 482
이성異性 / 485
이성분별異性分別 / 293
이성산동異性散動 / 283, 291, 292
이숙異熟 / 157
이숙생異熟生 / 157

이숙생異熟生의 혜慧 / 157
이언離言 / 61, 85
이언법성離言法性 / 111, 113, 139, 147
이언진여離言眞如 / 83, 84
이욕득離欲得 / 230
이익 되는 일(利事) / 106
이제二諦 / 54
이지근已知根 / 261, 296
이취二取 / 142
이취수면二取隨眠 / 142
이취습기二取習氣 / 142
인법忍法 / 128
인출불성引出佛性 / 481
인토忍土 / 177
일곱 종류 만 / 383, 386, 387
일곱 종류 진여(七種眞如) / 467
일래과一來果 / 301
일미一味 / 410, 463, 465, 472, 486
일미상一味相 / 366, 456, 460, 462, 463, 483
일성분별一性分別 / 293
일성산동一性散動 / 283, 291, 292
일천제一闡提 / 169
일체一切 / 72, 73
일체법一切法 / 68
일체법무이一切法無二 / 73
일체종지一切種智 / 392
일체지를 장애하는 무지(一切智障無知) / 308
일체지인一切智人 / 393
일향기一向記 / 411
일향답一向答 / 411
입의立義 / 190, 191

자상自相 / 133, 215, 216, 218, 330, 356, 485
자성自性 / 145
자성념주自性念住 / 426~428
자성념처自性念處 / 429
자성自性분별 / 156
자성상自性相 / 145, 409, 414
자성욕自性欲 / 205
자성주불성自性住佛性 / 480
자씨보살(彌勒) / 59
자체상自體相 / 55
자칭하는 필추(自稱苾芻) / 401
작증作證 / 299, 300, 418
잡념처雜念處 / 429
잡염상雜染相 / 336
쟁諍 / 251, 252
쟁론諍論 / 250
적멸寂滅 / 86
적멸락寂滅樂 / 257
적정락寂靜樂 / 255
전변자재轉變自在 / 187
전의轉依 / 65
전전展轉 / 201, 475
전전이상展轉異相 / 475, 476
정각락正覺樂 / 255
정각지定覺支 / 445
정견正見 / 448, 451
정견正見의 정정상 / 162
정견正見 · 정사유正思惟 · 정어正語 · 정업正業 · 정명正命 · 정정진正精進 · 정념正念 · 정정正定 / 449
정교正教 / 431

정근定根 / 255
정념正念 / 448, 451
정단正斷 / 437
정등각正等覺 / 360
정명正命 / 448, 451
정법頂法 / 128
정사유正思惟 / 448, 451
정성리생正性離生 / 315, 446
정성정법취正性定法聚 / 165
정성정취正性定聚 / 159
정승正勝 / 438
정어正語 / 448, 451
정업正業 / 448, 451
정위定位의 정정상 / 162
정유리무情有理無 / 82
정음향왕淨音嚮王 / 370
정정正定 / 154, 448, 451
정정상正定相 / 162
정정진正精進 / 448, 451
정정취正定聚 / 169
정진각지精進覺支 / 445
정진근精進根 / 255
정천有頂天 / 160
정체지正體智 / 142, 200
정혜보살淨慧菩薩 / 280
제거수除去修 / 434
제견수除遣修 / 432, 433
제석천帝釋天 / 149
제왕신帝王臣 / 250
제일의第一義 / 86
제행상諸行相 / 285
제호醍醐 / 350, 351
조림稠林 / 163
종을 정에 맞추는 방식(宗隨情) / 304

종종種種 / 422
종종계種種界 / 422
종종계지種種界智 / 423
종종성種種性 / 421
종종차별성種種差別性 / 422
중멸衆滅 / 137
중생衆生 / 136
증량證量 / 105
증상만增上慢 / 373, 374, 380, 381, 383, 386, 389
증익방增益謗 / 291
지止 / 364
지指 / 398
지智 / 102
지知 / 227, 243
지견知見 / 103
지견智見 / 103
지관止觀 / 363
지교량至敎量 / 105
지근知根 / 376
지득과불성至得果佛性 / 481
지람止濫 / 218
지량至量 / 105
지知언설 / 245
지업석持業釋 / 55, 66
지이근知已根 / 376
지작증智作證 / 420
지절指節 / 398
『직본반야경直本般若經』 / 369
진관眞觀 / 104
진나陳那 / 218, 247
진리(諦) / 54, 55
진에개瞋恚蓋 / 265
진여眞如 / 465, 466

진여眞如·승의勝義·법무아성法無我性 / 464, 477, 479
진제 스님 / 63, 78, 81, 93, 116, 120, 144, 151, 175, 261, 283, 284, 318, 337, 371, 389, 396, 410, 414, 474, 480, 489
진제眞諦의『기記』 / 65, 69, 104, 116, 123, 125, 173, 177, 183, 192, 318, 343, 346, 347, 351, 368, 374, 375, 428, 429
진제의『반야소波若疏』 / 136
집제의 영단永斷 / 420

차별差別 / 145, 485
차별差別분별 / 156
차별상差別相 / 133, 145, 409, 410, 414
차이성(異性) / 283
차전遮詮 / 216~218, 472
천당래天堂來 / 179
천주지래天主持來 / 349
청량지淸凉池 / 182
청룡타불靑龍陀佛 / 370
청정상淸淨相 / 336
청정한 공상共相 / 303
청정한 소연(淸淨所緣) / 459, 460~462
청정淸淨현량 / 246
체상體相 / 55
초강화草穅火 / 250
촉식觸食 / 417
촉증觸證 / 419
총명범부聰明凡夫 / 122
총상에 대한 집착(總執) / 156
최승자最勝子 / 66

추중결麤重結 / 318
추중계박麤重繫縛 / 318
추중박麤重縛 / 310, 314, 316
추중혹麤重惑 / 317, 318
출가出家 / 260
출가락出家樂 / 255
출리락出離樂 / 259
출세간지出世間智 / 142
취소행경取所行境 / 210
취소행의取所行義 / 210
치답置答 / 393, 411
치의緇衣 / 259
칠각지七覺支 / 445
침수沉水 / 348
침향沉香 / 348

타他의 배제排除 / 216
탐욕개貪欲蓋 / 265
탐진치사貪瞋癡事 / 157
택법擇法 / 449
택법각지擇法覺支 / 445
토모진兎毛塵 / 397
통달通達 / 299
투쟁鬪諍 / 251

파악破惡 / 401
파야제波夜提 / 371
팔도지八道支 / 448

팔물八物 / 344
팔사八邪 / 449
팔사八邪의 사정상 / 162
팔인八忍 / 430
팔지八智 / 430
팔지八知 / 430
팔지성도八支聖道 / 447
평가정의評家正義 / 452
평등성平等性 / 465
포류화蒲柳華 / 350
포마怖魔 / 401
표시表示 / 227, 268
표의명언表義名言 / 119
표전表詮 / 216, 217, 472
풍송諷頌 / 150
피동분彼同分 / 230
피혹皮惑 / 117
필발畢鉢 / 348
필추苾蒭 / 400

하구식下口食 / 401
하리訶利 / 349
하리달계訶梨怛鷄 / 349
하리륵訶梨勒 / 349
합결合結 / 173
항가恒伽 / 179
항사恒沙 / 179
항하恒河 / 176, 179
항항시恒恒時 / 480, 481
해심심의밀의보살마하살解甚深義密意菩薩
　摩訶薩 / 63

해절보살解節菩薩 / 65
해탈도解脫道 / 299, 300, 430
해탈을 장애하는 무지(解脫障無知) / 308
해탈지견解脫智見 / 103
해탈지견解脫知見 / 103
행行 / 57, 185, 187
행계行界 / 363
행고성行苦性 / 352
행상行相 / 144, 145, 311
행수行修 / 432
허공계虛空界 / 465
현견現見 / 419
현경명언顯境名言 / 119
현관現觀 / 404
현량現量 / 105, 190, 215, 216, 245~247
현량지現量智 / 246
현재장現在藏 / 97
협존자脅尊者 / 420
혜근慧根 / 256

혜慧(택법)·정진精進·염念·정정定·희수喜受·경안輕安·행사行捨 / 447
혜증慧證 / 300, 301
혜해탈慧解脫 / 364
혼면개惛眠蓋 / 265
화과수花果樹 / 251
화색化色 / 131
환사幻事 / 115, 116, 120
환상幻狀 / 130
환상幻相 / 131
환상幻像 / 132
환술사(幻師) / 115, 118, 121
후득지後得智 / 93, 142, 200
후득차별지後得差別智 / 142
후소득지後所得智 / 200
후유後有 / 253
후추(胡椒) / 348
희각지喜覺支 / 445
희론戲論 / 155, 291

원측圓測
(613~696)

스님의 휘諱는 문아文雅이고 자字는 원측圓測이며, 신라 국왕의 자손이다. 3세에 출가해서 15세(627)에 입당하였다. 처음에는 경사京師의 법상法常과 승변僧辯 등에게 강론을 들으면서 중국 구舊유식의 주요 경론들을 배웠다. 정관 연간正觀年間(627~649)에 태종문황제太宗文皇帝가 도첩을 내려 승려로 삼았다. 장안의 원법사元法寺에 머물면서 『비담론毗曇論』, 『성실론成實論』, 『구사론俱舍論』, 『대비바사론大毘婆沙論』 등 고금의 장소章疏를 열람하였다. 현장玄奘이 귀국한 이후에는 『유가사지론瑜伽師地論』, 『성유식론成唯識論』 등을 통해 신新유식에도 두루 통달하였다. 서명사西明寺의 대덕이 된 이후부터 본격적 저술 활동에 들어가서 『성유식론소成唯識論疏』, 『해심밀경소解深密經疏』, 『인왕경소仁王經疏』 및 『관소연론觀所緣論』, 『반야심경般若心經』, 『무량의경無量義經』 등의 소疏를 찬술하였다. 지금은 『인왕경소』 3권과 『반야바라밀다심경찬般若波羅蜜多心經贊』 1권, 그리고 『해심밀경소』 10권만 전해진다. 말년에 역경에 종사하다 낙양洛陽의 불수기사佛授記寺에서 84세로 생을 마감하였다. 후대에 중국 법상종法相宗의 양대 산맥 중 하나인 서명파西明派를 탄생시킨 장본인으로 추앙받았다.

옮긴이 백진순

이화여자대학교 사회학과와 동 대학원 철학과 석사과정을 거쳐, 연세대학교 대학원 철학과에서 『『성유식론成唯識論』의 가설假說(upacāra)에 대한 연구』로 박사학위를 받았다. 현재는 동국대학교 불교학술원 조교수로 재직 중이다. 주로 중국 법상종의 유식 사상에 대한 논문들을 발표하였고, 역주서로 『인왕경소仁王經疏』가 있으며, 공저로 『인물로 보는 한국의 불교 사상』 등이 있다.

증의 및 윤문
ABC사업 역주팀